北京学学术文库
Beijing Studies Academic Library

北京学研究基地　组织编写

北京高校高精尖学科建设项目
"北京学学科"资助

侯仁之学谱

丁超 著

北京出版集团公司
文津出版社

图书在版编目（CIP）数据

侯仁之学谱／丁超著．— 北京：文津出版社，2019.12
（北京学术文库）
ISBN 978-7-80554-701-5

Ⅰ．①侯… Ⅱ．①丁… Ⅲ．①侯仁之（1911-2013）—年谱 Ⅳ．①K825.89

中国版本图书馆CIP数据核字（2019）第187504号

北京学学术文库
侯仁之学谱
HOU RENZHI XUEPU

丁　超　著

*

北 京 出 版 集 团 公 司 　出版
文 津 出 版 社
（北京北三环中路6号）
邮政编码：100120

网　　　址：www.bph.com.cn
北京出版集团公司总发行
新 华 书 店 经 销
北京建宏印刷有限公司印刷

*

787毫米×1092毫米　16开本　49.25印张　800千字
2019年12月第1版　2019年12月第1次印刷
ISBN 978-7-80554-701-5
定价：298.00元
如有印装质量问题，由本社负责调换
质量监督电话：010-58572393

《北京学学术文库》编委会

顾　问：陶西平　单霁翔　张妙弟

主　任：李建平

副主任：张宝秀　安　东

编　委（按姓氏笔画排序）：

　　　　王玉伟　尹钧科　孔繁敏　成志芬　朱永杰

　　　　刘　勇　安　东　李建平　张　勃　张　艳

　　　　张宝秀　张景秋　陈　飞　岳升阳　贺耀敏

　　　　秦红岭　高大伟　高立志　唐晓峰　韩光辉

总 序

《北京学学术文库》是由北京学研究基地推出的系列学术著作。

北京学是研究北京的学问，是以北京城市地域综合体为研究对象的现代地方学，同时又属于首都学范畴，是一个综合性学科。

北京学研究基地是2004年9月北京市哲学社会科学规划办公室和北京市教委联合批准设立的首批北京市哲学社会科学研究基地之一，是以成立于1998年1月的北京联合大学北京学研究所为核心，整合校内外研究力量，以地理学、历史学、民俗学、考古学、艺术学为主体学科，以北京历史文化名城的时空演进、保护与发展为主线，以"时－空－人结合""过去－现在－未来贯通"为研究视角，以"立足北京、研究北京、服务北京"为宗旨，面向校内外、国内外开放的跨学科综合性科研平台。2008年11月起，北京学研究基地担任中国地方学研究联席会执行主席单位。2019年，"北京学"入选北京高校高精尖学科建设项目名单。

北京学研究基地设有三个重点研究方向：一是北京文化遗产保护与利用研究；二是北京城市空间格局与发展动力研究；三是北京文化特征与文脉传承研究。北京学研究基地重视中观到微观层次的调查研究，坚持研究北京、挖掘文化、传承文脉、服务发展，积极开展北京城市及周边区域发展的综合研究、应用研究和人才培养，努力为北京历史文化名城保护与发展，首都北京全国政治中心、文化中心、国际交往中心和科技创新中心建设，深入实施京津冀协同发展重大国家战略，

努力建设成为国际一流的和谐宜居之都和世界级文化城市提供智力支持。

北京学研究基地与北京出版集团共同策划出版《北京学学术文库》，成立编委会，整合北京联合大学校内外专家学者的力量，围绕北京学研究基地的重点研究方向，以北京历史文化研究为主要内容，统筹策划、组织撰写、统一出版有一定规模和显示度的高水平系列学术著作，兼顾部分有较高学术价值或文献价值的文集等，旨在践行北京学学术宗旨，扩大北京学社会影响，充分发挥北京学研究基地的文化智库作用。

《北京学学术文库》系列著作由北京出版集团负责统一装帧设计，陆续安排出版。入选文库的每部著作都力求从地域文化的视角出发，基于历史、认识当下、把握未来，追寻发展规律和动力机制，研究资料丰富，研究思路有新意，学术论述充分深入，呈现形式图文并茂。《北京学学术文库》编委会欢迎有多年学术积累、研究北京历史文化的专家学者将自己的最新研究成果列入《北京学学术文库》出版计划；同时也支持在北京学研究领域已经出版过专著的专家学者将有关作品进一步补充、完善后"旧作新写"列入《北京学学术文库》出版。此外，编委会也鼓励研究北京历史文化专题的青年学者将研究成果（包括博士、硕士研究生学位论文）经过认真梳理、升华以达到《北京学学术文库》要求而列入出版计划。

感谢社会各界对北京学研究和《北京学学术文库》的关心与支持！

《北京学学术文库》编委会
2019 年 11 月 11 日

说　明

其一　本谱之撰述，旨在于梳理侯仁之先生学术事业发展历程，故以"学谱"名之。所辑事项，以谱主学术及社会活动为主。其他事项，如有必要则收录之。

其二　侯仁之为本谱谱主，记述其言行，一般省略主语及"先生""教授""院士"等头衔。有时为确保语意顺畅，则列出谱主姓名。

其三　本谱纪事截至2017年，事件按时间先后顺序排列。部分条目时间相近，为叙述方便，采用纪事本末方式。每一条目，日期明确者前置。日期不确者，则冠以"本月""本年"等，并后置。同一时间的条目，后出者时间以"——"代之。

其四　书中涉及著作、论文、讲话之类，如有必要，则摘引原文，以彰显谱主的学术生平、思想之本真面目。

其五　本谱涉及的人名、事件等，如有必要，则以案语形式加以说明。记载不同之处，则以"考异"加以辨析。

其六　重大历史事件列于每年纪事之前，以彰显谱主学术人生的时代背景。

其七　谱主的著述（含编著、合著、翻译等）、社会评介及学术传承情况，单独列目，置于每年纪事之后，并按时间先后大致排列。

其八　为节省篇幅，所据一般性资料不做注释。如有必要，则摘引资料以说明事件本末，补充历史细节。

其九　本谱编写，以公开资料为主，对于档案及私藏日记、书信等资料未能充分发掘，亦未能全面采访谱主的亲朋故旧。此为本谱缺陷，事先说明。

其十　书中讹误，在所难免，敬请批评，不吝赐教。希望本谱能引起社会各界对谱主学术人生的关注，起到抛砖引玉之效。

丁　超

目录

知之愈深，爱之弥坚…………………………… 1

正谱…………………………………………… 7

1911年	出生………………………………	7
1914年	3岁………………………………	11
1918年	7岁………………………………	12
1919年	8岁………………………………	13
1926年	15岁………………………………	14
1927年	16岁………………………………	16
1928年	17岁………………………………	18
1929年	18岁………………………………	18
1930年	19岁………………………………	20
1931年	20岁………………………………	20
1932年	21岁………………………………	25
1933年	22岁………………………………	30
1934年	23岁………………………………	36
1935年	24岁………………………………	44
1936年	25岁………………………………	50
1937年	26岁………………………………	60
1938年	27岁………………………………	67
1939年	28岁………………………………	73
1940年	29岁………………………………	78
1941年	30岁………………………………	88
1942年	31岁………………………………	98
1943年	32岁………………………………	107
1944年	33岁………………………………	112
1945年	34岁………………………………	117
1946年	35岁………………………………	124

1947年 36岁	133
1948年 37岁	138
1949年 38岁	143
1950年 39岁	155
1951年 40岁	170
1952年 41岁	186
1953年 42岁	201
1954年 43岁	213
1955年 44岁	223
1956年 45岁	239
1957年 46岁	254
1958年 47岁	272
1959年 48岁	297
1960年 49岁	312
1961年 50岁	320
1962年 51岁	330
1963年 52岁	339
1964年 53岁	353
1965年 54岁	362
1966年 55岁	368
1967年 56岁	370
1968年 57岁	371
1969年 58岁	371
1970年 59岁	372
1971年 60岁	373
1972年 61岁	375
1973年 62岁	378
1974年 63岁	381

1975 年	64 岁	390
1976 年	65 岁	394
1977 年	66 岁	398
1978 年	67 岁	405
1979 年	68 岁	412
1980 年	69 岁	422
1981 年	70 岁	435
1982 年	71 岁	446
1983 年	72 岁	458
1984 年	73 岁	472
1985 年	74 岁	489
1986 年	75 岁	501
1987 年	76 岁	511
1988 年	77 岁	525
1989 年	78 岁	542
1990 年	79 岁	552
1991 年	80 岁	568
1992 年	81 岁	578
1993 年	82 岁	589
1994 年	83 岁	600
1995 年	84 岁	612
1996 年	85 岁	622
1997 年	86 岁	631
1998 年	87 岁	639
1999 年	88 岁	648
2000 年	89 岁	656
2001 年	90 岁	662
2002 年	91 岁	672

2003 年　92 岁 …………………………………… 682

2004 年　93 岁 …………………………………… 685

2005 年　94 岁 …………………………………… 691

2006 年　95 岁 …………………………………… 695

2007 年　96 岁 …………………………………… 700

2008 年　97 岁 …………………………………… 703

2009 年　98 岁 …………………………………… 708

2010 年　99 岁 …………………………………… 713

2011 年　100 岁 ………………………………… 717

2012 年　101 岁 ………………………………… 725

2013 年　102 岁 ………………………………… 729

谱后 ………………………………………………… **745**

2014 年 ……………………………………………… 745

2015 年 ……………………………………………… 751

2016 年 ……………………………………………… 755

2017 年 ……………………………………………… 756

附录　侯硕之简历 ………………………………… 761

参考资料 …………………………………………… 763

后记 ………………………………………………… 771

知之愈深，爱之弥坚

——纪念侯仁之先生诞辰102周年

北京大学校长　　郝　平

12月6日是侯仁之先生诞辰102周年纪念日，侯老终于没有挺到这一天，一个月前离我们而去了。

2013年8月，得到北京大学报告：医院向侯老家属发出病危通知。听到这一消息，我放下手头工作，急匆匆赶到了北京友谊医院。主治医生介绍说，侯老的心肺等器官已全部进入衰竭状态，人已昏迷不醒，随时有失去生命迹象的危险。我们听完这一情况，穿上消毒服，直奔重症监护室侯老床前。我的嗓门大，大声喊着："侯老！侯老！我们来看您来了。侯老！侯老！"令人吃惊的是，侯老睁开了眼睛。他似乎熟悉我们这些老朋友的声音，听到了我们的喊声，这对我们是极大的安慰。从重症监护室出来，我把情况告诉了侯老的女儿、儿子、媳妇，大家都激动不已，因为这真是一个奇迹。其实这充分说明了侯老顽强的生命力。后来，侯先生的病情一度好转，我们甚至乐观地认为可以在12月6日为先生祝贺102岁的生日。未料天不假年，在我赴巴黎参加联合国教科文组织大会前夕，侯先生在北京逝世，永远离开了我们。

抚今追昔，20年来与侯老交谈、向侯老请益的场景一幕幕浮现在眼前。他是和蔼可亲的长者，是声名显赫的学术泰斗，更是我们在教科文事业上的引路人和传薪者，为中国的教育、科技、文化事业默默耕耘了一生。

慧眼卓识
中国申遗第一人

联合国教科文组织成立68年来对世界文化和自然遗产的保护是世界公认的重要成就,而侯仁之先生为中国的申遗做出了开创性的贡献。

1984年,侯先生应邀在美国康奈尔大学讲学时,从美国同行处了解到联合国教科文组织通过和颁布的《保护世界文化和自然遗产公约》。侯先生曾专门撰文详述这一经历:在美国的建筑学界,很多位教授都十分关心我国古建筑和古遗迹的维修和保护工作,认为我们如能做好这一类的文物保护,那就是对人类文化发展的一大贡献。加州伯克利大学地理系斯坦伯格(Hilgard O. R. Sternberg)教授更直截了当地说:"中国的万里长城这一世界文化史上的奇观,不仅是属于中国人民的,也是属于世界人民的。"他们都非常希望中国能尽快加入联合国教科文组织的《保护世界文化和自然遗产公约》。

侯先生为联合国教科文组织致力保护世界文化和自然遗产的理念和实践所感动,归国后立即以全国政协委员的身份起草了《建议我政府尽早参加〈保护世界文化和自然遗产公约〉提案》,并征得阳含熙、郑孝燮、罗哲文三位政协委员同意且联合签名,在1985年4月召开的第六届全国政协第三次会议上正式提出,并获通过。

1985年12月12日,我国成为《保护世界文化和自然遗产公约》的缔约国,并自1987年开始进行世界遗产申报工作。截至2013年6月,我国共有45个项目被联合国教科文组织列入世界遗产名录,位居世界第二,越来越多的自然遗产和文化遗产受到我国各级各地政府的重视和保护。20余年来,随着"世界遗产"这一国际性概念广泛普及,越来越多的国人认识到文化和生态的价值,意识到保护历史文化遗产和自然遗产的重要性;而其他国家的人民也通过这条渠道,对中国的文化传承和风景名胜有了更多的了解和认识。今天,我们欣喜于中国的世界遗产申报和保护工作蓬勃发展的同时,不能忘记侯仁之先生的"首倡之功"。

赤子情深
北京的守望者

侯仁之先生常说，他对北京"知之愈深，爱之弥坚"。自从20岁来到北京读书起，他一生的事业与情感都与这座古城联系在一起。侯老曾在一篇文章中忆起初入北京的感受："既到北京而后，那数日之间的观感，又好像忽然投身于一个传统的、有形的历史文化的洪流中，手触目视无不渲染鲜明浓厚的历史色彩，一呼一吸都感觉到这古城文化空气蕴藉的醇郁……这一切所代表的，正是一个极其伟大的历史文化的'诉诸力'。它不但诉诸于我的感官，而且诉诸于我的心灵，我好像忽然把握到关于'过去'的一种灵感，它的根基深入地中。这实在是我少年时代所接受的最伟大的一课历史教育，是我平生所难忘怀的。"

年少时激发的情感贯穿了侯先生的整个学术人生。他在北京城的起源和城址选择、历代水源的开辟、城址的变迁沿革、古都北京的城市格局和规划设计等方面所做的大量研究一直为人称道。更让人感动的是，侯老一直到晚年仍为古城的保护而奔走。

上世纪80年代，侯先生曾撰文《卢沟桥与北京城》，详述卢沟桥与北京城的渊源。他认为，卢沟桥800年的历史与北京城可谓是血肉相连，它不仅显示了古代人民卓越的工程技术，也是北京城原始聚落的诞生之地，亦被马可·波罗赞扬并扬名欧洲，而近代以来，它又见证了日军侵华的铁蹄，标志着中华民族救亡图存、全民族抗战的起点。当侯先生得知由于经济的快速发展，卢沟桥频繁行车而导致桥体面临损毁危机，他马上撰文呼吁"保护卢沟桥刻不容缓"，认为"卢沟桥所面临的问题，虽然发生在首都，影响却在全国，甚至在全世界"。

在侯老的大声疾呼和奔走下，卢沟桥很快得到了妥善的保护和整修，后来还被列为北京市历史文化保护区之一。

1993年，北京西站破土动工，选址就在莲花池畔。当时的莲花池已经干涸，有人提议直接把北京西站建在莲花池原址上，既可以省搬迁的人力物力，还能利用凹陷的地形。侯先生提出明确的反对意见，强调"先有莲花池，后有北京城"，"莲花池是北京的生命源头"。这个意见得到相关部门的重视，莲花池原

址被保留了下来。在北京西站建设期间，侯老一直惦记着莲花池，还和夫人张玮瑛老师亲自去了一趟施工现场。那时候主体工程虽然完成，但是还没有装电梯，当两位老人一步步搀扶走上楼梯，看到的是干涸的莲花池底，里面堆放了建筑材料。侯先生忧心忡忡，回去又写了《莲花池畔再造京门》，建议开发莲花池的水源，恢复其原貌。

1998年4月28日下午，87岁的侯先生应邀前往北京市委去做报告介绍北京城市的历史。他在题为《从莲花池到后门桥》的报告中讲到："由于莲花池的存在，影响到一个古代城市一步步成长，最后扩建为金朝的中都城。这就是北京建都的开始。因此可以说北京城的成长和莲花池的关系至关重要……现在北京开发水利工程，我殷切希望能够把莲花池尽可能地加以恢复。"先生的报告受到北京的高度重视，他的建议也被正式采纳。两个月后，莲花池恢复改造工程正式启动；紧接着，侯先生报告中提议的后门桥修缮计划也开始启动。后门桥所在地是元大都城市规划的起点，没有它就没有北京城市南北的中轴线。侯先生建议把什刹海的水引过后门桥，恢复后门桥下河道的景观，使历史上中轴线设计的起点重新焕发光彩。2000年12月21日，莲花池和后门桥遗址举行修复仪式时，侯先生虽然行动不便，但仍坚持坐着轮椅前去参加。

坐落在北京城西北郊的"三山五园"，亦是侯先生一生的牵挂。从读大学起，他的足迹遍及颐和园、西山、圆明园。侯先生曾风趣地讲过，"在燕京大学我等于是上了两个大学：一个是正规的六日制大学——就是燕京大学；还有一个一日制的大学——我叫他'圆明园大学'"。上世纪50年代初，侯先生担任北京市人民政府都市计划委员会委员时，通过对北京西北郊新定文化教育区的地理条件和发展过程的实地考察，写了《北京海淀附近的地形、水道与聚落》等文章，为新区的规划提供参考。侯老到了晚年，身体状况不允许他再做长途考察，他的关注点便又回到当年的学术出发地，围绕海淀和燕园做了"未名湖溯源""海淀镇与北京城"等研究。1995年左右，侯先生眼见城市建设的高速发展恐对生态环境和历史环境造成一定的破坏和威胁，于是提出，要采取措施，把颐和园东侧面积数千亩的地区（即万柳地区）保护起来并予以绿化，成为北京的一个大"绿肺"。北京市接受了侯老的建议，"万柳工程"成为北京绿化隔离带建设规划面积最大的项目之一。

一直到侯老95岁高龄时，他念念不忘的，还是京城西北郊历史环境的保护。他在接受记者采访时指出，应当从两个方面考虑对环境的保护：一是海淀和西北部的香山一带，是历史上北京重要的风景名胜区，考虑到其对现代北京生态的重要作用，要重视生态走廊的保护与建设。另一个是在海淀附近，有圆明园和颐和园等名园的存在，颐和园还是世界文化遗产，要保护好遗产的本体及其周围的环境，控制建筑高度，防止污染，努力营造良好的生态与文化环境。2012年6月，北京把推动海淀"三山五园"历史文化景区建设列为北京历史文化名城保护的重要组成部分。

倘若一味追求经济的快速发展，而忽视了文化传承，往往会使我们误入喧嚣和泥淖。侯先生仿佛一位睿智的先哲，在崎岖和迷雾中引领我们上下求索。感谢侯先生等前辈的努力，没有他们的执著，我们不知会失去多少历史的遗珍。

哲人其萎，文字不朽
苦难中的作品《北平历史地理》

12月6日也是先生的博士论文《北平历史地理》出版首发的日子。

2010年8月，侯先生夫人张玮瑛老师因为侯老的病情而焦虑万分，突发脑梗塞昏迷不醒，住在北医三院。

我和张玮瑛师母也非常熟悉，过去每次探望侯老，师母总是端茶倒水，不离侯老左右，谈笑风生，为我研究司徒雷登与燕大提出了许多卓有见地的建议。侯老已经很长时间卧床不起，师母也是为照顾侯老而着急病倒。一听这个消息，我马上赶到了北医三院。那时候侯老住在北大校医院，师母住在北医三院，他们的子女也为看护老人而在两个医院奔波。幸运的是，师母被抢救回来，但不能言语。我为侯老百岁生日祝寿的《静水流深　星斗其人》一文发表之后，侯老女儿侯馥兴大姐特意把文章念给师母听。大姐告诉我，师母听后露出笑容。我相信，老师与师母虽然不住一个医院，心灵却是永远相通的。

也正是在我这次去探望师母的时候，得知侯老上个世纪40年代末于英国利物浦大学留学时的博士论文《北平历史地理》还一直未有中文版问世。历史地理学界的专家一致认为，这部著作无论是在侯先生个人的学术发展历程中，还是在中国历史地理学发展史上均具有重要的标志作用，至今在理论与实践两方面仍具有重要意义，堪称经典。外研社第一时间联系侯老的家人取得授权，联系北京大学邓辉教授、北京外国语大学申雨平教授等进行翻译。经过3年多的努力，这部凝聚了侯先生学术智慧的作品就要面世了，这是令人激动的事情。侯馥兴大姐告诉我，今年9月24日，这部著作的试读本被送进病房，伴随了侯老人生最后的跋涉。外研社的编辑特地选用了侯先生手绘的北平古城图作为封面，封面特地选用的朱红底色，也正是紫禁城宫墙的颜色。

馥兴大姐还告诉我，侯先生这本著作的腹稿，是1941年他被关押在日本陆军监狱时构思的。这本写在身陷囹圄、国家危亡时刻的著作，不仅是苦难中的习作，亦是侯老30岁时的明志之作。我又想起侯老1944年写给大学毕业生的寄语："一个青年能在30岁以前抓住了他值得献身的事业，努力培养他的士节，这是他一生最大的幸福，国家和社会都要因此而蒙受他的利益。"侯仁之先生用他元气淋漓的学术人生，献身于祖国的教育、科技、文化事业，使得国家、社会乃至今天的青年学生都享受着他的余荫。

谨以此文纪念侯仁之先生。

（本文原刊于2013年12月5日《中国青年报》第3版，作者时任教育部副部长）

正 谱

1911年　出生

背景

10月10日　辛亥革命爆发。

12月　孙中山当选中华民国临时大总统。

纪事

12月6日　生于直隶枣强县萧张镇。侯仁之将此地视为故乡。此地长期有基督教活动，开办教堂、学校、医院等。

案：枣强县萧张镇，即今河北省枣强县肖张镇，地处索泸河畔，相传西汉萧何、张良途经此地歇息，故名。1888年，基督教伦敦会华北区在萧张设立总站。

民国《枣强县志》："自光绪二年，有英国人来县治西北十八里萧张镇，市居民宅，创修教堂，为耶苏教之伦敦会。内有教务、医院、学校三部组成。……华人信教者，临近村庄仅百分之一二。远至百数十里之外，信者尚多。……所需款项，悉由英国信教者捐助，每年二三万，由伦敦会拨来。"①

柴桑："侯仁之的原籍是山东恩县，可是他从来都是把河北枣强视作自己的故乡。这不仅仅是因为他是在这里出生的，而且他的童年是在这里度过的，这里的一切都给他留下了难忘的回忆。"②

侯馥兴："作为落户萧张的外乡人家，我的祖父母居住的庭院在镇的西北，靠近抡才学校，又与医院相邻。1911年12月6日，当我的父亲侯仁之出生在这座庭院里的时候，刚好落在一个空档期——50天前中国历史上最后一个皇帝刚被赶下宝座，25天后孙中山就任中华民国临时大总统——他生为一个'隶属无主'的自由民。"③

——祖籍地为山东东昌府恩县庞庄（庞家庄），该地也长期有基督教活动。

案：庞庄，即今山东省武城县郝王庄镇庞庄村。1877年，美国公理会（Congregational Churches）传教士明恩溥（Arthur Henderson Smith, 1845—1932）、博恒理（Henry Dwight Porter, 1845—1916）等人来此传教，建立教会、医院等，庞庄遂成为公理会传教中心之一。祖籍地或出生地为庞庄的知名人士还有侯庆煜、刘洪升、侯道之等。

《山东巡抚毓贤为德州牧查明平原教案事致总署咨文》："庞家庄系恩

---

① 民国《枣强县志》卷八《外侨》，《中国方志丛书》影印民国二十年铅印本。
② 柴桑：《求索——地理学家侯仁之的童年》，见新蕾出版社编辑：《科学家的童年（3）》，新蕾出版社1983年版，第95—96页。
③ 侯馥兴：《魂牵梦绕　最是萧张》，载《中华读书报》，2015年12月2日。

县管辖，距阜州边境甜水铺二十里。庞家庄有美国教堂一所，堂内有男教士一名，女教士三口，又有平原教民董姓在彼躲避。"①

《山东大学义和团调查资料汇编》："庞庄有个大教堂，闹义和团时已有。……庞庄那一片教堂，有20亩地，袁大人派着兵在那里守着。"②

1939年侯仁之致顾颉刚信："自故城至庞庄（仁之老家距此约三十五里，中隔运河）之大洼，几乎每年必淹，我家亦有地十八亩在焉。"③

——其父侯天成，字佑忱，曾就读于通州协和书院，后到枣强县萧张镇教会学校抡才中学任教。

柴桑："他的父亲侯天成，字佑忱，早年就读于外国教会所创办的通州协和书院（后改名协和大学，为潞河中学的前身。1920年前后，与汇文大学、华北女子协和大学合并为燕京大学，1952年合并于北京大学）。大学毕业后，他来到枣强县肖张镇一所教会学校教书，并把妻子从老家接来，从此便在肖张镇定居下来。他为人正直，生活简朴，每月的工资大部分寄回老家，和妻子过着克勤克俭的清贫生活。"④

民国《枣强县志》："该教堂之建筑，有保障围墙，墙内大楼四，礼拜堂一。西为公所、学道院及抡才女校，东为抡才男校，各有学生数班。南为花园，墙外为足篮球场，男医院在东，女医院在西。北为宣讲所，乃传教之所。总之，占地约六七十亩，其建筑与地基，大半为庚子罚款购置。"⑤

---

① 《山东巡抚毓贤为德州牧查明平原教案事致总署咨文》（光绪二十五年八月二十七日，1899年10月1日），见中国第一历史档案馆、福建师范大学历史系编：《清末教案》第二册，中华书局1998年版，第867页。
② 路遥主编：《山东大学义和团调查资料汇编》下册，山东大学出版社2000年版，第939页。
③ 顾颉刚：《浪口村随笔》卷一《山东运河》，辽宁教育出版社1998年版，第26—27页。
④ 柴桑：《求索——地理学家侯仁之的童年》，见新蕾出版社编辑：《科学家的童年（3）》，新蕾出版社1983年版，第95—96页。
⑤ 民国《枣强县志》卷八《外侨》，《中国方志丛书》影印民国二十年铅印本。

《肖张教堂记略》："肖张教堂又称'福音堂',属耶稣教堂。……办公院左边是'抡才女校',有校舍50余间,并附有操场。北会堂右侧是'布道团'用房,有10余间。'布道团'右边是'抡才男校',有校舍50余间,校前有操场。"①

——其母刘毓兰,为家庭妇女,育有一女二男。侯仁之的成长历程深受母亲影响,养成了热爱劳动、爱好读书等习惯,并受激励从事教育事业。

柴桑："侯仁之的母亲刘毓兰是个聪颖过人、思想开朗的女子。这是和她从小受到的家庭教育不无关系。侯仁之的外祖父是笃信基督教的虔诚教徒。在对女儿的教育上,他没有按照封建礼教的'三从四德'那一套去束缚女儿的思想,也没有遵从'女子无才便是德'的古训去要求女儿,相反,外祖父把她当作一个男儿,教她读书识字,使她有机会受到教育。这在当时的封建社会,是很不容易的。"②

韩光辉："据侯仁之回忆,母亲无兄弟,外祖父看待她如男孩,教她读书识字。她又长于心算,善于待人接物,教育子女也有独到处。例如从儿时起,她就培养孩子养成劳动习惯,在庭院的一边,夹篱笆,种瓜豆,每人各管几畦。又把两条砖砌甬路比作两条铁路,由两人分别清扫,进行比赛。每人还各自清洗自己的小件衣衫。"③

——侯仁之在家中排行老二,乳名"光临",其幼年成长期间受基督教文化熏陶。

---

① 《肖张教堂记略》,见枣强县地方志办公室编：《故乡记——枣强县史志资料选编》,河北人民出版社2015年版,第540页。

② 柴桑：《求索——地理学家侯仁之的童年》,见新蕾出版社编辑：《科学家的童年（3）》,新蕾出版社1983年版,第95—96页。

③ 韩光辉：《侯仁之》,见《科学家传记大辞典》编辑组编：《中国现代科学家传记》第1集,科学出版社1991年版,第412页。

  侯仁之："我的家庭，受到基督教传入中国的影响。这个基督教传入，是代表西方文化的侵略，可是其中也有另外一种情况，我从小接触到上海广学会出版的儿童文学，福幼报，文章写了，很多小书，介绍世界其他地方儿童，特别是介绍非洲儿童的小书对我影响很大。"①

  侯仁之："我出身于一个基督教家庭，从小在教会学校读书，自己也信仰基督教以博爱和服务为宗旨的教义。"②

1914年　3岁

背景
6月10日　在美中国留学生发起成立中国科学社。
本年　第一次世界大战爆发。

纪事
  本年　侯硕之出生，乳名"重临"。侯硕之与侯仁之兄弟感情甚笃，对侯仁之的人生历程和学术道路产生深刻影响。

  侯馥兴："父亲出生时他的母亲已年近四十。我的祖父母喜出望外，为长子取名光临。两年后又添次子，取名重临，学名硕之。仁之和硕之在母亲的爱护和独出心裁的教养下，养成喜爱读书、爱惜书籍和节俭勤劳的习惯。硕之聪慧早熟，如与仁之同年。兄弟二人自幼同生共长、手足情深。初中毕业的那一年母亲病逝，兄弟相依益亲。"③

---

① 金涛：《追忆仁之师的风采与教诲》，见北京大学历史地理研究中心编：《走近侯仁之——恭贺侯仁之先生百岁寿辰》，学苑出版社2011年版，第78页。
② 陈光中：《侯仁之》，生活·读书·新知三联书店2005年版，第77页。
③ 侯馥兴：《我的叔父侯硕之——仁之硕之手足情》，见郝斌等编辑：《回眸侯仁之》，大统图书股份有限公司（台北）2008年版，第143页。

1918年　7岁

背景

11月11日　第一次世界大战结束。

11月15日　李大钊在《新青年》上发表《Bolshevism的胜利》。

纪事

本年　入读枣强县萧张镇抡才学校高级小学，后因体弱多病而数次休学。

民国《枣强县志》："萧张镇有私立抡才男女两级小学校一处"①，设于村南，男女生共七班，学生204名。

民国《枣强县志》："枣邑耶稣教堂只萧张一处，楼垣高耸，气象宏厂。开医院，建学校，设备亦极完善。城内西街附设一处，只有教民。"②

考异：关于侯仁之就读的小学，又有恩县庞庄崇正小学一说。刘洪升的《我"坎坷革命"的一生》（未刊网文）称"庞庄崇正小学设有男女同班的六个班级，广收附近各村农民子女，在其存在的数十年间，确实培育了不少人才。现任北京大学教授、燕京研究院长的侯仁之便是其一"。此说存疑，尚待核实。

——登上萧张镇附近的索泸河沙丘，留下深刻印象，对侯仁之后来开辟沙漠历史地理考察有一定影响。

侯仁之："大约是在我刚入小学后不久，年长的同学们在一个假日里把我带到几公里外的一带沙丘地区去远足。当我远远看见这些突起在地平线上的在阳光下反射着白光的沙丘时，真是高兴极了。我们选择了最高的那

---

① 民国《枣强县志》卷四《教育》，《中国方志丛书》影印民国二十年铅印本。

② 同上书卷五《风土·宗教·耶苏》。

正 谱 | 13

一个沙丘，努力爬到它的顶上；在那里，我们看到有一些高大的果树被埋没得只剩了一些树尖尖。我站在沙丘顶上，欢呼跳跃，因为在这里我看到了一个更大的世界，我的眼界开扩得多了，我第一次在高处看到了我所走过的蜿蜒的道路，但是我的村庄却退出了我的视线之外，我想这世界真是不小啊。"①

侯仁之："正是我儿时和沙丘的这点因缘，使我在成年之后的沙漠考察中有着一种难以言喻的亲切感，我一直都是在炎热的夏天——也就是利用暑假，深入沙漠，不以为苦，反以为乐。为此，我终于开拓了沙漠历史地理这项科学研究的新领域，这又哪里是我儿时所能预料到的呢？"②

1919年　8岁

背景

5月4日　五四运动爆发。

本年　汇文大学、协和大学等校合并成为燕京大学。司徒雷登出任校长。

纪事

本年　继续在萧张镇抡才学校高级小学读书，加入响应五四运动的游行队伍是侯仁之所受爱国教育的重要起点。

侯仁之："那是在我小学二年级的时候发生在北京城里的青年学生们的爱国游行示威运动，居然也影响到我们深在内地的小镇上来。我记得最清楚的是母亲为我换上一身白色衣服。帮我做了一面小纸旗拿在手里，送我和小同学们一齐去参加示威游行。这就是发生在1919年的五四运动，自然是到我

---

① 侯仁之：《我爱旅行》，见《步芳集》，北京出版社1981年版，第96页。
② 侯仁之：《儿时的回忆》，见侯馥兴编：《师道师说（侯仁之卷）》，东方出版社2013年版，第61页。

长大之后,我才真正认识到这次运动的伟大意义。我真幸运,在我一生所身受的爱国教育中,能有这样一个不平凡的起点。"①

——阅读《福幼报》,深受影响,启发了侯仁之对地理考察的兴趣。

侯仁之:"到了小学高年级,母亲又为我准备了课外读物。她是个虔诚的基督教徒,那时基督教在上海有个名叫'广学会'的出版机构,编辑出版了一种儿童刊物《福幼报》和一些儿童故事书,这是母亲为我订购课外读物的主要来源。我从《福幼报》中读到了一些取材于《圣经》的故事,同时也就养成了课外阅读的习惯。但是我最感兴趣的却是描写英国医生李文斯敦因传教而深入非洲内地进行探险的故事书。年长之后我有机会去英国留学,还曾特意去访问过李文斯敦的故居。至于在我一生中对于地理考察的兴趣,应该说最初还是来自儿时的课外阅读。"②

案:《福幼报》(Happy Childhood)由设在上海的基督教出版机构广学会(Christian Literature Society)编辑,是以宗教教育为宗旨的儿童杂志,前身为创办于1889年的《成童画报》。又,李文斯敦(David Livingstone, 1813—1873)是苏格兰基督教公理会医学传教士、旅行家,以在非洲的传道和探险著称于世。

1926年　15岁

背景

3月18日　段祺瑞执政府制造"三一八惨案",燕京大学女生魏士毅牺牲。
5月20日　北伐战争爆发。

---

① 侯仁之:《人生的回忆》(节录),见邓九平主编:《中国文化名人书系·谈人生》中册,大众文艺出版社2004年版,第473页。
② 侯仁之:《我的母亲》,见邓九平主编:《中国文化名人忆母亲·寸草心》第一册,同心出版社2004年版,第333页。

本年　燕京大学从北平城内迁至西郊新校址。

纪事

本年　因堂兄侯成之的介绍,到德县博文中学初中一年级就读。在校期间,侯仁之积极参加体育锻炼。

案:德县博文中学,初名博卫中学,1916年由美国基督教公理会创办,今为山东省德州二中。该校因纪念在侯仁之故乡庞庄传教的博恒理、卫曙光(Ellen G. Wyckoff)、卫恩光(Helen G. Wyckoff)而得名,后由庞庄迁至德县。博文中学与齐鲁大学、通县潞河中学、燕京大学有着密切联系,曾在博文中学就读的知名人士还有侯道之、侯成之、侯纯之、侯硕之、侯同之、侯金镐、侯玉秀、管玉珊、王维屏、高沂、项堃等。侯成之毕业于东吴大学,擅长田径。1924年,东吴大学与中华全国基督教协会合办体育专修科,后又独立创办4年制体育本科。1927年8月,侯成之代表中国参加在上海举办的第八届远东运动会,参赛项目为田径全能。

侯仁之:"其实我小时候身体很不好,连续两年都因为身体原因升不了学,后来我父亲就把我送到博文中学,这就说来话长了。那时我的一个堂兄侯成之,他是东吴大学体育系毕业的,就在德州博文中学教体育。博文中学是个教会学校,它有很大的操场,包括篮球场、网球场、足球场。我父亲就想让我跟着堂兄把身体锻炼好。"①

---

① 梅辰:《晚晴在心,扬鞭奋蹄——访著名历史地理学家侯仁之先生》,见《人文大家访谈录》,中国文联出版社2005年版,第150—151页。

1927年　16岁

背景

2月19日　收回九江、汉口英租界。
4月12日　四一二反革命政变发生。
5月9日　中国、瑞典两国科学家组成的西北考察团启程。
8月1日　南昌起义爆发。

纪事

本年　继续就读于德县博文中学，积极参加体育锻炼，养成了对长跑的爱好。

　　侯仁之："那时候，同学们下了课打篮球，都是自组阵容，由两个同学挑选队员，甲挑一个、乙挑一个……每次挑到最后，总是没人挑我，因为我太弱、太瘦小了。没人挑我，我就自己绕着操场跑步，每天跑，我的堂兄也鼓励我。到了第二年春天，学校开运动会，同学们都推举我参加1500米的比赛，为班级争分。到了比赛的时候，我跑了一段，回头一看，一个人也没有跟上来。从那以后，身体就真的好起来了。"[1]

　　侯仁之："我的经验证明：一个人只要有适当的锻炼，而且持之有恒，就可以增进健康，加强体质，变忧郁为乐观，从而也大大增加了自己对生活的兴趣。生铁经过千锤百炼可以变成钢，我想人的身体也是这样，只要坚持锻炼，虚弱的身体也会变得强壮。"[2]

——积极参加抗日宣传活动，开办平民学校，创办《离离草》校刊，并出演

---

[1] 梅辰：《晚晴在心，扬鞭奋蹄——访著名历史地理学家侯仁之先生》，见《人文大家访谈录》，中国文联出版社2005年版，第150—151页。
[2] 侯仁之：《身体要锻炼才能坚强》，见《侯仁之燕园问学集》，上海教育出版社1991年版，第94页。

正 谱 | 17

话剧《山河泪》，受到爱国主义教育。

侯仁之："我在初中二年级时，曾和同学们一块上台演过一个爱国主义的话剧《山河泪》，我曾为这个剧本感动得热泪盈眶，而且在演出中也尽力扮演了自己的角色，这次演出也是我参加过的惟一的一次。"①

案：《山河泪》，侯曜著，商务印书馆1925年5月初版，为文学研究会的通俗戏剧丛书第4种。侯曜（1900—1945，广东番禺人）曾就读于南京高等师范学校、东南大学，剧作家兼导演。该剧本取材于《韩国独立运动之血史》《韩国真相》和英文的《高同谋之独立运动》等书。

曾尚文："13岁时，侯仁之随堂兄来到山东德州博文中学读书。这里藏书丰富，思想活跃。美国的《独立宣言》，中国近代的'以夷制夷'学，五四时期许多大作家的忧国忧民之作，他都如饥似渴地广泛涉猎。书，像盏盏明灯，把他引上了救国救民的道路。学习之余，仁之发动进步同学在德州城里开办了一所平民学校，免费教穷人孩子识字、学文化，宣传抗日救国思想。……学校是个大舞台，它给热情活跃的侯仁之提供了一个锻炼、成长的天地。他组织学生会创办了《离离草》校刊，撰文激励同学为中华之崛起而读书。他还代表学校，积极参加当地中学联合举办的'抗日演讲'宣传活动，控诉日寇的暴行。"②

---

① 侯仁之：《儿时回忆》（节录），见邓九平编：《文化名人：忆学生时代》下，同心出版社2004年版，第26—27页。
② 曾尚文：《赤子心》，见任理勇主编：《中外名人少年》，辽宁少年儿童出版社1993年版，第65—66页。

1928年　17岁

背景

4月　红军在井冈山会师。

5月3日　日军制造济南惨案。

12月　张学良通电宣布东北易帜。

纪事

本年　继续就读于德县博文中学,参加博文中学体育委员会。

——叔父赠送侯仁之一本陆尔奎、方毅编纂的《四角号码学生字典》(商务印书馆1928年版),对侯仁之的自学大有帮助。

1929年　18岁

背景

9月9日　北平研究院成立。

本年　吴雷川出任燕京大学校长,司徒雷登改任校务长。顾颉刚应聘该校教授。

——清华大学、中山大学设置地理系。

纪事

夏　母亲因心脏病去世,葬于萧张镇抡才学校附近公墓,墓碑刻"侯刘氏之墓"。母亲对侯仁之走上从事教育的道路有深刻影响。

　　侯仁之:"母亲既生我育我,又期待我走上一条她心目中最有价值的人生道路。我清楚记得,在我迈入中学的时候,她就流露出对我的一种期待说:'等到有那么一天,我能坐在课堂里最后一排位子上来听你讲课,该是多么高兴啊!'可是,还没有等到我能够满足母亲这最初的一点希望时,她

就与世长辞了。"①

秋　初中毕业后，赴济南齐鲁大学附属高中就读。按照父亲的设想，希望侯仁之将来做医生。

案：齐鲁大学是基督教会创办的学校，设有文理、医学、神学等学科，其医学学科可追溯到1903年创办的共合医道学堂（Union Medical College）及后来的山东基督教共合大学（Shantung Christian University）医科，并设有附属医院。二者后来发展成为山东大学齐鲁医学院、山东大学齐鲁医院。

柴桑："一天父亲把他叫到身旁，问道：'光临，你对升学有什么想法？'侯仁之茫然不知如何回答。对于未来，他的脑子里依然是朦胧的，他兴趣广泛，似乎所学过的功课对他都有吸引力。父亲见侯仁之没有开口，便把他考虑已久的想法讲了出来。父亲首先把侯仁之和弟弟侯硕之两人的性格做了一番比较，他认为弟弟性格刚强，处事果断，思维敏捷，因此父亲觉得他应该朝理工种方向发展。'你的性情随和，待人热情，做事细心，所以我考虑你将来适合做一个医生。'父亲说。父亲接着对侯仁之说，他经过再三考虑，决定送他上济南的齐鲁大学附属高中去念书。"②

冬　齐鲁大学因未获山东省教育厅立案，爆发学潮，附属高中停办。侯仁之返回德县博文中学读高中。

---

① 侯仁之：《我的母亲》，见侯馥兴编：《师道师说（侯仁之卷）》，东方出版社2013年版，第57页。
② 柴桑：《求索——地理学家侯仁之的童年》，见新蕾出版社编辑：《科学家的童年（3）》，新蕾出版社1983年版，第103页。

著述

夏　以《圣经·旧约》为素材，以"被压迫的一定要得解放，被俘虏的一定要得自由"为主题创作话剧《基甸救国》，发表于济南齐鲁大学主办的《鲁铎》杂志第2卷第1号。该文是目前所知侯仁之署本名公开发表的第一篇文章，也是唯一的剧本。

1930年　19岁

背景

3月　国民政府废除道制，施行省县两级地方行政制度。
5月　军阀"中原大战"爆发。

纪事

本年　在德县博文中学读高中，担任校刊《博文季刊》编辑部主任。因国文成绩优秀，名列高中组第一名，获得过学校专设的年度国文奖金，且因名列全校第一而被加奖一份全年的《东方杂志》。

著述

10月3日　写成《从欧战后印度民族的自治运动说到独立运动》，后刊于1931年2月《博文季刊》（德县私立博文中学校刊，第二、三合订本）。

1931年　20岁

背景

4月　管理中英庚款董事会在南京成立。
9月18日　侵华日军发动九一八事变。
本年　燕京大学文科研究所历史学部成立。

纪事

5月中旬　代表博文中学参加山东省第二次运动会的男子高级组的跑步项目。

9月初　从博文中学转学至通县潞河中学。侯仁之首次来到北平，为后来从事北京历史地理研究种下"一粒饱含生机的种子"。此前，侯仁之、侯硕之兄弟欲转学天津新学中学，但侯仁之因英文成绩欠佳，未通过面试。

案： 德县博文中学系教会学校，未在政府备案，学生无法直接报考大学。因此，侯仁之转学到通县潞河中学。博文中学与潞河中学是同出一个教会系统的兄弟学校。侯仁之转学至潞河中学，与侯金耀（镜川）或有关系，此人是山东恩县人，时任通县潞河中学史地教员。侯仁之在潞河中学读书期间继续锻炼身体，从事写作，在校刊《协和湖》（通县潞河中学学生会出版股）上发表多篇文章。

侯仁之： "我作为一个青年学生，对当时被称作文化古城的北平，心怀向往，终于在一个初秋的傍晚，乘火车到达了前门车站（即现在的铁路工人俱乐部）。当我在暮色苍茫中随着拥挤的人群走出车站时，巍峨的正阳门城楼和浑厚的城墙蓦然出现在我眼前。一瞬之间，我好像忽然感到一种历史的真实。从这时起，一粒饱含生机的种子就埋在了我的心田之中。在相继而来的岁月里，尽管风雨飘摇，甚至狂飙陡起，摧屋拔木，但是这粒微小的种子，却一直处于萌芽状态。直到北平解放了，这历史的古城终于焕发了青春，于是埋藏在我心田中并已开始发芽的这粒种子，也就在阳光雨露的滋养中，迅速发育成长起来。正是因为这个原因，我对北京这座古城的城墙和城门，怀有某种亲切之感，是它启发了我的历史兴趣，把我引进了一座富丽堂皇的科学探讨的殿堂。"①

9月18日　九一八事变爆发。侯仁之积极参与抗日宣传，参加演讲竞赛，接

---

① 侯仁之：《〈北京的城墙与城门〉序》，见《奋蹄集》，北京燕山出版社1995年版，第23页。

受学生军军事训练。

侯仁之："那时震撼了祖国大地的'九·一八'事变刚刚过去不到5个月，淞沪之战的灰烬还在燃烧。在这期间，青年学生奋起抗日，挽救祖国危亡的浪潮，也曾一时席卷我所在的学校，我也毫无例外地和同学们一起组织起来，上街下乡宣传抗日。我还曾代表我的学校参加全城中学生的抗日演讲竞赛。我们还自动组织了学生军，请来一位义务军事教官，接受正规的军事训练。后来，这位义务教官不见了。不久，其他的抗日宣传活动也都停顿下来。一阵轰轰烈烈的爱国学生运动，正如某些人所嘲笑的那样：'五分钟的热度'，又烟消云散了。"①

侯仁之："中学最后一年我到北京通县上学，就是现在的一中。在通县时赶上'九·一八'事变。我们那时有军事教官，教官是冯玉祥的弟弟。早上5点钟必须起床，用冰水洗脸。我的老师姓王，解放后任河北省政协主席。王老师带我们到李卓吾墓前，向我们灌输反抗思想：李卓吾敢于收女弟子，思想观念超前，了不起。后来王老师到寒假以后再没来上课。我曾代表我校参加抗日演讲比赛。我当时想回乡间当教师，是朦胧的想法，受俄罗斯文学艺术家到民间去的思想的影响。"②

案：侯仁之所称"王老师"当为王乃堂。王乃堂（1898—1967）为河北迁西人，曾就读于滦州省立第三师范、燕京大学。1931年7月—1937年6月，他在潞河中学担任国文教师。1927年，他加入中国共产党，积极从事抗日救国活动，曾任中央人民政府司法部第三司司长、河北省政协副主席等。

侯仁之："那年秋天，同学们掀起了轰轰烈烈的学生运动，宣传抗日、抵制日货、检查日货、军训。那时候真是有爱国热情。正好啊，潞河中学旁边住着一户人家，姓李的，是李德全的弟弟。李德全呢，就是冯玉祥的夫

---

① 侯仁之：《饮水思源，写给〈中学生〉》，见《侯仁之燕园问学集》，上海教育出版社1991年版，第83—84页。

② 士方：《老而弥坚侯仁之》，载《海内与海外》2007年第5期。

人。李德全的这个弟弟是日本士官学校毕业的，不同意南京政策。同学知道了，就把他请来做军训的教官。"①

案：李德全（1896—1972），河北通县（今北京通州区）人，是爱国将领冯玉祥的夫人。其弟李连海（1905—1973），1928年赴日本陆军士官学校第21期炮科学习。

12月31日 学联反日会在潞河中学礼堂主办救国讲演及论文竞赛会，来自潞河中学、河北省立第十师范学校、通县县立乡村师范学校、富育女中等4校的12名演说员参加讲演。侯仁之获得讲演比赛的第三名，获颁书籍作为奖品。

著述

11月6日 潞河中学校刊《协和湖》出版"抗日救国专号"，刊发侯仁之10月25日所写的《民族的反省》一文。

侯仁之："事到如今，凡我同胞之莫不顿足切齿以期有以报复，以至于打倒日本帝国主义者，简直是不容讳言的事实了！风起云涌，全民鼎沸，其势焰之盛大有将弹丸日本一吞而下之慨，然而事实上能让你只作了一时感情的发泄便可永奏凯旋之歌么？恐怕不会这么容易。'知己知彼，百战百胜'，要打倒日本帝国主义，固不如此容易，要认识日本帝国主义，却更困难，原因是一切事实的真相，都被一层层痛恨的气焰笼罩了！我们不要再把'打倒日本帝国主义'悠然地喊在口里而又轻轻地贴在墙上，要把它看成一个非常困难而严重的问题刻在心上，努力于一切力的准备，扫除旧日浮躁、淫侈、怠惰、放浪的恶习，从每个人的日常生活上建设起来，殷勤、刻苦、实践、奋斗——造成整个民族生活的中心，产生整个中心生活的信仰，巩固整个民族'生活'与'做人'的力量。这不仅是为了对付日本，更是为了中华民族在人类历史上所负的社会的任命。不这样不足以领导世界的弱小，不

---

① 陈光中：《侯仁之》，生活·读书·新知三联书店2005年版，第18页。

这样中华民族便失掉了它领导世界被压迫阶级打倒少数剥削阶级以共同建设社会主义社会的职务与责任！每一个潞河同学，每一个中华民国人，就请从自己的生活习惯上根本破坏，再重新建设！"①

本年 《中学生》杂志1931年第14期刊发署名"侯仁之"的《怎样对付不良的教师》。此文后收于王风主编的《民国时期中学生读本·自己的文章》（天地出版社，2012年）。

侯仁之："我想最善的应付之策莫如：不但不对那门功课懈怠，反当加意地研究，有难解的地方执以问难，讲解时也更该加意细听，遇有讲得含混或错误的时候，便立予纠辩。那么，无学问的教师或者自觉能力不足，便自引退，或者更充实地做课外的参考准备；有学问而滑头的教师也不得不硬起头皮来看看书；没有学问又滑头的教师呢，或许因这一击而切实地做学问，真正地做人，也未可知呢。即结果没有如此乐观，他也决不敢也决不能撒烂污了。如此，既不触犯校规，且可造成一个勤学好问的校风；既不荒疏自己的学业，又可养成自由研究独立探讨的习惯；既惹不起教师的反感，又可唤醒他的蒙蔽已久的良心，使有改善的机缘。良心尚未丧尽的教师，经此一番教训，在学问上，一定可努力深造，在人格上，也可刻刻求进，虽不把他弄走，我们也可无害。即把他弄走，他也不致到他处做灾去了。至于脸皮厚的教师不觉悟，那只好以前者的方法来对付他，这时也并不显得卤莽了。"②

评介

5月12日 《大公报》第8版载，侯仁之参加山东省运动会男子高级组

---

① 侯仁之：《民族的反省》，转引自徐华、张洪志编著：《潞河中学史话》，社会科学文献出版社2014年版，第141—142页。
② 侯仁之：《怎样对付不良的教师》，载王风主编：《民国时期中学生读本·自己的文章》，天地出版社2012年版，第2页。

一千五百米决赛,获得第三名。

5月14日　《申报》第10版载,侯仁之参加全省运动会二百米比赛。

5月17日　《大公报》第8版载,侯仁之当选华北运动会的山东省"高级田径代表",参加八百米、一千五百米项目。

1932年　21岁

背景

1月　东三省沦陷,随后成立伪满洲国。

1月28日　侵华日军进攻上海,一·二八抗战爆发。

11月1日　国民政府成立参谋本部国防设计委员会。

本年　哈佛燕京学社北平办事处成立。

纪事

2月　因思想苦闷,赴北平城里前门外杨梅竹斜街开明书店购买1932年1月的《中学生》杂志。该期杂志以《贡献给今日的青年》为题刊发陈望道、鲁迅、顾颉刚、曹聚仁等人的一组文章。侯仁之读到其中顾颉刚呼吁"到民间去"的文章,深受教益。

案：顾颉刚（1893—1980），江苏苏州人,历史学家。1920年,他毕业于北京大学,曾任职于厦门大学、中山大学、燕京大学、云南大学、齐鲁大学、中央大学、中国科学院（中国社会科学院）历史研究所等。顾颉刚是古史辨运动的倡导者,创办了禹贡学会,其著作结集为《顾颉刚全集》（中华书局,2010年）。

顾颉刚："假如我的面前站着一个中学生,他问我现在的局面之下有什么路走,我将答说：无路可走。……你如果问我,应开出怎样的路,我将答说,'到民间去'是现在尚未开而将来必应开的大路。……我们所要下死功夫研究的,就是怎样可以把自己的脊梁竖起来,真正去唤醒民众,做有效的

抵抗！"①

侯仁之："1932年2月，正是学校的寒假期间。……一个寒风凛冽的清晨，我决定沿着这条铁路直奔北平城，目的只有一个，就是到前门外杨梅竹斜街的开明书店，去买刚出版的1932年1月的《中学生》。……总题目是《贡献给今日的青年》。这一组短文，正如阵阵春风，在好像是一潭死水的我的心灵深处，激起了翻腾不息的波澜。其中一篇特别触动了我的，是后来作为我的老师的顾颉刚先生写的，他激励青年，在国难日急，似乎是走投无路的时刻，要下定决心去开辟自己前进的道路。这条道路就是'到民间去'，就是'怎样把自己的脊梁竖起来，真正去唤醒民众'，以挽救危亡。"②

高沂："我的同学侯仁之，就是那个当今大名鼎鼎的北大地理学教授，那时常常在周末步行进城，到前门买一本《中学生》，再返回来。"③

春　参加潞河中学春季运动会，获得3000米长跑冠军。

5月　受潞河中学校长陈昌佑推荐，到燕京大学参加特别入学考试。国文科目考试的主考人为冰心，这是侯仁之第一次与冰心见面。当时，侯仁之面临去燕京大学学历史或到齐鲁大学学医的人生选择。受顾颉刚、陈昌佑以及胞弟侯硕之等人的影响，侯仁之最终决定到燕京大学学习历史。

侯仁之："我本来应当是学医的，我父亲本来让我学医，那年我已经高中三了，要毕业了。有一天，学校的陈昌佑校长找我，他和我父亲认识。他说：'怎么样，要毕业啦，怎么打算？'我正在考虑，怎么能像顾颉刚说的那样，到民间去呢？……因此，陈校长找我，问有什么打算的时候。我说，我想回原籍，教小学。我想到民间去，我正在考虑这个问题。陈昌佑校长

---

① 顾颉刚：《贡献给今日的青年》，载《中学生》第21期，1932年1月。

② 侯仁之：《饮水思源，写给〈中学生〉》，见《侯仁之燕园问学集》，上海教育出版社1991年版，第83—85页。

③ 高沂：《沂水流长——我的往事忆语》，人民教育出版社2008年版，第27页。

说：'不行啊，你要考学啊，学医啊。'我说对学医没兴趣，我看见顾颉刚的书了，看了他的序了。陈校长说：'顾颉刚是燕京大学的历史系教授，你应该到燕京大学去向他学习。'这个陈校长真好。他说：'你的成绩可以保证投考，得奖学金。'"①

侯仁之："我少年时期受益最大的有三本书，都是商务出版的。第一本是冰心女士的《超人》，这是我初中一年级时以偶然的机会看到的。……后来我投考燕京大学，参加经过中学保送的特别考试，只考中文和英文。中文试卷正是谢冰心老师命题的，要求写文言文和白话文各一篇，文言文的题目是'论文学革命与革命文学'，白话文的题目是'雪夜'。不过到那时我还一直不认识谢老师。"②

侯仁之："现在皑皑白雪深深覆盖了'达特慕思'的大地，'雪夜'奇境重现眼前。回忆60年前燕大的入学考试，仿佛又回到了自己的青年时代。我师名言：人生从八十开始！展望未来，自当更加勤勉。"③

侯仁之："我的训练在中学时很不全面，特别考试只考英文和国文，我恰恰在这方面有点长处，它如果按普通考试，要是考数理化，我不一定考得上。……5月提前考试，一下子取得四年免学费，过去都说燕大是贵族学校，穷人进不去，我取得了奖学金。从此确定了我的人生方向，目的还是想学的东西为国家所处的危难状态有用。"④

9月1日　通过特别考试，获得4年奖学金，进入燕京大学。燕京大学同期入学者（合称一九三六班）共有194人。

案：与侯仁之同年进入燕京大学的还有陈翰伯、陈梦家、徐献瑜、许宝

---

① 陈光中：《侯仁之》，生活·读书·新知三联书店2005年版，第19页。
② 侯仁之：《良师益友常相伴》，见《侯仁之燕园问学集》，上海教育出版社1991年版，第4—5页。
③ 王炳根：《世纪情缘·冰心与吴文藻》，安徽人民出版社1999年版，第127页。
④ 金涛：《追忆仁之师的风采与教诲》，见北京大学历史地理研究中心编：《走近侯仁之——恭贺侯仁之先生百岁寿辰》，学苑出版社2011年版，第85页。

骥、葛启扬、廖泰初、林耀华、卢鹤绂、李子魁、沈乃璋、邓嗣禹、王汝梅（黄华）、翁独健、吴世昌、杨荫浏、袁家骝等男生，以及邓懿、王同惠等女生。

侯仁之："一九三二年九月，燕京大学教务处注册课正式公布本科一年级新生注册人数共一百九十四名，内男生一百三十二名，女生六十二名，是即'一九三六班'之最初组合。……我班大一，始于一九三二年九月一日，去'九一八'事变不过一年，去淞沪会战亦止数月。"①

9月18日　燕京大学学生会和中国教职员抗日会在大礼堂举行"九一八"周年纪念活动。

9月24日　燕京大学新生招待委员会在颐和园万寿山为全体同学及教职员举办迎新游园会。

——燕京大学历史学系毕业生及在校生谭其骧、朱士嘉、邓嗣禹等，联合北平各大学历史学研究生，发起成立以"阐明史学，发扬文化"为宗旨的北平史学会。10月16日，北平史学会在中山公园水榭召开成立大会，邓之诚、陶希圣、陆懋德等人出席，谭其骧、邓嗣禹、谢兴尧、柴德赓、吴晗等11人当选为学会职员。

案：北平史学会筹备委员会由谭其骧、丁迪豪、朱士嘉、凌大珽、李树新、陈大经、谢兴尧、邓嗣禹、柴德赓、黄现璠等人组成。其研究项目分为综合研究（包括通史组、上古史组、中古史组、近古史组）、分类研究（包括民族史组、交通史组、译述组、经济史组、典章制度组、史学方法组、社会史组、地理沿革组、政治史组、考古组）两种。

9月28日　一九三六班召开第一次全体大会，选出第一届本校学生自治会代表大会代表及本班执行委员。11月25日，该班执委制定《北平燕京大学校一九三六班班宪》，确立"燕京大学一九三六班班会"名称，制定"练习团体生活，增进同学幸福，并求学识的进步，及个性上的发展"宗旨。同年12月，该班

---

① 侯仁之：《班史》，载《燕大年刊》，1936年。

正谱 | 29

执委出版股发行《一九三六双周刊》。

10月13日　燕京大学历史学系教授洪业在穆楼103教室做题为《燕大校址考》的演讲。洪业在演讲会上称自己将出版关于燕京大学校园小史的专著。

——燕京大学历史学会在燕南园53号任清玉宅召开迎新大会。邓嗣禹当选为学会主席。

下半年　在燕京大学学习普通课程。

——在燕京大学校园图书馆附近发现魏士毅女士纪念碑和铭文，思想上受到震撼。

侯仁之："细读这篇铭文，我不禁联想到，如此强烈谴责当时的军阀反动政府的石刻，既是燕京大学青年学生爱国主义的重要标志，又是燕京大学领导维护和发扬青年学生爱国主义思想的无可争辩的说明。如今回想，这应该是我在燕京大学所接受的爱国主义教育的第一课。"①

——据说，侯仁之进入燕京大学之后，曾与王汝梅（黄华）同居一室。

案：黄华（1913—2010），本名王汝梅，河北磁县人，政治家、外交家。1932年入燕京大学，领导北平学生运动。1935年当选燕大学生会执行委员会主席、北平学联总交际，1936年加入中国共产党，燕京大学肄业。新中国成立后，曾任外交部部长、国务委员、国务院副总理兼外交部部长、全国人大常委会副委员长等职，生平详见《亲历与见闻：黄华回忆录》（世界知识出版社，2007年）。

赵嘉理："以上种种看得见的事实，不断冲击着当时每个青年学生的炽热的心。尽管道路不同，甚至不相为谋，燕大师生热爱祖国真是突出的。而在当时历史条件下，有矛盾，有斗争，有前进，有倒退，也就不足为怪

---

① 侯仁之：《我从燕京大学来》，见《晚晴集：侯仁之九十年代自选集》，新世界出版社2001年版，第37页。

了。……更有同屋四年各行其是，你革你的命，我读我的书，各不相扰。如王汝梅（黄华）和侯仁之。闻道有先后。况我芸芸众生乎。真是仁者见仁，智者见智。既尊重别人，也重视了自己。这就是风雨飘摇、动荡不定的三十年代初期大动荡中我们的心态。"①

评介

1月3日　《大公报》第5版报道侯仁之参加学联反日会在潞河中学礼堂主办的救国讲演的情况。

1月5日　《新天津》第2张第5版报道侯仁之参加通县五校反日论文演说竞赛获奖之事。

1933年　22岁

背景

3月4日　长城抗战爆发。

5月31日　《塘沽协定》签订。

纪事

1月9日　燕京大学学生会抗日会在大礼堂举行全体会员大会，到会者700余人。清华大学历史学系主任蒋廷黻应邀与会做演讲。当日晚，燕大学生代表大会在大礼堂召开全体代表大会，讨论抗日会工作。10日，燕大学生会抗日会主席吴世昌在大礼堂召开全体学生大会，大会要求男生尽量参加军队工作，女生尽量参加救护工作。

1月11日　因"榆关事件"爆发，燕京大学提前放假，学生参加"万顶钢盔运动""万斤咸菜运动""棉衣运动""钢刀运动"等抗日救亡活动。

——燕大学生会抗日会要求历史学系教授洪业在大礼堂做公开演讲。洪业称

---

① 赵嘉理：《燕园忆旧（其三）》，载《燕大校友通讯》1995年第19期。

"自从九一八事变以后,我即抱定少说话多做事主义"。

1月12日 燕大学生会抗日会在大礼堂举行全体誓词典礼。会议由抗日会主席吴世昌主持,校长吴雷川、校务长司徒雷登分别做演说。

1月16日 哈佛燕京学社在临湖轩宴请法国学者伯希和。学社干事博晨光、燕大校长吴雷川、校务长司徒雷登,文学院院长周学章,研究院委员会主席高厚德、历史学系教授洪业、顾颉刚以及黄子通、许地山、张东荪、郑振铎、陈垣、钢和泰、陈寅恪等40余人出席。

2月1日 燕京大学重新开学,恢复日常课业。

2月 洪业的《勺园图录考》作为引得特刊第5种出版。该书对于侯仁之的治学道路影响甚大,激发了侯仁之对北京史迹考察的兴趣。

> **案:** 洪业(1893—1980),号煨莲,福建侯官(闽侯)人,历史学家、教育家。福州英华书院毕业后留学美国,获哥伦比亚大学硕士学位。1923年回国后,长期执教于燕京大学,曾任文理科科长并兼图书馆馆长,主持哈佛燕京学社引得编纂处。1946年赴美国夏威夷大学讲学,1949年又赴哈佛大学,任哈佛燕京学社研究员。著有《杜甫:中国最伟大的诗人》(*Tu Fu: China's Greatest Poet*, Harvard University Press, 1952)、《洪业论学集》(中华书局,1981年),生平详见陈毓贤整理的《洪业传》(商务印书馆,2013年)。
>
> **侯仁之:** "最初,还是在我入学不久的时候,洪煨莲教授关于勺园研究的重要著作《勺园图录考》由燕京大学引得编纂处精印出版(序文写于1932年10月29日)。……随后,他又用英文写成了关于淑春园的研究。涉及燕京大学校园中大部分地方的重要历史情况,而且他还用英文在'大学讲演'中做了专题报告,深得师生欢迎。正是煨莲师关于校园历史的研究,引导我进行对于北京西北郊区历史上著名园林区的实地考察,进而又扩大到对整个北京地区开发过程的研究。"[①]

[①] 侯仁之:《我从燕京大学来》,见《我从燕京大学来》,生活·读书·新知三联书店2009年版,第3页。

舒衡哲："洪煨莲的目标就是要教学历史的学生用心倾听的技巧，不管多么悲伤的故事，甚至充满耻辱的故事，都必须被挖掘、被讲述、被记录下来。……这位历史系的新主任激励学生研究他们脚下的这片土地，洪煨莲关于海淀园林的一系列文章，包括有关奕𫍽的蔚秀园的一篇，都为侯仁之后来的研究打下了坚实的基础。"[1]

3月上旬　燕京大学师生应全国红十字会的要求，赶制卫生包，另外组织近郊及教职员儿童抗日会，举办国货展览等抗日活动。

3月18日　燕京大学在大礼堂举行"三一八"纪念会，到会者有400余人。张东荪教授做有关青年运动回顾及教训的演讲。学生赴圆明园给"三一八"死难烈士碑和魏士毅女士纪念碑献花。

3月　燕京大学一年级班选出校学生会代表大会代表，侯仁之当选。4月20日，燕大学生代表大会在穆楼召开本学期第一次代表大会。因出席人数过少，改为下周三在穆楼召开第二次代表大会。侯仁之、李清华、张淑义、陈伯流、陈翰伯、任宝祥、赵宗复、高君纯、杨培元、伍伯禧、林建宇、刘克夷等12人为会议代表。

案：3月底当选的一年级班校学生会代表有侯仁之（37票）、李清华（36票）、陈伯流（36票）、张淑义（34票）、任宝祥（34票）、陈翰伯（33票）、高君纯（32票）、赵宗复（32票）、刘克夷（32票）、伍伯禧（31票）、林建宇（29票）等11人。后又增选杨培元一人。

4月26日　胡适在燕京大学大礼堂做题为《痛苦的反省》的演讲。顾颉刚在成府蒋家胡同宴请胡适。侯仁之曾听过胡适在燕京大学的演讲。

上半年　开始在燕京大学附中兼课，侯仁之将此视为"教龄"的开始。侯仁之在燕大附中兼课时的学生包括熊秉明、曹天钦、谢希德等。本年春，侯仁之带

---

[1] [美]舒衡哲著，张宏杰译：《鸣鹤园》，北京大学出版社2009年版，第144页。

领学生到西山郊游，曾于梁启超墓前合影。

案：熊秉明（1922—2002），法籍华人，雕塑家、书法家。曾就读于西南联合大学、法国巴黎大学、巴黎国立美术学校等，执教于瑞士苏黎世大学、巴黎第三大学东方语言文化学院等。1983年获法国教育部棕榈骑士勋章。曹天钦（1920—1995），祖籍河北束鹿（今辛集），生于北京，生物化学家。毕业于燕京大学、英国剑桥大学，获博士学位。1952年与妻子谢希德回国，长期任职于中国科学院生物化学研究所，当选中国科学院学部委员。谢希德（1921—2000），福建泉州人，物理学家。毕业于厦门大学、美国史密斯学院和麻省理工学院，获博士学位。曾任复旦大学校长，当选为中国科学院学部委员。

熊秉衡、熊秉群："秉明二哥所在学校里有许多好老师，譬如国文老师李树源、历史老师侯仁之等，秉明二哥在日记中多处提到他们。其中，侯仁之常在他们年级的级会上发表讲话，可能侯仁之担任他们年级的导师或班主任之类的工作。而且，在1933年的日记中就已记有侯仁之的许多事，可是根据文献记载，侯仁之在1936年方才从燕京大学历史系毕业，可见侯仁之自1933年起在燕京大学附属中学教书是以大学生的身份兼任初中课程的。那时，他年仅22岁，不过由于他渊博的知识和对同学们满腔赤诚的爱心，博得了同学们对他的尊敬与爱戴。侯仁之讲过许多名人逸事以鼓励同学们奋发向上，还利用北平文物古迹较多的特点，带同学们前往参观瞻仰，例如梁启超的墓地等。秉明二哥的日记中多次记录有侯先生讲话的情形。"[1]

侯仁之："我入学之后刚刚半年，一个偶然的机会使我得以去附中兼课。开始我还有些踌躇，可是我想起了母亲的话，就好像一种内在的力量，驱使我去一面学、一面教，这也终于使我体会到'教学相长'确是至理名言。但实际上，我却更多地倾注了自己的热情在附中的教课上，这就使得我能够和比我更年轻的一代，一同成长，这是我所永远不能忘记的。我作为一

---

[1] 熊秉衡、熊秉群：《父亲熊庆来》，云南教育出版社2015年版，第137—138页。

个教师,应该说就是从这时开始的,算到今年元月预定的退休时间,我的'教龄'正好满55年。"①

1945年11月17日曹天钦致石泉函:"回想近数年来各友之发展,乃发现大家之启蒙,皆你所赐。子健,恺,永清,淑诚,启新,龙王,怀胸,树因,健行,富培,莼……及我自己,而大家又每每忘却此点,实为负义。忆初三时曾为仁之师写诗一首,形容修路者为行人所忘记,当时仁师颇不以为然。今你岂非修路人耶。"②

谢希德:"我所在的初中就是以前老的燕京大学的附中,很多当时在燕京大学念书的学生,为了勤工俭学,就在初中兼课,就像现在很有名的北大地质地理系主任侯仁之先生,那时候是我们附中兼课的老师。在他的影响下面,很多学生后来虽然不是学地理,可是在自然科学的领域里面,在自己工作过程里面,还是对地理有非常浓厚的兴趣,这个兴趣就是侯仁之老师培育的。"③

6月30日至7月6日 河北省基督徒学生联合会夏令会拟定在此期间召开。会议以"使命"为主题,讨论"中国基督徒学生对于民族复兴之使命"。张玮瑛参加会务部的图书股。

9月1日 一九三六班第二学年开学。侯仁之选修顾颉刚的中国古代地理沿革史课程。次年1月,参加该课程考试。同时选修该课者另有李子魁、王振铎、李素英等10人。侯仁之成绩为E,E即优秀(Excellent)。

9月14日顾颉刚日记:"本年选我课者有女生四,李素英、邝平樟、吴

---

① 侯仁之:《我的母亲》,见邓九平主编:《中国文化名人忆母亲·寸草心》第一册,同心出版社2004年版,第332页。
② 石泉:《石泉文集》,武汉大学出版社2006年版,第780页。
③ 谢希德:《培养全面发展的人才》,见王迅主编:《谢希德文选》,上海科学技术出版社2001年版,第108页。

维亚、杨毓鑫也。予课太枯燥，女生恐不胜任，奈何！"①

案：1934年顾颉刚日记末尾附有该课程成绩单。成绩单中有"民国廿三年一月学期考试：History 9 Ancient Chinese Hist. Geography； Fall；3；Mr.Ku；Spring，1934"②等字样。据此可知，顾颉刚（Mr. Ku）开设的中国古代地理沿革史课程的英文名称全称当为Ancient Chinese Historical Geography，课程编号为History 9，开设时间是秋季（Fall）的第三学期，成绩单制作时间为1934年春。1933年9月14日顾颉刚日记所载"李素英、邝平樟、吴维亚、杨毓鑫"4名选课女生，均见于该成绩单。该课共有11位选课者，除4名女生外，7位男生是侯仁之、张凌霨、刘树村、李延增、李子魁、陈家骥、王振铎。据上可知，1933年秋至1934年年初燕京大学的中国古代地理沿革史课程由顾颉刚开设，选修者有侯仁之等11人。

10月31日　燕京大学本季第四次师生大会在大礼堂举行。洪业教授做题为《心理建设》的演讲。

著述

10月10日　署名"仁之译"的《俄罗斯的一次河上旅行——残留的旧俄农野的一幅写照》刊于《新中华杂志》第1卷第19期，疑为侯仁之的早期译作。受此影响，侯仁之曾打算到乡下担任教师。

案：该文原作者为英国生物学家朱利安·赫胥黎（Julian Sorell Huxley，1887—1975）。这一时期，侯仁之与其胞弟侯硕之翻译了多篇介绍苏俄的文章，故推定该文的译者当为侯仁之。

侯仁之："我当时想回乡间当教师，是朦胧的想法，受俄罗斯文学艺术

---

① 顾颉刚：《顾颉刚日记》第三卷（1933—1937），联经出版事业股份有限公司（台北）2007年版，第87页。

② 同上书，第278页。

家到民间去的思想的影响。"①

评介

3月30日　燕京大学新闻学系主办的《燕京报》第1版刊登《大一班代表已选出十一人》，介绍侯仁之等11人当选为一年级班校学生会代表的情况。

1934年　23岁

背景

3月　翁文灏、丁文江、竺可桢等人在南京发起成立中国地理学会。

10月　中国工农红军开始长征。

本年　《中华民国新地图》由申报馆出版。

纪事

2月15日　聆听洪业在燕京大学"大学讲演"上所做的题为《和珅与淑春园——燕大校园历史的一段插话》的报告，深受影响。

> **侯仁之**："我惭愧的是未能继承我师的主要学业，但是他却把我引入了一项关于生活环境的探索中，从而为我研究北京的历史地理起了重要的媒介作用。这里我所指的有两件事，到现在还在影响着我。……第二是1934年2月15日他在燕京大学用英文所做的一次"大学讲演"，题目是He Shen and Shu-Chun-Yuan: an Episode in the Past of the Yenching Campus（和珅与淑春园——燕大校园历史的一段插话）。"②

---

① 士方：《老而弥坚侯仁之》，载《海内与海外》2007年第5期。
② 侯仁之：《登高自卑，行远自迩——三记我师洪业教授》，见《侯仁之燕园问学集》，上海教育出版社1991年版，第17页。

正谱 | 37

2月27日　燕京大学师生大会在贝公楼礼堂举行。洪业教授做题为《中日甲午战争之前后》的演讲。

3月17日　在燕京大学拜访顾颉刚。23日，顾颉刚宴请燕京大学学生，饭后同游圆明园、达园、颐和园，侯仁之、李素英、李子魁、王振铎、顾廷龙等人参与上述活动。

3月　加入顾颉刚、谭其骧主持的禹贡学会，后参与校订地图底本工作。

案：据1935年6月编印的《禹贡学会会员录》可知，1934年3月侯仁之加入禹贡学会，系创始会员之一，当时他住在燕京大学6楼。另有侯硕之、洪煨莲（洪业）、洪思齐（洪绂）于1935年3月加入禹贡学会。

谭其骧："一九三四年初，在他的创议之下，并约我合作，共同发起筹组'禹贡学会'，即日创办《禹贡》半月刊。……禹贡学会一共办了三年半，直到一九三七年'七七'事变发生后才被迫停办。我在前一年半不失为学会的一个重要角色，但这一年半的成就远远不及后二年。在后二年中，我只是学会理事之一（理事共七人：顾、谭、冯、钱穆、唐兰、王庸、徐炳昶）、刊物撰稿人之一，没有出多大的力。当时为学会出力最多的除顾先生外，主要是冯家升、张维华、韩儒林、白寿彝、顾廷龙、吴丰培、侯仁之、史念海等，多数都是我的同学。"①

彭明辉："源于北方学统的禹贡学派，其治学方法本于朴学考据，在历史地理学研究方面，系从沿革地理入手，且归本于史学而非地理学，加上禹贡学会创始人顾颉刚和谭其骧的研究领域属古代史，主要成员如冯家昇、史念海、侯仁之、白寿彝、杨向奎等人，研究范围亦以古代史为主，且多本于考据之学；侯仁之和白寿彝是禹贡学派中少数一手古代一手当代者，其余诸人大抵均谨守朴学考据的法度。"②

---

① 谭其骧：《谭其骧自传》，见北京图书馆《文献》丛刊编辑部、吉林省图书馆学会会刊编辑部编：《中国当代社会科学家》第四辑，书目文献出版社1983年版，第329—331页。
② 彭明辉：《历史地理学与现代中国史学》，东大图书股份有限公司（台北）1995年版，第356—357页。

杨向奎："谈到中国近代历史地理学，不能不谈到顾颉刚先生创建的'禹贡学会'，和他与谭其骧先生合编的《禹贡》半月刊，这实际是中国近代历史地理学的奠基时期。由此而发扬光大，逐渐形成以谭其骧、史念海、侯仁之三先生为首的三大学派。……侯仁之先生自五十年代开始从事北京城市的研究，七十年代开始又研究淄博、邯郸、承德等城市，尤其是对北京城的研究成果，在相当一段时间内，可能无法超过。七十年代开始对沙漠之变迁感兴趣，做了不少工作，这对我国沙漠变迁的研究有开创意义。"①

4月24日　在燕京大学拜访顾颉刚。

5月5日　顾颉刚组织师生赴龙骨山北京人遗址考察。侯仁之、侯硕之兄弟与向达、贺昌群、容媛、王育伊、李子魁、王振铎、顾廷龙、李安宅等人参加，裴文中、贾兰坡陪同考察。

5月12日　与顾颉刚、王振铎、张全恭等人游览前门、厂甸、通州潞河中学等地。次日游览李卓吾墓、运河等地，乘车返回北平城。

6月24日　顾颉刚组织燕京大学、北京大学学生赴紫竹院、万寿寺、五塔寺、大佛寺等地考察。侯仁之、王育伊、李子魁、王振铎、张璿、杨向奎、高去寻、贺次君等人参加。

6月28日　在燕京大学拜访顾颉刚。7月4日、25日，又拜访顾颉刚。

暑假　受斯文·赫定的《亚洲腹地旅行记》的影响，只身赴华北平原旅行，途经巨鹿、南宫、冀州、枣强等地，探访大陆泽、巨鹿古城及古战场等历史遗迹。途中，到萧张镇祭扫母亲坟茔。

侯仁之："我在青年时代所做的第一次的长途徒步旅行，那是在我大学二年级的暑假，由于阅读了一位旅行家的自传之后，引起了浓厚的兴趣，就决心独自做一次长途的徒步旅行。我选择了东西横贯华北大平原腹地的一条路线，约长三百公里，中间包括三处对我说来是很有兴趣的地方。一处是

---

① 杨向奎：《杨向奎教授序》，见史念海：《河山集》三集，人民出版社1988年版，第2—3页。

一个有名的古代湖泊的故址,这一个湖泊早已淤为陆地;第二处是一个九百年前由于黄河泛滥而为泥沙淤垫了的城市,后来由于农民耕种而偶然发现了它,遂成为一个考古的中心,而且我在当时北京的历史博物馆里已经看见了这里出土的东西;第三处则是位居平原中心的一个有名的古战场,这古战场以一座古城为中心,渲染着一些民间的传说和神话。"①

侯馥兴:"大学二年级暑假时,仁之设计了一次独自的长途徒步旅行。他选择了东西横贯华北大平原腹地的一条路线,约长三百公里,终点是萧张。在多年后的1986年,他在写给少时同伴耿献廷的信中这样写道:'1934年暑假,我只身徒步旅行,自西向东横越河北省中部大平原,中途经冀州城。在大雨后泗水过冀州城东大洼,又东行三十里到了萧张。傍晚从北会堂借了一把铁锹,到女医院后面那处松林的墓地,在先慈的坟上培了几锹土,洒泪而去。第二天一早重上征途。'"②

秋 燕京大学举办"大学讲演",由林徽因做题为《中国的塔》的报告,侯仁之由此受到有关古典建筑艺术的启发。此外,侯仁之曾听过胡适、葛利普(Amadeus William Grabau)等人的"大学讲演"。

案:林徽因(1904—1955),又名林徽音,祖籍福建闽侯,生于浙江杭州,诗人、建筑学家。曾就读于英国圣玛丽学院(Saint Mary's College)、美国宾夕法尼亚大学。曾任清华大学建筑系教授,参与新中国的国徽、国旗和天安门广场、人民英雄纪念碑的设计工作。著作结集为《林徽因文集》(百花文艺出版社,1999年)。

侯仁之:"五十多年前,当我还在北平燕京大学本科学习的时候,每个学期学校总要举办几次'大学讲演',主讲人大都是从校外请来的知名学者,学生们可以自由参加听讲。我在这一讲座上听过一些名家的学术讲演,

---

① 侯仁之:《我爱旅行》,见《步芳集》,北京出版社1981年版,第98页。
② 侯馥兴:《魂牵梦绕 最是萧张》,载《中华读书报》,2015年12月2日。

如胡适讲传记文学，葛利普讲古生物学等，都颇开眼界。大约是1934年秋天的一次'大学讲演'，主讲人是林徽音先生，讲题是中国的塔。我决心去听讲，并不是我对塔的建筑有多大兴趣，主要是慕名前往。可是再也没想到，这一次精彩的讲座，却启发了我对古典建筑艺术的感受。"①

——选修洪业教授的历史研究法课程，完成作业《最爱藏书的胡应麟事迹考略》（未刊），由此踏上学术道路。

侯仁之："我在大学二年级时，正是煨莲师的'史学方法'一课开始引我走上了治学道路的第一步。他在课堂讲授中，除去一般理论与方法论的系统介绍外，特别重视学生的写作实习，并且提出如下的严格要求：第一就是言必有据，在写作中凡所引证，必须详注出处。引证的重要来源，必须是原始资料（或称为第一手资料），为此，他曾用'沿流溯源'四个字来说明只有出自源头上的水，才是清洁可以饮用的，愈到下游，污染愈重，愈不可用。以此为例，来说明追溯原始资料的重要意义。第二要悉心搜集资料，务必详尽，力求分析鉴别以找出各种资料的内在联系，然后加以合乎逻辑的组织，按照科学论文的格式，进行写作。第三要达到科学论文的要求，必须有新发现，用他的话来说就是要'道前人所未道、言前人所未言'，这就是在知识的海洋里，注入了自己点滴的新贡献。最要不得的，是以各种手段抄袭他人研究成果，那就是剽窃，是最为可耻的行为。"②

陈礼颂："迨一九三四年，笔者又选修高级历史方法课程，其时选修人数共计五人，较初级课程又减半。忆其时同选此科者，尚有叶楚生（国文系）、林慧贞（国文系）、伍志刚（数学系），另一同学似系历史系之侯仁之。因选修人数少，同时为便利同学就近查阅类书及参考图籍计，遂以图书

---

① 侯仁之：《谊在师友之间》，见梁思成先生诞辰八十五周年纪念大会编印：《梁思成先生诞辰八十五周年纪念文集》，清华大学出版社1986年版，第41—42页。
② 侯仁之：《在教书育人的道路上——再记我师洪业教授》，见《侯仁之燕园问学集》，上海教育出版社1991年版，第13页。

馆南翼二楼一小房间为上课地点。"①

《北平私立燕京大学一览》（1936）之《课程一览》：洪业《初级历史方法》课程"此课注意史料之如何寻检，记录，批评，及报告；由教师讲解，并指定浅近问题由诸生练习之。此外，选习者并应细阅朗格瓦诺及瑟诺博司合著（李思纯译）《史学原论》（上海商务印书馆，民国十五年）；何炳松《通史新义》（大学丛书，上海商务印书馆，民国十九年）；及梁启超《中国历史研究法及补编》（上海商务印书馆，民国十一年；补编，民国二十二年）。选修：二，三，四年级"②。

本年年底　与冰心出席燕大附中演讲比赛，任评判。参赛者有熊秉明、曹天钦等人。

本年　据1934年10月燕京大学编印的《燕京大学教职员学生名录（1934—1935）》载，侯仁之（Hou Jen Chih）学号为32053，班级为"历史三"，祖籍山东恩县，住在6楼。该资料又载，侯仁之任燕京大学基督教团契（Yenta Christian Fellowship）执行委员会的社会服务部部长。

案：与侯仁之同时在校的学生有张玮瑛（国文四，广东东莞人）、赵丰田（历史研，河北昌黎人）、赵宗复（历史三，山西五台人）、陈晋（历史研，河北天津人）、陈絜（国文二，福建闽侯人）、陈翰伯（新闻三，江苏吴县人）、陈梦家（国文研，浙江上虞人）、周一良（历史四，安徽至德人）、瞿同祖（社会研，湖南长沙人）、贺次君（历史研，四川成都人）、萧乾（新闻四，河北通县人）、李子魁（历史研，湖北枝江人）、刘选民（历史四，广东番禺人）、卢鹤绂（物理三，山东莱州人）、邓嗣禹（历史研，湖南常宁人）、王钟翰（文院一，湖南东安人）、王汝梅（经济三，河北磁县

---

① 陈礼颂：《沟通中西文化的洪师煨莲》，见《私立燕京大学》，南京出版有限公司（台北）1982年版，第122页。
② 佚名：《北平私立燕京大学一览》，燕京大学，1936年，第107页。

人)、王世襄(文院一,福建闽侯人)、王育伊(历史研,浙江黄岩人)、翁独健(历史研,福建福清人)、吴晓铃(国文二,辽宁绥中人)等。①

——参加北平五大学越野赛,侯仁之与其他3人组成的燕京大学三年级越野队再次获得团体冠军,团体总分破纪录。

著述

5月17日　译作《苏俄艺术家的生活》刊于《北京晨报》。

10月1日　译文《法意二国妇女的社会地位》刊于《东方杂志》1934年第31卷第19期的《妇女与家庭》栏目。该文原题为Woman's Place in France and Italy,作者为Cicely Hamilton,登于*The Listener*杂志1934年5月2日第11卷第27期。

11月2日　书评《读房龙世界地理》刊于《大公报》第11版。侯仁之在文中提出历史学与地理学相结合的观点。房龙的《世界地理》一书对侯仁之的写作影响较大。

　　案: 房龙(Hendrik Willem Van Loon,1882—1944),荷兰裔美国人,历史学家、记者、儿童读物作家。毕业于美国康奈尔大学、德国慕尼黑大学,获博士学位。代表作有《荷兰共和国的衰亡》(*The Fall of the Dutch Republic*,1913)、《人类的故事》(*The Story of Mankind*,1921)、《房龙地理》(*The Home of Mankind: The Story of the World We Live In*,1933)等。《房龙地理》有两个版本,一为*The Home of Mankind: The Story of the World We Live In*(George G. Harrap,1933),一为*Van Loon's Geography: The Story of the World We Live In*(Simon & Schuster,1932)。在当时,侯仁之看到了该书的3个中文译本。在书评中,侯仁之肯定了《房龙世界地理》文笔生动流畅、"文艺的手腕"、"比照的写法"等优点,并认为有关苏联的一章是最大的失败。

---

① 燕京大学编:《燕京大学教职员学生名录(1934—1935)》,1934年,第36—48页。

侯仁之："我们知道就理论上讲，地理与历史是分不开的。历史为地理所解释，地理为历史所诠注。但是，真要并成一块来写，可的确不是件容易事。而如今房龙算是做了第一次的尝试。"①

本年　《〈汉书·地理志〉中所释之〈职方〉山川泽寖》刊于《禹贡》半月刊1934年第1卷第5期。

——译作《黑城探检记》刊于《禹贡》半月刊1934年第1卷第9期。

案：《黑城探检记》当为"《黑城探险记》"之误排，原作者为瑞典地理学家、探险家斯文·赫定（Sven Anders Hedin，1865—1952）。后来，侯仁之留学英国期间，曾打算拜访斯文·赫定等汉学家。

1978年侯仁之致金涛信："这处废墟以'黑城'之名闻于世。帝俄柯兹洛夫、英国斯坦因、瑞典斯文·赫定都曾至此盗窃我文物。44年前我在大学时，偶尔从英国广播电台刊物《听众》中，看到斯文·赫定的一篇文章，讲到在'黑城'考察的事（是一篇广播讲稿），曾引起我对'黑城'的向往，曾手译其文，刊在《禹贡》杂志。当时在反动政府的统治下，外人可以自由出入我国境，深入我内地，我们自己却没有这样的可能与条件在祖国的腹地进行考察，这在我青年的心里，曾引起极大的愤慨。今日乃得身临其境，不是为了单纯的'考古'，而是企图通过这些古代人类活动的遗迹，来探索这一带的自然条件变迁的过程。以便为这一带地区的利用与改造，提供参考资料。多年的向往终于实现，抚今追昔，感慨万端。"②

评介

12月15日　《华北日报》第10版刊登消息，称"辅仁与燕京昨举行友谊越野赛。路长共计五千公尺，结果燕大侯仁之第一"。当日，《燕京新闻》第4版也

---

① 侯仁之：《读房龙世界地理》，载《大公报》，1934年11月2日。
② 金涛：《师生的岁月》，载《科学时报》，2011年12月28日。

刊登消息称"越野队首次出师，压倒强劲之辅仁队。人多势众的燕大健儿实力充足，侯仁之、李宜培分占第一、二名"。

1935年　24岁

背景
9月7日　中央研究院评议会成立。
12月9日　一二·九学生运动爆发。
本年　胡焕庸提出瑷珲—腾冲中国人口地理分界线。

纪事
1月15日　拜访顾颉刚。
1月17日　顾颉刚组织燕京大学、北京大学学生参观故宫南三所、内阁大库、故宫文献馆。侯仁之、杨向奎、高去寻、张政烺、王育伊、许道龄、张公量等人参加。
1月18日　与王钟翰同访顾颉刚。顾颉刚为之写致开明书店信。

案：王钟翰（1913—2007），湖南东安人，清史及满族史学家。曾就读于燕京大学、美国哈佛大学，历任燕京大学、中央民族学院（今中央民族大学）教职，著作结集为《王钟翰清史论集》（中华书局，2004年）。

王钟翰："侯仁之是我的师哥，当时在学校里，他跑步很厉害，曾经获得过全北京市的第一名，可是现在，……他和我一样，只能一步一步挪啦。"[1]

1月21日　燕京大学团契服务团到昌平县进行拒毒拒赌宣传工作，侯仁之任

---

[1] 刘茜：《王钟翰：酒史一生》，见邓凯主编：《追寻高远：光明日报"人物版"佳作》，光明日报出版社2008年版，第154页。

正谱 | 45

队长，李荣芳任指导。

案：李荣芳（1887—1965），河北滦县人，宗教学家、神学教育家。曾就读于北平汇文书院备学馆、北京大学及美国德鲁神学院（Drew Seminary）、芝加哥大学（University of Chicago），获神学博士学位。曾执教于汇文大学、燕京大学宗教学院、燕京协和神学院、金陵协和神学院等。专长于《圣经·旧约》、古代近东（西亚）文化研究，著译有《旧约导论》《耶利米哀歌》《旧约研究指南》等。

1月28日　与谭海英、李书春、顾廷龙、冯世五等人出席顾颉刚的宴请。
3月13日　顾颉刚致信侯仁之、罗香林、郑侃慈、李素英等人。
3月18日　在燕京大学附中年级周会上发表演讲，纪念"三一八惨案"。

熊秉衡、熊秉群："级周会，侯先生悲愤的演讲震动了所有在场的年轻学子。侯先生从'三一八惨案'说到日本的侵略，说到《最后一课》，然后沉痛地说：'你们或许也会读到最后一课，如果还嬉皮笑脸，如果还不振愤而起，那才真对不住我们的先烈呢！……我们为他们立起来吧！……立起来！'先生的眼眶湿了，喉哑了，我的心好似不跳了，我被引到可怖的世界里，在旗杆一半处的国旗好像在挥泪……三分钟过去了，先生用手巾（搭搭）〔擦擦〕泪，继续说：'坐下吧！你们现在都在和美国青年、法国青年、德国青年赛跑呢，你们已经落在后面，如果不比他们努力怎能赛过他们呢？努力呀！亡国了没有关系，如像波兰，几百年在欧洲地图上找不到它的影子，现在它又来了！亡国没有关系，只要你们的心不死！'这悲哀的一天永久深刻在我的脑里。"[①]

5月7日　在燕京大学拜访顾颉刚。10日，与胞弟侯硕之拜访顾颉刚。在侯

---

① 熊秉衡、熊秉群：《父亲熊庆来》，云南教育出版社2015年版，第138页。

仁之的引介下，侯硕之与顾颉刚交往。顾颉刚推介侯硕之的译著《宇宙之大》出版，或当在此时。

侯馥兴："仁之在燕京，硕之在清华。两校比邻，兄弟间交往频繁，相互切磋。硕之不仅有学工报国之志，而且热心科学普及读物的写作，还在高中时就利用业余时间练习翻译。硕之将学校当局颁发给他的奖品——英国天文学家琴斯（James Hopwood Jeans）新出版的通俗天文著作 The Stars in Their Courses 译成中文，书名《宇宙之大》。仁之在燕京大学图书馆替硕之誊清，随后经顾颉刚师介绍，由开明书店列为《青年丛书》，于1935年在上海出版。当1950年这本书重版时，侯仁之写了'《宇宙之大》再版序——为纪念亡弟硕之作'。"①

6月20日　在燕京大学拜访顾颉刚。28日，又在燕京大学拜访顾颉刚。
6月　燕京大学附属中学颁给"热心教育"奖牌。
7月6日　在燕京大学拜访顾颉刚。次日，又在燕京大学拜访顾颉刚。12日，顾颉刚在燕京大学造访侯仁之。14日，侯仁之为写屏幅之事拜访顾颉刚。
7月20日　顾颉刚造访侯仁之。次日，侯仁之在燕京大学拜访顾颉刚。28日，又在燕京大学拜访顾颉刚。
8月4日　与张玮瑛在燕京大学拜访顾颉刚，顾颉刚为之写对联及中堂。6日，又到北平城内拜访顾颉刚。

案：《有情君未老——侯仁之九十五华诞影集》（北京大学出版社，2006年）收录一幅"在燕京大学研究生宿舍内"照片。侯仁之身后两面墙上分别悬挂对联、中堂各一，理应是1935年侯仁之请顾颉刚所书。对联内容为"染指不妨因涤砚，折腰何惜为浇花"。中堂内容不详。又，侯仁之宿舍内墙上尚悬挂侯仁之母亲照片、侯仁之与儿童合影，以及法国巴比松派画家米勒（Jean-

---

① 侯馥兴：《魂牵梦绕　最是萧张》，载《中华读书报》，2015年12月2日。

Francois Millet，1814—1875）的著名乡村风俗画《晚祷》复制品。

8月　张玮瑛、蒙思明、周一良、刘选民、张家驹等人被录取为燕京大学研究院文科研究所历史部新生。

9月1日　燕京大学一九三六班第四学年开学。侯仁之拜访顾颉刚。8日，又在燕京大学拜访顾颉刚。

9月　选修洪业的高级历史方法课程，选择清初黄河治理作为毕业论文选题。

《北平私立燕京大学一览》（1936）之《课程一览》：洪业《高级历史方法》课程"此课细论历史毕业论文：选题之标准，考证之程序，解释之理论及编纂之格式；而尤注意于学术工具，如年表，日历，图谱，目录，引得，类书，等等之应用。选习者各自为其专题预备，报告其重要之心得，而全班共同批评，讨论，修正之。……选修：三四年级及研究生"[1]。

——洪业胞弟洪绂本学年应聘清华大学地学系，讲授世界地理等课程。侯仁之意欲转入清华大学学习地理学，后听从洪业建议作罢。

案：洪绂（1906—1988），又名洪思齐、Frederick Hung，福建侯官（闽侯）人，为洪业胞弟，地理学家。曾就读于福州英华书院、福建协和大学，1928年赴法国里昂大学、巴黎大学留学，获博士学位。1933年回国，历任中山大学、清华大学、西南联合大学教职。1949年赴台湾师范大学任教。1951年赴美，在克拉克大学（Clark University）、哈特福德大学（University of Hartford）、国际基督教大学（International Christian University）、卡罗尔大学（Carroll University）等校任教，又赴加拿大温尼伯大学（The University of Winnipeg）、贵富大学（University of Guelph，又作贵乐扶大学）执教。著有《茶的地理》（中山大学理学院自然

---

[1]　佚名：《北平私立燕京大学一览》，燕京大学，1936年，第107页。

科学季刊单行本，1933年）等。

  侯仁之："当我知道煨莲师的弟弟，他是从法国留学回来的，在清华教地理学，我就想转学到清华去学地理。煨莲师不同意，但他已看出了我的兴趣已经转到历史地理学上来了，他说：'你不必去清华，让他来给你讲……'"①

  侯馥兴："当父亲得知洪师的弟弟洪绂从法国留学回来在清华大学教地理时，曾想转学到清华。洪师说：'你不必去清华，让他来给你讲课。'观察到父亲的学术志趣转向，爱才惜才的洪师鼓励他去追寻内心的兴趣，又深知他有必要接受地理学领域的系统训练。"②

10月5日　在燕京大学拜访顾颉刚。12日，又在燕京大学拜访顾颉刚。

10月11日　燕京大学历史学会本学期第一次全体大会在南大地54号洪业住宅举行。会议由刘选民任临时主席，邓嗣禹报告上届史学年报编辑及收支情况。会议选举周一良任学会主席，陈絜任文书，赵宗复、龚维航任财务兼庶务，朱宝昌任讲演，侯仁之、张家驹、张玮瑛任出版兼研究。会议还补选陈絜为出席学生会代表大会的代表。另有顾颉刚等出席会议。

10月19日　燕京大学历史学会会员与北京大学学生百余人在顾颉刚的带领下到故宫博物院参观故宫档案。

10月21日　燕京大学水灾募捐委员会在穆楼召开第三次常会。会议由高玉香主持，侯仁之、陈芳芝、高君纯等人被聘为干事，负责劝募。

11月23日　燕京大学班际总锦标越野赛在燕颐道上举行。侯仁之、李宜培、孙德亮、吴明琨、方行5人组成大四队，第四次获得冠军锦标。侯仁之个人成绩为第二名。当时，侯仁之、李宜培、赵续、林定喜、韩立亭等人被称为"燕京大学越野校队五虎将"，另有"燕大越野队四金刚"的说法。

---

① 梅辰：《晚晴在心，扬鞭奋蹄——访著名历史地理学家侯仁之先生》，见《人文大家访谈录》，中国文联出版社2005年版，第158页。
② 侯馥兴：《不曾远离的北平（上）——父亲侯仁之的留英生活片断》，载《中华读书报》，2017年3月1日。

12月8日　燕京大学在宁德楼举行工友礼拜活动，侯仁之主讲。

12月9日　参加陈翰伯等人领导的北平各大学爱国学生一二·九运动。此前一日，侯仁之参与燕京大学抗议政府的罢课，并拜访顾颉刚。

案：陈翰伯（1914—1988），天津人，编辑出版家、国际问题评论家。1936年毕业于燕京大学新闻系，曾任北平学生联合会党团书记。新中国成立后，曾任商务印书馆总编辑兼总经理、文化部出版局局长、国家出版事业管理局代局长等职。

侯仁之："罢课不久，学生自治会又做出决定，与北平各大学学生联合上街游行。12月8日晚令人振奋的消息，迅速传遍燕园。第二天黎明之前，游行队伍已经鸦雀无声地集合在未名湖畔。这时忽然传来消息，说是校门外已有反动军警集结，准备拦截游行队伍。于是在带队的同学陈翰伯指挥下，队伍迅速改道转向校园南门。记得这时天色仍然十分昏暗，行动急促，心情也有些紧张。幸而队伍安全出了南门，穿过黑鸦鸦的一带民房，随即转入海淀镇东南方的田野，沿着一条狭小的土路，直奔西直门。"①

12月21日　与侯硕之在燕京大学拜访顾颉刚。

著述

3月11日　译作《梅花雀，猫与天星》刊于《国闻周报》1935年第12卷第9期。该文原作者为意大利戏剧家、小说家皮兰得娄（Luigi Pirandello）。

4月1日　译作《新疆公路视察记》刊于《禹贡》半月刊1935年第3卷第3期。该文译自1935年3月18日斯文·赫定在清华大学的公开演讲，原题为Sing-Kiang Highway Expedition of the Government of China。

5月16日　译作《蒙古的盟部与旗》刊于《禹贡》半月刊1935年第3卷第6期。

---

① 侯仁之：《"一二·九"这一天的回忆》，见《侯仁之燕园问学集》，上海教育出版社1991年版，第99—100页。

该文原作者为美国人拉丁摩，即Owen Lattimore，今译作欧文·拉铁摩尔。

7月16日　译作《蒙古的王公、僧侣与平民阶级》刊于《禹贡》半月刊1935年第3卷第10期。该文原作者为美国人拉丁摩。

7月　写完《宗教生活》，刊于本年《燕大团契声》第1卷第1期。

8月18日　《初中历史教材设计举例——制造一套活动的读史挂图》刊于《大公报》第9版《史地周刊》。

9月24日　完成《记本年湘鄂赣皖四省水灾》，后刊于《禹贡》半月刊1935年第4卷第4期。该文称"本文仅先就日报所记湘鄂赣皖四省灾情缕述如次，而于详确之论文或报告则须待各项水灾史料汇集整理后，始有可能"。

1936年　25岁

背景

1月14日　平津学生南下抗日宣传团成立。

2月1日　中华民族解放先锋队在北平成立。

12月12日　张学良、杨虎城发动西安事变。

纪事

1月7日　受一二·九运动等学生运动的影响，燕京大学提前放假。2月1日重新开学。

1月10日　《禹贡》半月刊第4卷第9期刊登广告，称侯仁之参与校订的"地图底本"预计在该年暑期全部出齐。该图由顾颉刚、郑德坤编辑，吴志顺、赵琁绘图，校订者为冯家昇、谭其骧、侯仁之。

2月20日　在燕京大学拜访顾颉刚。

3月5日　燕京大学一九三六班执委会召开会议，提议刊印毕业班纪念册，组成广告、编辑、摄影、美术、印刷等委员会。侯仁之、邓懿、任永康、高向杲等人任编辑委员会委员。12日，纪念册出版委员会在临湖轩举行全体委员茶话会，到会27人。侯仁之被推举为国文编辑组负责人（副）。

3月8日　北平五大学越野赛举行，燕京大学、清华大学、北平师范大学组队参赛。李宜培、侯仁之、杜贵罗等9人代表燕京大学参赛。最终，燕京大学队获得第三名，侯仁之获得个人成绩第八名。

3月12日　燕京大学团契在适楼礼拜堂举行朝会，由侯仁之主领。19日，燕京大学团契在适楼举行朝会，仍由侯仁之主领。

春夏之交　应胞弟侯硕之邀请赴清华大学听水利专家李仪祉的关于治理黄河的报告。

4月14日　顾颉刚致信司徒雷登、侯仁之。

4月19日　与顾颉刚、郭绍虞、顾廷龙、容肇祖、田洪都、邓嗣禹等人游览居庸关长城遗迹。次日，又与张玮瑛在燕京大学拜访顾颉刚。

5月11日　在燕京大学拜访顾颉刚。23日，又在燕京大学拜访顾颉刚。此时，司徒雷登有意让顾颉刚出任燕京大学历史学系主任。

5月24日　与顾颉刚、张玮瑛等人出席在燕京大学的司徒雷登住宅——临湖轩召开的禹贡学会成立会。出席者还有于省吾、张印堂、雷洁琼、王钟翰、杨向奎等40余人。其中，顾颉刚、钱穆、冯家昇、谭其骧、唐兰、王庸、徐旭生当选为学会理事，于省吾、洪业、容庚、张国淦、李书华当选为监事。

案：禹贡学会正式成立后，会址迁入张国淦捐赠的小红罗厂胡同八号。1936年7月，禹贡学会获得英国庚款委员会补助边疆研究费，学会规模扩大，聘有专任研究员及编辑，并赴包头、绥远等地进行后套水利调查。

顾颉刚日记："到校务长住宅。开禹贡学会成立会，选举职员，修改章程。……今日到会者：润章、思泊、希白、立庵、宾四、雨亭、洪都、其玉、印堂、洁琼、八爱、士升、侃愻、仁之、玮瑛、贯一、丕绳、起潜、伯平、育伊、霁光、公量、成镛、汪华、子臧、玉年、振铎、伊同、钟翰、李棪、信宸、静波、钦墀、观胜、超英、绍虞、孝通、植新、书春、文珊、政烺、向奎等四十余人。"[1]

---

[1]　顾颉刚：《顾颉刚日记》卷三，中华书局2011年版，第477页。

5月25日　在燕京大学拜访顾颉刚。

5月27日　与顾颉刚、蒙思明、陈梦家、王钟翰、陆钦墀、顾廷龙、容庚等人同游黑龙潭、北安河妙峰山等地。

顾颉刚日记："上午四时起，五时十分开车，到黑龙潭，继到北安河。七时上山，遇润章先生。到金仙庵访胡泛舟夫妇。十二时，步至涧沟，吃饭。遇许道龄及侯君。上顶，遇风雨，在僧寮坐待。雨霁，即行。到金仙庵，遇博晨光等十余人。七时，步至北安河。八时，到家。……本日同游：徐祖甲、周杲、陆钦墀、蒙思明、关斌、王怀中、郑国让、唐子清、陈梦家、陈鼎文、王钟翰、李鲁人、陈孟犹、孙葆、侯仁之、邝平樟、周恩慈、起潜叔夫妇、容希白夫人、履安、自珍。"①

王钟翰："当时顾先生在燕大历史系未开历史地理课，却喜欢组织学生做地理考察。记得1936年春，北京西部妙峰山举行庙会，顾先生便带领我们前往。我们一行约20人，一路经京西浑河、清水院（乃金代一古刹名，元代改称大觉寺）、黑龙潭、北安河，过河即抵妙峰山麓。顾先生沿途不断出题考我们，诸如浑河源头，流经所向，清水院的来由，建筑风格。同学答不上来的，他便娓娓道来，令人听了余味无穷。所以此行虽连日奔波，但大家并不觉劳累，师生谈笑答问，真是如沐春风。在妙峰山半山上，又碰到潘光旦教授。潘先生是我国著名的遗传学家和方志学学者，地方庙会是展示风土人情的大舞台，潘先生自然不会放过这次机会。"②

6月15日　在燕京大学拜访顾颉刚。

6月23日　燕京大学在女部体育馆举办司徒雷登60岁寿宴。美国驻华大使、蒋梦麟、胡适及顾颉刚等燕京大学教职工约200人参加。

---

① 顾颉刚：《顾颉刚日记》卷三，中华书局2011年版，第478页。
② 王钟翰：《王钟翰学述》，浙江人民出版社1999年版，第53—54页。

案：司徒雷登（John Leighton Stuart，1876—1962），美国人，传教士、教育家，生于浙江省杭州市。曾任教于南京金陵神学院，后筹办燕京大学，长期任校长（校务长）。1946年任美国驻华大使。2008年，司徒雷登灵柩移葬杭州。生平详见自传《在华五十年》（*Fifty Years in China: The Memoirs of John Leighton Stuart, Missionary and Ambassador*, Random House, 1954）。

6月24日　在燕京大学拜访顾颉刚。

6月　本科毕业，燕京大学历史学系主任顾颉刚安排侯仁之留校做研究生兼系主任助理，同事中有齐思和、谭其骧、韩儒林等人。侯仁之留校后，入住蔚秀园。

案：5月27日，侯仁之与顾颉刚等人同游黑龙潭、妙峰山等地。途中，顾颉刚告诉侯仁之留校做研究生兼助教之事。

侯仁之："1936年春期，我本科毕业在即。记得是随颉刚师一起考察妙峰山庙会，在北安河下车后，颉刚师告诉我，他下半年将要出任燕大历史系主任，他推荐我做系主任助理，协助他处理一些行政事务，就这样，我得以毕业留校。"[1]

王钟翰："顾先生在燕大最激赏的学生侯仁之学兄，大学本科毕业之后，正好碰上顾先生出任历史系主任，仁之兄就被聘为系主任助理，代管系里一切事务，直至顾先生离开燕大。而侯仁之兄竟因此晚了两年才念完研究生，为此做出了很大的牺牲。我在燕大与顾先生相处虽不长，但不论是治学还是为人方面，顾先生都给我留下了非常深刻的印象。我后来能在历史地理方面做出一点点研究，饮水思源，也是受惠于顾先生的结果。"[2]

---

[1] 侯仁之：《山高水长何处寻——追忆颉刚师二三事》，见《我从燕京大学来》，生活·读书·新知三联书店2009年版，第43页。

[2] 王钟翰：《清心集：王钟翰自选集》，新世界出版社2002年版，第54页。

燕京大学《教职员一览表》：历史学系"教授兼主任，顾颉刚；教授，洪业；教授，邓之诚；教授，王克私（Philippe de Vargas）；讲师，贝卢思女士（Lucy M. Burtt）；讲师，李瑞德（Richard H. Ritter）（本年请假）；兼任讲师，张星烺；兼任讲师，张国淦；兼任讲师，张印堂；兼任讲师，齐思和；兼任讲师，韩儒林；兼任讲师，谭其骧；兼任助理，侯仁之"[①]。

7月2日　顾颉刚致信燕京大学校长、校务长，谈及聘请侯仁之担任历史学系助理，并增设古迹古物调查实习课程之事。

7月2日顾颉刚致司徒雷登等人信："窃谓本校原有地理系，故历史系中更无地理功课。现在地理系业已取消，而历史系中无地理功课，颇感不便。一则修习历史学生本应有地理常识，犹之修习教育之学生本应有心理常识，今无此课，失其根本。二则本校历史系毕业学生必有半数任教中学，而中学历史教员恒兼地理，若不于大学中设立此课，则毕业生之服务中学者将无以因应环境。故甚望本校能为本系筹谋经费，颉刚亦当访求专门人才设立讲座。此虽非一时可成之事，而实为本系之根本大计，谨先陈之。……颉刚下年拟开'古迹古物调查实习'一课，率领学生从事于郊外工作，所费较巨。……本系事务，向由助教陈观胜先生担任，现在陈先生将赴檀香山，拟聘本系本届毕业生侯仁之君为本系助理，仍许其在研究院肄业，并乞照准。"[②]

《北平私立燕京大学一览》：历史学系《古迹古物调查实习》，由容庚、顾颉刚、李荣芳开设，"今设此课，目的在养成学生自动搜集材料之兴趣，俾所学不受书本限制。选修：二，三，四年级及研究生"[③]。

---

① 佚名：《北平私立燕京大学一览》，燕京大学，1936年，第20—21页。
② 顾颉刚：《顾颉刚书信集》卷三，中华书局2011年版，第18—19页。
③ 佚名：《北平私立燕京大学一览》，燕京大学，1936年，第107页。

7月6日至25日 与李荣芳、张维华、张玮瑛、蒙思明等人参加禹贡学会组织的河套水利调查团。此前，顾颉刚于6月26日与侯仁之谈河套水利调查团之事。7月2日，顾颉刚与侯仁之、蒙思明、张玮瑛等人谈河套水利调查团之事。3日，顾颉刚、顾廷龙、冯家昇、张玮瑛、陆钦墀、蒙思明等人在蒋家胡同禹贡学会开会，决定后套水利考察团行程，确定张维华担任领队，张玮瑛任会计，陆钦墀、蒙思明任庶务，侯仁之负责交际。6日，后套水利考察团从清华园车站乘火车启程，考察团成员包括李荣芳、张维华、侯仁之、张玮瑛、蒙思明5人。7日至9日，后套水利考察团抵达绥远，考察绥远、归化等地，拜访绥远省主席傅作义。10日，后套水利考察团抵达包头，次日访问包头附近的河北新村。14日，后套水利调查团抵达五原县城。21日，因需回燕京大学参加研究院考试，侯仁之、蒙思明、张玮瑛从五原县返回包头，而李荣芳、张维华二人则赴临河考察水利。22日，侯仁之独自前往包头附近的河北新村，拜访段绳武，蒙思明、张玮瑛则留在包头接待王同春之女。23日，侯仁之到萨县新农试验场参观。24日，侯仁之从包头返程，致信顾颉刚，介绍后套水利调查团行程。信中说预计25日抵达云冈石窟，参观后返回北平。该信刊于《禹贡》半月刊1936年第6卷第2期。

8月12日 顾颉刚从南京返回北平，与侯仁之、冯家昇、童书业、顾廷龙、张维华等人会晤。

8月23日 赴顾颉刚处商量燕京大学历史学系课程安排之事，协助顾颉刚开设古迹古物调查实习课程，负责课前搜集史料。

9月7日顾颉刚日记： "选课诸事，我均不明白，幸赖仁之为我办理。他办好交我签字，简便得很。在这闲暇的时间，我就整理我压积的信件了。"[1]

《史学年报·史学消息》： "调查实习班：古迹古物调查实习班自开课以来，已作数次之调查实习，计有香山辽王坟，颐和园，涿州，宣化，张家

---

[1] 顾颉刚：《顾颉刚日记》第三卷，中华书局2011年版，第528页。

口，利玛窦墓，天宁寺，白云观，钦天监，文丞相祠堂等处。"①

9月2日　在燕京大学拜访顾颉刚。

9月12日　与顾颉刚同赴东安市场东来顺宴请参加边疆研究会筹备委员会的客人，参加者有司徒雷登、陆志韦、陈其田、段绳武、徐旭生、白寿彝、雷洁琼、张维华、张玮瑛等人。

9月19日　与顾颉刚、容庚、张玮瑛等人游览香山。此行或与侯仁之考察"三山五园"引水石渠有关。现保存有1936年秋侯仁之考察广润庙、四王府村附近石渠的照片数幅。

9月21日　参加司徒雷登对燕京大学历史学系全体教职员的宴请，出席者还有洪业、顾颉刚、邓之诚、韩儒林、齐思和、谭其骧、冯家昇、张印堂等人。

9月28日　参加燕京大学历史学系月刊编辑会，出席者还有顾颉刚、刘选民、蒙思明、张玮瑛、陈絜等人。

秋　参加燕京大学历史学会在燕南园54号洪业家组织的孟森讲学活动。

10月4日　与顾颉刚、闻一多、容庚、刘崇铉、聂崇岐、张维华、张玮瑛、顾廷龙等燕京大学、清华大学师生赴河北涿州考察，参观傅作义作战战场、云居寺、智度寺、清代行宫等地。此行为燕京大学历史学系古迹古物调查实习课程。

10月8日　出席燕京大学历史学会在校内临湖轩举行的迎新全体大会。另有系主任顾颉刚、学会主席刘选民等人出席。

10月10日至11日　燕京大学历史学系古迹古物调查实习班学生和清华大学学生共62人，在顾颉刚、侯仁之的带领下赴张家口、宣化考察，参观大境门、赐儿山、上下堡、镇房台等地。同行者有闻一多、刘崇铉等人。

10月13日　在北平文化教育界《国民党政府抗日救亡运动宣言》上签字，呼吁国民政府集中全国力量对日交涉，公开中日外交情形，反对日本干涉中国内政，呼吁出兵绥远等。

---

① 佚名：《本系消息》，载《史学年报》1936年第1期。

案：该宣言由张荫麟起草，顾颉刚修改。签名者共有徐旭生、顾颉刚、杨振声、陶希圣、冯友兰、洪业、雷洁琼、梁思成、钱穆、姚从吾、叶公超、沈从文、朱自清等，史称"七十二教授抗日宣言"。

10月17日　燕京大学历史学系古迹古物调查实习班在顾颉刚的带领下赴北平牛街进行考察，参观成达师范学校、西北公学及清真寺等地。

10月21日　燕京大学历史学系古迹古物调查实习班赴利玛窦墓、白云观、天宁寺等地参观。顾颉刚、梅贻宝及学生20余人参加。在利玛窦墓，巧遇清华大学教授冯友兰。

10月24日　燕京大学古迹古物调查实习班学生和清华大学学生共四五十人，赴李鸿章祠堂、于忠肃祠堂、观象台、营造学社、故宫博物院等地参观。

10月25日　禹贡学会在北平城内西四小红罗厂八号召开全体会员大会，庆祝新会址落成。顾颉刚、徐炳昶、王崇武等50余人出席。洪思齐做题为《近代地理学之发展》的演讲。

11月3日　与冯家昇、张维华等人从北平出发，参加禹贡学会组织的察哈尔南部蔚县石刻调查，未果，转赴怀安县参观汉墓出土的漆器。回程途中参观张家口边墙马市及宣化古迹。

案：据1936年11月9日《大公报》报导，察哈尔省蔚县发现古碑，教育厅厅长柯昌泗提倡进行研究。禹贡学会侯仁之、陈增敏、冯家昇、张维华4人前往考察。因古碑尚未整理，侯仁之等人中途改去怀安县参观出土的古漆器。此事又见燕京大学《史学消息》1936年第2期《历史学会会讯》报道。冯家昇（1904—1970），字伯平，山西孝义人，史学家。毕业于燕京大学，曾任职于燕京大学、北京大学、东北大学、北平研究院、中国科学院考古研究所及民族研究所、中央民族学院等。著有《辽史证误三种》（中华书局，1959年）、《火药的发明和西传》（华东人民出版社，1954年）等。张维华（1902—1986），字西山，山东寿光人，史学家。毕业于齐鲁大学、燕京大学，曾执教于齐鲁大学、河南大学、山东大学等校。著有《中国长城建置

考》（中华书局，1979年）、《汉史论集》（齐鲁书社，1980年）、《明史欧洲四国传注释》（上海古籍出版社，1982年）等。

11月24日　林徽因到燕京大学穆楼做题为《中国建筑之特点》的演讲。当时，梁思成正在山西实地考察中国古建筑，返回北平后将来燕京大学做报告。

11月28日　在燕京大学见顾颉刚。顾颉刚又与燕京大学、清华大学两校学生一同参观故宫御花园及外东路。

11月30日　出席燕京大学教职员会议，与会者有顾颉刚、李安宅等人。

12月3日　林徽因在燕京大学穆楼做题为《中国的古建筑》的英文演讲。此次大学讲演由谢迪克（Harold E. Shadick）主持，听众百余人。

12月5日　燕京大学历史学系古迹古物调查实习班组织燕京大学学生24人参观故宫西路、外西路建筑及军机处、图书馆书库、景山等地。参观由侯仁之带领，李荣芳夫妇、容庚夫妇、杨开道夫人等人出席。另有顾颉刚带领清华大学学生10余人一同参观。

12月8日　出席顾颉刚在长顺和饭店举行的宴请，出席者还有白宝瑾、张维华、童书业等人。

12月19日　燕京大学历史学系古迹古物调查实习班组织燕京大学、清华大学两校学生参观团城、大高殿、皇史宬、内阁大库及清史馆等地。侯仁之、顾颉刚、张玮瑛等参加。

12月20日　北平市五大学体育联合会主办的越野赛在清华大学体育馆举行，起点设在青龙桥镇东村口。来自清华大学、燕京大学、北平师范大学、辅仁大学的39位选手参赛。燕京大学代表队获得团体总分第3名，侯仁之获得个人成绩第11名。

著述

3月15日　写完《宗教最后的防御战——适楼朝会讲稿》，后刊于《燕大团契声》第1卷第3期。该文试图回答"在这样天灾人祸交相煎迫的现代，人类正遭遇着自有史以来还未曾遭遇过的浩劫的此刻，我们的宗教，还有它什么地位？"

这一问题，认为基督教"在头脑开明的基督徒中，成为一种控制社会现阶段和建设人类新未来的诸种势力之一"。

5月1日　写完燕京大学一九三二班的《班史》，刊于《燕大年刊》（1936年）。

——译作《现代苏俄的儿童读物》刊于中华书局印行的《中华教育界》第23卷第11期。该文原名Books for Children in Modern Russia，原作者为Miss Pearl Finder，原刊于 The Studio 杂志1934年6月号。

6月　完成燕京大学历史学系学士毕业论文《靳辅治河始末》。论文评阅者为周学章、李瑞德。全文分9章，卷首附《江南黄河故道及淮扬运河略图》《湖漕堤堰及下河形势略图》。

案：周学章（1893—1945），天津人，教育学家。曾就读于河北省立师范学校、保定高等师范学校，留学于奥伯林大学、哥伦比亚大学，获博士学位。曾执教于厦门大学、河北大学、北平师范大学等校。1926年后任教于燕京大学，曾任教育系主任、文学院院长。李瑞德（Richard H. Ritter, 1894—1989），美国人，毕业于普林斯顿大学，曾任燕京大学历史学系主任。1936年暑假李瑞德回国后，系主任一职由顾颉刚继任。

侯仁之："我决定以《靳辅治河始末》作为学士论文题目，续修《天下郡国利病书》中山东一省的计划，一直到我作为煨莲师的硕士研究生时，才得付诸实现。在这里需要着重说明的是煨莲师的这一命题，实际上已经把我引向历史地理的研究领域，而煨莲师自己并非历史地理学家。现代历史地理学的理论与方法，首先是在西方地理学界开始得到发展的。"①

10月16日　《读"黑龙江外记"随笔》刊于《禹贡》半月刊第6卷第3、4期合刊。文章对《黑龙江外记》的版本进行考索，并探讨了该书中的外省移民及汉

---

① 侯仁之：《在教书育人的道路上——再记我师洪业教授》，见《侯仁之燕园问学集》，上海教育出版社1991年版，第16页。

族文化移植问题。

——《燕云十六州考》发表于《禹贡》半月刊第6卷第3、4期合刊。

11月1日　《勒辅治河始末》刊于燕京大学历史学会主办的《史学年报》第2卷第3期。

——《河北新村访问记》刊于《禹贡》半月刊第6卷第5期。

——《萨县新农试验场及其新村（附萨县水利述略）》刊于《禹贡》半月刊第6卷第5期。

——《旅程日记》刊于《禹贡》半月刊第6卷第5期。

11月27日　《古文家韩愈之史学》刊于《大公报》第11版《史地周刊》第113期。

1937年　26岁

背景

7月7日　全面抗战爆发。

11月20日　国民政府宣布迁都重庆。

纪事

1月8日　到北平城内拜访顾颉刚。

2月22日　燕京大学历史学会在临湖轩校务长住宅召开本季第一次会议，选举本届出席学生会的代表，放映介绍从瑞金到陕北的苏区电影。参加者百余人，侯仁之、李荣芳及影星黎莉莉出席。

2月27日　燕京大学历史学系古迹古物调查实习班参观中南海、怀仁堂、景山等地，访问北平研究院、北京大学研究院。顾颉刚、李荣芳等人出席活动，侯仁之理应出席。

3月1日　到燕京大学成府寓所拜访顾颉刚，询问其关于基督教的意见。

3月2日　为响应燕京大学校务长司徒雷登提出的周末"不进城运动"，文学院在贝公楼会议室召集文学院联欢大会筹备会议。院长梅贻宝及侯仁之、柯家龙

等各系代表出席。会议决定本月13日在女生体育馆举行全院各系联欢大会。

3月6日　燕京大学历史学系古迹古物调查实习班赴夕照寺、卧佛寺、精忠庙、袁督师墓等地调查。顾颉刚缺席，由侯仁之、李荣芳及张江裁带领参观。

3月12日　时值"总理忌日"，燕京大学历史学会参观股组织参观明十三陵。参观由顾颉刚、容庚、李荣芳率领，侯仁之、王育伊、梅贻宝、李安宅、蒙思明、刘选民、张玮瑛、郭可珍等90人同游。

——为迎接4月24日举办的燕京大学校友返校节，筹备委员会召开全体大会。会议讨论工作分配，共设招待、展览、运动、聚餐、游艺5股。侯仁之被分到聚餐股。

3月17日　出席在燕京大学临湖轩举行的历史学系会议，与会者还有顾颉刚、邓之诚、冯家昇、韩儒林、谭其骧、王克私等人。

3月21日　到北平城内崇文门正昌饭店参加周一良、邓懿订婚仪式。出席者有洪业、郭绍虞、容庚、顾廷龙、朱士嘉、张玮瑛等70人。此前，《燕京新闻》第三卷第四十期（1937年3月19日）刊发消息介绍"泰山情侣"周一良、邓懿发请帖之事。

　　案：周一良（1913—2001），祖籍安徽东至，生于山东青岛，历史学家。曾就读于辅仁大学、燕京大学、哈佛大学，获哲学博士学位。曾在中央研究院历史语言研究所、燕京大学、清华大学、北京大学等地任职。其研究以魏晋南北朝史、日本史见长，所著《魏晋南北朝史论集》（中华书局，1963年）及与吴于廑共同主编的4卷本《世界通史》（人民出版社，1962年）影响较大。著作结集为《周一良全集》（高等教育出版社，2015年），生平详见《毕竟是书生》（北京十月文艺出版社，1998年）。

3月27日　燕京大学历史学系古迹古物调查实习班赴天坛、先农坛考察。此次考察，初定目的地为房山周口店遗址，因大雪而作罢。

3月31日　燕京大学学生自治会代表大会第二次会议召开，会议由陈亨利主持，讨论绥远抗战后援会、执监委员辞职等问题。大会同意王钟翰辞去监委。侯

仁之时任研究院代表，但其辞呈被"议决挽留"。

4月10日至18日　参加燕京大学历史学系古迹古物调查实习班组织的汴洛考古旅行团。该旅行团由叶公超、闻一多、陈梦家率领，赴郑州、洛阳、开封、安阳、正定等地，参观龙门石窟、汉光武帝陵、开封铁塔、安阳殷墟、袁世凯墓、正定大佛寺等历史遗迹。

4月19日　顾颉刚与张维华到燕京大学校医院探望侯仁之。

4月24日　燕京大学历史学系古迹古物调查实习班与清华大学学生赴周口店古人类遗址考察，顾颉刚带队，一行人还参观了兴宝煤矿公司、琉璃河车站。

4月　参加燕京大学、辅仁大学越野赛，夺得冠军，成绩为17分54秒整。相关报道刊于《燕京新闻》。

5月8日至9日　与顾颉刚、钱穆等燕京大学、清华大学师生游览戒台寺、潭柘寺等地。

5月9日　燕京大学历史学会在燕南园54号洪业住宅紫藤树下举行师生茶话会。邓之诚、洪业及学生30余人出席。侯仁之缺席。

考异：此次活动，侯仁之当缺席。《有情君未老——侯仁之九十五华诞影集》收录一幅1935年燕京大学历史学会在燕南园54号开会的合影照片，将洪业身旁蹲坐者视为侯仁之，当误。

5月10日　顾颉刚召集古迹古物调查实习班赴河南考察的燕京大学、清华大学学生20余人在燕农园举行联欢会。侯仁之、汪克柔、郭可珍、杨明照等10余人与会。侯仁之在会上介绍了旅途中的趣闻。

顾颉刚日记："到姊妹楼，汇集赴汴同学，到燕农园小阜上茶叙，九时许归。今晚同会：侯仁之、汪克柔、郭可珍、杨明照、杜浍、陈瑜、胡芝薪等十余人。"[①]

---

① 顾颉刚：《顾颉刚日记》第三卷，中华书局2011年版，第640页。

侯仁之："在担任颉刚师助理的时候，从1936年8月到1937年7月颉刚师离平止，我还协助颉刚师开设'古迹古物调查实习'这门课程。每两周利用周末的时间进行一次现场实习，以平郊为多，假期间足迹南达汴洛，北抵万全。"①

石璋如："（1937年3月16日至6月19日安阳小屯殷墟第15次发掘）参观：燕京大学参观团叶公超、闻一多、陈梦家及学生数名。"②

5月7日朱自清日记："中国文学会开会。闻一多做安阳旅行印象之发言。"③

考异：现有诸种"侯仁之简谱"均称1936年春假期间由侯仁之带队参加古迹古物调查实习班，时间有误，当为1937年4月间。查《顾颉刚日记》及《顾颉刚年谱》，均无1936年春假赴河南考察一事。又，古迹古物调查实习课程之开设，始于1936年顾颉刚担任燕京大学历史学系主任之后。

5月14日 燕京大学研究院同学在燕南园54号洪业住宅举行茶话会，由蒙思明宣读论文《元末革命运动的性质》、刘选民宣读《东北诸名称的传入欧洲及其与中国领土的关系》。

5月15日至16日 顾颉刚召集燕京大学古迹古物调查实习班及清华大学学生40人，赴北安河妙峰山考察，侯仁之、王育伊等人参加。

5月20日 参加在燕南园举行的欢送冯家昇及毕业同学会。同时出席的还有顾颉刚、洪业、容庚、王克私、齐思和、李荣芳、梁思懿等约40人。

5月22日至23日 顾颉刚召集燕京大学古迹古物调查实习班及清华大学学生赴房山兜率寺、什方院、云水洞、朝阳洞等地考察，返程途中参观卢沟桥。

5月26日 欧文·拉铁摩尔（乐育才）到燕京大学做关于中国边疆问题的演讲。侯仁之与拉铁摩尔交换对东北和华北局势的看法。晚宴时，侯仁之、顾颉

---

① 侯仁之：《山高水长何处寻——追忆颉刚师二三事》，见《我从燕京大学来》，生活·读书·新知三联书店2009年版，第43页。
② 陈存恭编：《石璋如先生口述历史》，九州出版社2013年版，第445页。
③ 朱乔森编：《朱自清全集》第9卷《日记编（上）》，江苏教育出版社1998年版，第466页。

刚、梅贻宝、雷洁琼、邓嗣禹、冯家昇、张维华等人作陪。

6月10日　参加在成府蒋家胡同举行的燕京大学历史学系教职员会议，同时与会的还有顾颉刚、王克私、洪业、齐思和、邓之诚、韩儒林、谭其骧、容庚等人。会议由顾颉刚报告本系本届毕业生赵宗复、龚维航、王伊同的情况，并报告下学年课程变更情况。

6月14日　与顾颉刚同访叶理绥、博晨光、邓嗣禹。

6月21日　顾颉刚在燕京大学与侯仁之清算账目。

6月25日　燕京大学历史学会发布启示，通知离校者在秋季开学后去历史学系办公室侯仁之处领取《史学消息》刊物。

6月26日　与胞弟侯硕之从天津乘火车返回河北枣强萧张镇故居，祭扫母亲坟茔。此后，到故城县看望父亲。7月初，侯仁之在德县火车站送侯硕之去上海闸北水电站进行毕业实习。

7月10日　到禹贡学会拜访顾颉刚。

7月12日　与顾颉刚到清华大学拜访张印堂、刘寿民。返回燕京大学后，拜访梅贻宝，谈下学年历史学系事务。此后，顾颉刚因有日寇缉捕之忧，脱离燕京大学，远走西北。顾颉刚藏书之一部分，由侯仁之保存于燕京大学司徒雷登住宅。

7月20日　顾颉刚到燕京大学蔚秀园拜访侯仁之、邓嗣禹等人，做逃离北平以躲避日寇逮捕的安排。侯仁之与顾廷龙处理顾颉刚遗留的藏书问题。此后，侯仁之转为洪业的硕士研究生。

案：顾廷龙(1904—1998)，江苏苏州人，字起潜，图书馆事业家、古籍版本学家、书法家。曾就读于上海持志大学，1932年从燕京大学研究院毕业，任哈佛燕京图书馆驻北平采访处主任。后曾任职于上海合众图书馆、暨南大学、光华大学、上海图书馆等。生平著作结集有《顾廷龙全集》（上海辞书出版社，2015年）。按照族中行辈，顾廷龙是顾颉刚的长辈，二人以叔侄相称。

顾颉刚日记："到蔚秀园访仁之，嗣禹，……予在平所管事，燕大史系主任交煨莲或贝卢思女士，禹贡学会交宾四与张维华，赵肖甫，歌谣学会与方纪生等，通俗读物社则移绥办理，只剩一北平研究院，仍可遥领也。至于家属，暂留北平，如予必不能回平，再全家南迁。书籍什物则分存成府，禹贡学会两处。"①

侯仁之： "我记得很清楚，蒋家胡同那些书，顾廷龙搬，我去找地方。顾廷龙就住在蒋家胡同5号顾颉刚家里的西房，论辈分顾廷龙比顾颉刚还大一辈，可论年龄顾廷龙年轻。顾廷龙在燕京大学毕业之后，是中文编目部的主任，管图书馆。"②

9月18日 司徒雷登致信侯仁之，安排赖朴吾、侯仁之等人搬入未名湖以北的男生宿舍，以便给学生提供帮助。

案： 赖朴吾（Ernest Ralph Lapwood，1909—1984），英国人，地球物理学家、应用数学家。生于英国伯明翰，毕业于剑桥大学，1932年来华，1936年起执教于燕京大学，曾任理学院院长，1952年返回英国。生平参见其与夫人合撰的 Through the Chinese Revolution（Spalding & Levy，1954）以及《赖朴吾：中国的好朋友》（北京大学出版社，1988年）。

陆卓明： "司徒雷登曾把侯仁之先生和赖朴吾先生派到男生宿舍附近的单身男教员宿舍中去住。其用意不仅是在于便于辅导学生，而且在于应付日寇可能在夜间突袭男生宿舍捕人。如果不是赖先生在前几年（他最后来中国的那一次）对我谈到这件事，连侯先生自己也不知道后面那个用意。"③

11月24日 燕京大学院际越野赛举行。比赛从贝公楼开始，途经西校门、达园、一亩园，抵达颐和园后折回，全程5000米。侯仁之获得冠军，成绩为19分55秒4。

12月4日 参加在燕京大学举行的燕京、辅仁越野对抗赛。路线为从燕大穆楼出发，到颐和园后折回，全程5000米。燕京大学夺得团体、个人双料锦标。拥

---

① 顾颉刚：《顾颉刚日记》卷三，中华书局2011年版，第667—668页。
② 陈光中：《侯仁之》，生活·读书·新知三联书店2005年版，第58页。
③ 陆卓明：《回忆燕园内外》，见燕京大学校长陆志韦编写组编：《燕京大学校长陆志韦》，2006年，第150页。

有"飞将军"之称的侯仁之以17分54秒夺冠。

12月15日　燕京大学历史学会本季第一次研究报告会在燕南园54号洪业住宅举行。侯仁之以《明代宣（府）大（同）山西三镇之马市》为题做报告。报告会由陆钦墀主持，洪业、邓之诚等人出席。

本年　获得哈佛燕京学社的奖学金，在洪业教授指导下做硕士研究生。

——与齐思和、王钟翰在燕京大学历史学会的研究兼出版股兼职。

案：齐思和（1907—1980），字致中，山东宁津人，历史学家。曾就读于南开大学、燕京大学、哈佛大学，获博士学位。曾执教于北平师范大学、燕京大学、北京大学等校，曾任燕京大学文学院院长、历史学系主任，兼任《燕京学报》主编。著有《中国史探研》（中华书局，1981年）等。

著述

3月5日　《陈潢治河》刊于《大公报》第11版《史地周刊》第126期，后被《陕西水利季报》1937年第1卷第3期转载。

6月1日　《海外四经海内四经与大荒四经海内经之比较》刊于《禹贡》半月刊1937年第7卷第6、7期合刊。

6月10日　《禹贡》半月刊第7卷第6、7合刊"古代地理专号"刊登"地图底本甲种地图已全部出版"的广告。该地图由顾颉刚、郑德坤编纂，吴志顺、赵琁绘制，侯仁之、郭敬辉校订。

12月　《基督教与人类的再造》由北平燕大基督教团契印行，收于燕大基督教团契丛书。

案：该书包含侯仁之讲稿4篇，即《总要儆醒祷告免得入了谜惑》《一个历史的学生对于基督教教义的认识》《基督教与人类的再造》等，附有《即德即知》。1939年1月29日，顾颉刚读侯仁之寄赠的《基督教与人类的再造》一书。该书较为罕见，图书馆鲜有收藏。

评介

11月8日　《燕京新闻》第3版《校队题名》介绍燕京大学篮球、足球、乒乓球、越野等项目的校队情况。其中，侯仁之任越野队队长，成员包括谢维仲、杨子厚、言穆渊、周良彦等人。

11月15日　《燕京新闻》第3版《燕京辅仁对抗赛本星期六开始举行，本校教职员"老当益壮"》介绍燕京大学教职员运动队情况。其中，侯仁之任越野队队长。

11月29日　《燕京新闻》第1版《简讯》介绍侯仁之带领基督教小团契未名团参加体育锻炼的情况，第3版《团契小组介绍》报道了侯仁之主持的未名团。

12月6日　《燕京新闻》第4版刊发报道《越野赛燕大压倒辅仁，侯仁之不负众望夺得冠军，成绩为十七分五十四秒整》。

12月20日　《燕京新闻》第4版刊发报道《马市为明代驭边长策，历六十年终于崇祯朝——历史学会侯仁之研究报告》。该文介绍侯仁之在燕京大学历史学会所做学术报告的情况。

1938年　27岁

背景

4月4日　西南联合大学在云南昆明成立。

6月9日　黄河花园口大堤决口。

12月29日　汪精卫集团公开投敌。

纪事

2月22日　燕京大学历史学会联欢会在临湖轩举行。代理系主任贝卢思、齐思和、容庚、王克私等人参加。会上，张德华报告会员行踪。

3月9日　燕京大学历史学会史学座谈会在燕南园54号洪业住宅举行。蒙思明报告《元初的政治财政与阿合马三人被杀的原因》，洪业、邓之诚、齐思和、容庚等30余人参加。

春 洪业在燕南园54号寓所书房（健斋，又名无善本书屋）建议侯仁之"择校不如投师，投师要投名师"，安排其赴英国利物浦大学留学，师从罗士培学习地理学，但因受欧洲战局影响而未成行。

案：罗士培（Percy Maude Roxby，1880—1947），英国人，人文地理学家。毕业于牛津大学历史系，而后长期任利物浦大学地理系教授兼主任。曾赴美国、印度及中国等地游历。治学主张人地关系协调论，尤其关注于中国地理研究。曾任英国文化协会驻华首席代表、中英文教基金会英国董事等职。二战期间曾为英国海军情报机关编纂《中国手册》（*British Admiralty Handbook on China*）。张印堂、邹豹君、涂长望、林超、吴传钧等著名中国地理学家均出自其门下。

侯仁之："我清楚地记得1938年秋的一个早晨，我的老师，著名的中国历史学家洪业教授是怎样把我喊到他的办公室，对我说：'择校不如投师，投师要投名师。'当我还在琢磨他说的是什么的时候，他继续说：'我们已经提名你接受去利物浦大学地理学院深造的奖学金了。在这所跟世界广泛联系的大学里，你将会认识一位世界知名的地理学老师。他就是罗士培教授。'"[①]

侯仁之："我清楚地记得，1938年春天的一个早上，煨莲师忽然打电话要我到燕南园54号他的家中去看他。按习惯我去看煨莲师总是在傍晚或晚间，现在竟然约我在早上去，必有急事。这次煨莲师也不是在客厅里而是在他极少让人进入的他的书房中等待我。我进门后刚一落座，他就突如其来地大声对我说：'择校不如投师，投师要投名师。'我当时听了有些茫然，正待发问，他就接着对我说：'你应该到外国去专攻历史地理学。论西方大学，哈佛很有名，但是那里没有地理系。英国的利物浦大学，虽然论名气不如哈佛，但是那里有一位地理学的名师，可以把你带进到历史地理学的领域

[①] 侯仁之：《1984年7月4日在英国利物浦大学毕业典礼上代表应届毕业生及荣誉学位获得者致辞》，见《中国历史地理论集》（英汉对照），外语教学与研究出版社2015年版，第295页。

里去。'这也就终于决定了我一生深入进行学术研究的道路。"①

考异：此处洪业何时建议侯仁之到利物浦大学师从罗士培学习地理学，有春季、秋季两说，难断是非。又，侯仁之回忆称哈佛大学没有地理系，此说当误。哈佛大学设有历史悠久的地理系，该系在1948年才被裁撤。

4月3日　周一良、邓懿在天津完婚。侯仁之、张玮瑛赠送《牛津诗选》英文版作为贺礼。

4月14日　燕京大学历史学会史学座谈会在燕南园54号洪业住宅举行。刘选民报告《中俄关系第一幕——一五八三年至一六八九年》，刘崇鋐、洪业、邓之诚、齐思和、王克私、容庚、贝卢思等20余人参加。此前，洪业患病入协和医院，4月9日出院。

4月18日　燕京大学全校春季运动大会开始。侯仁之在由范天祥、周同轼、米泰恒等8人参加的1500米比赛中获得第三名，此外还代表文学院参加1600米接力比赛。

5月28日　燕京大学校友返校节。当日，燕京大学、辅仁大学两大学运动会在燕大举行。燕大获得两大学总锦标，侯仁之参加5000米长跑比赛。

5月　张玮瑛完成燕京大学研究院文科研究所历史学部硕士毕业论文《清代漕运》。论文由研究院院长陆志韦、历史学部主任洪业评阅。此后不久，张玮瑛任燕京大学历史学系助教，教授中国通史课程，直至1940年年初。

案：陆志韦（1894—1970），浙江吴兴人，心理学家、语言学家。曾就读于东吴大学、美国芝加哥大学，曾任职于南京高等师范学校、东南大学、燕京大学、中国科学院语言研究所。任职燕京大学期间，曾任心理学系主任、代理校长、校务委员会主席、校长。著有《社会心理学新论》（上海商务印书馆，1924年）、《陆志韦语言学著作集》（中华书局，1985年）等。

---

① 侯仁之：《在教书育人的道路上——再记我师洪业教授》，见《侯仁之燕园问学集》，上海教育出版社1991年版，第16页。

秋　　与新入学的刘适（石泉）结识。受侯仁之影响，石泉开始关注历史地理问题。

案：刘适（1918—2005），又名石泉，祖籍安徽贵池，生于北京。毕业于燕京大学历史学系及研究院。1948年赴解放区华北大学学习。1949年年初返回北平，参加文教机构接管，曾在教育部、高教部任职。1954年后，长期执教于武汉大学，主要从事荆楚历史地理学和中国史的教学与研究。著有《古代荆楚地理新探》（武汉大学出版社，1988年）、《甲午战争前后之晚清政局》（生活·读书·新知三联书店，1997年）等。

石泉："1938年秋，我进入北平燕京大学历史学系时，认识了侯仁之先生。他当时是研究生，专攻历史地理。侯先生以奔放的热情，对我们几个一年级新生一见如故，坦诚相待。除了经常谈论时事（抗日战争、敌后根据地建设与开展游击战、大后方的民主运动以及国际形势等）之外，侯先生也向我介绍了不少他从事历史地理研究的体会，以及顾颉刚先生（原燕京大学历史学系主任）、洪业（煨莲）先生（燕京大学历史学系奠基人）等的治学精神、方法和学风带给他的教益。应该说，最早把我带进历史地理学的科学领域之门，从过去自发地凭兴趣注意某些历史地理的具体问题，到转入初步的自觉探讨和系统求知，实肇始于侯先生的引导。但当时还未下定决心要以历史地理学为毕生专业。"[1]

——与赖朴吾等师生9人从燕京大学出发，途经海淀六郎庄、八大处、香山、卧佛寺后山、玉泉山北的宝藏寺金山口、望儿山、万寿山等地，进行长途旅行。途中经历见侯仁之的《五个国籍的旅行团》一文。

10月11日　燕京大学第二食堂举行开幕仪式。侯仁之作为食堂监委报告改组的意义，发言称"自办伙食，乃是一种新尝试，希望诸同学共同努力。根据卫生节俭方便味美适口诸原则下，共同享受团体生活，联系管理技能"。在膳食监委

---

[1] 石泉：《古代荆楚地理新探》，武汉大学出版社1988年版，第9页。

会中，侯仁之分在第一组，负责米、面、煤事务。

10月　参加在辅仁大学举行的燕京大学、辅仁大学对抗赛，获得男子5000米第一名。

12月8日　参加燕京大学越野队与英国士兵的越野对抗赛，获第一名。侯仁之对此次越野赛印象深刻。

撷芴："燕园生活中，父亲唯一的业余爱好是长跑。……其中的一次是在1938年12月8日。路线是从贝公楼前出发，出西校门，向北再向西经过一亩园，到颐和园东宫门外，绕过牌楼沿原路返回。那一天，参赛的有燕大越野队学生十五人和十七个人高马大的英国兵。父亲的教练林启武教授看到这个阵势，在起跑前面授机宜：'沉住气，这些大兵没有后劲。'教练的话使父亲更加自信沉着。赵占元教授发令，银笛一响，数十人奋勇前进。……父亲越跑越勇，遥遥领先，以十七分四十五秒的成绩冲破红线，创燕大越野队新纪录。英国兵中第一个到达终点的居第三名，被拉下了二百五十米之多。"①

本年　任燕京大学历史学会主席，并与王钟翰编辑《史学年报》纪念专号。另有齐思和、谭其骧、王钟翰在该学会的研究兼出版股兼职。

著述

3月27日　写成《明代宣大山西三镇马市考》。该文构思始于1936年禹贡学会组织的张家口考察，写作中得到邓之诚的指点。后刊于1938年6月《燕京学报》第23期。该文后以Frontier Horse Markets in the Ming Dynasty为题收于John De Francis 和E-tu Zen Sun编辑的 *Chinese Social History：translations of selected studies*（Washington：American Council of Learned Societies，1956）一书。

4月21日　写成《王鸿绪明史列传残稿——明史刊成二百年纪念》，后刊于1939年6月《燕京学报》第25期。

---

① 　撷芴：《燕园，父亲永久的家园——记父亲侯仁之》，载《群言》2007年第3期。

案：该文考证了王鸿绪、万斯年的《明史稿》与新发现的《明史列传残稿》之间的关系、《明史》一书的源流。1991年收于《邓之诚学术纪念文集》时增加了1989年1月侯仁之写的小序，称"早年在燕京大学历史学系受教于邓文如师，得于史学略窥门径而未能深入。主要原因是个人兴趣逐渐转向历史地理的探讨。重要契机之一是关于明代马市的研究"[1]。

10月14日　《五个国籍的旅行团》刊于《燕京新闻》，记述侯仁之、赖朴吾等人的北平西郊之行。

12月11日　写成《论"天路历程"》一文，回答了一位朋友对基督教的责难，后刊于《燕大团契圣诞特刊》（1938年）。

案：该期《燕大团契圣诞特刊》由王钟翰编辑，其中《我的宗教经验》一文的作者是刘适（石泉）。刘适在燕京大学读书时曾组织Saturday Group（星期六团，简称Sat. Gr.）[2]，参加者有侯仁之、刘子健、曹天钦等人。又，一说Saturday Group由侯仁之、张玮瑛、王秀兰、吴寿珍、王政（方衡）、陆孝华等人发起[3]。

评介

10月14日　《燕京新闻》第5版刊登消息，称"第二食堂开幕盛况，侯仁之先生报告改组意义，卫生节俭味美适口为原则，选同学十六人为委员负责一切"。

---

[1] 侯仁之：《重刊〈王鸿绪明史列传残稿〉》，见邓珂编：《邓之诚学术纪念文集》，北京大学出版社1991年版，第262页。

[2] 石泉：《石泉》，见燕京研究院编：《燕京大学人物志》（第二辑），北京大学出版社2002年版，第147页。

[3] 张玮瑛等主编：《燕京大学史稿（1919—1952）》，人民中国出版社1999年版，第519页。

1939年　28岁

背景

5月3日　日军飞机轰炸重庆。

9月14日　第一次长沙会战爆发。

纪事

3月17日　参加燕京大学基督教团契六人团在校园西侧吴家花园举行的团契活动。

　　侯仁之："六人团本年在校共九人，每星期五举行例会一次，由一人主领，先做灵修，其秩序为唱诗、读经、祈祷。祈祷毕，由主领人提出问题，领导讨论。本年入春以来，曾连续讨论一较大问题，即'基督教与新中国的建设'。三月初，本团受命主领宁德楼及适楼朝会各一周，每周四次，由团员四人主讲。过后，为主领者报告经验及全体团员批评讨论起见，特于三月十七日下午四时一刻，假吴家花园开退修会一次，检讨既往，计划未来，决定嗣后每月举行本团正式演讲会一次，暂定宁德楼小礼堂，每次由团员一人主讲，讲稿预先写出，讲后由团员自由批评论辩，讲稿则交由负责人收存，至学年终了，荟集成册，为本团成绩之一。又，本团成立已将是年，初立团章，于今稍有不相宜者，皆在退修会中斟酌修改。又，此数年来之本团文件、照像、记载等，重新编定成册，以求永存。往年本团皆有校外活动，如乡村布道、平市中学生之总结问题讨论会等，本年团员自觉本身有待充实，先努力从自己做起，暂不向外活动，亦望校内诸契友，予以勉励。"①

　　彭迪、钱行："燕京大学在北平的时候，Saturday Group就开始活动了。这个秘密小团体，起初没有名称，只是几个互相信得过的学友在一起谈

---

① 侯仁之：《六人团》，见《燕大基督教团契年报》（民国二十七年至二十八年），1939年5月，第47—48页。

论共同关心的时局,对民族、国家的前途深怀忧患意识,有抗日、民主的迫切要求。他们利用星期六晚上在燕院里找个清静地方聚谈,后来便习惯地叫它Saturday Group。当时在燕大任学生辅导委员会副主任的侯仁之是主要创始人。"①

王钟翰: "学校里当时有很多小团体,七八个人聚在一起,表面上看起来也许是一个宗教团体,讨论的却都是抗日的事情,平常听不到的消息也可以在这里听到。我参加的第一个团体是'六人团','六人团'最早由宗教学院的六个人发起,这六个人我记得起名字的有邱运熹、魏允清、陈仁烈,到了吃饭的时候,他们六个人坐在一桌,边吃边讨论问题。'六人团'后来逐渐扩大,我加入的时候已经有了比较多的人,那时候侯仁之已经是其中的成员了。"②

案: 团契(fellowship),即基督教徒之间的团结契合。早年的侯仁之是团契活动的积极参与者,在团契组织"六人团"中被称为"三哥"。笔者见到的燕京大学团契有棕枝、光盐、灵泉、渔人、纯洁、星期六、牛津、海风、磐石、驼峰、新蕾、晨钟、乐家、未名、晨曦等10多个。此外,燕大基督教团契创办有《燕大基督教旬刊》《燕大基督教团契年报》《燕大基督教团契双周刊》《团契月刊》《燕大团契声》《团契使命与生活》等出版物。

春夏之间 致信顾颉刚,谈及研究生论文《续〈天下郡国利病书〉山东之部》。

8月7日 与张玮瑛在燕京大学临湖轩结婚,由司徒雷登证婚,洪业、李荣芳等人出席。

案: 张玮瑛(1915—2015),祖籍广东东莞,1915年2月11日生于天津。曾就读于南开女中、燕京大学,1938年获硕士学位。1951年11月后,长

---

① 燕凌等编著:《红岩儿女》第1部《从潜流到激流》,中国青年出版社2005年版,第384页。
② 陈远:《王钟翰:酒瓶里喝出史学家》,见《消逝的燕京》,重庆出版社2011年版,第61—62页。

期任职于中国（社会）科学院近代史研究所，有合著及译著多部。生平详见侯馥兴的《从塘头厦到燕南园：我的母亲张玮瑛》（花城出版社，2012年）。

赵嘉理："上大学期间，男女生搞恋爱是常见的，不足为怪。一般情况是经人介绍相识，男方表示好感，如女方不拒绝可以逐步接近，最后公开，成双作对。初步，都是哑默悄静地进行，不引人注目。如侯仁之与张玮瑛，周一良和邓懿，高名凯和陈荷。"①

8月 北郊大雨，燕京大学贝公楼前草坪水深半尺，西校门外水流湍急，蔚秀园门口筑堤拦水。侯仁之在1988年出版的《燕园史话》一书中补记此事。

暑假期间 应赖朴吾之约到其燕南园59号住所，得知其将赴四川，与路易·艾黎组织"中国工业合作社"，临别留下数册英文地理书籍作纪念。

侯仁之："他的一位好朋友、燕京大学的英籍讲师赖朴吾已应约于1939年从燕京大学步行，穿越西山，经过八路军解放区前往四川，支援工业合作社的工作。在他的影响下，有些在校学生自愿前往支援工业合作社。另外也有学生主动要求就近参加八路军解放区的直接抗日斗争。"②

10月15日 燕京大学历史学系职员会在齐思和寓所举行，讨论研究出版、演讲、参观等事宜。

11月19日 顾颉刚拟邀请侯仁之、张玮瑛夫妇入齐鲁大学国学研究所。

案：齐鲁大学国学研究所创办于1930年，抗战时期迁至成都，聘有顾颉刚、钱穆、张维华、胡厚宣等知名学者。

顾颉刚致顾廷龙信："研究所虽旧日所有，而人物两空，一切须从头做

---

① 赵嘉理：《燕园忆旧（其二）》，载《燕大校友通讯》1994年第18期。
② 侯仁之：《我从燕京大学来》，见《我从燕京大学来》，生活·读书·新知三联书店2009年版，第11页。

起。现在西山、育伊两兄在此相助,经费年约五万,尚有发展余地。……此间尚需人,拟邀仁之兄来,不知彼能暂时放弃硕士学位,即与玮瑛就道否?玮瑛到此亦有事做,两人生活不成问题。如彼必欲至暑假后,则深恐彼时人数已满,转增困难。吾叔如与通信,乞一劝之。玮瑛家居在津,想离平之法渠当能措置也。"①

11月24日 燕京大学院际越野赛和女子接力表演举行。赛道从燕京大学贝公楼开始,途经西校门,抵达颐和园牌楼,原路折回。侯仁之、马世林、黎大展、黄宗江等10人参赛。结果,文学院再次获得双料锦标,侯仁之获得个人成绩第二名。次日《燕京新闻》报道"历届冠军侯仁之则因缺少练习,落马后五公尺",获得第二名。

11月25日 四川省立教育学院教授汤茂如致信顾颉刚,称欲聘请侯仁之、张玮瑛夫妇执教。

11月30日 燕京大学研究院同学会在适楼礼堂召开第一次学术座谈会。座谈会由武占元主持,由齐思和、沈乃璋、温锡增、王钟翰做演讲,有70余人出席座谈会。

12月6日 燕京大学第二组小团契联谊会在适楼礼堂举行。侯仁之所在的"六人团"与晨光、棕枝、西罗亚、宁德、金曜等小团契共约百人参加活动。

本年 获得阿尔弗雷德·霍特船运公司设立的蓝烟囱奖学金,因欧洲战事爆发未能成行。

案:阿尔弗雷德·霍特船运公司(Alfred Holt and Company),亦称蓝烟囱公司(Blue Funnel Line),始建于1866年,因其轮船用蓝色油漆粉刷烟囱而得名。该公司总部设于英国利物浦,主要经营利物浦至中国香港、上海的航线。该公司聘用大批中国船员,利物浦因此成为中国侨民聚集之地。

侯仁之:"我跟利物浦大学的联系应该是从1940年或1941年开始的。

---

① 顾颉刚:《顾颉刚书信集》卷二,中华书局2011年版,第494页。

1939年燕京大学（北京的一所私立大学，现在已经并入国立北京大学）颁给我阿尔弗雷德·霍特船运公司设立的蓝烟囱奖学金。先后有六位从事物理学、统计学、经济学和地理学研究的学者获此殊荣。"①

侯馥兴： "英国利物浦大学在燕京大学设有一份奖学金，每隔三年燕大可选派一人前去读博士学位。当时正在念研究生的一位物理系助教将于1939年夏期满回国，洪师便推荐父亲前去利物浦大学接续。"②

张世龙： "原来燕京大学理学院有由英国（兰烟筒轮船公司）提供留英读博士名额一人，由洛克菲勒基金会提供留美名额二人。要求选送资深讲师，或卓越助教。1946年侯仁之已赴英，将于1949年回国。……结果把侯仁之先生（八月）回国后的英国奖学金让给1949年刚毕业的、也获金钥匙的物理系助教崔枋。"③

考异： 侯仁之获得的奖学金，并非利物浦大学所设，虽然在上世纪二三十年代燕京大学曾设有利物浦大学奖学金（1926年经济系毕业生黄卓获得）。④侯仁之所称从事物理学研究而获得蓝烟囱奖学金的学者当为崔枋（生平不详，赴英国曼彻斯特大学留学）。从事统计学研究而获得蓝烟囱奖学金的学者为林嘉通，他于1935年在该奖学金的资助下赴英国利物浦大学留学。从事地理学而获得该奖学金的当为张印堂（1930年获得利物浦大学硕士学位）。此外，协助李约瑟从事中国科学史研究的王铃也曾获得该奖学金的资助。

——继续在燕京大学研究院就读。

---

① 侯仁之：《1984年7月4日在英国利物浦大学毕业典礼上代表应届毕业生及荣誉学位获得者致辞》，见《中国历史地理论集》（英汉对照），外语教学与研究出版社2015年版，第295页。
② 侯馥兴：《不曾远离的北平（上）——父亲侯仁之的留英生活片断》，载《中华读书报》，2017年3月1日。
③ 张世龙：《燕园絮语》，华龄出版社2005年版，第23页。
④ 张玮瑛等主编：《燕京大学史稿》，人民中国出版社1999年版，第444页。

案：据1939年《燕大研究院同学会会刊》所载"研究院在校同学名录"可知，当时燕京大学研究院历史方面的研究生另有王伊同（江苏江阴，研一）、王钟翰（湖南东安，研一）、艾尔温（R. G. Irwin，美国，研特，此前就读于哥伦比亚大学）、何炳棣（浙江金华，研一，此前就读清华大学）、曹诗成（山西汾城，研二）、葛启扬（江苏江都，研三）等人。其中，侯仁之的信息为"籍贯：山东恩县；永久通信处：河北故城南关；部别：历史；年级：研二；前校：本校"。

——获颁燕京大学1938—1939年"体育杯"铜杯。

著述

5月　《六人团》刊于燕大基督教团契编的《燕大基督教团契年报》（民国二十七年至二十八年）。

12月　对郑肇经的《中国水利史》（商务印书馆，1939年，"中国文化史丛书"第二辑）的书评刊于燕京大学历史学会编辑的《史学年报》第3卷第1期（总第11号）。另，同期刊有张玮瑛对茅乃文编的《中国河渠水利工程书目》的书评。

——《明史列传稿斠录》刊于《史学年报》第3卷第1期。

评介

11月25日　《燕京新闻》第六版《体育周刊》刊登报道《风冷草枯：院际越野昨举行。文学院再包办双料锦标，女接力表演理学院居首。马世林独占鳌头，侯仁之第二》，并称"历届冠军侯仁之则因缺少练习，落马后五公尺"。

1940年　29岁

背景

1月　毛泽东发表《新民主主义论》。
3月30日　汪精卫伪政权在南京成立。

8月　中国地理研究所在重庆北碚成立。

纪事

4月4日　燕京大学历史学系同学组织的史地研究会在齐思和家中成立，聘请齐思和、侯仁之任顾问。侯仁之介绍中外地理名著数种，供会员选择阅读。

4月20日　张维华告知顾颉刚，齐鲁大学国学研究所拟聘请汤用彤、吕思勉、侯仁之3人，合力完成《中国通史》。22日，顾颉刚致信侯仁之，谈及此事。

5月11日　燕京大学全校运动大会举行。侯仁之参加男子田径赛3000米长跑，获得第4名。18日《燕京新闻》第2版报道称"侯仁之则始终用一致的步伐前进。……侯仁之以久疏练习，屈居第四"。

> 侯仁之："赛跑可说是运动中极平常的一项，我们可以把它看作一种游戏，但是也可更深刻点把它看作一个短暂的生命历程。圣保罗象征人生说：'要忘记背后，努力面前，向着标竿直跑。'在一个短短的历程间，要把生命的力量集中燃烧，这也是一种生活道德。所以最高的'运动道德'，不只是不犯规，不只是消极的守法，最高的'运动道德'，应该是一种积极精神的表现，应该代表一种重视的人生态度。"[1]

5月16日　燕京大学学业奖荣会在贝公楼礼堂举行，校长司徒雷登致开幕词，博晨光发表演讲。会上宣布侯仁之入选斐陶斐荣誉学会。同时，黄昆、曹天钦获颁斐陶斐荣誉学会奖品。

案：斐陶斐荣誉学会（Phi Tau Phi Scholastic Honour Society）于1921年由北洋大学美籍教授爱乐斯（J. H. Ehlers）发起成立，旨在鼓励毕业生继续研究学术，服务社会。入选者可获得证书及会徽章（俗称金钥匙）。燕京大学每届毕业生约有10人获得该奖励。《燕京大学史稿》称"现将已从档

---

[1] 侯仁之：《从旅行说起：论严肃的生活态度》，载《燕京水星》1941年第1期。

案中查到的历届毕业生获此荣誉的名单列后(1934、1935、1936年三届未查到)"①。现据《燕京新闻》(第六卷第三十二期,1940年5月18日)第一版报道加以补充。1936届毕业生共有侯仁之、唐文顺、屠曾饴、关淑庄等13人入选斐陶斐荣誉学会。

6月21日 司徒雷登给侯仁之签发燕京大学学生生活辅导委员会(Student Welfare Committee)副主席的任命通知书。主席由夏仁德担任。

案:1940年燕京大学始设学生生活辅导委员会,职能类似于训导处,由校务委员会任命主席、副主席,下设委员、执行干事。该委员会的建立主要是为协助学生解决经济问题。②夏仁德(Randolph C. Sailer, 1898—1981),美国人,心理学家、教育学家,毕业于普林斯顿大学、哥伦比亚大学。他于1923年来华,长期执教于燕京大学,开设心理卫生课程。1949年10月1日,夏仁德参加了开国大典游行。1950年返美,后赴巴基斯坦执教。1973年应邀访华,受到周恩来接见。

侯仁之:"1940年夏,我研究生毕业留校,司徒雷登校长约我谈话,当时的情景我记得很清楚。他的办公室在办公楼一楼,他找我,他说:'侯仁之,你在学校是本科生又是研究生已经有八年时间了,现在学生中遇到很多问题,北平沦陷了……'他要我在教课之外再兼管学生工作。因为当时有的学生家庭遭受战火影响,经济来源困难;有的学生则向往到抗日根据地去,等等,这些都需要有人来关心和帮助他们。……大概是因为我在校做学生已有八年时间,比较了解学生的情况吧。司徒校长找我谈了后,我很着急,因为我下半年还要教课。我就去找了洪先生。洪先生就给了一个很好的建议,他说校长找你,肯定有他的道理,你一个人是忙不过来的,最好组织个委员会。最后司徒校长决定成立一个'学生生活辅导委员会',我是副主席,主

---

① 张玮瑛等主编:《燕京大学史稿》,人民中国出版社1999年版,第453页。

② 同上书,第456页。

席则由深受学生尊敬的一个外籍教师夏仁德教授担任。"[1]

王钟翰："根据当时国民政府规定,各大学须设训导处,以加强对青年学生的思想控制。1940年,燕京大学特成立'学生生活辅导委员会'以为变通之计。委员会由夏先生为主席,侯仁之学长为副主席,文、理、法三学院各派一人为委员。我作为文学院代表,参与其中。"[2]

6月底 在燕京大学研究院文科研究所毕业,留校任助教。利用学生生活辅导委员会副主席的身份,协助曹天钦、刘适(石泉)等学生前往国统区,并协助陈晶然(陶军)、李国亮(陆禹)等进步学生前往解放区。

案：陶军(1917—1987),本名陈晶然,安徽贵池人。1938年入燕京大学。1941年年初奔赴晋察冀抗日根据地,曾在晋察冀日报社、张家口人民广播电台、华北联大、中原大学任职。新中国成立后,参与接收私立华中大学,为华中师范学院的创建做出重要贡献。后曾任中国驻联合国教科文组织副代表。陆禹(1917—1999),本名李国亮,四川彭山人。曾就读于北平师范大学、燕京大学。1940年年底奔赴解放区参加革命,曾任北平地下党学委组长、西郊工作站站长等职。新中国成立后,曾任中共北京市委委员、市革委会秘书长、副市长、中共北京市顾问委员会副主任等要职。

侯仁之："我的主要工作,是帮助那些要投身到抗敌救国斗争中去的学生,包括联系路线,等等。我以学生生活辅导委员会副主席的身份,掩护这些学生分批离校。……当时是通过一位以研究生名义留校进行地下工作的党员陈杰,我把要去解放区的同学介绍给他,由他联系前往解放区。"[3]

侯仁之："那时经常有些学生因为思想问题来找我,最后发现一些学

---

[1] 梅辰：《晚晴在心,扬鞭奋蹄——访著名历史地理学家侯仁之先生》,见《人文大家访谈录》,中国文联出版社2005年版,第154—155页。
[2] 王钟翰：《我所认识的夏仁德先生》,载《燕大校友通讯》2003年第38期。
[3] 梅辰：《晚晴在心,扬鞭奋蹄——访著名历史地理学家侯仁之先生》,见《人文大家访谈录》,中国文联出版社2005年版,第154—155页。

生有的愿意到内地去抗战，到国民党，有的要参加八路军，可是他们严格要求，我做不了主，这时候有一个燕京大学的学生从延安回来，他是我的好朋友，一二·九学生运动负责人之一，陈絜，他从延安回来就来到燕京大学，名义上做我老师的研究生，实际上做地下工作。他说你这个任务很重要，发现学生谁有激进的思想要参加抗战去解放区，你想办法告诉我，我说行。之后我们俩一起去找了司徒雷登，司徒雷登对我们的想法完全同意，并且让陈絜一起负责。随后，陈絜告诉我，我们俩之间要'单线'联系。从1940年冬天到1941年夏天，经陈杰的安排，然后我具体联系，从燕京大学到解放区的学生共有三批，十来个人。前两批先是从学校走着出发，走小路翻过西山到妙峰山下萧克的司令部所在地，然后进入解放区。第三批先坐火车到磁县，然后再从磁县步行转入西山原定的目的地。"①

侯仁之："从1940年冬到1941年夏，经过陈絜同志安排，由我具体联系，从燕京大学进入解放区的学生共有三批十来个人。最初两批，都是从学校步行出发，走小路翻过西山先到妙峰山下萧克同志的司令部所在地，然后进入解放区。第三批则是先乘火车到磁县，再从磁县步行转入西山（太行山）原定的目的地，我记得是要去设在林县的北方抗日大学，范文澜同志就在那里担任校长。"②

考异：（一）"陈杰"当为"陈絜"之误。（二）并无名为"北方抗日大学"且由范文澜任校长的机构，侯仁之回忆当误。1938—1939年，范文澜执教于河南大学，后赴遂平县办抗日训练班，开展游击斗争和统战工作。1940—1941年，范文澜在延安，曾任马列学院历史研究室主任、中央研究院副院长兼历史研究室主任。直到1945年抗战胜利后，范文澜才离开延安，转任位于晋冀鲁豫解放区的北方大学的校长。抗战时期，为满足部队干部需求，总部位于延安的中国人民抗日军政大学在各地设立多处分校。其中，抗大

---

① 陈远：《消逝的燕京》，重庆出版社2011年版，第73—74页。
② 侯仁之：《燕京大学被封前后的片断回忆》，见中国人民政治协商会议北京市委员会文史资料研究委员会编：《日伪统治下的北平》，北京出版社1987年版，第83页。

一分校、六分校曾在林县活动。林县（今河南安阳林州市）在抗战时期分林北、林县两县。中共林北县委驻任村，属冀鲁豫边区太行区管辖。任村地处晋冀豫三省交界处，八路军前方总部豫北办事处在此设立多条地下交通线，以供人员往来、情报传输、物资采办之用。由上可知，侯仁之所言"北方抗日大学"或为抗战时期抗大分校与解放战争时期北方大学的混淆。

侯仁之："这些学生中至今还常有机会和我见面的有三位，一位是中国科学院上海分院曹天钦院长，一位是武汉大学历史系的石泉（刘适）教授，还有一位是曾经担任新华社驻美国的记者、现在仍在新华社工作的钱行（钱洓诚）同志。"①

陈远："根据傅泾波的回忆，当时燕大共安排了四条通往大后方和八路军根据地的秘密路线，之后还专门成立了学生生活辅导委员会，由夏仁德担任主席，刚毕业于研究院并留校任教的侯仁之为副主席，负责此项任务。在一次欢送会上，司徒雷登表示，希望燕大学生不论到大后方还是八路军根据地，都要在国民党和共产党之间起桥梁作用。"②

于希贤："他站在爱国青年一边，通过学术来探求一条爱国救国的道路。在抗日战争时期，北平被日本人占领。在日本人还没有对英美宣战时，由于燕京大学是美国人开办的，所以日本人是不敢进燕京大学的。利用这一条件，燕京大学保护了一些抗日的爱国学生。比如石泉夫妇，是学生中的共产党人，日本人要抓石泉的时候，侯先生就让他躲在燕京大学的草丛里，晚上偷偷地给他送衣服和吃的。还有一些真正抗日的国民党的人，侯先生也同样帮助。对这两方面的人，只要是抗日的，他都支持。"③

考异：此处将侯仁之协助石泉前往大后方之事，与张玮瑛协助石泉在1948年躲避国民党"八一九"大逮捕之事混淆。

---

① 侯仁之：《燕京大学被封前后的片断回忆》，见中国人民政治协商会议北京市委员会文史资料研究委员会编：《日伪统治下的北平》，北京出版社1987年版，第81页。
② 陈远：《燕京大学（1919—1952）》，浙江人民出版社2013年版，第143页。
③ 樊克宁：《侯仁之：一个守望大地的人》，见《呆在原地：与世纪学人面对面》，广东人民出版社2013年版，第59页。

侯仁之："这三批进入解放区的同学,到现在还和我有来往的,只有三个人了。其中来往最多并且在工作上还曾直接领导过我的,是北京市原副市长、现任中共北京市顾问委员会副主任的陆禹(李国亮)同志;其次是曾任武汉华中师范学院院长和我国驻巴黎联合国教科文组织副代表的陶军(陈晶然)同志,还有一位是最近才得有机会见面的原农业出版社社长方原(方大慈)同志。此外还曾有过多次联系的是曾任辽宁省食品工业研究所总工程师的孙以宽同志。记得还有几位,在新中国成立后都曾担任过重要职务的,如陈培昌同志(曾任中共黑龙江省委农村工作部部长)、孙贡三同志(曾任外交部专员)等,可惜一直没有见面的机会。"①

陆奇："由于受到革命思想的影响,特别是受到当时抗日战争形势的驱动,在司徒雷登校长和侯仁之教授等的支持、帮助下,与三个同学一起于1940年冬奔赴平西抗日根据地。"②

8月1日　在北平城内中原公司购得美国土壤学家梭颇(J. A.Thorp)所著《中国之土壤》(*Geography of the Soils of China*),并在扉页上题记。

9月3日　燕京大学迎新会在临湖轩前草地上举行。侯仁之主持会议并致辞。另有司徒雷登校长代表全体教职员、廖泰初代表各学院一年级导师致辞。本年,燕京大学研究院录取25名新生,其中历史学系新生包括陈絜。

9月7日　燕京大学教职员百余人在临湖轩开会,欢迎应聘及返校的教职员,选举校务委员会。此前,洪业于6日启程赴美,与哈佛大学商谈哈佛燕京学社事宜。

9月18日　燕京大学新生招待委员会在临湖轩召开结束会议。该会主席侯仁之、校长司徒雷登、委员王钟翰等30余人出席。

9月19日　燕京大学本学期第一次师生大会在贝公楼大礼堂举行。会议由学

---

① 侯仁之:《燕京大学被封前后的片断回忆》,见中国人民政治协商会议北京市委员会文史资料研究委员会编:《日伪统治下的北平》,北京出版社1987年版,第83页。

② 陆奇:《无限敬仰　深切怀念——缅怀我的父亲陆禹同志》,见《征程》,北京燕山出版社2004年版,第348页。

生生活辅导委员会主席褚圣麟主持,校长司徒雷登发表题为《世界危机中之燕京大学》的演讲。学生生活辅导委员会副主席侯仁之讲解上届毕业典礼中授杖的意义。

案: 褚圣麟(1905—2002),浙江杭州人,物理学家、教育家。毕业于之江大学、燕京大学、芝加哥大学,获博士学位。曾任职于岭南大学、北平研究院、同济大学、辅仁大学、燕京大学、北京大学等地。

9月29日　燕京大学新旧契友联欢大会在适楼礼堂举行。团契主席李荣芳致辞,团契文书王钟翰解释团契生活的意义。侯仁之所在的"六人团"也参加此次活动,负责分发茶点。

10月13日　燕京大学团契的全体契友在西山卧佛寺举行退修会。司徒雷登、翁独健、范天祥、赵紫宸、王钟翰、李荣芳、胡经甫等150余人参加。

10月18日　燕京大学历史学系座谈会在齐思和住宅召开。容庚、李荣芳、翁独健、王聿修及历史学会会员30余人出席。会议由王伊同主持,杜洽君报告历史学会工作计划。

11月13日　燕京大学历史学会举行第二次公开演讲,由张孟劬在其王家花园家中主讲《中国过去之史学界》。

11月　洪业安排侯仁之到北京妇女联谊会做题为《北平的地理背景》的讲演。

侯仁之: "当时在北京有个类似文化沙龙的组织,成员都是毕业于美国大学的妇女,名为Peking American University Women(PAUW),它的秘书是燕京大学医预科主任博爱理教授。有一次她亲自去见洪煨莲教授,邀请他为该组织做一次题为Historical Peking(历史上的北京城)的讲演。煨莲师就向她直率地推荐我说:'还是叫我的学生侯仁之去讲Geographical Peking(地理上的北京城)吧!'"[①]

---

① 侯仁之:《在教书育人的道路上——再记我师洪业教授》,见《侯仁之燕园问学集》,上海教育出版社1991年版,第11页。

  侯仁之:"特别值得回忆的是1940年秋学期,煨莲师推荐我为一个以美国大学毕业生为主的'北京妇女联谊会'(Peking Association of University Women, PAUW),用英文做一次演讲。选定的题目就是'北京的地理背景'。实际上这也是煨莲师有意为我出国留学做准备,并且还特别在事前安排时间,听我用英语做试讲。……这次讲演的消息传回学校之后,我又被约利用十分难得的'大学演讲'的讲坛,同样用英文对校内师生重讲一次。这次演讲的主要内容,又被刊登在北平的英文日报(*Peking Chronicle*)上,时间是1941年11月25日。"①

  考异:此处"北京妇女联谊会"的准确名称前后不一,疑为美国大学妇女协会(American Association of University Women, AAUW)在北京的分支机构。又,侯仁之在燕京大学所做的演讲见于1941年11月24日《燕京新闻》的报道。

12月16日 燕京大学历史学会举行第4次公开演讲,邀请张东荪在穆楼主讲《西洋现代历史哲学之新趋势》。

12月19日 燕京大学历史学会邀请裴文中在穆楼主讲《二十年来中国史前期之新发现》。

12月25日 根据燕京大学庆祝圣诞节的安排,教职员住宅对外开放。据《燕京新闻》所载,住在天和厂三号的夏仁德夫妇、侯仁之夫妇、吴闻芳、阎华棠等住户均对外开放,招待同学。

  案:天和厂是位于燕京大学校园东南部的住宅区。此外,郑振铎、陆侃如、冯沅君等人执教燕京大学期间也曾寓居天和厂。

著述

5月 完成燕京大学研究院文科研究所历史学部硕士毕业论文《续〈天下郡

---

① 侯仁之:《学业历程自述》,见侯馥兴编:《师道师说(侯仁之卷)》,东方出版社2013年版,第18页。

国利病书〉山东之部》，经陆志韦、洪业评阅通过后，获得文硕士学位。顾颉刚在书信中评价此论文"以书本知识与实地经验合而为一，深信问世之后必可供建国之用"。

案：该文是本科毕业论文的延续，选题得到了洪业、邓之诚的指导。1940年3月16日《燕京新闻》第2版刊载消息《研究院毕业论文题》，其中有文科研究部侯仁之的《续〈天下郡国利病书〉山东之部》。该文摘要刊于《燕京大学研究院同学会会刊》1940年第2期，1941年由哈佛燕京学社《燕京学报》专号出版。

侯仁之："民国二十三年秋，余以选择大学本科论文题目，就教于洪煨莲师。质以兴趣之所在，贸然以地理对。……师稍凝思而告余曰：'盍取亭林先生《天下郡国利病书》而续之乎？汝鲁人也，我校图书馆于有清以来山东方志，收罗最富，不妨即就其原书，先取山东一省以为续修之尝试。'余受命，衷心跃然，不能自已。……旋以范围过大，一再缩减，至于寒假，仅成《靳辅治河始末》一篇。……嗣入研究院肄业，基本考试既毕，复商之煨莲师，仍请以续修《利病书》为研究论文题目，并以就教于邓文如师。师曰善。"①

侯仁之："当时我在思想上还曾受清初朴学大师顾炎武'经世致用'这一学说的影响，认为应该及时进行有益于抗战胜利后重建家园的研究。这时我的指导教师洪业（煨莲）教授，对我深有了解，根据他的深思熟虑，建议我以续修顾炎武的《天下郡国利病书》为题，结合当时的资料来源，就以山东一省为限，进行清初以来有关地方兴利除弊的研究，完成了硕士论文《续〈天下郡国利病书〉山东之部》，并由燕京大学哈佛燕京学社出版。在此书的写作过程中，业师又进一步指出我应该加强地理学的训练。"②

---

① 侯仁之：《续〈天下郡国利病书〉山东之部》，见《我从燕京大学来》，生活·读书·新知三联书店2009年版，第204页。
② 侯仁之：《择校不如投师，投师要投名师》，见中国科学院院士工作局编：《科学的道路》下卷，上海教育出版社2005年版，第1245页。

顾颉刚："侯仁之君，山东恩县籍，学于燕京大学研究院，其论文题为'《续〈天下郡国利病书〉》山东之部'，益有志整理亭林未成之作，先从其乡里下手也。……其所作论文以书本知识与实地经验合而为一，深信问世之后必可供建国之用。"①

9月1日　在《燕京新闻》第5版刊文介绍燕京大学学生生活辅导委员会。

10月15日　《基督徒青年》刊于燕京大学基督教团契编辑发行的《燕大基督教团契旬刊》1940年第1卷第3期。

10月25日　《基督徒青年（续）》刊于燕京大学基督教团契编辑发行的《燕大基督教团契旬刊》1940年第1卷第4期。

10月　所编《故都胜迹辑略》一书由燕京大学历史学系印行。该书为侯仁之协助顾颉刚开设古迹古物调查实习所准备资料的汇集，书名由邓之诚拟定。《〈故都胜迹辑略〉前记》后收于《师道师说（侯仁之卷）》（东方出版社，2013年）。

评介

10月5日　《燕京新闻》刊登"侯仁之解释周末汽车试行办法，详述实施优点，尽量采纳建议"。此前，9月28日的《燕京新闻》刊登消息，称学生生活辅导委员会副主席侯仁之向全校各方征求汽车办法。

1941年　30岁

背景

1月　皖南事变爆发。

3月19日　中国民主政团同盟在重庆成立。

12月7日　日军偷袭珍珠港，太平洋战争爆发，燕京大学随即被日军占领。

---

① 顾颉刚：《浪口村随笔》卷一《山东运河》，辽宁教育出版社1998年版，第26—27页。

纪事

2月27日　燕京大学本学期第一次师生大会在贝公楼礼堂举行，会议由褚圣麟主持，司徒雷登做题为《最近时事对中国学生之鼓励》的演讲。

3月3日　燕京大学一九四一班年刊筹备委员会在穆楼召开会议，商讨编辑事宜。会议决定聘请司徒雷登、吴雷川、赵紫宸、陆志韦、周学章、陈其田、韦尔巽、夏仁德、侯仁之等15人为顾问。

3月7日　燕京大学学生辅导课在临湖轩召开同学服务团代表会议，征求改进燕京生活的意见。

3月14日　燕京大学历史学会在燕南园洪业住宅举行本季第一次座谈会，由王聿修主讲《社会科学简明书目》。该书目是由洪业教授建议，王聿修、齐思和编辑完成。

3月20日　燕京大学本学期第二次师生大会在贝公楼礼堂举行。

4月11日　燕京大学校友节筹备委员会在校长办公处举行第一次会议。侯仁之、李荣芳、王振庭、崔友邻等8人出席。会议决定本年校友返校节为5月24日，晚间游艺会事宜由侯仁之负责。

——燕京大学学生生活促进会举行成立大会，侯仁之、夏仁德、林嘉通、陈芳芝等列席会议。16日，学生生活促进会举行第一次会议。

4月17日　燕京大学本学期第三次师生大会召开。随后，由学生生活辅导委员会主办的中文辩论会也在贝公楼大礼堂举行，陆志韦、周学章、褚圣麟、张东荪、陈其田、胡经甫等人出席。

5月1日　燕京大学历史学会在穆楼举行本学期第二次公开演讲，邀请清华大学历史系主任刘崇鋐教授主讲《第一次欧战的丘吉尔》。演讲由齐思和主持并致辞。

6月2日　燕京大学暑期学校章程公布。本期暑校自7月1日开始，到8月11日结束，共开设7门课程。侯仁之为暑校开设地学通论（Principle of Geography）课程，讲授现代地理学的基本原理。

6月16日　顾颉刚致信侯仁之。

夏　燕京大学的地下党员陈絜动员侯仁之前往解放区参加抗日工作，未果。

案：陈絜（1913—1987），福建福州人，又名陈矩孙，为晚清名臣陈宝琛之孙。1933年入燕京大学，积极参加中共领导的学生运动，曾任北平学联党团书记、中共北平市委秘书。1938年赴延安。1940年重返燕京大学，师从邓之诚读研究生，并从事情报工作。1941年返回福建，从事抗日活动，后赴香港。1949年后曾执教于福建师范学院，任福建省政协委员。

侯仁之："通过上述我个人的片断回忆，足以说明当时中共地下党在安排青年学生进入解放区的工作上是十分周到和十分机密的，这一点我自己深有感受。但是我当时对于党的认识还是很有限的。因此，当陈絜同志在1941年夏天劝我也和学生一样前往林县北方抗日大学参加工作时，我几经考虑，还是未能成行。"①

9月4日　在燕京大学穆楼为新生讲解"燕京生活"，介绍校内的课外活动、出版、奖励、自助工作内容。侯仁之在演讲中指出"源头活水"就是燕大精神。

10月　已奔赴解放区的孙以宽潜回燕京大学，委托侯仁之安排与司徒雷登、夏仁德会面，要求学校图书馆将图书副本赠送给解放区。此事未果。

侯仁之："记得就是1941年秋季开学后不久，孙以宽忽然又从解放区回到学校，要我替他和司徒雷登校长以及夏仁德教授分别约定时间面谈。面谈什么，他不能告诉我，我也不应该问他，这是彼此之间都恪守和谅解的。直到'文化大革命'之后，以宽同志来到北大，我们共同回忆，互相补充和印证，我才知道他当时回校要见司徒雷登校长，原是组织上派他前来联系，希望燕京大学能把图书馆里有副本的一部分图书，赠送给林县的北方抗大。当时司徒雷登校长完全同意，他表示，具体的办法需要直接和图书馆馆长田洪都联系办理。事后以宽同志向组织上汇报，组织上认为由于某种原因，不能直接找馆长办这件事，因此再未联系。至于以宽同志要和夏仁德教授见

---

① 侯仁之：《燕京大学被封前后的片断回忆》，见中国人民政治协商会议北京市委员会文史资料研究委员会编：《日伪统治下的北平》，北京出版社1987年版，第85页。

面,则是因为在夏仁德教授那里准备好了当时的一些特效药(如青霉素)和其他医疗用品,要他带回解放区。至于这些药品是如何购买的,又如何通知组织上派人来取,我不得而知。"①

张玮瑛等:"孙以宽秋季从解放区回校,与夏仁德教授及司徒雷登联系,要求图书馆把有副本的图书送一部分给北方抗大获得同意,后因故未能实行,孙只从夏仁德教授处取得备好的药品和医疗用具,带回解放区。"②

李效黎:"当时,正有一位从晋东南游击队来的朋友孙以宽住在我们家中,虽然他是从根据地来的,但我们的秘密活动始终未告诉他。"③

案:孙以宽未能从燕京大学图书馆取得图书副本的原因,可能是由于中共对图书馆馆长田洪都的政治立场心存疑虑,因而避免与之直接接触。据《洪业传》载,"日据时期田继续主持图书馆"④。因此,1945年燕京大学复校后,田洪都与另一位执教伪北大的教授容庚均被燕京大学解除教职。孙以宽(1919—1995),浙江嘉兴人,1941年毕业于燕京大学化学系,后经英籍教授林迈可联系,在晋察冀边区与燕京大学之间从事秘密工作。1943年,被日寇逮捕。生前曾任辽宁省食品工业研究所总工程师。

11月20日 在燕京大学穆楼举行的第二次大学讲演中担任主讲,讲演题目为《北平的地理背景》。演讲由博晨光致开幕词,听众百余人。

案:此次大学讲演与燕京大学历史学会第二次公开演讲合并。演讲由博晨光致辞,侯仁之在演讲中认为北平的重要性在于介于区域间,最大的缺点为不是经济中心,新中国建都北平恐无希望。

---

① 侯仁之:《燕京大学被封前后的片断回忆》,见中国人民政治协商会议北京市委员会文史资料研究委员会编:《日伪统治下的北平》,北京出版社1987年版,第86页。
② 张玮瑛等主编:《燕京大学史稿》,人民中国出版社1999年版,第33页。
③ [美]李效黎著,肃宜译:《延安情——燕京大学英国教授林迈可及其夫人李效黎的抗日传奇》,上海远东出版社2015年版,第55页。
④ [美]陈毓贤:《洪业传》,商务印书馆2013年版,第241页。

12月8日　日本宪兵队占领燕京大学，闯入位于军机处胡同的侯仁之家中。数日后，侯仁之避入天津大沽路岳父家中。日军侵占燕京大学后，将校园改设为华北综合调查研究所和日本军队医院康复病区。

侯仁之："1941年12月8日是个星期一，早上第一、二节有我教的课，当时我住在南校门外。当我骑车赶去上课时，还未到校门，就看到有一些日本兵站在那里，我预感到必有重大事情发生，立刻想先回家再说。可是还没到家，就远远看到我家的保姆老于妈斜倚在大门边上，频频向我摇手。我心知有异，忙转过身来，就近躲进燕大附中一位王老师的家里。这时我们还不知道太平洋战争已经爆发，只是心里纳闷，不知道出了什么事。等了一个时辰，也听不到有什么动静，我就请王老师打发他的一个小女儿去我家探看一下。很快她就跑回来，说是我家里一切如常。于是我立刻赶回家去，才知道我早上刚离开家，就有几个日本宪兵和伪警察闯了进去。那时岳母梁撷香老人两天前才从天津前来看我和妻子张玮瑛，因为玮瑛离分娩的时间已经不远了。我一进屋门，岳母就告诉我说，日本和美国的战争爆发了，日本宪兵赶来要问我有什么看法，知道我已经进学校上课去了，他们没有久留也就走了。"①

邓之诚："民国三十年十二月八日晨七时，潘婿由无线电知日美已开战，急以告予，八时日军已把守校门，……是日逮捕陆志韦，赵紫宸，陈其田，赵承信，林嘉通，张东荪，刘豁轩及学生十一人。"②

黄国俊："记得1941年太平洋战争爆发燕京大学被封后，学生与多位广东同乡同学无家可归，约两日后幸得老师照顾与同学何长亨（已故）及黄秀贞三人住入老师家中，不二日即有日军来家质询老师下落，当时我等支吾

---

① 侯仁之：《燕京大学被封前后的片断回忆》，见中国人民政治协商会议北京市委员会文史资料研究委员会编：《日伪统治下的北平》，北京出版社1987年版，第88页。
② 邓之诚：《南冠纪事》，见燕大文史资料编委会编：《燕大文史资料》第一辑，北京大学出版社1988年版，第16页。

以对，但被指令于次日去燕京贝公楼受讯。我与何长亨乃于次日下午到贝公楼见日军头目，被问老师去向，我两人只告以老师已去天津，但住址不明（实际上我们也不知）。当时并未受到虐待，以后也无下文。我等三人也于数日后离开老师家迁至东城干面胡同某协和医院同乡家中打地铺，至同年一月下旬即离京赴沪，借读于圣约翰大学医学院。此段经历学生所能记忆者大致如此。"①

成恩元："在侯仁之先生家里见到了李荣芳博士等。据说十二日司徒校长在敌人监视之下，回校视察一次，同时进用午餐，Miss Boring, Miss Burtt等都在座，临走时带去一大包探险小说和衣服。……此后遂送回美国大使馆，监禁于三层楼上。"②

王钟翰："我研究生毕业留校，任历史系助教。一年之后，1941年12月8日，日美太平洋战争爆发，第二天，北平日本宪兵队便闯入燕大，以鼓动学生反对日本的罪名，逮捕了在天津停留的司徒雷登和在校的陆志韦、赵紫宸、张东荪、侯仁之、姚克荫、刘子健等十余人，占领了燕京大学。其后半月间，日本军部代表与燕大校方萧正谊以及洪、邓等人谈判，以封闭学校相威胁，企图使燕大成为日本人控制的一所伪大学或研究院。洪、邓等人力拒不从，日本人恼羞成怒，于12月15日将萧正谊逮捕，继于12月25日将洪业、邓之诚等三人逮捕入狱，终于封闭了燕大。"③

考异：王钟翰回忆有误，侯仁之并未于12月9日被捕。

陆卓明："但是当时司徒雷登也不得不按日寇的意图聘请萧正谊（文安）为他的私人日文秘书。这个人本是燕大学生，自称是福建人，日语精良而普通话很差，有时还夹杂着日本外来语。他做学生时，常到教授家走动，我们起初认为这是燕大师生的正常关系，没有留意。可是有一天他拿出一张全家合照给我母亲看，全家都穿日本和服，他指着一个青年妇女要我

---

① 黄国俊：《黄国俊致侯仁之先生的信》，载《燕大校友通讯》2004年第40期。
② 成恩元：《"一二·八"燕园沦陷记》，见冰心、萧乾主编：《燕大文史资料》第8辑《纪念燕京大学建校七十五周年》，燕大文史资料编委会，1994年，第110页。
③ 王钟翰：《王钟翰学述》，浙江人民出版社1999年版，第68页。

母亲猜是谁。母亲感到这个人来路不明，就不许他再来我家了。萧正谊出门还大喊：'校长家架子真大！'司徒雷登也感到这个人可疑，可是仍不得不聘用他。因为如果不通过他，燕大什么事也无法与日寇交涉或应付日寇挑衅。……日寇当时也把萧正谊抓进监狱蒙骗燕京人。抗日战争胜利后，萧仍以为自己未曾暴露，企图回到燕大，却被国民党发现他的底细抓去枪决了。"①

林孟熹："司徒雷登又聘请了一位精通日文的燕大毕业生萧正谊担任秘书，专责应对日伪。当时颇有些人对他不放心，怀疑他暗中替日本人做事。司徒则说：'用人不疑，疑人不用。'后来事实证明萧是清白的，忠于司徒而非日本人，有力地协助了司徒与日本人周旋。"②

考异：萧正谊在抗日战争时期的表现及政治立场，难辨真伪。陆卓明回忆有不确之处，萧正谊并未被国民党枪决，1947年创办《现代知识》杂志，1949年后仍与邓之诚交往甚密。

12月中旬　侯仁之在天津被日寇逮捕。在此期间，洪业、陆志韦、赵紫宸、陈其田、赵承信、林嘉通、张东荪、刘豁轩等教师，连同姚克荫、刘子健、孙以亮等学生均被日寇逮捕，关押于北平城内沙滩日本宪兵队本部，遭受审讯。侯仁之在遭受审讯之前，因得到了洪业和刘子健的协助而有所准备。

侯仁之："我原以为日本宪兵在学校里捕人之后还会再来我家。但是过了几天，并无动静，学校里的情况也已完全隔绝。于是我决定也去天津，准备到岳父家继续进行研究写作，免得浪费时光，也可借以安定心情。……我到天津之后过了几天，日本宪兵果然前来逮捕我了。岳父家在当时的法租界，有法国巡捕房的人同来。那是一天早上，他们闯进我所住的房间，首

---

① 陆卓明：《回忆燕园内外》，见中国人民政治协商会议北京市海淀区委员会文史资料委员会编：《海淀文史选编》第9辑《纪念抗日战争胜利50周年专辑》，内部资料，1995年，第235—236页。

② 林孟熹：《司徒雷登与中国政局》，新华出版社2001年版，第35页。

先掀开我的床铺，大概是怕我有什么东西藏在那里，随后又抄起我摊在书桌上的地图和书籍，将我带到法国工部局，经过简单的问话之后，就由日本宪兵押解我到花园街的日本宪兵队，扣了一夜。第二天又乘火车把我解送到北平沙滩日本宪兵队本部，也就是原来北京大学的大红楼。……在我被关进这宪兵队牢房的第三天一早，有一个打扫楼内过道的人，在打扫到我所住牢房木栏外面时，忽然把一个小纸团投到了我坐着的地方。我立刻捡起来，打开一看，是关在另一间牢房中的刘子健写的，大意是说他已经过堂完了，和洪业师同押一室。其中有几句话，至今我还牢记，原话是这样写的：在过堂时，'先侦察思想，后侦察行为。务要避实就虚，避重就轻。学生西游之事，似无所闻'。这几句话非常关键，从字句判断，当是洪师口拟而由子健执笔的。"①

刘子健："有一次，我乘他在笔录口供时，将桌上一支铅笔，偷偷拨入袖中。又举手打哈欠，使铅笔滑到上臂部分的袖筒里。接着，便和洪先生在半夜里商议最有问题的是侯仁之先生！《燕京新闻》，曾不顾他人死活，毫不经心地披露南下同学名单。大家又都知道侯先生负责，这是铁证，自己留下的。应当怎样应付呢？听我的宪兵口气，知道他们除此以外，别无所知。最好说是司徒先生自己负责，侯先生是雇员，奉行命令而已。因为日本虽对美宣战，日侨在美甚多不敢怎样！何况司徒先生他们还想利用，决无妨碍。司徒先生抗日事迹甚多，这本也是他主张的事，多加一项，无足轻重！敌人决不会去问的。侯先生在押而尚未被讯，最好先告诉他做一种准备。于是，用牙齿把铅笔木杆咬去，留下铅条，藏在板缝中，因为每天有一次室内翻动检查，防窝藏零星东西的。半夜在手纸上写信（日文中'手纸'，本作书信解也，妙哉！），但信怎样送出去呢？监中有已判决暂押的粗人，小兵就派他们扫地。同囚的长髯杜公，乃间谍名手，很会拉拢。乘这人来扫地时，预先教他，他遵命而行，便把这小条当作废纸从我们屋中'扫'到侯先生屋

---

① 侯仁之：《燕京大学被封前后的片断回忆》，见中国人民政治协商会议北京市委员会文史资料研究委员会编：《日伪统治下的北平》，北京出版社1987年版，第88—92页。

中。下午倒便桶时，从侯先生的点头中，知道信'扫'到了！"①

案：刘子健（James T.G.Liu，1919—1993），贵州贵阳人，晚号半宾居士，宋史学家。早年就读于清华大学、燕京大学。抗战胜利后，赴日本东京任职于远东国际军事法庭中方检查团。1946年赴美留学，后获匹兹堡大学博士学位，并执教于该校。后又执教于斯坦福大学、普林斯顿大学。著有《两宋史研究汇编》（台北联经出版事业公司，1987年）。

赵紫宸："在宪兵队一个多月，没有遇到特别困难，夜夜听到日兵逼供，许多人受到灌水、拷打，呜呜闷叫之声。过了几天，家中送衣物饮食来，竟能吃到瓶中装着的鸡汤，找到新制的棉袜。燕京被逮的同人一共十一人，有陆志韦、洪煨莲、张东荪、邓文如、刘豁轩、林嘉通、赵承信、陈其田、蔡一谔、侯仁之与我。这些人日日轮流放风，彼此交换纸团中的消息，日日被带到问话室由翻译译语，人人平安回到有木栅的囚室里。"②

李欧："1941年12月8日被捕的十一位同学是蓝铁年、沈聿温、姚克荫、张树柏、李慰祖、程述尧、朱良漪、刘子健、陈嘉祥、孙以亮和我。……刚入狱的那几天，看到校长办公室秘书萧正谊在狱中频频走动，原以为他是设法营救我们，不想过了一段时间，看见他也满面胡须一起倒恭桶，才知道他也被捕了。洪煨莲、邓之诚、侯仁之、蔡一谔诸先生，都是在我们入狱后陆续被捕的。"③

武占元："从12月8日到16日仅短暂的9天之内，就先后逮捕了华籍教职员：研究院院长陆志韦博士，宗教学院院长赵紫宸博士，法学院院长陈其田博士，文学院院长周学章博士，教务长林嘉通，总务长蔡一谔，校长办公室秘书萧正谊，教务课长戴艾祯，辅导委员会委员侯仁之，新闻系主任刘豁轩，哲学系教授张东荪，历史系教授洪煨莲、邓之诚，经济系教授赵承信及

---

① 刘子健：《"蒙难"之后》，载《燕大双周刊》1945年第2期。

② 赵紫宸：《我的回忆》（节录），见北京市政协文史资料委员会编：《北京文史资料》第64辑，北京出版社2001年版，第47—48页。

③ 李欧：《狱中三十三天》，见燕大文史资料编委会编：《燕大文史资料》第3辑，北京大学出版社1990年版，第152页。

已辞聘的教授袁问朴（当时正在办天津达仁学院，亦被捕），还有农科负责人沈君。还逮捕了进步学生11人。"①

赵承信："（十二月廿七日）下午，大约四五点钟光景，看见有三四位穿着大衣，好像燕京人的装束，从五号门前经过。……后来知道进十一号房的这位是燕大农场沈寿铨先生，其他的三位是洪煨莲先生，蔡一谔先生，邓文如先生。此时尚不知正谊早一日已进来，并即住在隔壁第四号房。……再过两天，又见仁之和袁贤能先生也在这里。真想不到沙滩红楼竟会变成燕京大学教职员学生的寄宿舍了。"②

著述

3月　写成《从旅行说起：论严肃的生活态度》。文章提倡"运动道德"，认为这是"从事于人生事业，行之于日常生活，说破了它，就是一个严肃的生活态度。平常所谓不取巧、不害人、不搪塞、不嬉笑怒骂、不说风凉话等，只不过用来说明这种态度的几个比较消极而抽象的名词而已"。该文是侯仁之在宁德楼朝会的讲稿，后刊于《燕京水星》1941年第1期。

12月　《续〈天下郡国利病书〉山东之部》作为《燕京学报》专号第十九号，由哈佛燕京学社出版。

评介

11月24日　《燕京新闻》第二版刊发消息《侯仁之先生讲北平的地理背景》，介绍侯仁之在燕京大学第二次大学讲演中所做《北平的地理背景》报告的情况。

---

① 武占元：《日军关闭燕京大学前后见闻》，见中国人民政治协商会议北京市委员会文史资料研究委员会编：《文史资料选编》第32辑，北京出版社1987年版，第131页。
② 赵承信：《狱中杂记》，载《大中》第1卷第5期，1946年。

1942年　31岁

背景
2月　毛泽东做《整顿党的作风》报告，开展整风运动。
10月　燕京大学在四川成都复校。

纪事
1月2日　与周学章在日军宪兵队受审，遇邓之诚，以"平素体弱多病"为邓之诚开脱。

案：邓之诚（1887—1960），字文如，号五石斋，祖籍江苏江宁（今南京），生于四川成都，历史学家。曾就读于成都外国语专门学校、云南两级师范学堂，曾执教于北京大学、北平师范大学、北平大学女子文理学院、燕京大学等校，所著《骨董琐记全编》（生活·读书·新知三联书店，1955年）、《清诗纪事初编》（中华书局，1965年）、《中华二千年史》（中华书局，1983年）影响较大。

邓之诚："三十一年一月二日晨，黑泽忽呼予往，谓本当早释，已请命于队长，谓须稍留，俟全案之结，一同释放；又谓全案三五日即了矣，此刻不妨先告知家中宽心，且索需用之物，予复以病为言，适侯仁之就审在室，乃知侯君与周君学章，亦已来此。侯君微言予平素体弱多病状，黑泽言俟再请命，遂以肉馒首款予等。……至十日午后三时许，果呼燕校学生十一人及农科沈君出系室，旋即释之，独未呼予等，心知有变，然犹冀或过一星期当有处分也，久之寂然。"①

2月10日　因"以心传心，抗日反日"罪名，被带到铁狮子胡同的日

---
① 邓之诚：《南冠纪事》，见燕大文史资料编委会编：《燕大文史资料》第一辑，北京大学出版社1988年版，第23页。

本军事法庭受审,后被关押在东直门内炮局三条日本陆军监狱候审,编号"五百十一",曾与邓之诚、陆志韦、洪业、赵承信、赵紫宸、陈其田、林嘉通、张东荪、刘豁轩、蔡一谔等10人共住同一狱室,因而对邓之诚、陆志韦照料有加。

侯仁之: "1942年2月10日这一天上午,燕京大学被拘留在日本宪兵队本部的,有十一个人被转送到铁狮子胡同的日本军事法庭受审,由一个少将衔的法官主持。匆匆过堂之后,就被关押在东直门内炮局三条的日本陆军监狱里候审。我在这十一个人中年纪最小,职位最低。其余十个人,有我亲受教益的洪业教授和邓之诚教授,有哲学家张东荪教授、研究院陆志韦院长、法学院陈其田院长、宗教学院赵紫宸院长、社会系赵承信主任、新闻系刘豁轩主任、教务处林嘉通教务长、总务处蔡一谔总务长。"①

项文惠: "陆志韦患了痢疾,腹中翻江倒海,疼痛难忍,接着便是腹泻不止,便中带血,多次向狱卒要手纸,仍无济于事,干脆把穿破了的内衣撕成布片,予以擦拭。他自感四肢无力,异常疲倦,终于无法坐立,整个身体像一片枯叶飘落在地上,动弹不得,冷汗如浴,一会儿又觉全身如置火炉,炙热难耐。如此反反复复,一直未停。同居一狱室的侯仁之惊慌失措,赶紧全力服侍,并让狱卒叫来了医生。……两天后,即5月14日,陆军监狱也向陆志韦宣布了允准取保监外就医的命令,这是他万万没有料到的。他支撑着坐起,对尚未获释的侯仁之做了一番安慰和交代,并让他帮助检点书物。陆志韦已没有时间对这个生活了数月的地方倾吐感慨,这里一刻也不能再停留了。"②

邓之诚: "予病甚,日咯痰数升,就医求得药饼二,无水,强咽之,胸膈间忽痛楚欲死。洪君立为予至诚祈祷,陆君为折叠纸盒盛所咯痰。侯君,

---

① 侯仁之:《燕京大学被封前后的片断回忆》,见中国人民政治协商会议北京市委员会文史资料研究委员会编:《日伪统治下的北平》,北京出版社1987年版,第88—92页。
② 项文惠:《广博之师:陆志韦传》,杭州出版社2004年版,第144—145页。

予门人，服事尤谨。"①

侯仁之： "但最冷还在夜间，每到夜晚就寝，余即移近邓之诚先生，因邓先生年高而体弱，深夜苦寒，余须就近照顾之，某夜就寝令下而邓先生不能入睡，乃藏头被下而谓余曰：'如果按照军法，我们都是"通敌"的罪名，"通敌"的罪名，是要枪毙的……'听了这话，我才第一次考虑到死。"②

2月17日　洪业告诫侯仁之，受审时以"家贫体弱，且无罪状"为由替邓之诚开脱罪责。

邓之诚： "予自被执以来，恒坚忍从不攒眉，亦不作乞怜语，唯二月十七日之夕，微闻洪君低声谕侯君曰，如明日赴审，须向问官力陈邓先生家贫体弱，且无罪状，为之解免，予几至坠泪。"③

4月22日　在日军陆军监狱受审。此前，侯仁之与赵承信共居同一监室。在此期间，侯仁之为赵承信讲解北平历史地理、黄河变迁、漕运史、平绥铁路沿线地理等专题，赵承信则为侯仁之介绍都市社会学、人口社会学以及人文区位学等专题。二人相约出狱后共同进行北平都市社区研究。

案： 赵承信（1907—1959），广东新会人，社会学家。就读于燕京大学、美国芝加哥大学和密歇根大学，曾任职于燕京大学、中央财经学院、中国人民大学。任职燕京大学期间，曾任社会学系主任、法学院院长。

侯仁之： "如今回想，更可庆幸的是，我有缘在承信未病之前和他同住

---

① 邓之诚：《南冠纪事》，见燕大文史资料编委会编：《燕大文史资料》第一辑，北京大学出版社1988年版，第31页。
② 侯仁之：《狱中记趣》，载《燕大双周刊》1945年第2期。
③ 邓之诚：《南冠纪事》，见燕大文史资料编委会编：《燕大文史资料》第一辑，北京大学出版社1988年版，第36页。

了一段时间。在这段时间里的狱中聚首,结成了我们难以言喻的友谊。我们在学校时,虽然相识,并无来往。可是狱中的难友生活,却使我们变成了推心置腹的好朋友。当我被送进承信单人的小牢房时,他又惊又喜。……当时我们在狱中共同度过了一段很宝贵的时间,这也可以说明普通的知识分子身在逆境之中是如何寄托性命的。承信是一位社会学家,他甚至想利用身在囹圄的特殊环境来研究人的社会行为,还为我讲解了都市社会学和人文区位学的原理等。我也是从他的讲解中,第一次听到了Human Ecology这个名词。作为知识的交流,我也应他的要求讲了有关北京历史地理、京绥铁路沿线地理以及黄河、运河水利开发史上的一些人与自然斗争的故事。上下午不停地讲,有问有答有讨论。如果交流学习心得而有所启发,就会高兴得忘记自己是身在狱中了。"[1]

赵承信:"自从仁之搬来同住,时间都觉过得很快。在这一星期当中,除了无系统地聊天外,我还请他讲北平地理之史的发展。他在燕京时,曾公开地讲过一次,又在北平美国妇女会讲过一次,在宪兵部时,又给他的同屋讲一次,所以他这次讲来毫不费力气。他靠墙坐着讲,我躺在褥子上听。始则还像听讲历史故事,继则真像跟他神游北平城了。从元明直到现在,我们不知不觉地倒做了三朝的遗老和民国的公民。……为着酬谢他有价值的讲演,我将都市社会学的普通理论略微说了一点。于是我们两人又幻想着将来怎样研究北平都市社区。……接着北平都市研究的讨论后,我又请仁之讲黄河的故事。他借着黄河史地的演变,来表现大汉民族二千余年与自然斗争的活动,而胜利与失败,常常归结到民族内部团结与否而定。这又给予我许多人口社会学的材料,于是我又讲人口社会学以及人文区位学作酬谢。我记得仁之的太太是研究漕运的,于是又请仁之替他太太讲漕运的故事,……仁之讲漕河的故事时,我常常夹杂着讲些社会学的题目,如:文化论,社会阶级论,社会组织论,米德所著的《心思,自我与社会》(*Mind, Self and Society*)

---

[1] 侯仁之:《我在燕京大学被封以后》,见全国政协文史和学习委员会编:《魔窟梦魇》,中国文史出版社2005年版,第254—255页。

等，为着使他有机会休息，哪知道他还牢记着我所提到的作家与作品的名目。"①

4月25日 赵承信身患伤寒，为避免传染，侯仁之被隔离，后改与陆志韦同处一室。

> **侯仁之：**"我先是和赵承信教授住在一起，过了一段时间，赵承信不幸得了伤寒病，病情越来越重，我曾尽力服侍他，做我一切可能做的事。可最后我还是被强拉出来，又和陆志韦教授关在一起。真是不幸，我刚住进去不久，陆志韦又患了痢疾，躺在地上动弹不了。我多次为他向狱卒要手纸，仍不济事，于是干脆把穿破的内衣撕成布片，为他擦拭。最后他被拖出，送到医院去了（承信也是转送到医院才康复的）。当时我在狱中看到他们病痛的样子，只是想尽力服侍，并没有考虑自己是否会受传染，这大约也是狱中患难与共的心理状态；而我自己却也未受传染，真是幸事。"②

5月25日 赵承信被日本军事法庭"特赦无罪"，宣判后出狱。次日，赵承信让夫人林培志致信张玮瑛，告知侯仁之在狱中的情形。
6月8日 顾颉刚从女儿顾自明信中得知侯仁之被捕。
6月9日 日本军事法庭提审赵紫宸、侯仁之等所有在押燕京大学教员。

> **侯仁之：**"六月九日，我们全体被提会审，各戴手镣出狱，背缚以绳，面墙待命，空气极为严重紧张。余左为赵紫宸先生，赵先生更左之墙下，竖立大枪数支，布包数件，赵先生顾而谓余曰：'今天死了！'余会意曰：'今天死了！'赵先生又曰：'我们祈祷吧！'于是我立刻闭目反复默祷

---

① 赵承信：《狱中杂记》，载《大中》第1卷第8、9合期，1946年。
② 侯仁之：《我在燕京大学被封以后》，见全国政协文史和学习委员会编：《魔窟梦魇》，中国文史出版社2005年版，第254—255页。

曰：'我把妻女交托上帝，我相信上帝管他们比我更好！'这是我第二次考虑到死。事后回想：一旦人生尝到真正死的滋味而居然又活下来，真是最有趣的一桩事。"①

6月18日 日本军事法庭审判张东荪、赵紫宸、陈其田、林嘉通、蔡一谔、侯仁之等人。侯仁之被判处有期徒刑一年，缓刑三年，取保开释，无迁居旅行自由，保证随传随到。出狱后，连夜赶回天津法租界岳父家中。

侯仁之："日本军事法庭对燕京大学在押诸人最后宣判的日子，终于来到了，时间是1942年6月18日。这时，洪师、邓师和刘豁轩教授都已无罪开释，陆志韦教授、赵承信教授都已取保出狱就医，当天宣判的只有张东荪教授、赵紫宸教授、陈其田教授、林嘉通教务长、蔡一谔总务长和我。判刑结果，我被判处有期徒刑一年，缓刑三年。就这样，我结束了狱中生活，离开了监狱。"②

邓之诚："直至六月十八日，张赵蔡林侯陈六君，始获释。……侯君处徒刑一年，缓刑三年，……盖纠缠半年之狱，至是始幸结案，而宪兵队则谓之燕大教授案云。……处张君等七人之罪，资助学生南下，为辅导委员会所办之事。侯君应服首刑，而科罪反轻于张蔡陆三君，何也。"③

6月至7月间 返回燕京大学，冒险取回在学生生活辅导委员会兼职时期送学生到国统区和解放区的记录。

9月2日 洪业从北平城内新开路53号寓所寄明信片给当时住在天津法租界的侯仁之，明信片上写有"钱牧斋钞本李义山诗近忽寻获可以奉还矣"等字句。

---

① 侯仁之：《狱中记趣》，载《燕大双周刊》1945年第2期。
② 侯仁之：《燕京大学被封前后的片断回忆》，见中国人民政治协商会议北京市委员会文史资料研究委员会编：《日伪统治下的北平》，北京出版社1987年版，第97页。
③ 邓之诚：《南冠纪事》，见燕大文史资料编委会编：《燕大文史资料》第一辑，北京大学出版社1988年版，第39—40页。

侯仁之："煨莲师'明信片'中有关钱牧斋钞本李义山诗集一事，此话实系隐语，暗示北京友人仗义筹集现金，以接济1941年12月珍珠港事件后，遭日寇逮捕又被缓刑出狱的燕大同仁。当时煨莲师在北京，我则寄居天津岳父家。煨莲师用一'明信片'寄我，暗示友人义助之分配我者，暂存他处，即所谓'钱钞'、'义山'之诗者也。其他来信一向由北京琉璃厂书商郭纪森便中传递，不曾邮寄。此'明信片'例外付邮，既不见疑于敌伪，又便于及时早有所知，此正吾师用心处也。"①

11月13日　侯硕之致函侯仁之、张玮瑛，称他将于次日赴陕西凤翔，参观省立师范学校，并访问凤翔乡下的中华慈幼会灾童教养院。因其室友曾在凤翔师范学校任教3年，遂介绍侯硕之到该校校长侯应选处借宿。信中提及侯硕之受侯仁之之托，探访韩愈谏迎佛骨碑石。20日，侯硕之在凤翔师范学校遇害，时称"侯硕之惨死案"。侯硕之8月由蔡家坡酒精厂转任交通部部立郑县扶轮中学（当时迁至蔡家坡）理化教师。侯硕之之死激发了侯仁之从事科普创作的热情。

侯仁之："在1942年十一月二十日，他从陕西岐山蔡家坡整日步行到凤翔，在经人介绍投宿凤翔师范的夜间，被凶手们捕捉住，吊在树上活活打死了！……一天忽然间得此凶报，半信半疑，后经证明属实，但于被难情形又极不清楚；说是他被吊起来拷打致死，还是两年前在英国时一位青年同学告诉我的。……从那时到现在已经八年了，我还在围绕我所选择的中心主题之一继续工作——这个主题就是'北京的历史地理'——从文献的搜集到野外的考察，从专题的研究到系统的整理，未敢一步放松。我从事这项工作的主要目的之一，就是要继承亡弟未竟之志，把我研究的结果，写成一本每一

---

① 侯馥兴：《侯仁之的天津缘》，载《天津日报》，2014年7月4日。

个青年兄弟都能阅读的关于我们首都之发生与发展的地理书。"①

侯馥兴："我弟弟从四川到陕西，在一所学校里教书，教英文，他的英文很好，受到学生的热爱。他遇害后，学生们罢课纪念他，全校的学生起来悼念他。……爸爸是个好人，从来不宣扬，只有这样和你说心底的话。这是我一生最大的悲痛，我永远忘不了他悲惨的命运。"②

张玮瑛："出狱后五个多月，侯硕之从四川徒步北上到陕西凤翔时遇害的噩耗传来。仁之日不能食，夜不能眠，悲痛欲绝，不能自已。幸得洪业师关怀，启发他继承硕之科普写作的志向，才使仁之重获生活勇气。"③

金克木："我也记得侯硕之。可是关于他，我又能说出什么呢？我们总共只见面两次。第一次在清华园，他还是学生。第二次在昆明，他已经工作，只在茶馆里谈了不多的话。随后过了没有几年，我听到传说，他在去西北的路上遭遇土匪，不幸被害了。五十年代初我见到仁之，才知道硕之在西北死得很惨，遇上的未必是土匪。这话大概是给他挑行李的人传出来的。他是个穷学生，孤身一人，说是去陕甘工作，怎么可能在西北荒原上有人对他谋财害命呢？究竟是谁害死了他？他究竟要去西北什么地方？要去做什么？谁也说不出。抗战时期的西北是会令人想到陕北的。难道这里面没有政治气味？"④

《郑州市扶轮外国语学校校志（1929—2009）》："1942年，学校不幸发生一起老师遇害的痛心事件。担任高中理化课程的侯硕之，毕业于清华大学，求学时即有《宇宙之大》等译著在开明书店出版，系我国著名历史、

---

① 侯仁之：《〈宇宙之大〉再版序——为纪念亡弟硕之作》，见《步芳集》，北京出版社1981年版，第77—79页。
② 侯馥兴：《我的叔父侯硕之——仁之硕之手足情》，见郝斌等编辑：《回眸侯仁之》，大统图书股份有限公司（台北）2008年版，第147—148页。
③ 张玮瑛：《天光云影共徘徊（代序）》，见北京大学历史地理研究中心编：《走近侯仁之——恭贺侯仁之先生百岁寿辰》，学苑出版社2011年版，第4页。
④ 金克木：《记一颗人世流星——侯硕之》，见《金克木集》第5卷《金克木小品》，生活·读书·新知三联书店2011年版，第30页。

地理学家侯（二）〔仁〕之教授之弟。1942年秋应聘来扶中任教，教课认真负责，经常和同仁们切磋教艺，深受师生们爱戴。9月末一个星期天，他徒步到凤翔县为其兄考察所谓唐朝韩愈曾上表谏迎佛骨的古迹。行前学校教务主任曹冷泉写信给其老友凤翔师范学校校长侯应选，请他给予照顾。因侯校长回家休假，当晚由学校工友安排侯老师到校长室下榻。睡到半夜突然室外人声嘈杂，大喊捉贼，竟说会计室被盗，侯老师就是盗贼，不容分说硬将侯老师拖至屋外吊在一棵大树上用乱棍打死。扶中师生闻讯，极为气愤，曾上诉陕西省高等法院，最后将侯应选调离凤翔师范，对凤翔师范会计张铭檀拘留审查不了了之。"[1]

贾新生："侯硕之：清华大学毕业生，时为蔡家坡扶轮中学教师，41年冬来凤师找同乡侯应选（时任凤师校长），半夜上厕所，误入会计室，被凤师师生误伤致死，此案凤翔师范校志有记载。"[2]

案：侯应选，陕西省咸阳市秦都区马庄镇白鹤村人（一说为咸阳市渭城区周陵乡王车村人），毕业于江苏无锡教育学院（一说为北京师范大学）。侯应选与侯硕之同乡之说，应属臆测。

《陕西省凤翔师范学校校志》："冬，在凤师校部小院发生扶轮中学教师侯硕之被害案。学生吴凤瑞、体育教师景世铎、校医何兆瑞先后被捕。但久侦未破，何兆瑞关押到1949年初才放出。校长侯应选因此于1943年被免职。"[3]

《凤翔师范学校党组织的建立发展及其领导的学生抗日救亡运动简介》："一九四一年初，侯应选接任校长。他解聘进步教师，任用亲信，查封进步书刊，吹捧蒋介石为'和平之神'，思想极其反动。……一九四二年六月的一个晚上，以三二级甲班学生为先导，以反对校方扣发学生津贴、封闭进步书刊、不开专业课为理由，由查账、质问到殴打了侯应选，并夺了

---

[1] 梁寅峰主编：《郑州市扶轮外国语学校校志（1929—2009）》，珠海出版社2004年版，第18页。

[2] 贾新生：《凤翔县第一任法院院长》，见中国人民政治协商会议陕西省凤翔县委员会学习文史委员会编：《凤翔文史资料选辑》第21辑，2006年，第111页。

[3] 安健主编：《陕西省凤翔师范学校校志》，三秦出版社2002年版，第8页。

校印。……凤翔反动当局派军警包围学校，迫令学生集体讲话，遭到学生强烈反对，只是把侯应选接走。最后以'共匪暴动首犯'的罪名，通缉、搜捕学生，大部分学潮骨干被开除，学潮也因此而被镇压下去。一九四二年冬，终因凤师学生打死扶轮中学教师侯硕之案件，侯应选于一九四三年被迫下台。"①

著述

本年　在被日寇拘押期间，在狱中酝酿以"北京都市地理"为题撰写专著。被判缓刑，取保开释之后，侯仁之将"狱中腹稿"进行整理。2010年4月26日，侯馥兴在清理阳台上的资料时发现"北京都市地理（狱中腹稿）"文稿。2013年12月18日，《北京都市地理（狱中腹稿）》刊于《中华读书报》第17版。

评介

本年　张遵孟、曹明详纂修《重修恩县志》（1935年重修）由济南茂文斋印刷局印行。该志卷十三《人物志·乡贤》收录"侯仁之"。

1943年　32岁

背景

1月11日　美英放弃在中国的特殊权利，终止领事裁判权。
3月24日　中国史学会在重庆成立。
12月1日　美、英、中发表《开罗会议共同宣言》。

纪事

2月20日　致信扶轮中学校长林群，谈及侯硕之罹难原因及善后事宜。此

---

① 中共凤翔县委党史办公室、中共凤翔师范学校委员会：《凤翔师范学校党组织的建立发展及其领导的学生抗日救亡运动简介》，载《陕西党史资料通讯》1988年第2期。

前，林群曾于1月26日致信侯仁之。2月25日，林群致信侯仁之，告知侯硕之遇害一案已交宝鸡地方法院办理。4月5日，侯仁之致信林群，随信附上1942年11月13日侯硕之来信的复制件。

案：侯硕之在凤翔师范学校被私刑吊打致死后，被凶手反诬为入室行窃的小偷。陇海铁路特别党部致函陕西省政府及凤翔地方法院检察处等机构，督促案件办理。此外，西安山东旅陕同乡会、宝鸡山东同乡会也电告各方，为侯硕之申冤，督促查明真相。后来，侯仁之提供了相关证据，由清华师友为之证明，并获得了清华校友会的帮助。1943年7月26日，陕西宝鸡地方法院刑事厅做出判决，认定"侯硕之确无夜间侵入会计室窃盗情事"，行凶者校医何兆瑞，工友李临海，学生吴凤瑞、冯建等被判处有期徒刑。教员景世铎无罪释放。另有史志正、张铭檀、陈建策等嫌疑犯在逃。

3月17日　前往北平邓之诚处，借《清宫述闻》一书。

3月　夫人张玮瑛执教于天津工商学院史地系，历任讲师、副教授，讲授中国通史及史学史课程。

5月2日　洪业收到侯仁之从天津寄来的《京师城内河道沟渠图说》（伪建设总署，1941年），此时侯仁之正研究北平金水河沿革。

5月27日　委托勤有堂郭纪森购得京都市政公所编《京都市政汇览》（京华书局，1919年）一书。

春季　为避免被拉入日伪开设的文化机构，侯仁之在位于天津英租界内的私立达仁商学院任教，任讲师，讲授经济地理学等课程，并进行京津史地研究。洪业亦曾告诫侯仁之不要加入日伪机构。

案：达仁商学院由侯仁之妻子张玮瑛之兄张伟弢联合留津南开大学教师开设，由袁贤能任院长，设于英租界。在此期间，侯仁之继续研究北平史地，已经开始对天津史地的研究。

侯仁之："实际上，我当时已是无家可归，随妻子寄居天津旧法租界海大道七十六号岳父母家。初不料日寇便衣每来住处查问，亦有一叛徒从北平来，心怀叵测。还有消息传来，日伪正筹划在北平办研究机构，被逮捕后释放的燕京大学教员也列在其中。在这种情况下，我考虑必须有个职业，以避免干扰，乃决定到由南开大学滞留天津的几位教授集资创办的达仁商学院任教。我于1943年春学期开始讲授经济地理学一课，亦在学生中结识了勤学好问的王金鼎。除教学外，我还在继续进行个人的研究工作，在1943年4月完成了我被日寇逮捕之前已在着手写作的'北京金水河考'，又开始研究天津城市的历史地理。"①

侯仁之："为了更有利于摆脱日寇的纠缠，经过袁贤能院长的同意，我在1943年春学期开始的时候，来到达仁商学院教书。……到达仁商学院教书之后，我总算摆脱了日寇的纠缠，可想不到汉奸伪政权又来找麻烦了。那时在北平的汉奸政府，企图拉拢从日本监狱释放出来的燕京人，经人联系，要分送给每人一些紧缺的粮食。我的老师洪业教授断然予以拒绝，并且托人传话给我：绝不要接受敌伪所送的任何东西。后来又叫人通知我说：敌伪还想在中山公园里办一个中国社会经济综合调查研究所（名称已难确记），要罗致燕大出狱的人参加，绝不要上他们的圈套。事后不久，果然有个燕大的败类，跑到天津来拉我参加这个伪组织，我当即斩钉截铁地斥绝了。在这里，应该顺便提到的是，当时借着来往于平津之间经商的机会，为洪业师和我进行传话联系的，是琉璃厂旧书店的一位老相识，就是现在仍然供职于中国书店的郭纪森同志。"②

吴世昌："一九四一年珍珠港事件，日军占领燕大后，燕大许多教职员都被日军关进监狱（如陆志韦、洪煨莲、张东荪、司徒雷登等）或送进集中营（如谢迪克），但陈其田却和日军宪兵队合作得很好，还升了官。"③

---

① 侯仁之：《唯有书香传后人》，见郝斌等编辑：《回眸侯仁之》，大统图书股份有限公司（台北）2008年版，第70页。
② 侯仁之：《燕京大学被封前后的片断回忆》，见中国人民政治协商会议北京市委员会文史资料研究委员会编：《日伪统治下的北平》，北京出版社1987年版，第99—100页。
③ 吴世昌：《"一二·九"运动的前奏——回忆"九·一八"后的学生抗日运动》，见《罗音室学术论著》第四卷，社会科学文献出版社1998年版，第1096页。

余英时："那时和沈启无背景相似的文人学士，流寓沈阳的尚大有人在。我特别想提一下燕京大学法学院长陈其田。他在1941年12月8日珍珠港突袭后曾与燕大其他重要领袖如赵紫宸、陆志韦、张东荪、赵承信等同时被日军逮捕，……但他最后终与日方妥协，因此抗战胜利后不得不远走关外。我认识他的时候，他还正在我父亲所办的'东北政治经济研究所'担任研究工作，显得很萎靡不振，不知底细者决猜不到他当年在燕大是多么飞扬跋扈。"①

案：侯仁之所称"中国社会经济综合调查研究所"，准确名称当为"华北综合调查研究所"。据周作人辩诉状（1946年7月15日）载："华北综合调查研究所设在燕京大学旧址，被告被聘任为中国副理事长，监督文化部门之研究，不使倾于反动。又因本人系燕大旧人关系，于维护燕大之图书仪器亦稍曾尽力，此为兼职中之略有所尽者亦已叙入自白书中，可不再赘。"②又，日寇占领燕京大学后，又有利用周作人等人另设"东方大学"的想法，未果。③又，侯仁之所称的"燕大的败类"，或为陈其田。

郭纪森："太平洋珍珠港战争爆发后，燕京大学被日军占领封闭，当时洪煨莲与邓之诚、陆志韦、侯仁之等教授被日本宪兵逮捕入狱。洪家只有老伴和小女二人，无人照顾，我主动帮洪家将所有存书进行整理，并从城外把一箱一箱的书搬进城来。后来洪获释出狱后，回家仍被监视。由于他坚决不替日伪工作，故平日他促居斗室之中看书写字，很少与人往来。有一次我去洪家，他说写信不方便，趁我去天津收售旧书之便，托我捎个口讯给他的学生侯仁之（现任北大地理系教授），让他坚决不要替日本人工作，此后我曾多次给他们来回传话。"④

---

① 余英时：《余英时回忆录（三）——中正大学和燕京大学》，载《二十一世纪》2017年8月号，第110页。

② 南京市档案馆编：《审讯汪伪汉奸笔录》下册，凤凰出版社2004年版，第1401页。

③ 成恩元：《"一二·八"燕园沦陷记》，见冰心、萧乾主编：《燕大文史资料》第8辑《纪念燕京大学建校七十五周年》，燕大文史资料编委会，1994年，第112页。

④ 郭纪森：《书海淘金六十载》，见北京市宣武区政协文史资料委员会编：《宣武文史》第3辑，内部资料，1994年，第248页。

夏 天津藏书家卢慎之因病入院，通过售卖藏书筹措治疗费用。侯仁之联系王金鼎、孙冰如等人，助其筹款，并妥善处理藏书。

8月29日 到北平拜访邓之诚，告知有关司徒雷登的消息。

邓之诚日记："侯仁之来，言东京发表交换美侨名单内有司徒。"①

邓之诚日记："北京美侨未走者，今日赴沪，乘交换船。司徒仍拘禁未行。潍县美侨只年壮者不在交换之列。博晨光自愿留潍不去。"②

案："司徒"即燕京大学校务长司徒雷登，曾被拘禁于东交民巷美国兵营、东单三条协和医学院院长住宅、外交部街临时监狱等地。博晨光、韩懿德、谢迪克等燕京大学美籍教职员工被日寇羁押于山东潍县集中营。

本年 时值华北地区连年旱蝗之灾，粮食奇缺，侯仁之之父侯天成饿死于故乡。侯仁之因无行动自由，未能奔丧。

——在天津与燕京大学医学预科学生张金哲交往。

案：张金哲（1920—   ），河北宁河（今属天津）人，医学家。曾就读于燕京大学、协和医学院、同德医学院、圣约翰大学、上海医学院，曾在北京中和医院、北京大学医学院附属医院、北京儿童医院等地工作，是我国小儿外科创建人之一，被誉为"小儿外科之父"，1997年当选为中国工程院院士，曾获英国皇家学会"丹尼斯布朗金奖"。

夏媛媛："而让张金哲印象最深的则是他在燕京时候的老师侯仁之先生。医预在理学院因不是独立的学系，所以没有专任的教师队伍，但却设有一位全面负责医预生的导师。当时张金哲的导师就是侯仁之，他比张金哲大8岁，张金哲在燕大时他已经是研究生快毕业了，是学历史的。……张金哲与侯仁之交往比较密切则是在燕京关门之后。……后来侯仁之出狱后逃到了

---

① 邓之诚著，邓瑞整理：《邓之诚文史札记》上，凤凰出版社2012年版，第206页。
② 同上书，第207页。

天津,与他爱人躲在天津岳父的家中。当时张金哲正好也在天津,而那时候谁也不敢去看他,因为他是逃犯,但张金哲算是他的学生,就经常去看他、照顾他、接济他。1943年2月13日,侯仁之的孩子馥儿满周岁,张金哲还冒风险特地到侯仁之家中,为孩子拍照。这张侯仁之夫妇和馥儿的合影,珍藏至今。"[1]

考异:此处称"侯仁之出狱后逃到了天津",有误。侯仁之是保释出狱,寓居天津也是公开的,并非出逃。

著述

4月18日 《北平金水河考》写成。侯仁之落款称"民国三十二年四月十八日,日本军事法庭受审周年纪念日,天津寓所"。此文获得洪业好评,并提出修改意见。

案:洪业阅读《北平金水河考》一文后复信侯仁之,称"得见创获累累,胸中为之一快。一年有半以来,此为第一次见猎心喜也"。1946年6月,《北平金水河考》刊于《燕京学报》司徒雷登先生七十寿辰庆祝纪念专号(1946年第30期)。该文后收于《奋蹄集》(北京燕山出版社,1995年)时,增补1990年7月7日侯仁之所写附记。

本年 《沧海桑田》刊于《公教学生》1943年第3卷第4期。该文采自以华北经济地理为主旨的《黄海之滨》一书。

1944年 33岁

背景

4月 侵华日军发动"一号作战"。
6月6日 盟军在法国诺曼底登陆,开辟欧洲第二战场。

---

[1] 夏媛媛:《为了孩子的明天:张金哲传》,上海交通大学出版社2013年版,第19—21页。

正谱 | 113

10月　蒋介石发起知识青年从军运动。

纪事

4月20日　北平贝满女子中学校教师侯玉美病逝。侯仁之前往送葬。

郭蕊："贝满以女教师占绝大多数。……1944年4月20日，初中部侯玉美主任不幸病逝，年仅四旬。据她弟弟侯仁之同志追忆，从各处赶来送葬的校友和在校同学一起，汇成一眼望不到边的长龙，连日本宪兵都为之动容。"①

韩茂莉："我与侯先生存在两代师生缘分。侯先生讲起他的姑姑和姑父均在北京贝满女学执教，而那些年正是我母亲在贝满女中读书的时候，几经询问更加巧合的是，侯先生的姑姑不仅是我母亲的老师还是初中时期的班主任，姑父则是她们的教导主任。这番巧合是我没想到的，有时我母亲提起她的老师侯先生，与我的老师侯先生不是一位，但却是一家。"②

考异：侯玉美，山东恩县人，毕业于燕京大学，曾执教于北平灯市口贝满女子中学校，任训育主任、初中部主任。此外，侯玉美曾兼任燕京大学校友会北平总会常委。侯玉美与侯仁之为本家，二人之间的社会关系待考。

10月26日　应天津工商学院学生俱乐部负责人郝慎铭之邀，做题为《黄河故事》的讲演。

案：郝慎铭（1923—　），籍贯不详，出生于天主教家庭。毕业于天津工商学院土木工程系，曾任北京铁路局副局长，参与过北京西客站选址规划设计。

---

① 郭蕊：《大礼堂前的红玫瑰——缅怀母校贝满女中》，见北京燕山出版社编：《古都艺海撷英》，北京燕山出版社1996年版，第2页。
② 韩茂莉：《写在侯先生百年华诞之前》，见北京大学历史地理研究中心编：《走近侯仁之——恭贺侯仁之先生百岁寿辰》，学苑出版社2011年版，第354页。

秋　因达仁商学院在日伪政府立案，侯仁之被列名为"教务长"。侯仁之于是辞职，转赴天津工商学院执教。在此期间，通过王金鼎等人与中共地下组织建立联系，并筹划利用卢慎之所售藏书开办"他山堂"书店。

案：1923年天津工商学院由法国天主教会创办于马场道，初名天津工商大学，1933年改称天津工商学院。抗战时期，不少滞留北平、天津的教授曾执教于此。执教者除侯仁之外，还有来自燕京大学的齐思和、翁独健，来自南开大学的袁贤能、胡继瑷、张华伦，以及来自工程技术界的王华棠、阎子亨、沈理源、高镜莹等。据天津工商学院校友会编《天津工商学院校友录》（1947年）载，侯仁之，36岁，山东恩县人，燕京大学历史系学士，经济地理教授，通信处为"一区旧海大道七十六号"。夫人张玮瑛则任历史学讲师。①

侯仁之："1944年暑假的一天，担任学生会主席的王金鼎同学前来，神情严肃地传达给我一个消息：日伪政府对达仁学院抱有政治上的怀疑，于是强迫其向伪政府立案。达仁商学院迫于压力，办理立案手续时，未征我同意，将我列为'教务长'上报。得到这个消息后，我断然立即辞职。幸好，我得以及时转移到法国天主教早已设立的天津工商学院。这样，在秋季学期开始时，我到工商学院任教，和在达仁学院的王金鼎仍然保持联系。我们经常去日本书店采购日本出版社的各种地理书和地图之类。而由此引起我们共同开书店的设想，在平、津两地的书业界，做一些尽可能保存祖国文化遗产的事情。"②

乔维熊、刘洪升："对于这批古籍，侯仁之与燕大史学教授洪煨莲、翁独建等原计划用来开个书店，以备将来办学资金和交流世界学术信息，此项计划已经开始进行，孙冰如也慨然允诺由寿丰另投资3万元，并已在侯仁之住处附近找妥店址，王金鼎为了便于掩护地下工作也答应参加，可惜后来寿

---

① 天津工商学院校友会编：《天津工商学院校友录》，天津工商学院校友会，1947年，第4页。
② 侯仁之：《唯有书香传后人》，见郝斌等编辑：《回眸侯仁之》，大统图书股份有限公司（台北）2008年版，第70页。

丰公司内部对此意见不统一，致因资金无着而未实现。"①

李启华："在抗日救亡运动中，市委在北方局和省委指示下，非常重视建立、巩固和扩大统一战线，北方局也以很大力量参加了这一工作。在党的领导下建立的天津各界救国会，团结了《大公报》的王芸生、《益世报》的罗隆基、河北工学院教授洪麟阁等知名人士，与永利、久大等工厂民族资本家李烛尘、工商学院教授侯仁之等也都建立了联系。"②

罗春梅："在达仁学院和工商学院，王金鼎深入广大师生，了解他们的政治态度，团结进步人士。例如当时侯仁之先生在达仁学院任教，公开讲授历史唯物主义，具有明显的爱国主义与反日情绪。王金鼎主动接触他，在进一步了解其社会关系并考察其政治态度之后，决定以他为核心在上层人士中展开工作。1944年夏，王金鼎通过侯先生认识了翁独健、洪煨莲、孙冰如、杨思慎、刘子健等学者与知名人士，为以后的工作奠定了一定的社会基础。"③

冬　与张芝联前往香山慈幼院考察私立中学选址。此间，侯仁之与张芝联、吴兴华等人交往甚密。

案：张芝联（1918—2008），浙江鄞县人，历史学家。曾就读于燕京大学、光华大学，任职于中法汉学研究所、光华大学、燕京大学、北京大学等地。著有《从高卢到戴高乐》（生活·读书·新知三联书店，1988年）、《法国史论集》（生活·读书·新知三联书店，2007年）等，主编《法国通史》（北京大学出版社，1989年）。

---

① 乔维熊、刘洪升：《面粉巨子孙冰如》，见中国人民政治协商会议天津市委员会文史资料委员会编：《近代天津十大实业家》，天津人民出版社1999年版，第141页。
② 李启华：《我在天津从事地下工作的回忆》，见中共天津市委党史资料征集委员会编：《一二·九运动在天津》，南开大学出版社1985年版，第117—118页。
③ 罗春梅：《王金鼎》，见王文俊主编：《南开人物志（第二辑）》，南开大学出版社1999年版，第305页。

张芝联："我念念不忘创办一所第一流的私立中学，许多师友都支持我。还记得1944年初冬，我同侯仁之冒着严寒前往香山慈幼院，考察设想中的中学基地，往返百余里，沿途抒发各自的抱负，海阔天空，不知夜幕之降临。"①

夏自强："在第二度来到燕大的时候，张先生在北平有了一个温馨的小家。……他们的小家成为一个'沙龙'。志同道合、声气相求的同学朋友经常聚合在一起，他们是吴兴华、宋淇、孙以亮（孙道临）、吴允曾、侯仁之等。在一起交流学术、探讨问题、畅谈国家前途与战后建设计划。"②

著述

11月2日　写诗《乱世怀业师及诸同窗》，怀念洪业老师。

侯仁之："十年灯火继薪传，学有家风心自然。敢道诜诜曾入室，也能兢兢自临渊。低徊蓟北春风暖，惆怅津南旧雨天。太息残园瓦砾里，师门桃李幸都全。"③

本年　为天津工商学院即将毕业的学生题写赠言。

侯仁之："在中国，一个大学毕业生的出路，似乎不成问题，但是人生的究竟，常不尽在衣食起居，而一个身受高等教育的青年，尤不应以个人的丰衣美食为满足。他应该抓住一件足以安身立命的工作，这件工作就是他的事业，就是他生活的重心。为这件工作，他可以忍饥，可以耐寒，可以吃苦，可以受折磨；而忍饥耐寒吃苦和受折磨的结果，却愈发使他觉得自己工作之可贵，可爱，可以寄托性命，这就是所谓'献身'，这就是中国

---

① 张芝联：《我的学术道路》，生活·读书·新知三联书店2007年版，第8页。
② 夏自强：《悼念张芝联教授》，见《燕京学报》新二十六期，北京大学出版社2009年版，第282页。
③ 侯馥兴：《洪师赐函明信暗语》，载《中华读书报》，2014年3月19日。

读书人所最重视的坚忍不拔的'士节'。一个青年能在三十岁以前抓住了他值得献身的事业，努力培养他的士节，这是他一生最大的幸福，国家和社会都要因此而蒙受他的利益。诸君就要离开学校了，职业也许是诸君目前所最关心的问题，但是职业不过是求生的手段，而生活的重心却要在事业上奠定。愿诸君有坚定的事业，愿诸君有不拔的士节，愿诸君有光荣的献身。"①

考异：上述赠言，侯仁之自称"1944年夏，我应邀写给工商学院一位毕业班同学的临别赠言，……这篇赠言被收录在《1945年工商学院校史简志》的附录中"②。然侯仁之在2001年12月15日为《侯仁之学术文化随笔》所写跋语称这段文字是"我在六十五年前所写给当时毕业班同学的临别赠言"，照此推断，这段文字当写于1936年前后，此时侯仁之在燕京大学留校做研究生并兼历史学系主任助理。具体成文时间待考。

1945年　34岁

背景

4月25日　《联合国宪章》通过。

8月15日　日本战败投降。

10月10日　国共双方签订《双十协定》，燕京大学复校后举行开学典礼。

纪事

6月18日　日寇判处的三年缓刑期满。当时，侯仁之仍寓居天津。

上半年　执教于天津工商学院，兼任女子文学院史地系主任。侯仁之曾约徐绪典前来任教，未果。

---

① 王毓蔺编：《侯仁之学术文化随笔》，中国青年出版社2001年版，第269页。
② 唐晓峰：《踏入历史地理学之路——再论青年侯仁之》，载《读书》2013年第7期。

《工商学院史略》:"中华民国三十七年十一月,天津工商学院奉教部文准,易名津沽大学,易名之日,因有专刊,溯往开来,以识喜也。……是年(案:民国三十四年,1945年)董事会决议女子文学系改为女子文学院,分文学、史地、家政三系。……侯仁之先生为史地系主任,……八月日本请降,举国欢腾。九月刘院长赴渝,暴、房二司铎重任工商两科主任,……史地系侯仁之先生赴英。"①

孟岗:"在'工商',侯先生教中国地理,用的是英文课本(后来才明白,是怕我们荒废英语,因为当时只让学日语)。张先生教中国历史,侯先生饱含爱国热情地讲解我国地理的概貌,特别生动地讲北平的历史地理,充满了对古城的深情。……课余时,侯先生和同学打成一片,参加我们的联欢活动,合影留念。"②

8月16日　燕京大学校务长司徒雷登邀请陆志韦、洪煨莲、林嘉通、蔡一谔、侯仁之等人在东交民巷三官庙王克私家中开会,研究燕京大学复校事宜,决定成立复校工作委员会。19日,洪业致信侯仁之,邀请其加入委员会,该信由郭纪森转交。

侯仁之:"1945年6月18日,我被判处三年缓刑刚刚期满,相隔不到两个月,日本战败投降了。直到这时,司徒雷登校长才得恢复自由。正是在他的直接领导下,在北平城内东交民巷的三官庙,成立了燕京大学复校委员会。当时已经是中共地下党员的原司徒雷登校长的秘书杨汝佶同志,负责办公室的具体联系工作,我也被从天津招来参加了复校委员会。经过两个月的积极筹备,燕京大学终于在海淀的原校址重新开学,同时也开始了准备迎接在成都的燕京大学师生早日返回北平的工作。我曾殷切期待着这一天的到

---

① 天津市地方志编修委员会办公室、天津图书馆编:《〈益世报〉天津资料点校汇编》第三册,天津社会科学院出版社2001年版,第1197—1198页。

② 孟岗:《一段难以忘怀的师生情谊》,见卞晋平主编:《仁者之德——侯仁之纪念文集》,中国文史出版社2017年版,第361页。

来，可惜未及实现，我就出国进修去了。……不过还有一点，或许需要补记在这里，即燕大复校委员会一致通过，在学校被封后，凡是参加过敌伪工作的，一律不得回校复职。国家民族所经历的一场空前浩劫，对每一个人都是一种严峻的考验，经不起这种考验的毕竟是极少数。"①

8月18日　燕京大学临时管理委员会成立。侯仁之为成员之一，负责恢复学校工作。另有蔡一谔负责保护学校财产，沈乃璋、王汉章留守成府，田洪都负责图书。

8月21日　燕京大学复校工作委员会在三官庙成立，由陆志韦、洪煨莲主持。其中，学生辅导工作由侯仁之负责。在某次复校委员会工作会议后，司徒雷登将路德维希（Emil Ludwig）的《尼罗河：一条河流的生命故事》（*The Nile: The Life-Story of a River*）赠给侯仁之留念，并在扉页上题词"苦难的遭遇，已经忠诚不渝地忍受过，现在在欢愉中结束了"。

8月23日　侯仁之与陆志韦、洪煨莲、蔡一谔、林嘉通等人返回燕京大学校园。

8月29日　燕京大学临时办事处在东城灯市口公理会成立，由侯仁之负责。

8月　侯仁之尚未辞去天津工商学院教职，平津两地奔波。此后，侯仁之辞去天津教职，所授课程由王金鼎接手。

9月25日　燕京大学复校工作委员会决定成立学生生活辅导委员会，侯仁之任主席，成员包括乔维熊、褚圣麟、赵承信、聂崇岐等。

王德义："1945年燕大在北平复校，我考入经济系。……新学年成立了学生生活辅导委员会。我被选为总务部长，主要任务是管理同学的伙食。……刚入学男同学住原女生宿舍二院。食堂是十个人一桌。侯仁之老师和我们九位同学一桌。二荤二素一汤二小碟咸菜，师生们谈笑风生，虽是粗茶淡饭，但也吃得津津有味。"②

---

① 侯仁之：《燕京大学被封前后的片断回忆》，见中国人民政治协商会议北京市委员会文史资料研究委员会编：《日伪统治下的北平》，北京出版社1987年版，第103页。
② 王德义：《我的母校情》，载《燕大校友通讯》2003年第38期。

乔维熊："1945年8月，抗战胜利。我又回到燕大，协助招生并从事复校工作。在日以继夜地两个月紧张工作之后，终于在10月正式复校。复校后，我担任了学生生活辅导委员会执行干事，协助侯仁之先生，在由教务长林嘉通、文学院聂崇岐、理学院褚圣麟、法学院赵承信、女部主任陈意、体育系周学章夫人、音乐系许勇三等教授组成的学生生活辅导委员会领导下，办理有关学生生活，诸如膳食、住宿、奖学金、自助工作及课外活动等。"①

10月10日　燕京大学复校后正式开学。19日，燕京大学接收完毕。

11月5日　华北实业界人士与燕京大学合作成立工学院，在天津召开第一次筹备会，司徒雷登及工业界人士11人出席。此后，丁荫为筹建燕京大学工科、重建燕大教学实习基地、组建职工学校，邀请侯仁之、刘子健等人在临湖轩开会商议。

案：丁荫（Semuel M. Dean，1891—1986），美国工程师。早年毕业于宾夕法尼亚州立大学，1916年来华，曾任北京高等师范学校、燕京大学等校教职，创办华北工程学校。丁荫长期在燕京大学任职，曾任燕大海淀新校园建筑工程和能源动力系统技术总顾问。抗战胜利后，丁荫参与了燕京大学复校，并为学校购置仪器设备，主持校办工厂建设。1952年，丁荫返回美国。

11月12日　在燕京大学适楼礼堂主讲《珍珠湾》，介绍珍珠港的发现经过、开发过程、战略重要性。

11月22日　燕京大学校务委员会秘书林嘉通致信当时在重庆的罗士培，介绍侯仁之的品行、著作及研究情况，推荐其赴英国利物浦大学留学。信中罗列出《靳辅治河始末》《明代宣大山西三镇马市考》《王鸿绪明史列传残稿》《续〈天下郡国利病书〉山东之部》《天津聚落之起源》《北平金水河考》等6篇侯仁之的论著，并称侯仁之还在《禹贡》半月刊和《大公报·史地周刊》上发表了

---

① 乔维熊：《忆念中国人民的好朋友夏仁德先生》，见《夏仁德在中国》编辑组编：《夏仁德在中国》，世界知识出版社1985年版，第117—118页。

一些论文。

案：林嘉通（1908—1962），福建厦门人，是中国妇产科学奠基人林巧稚之侄。曾就读于厦门英华书院、上海沪江大学、燕京大学，1931年毕业后留校工作。1935年赴英国利物浦大学攻读数理统计学，获博士学位。1938年获得博士学位后回国，曾任燕京大学心理系教授、教务长。1949年后，在上海中华全国基督教协进会任职。

林嘉通："关于蓝烟囱奖学金，您已致信利物浦大学转达了续约的申请，我相信司徒雷登博士听闻这个消息将既高兴又感激。如您所知，如果续约，这个奖学金将轮到一个地理学者头上。在此，我给您一些有关候选人的信息。他是侯仁之，祖籍山东。他现年34岁。……1941年，他晋级为讲师（instructor）。1940年至1941年，侯先生开设的课程是中国地理和中国历史地理。他的主要出版物有：……在过去的几年里，他进行独立研究，特别是在北平区域地理方面。鉴于他对其研究有着浓厚兴趣，而且他是一个具有信徒性格的成年人士，我相信为他提供机会去利物浦大学学习，将不仅有利于他本人，同样有益于培养英国、中国两国人民之间的亲善友好。"①

12月8日　燕京大学蒙难纪念日，举办书画展览、话剧、野火会、火把游行等活动。

本年　在燕京大学讲授近代地理课程，带领学生考察北京史迹。

11月13日顾廷龙致顾颉刚信："仁之燕校聘授近代地理（文学院共五门课程：沈乃璋任心理学，严群任逻辑学，翁独健任西洋通史，聂筱珊任中国通史），渠于校中熟人较多，且有干才，……"②

---

① 《林嘉通致罗士培信》（1945年11月22日），见北京大学档案馆藏燕京大学档案《侯仁之研究工作及著作介绍及推荐其出国学习的信件》（英文）（档案号：第YJ45012卷）。
② 顾廷龙：《顾廷龙文集》，上海科学技术文献出版社2002年版，第781—782页。

——据《天津工商学院校友会章程》载，侯仁之与高镜莹等人任校友会执行委员会顾问。

——司徒雷登建议燕京大学托事部为抗战时期蒙难的燕京大学教职工颁发生活补助费。侯仁之应在补助范围之内。

赵承信："一九四五年对日作战胜利后，司徒又建议纽约那个文化侵略参谋部（燕京托事部）给予那几位坐过日本监牢而又没有做过事的同仁一笔生活补助费（一九四二——一九四五年的生活补助费），我得了伍百元美金。好像是我替司徒坐监守节似的。"①

著述

8月　《天津聚落之起源》由天津工商学院印行。卷首附有1944年11月28日所作序言。该书的写作和出版得到了天津工商学院董事长徐端甫、土木工程系主任高镜莹及郝慎铭、项济中、王金鼎、任振采、金息侯等人的帮助。该书付印前，曾请洪业作序，洪业写长信婉拒。

侯仁之："壬午之秋，余以丧乱余生，遁迹津门，初来之时，日无所事，惟当驱车作市郊内外之游，亦间赴南关市立图书馆阅书，其有关地方载记者，辄乃借而读之，遇有可征验处，亦必亲往一领略焉。……历时既久，胸中略有储蓄，然管窥之见，刍荛之议，亦未敢为他人告也。逮本年秋季，本市女青年会挽余作学术演讲，并以天津地理命题，余莫能辞。既而又应本校学生俱乐部之约，再讲一遍，即今题也。"②

12月8日　《狱中记趣》刊于《燕大双周刊》1945年第2期《蒙难纪念特

---

① 赵承信：《批判我的"国际学者"思想》，见光明日报社编：《思想改造文选》第4集，光明日报出版社1952年版，第12页。

② 侯仁之：《天津聚落之起源》，天津工商学院，1945年，序言第1页。

刊》。

本年　流寓天津期间，组织王金鼎等青年学生编写《天津史表长编》。此前，侯仁之曾将《天津史表长编》草例寄送洪业。洪业叮嘱侯仁之不宜公开发表此文，以免被日伪当局利用。

侯仁之："《天津史表长编》系组织青年同学课外编写，参与计划之同学今尚健在者如王金鼎，新中国成立后，曾任中国共产党天津市委员会文教部长，现为市委顾问。"①

洪业："《天津史表长编草例》甚佳，谨奉还。窃谓天津史之重要，其在近代尤当注重外交一项，故凡西文史料，最宜重视者也。近闻有天津编志之议，当局或欲借题以沾润寒士，吾弟此编正可为修志之用。然当今尚宜秘之，非干禄之时也。又所闻不知是否属实，故亦请暂勿告人。"②

评介

11月19日　《大公报》第3版刊发徐盈的报道《笼城听降记》。该文介绍北平文化圈的情况，并介绍齐思和、侯仁之、翁独健等人。

案：徐盈（1912—1996），现代著名记者、作家，山东德县人，与侯仁之为同乡。抗战时期，任《大公报》外勤记者。新中国成立后，曾供职于全国政协文史资料委员会、人民政协报社。其妻彭子冈，其子徐城北，均与侯仁之有交往。

徐盈："顾颉刚的得意弟子齐思和，以哈佛博士治中国古代史。翁独健，有权威的蒙古史专家。侯仁之，年轻的历史地理学者，后二人都以思想

---

① 侯仁之：《〈洪业传〉读后题记》，载《燕京学报》新二期，北京大学出版社1996年版，第413页。

② 侯仁之：《从日寇监狱到人间炼狱》，见《侯仁之燕园问学集》，上海教育出版社1991年版，第23页。

犯入过日宪兵队。"①

12月5日　《大公报》第3版《长保北平名都，必需兴修水利》一文介绍侯仁之关于北平城水源的观点。当时，北平市市长熊斌将赴重庆解决明年北平市财政预算问题。侯仁之认为抗战胜利之后，日本人制订的北平城市建设规划当然终止，"但水利之必须修，则仍为不可缓之事"，防止北平出现"绝大之水荒"。

12月8日　洪业撰《六君子歌》及赵紫宸词作八首刊于《燕大双周刊》，歌颂侯仁之及张东荪、赵承信等人在日寇监狱中的坚贞表现。

案：洪业所称"六君子"，为时任燕京大学哲学系教授张东荪、法学院院长陈其田、总务长蔡一谔、教务长林嘉通、宗教学院院长赵紫宸及侯仁之等6人。

洪业《六君子歌》："侯生短视独泰然，偏说西牢居处便。毕竟吉人相有天，斯文未丧秦坑边。凄凉往事等云烟，偶一回头忽二年。"②

赵紫宸《忆江南（咏侯仁之）》："书生好，元气贯当中，今日颠危经骇浪，当来浩荡有高风，一路大江东。"③

1946年　35岁

背景

7月11日　司徒雷登出任美国驻华大使。

7月　昆明发生"李闻惨案"。

---

① 侯仁之：《从日寇监狱到人间炼狱》，见《侯仁之燕园问学集》，上海教育出版社1991年版，第23页。
② 洪业：《六君子歌》，载《燕大双周刊》1945年第2期。
③ 赵紫宸：《系狱记》，见燕京研究院编：《赵紫宸文集》第二卷，商务印书馆2004年版，第458页。

12月24日　北平发生"沈崇案",全国学生抗议美军暴行。

纪事

1月23日　英国利物浦大学教务长斯坦利致信林嘉通等人,感谢他们去年12月13日的来信,称其已与继罗士培之后任地理系主任的达比(H. C. Darby)教授谈妥,欢迎侯仁之进入地理系留学。信中还称,他已与蓝烟囱公司沟通,同意将奖学金颁给侯仁之。信中建议侯仁之按时抵达英国,利物浦大学秋学期于10月8日开始。

案：斯坦利(Stanley Dumbell, 1896—1966),英国人,经济史学家。毕业于利物浦大学。1920年后执教于利物浦大学商业系,1937年后任教务长。1962年,斯坦利被授予大英帝国勋章(Order of the British Empire)、利物浦大学荣誉法学博士学位。

新北大公社红五团"为人民服务"战斗队："司徒雷登还决定把他培养成自己的接班人,花了一千美金,作为侯仁之的旅费和安家费,送他到英国去镀金。"①

考异：侯仁之赴英留学,经费来自于蓝烟囱公司的奖学金,并非是司徒雷登的个人赞助。此系"文革"时期为批判侯仁之所加的不实之词。

2月中下旬　接待来访的顾颉刚。2月7日,顾颉刚从重庆飞抵北平。18日,侯仁之到禹贡学会与顾颉刚长谈。22日,顾颉刚到燕京大学图书馆与侯仁之、聂崇岐会面,检视私人藏书的损失情况,并与张东荪、陆志韦、洪业、聂崇岐、侯仁之共进午餐。此后,到侯仁之的东大地寓所食宿,并看侯仁之所藏地图。23日,侯仁之陪同顾颉刚拜访陆志韦、洪业、赵承信、蔡一谔等人,遇张东荪、林嘉通等人。是日,顾颉刚夜宿侯仁之家中。24日至25日,顾颉刚借住侯仁之家中,与邓之诚、高名凯、洪业、聂崇岐、齐思和、翁独健等人往来。28日,侯仁

---

① 《新北大》第129期,1967年10月29日。

之拜访顾颉刚。

2月　夫人张玮瑛返回燕京大学，在国文系代课，任讲师。

3月7日　顾颉刚与侯仁之、蔡一谔同访张东荪。晚餐时与陆志韦、洪业、蔡一谔、翁独健、侯仁之同席。

——《北平名流对于东北问题的意见》发表，侯仁之、顾颉刚、齐思和、王桐龄、翁独健、赵光贤、郑天挺、洪业、萧一山、张伯驹、陆志韦、陈岱孙等人在宣言上签名。

3月9日　顾颉刚造访侯仁之的东大地寓所，午餐时与赵承信、侯仁之夫妇同席。

3月10日　出席在太庙图书馆召开的禹贡学会复员会议。会议决定在《国民新报》副刊创办《禹贡周刊》。会议由张星烺主持，顾颉刚报告工作经过，提出聘请编辑、募集基金等事。另有沈兼士、马松亭、谢国桢、张政烺、傅吾康等人出席。会后到中山公园上林春宴客，讨论《禹贡周刊》及会讯编辑等事。① 会上拟定在北平《国民新报》副刊上组织《禹贡周刊》，由侯仁之、王光玮、张政烺负责。1946年3月21日，《国民新报·禹贡周刊》创刊，但创办10期后便停刊。

吴丰培："日本投降后，颉刚先生北来，主持会务，并谋复刊。先于《民国日报》上辟一专栏，曾出八期，有齐思和、侯仁之诸作，余亦撰有《记班禅达赖失和事》一文，今该刊尚存有单页，若有机会，当汇集重印。"②

3月25日　顾颉刚在重庆参加参政会，本日"到教育部访韩庆濂，为仁之出国事"③。

4月16日　参加燕京大学成立庆祝司徒雷登七十大寿委员会。该委员会由陆

---

① 顾颉刚：《顾颉刚日记》卷五，中华书局2011年版，第622页。
② 吴丰培：《吴丰培自述》，见高增德、丁东编：《世纪学人自述》第三卷，北京十月文艺出版社2000年版，第362页。
③ 顾颉刚：《顾颉刚日记》卷五，中华书局2011年版，第629页。

志韦任主席，成员包括蔡一谔、陈芳芝、翁独健、胡经甫、赵承信、侯仁之。5月19日，邓之诚写《募建司徒先生铜像启》，交与侯仁之。6月24日，举行燕京大学返校日及司徒雷登校务长七十寿辰庆祝活动，陆志韦、张东荪、叶剑英等人出席。侯仁之宣读各地校友及文化机关的贺词。

5月19日邓之诚日记："晨起，力疾草《募建司徒先生铜像启》，颇费经营，及午而毕。适侯仁之来，即以交之，并嘱其往告司徒，因病不能赴欢迎会。"①

1953年8月9日邓之诚日记："翻抽屉，见丙戌（1946）《为司徒雷登募建铜像启》，其议由胡经甫倡之，而实受陆志韦指使，《启》则侯仁之求我代笔者也。估价黄金百六十两，后司徒力辞，其事始已。回头往事，思之哑然。"②

4月29日　燕京大学决定由侯仁之负责返校节的组织工作。

4月　王金鼎、邵淑慧夫妇从天津到北平探望侯仁之。侯仁之嘱其妥善保存卢慎之的藏书。新中国成立后，这批藏书捐赠给中国科学院历史研究所。

夏　带领从四川成都复员归来的燕京大学师生参观卢沟桥、八宝山等地。

丁磐石："1946年夏，我们由成都复员抵达燕园时，侯先生正准备去英国利物浦大学读博士学位。在百忙中，他还很热情地带我们这些初来北平的学生去参观游览名胜古迹。他不厌其烦地告诉我们，现今的北平城是建立在有很好规划的元大都遗址上的。他还说，发生'卢沟桥事变'的大石桥，外国人又叫它为'马可波罗桥'。因为当年由意大利威尼斯来华的这位写有游记介绍中国的传教士就是由这座桥进入元大都的。如此等等，使我们体会到侯先生之博学多识。"③

---

① 邓之诚著，邓瑞整理：《邓之诚文史札记》上册，凤凰出版社2012年版，第376页。
② 同上书下册，第734页。
③ 丁磐石：《记恩师邓之诚与燕京大学诸师》，载《文史知识》2013年第10期。

8月　在阿尔弗雷德·霍特船运公司蓝烟囱奖学金资助下赴英国留学。1日，到邓之诚处辞行。5日，侯仁之乘飞机到上海，而后乘蓝烟囱公司的"S. S. Samjack号"海轮远赴英伦求学，途经新加坡（因海员罢工而滞留一个月），而后赴英国利物浦大学留学，直至1949年9月学成归国。

侯仁之："我清楚地记得1938年秋的一个早晨，我的老师，著名的中国历史学家洪业教授是怎样把我喊到他的办公室，对我说，'择校不如投师，投师要投名师'。当我还在琢磨他说的是什么的时候，他继续说：'我们已经提名你接受去利物浦大学地理学院深造的奖学金了。在这所跟世界广泛联系的大学里，你将会认识一位世界知名的地理学老师。他就是罗士培教授。'"①

案：侯仁之留学英国，本欲追随利物浦大学的罗士培教授，但罗士培此时来到中国，并最终病逝于中国。

邓之诚日记："晨，侯仁之来辞行，言即将赴沪，乘八月五日放洋之船赴英。"②

《燕大双周刊》："侯仁之先生出国手续已行办妥，预定八月五日乘机飞沪，转乘蓝色烟筒（Blue Funnel Line）S. S. Samjack号船赴英，闻此船可直接驶抵利物浦，侯先生即将在该处利物浦大学深造。又，侯太太张玮瑛女士即将分娩，现已移住医院。侯先生行前曾往探视。"③

9月5日　在新加坡与老友沈祖荫（沈元骥）重逢，题赠《北平金水河考》一文。

案：沈祖荫，生卒不详，又名沈祖茵、沈元骥，山东人。早年与侯仁

---

① 侯仁之：《1984年7月4日在英国利物浦大学毕业典礼上代表应届毕业生及荣誉学位获得者致辞》，见《中国历史地理论集》（英汉对照），外语教学与研究出版社2015年版，第295—297页。
② 邓之诚著，邓瑞整理：《邓之诚文史札记》上，凤凰出版社2012年版，第390页。
③ 佚名：《教员动态》，载《燕大双周刊》1946年第18期。

之交游甚密，多有书信往来。沈祖荫政治背景不明，或为"托派"，是"中国共产党左派反对派"北方区委员会成员之一。①或曾毕业于青岛海军学校航海班，后在英国轮船公司从事海员工作，曾参加"中国留印海员战时工作队"。考虑到侯仁之曾在赴英途中在新加坡见过沈祖荫，而新加坡又是英国轮船公司经营的中国至英国航线的必经之地，则当时沈祖荫的身份极有可能是海员。又，沈祖荫与侯硕之、金克木因翻译《宇宙之大》而有交集。

侯仁之《赠〈北平金水河考〉附记》："沦陷期间，流落津门，方脱离日寇监禁，偏遭硕之惨遭非命。噩耗传来，病不能活。终日踉跄街头，茫然无复生意。终以天道启示，愤然而起，以为欲使亡弟精神不死，我当努力自生。卒乃挽极悲极痛极灰之心，重整旧业。每遇不眠，辄以金水河问题，绞我脑汁，偶有解悟，必跃然而起，急笔书之，虽冬夜奇寒不顾也。如是者匝月，终成此稿。寄呈业师指教。复函谓：'金水河考已匆匆读过一遍，得见创获累累，胸中为之一快。一年有半以来，此为第一次见猎心喜也。'自是衷心大为鼓舞，力战逆境，欣然向学。并矢志以北平地理之研究，为今后半生之事业。金水河考又不过一发端耳，以与计划中之工作相较，此不过一砖一石之于庄严华丽之殿堂耳，故我尝以金水河考一类工作，为'烧砖凿石的工作'，砖石既具，而后可兴工于我理想中之殿堂矣。今遇星岛，幸携此册以赠茵。"②

9月25日 英国联合援华会拨款捐助燕京大学被捕教授，侯仁之、周学章、赵紫宸、洪业等遭日寇逮捕的燕京大学教授名列其中。

《申报》："中央社北平廿五日电，英国联合援华会拨款二百五十万

---

① 郭雄、高荣光：《中国托派历史情况简介》，见中国革命博物馆党史研究室编：《党史研究资料》第一集，四川人民出版社1980年版，第429页。
② 侯馥兴：《不曾远离的北平（上）——父亲侯仁之的留英生活片断》，载《中华读书报》，2017年3月1日。

元，作为慰问遭敌伪逮捕诸蒙难教授廿七人，计燕京大学周学章（已故），赵紫宸，洪业，邓之诚，侯仁之，陆志韦，林嘉通，蔡一谔，聂崇岐，沈乃璋，徐献瑜等十一人，辅仁大学左文谙，左明徽，赵光贤，高婴齐，叶得禄，孙硕人，葛信益，欧阳湘，李堪，英纯良，董洗凡，徐待峰，张怀，蔡千里，朱绶章，郑国柱等十六人，共廿七人，以上款（二百五十万元）分配，每人九万二千元，共计二百四十八万四千元正，其余款当汇回英国。"①又，《大公报》也有相关报导。

10月 侯仁之抵达英国利物浦大学。入学后，经过英文考核后，选修导师达比的英国历史地理、制图实习课程。

案： 达比（Henry Clifford Darby, 1909—1992），英国人，著名历史地理学家。毕业于剑桥大学，1945年执教于利物浦大学地理学院，1949年执教于伦敦大学学院，1966年执教于剑桥大学。编著有 *Domesday Gazetteer*（Cambridge: Cambridge University Press, 1975）、*A New Historical Geography of England Before 1600*（Cambridge: Cambridge University Press, 1976）、*Domesday England*（Cambridge: Oleander Press, 1977）等。

侯馥兴： "父亲入学，由学校教务长亲自考核英文，口试一次便通过了，然后到地理学院面见导师达比教授。地理学院只设一个教授编制，达比虽然年轻，却是学院唯一的教授。在交谈了学业计划后，达比教授指示父亲只选他本人讲授的英国历史地理和制图实习两门课，其余时间都用在北平历史地理的研究上。"②

---

① 《英援华会拨款慰问平蒙难教授》，载《申报》，1946年9月26日。
② 侯馥兴：《不曾远离的北平（上）——父亲侯仁之的留英生活片断》，载《中华读书报》，2017年3月1日。

12月30日　竺可桢在伦敦从吴传钧处了解侯仁之。

案：竺可桢（1890—1974），浙江绍兴（今属上虞）人，地理学家、气象学家。曾就读于唐山路矿学堂及美国伊利诺大学、哈佛大学，获博士学位。回国后任职于武昌高等师范学校、南京高等师范学校（东南大学）、商务印书馆、南开大学等地。1927年任中央大学地学系主任，1928年任中央研究院气象研究所所长，1936年任浙江大学校长，1948年当选为中央研究院院士。新中国成立后，长期任中国科学院副院长，兼任中国地理学会理事长、中国气象学会理事长、中国科学技术协会副主席等职，被誉为中国近代地理学和气象学的奠基者。生平著述结集为24卷本《竺可桢全集》（上海科技教育出版社，2004—2014年）。

竺可桢日记："回遇吴传钧，渠在利物浦读地理已二三年，闻英国习地理者仅渠与侯仁之二人。侯，燕京毕业，初到英云。"[①]

12月　在剑桥大学与曹天钦会面，获赠葛德石（George B. Cressey）所著《亚洲的土地和人民》（*Asia's Lands and Peoples: a geography of one-third of the earth and two-thirds its peoples*，McGraw-Hill Book Company，1944）一书。

寒假期间　在剑桥大学与赖朴吾相见，连夜话旧。

年底　在伦敦佛叶书店购买裴丽珠（Juliet Bredon）所著《北京纪胜》（*Peking: A Historical and Intimate Description of its Chief Places of Interest*，Kelly & Walsh，Ltd.，1922）一书。

著述

3月21日　《沧海桑田》刊于《国民新报》副刊《禹贡周刊》第1期。该文节录自《黄海之滨》书稿。

7月25日　写完《近代地理学的中心趣味》，后发表于8月6日《益世报》副

[①] 竺可桢：《竺可桢全集》第10卷，上海科技教育出版社2006年版，第288页。

刊《史地周刊》创刊号。同期另刊有洪业（煨莲）、刘适（石泉）的论文。

　　案：《益世报》于1915年创办于天津，是一份具有天主教背景的重要报纸，1949年年初停刊。1946年8月6日，《益世报》副刊《史地周刊》创刊，共出刊113期，具有较大影响。

9月1日　赴英国留学途中在新加坡写成《地利与人和——第二次世界大战的一个教训》，10月8日刊于《益世报》第3版《史地周刊》。文章以美、苏、英、中、法5国为例，说明二战期间各国在"地利"与"人和"上的利弊以及最后胜利的原因，并指出在未来战争中"人和"的重要性。

9月18日　写完《新嘉坡莱佛士图书馆与博物院》，次年1月14日发表于《益世报》第3版《史地周刊》第24期。该文为侯仁之赴英途中滞留新加坡所作，文称此地为"南洋研究的宝藏"。

9月26日　写完《南洋大港新嘉坡》，后发表于1946年12月10日《益世报》上的《国际周刊》。文章分为"新嘉坡在哪里？""渺茫的往事与新嘉坡的再造""新嘉坡往哪里去？"3部分。

评介

9月26日　《申报》刊发中央社电《英援华会拨款慰问平蒙难教授》，介绍英国联合援华会对燕京大学、辅仁大学的侯仁之等27位蒙难教授的援助情况。同期的《大公报》也有相关报道。

本年　1946年《燕大双周刊》第17期《校闻简讯》刊登消息，介绍民国三十四年（1945年）度辅导委员会圆满结束，介绍主席侯仁之即将赴英，干事乔维熊到天津寿丰公司任职。暑期成立辅导委员会，由方觌予、石文博任代理主席及代理执行干事。

1947年　36岁

背景
5月　"反饥饿、反内战、反迫害"运动爆发。
9月13日　中共颁布《中国土地法大纲》。

纪事
1月1日　参加在伦敦经济学院召开的英国地理学会年会，在伦敦佛叶书店购买甘博尔（Sidney D. Gamble）所著 *Peking: A Social Survey*（George H. Doran Co.，1921）一书，并订购巴塞洛缪（J. G. Bartholomew）和莱德（Lionel W. Lyde）合著 *The Oxford Economic Atlas*（Oxford University Press，1937）一书。

1月13日　收到张玮瑛从国内寄来的《中国营造学社汇刊》。

1月28日　致信张芝联，称"到此以后最大的收获，即在完全恢复了做学生的心理状态，上课听讲，读书做练习，涂颜色画，从起头再谈三角几何，兢兢业业，认真不懈！我忘记了我一切教书的经验，好像从来没有登过讲台一样"。

2月2日　又致信张芝联，谈及出国留学的抱负。

2月18日　在英国利物浦大学地理学院得知时任英国文化委员会驻华代表的罗士培于17日在中国南京去世的消息。

> **侯仁之：**"我上楼，爬到四层楼顶上残存下来的'中国地理研究室'，中国同学吴传钧兄（南京中央大学地理系讲师）也来了，我们互道罗士培教授逝世的消息。……这时，我蓦然回头，看见挂在墙上的大玻璃镜中，顾颉刚师所手写的《尚书·禹贡》全文，这是当"中国地理研究室"成立时，罗士培教授的高足张印堂教授（清华大学）与林超教授（中央大学）所共同赠

送的纪念。"①

侯仁之："该学院系前任罗士培教授（Professor P. M. Roxby）所手创，并特设'中国地理研究室'，致力我国地学研究，卓有声誉。我国当代地理学家出其门下者，颇不乏人。罗教授战后退休，以古稀之年，再履我国国土，继续努力中英文化之合作发展，并于客秋北来，在燕京清华做短期讲学。如罗教授者，不但为英国一代地学大师，亦我国伟大之良友也。"②

3月10日 致信张玮瑛，谈及自己在英国求学、研究、谋生的经历。

侯仁之："我现在每周换三个人：第一个'我'，是大学一年级的fresher，从星期一到星期五上午，到学校读书上课，做制图实习；第二个'我'，是研究院的'博士待位生'，从星期一到星期五下午与晚间，在宿舍做个人的研究工作；第三个'我'，是《益世报》的驻英通讯员，星期六读一周报纸杂志和做参考笔记，星期日用整天写通讯。靠第一个'我'，我学科学的基本训练；靠第二个'我'，我做高深的学术研究；靠第三个'我'，我替孩子们挣饭吃。这样一来，其余的大小事物，都得插工夫去做了。忙虽然忙，到底生活有规律，累了我也知道散散步，躺在大沙发上合合眼。前几天有好月亮，晚饭后我就熄了灯，打开窗帘，坐在椅子上看月亮。午饭我自己在电炉上烤面包，抹黄油果酱，喝热茶。四点钟，再吃一次'Tea'，满好。"③

3月24日至31日 参加利物浦大学地理系组织的赴英格兰西北部卡莱尔地区考察实习。

---

① 侯仁之：《悼罗士培教授——寄自罗教授手创之利物浦大学地理学院》，见《中国历史地理论集》（英汉对照），外语教学与研究出版社2015年版，第285—287页。

② [英]德贝（H. C. Darby）著，侯仁之译：《地理学的理论与实践》，载《益世报》，1947年3月18日。

③ 侯馥兴：《从塘头厦到燕南园：我的母亲张玮瑛》，花城出版社2012年版，第86—87页。

5月　开始写作博士学位论文《北平历史地理》。与此同时，在利物浦大学地理系讲授Chinese Historical Geography（中国历史地理）课程。

7月5日　收到张玮瑛来信，信中勉励其治学"当以国际最高学术标准为标准，勿为目前局促狭窄目光所局限"。侯仁之将此语誊录在美国地图学家赖斯（Erwin Josephus Raisz，1893—1968）所著《普通制图学》（*General Cartography*，McGraw-Hill Book Company，1938）一书扉页上，以示激励。

7月下旬　从英国伦敦搭乘瑞典商船赴瑞典歌腾堡（今译作"哥德堡"，瑞典第二大城市）、首都斯德哥荷姆（今译作"斯德哥尔摩"）旅行。侯仁之此行本欲拜访斯文·赫定、高本汉、喜仁龙等汉学家，因故未果。

9月　张玮瑛任燕京大学国文系讲师兼哈佛燕京学社研究员。

10月19日　在乘火车到伦敦途中阅读英国政治学家、哲学家狄金森（Goldsworthy Lowes Dickinson，1862—1932）的《论印度、中国和日本的文明》（*An Essay on The Civilizations of India，China & Japan*，J.M. Dent & Sons Ltd.，1914）一书，发表"中国今天最大的'资源'，……乃是四万万的老百姓——被压迫、被剥削的老百姓。解放这些老百姓，就是开发了最大的'天赋资源'"的感慨。

本年　在英国利物浦大学地理学院学习地理学基础理论，从事研究，并兼任天津《益世报》驻英国通讯员、《南洋商报》驻英记者。

——在英国曼彻斯特大学地质学系留学的苏良赫（Liang-Ho Su，河北丰润人）在英国题赠The Physiography of the Nankow Valley（*The Science Reports Series C.* Vol.1，No.2，1947）一文。

著述

2月18日　写完《悼罗士培教授》，后刊于3月18日《益世报》第3版《史地周刊》第33期。文章称罗士培是"一代地理教育的大师，一个真正的学者，一位患难中的中国伟大的良友"。

3月18日　将英国利物浦大学地理学院德贝教授（又译作达比）1946年2月发表的就任演讲翻译成中文《地理学的理论与实践》，刊于《益世报》第3版《史地周刊》第33期。

侯仁之："本文原题The theory and practice of Geography，系英国利物浦大学地理学院德贝教授（Professor H. C. Darby）之就任演讲（Inaugural Lecture，一九四六年二月）。……继任者德贝教授，出身剑桥，为当代英国历史地理学之权威。战前主纂《1800年以前的英格兰历史地理》（*An Historical Geography of England Before A. D.1800*, Cambridge: Cambridge University Press, 1948）一书，堪为斯学典范。本篇所讲，可以代表其'地理学观'，前半略及地理学史，似觉平淡无奇；一入后半，便觉耳目清新，非同凡响矣。且全篇话题，信手拈来，深入浅出，轻松自然。论事实，谈哲理，婉转贴切，引人入胜。至若称许前任，抒己见之诚，尤足见此邦学人风度。"①

案：该文被誉为代表达比"地理学观"的学术演讲，对侯仁之影响甚大。多年后，其侯仁之的首部学术论集取名为《历史地理学的理论与实践》，或受达比的《地理学的理论与实践》一文影响。

5月27日　《战时英国地理学界之回顾及其现状》刊于《益世报》第6版《史地周刊》第43期。该文"二月初稿航寄遗失，四月重写于英国伦敦"。

7月27日　《治河沿革故事考》刊于《南洋商报星期刊》复版第45号第1版"星期论文"栏目。

案：该文编者案语称"本文作者侯仁之先生曾任燕京大学讲师及天津工商学院教授，为国内有名之地理学者，侯氏去年赴英，入利物浦大学研究，再求深造。本文为作者投寄本报之近著，篇中论述治导黄河沿革，附以故事，尤极生动。当此建国过程中，治河一事，关系国计甚巨，爰为刊作星期论文，俾读者得所揣摩焉"。

---

① [英]德贝（H. C. Darby）著，侯仁之译：《地理学的理论与实践》，载《益世报》，1947年3月18日。

12月1日　《瑞典——北欧乐园》刊于《南洋商报》第3版。

案：该文署名为"本报驻英记者"，编者案语称"本文作者为燕京大学讲师，天津工商学院教授，曾于七月间经星赴欧，现在利物浦大学研究院专攻地理学，兹应本报之聘，担任驻英记者，特此告知爱护本报读者"。

12月2日　《瑞典——北欧乐园》（待续）刊于《南洋商报》第3版。
12月3日　《瑞典——北欧乐园》（未完）刊于《南洋商报》第3版。
12月4日　《瑞典——北欧乐园》刊于《南洋商报》第3版。1947年10月侯仁之在利物浦大学完成该文，记载了其7月在瑞典5日之行的见闻和感受。

评介

本年　顾颉刚在回答蒋星煜"你觉得中国现在有哪些优秀的青年史学家？"的提问时，在"专门史"的"中西交通史"方面列举了方诗铭、方豪、侯仁之3人。该访谈刊于《文化先锋》1947年第6卷第16期。

顾颉刚："以专门史为标准：……治中西交通史之齐鲁大学教授方诗铭、辅仁大学教授方豪、燕京大学教授刻在英伦侯仁之。治疆域史之国立编译馆史念海，又业已逝世之前重庆史学书局总经理郑鹤声，兼清史地。绘有《编年读史地图》，自战国起，已完成十幅，最后一幅为南北朝图。治宗教史之云南大学教授白寿彝，为回教史专家。岭南大学教授李镜池，为道教史专家。方豪为天主教史专家。治艺术史之中央博物院王振铎，上海博物馆童书业、傅振伦。治学术思想史之北京大学教授容肇祖。"①

---

① 顾颉刚：《顾颉刚论现代中国史学与史学家》，见《宝树园文存》卷二《学术编》（下），中华书局2011年版，第343页。

1948年　37岁

背景

11月29日　平津战役开始。

纪事

2月27日　在利物浦大学宿舍客厅翻阅坎特伯雷红色教长（The Red Dean of Canterbury）约翰逊（Hewlett Johnson，1874—1966）所著《占世界六分之一的社会主义》（*The Socialist Sixth of the World*，Victor Gollancz Ltd.，1939）一书，深受启发。当日购买此书及其他介绍社会主义的书籍。当夜读毕，在扉页题记中称"访苏之志，由是益决"。

6月8日　陈天声致信侯仁之，奉还《北平四月学潮真相》稿件，并叮嘱"人命如蚁的时候，望先生特别谨慎，联系群众，参加群众的革命斗争才能摆脱魔王小鬼的爪牙。曾闻先生有一兄弟不幸为魔王小鬼所害，这是一个前事可鉴之例"。

案：陈天声（1908—？），祖籍广东宝安（今深圳），生于牙买加，后长期在英国利物浦当海员，曾任伦敦共和协会、中国海员互助协会、英中友好协会（英中了解协会）等民间机构负责人。曾加入英国共产党国际部，负责过新华通讯社伦敦代办所。陈天声所称"先生有一兄弟不幸为魔王小鬼所害"或指"侯硕之惨死案"。

7月中旬　出席留英中国学生总会在利物浦大学召开的大会，积极动员留学生回国。

案：留英期间，侯仁之逐渐亲近中共，积极从事学生活动，曾任中国留英学生会副主席和中国留英学生会利物浦分会主席，在共产党员计晋仁、陈天声的领导下从事动员和争取留学生回国的工作。

计晋仁："1948年以后，国内解放战争的形势发生了根本性转变，全国解放的日子眼看就要到来。根据刘宁一同志的指示，我们也把工作重点放在大力宣传党对知识分子的政策方面，动员留英同学在全国解放后回去建设新中国。1948年我和曹日昌、裘克安等人，先后离开了英国。当时还留在英国的同学如黄新民、朱洪元、许绍高、徐礼章、侯仁之等同志，在这方面曾做了更多的工作，所以在新中国成立前后，学有成就的留英学生和学者几乎都回到了祖国。他们在新中国的科学、文教、经济、国防、外交等各条战线上发挥了作用。回想起来，这和当时党对知识分子的政策得到比较正确的贯彻是分不开的。"①

案：计晋仁（1914— ），浙江嘉兴人。毕业于同济大学、英国利物浦大学。回国后长期从事钢铁工业建设，曾任冶金工业部黑色冶金设计总院副院长等职。

支德瑜："1948年年会7月中旬借利物浦大学学生宿舍举行。左派同学已经商定了下届理事会提名名单，准备参加竞选，不料由于国内革命形势的发展，此时已能看出国民党的败象，亲蒋学生偃旗息鼓，不敢竞争，结果选出了进步同学一统的理事会，……利物浦大会还通过决议，留英学生总会加入我党领导的全国学联，并为全国学联组织募捐。我国有不少学者在利物浦大学，如两位中科院院士黄昆、庄育智等，莘耘尊也在利物浦大学学习城市规划（她回国后参加北京市的城市规划工作），经她介绍，我又结识了在利物浦大学从事研究工作的侯仁之兄长，谈得非常投机。侯是我国闻名的历史地理专家（中科院院士），对北京水系和历史有非常深入的研究。"②

《中共中央南方局的文化工作》："第一批留学生回国后，黄新民、朱洪元、许绍高、徐礼章、程镇球、侯仁之等留在英国的进步学生，继续按照党的指示，向同学宣传国内革命战争的胜利和党的方针政策，推动留学生回

---

① 计晋仁：《留英纪事》，见全国政协暨北京、上海、天津、福建政协文史资料委员会编：《建国初留学生归国纪事》，中国文史出版社1999年版，第304页。
② 支德瑜：《往事联翩——支德瑜生平自述》，见东风汽车公司工艺研究所等编：《科技人生——支德瑜》，对外经济贸易大学出版社2003年版，第41—42页。

国的工作。他们还多次参加世界学联、妇联、青联、科协等国际组织在欧洲各国举行的会议，与来自解放区的代表和留法的中国学生密切联系，交流经验，相互学习。"①

7月26日 据《燕京新闻》报导，新的燕京大学行政委员会日前成立。该委员会为燕京大学最高决策及执行机关，由陆志韦任主席，艾德敷（Dwight W. Edwards，美籍）任执行干事，委员包括严景耀、梅贻宝、翁独健、陈芳芝、苏路德（Ruth Stahl，美籍）、胡经甫、赖朴吾（英籍）等7人。

8月2日 燕京大学新闻系附设燕京新闻社主办的《燕京新闻》第一版刊登消息《留学海外同学关心国内学运，利物浦举办学运史展，基督学生会支持学联》。该消息称留英中国学生总会从7月19日至25日在利物浦举行全体大会，举办展览会，捐款支持国内学生运动。侯仁之理应参加上述活动。

8月16日 出狱6周年纪念日。侯仁之在伍德里奇（S. W. Wooldridge）和摩根（R. S. Morgan）合著的 *The Physical Basis of Geography: An Outline of Geomorphology*（Longmans, Green & Co Ltd., 1947）一书扉页上做题记以纪念此事。

8月19日 北平高等特种刑事法庭向燕京大学发去传票，拘捕孙会鑫、刘适（石泉）、曲慎斋、梁畏三、包儒、康峻、张富培等31名所谓的"职业学生"。当晚，燕京大学被军警宪兵包围。刘适（石泉）、缪希相（李涵）夫妇在夏仁德、侯仁之夫人张玮瑛的协助下，曾在侯仁之家中会面，后前往解放区。

案：1948年8月19日，国民政府行政院命令北平高等特种刑事法庭传讯北大、清华、燕京、中法、辅仁等11所大专院校的250名所谓"职业学生"，史称"八一九"大逮捕。中共北平学委及各校地下党组织组织纠察队，开展反迫害斗争。

石泉："我当时是燕大历史系的研究生，即将毕业离校，结婚后就住在燕京东门外的成府镇蒋家胡同。8月19日那天早上，我骑车到学校有事，

---

① 彭亚新主编：《中共中央南方局的文化工作》，中共党史出版社2009年版，第343页。

走到办公大楼后面，看到许多人三五成群，正神色紧张地在围着看刚到的报纸，我也凑上去看看，才知道报纸上所列'匪谍'名单上也有我的名字。……晚饭后，有人来告诉我：希相已被学校保释出来，现住在张玮瑛先生家。……她出来后不敢回家，就到南门内天和厂的张玮瑛先生家，当时张的爱人侯仁之先生远在国外，她一人带着两个小孩住在一所独院内。张先生冒着风险收留了她，并为我们打听消息，主动担任联络。"①

张玮瑛："1948年'八·一九'国民党反动派军警特务包围了燕京大学，指名要搜捕许多名学生领袖（其中有好几位是中共地下党员）。……'黑名单'上的刘适（即石泉同志）因体力不支，不能经受长途跋涉的疲劳，必须另做安排。就在当夜，夏仁德教授又来到我家。这时刘适的爱人缪希相（即李涵同志）已先到我家，和我同住。当时我爱人已出国，我带着两个小孩住在校南门内的一所小房子里，地方比较僻静。夏仁德教授就对我说，他已经安排刘适隐藏在校园内西南角上的污水池塘旁边的芦苇杂草丛中，还在那里为他准备了毛毯食品等。……就是这样，刘适在露天荒草丛中挨过了几个日夜。只是按着事先的约定，在每天午夜十二点钟悄悄来到我家，和希相会面，我就守在院子的大门口，为他们放哨。……直到8月24日反动军警岗哨大部分从学校撤离之后，夏仁德夫人又来我家详细传达了安排刘适和希相安全离校的时间和办法。"②

11月4日　侯仁之在导师H.C.达比所著《1800年以前的英格兰历史地理》（*An Historical Geography of England before A.D.1800*）一书上题字留念。次日，在地理学家达德利·斯坦普（Sir Laurence Dudley Stamp，1898—1966)所著的*Britain's Structure & Scenery*（London：Collins，1946）一书上作题记，称"留英第三年开始"。

---

① 石泉：《回忆"八·一九"当年，怀念夏仁德师》，见本书编辑组编：《夏仁德在中国》，世界知识出版社1985年版，第170—173页。

② 张玮瑛：《忆夏仁德教授的几件事》，见本书编辑组编：《夏仁德在中国》，世界知识出版社1985年版，第72页。

12月15日　中国人民解放军第十三兵团政治部主任刘道生所部进驻燕京大学、清华大学周边，并于两校张贴安民告示。

本年　继续在利物浦大学地理学院学习，师从H.C.达比教授。

侯仁之："达比这个人很严格。他让我学习、考察、写东西，他来审核。他是在考察我啊。我住的那个楼里，有导师，也有研究生，学术气氛很浓的。经常在下午喝茶的时候，大家在一起热烈地讨论，收获很大。……达比对我很严啊。我所写的东西，他看得很仔细。有什么问题或错误，都毫不客气地提出来。这对我是很大的促进和鞭策。整整一年啊。我埋头于学习、研究、写作。第二年，达比看过了我的论文的'绪论'，认为很好。他才正式批准让我做他的博士研究生。"①

——与利物浦大学研究生同学理查德·劳顿共居一室。

案：理查德·劳顿（Richard Lawton，1925—2010），英国人，历史地理学家。毕业于利物浦大学地理系，曾在英国海军情报部门负责保管地理手册。1948年获得利物浦大学文学硕士（Master of Art），后长期执教于利物浦大学，直至1983年退休。长期致力不列颠群岛的历史和社会地理研究，1983年获得英国皇家地理学会的默奇森奖（Murchison Award）。

理查德·劳顿："前共产主义时代中国的最后两名研究生分别毕业于1948年和1949年。吴传钧后来成为中国科学院地理研究所的领导，侯仁之成为中国历史地理学者的首席（doyen）。1948年至1949年，我在研究生学习期间与侯仁之共居一室。令我高兴的是，利物浦大学1984年授予侯仁之荣誉科学博士学位时，我主持了地理系的欢迎晚宴。"②

---

① 陈光中：《侯仁之》，生活·读书·新知三联书店2005年版，第129—130页。
② P.E.H. Hair (Edit). *Arts · Letters · Society: A Miscellany Commemorating the Faculty of Arts at the University of Liverpool*, Liverpool: Liverpool University Press, 1996, p.45.

——与利物浦大学同学吴传钧利用假期到英国各地考察。

案：吴传钧（1918—2009），江苏苏州人，曾就读于中央大学（今南京大学）、英国利物浦大学，曾在中央大学、中国科学院地理研究所任职，1991年当选为中国科学院院士，曾任中国地理学会理事长、国际地理联合会（IGU）副主席，被誉为中国经济地理学和人文地理学的开拓者。著有《中国粮食地理》（商务印书馆，1946年）、《现代经济地理学》（江苏教育出版社，1997年）、《人地关系与经济布局：吴传钧文集》（学苑出版社，2008年）等。

吴传钧："留学利物浦大学期间，自行车是我最珍贵的财产，我经常利用假期骑自行车在英国各地考察。与我结伴同行的有一位比我大五六岁的北大留学生，就是著名历史地理学家侯仁之。我们考察的兴趣不同，重点各异。侯仁之是学历史地理的，所以每到英国一个小镇上都要跑到教堂去考察；我的兴趣是在市政方面，因此我关注的是总的市容面貌和城市布局情况。每次我们都是约好碰头的时间，然后各自活动，会合后再向下一个目标前进。"[①]

1949年　38岁

背景

1月31日　北平宣告和平解放。
4月　国际地理联合会接纳中国为正式会员国。
10月1日　中华人民共和国中央人民政府成立，举行开国大典。
12月23日至31日　教育部召开第一次全国教育工作会议。

[①] 吴传钧：《发展中的中国现代人文地理学——吴传钧院士学术报告选辑》，商务印书馆2008年版，第441页。

纪事

4月27日　出席新任的国际地理联合会主席葛德石在英国利物浦大学所做题为China's Prospects（中国的未来）的演讲会。演讲由H.C.达比教授主持，侯仁之代表听众做致谢辞。这是侯仁之与葛德石的首次会面。

案：葛德石（George Babcock Cressey，1896—1963），美国人，地理学家。曾就读于丹尼森大学（Denison University）、芝加哥大学、克拉克大学（Clark University），曾长期执教于锡拉丘茨大学（Syracuse University），并任国际地理联合会、美国地理学家协会（AAG）、亚洲研究协会（AAS）的主席。葛德石曾来华游历，执教于上海沪江大学，所著《中国的地理基础》（China's Geographic Foundations: A Survey of the Land and Its People, New York: McGraw-Hill Book Co., 1934）影响甚大。

4月至5月　完成博士论文An Historical Geography of Peiping（《北平历史地理》），署名为Jen-Chih Hou，获得哲学博士学位。该博士论文原件现藏于利物浦大学图书馆的Brunswick Library Store，收藏号为THESIS 1249B。2013年，该博士论文的中译本由外语教学与研究出版社出版。

陈占祥："50年代侯仁之从利物浦大学地理系结业回国，他的论文'北平历史地理'中的成果与我所构划的行政中心几乎完全吻合，可以说与北京历史演变搭上了架。"[①]

侯馥兴："1949年4月，正值学期期末。父亲的论文答辩由导师达比教授和牛津大学的一位教授主持。这位牛津的教授是研究过中国的，仅仅提出了一个问题，父亲解答后，论文顺利通过。接着达比教授对父亲提出了一个要求：多留一年，使用现代的技术手段来研究过去。……达比教授希望父亲

---

① 陈占祥：《关于城市设计的认识过程》，见中国城市规划学会主编：《五十年回眸：新中国的城市规划》，商务印书馆1999年版，第139页。

多留一年时间,掌握先进科学手段来复原历史,开展历史地理研究。父亲虽然买了这方面的书籍,还是对达比教授明确说:'我不能留下来,我归心似箭。'不过,达比教授指出掌握现代科技方法进行研究的观点对父亲是很有启发的。"①

春 中国科学工作者协会英国分会在曼彻斯特大学成立。侯仁之以留英中国学生会副主席的身份出席,并参与宣言与会章的起草工作。

案: 中国科学工作者协会(简称中国科协),1945年7月成立于重庆沙坪坝,竺可桢任第一届理事长,李四光任常务监事,涂长望任总干事。该协会后在上海、北平、杭州、香港及英、法、美等国设立分会。1949年年初,中国科协总会迁往北平。

侯馥兴: "父亲到利物浦大学不久,工学院计晋仁(后来才知道是中共地下党员)主动接近他,吸收他参加中国留英同学会的活动,负责利物浦学生分会的工作。无党派的父亲虽再三推辞也未能推掉。国内局势的发展使国共双方都在加紧争取留学人员。不久留英学生各分会的代表到伦敦参加全英中国留学生的选举大会,父亲和曹天钦分别代表利物浦大学分会、剑桥大学分会出席。当时学生会由三青团掌握,所以学生会的领导权是争夺的焦点。会前计晋仁告诉他们:今天会上要准备和三青团斗争。经过大会选举,剑桥大学博士生曹日昌(中共地下党员)当选中国留英学生会主席,侯仁之为学生会副主席兼利物浦学生分会主席。1948年夏,中国留英学生会为了配合国内形势的迅速发展,计划再次召开留英中国学生年会。……在这次留英中国学生年会上,计晋仁介绍父亲认识了英籍华人海员、英国共产党党员陈天声。1949年春,中国留英学生大会在曼彻斯特大学召开,动员留学人员在完成学业后,带着最新的科研资料迅速回国参加新中国的建设。会上成立了'中国科学工作者协会英国分会'并印发了宣言和会章,号召科学工作者准

---

① 侯馥兴:《从塘头厦到燕南园——我的母亲张玮瑛》,花城出版社2012年版,第96页。

备好自己,以迎接新中国诞生。"①

学文、闻笛: "在留学期间,他得到了中共地下党组织的指导,并担任了留英中国学生会的副主席,积极参加反对国民党、三青团特务学生的斗争。一九四九年春,当他听到北平解放,祖国即将新生的消息,他和其他留英的同学一起发起成立了留英中国科学工作者协会,动员留英学生做好准备,回家参加建设。侯仁之当时已经获得了博士学位,他的导师、英国历史地理学权威达培希望他留在英国。但他毅然回到了中国。"②

7月8日　留英学业结束,购书以作纪念。回国前夕,与剑桥大学的曹天钦话别,并赴法国巴黎与熊秉明告别。

8月12日　归国途中,行至地中海,读罗士培的 The Terrain of Early Chinese Civilisation(原刊于 Geography 杂志第23卷第4期,1938年12月)一文。

8月29日　北平市人民政府建设局按照各界代表会议的决议,决定开辟天安门广场。当日,建设局召集由都市计划委员会、平津铁路局、公安局等单位代表参加的座谈会,商讨天安门广场工程的步骤及分工。

9月1日　北平市都市计划委会在北海举行第一次委员大会,讨论西郊新市区计划。委员会副主任委员曹言行,驻会常务委员华南圭、林是镇,常务委员梁思成、钟森及委员费孝通、王明之等30余人出席会议。梁思成报告了西郊新市区计划。会议讨论决定加强都市计划委员会,委员名额不增加,顾问名额可以增加。但是,侯仁之回国后又增补为委员。

8月至9月　侯仁之婉拒导师达比教授让其在英国从事研究的邀请后,启程回国。途经香港时,持中共旅英党组织介绍信与新华社驻港机构负责人乔冠华联系,后继续乘船北上。9月26日,抵达天津塘沽。

---

① 侯馥兴:《从塘头厦到燕南园——我的母亲张玮瑛》,花城出版社2012年版,第97页。
② 学文、闻笛:《对党的信念愈久愈坚——侯仁之教授入党记》,载《北京大学校刊》第254期,1980年7月2日。

吴传钧："30—40年代从海外留学归国的人文地理学家，留法的有：胡焕庸、洪绂、王文元；留英的有：林超、李旭旦、鲍觉民、曹廷藩、杨克毅、吴传钧、侯仁之；留美的有：黄国璋、张印堂、王成组、李春芬、周立三、严德一；留德的有：傅角今、沙学浚；留日的有：谌亚达、盛叙功、梁希杰、梁溥；留澳的有：陈正祥。"①

姜道章："侯仁之1940年代在英国利物浦大学留学，1949年回国，是20世纪上半叶惟一到欧美留学，专门研究历史地理学的留学生，有证据证明他将达比（Darby）和克拉克（Clark）有关历史地理学的概念，介绍到中国。"②

侯馥兴："临行前英国地下党陈天声同志交给父亲一封信，上面写有香港新华社乔冠华、黄作梅的名字。回国还是坐英国蓝烟囱公司的轮船，走了一个多月到香港。父亲上岸后的第一件事便是到九龙新华社所在地递交托带的信。当时乔冠华已北上参加新政协，黄作梅同志热情接待了他，并代买香港至天津的船票。三天后取到票，最后一段行程搭乘的是挪威船'宝通号'。黄作梅特别叮嘱父亲，为安全起见，船过台湾海峡之前不能登上甲板。"③

案：乔冠华（1913—1983），江苏盐城人，外交家。曾就读于清华大学、德国杜宾根大学（University of Tübingen），曾任新华社香港分社社长、外交部部长等职。黄作梅（1916—1955），香港人，曾任新华社伦敦分社社长、香港分社社长。

9月29日 返回燕京大学，任教于历史学系，任副教授。当日拜访邓之诚，并很快见到乔冠华、龚澎等人。

---

① 吴传钧：《中国人文地理学发展的成就和经验》，见《发展中的中国现代人文地理学——吴传钧院士学术报告选辑》，商务印书馆2008年版，第48页。
② 姜道章：《历史地理学》，三民书局（台北）2004年版，第105页。
③ 侯馥兴：《从塘头厦到燕南园——我的母亲张玮瑛》，花城出版社2012年版，第97页。

邓之诚日记： "傍晚，侯仁之来，前日方自英国归来者。"①

陈乐民： "当初在燕京大学读书时，有几位很有名气的教授，是很为当时的青年学子所敬仰的。我现在印象还很深的是严景耀、雷洁琼、侯仁之等，而声名最显的，当属张东荪。"②

10月1日 与夏仁德教授作为燕京大学代表，从清华园乘火车到西直门，而后步行到天安门广场，参加开国大典。当燕京大学的游行队伍经过天安门城楼时，毛泽东说"燕京大学同志们万岁"。次日，燕京大学拥护世界和平庆祝中华人民共和国成立大会在贝公楼礼堂举行，侯仁之为全校学生做报告，畅谈参加开国大典的感受。

案： 为迎接新中国成立，燕京大学于9月27日成立燕大庆祝中华人民共和国成立委员会，由校务委员会主席陆志韦担任主席，林寿晋任副主席，林耀华、褚圣麟、邝平章、陈向南、黄序鸾、谢道渊任委员，翁独健任秘书长，赵承信任指挥部长，卢念苏任宣传部长，王汉章任总务部长，统一领导庆祝活动。9月30日，燕京大学在贝公楼礼堂举行全体师生工警大会，由该校出席人民政治协商会议的代表报告开会经过和感想，并由庆委会报告10月1日进城参加中华人民共和国成立纪念大会详细办法。当日又在贝公楼前草地举行进城队伍大检阅。

侯仁之： "燕京大学的人非要叫我做报告不可。在大礼堂，灯全都灭了，只有一个电灯照着我，叫我一个人站在台上讲。那么多群众出来，那么多！你看过去受压迫、受迫害，现在新中国成立了，大家多么高兴！新中国刚刚成立我就回来了，我激动极了！那天把我的感想在大礼堂讲了，大家和我一样激动啊！"③

---

① 邓之诚著，邓瑞整理：《邓之诚文史札记》上，凤凰出版社2012年版，第485页。
② 陈乐民：《中西文化与张东荪》，见《读书与沉思》，生活·读书·新知三联书店2014年版，第552页。
③ 陈光中：《侯仁之》，生活·读书·新知三联书店2005年版，第141页。

10月11日　燕京大学教务委员会第一次会议在贝公楼会议室召开。翁独健、齐思和、赖朴吾、夏仁德夫人、赵承信、吴兴华、佟明达、沈家驹、郑天增、陈元方、金以辉出席。学生生活委员会主席侯仁之缺席。会议讨论决定：学生生活委员会隶属于教务委员会，由侯仁之任主席，委员包括戴文赛、陈永龄、吴允曾、任永康、石文博、女部代表一人、学生代表男女各一人。

案：1948年10月，燕京大学学生资助委员会合并到学生生活辅导委员会，组建为新的学生生活委员会（student welfare committee），负责审批学杂费减免、伙食费补助，介绍自助工作，发放营养补助，管理学生宿舍、食堂等职能。该委员会由赖朴吾兼任主席，后由侯仁之接任。10月19日，燕京大学校长办公处发布通知，正式任命侯仁之为学生生活委员会主席，任永康等人任委员。

10月12日　与朱国漳、杨讽等人共同当选为燕京大学事务委员会委员。

10月25日　由范天祥主持的燕京大学事务委员会第一次会议在总务处召开。侯仁之、范翾华、郭沛田、石文博、王汉章等人出席。会议讨论了"装按暖炉问题""本会组织及职权案""本会例会时间案""本会议程案"等。

案：范天祥（Bliss M. Wiant，1895—1975），美国人，传教士、音乐家。曾就读于俄亥俄州卫斯理大学、哈佛大学、波士顿大学、纽约协和神学院等校，为洪业的同学。曾执教于燕京大学、香港崇基书院、香港中文大学等校。曾任燕京大学音乐系主任，是中国圣诗本土化的推动者。生平详见范燕生（Allen Artz Wiant）著《颖调致中华：范天祥传（一个美国传教士与中国的生命交流）》（基督教文艺出版社有限公司，2010年）。

10月26日　与戴文赛、饶毓苏共同当选为燕京大学人民助学金委员会的教授代表。

10月31日　出席并主持燕京大学学生生活委员会会议。另有张瑾、陈永龄、戴文赛、叶道纯等人与会。会议讨论了人民助学金、学宿费、特别营养、自助工作、牛奶、取消摊饭、电炉使用等问题。

10月　到清华大学拜访梁思成、林徽因。梁思成向侯仁之提出"你研究历史地理能为北京城做什么？"的问题，对侯仁之的学术道路影响深远。

案：梁思成（1901—1972），广东新会人，建筑学家、教育家。曾就读于清华学校及美国宾夕法尼亚大学、哈佛大学。回国后创办东北大学、清华大学建筑系，曾当选中央研究院院士、中国科学院学部委员，兼任北京市都市规划委员会副主任、中国建筑学会副理事长等职。梁思成是我国建筑教育事业的开拓者之一，其主持的"中国古代建筑理论及文物建筑保护的研究"获国家自然科学一等奖。论著结集为《梁思成文集》（中国建筑工业出版社，1982年）。

汪国瑜："梁、林二位先生都非常好客、健谈、乐观、坦率。……常到他们家的还有清华其他系的教授和外校的学者，我常见到的除金岳霖教授是每日早晚必到外，还有张奚若、邓以蛰、钱伟长、王逊、侯仁之等很多先生。他们在梁、林先生家非常随便，政治、经济、哲学、宗教、诗词杂文、书法绘画、音乐曲调、工艺美术、戏剧舞美、球类运动，天南海北，无所不谈；谈中有议、议中有争、争后有评、评中带笑。"[1]

侯馥兴："父亲印象深刻的是思成先生问他的第一个问题：'你研究历史地理能为北京城做什么？'实际上也正是这第一次会面，促成父亲走上一条业务探索的新路，也就是运用历史地理学的专业知识为城市规划建设服务的道路。"[2]

11月1日　出席燕京大学事务委员会第二次会议。会议讨论了锅炉房、图书

---

[1] 汪国瑜：《缅怀梁、林二师》，见《汪国瑜文集》，清华大学出版社2003年版，第170—171页。
[2] 侯馥兴：《侯仁之与梁思成》，载《南方周末》，2018年5月10日。

馆工友加薪、会计课添人、牛奶分配等问题。

11月2日 出席燕京大学学生生活委员会会议,另有张瑾、吴允曾、陈永龄、龚理嘉等人出席。会议讨论了人民助学金、学生膳食、牛奶、大礼堂电影等问题。

11月7日 《新燕京》第一年第二期刊文"审核人民助学金,本校组成评议委员会,决以全力慎重进行"。据介绍,燕京大学本学期全学期人民助学金审核工作正在筹备,校务委员会按照华北高教会的决定,成立评议委员会,由教务长翁独健与侯仁之、戴文赛、饶毓泰3位教授、同学代表3人组成。

——燕京大学教务委员会第二次会议在临湖轩召开。翁独健、齐思和、赖朴吾、夏仁德夫人、赵承信、吴兴华、侯仁之等人出席。侯仁之在会上报告了学生生活委员会、人民助学金评议委员会的组织及学生生活委员会的日常处理事务。此外,会议决定各系所有职员分别参加领导政治课小组,设立介于政治课程委员会与小组之间的中层机构,指定各系由一二位教员专门负责。其中,历史学系的中层机构由侯仁之出任。

> **余英时**:"另外一位是《一滴泪》中所提到的'地理系侯教授',去'接受毛主席检阅'时'精神抖擞,嗓音嘹亮,指挥若定',这位侯教授名仁之,因为思想进步的缘故,和学生们很接近。大概他是政治课小组讨论的一个主持人,而我恰好分在他的一组,因此和他很熟。他那时刚刚从英国留学归来,一再对我们强调他的幸运,居然还'赶上了革命的最后一次列车'。现身说法之后,他接着便要我们也珍惜这个千载难逢的机遇,和他同在一辆车上。"[1]

11月8日 出席燕京大学事务委员会第三次会议。会议讨论了成立生产管理委员会、动用预备费等问题。

---

[1] 余英时:《燕京末日的前期(二)》,载《联合报》,2008年7月22日《联合副刊》。此文亦即余英时为巫宁坤的《孤琴》[允晨文化实业股份有限公司(台北)2008年]所作序。

——出席燕京大学学生生活委员会会议。出席者还有刘清芬、张瑾、石文博、陈永龄、吴允曾及翁独健、夏自强等人。会议讨论了梁思璜与刘光华等学生间的冲突问题。

11月11日　列席燕京大学校务委员会常委会第四次会议，报告学生生活委员会情况及学生自助工作的待遇。在讨论学生自助工作待遇时，委派侯仁之、范天祥、石文博进行调查研究。

11月14日　出席并主持燕京大学学生生活委员会会议，另有石文博、叶道纯、吴允曾、陈永龄等人出席。侯仁之在会上就龚理嘉、叶道纯任委员会学生代表做报告。会议还讨论了学生资助、欠费、壁报等问题。

——燕京大学政治课委员会在临湖轩召开各系负责推动政治课的教员会议，讨论今后政治课教学事宜。

11月21日　《新燕京》第一年第四期第一版介绍燕京大学人民助学金评议情况。上周，燕京大学召开师生大会，贴出照片介绍本年灾荒情况，并请京郊巴沟村农会主任和副村长叙述灾情。学生生活委员会主席侯仁之在会上讲话，指出人民助学金审核可能发生的偏向及全体学生应有的态度。

11月22日　燕京大学事务委员会第四次会议在总务处召开。会议讨论了教职员住宅火炉问题。侯仁之与范天祥缺席会议。

11月25日　燕京大学教务委员会（扩大会议）第三次会议在适楼礼堂召开。翁独健、各系委会主席及学生代表42人出席。翁独健报告了出席11月17日教育部召开的华北京津19所院校负责人会议情况。

11月30日　出席并主持燕京大学学生生活委员会会议。侯仁之报告梁斯璜离校、学生膳食、军毯、特别营养、人民助学金、缓交学费等问题。

12月5日　燕京大学教务委员会第四次会议在临湖轩召开。翁独健、齐思和、赖朴吾、夏仁德夫人、赵承信、侯仁之等人出席。会议讨论了文法学院各系课程实施情况、检查本校推动新民主主义教学的情况。

12月6日　出席燕京大学事务委员会第五次会议。会议讨论了成立房舍委员会、工友假、住宅规则等问题。

12月9日　燕京大学教务委员会（扩大会议）第五次会议在临湖轩召开。翁

独健、各系委会主席及学生代表37人出席。会议讨论了检查新民主主义学习的目的、性质、内容及步骤等问题。

12月12日　燕京大学学生生活委员会会议召开。

12月13日　燕京大学学生生活委员会召开会议，讨论"从社会发展规律来看我们的学习态度"。

12月20日　出席燕京大学事务委员会第六次会议。会议讨论了圣诞节学校送教职员礼物、单身宿舍水电及电话费等问题。

12月21日　燕京大学举行苏联斯大林大元帅七十寿辰祝寿大会，邀请艾思奇做报告，并放映苏联影片《列车东去》。

12月22日　燕京大学本学期第二次大学演讲在穆楼103室举行，由北京市政府委员、清华大学教授梁思成主讲《我们怎样计划北京市》。

12月27日　出席燕京大学事务委员会第七次会议。会议讨论住宅水、土车及电话费，加强会议制度以提高效率等问题。

12月29日　出席燕京大学事务委员会第八次会议。会议讨论了上年度决算及本年度预算、牛奶加价问题。

12月至次年1月底　中国科学院计划局进行全国科学专家调查。其中地理组共有竺可桢、杨钟健、黄秉维、徐近之、任美锷、胡焕庸、李旭旦、王成组、赵松乔、孙敬之等19人投票，侯仁之的平均次序为10，得2票，缺17票，其专门科目为"历史地理"。

下半年　在燕京大学历史学系开设地理学概论课程。

案：据《一九四九年度历史学系学生应修课程计划》（北京大学档案馆藏燕京大学档案第YJ49040卷）载，地理学概论课程于三年级上学期开设，课程性质为选修课，4学分，课程号为"历史289"，上课时间安排在周三上午8点30分。英文课程名称为Introduction to Geography。

冬　在北京市文化处处长王亚平的陪同下带学生来天桥万盛轩看新凤霞唱戏，并去其家中访贫问苦，听新凤霞介绍旧社会艺人的苦难生活。

案：新凤霞（1928—1998），原名杨淑敏，祖籍江苏苏州，评剧表演艺术家、作家。曾任职于首都实验评剧团、总政评剧团等。主演《刘巧儿》《花为媒》等剧目，著有《新凤霞回忆录》（百花文艺出版社，1980年）等。

新凤霞："1949年冬天，北大教授侯仁之先生，带了不少学生来天桥'万盛轩'看戏，当时还没有文化局，只有文化处，处长王亚平，由他陪同侯仁之先生来看我的戏，侯先生不但在剧场看戏，还深入我家访贫问苦，让我给学生讲旧社会贫民窟艺人的苦难生活。"①

1986年6月12日侯仁之致新凤霞信："从《燕都》杂志上看到您所写的《我来北京后的艺术生活》（二），您居然还记得解放之初我带领学生来天桥看望您的事。回忆当时情景，如在目前。我对评剧演唱艺术缺乏修养，但对天桥这个地方在旧社会里的富有'人民性'这一点，深有感受。在旧社会，这里是真正的人民艺术家从社会的最下层放射出奇异光辉的一个地方。"②

本年　到北京城米市大街基督教青年会周末学者讲座做学术报告，介绍北京的历史沿革和地理变迁。这一时期，侯仁之主持"新民主主义讲座"。

周佳泉："早在建国初期，在中国基督教'三自'革新运动先驱吴耀宗先生的倡议下，侯先生卓有成效地主持开展了'新民主主义讲座'，并相继举办'科学讲座'和'青年讲座'，同时成立'青年之友'，组织青年学习讨论讲座的有关问题及进行讲座的场地服务等社会活动。从1949年4月6日沈钧儒先生首讲《人民的和平》开始，至1958年7月，每星期六举行一次，从不间断。十年间，共举办500余讲，听众约计15万人次。主讲人多为知名人士，如大家熟悉的郭沫若、马寅初、茅盾、周扬、老舍、田汉、吴晗、胡

---

① 新凤霞：《我叫新凤霞》，北京出版社1998年版，第250页。
② 侯仁之：《致新凤霞同志的一封信》，见《奋蹄集》，北京燕山出版社1995年版，第37页。

风、侯仁之、吴学谦、孙起孟、雷洁琼等等。"①

评介

10月　燕京大学社会科学各系工作报告《历史学系一年概况》刊于《燕京社会科学》(1949年第2期)。文章介绍过去一年来的"人事组织"时称"学系主任仍由齐思和先生担任。教授方面除聂崇岐先生应哈佛之聘,于四八年秋赴美讲学外,余仍在校任教,计专任者邓文如、翁独健、陈观胜、贝卢思、王克私诸先生。兼任有周一良先生,洪煨莲及侯仁之二先生则仍在假。新聘者有裴文中、许大龄及翦伯赞三位先生"。

1950年　39岁

背景

1月15日　中国科学院进行机构调整,成立地理研究所筹备处(南京)。
6月30日　土地改革运动开始。
8月　中国地学会、中国地理学会合并为新的中国地理学会。
9月26日　教育部颁布高校文法理工学院部分课程草案。
10月　全国掀起抗美援朝运动。

纪事

1月1日　侯仁之夫妇前往邓之诚处拜贺新年。
1月2日　梁思成致电侯仁之,约见面谈爱丁堡城、中国历代都市设计、人民首都等话题。
1月3日　出席燕京大学事务委员会第九次会议。会议决定由总务处统一管理

---

① 周佳泉:《无愧人生——记原北京基督教青年会副总干事侯孚允》,见中国人民政治协商会议北京市东城区委员会文史资料委员会编:《北京市东城区文史资料选编》第8辑,1998年,第109—110页。

财产目录。同日，学生生活委员会开会讨论3个月以来的政治学习情况。

1月4日　出席燕京大学学生委员会会议。王汉章报告学校财产登记、蔚秀园稻地等问题。会议还讨论了宿舍失盗、男生宿舍分配、本校助学金、禁舞等问题。

1月6日　燕京大学教务委员会（扩大会议）第六次会议在临湖轩召开。翁独健、各系委会主席及学生代表25人出席。会议讨论了政治课学分等问题。

1月7日　燕京大学事务委员会第十次会议在总务处召开。侯仁之缺席会议。当日，侯仁之赴基督教青年会，为"新民主主义讲座"做题为《北京城发展的地理背景》（为总题目《伟大的人民首都——北京城的创造》的第一部分）的演讲。该研究从唯物史观出发，从政治、经济和史地诸因素叙述其演变经过，更指出其设计的科学原则。

1月8日　应梁思成之邀，在清华大学土木工程馆为北京营建学术研究会做题为《北京的地理背景》的演讲。演讲内容由朱畅中记录。

1月11日　赴北京市建设局参观新都市设计工作。此后，到琉璃厂购买傅角今主编的《中国之都市》（大中国图书局，1948年）一书。

1月14日　赴北京市政府建设局企划处，看碧云寺水道图，参观北海公园、故宫博物院等地。当晚，在基督教青年会主办的第68次"新民主主义讲座"上做题为《北京都市设计的演变》（一说《北京设计的演变及其特色》，为总题目《伟大的人民首都——北京城的创造》的第二部分）的演讲。在当日所购《金陵古迹图考》一书扉页上记录当日行程。

1月16日　出席燕京大学事务委员会第十一次会议。会议讨论了单身宿舍收费、职工学习新民主主义、海淀人民银行借房等问题。同日，燕京大学学生生活委员会会议召开。

1月23日　燕京大学事务委员会第十二次会议在总务处召开。侯仁之、范天祥缺席会议。

1月25日　列席在教务长办公室举行的燕京大学教务委员会常委会第七次会议。此次会议有翁独健、林汉达、齐思和、赖朴吾等人出席。会议讨论了学生免住宿费、离校学生欠费、在校学生欠费及黄继忠的论文等问题。

1月27日　回国后在燕京大学教完第一学期课程。当日，在全汉昇《唐宋帝国与河运》（商务印书馆，1946年）一书上记录此事。

侯仁之："我在大学里担任地理学的讲授，是从40年代初开始的。但是主讲历史地理学，并开始结合实际任务进行历史地理学的专题研究，却是在新中国成立之初才着手进行的。1949年9月底，正好赶在新中国开国大典的前夕，我满怀无限兴奋的心情，从海外进修归来，首先在母校燕京大学历史学系讲授地理课程，同时又在清华大学建筑系兼任'市镇地理基础'一课的专题讲授。"[①]

1月30日　出席在燕南园63号范天祥家中召开的燕京大学事务委员会第十三次会议。会议决定由侯仁之、陈向南、王汉章、杨讽组成"精简节约讨论小组"。

1月　燕京大学文书科修订《燕京大学教职员名册》。其中，陆志韦任校务委员会主席，翁独健任教务长，范天祥任总务长。名册中，侯仁之任学生生活委员会主席、历史学系副教授，住址为佟府3A号。

案： 翁独健（1906—1986），福建福清人，历史学家。曾就读于燕京大学、美国哈佛大学、法国巴黎大学，曾在云南大学、燕京大学、中央民族学院、中国社会科学院历史研究所及民族研究所等任职。新中国成立前，翁独健在政治上追求进步，与中共地下党建立密切联系。新中国成立后，翁独健曾任燕京大学教务长、代理校长，北京市教育局局长，国家民族事务委员会委员等职。著有《斡脱杂考》（哈佛燕京学社，1941年）、《中国民族关系史纲要》（担任主编，中国社会科学出版社，1990年）等。

---

① 侯仁之：《〈历史地理学四论〉序》，见《历史地理学四论》，中国科学技术出版社1994年版，第3页。

2月4日　燕京大学学生生活委员会会议召开。

2月6日　出席燕京大学事务委员会第十四次会议。会议讨论了寒假期间工友休假等问题。"精简节约讨论小组"在会上做了报告。

——侯仁之、张瑾等4人列席在临湖轩召开的燕京大学教务委员会常委会第九次会议。会议讨论了学生申请春季助学金及个别学生免交去年秋季学宿费的问题。当日，教务委员会（扩大会议）第七次会议在临湖轩召开，讨论了课程检查、改革的问题。

2月7日　燕京大学学生生活委员会会议在侯仁之办公室召开。

2月10日　燕京大学教育工作者工会代表大会代表选举完成，侯仁之、杨汝佶、严景耀等71人当选为代表。其中，侯仁之、卢念苏、康毅民等30人当选为教工会代表的小组代表。14日，燕大教育工作者工会第一次代表大会召开。

案：早在1949年11月3日，燕京大学教职联和工会代表就召开联席会议，决定共同发起成立包括全体燕大教职员工警的教育工作者工会，并分别推荐教职联执委17人及工会代表17人组成筹备委员会，严景耀任筹委会主席，以原教职联、工会的主席团为常务委员会，负责筹备工作。1950年1月9日，燕京大学教育工作者工会成立。

2月13日　燕京大学事务委员会第十五次会议在总务处召开。侯仁之缺席会议。

——侯仁之列席在燕京大学教务长办公室召开的教务委员会常委会第十次会议。侯仁之代表学生委员会在会上报告了上学期及本学期的奖助金领取情况。会议核准了学生委员会通过的1950年春季助学金学生名单。

2月21日　参加北京市中小学教师寒假学习委员会组织的学习讲座，在贝满高中主讲地理科，题目为《以北京为例，说明地理学的几个基本观念》（初拟题目或为《科学的地理学》，待考）。同时参加地理科主讲的还有孙敬之、孟宪民等。

2月22日　燕京大学校工会执委会开会选举出席北京市教育工作者工会第一次代表会议的代表。侯仁之、严景耀、郑林庄、卢念苏、褚圣麟、吴兴华、蔡镏

生等18人被选为代表。

  案：严景耀（1905—1976），浙江余姚人，社会学家、犯罪学家。毕业于燕京大学、美国芝加哥大学，获博士学位。曾在中央研究院社会科学研究所、燕京大学、东吴大学、北京政法学院、北京大学等任职。任职燕京大学期间，曾任政治系主任、法学院代院长。政治上追求进步，是中国民主促进会创始人之一。著有《中国的犯罪问题与社会变迁的关系》（北京大学出版社，1986年）、《严景耀论文集》（开明出版社，1995年）等。

3月6日　出席燕京大学事务委员会第十六次会议。会议讨论了同人紧急借款规则、学生会福利部请求修建猪圈、合作社开发菜园等问题。

3月8日　燕京大学教务委员会（扩大会议）第八次会议在临湖轩召开。侯仁之、任永康、张东荪3人缺席。

3月13日　燕京大学事务委员会第十七次会议在总务处召开。侯仁之缺席会议。

3月20日　出席燕京大学事务委员会第十八次会议。会议讨论了学生拖欠住宿费、校牛奶场牛奶款核算标准等问题。

3月27日　燕京大学事务委员会第十九次会议在总务处召开。侯仁之缺席会议。

3月16日　根据中央人民政府教育部发出的开展学校农业生产的指示，燕京大学成立生产委员会。委员会由教务长林汉达领导，由学生生活委员会、事务委员会、工会和学生会代表组成。侯仁之参加了此次大生产。

  案：1950年3月18日，燕大生产委员会宣布决定，拟在校内花洞子、兴仁堂等处种植水萝卜、小白菜、扁豆、茄子、大白菜及西红柿等，原则上每人耕种5厘地，每人每天工作一小时。《新燕京》报道称"历史系除体弱的同学外，全部参加大生产，侯仁之先生也参加了"[1]。林汉达（1900—

---

[1] 佚名：《生产零讯》，载《新燕京》第一年第廿一期，1950年3月29日。

1972），浙江慈溪人，教育家、文字学家。毕业于之江大学、美国科罗拉多州立大学，曾任职于上海世界书局、华东大学、辽北学院等。新中国成立后，曾任燕京大学教授、教务长，教育部社会教育司司长，全国扫盲委员会副主任，教育部副部长，民进中央副主席等职。

4月8日　燕京大学1950年春季学生代表大会在适楼礼堂举行。校长陆志韦、教务长林汉达、学生生活委员会主席侯仁之在开幕式上致辞。

4月10日　燕京大学事务委员会第二十次会议在总务处召开。侯仁之缺席会议。

4月12日　燕京大学教务委员会（扩大会议）第九次会议在临湖轩召开。侯仁之、沈家驹、张东荪等6人缺席。

4月24日　燕京大学事务委员会第二十一次会议在总务处召开。侯仁之缺席会议。

4月28日　中央人民政府政务院第三十次政务会议通过北京市人民政府都市计划委员会主任委员、副主任委员、委员名单。侯仁之任委员，同时当选为委员的尚有翁独健、张开济、陈占祥、彭真、华南圭、费孝通、薛子正、戴念慈等28人。

案："侯仁之担任北京市都市计划委员会委员，或受梁思成的推荐。据《北平解放报》载，早在1949年6月21日，北平市都市计划委员会成立后，为了新建西郊新市区，决定由清华大学教授梁思成率清华大学建筑系学生设计、市建设局派测量队实地测量，然后拟订建设计划。[①]

侯仁之："思成先生还推荐我在50年代初期，作为'北京市都市计划委员会'的委员，参加了一些具体工作。当时他担任该委员会的副主任，工作极忙，但仍有一些个人接触的机会，进行一些业务上的探讨。……在他写作《北京——都市计划的无比杰作》这篇文章时，他又不耻下问，采纳意见，

[①] 北京市海淀区党史区志办公室编：《中国共产党北京海淀区历史大事记（1920—2000）》，北京出版社2004年版，第35页。

并注明来源。……正是建国之初思成先生所引导我参加的工作，使我有可能在科学研究上，尽快地从以个人兴趣为主的狭小天地，转向为祖国建设服务的康庄大道。"①

侯仁之："1949年夏，我结束了在英国利物浦大学的学习，回到了解放后的北京。转年春天，在北京市人民政府的直接领导下，成立了一个城市规划委员会，着手进行改造北京旧城和建设新城的规划工作。在这个委员会里，我分担了北京城市历史地理的研究工作。实际上我在北京这个古老城市的发展过程，特别是要确切了解它的城址在历史上多次变迁的原因，为现在的规划工作提供必要的参考。这并不是一件轻而易举的事，因为历史久远，变迁复杂，从何入手呢？在这个问题上，Darby教授的一个理论，给我以很大的启发，就是要在地理环境长期演变的过程中，尽可能地选择不同时期的历史剖面进行'复原'，然后按着时代的顺序，把这些'复原'了的'剖面'，进行比较研究，找出其前后演变的过程，这样就可以对现在这一地区的地理面貌，获得更为深刻的理解。"②

1951年5月18日梁思成致中科院信的摘要："侯先生亦兼任北京市都市计划委员会委员。以他对于北京市及其近郊地理的深彻的认识，在北京的地形、历史、水道、河流、土地利用等等方面的研究，给都市计划委员会提供并供给了很多极重要、极宝贵的意见和资料。在最近设计的西郊文教区的工作中，他的贡献是极大的。"③

张友渔："都市计划委员会：主任由彭真兼；副主任是我、梁思成、薛子正；委员是王明之、吴晗、吴景祥、李颂深、林是镇、林徽因、侯仁之、翁独健、张任、张开济、曹言行、曹承宗、郭洪涛、陈占祥、曾永年、华南

---

① 侯仁之：《谊在师友之间——怀念梁思成教授》，见《侯仁之燕园问学集》，上海教育出版社1991年版，第41页。

② 侯仁之：《古代中国地理文献的现代解释》，见《中国历史地理论集》（英汉对照），外语教学与研究出版社2015年版，第195页。

③ 侯仁之：《知我之深 期待之殷》，见侯馥兴编：《师道师说（侯仁之卷）》，东方出版社2013年版，第121页。

圭、费孝通、冯法禩、刘一峰、刘仲华、肖明、钟森、戴念慈、严镜清、顾鹏程等二十五人。"①

《彭真传》："一九四九年五月，彭真提出：北京市要设一个专门机构，研究城市建设的总体规划。根据他的意见，从各个方面调配人员，成立了北京市都市计划委员会。委员会主任由先后任市长的叶剑英和聂荣臻兼任。叶、聂调离后，从一九五一年起由接任市长的彭真兼任。当时，许多著名的专家如梁思成、侯仁之、林徽因、王明之、戴念慈、华南圭等都是副主任或委员。"②

籍之伟："我与侯仁之先生并未谋面，但也应有些交集。刚一解放，侯先生就被梁思成先生聘为北京都市计划委员会委员，这即是后来的规划局的前身，而我的父亲籍传实从圣约翰大学毕业后赶上解放，立即从上海北上到京，1949年9月即进入梁先生主持的都委会工作，我们从小住在西单文化广场位置上的西单横二条都委会宿舍，与陈占祥、陈干、白德懋等规划界人士比邻而居。对于我们这些孩子，侯先生的大名与梁先生一样，都是早有耳闻的。"③

4月 作为清华大学历史系的兼职教授，与清华大学历史系师生邵循正、雷海宗、周一良等利用春假参观故宫等古迹，进行讲解。

殷叙彝："清华历史系的两项极具特色的教学活动，其一是1950年春假城内古迹参观，……此外还特邀哲学系的王逊先生和燕京大学历史系教授侯仁之参加指导，燕大历史系也有几个同学参加。……侯先生是著名的历史地理学专家，当时也在清华历史系兼课。"④

---

① 张友渔：《十年京兆》，见《张友渔文选》下册，法律出版社1997年版，第608页。
② 《彭真传》编写组编：《彭真传》（第二卷 1949—1956），中央文献出版社2012年版，第807页。
③ 籍之伟：《他的名字与古都相连——悼侯仁之先生》，载《北京日报》，2013年10月29日。
④ 殷叙彝：《忆五十年代清华历史系的两件创举》，见清华校友总会编：《校友文稿资料选编》第七辑，清华大学出版社2001年版，第216页。

胡如雷："有一年利用三天的春假，系里组织全系师生参观北京的古迹、文物，以代替平常的春游。……为了使参观更加具有专业性，我们聘请了清华哲学系专攻艺术史的王逊教授和燕京大学的地理学权威侯仁之教授为我们随处讲解。在参观午门展出的出土文物时恰好又遇到了敦煌艺术权威常书鸿先生。"①

5月4日　燕京大学青年师生职工欢庆五四青年节，进城参加在东单广场、天安门、中山公园举行的游行、园游会等活动。

5月7日　燕京大学举行中华人民共和国成立后的第一个校友返校节。图书馆、机械系等部系举办10多处展览。庆祝活动另有临湖轩招待聚餐、贝公楼大礼堂校友讲话、足球赛、篮球赛、音乐演奏会等。

5月8日　燕京大学事务委员会第二十二次会议在总务处召开。侯仁之缺席会议。

5月9日　竺可桢阅读侯仁之的《中国古代地理上的贡献和几部书籍》。

竺可桢日记："下午阅孙敬之作《中国古代地理之进步》及侯仁之著《中国古代地理上的供献和几部书籍》。侯文作得不错，但仅至唐代为止，宋代之供献只说沈括而已。孙敬之文讲近代中国地理，以几部翻译的书为代表，实不足以显示，因此类书既系外国人所著，自不能代替当中国人之地理成绩也。"②

案：上面引文中"供献"或为"贡献"之误。1955年孙敬之作为中国地理学界首席代表赴莫斯科参加苏联地理学会第二届代表大会，做题为《中国地理学发展概述》的报告，该报告由侯仁之、周廷儒、施雅风3人提供材料。

---

① 胡如雷：《回顾在清华大学历史系学习生活片断》，见鲁静、史睿编：《清华旧影》，东方出版社1998年版，第227页。

② 竺可桢：《竺可桢全集》第12卷，上海科技教育出版社2007年版，第92页。"供献"二字当为"贡献"之误。

5月13日　出席在燕京大学东操场举行的全校春季运动会，任检察长。此外，陆志韦任大会会长，林汉达、齐思和、赖朴吾、赵承信、夏仁德夫人、赵紫宸任审判委员，马约翰任总裁判，另有雷洁琼等人任检察。

5月15日　燕京大学事务委员会第二十三次会议在总务处召开。侯仁之缺席会议。

5月28日　侯仁之夫妇拜访邓之诚，探望病情。此前邓之诚做疝气割除手术。

5月29日　出席燕京大学事务委员会第二十四次会议。会议讨论了更换自行车校牌、牛奶定价等问题。

6月6日　燕京大学教务委员会（扩大会议）第十次会议在临湖轩召开。林汉达等12名委员出席，陆志韦等27人列席。

6月8日　燕京大学教务委员会常委会第二十一次会议在临湖轩举行，林汉达、齐思和、赖朴吾、赵承信等出席。会议讨论了周汝昌等40名优秀毕业生的名单。当日，燕京大学学业奖荣会在贝公楼大礼堂举行。为昭郑重，侯仁之受委托与姚祖彝、陈元方两位学生代表对获奖者名单进行了审核。

6月12日　燕京大学事务委员会第二十五次会议在校牛奶场召开。侯仁之缺席会议。

6月26日　燕京大学事务委员会第二十六次会议在燕南园63号召开。侯仁之缺席会议。

上半年　在燕京大学历史学系开设中国历史地理课程。

案：据《一九四九年度历史学系学生应修课程计划》（北京大学档案馆藏燕京大学档案第YJ49040卷）载，中国历史地理课程于三年级下学期开设，课程性质为选修课，4学分，课程号为"历史290"。英文课程名称为Chinese Historical Geography。

7月1日　燕京大学教务委员会（扩大会议）第十一次会议在临湖轩召开。侯仁之、吴兴华、雷洁琼、张东荪等11人缺席。会议审核了本学年毕业生名单。

7月11日　燕京大学校务委员会在临湖轩召开由陆志韦、范天祥、赖朴吾、齐思和、褚圣麟等人出席的临时会议，决定侯仁之由副教授晋升为教授。

《校务委员会临时会会议记录》："'教员升级案'议决：……侯仁之由副教授升教授，支原薪四百四十元。……以上各人，下次全校考虑年资加薪时应予注意。"①

7月15日邓之诚日记："齐思和来言：已商订周一良兼课之约。陈仲夫已通过专任助理，教中国近世史，其研究生（资格）暂修学一年。今年文学院升教授者蒋荫恩、侯仁之二人，俞敏亦得副教授。"②

7月24日　燕京大学事务委员会第二十七次会议在三号住宅召开。侯仁之、郭沛田等人缺席会议。会议讨论了特殊工友升级、牛奶场工友休假、农场住宅设备、教授住宅刷浆等问题。

9月13日　参加燕京大学迎新周活动，在贝公楼礼堂主讲燕京大学的沿革及行政。另有陈鸿舜讲解图书馆使用方法。

9月14日　燕京大学开学典礼举行，中央人民政府教育部高教司副司长张宗麟出席并讲话。同日，燕京大学年度大学总会议筹委会、教务委员会、系委会召开联席会议，着手总结过去一年的工作经验，检查教学工作。

9月23日至24日　燕京大学一九五〇年度大学总会议召开。会议根据共同纲领文教政策，对燕大一年以来的教学工作进行总结和检讨，讨论教学行政组织问题，明确学校未来的发展方向。校务委员会主席陆志韦、教务委员会主席林汉达、事务委员会主席范天祥以及工会、学生会代表在会上做报告。侯仁之、陆志韦、林汉达、范天祥、严景耀、赖朴吾、高名凯、褚圣麟等人当选为会议当然代表。

---

① 《校务委员会临时会会议记录》（1950年7月11日），见北京大学档案馆藏燕京大学档案《校务委员会记录》（档案号：第YJ49001卷）。

② 邓之诚著，邓瑞整理：《邓之诚文史札记》上，凤凰出版社2012年版，第525页。

10月22日　在清华大学营建系市镇计划组做题为《海淀附近的历史地理》的报告，梁思成、林徽因等人出席。

11月8日　燕京大学教职员工和辅仁大学教员分别签名发表宣言，拥护11月4日各民主党派联合宣言，决心"誓以全力拥护全国人民的正义要求，拥护全国人民在志愿基础上为着抗美援朝保家卫国的神圣任务而奋斗"。侯仁之、陆志韦、蔡镏生、吴兴华、张东荪、蒋荫恩、邓之诚、齐思和、王钟翰、翦伯赞、鸟居龙藏、林庚、高名凯、赵萝蕤、聂崇岐、阎简弼、卢念苏等人在宣言上签名。

11月22日　在梁思成的建议下，为北京市人民政府都市计划委员会做题为《海淀附近的历史地理》的报告，介绍首都都市计划新定文化教育区的地理条件及其发展过程。

12月5日至6日　燕京大学化学、化工系和文学院、理学院、法学院分别举行4次纪念一二·九运动大会。侯仁之、蒋荫恩、任永康、于世胄、雷洁琼等参加运动者到会做报告。

12月7日　燕京大学举行全校师生大会，会上工会代表宣读谴责美国驻安理会代表奥斯汀的宣言并号召签名。侯仁之参与签名，同时签名的教职员工有463人。13日，燕京大学联合北京市各教会团体、学校、医院及留美学生在劳动人民文化宫举行爱国示威大会、游行，抗议11月28日奥斯汀在安理会上的发言。

案：此前，燕京大学教职员时事讨论小组会对美国驻安理会代表奥斯汀的演说展开了普遍的讨论。校工会文教委员会写出宣言，反驳奥斯汀在11月28日安理会上的演说里将燕京大学列为美帝国主义对中国人民所谓"友谊"的例证之一。[1]

12月17日　参加在北京城内干面胡同召开的中国地理学会北京分会会员大会，响应"保家卫国，抗美援朝"运动，另有竺可桢、王成组、黄国璋、林超、

---

[1] 佚名：《燕大陆志韦等千余人签名宣言，打碎美帝文化侵略》，载《人民日报》，1950年12月9日。

周廷儒等人出席。

本年 任清华大学历史系、营建系兼职教授，开设市镇地理基础课程，系统讲解北京、西安、洛阳3座古都的选址及其历史演变，尤其是城市与水源的关系。侯仁之将在清华大学开设的市镇地理基础课程视为自己"北京城市历史地理研究的新起点"之一。

侯仁之： "我开始在北京都市计划委员会兼任研究工作，这时，梁先生约我在清华大学建筑系的市镇计划组，讲授一门新课'市镇地理基础'。为了避免过多抽象的原则性描述，我考虑还是以试图解释我国历史上一些名城，特别是北京城的城市规划和建设为例，做些具体的说明。结果却引起了同学们的极大兴趣。为了开设这门课，我曾深受梁先生的鼓励。实际上，正是这门课程和我在都市计划委员会兼任的工作，终于成为我研究北京城市历史地理的新起点。"①

周干峙： "在清华成立建筑系后，1948年即举办'市镇组'，开设'市镇概论'课程，由校外教授、学者讲授专题讲座，包括请侯仁之先生讲北京的城市历史，……"②

郭黛姮等： "梁先生为建筑系聘请的师资，都是一些才华出众、学有专长的老师。……不仅本校的师资阵容强，梁先生还广为留意聘请校外名家来讲学，传授知识。记忆中的有常书鸿先生来讲敦煌石窟、吴华庆先生讲彩色照明艺术、侯仁之先生讲北京历史地理、汪坦先生讲他在赖特所办学校中学习的情况、陈占祥先生讲城市规划等等。……例如侯仁之先生的一次精彩演讲：'兄弟一路北上，沧海桑田……'50年过去了仍响在我的耳边。"③

---

① 侯仁之：《相知愈深 爱之弥坚》，见张健民主编：《北京——我们心中的城》，北京出版社1989年版，第116页。
② 周干峙：《不能忘却的纪念》，见高亦兰编：《梁思成学术思想研究论文集（1946—1996）》，中国建筑工业出版社1996年版，第10页。
③ 郭黛姮等主编：《一代宗师梁思成》，中国建筑工业出版社2006年版，第162页。

任嘉尧："新中国建国之初，清华历史系系主任由吴晗担任，历史系仍然拥有教授优势。……历史系还邀请燕京大学历史地理学权威侯仁之教授讲学，以扩大学生的眼界。"[1]

案：据档案整理而成的《清华大学志》[2]《清华大学九十年》[3]及私人回忆均称侯仁之任清华大学历史系兼职教授之事，此事当属实。

著述

7月16日 《中国沿革地理课程商榷》刊于《新建设》第2卷第11期。

案：该文于6月28日写毕，体现了侯仁之当时对历史地理学的认知水平。文章结合对北京城研究的实例，对沿革地理与历史地理的区别与联系进行了理论探讨，并揭开了对历史地理学的研究内容、学科属性的探讨。1961年11月23日，复旦大学历史系历史地理研究室编的《历史地理学对象任务方法参考资料》收录该文。该文为侯仁之的代表作，多见于各种文集之中。

谭其骧、葛剑雄："直到新中国成立之初，当时的教育部所列出的大学历史系课程中还只有'沿革地理'。对学科发展满怀热情的学者及时指出了沿革地理的局限性，其中北京大学侯仁之教授的意见最为有力（见《新建设》1950年第11期）。1952年院系调整以后，一些大学的历史系以历史地理学取代了沿革地理。不久，北京大学率先在地理系中招收了历史地理专业的研究生，中国科学院地理研究所成立了历史地理研究室。此后复旦大学、陕西师范大学和中国科学院历史研究所等单位也先后设立了专门的研究室、教研室，有的还招收了专业本科生。到60年代初，有关学者对历史地理的学科性质以及它与沿革地理的关系进行了广泛的讨论，取得了

---

[1] 任嘉尧：《老清华历史系的教授》，载《社会科学报》，2001年3月22日。
[2] 方惠坚、张思敬主编：《清华大学志》上卷，清华大学出版社2001年版，第515页。
[3] 贺崇铃主编：《清华大学九十年》，清华大学出版社2001年版，第174页。

基本一致的意见，仅个别人还认为历史地理学是历史学与地理学之间的边缘学科。"①

7月　英文稿《北京的地形背景与地理关系》（Topographical Setting and Geographical Relations of Peking）刊于《燕京社会科学》（*The Yenching Journal of Social Studies*）1950年第1卷第1期。该文为侯仁之的博士论文《北平历史地理》的导论部分。署名J.C. Hou，即侯仁之英文姓名Jen Chi Hou的缩写。

12月20日　写成《〈宇宙之大〉再版序——为纪念亡弟硕之作》。该文后收入《步芳集》（北京出版社，1962年）。该文原收于侯硕之的《宇宙之大》（开明书店，1950年）新一版的卷首，题目是《为纪念本书译者作》。

——与齐思和、雷洁琼、褚圣麟、严景耀等人在《新燕京》第二年第15、16合期第2版上刊登寄语《勉励参军同学，教授们的话》，勉励报名参加军事干部学校的燕京大学学生。

　　案：为确保抗美援朝，加快国防建设，中央军委、政务院于12月1日发布关于动员青年学生参加军事干部学校的决定。次日，团中央和全国学联发出告全体团员和同学书，号召青年工人和学生参加军事干部学校。

评介

1月7日　《光明日报》第4版《文化短波》刊发消息，称北京市青年会主办的"新民主主义讲座"预定于1月7日、14日邀请燕京大学副教授侯仁之主讲《伟大的人民首都——北京城的创造》。

3月11日　《人民日报》第4版刊发《京中小学教师，寒假学习先后结束》，介绍北京市中小学教师寒假学习委员会组织的学习讲座、美劳及文艺学习会。侯仁之、叶圣陶、赵树理、李广田、叶蠖生、吴晗、翦伯赞、侯外庐、孙敬之、孟

---

① 谭其骧、葛剑雄：《中国历史地理学》，见肖黎主编：《中国历史学四十年（1949—1989）》，书目文献出版社1989年版，第554页。

宪民、周建人、钱三强、袁翰青、乐天宇、傅仲嘉（傅种孙）、吴相钰、张景钺、王焕如、王朝闻、张汀、华君武等人主讲。

1951年　40岁

背景
1月11日　中央教育部发布《关于处理接受美国津贴的教会学校及其他教育机关的指示》。
9月29日　周恩来为京津高校教师做《关于知识分子的改造问题》报告。
12月　"三反""五反"运动在全国展开。

纪事
1月1日　侯仁之夫妇前往邓之诚处拜年。

　　邓之诚日记："阳历年放假一日，高名凯、侯仁之、张玮瑛、徐献瑜、汪籛皆来贺岁。适病甚，尤疲应对，客去，即拥被高卧矣！"[1]

1月16日至22日　作为燕京大学教员代表，与校务委员会主席陆志韦一同参加中央人民政府教育部处理接受外国津贴的高等学校会议，在《拥护周外长复联合国第一委员会电宣言》及《出席全国处理接受外国津贴高等学校会议代表的联名宣言》上签名，号召"坚决肃清美帝国主义文化侵略的影响"。

　　案：1950年12月29日，政务院第六十五次政务会议通过《中央人民政府政务院关于处理接受美国津贴的文化教育救济机关及宗教团体的方针的决定》，同意郭沫若副总理所做《关于处理接受美国津贴的文化教育救济机关及宗教团体的方针的报告》。郭沫若在报告中指出"接受美国津贴之文化教

---
[1] 邓之诚著，邓瑞整理：《邓之诚文史札记》上，凤凰出版社2012年版，第552页。

育医疗机关,应分别情况或由政府予以接办改为国家事业,或由私人团体继续经营改为中国人民完全自办之事业,其改为中国人民完全自办而在经费上确有困难者,得由政府予以适当的补助"。

2月4日 中国地理学会在北京城内干面胡同召开双周座谈会,讨论地理学的性质与任务。侯仁之出席并发言,另有竺可桢、王成组、黄国璋、刘培桐等人出席。

2月8日 参加首都高校教授华东区土地改革参观团,任副团长,赴苏南、上海等地参观土地改革运动。侯仁之在参观土改过程中受到深刻的思想影响。4月4日,中共中央统一战线工作部举行茶会,招待华东区、中南区、西北区3个土地改革参观团回京的全体团员。

案:华东区土地改革参观团由北京大学、清华大学、燕京大学、北京师范大学、辅仁大学、北京农业大学、中央美术学院、华北工学院等8所大学的31位教授组成,楼邦彦任团长,侯仁之与储钟瑞任副团长,参加该活动的燕京大学教授还有林耀华、林庚、郑林庄、阎简弼等人,其他学校的知名学者还有卞之琳、张龙翔、唐敖庆、陈闿增、邵循正、丁则良、孙毓棠、朱启贤、汪菊渊、蒋兆和等。该参观活动为期近一个月。

《**毛泽东年谱**》:1951年3月30日,毛泽东就组织民主人士参观土改、镇反一事致信刘少奇等人:"今年还有九个月,应从北京、天津两市组织四五批至七八批参观团或参观组,到南方各省(主要是华东、中南,如有飞机也应去西南)去参观土改和镇反工作。各民主党派的中央一级人员凡愿去的都让他们去。是否可行,请考虑酌定。"此后,全国政协参加三大运动筹备委员会组织土地改革工作团、参观团,分别到中南、西南、华东、西北等地参加或参观土改工作。①

---

① 中共中央文献研究室编:《毛泽东年谱(一九四九——一九七六)》第一卷,中央文献出版社2013年版,第320页。

《彭真与北京统一战线工作》："为了加强党与党外人士的联系,团结他们,教育他们,调动他们为新生的人民政权服务的积极性,市委决定在组建赴外省市的土地改革工作团中吸收党外人士参加,这在当时引起了极大的反响。参加人员有北京市的各界人士,三百多人。他们当中不仅有大学教授,而且还有神职工作人员,如党外人士钱端升教授、黄铁崖教授、王明之教授、楼邦彦教授、贺之麟教授、侯仁之教授,北京基督教牧师王子栋,北京市天主教东交民巷堂神父姚光裕,伊斯兰教阿訇安士伟、马树田等。"①

侯仁之:"在土地改革中我首先发现了我自己的思想感情和劳动人民的思想感情是有着极大的距离的。除非我能够从思想上把自己彻底加以改造,否则我就不可能很愉快地生活在今天的人民新中国,更谈不到全心全意为人民服务了。到这时为止,我算是生平第一次感觉到有彻底改造自己的必要了。所以到这次教师思想改造学习运动开始的时候,我确有一种自觉的要求。我愿意迎接这个有组织有领导的学习运动,在这个运动中彻底改造我自己。在学习当中,我曾经把自己比做一个带病求医的人,至于如何去医治自己的病,那我就不知道了。"②

侯仁之:"翻身的工人、土地改革后的农民可以用无比的情感、无比的兴奋去歌唱:'共产党像太阳,照到那儿,那儿亮……'我却只能背诵背诵它的歌词,学习学习它的调子,而不能对它所传达的纯朴热烈的感情有所体会。但是党给了我参观土地改革的机会,在参观土地改革回来之后,上述的情形就对我迅速地改变起来。因为在土地改革中我第一次在实际的生活里建立了阶级的观点,感染了阶级的感情;在土地改革中我第一次在广大的群众中看见了'太阳',而不再是只能看见我自己书桌上的那盏'小灯'。"③

侯仁之:"1949年我从英国回来(1949年获英国利物浦大学哲学博士学

---

① 中共北京市委统战部:《彭真与北京统一战线工作》,见中共北京市委党史研究室编:《彭真在北京》,中央文献出版社2002年版,第96页。
② 侯仁之:《用批评和自我批评的方法开展思想改造运动,学习文件使我进一步端正了自己的学习态度》,载《人民日报》,1951年12月30日。
③ 侯仁之:《中国共产党和我》,载《人民日报》,1951年7月8日。

位——笔者注），让我参加土改，我没去，我的思想改造十分迟缓。"①

考异：土改，即土地改革，与镇压反革命、抗美援朝并称新中国成立初期"三大运动"。1950年6月，全国政协一届二次会议在北京开会讨论土地改革问题。刘少奇宣布土改运动将在全国范围内展开。1950年年初，燕京大学师生赴北京郊区参加土改。1951年6月，燕大部分教职工参加西南土改工作团。10月，燕大师生参加北京四大学中南区土改工作团。侯仁之所称没去参加土改，当指没有参加土改工作团。事实上，侯仁之参加了土改参观团。

2月12日　中央人民政府正式接收燕京大学，改为公立大学。教育部马叙伦、曾昭抡等领导出席在燕京大学大礼堂举行的接管仪式。20日，毛泽东签署中央人民政府任命通知书，委任陆志韦为燕京大学校长。

3月6日　到上海，拜访顾颉刚，一同参观亚光舆地学社。

案：亚光舆地学社由金擎宇兄弟于1938年在上海创办，出版有《袖珍中国分省详图》《中华人民共和国分省地图》等著名地图集。该社后并入公私合营地图出版社，为中国地图出版社前身之一。

3月30日　与竺可桢、徐特立等人参加中国科学院地理研究所筹备委员会会议，讨论是否加入国际地理学会及地理研究所所长人选问题。会后，到北京城内东安市场森隆西餐馆聚餐。

4月1日　参加中国科学院举办的地理学会第八次双周座谈会。徐特立、竺可桢、李旭旦、周立三、葛绥成等人与会。侯仁之报告了西郊组讨论"地理学任务"的结果。

4月7日　在北京市青年会主办的"新民主主义讲座"上做题为《从土改到抗美援朝》的演讲。

4月15日　梁思成在清华园写完《北京——都市计划的无比杰作》，其中

---

① 士方：《老而弥坚侯仁之》，载《海内与海外》2007年第5期。

《北京的水源——全城的生命线》一节的部分资料是根据侯仁之的《北平金水河考》，《我们的祖先选择了这个地址》的主要资料是根据侯仁之在清华大学的讲演《北京的地理背景》写成。

5月18日　梁思成致信中国科学院，为侯仁之申请科研补助。此前，侯仁之向北京都市计划委员会提出绘制北京历史地图的建议。不久，中国科学院复函表示同意资助。

案：中国科学院于1950年9月制定《中国科学院对院外研究工作暂行辅助办法》，凡国内从事科学研究工作的团体或个人，可向中国科学院申请生活费补助、器材补助或研究费用补助。

5月18日梁思成致中国科学院信："燕京大学侯仁之教授研究历史地理多年，搜集资料极为丰富，关于北京近郊的历史地理研究尤深。在他的几篇论文中，充分地表现了他的渊博的学识、谨严的治学方法和正确的观点。……他以往所发表的论文大多是以文字为主的。现在他正拟开始另一种更重要的工作——以地图说明历史地理。他因限于时间，急需一名绘图员的帮助。因此声（申）请补助一名绘图员的生活费，连纸张工具乃至调查费用都自筹，这样的声（申）请实在是最'克己'的。侯先生的工作无论在学术上和北京市的建设上都将有极大的贡献。许多人都在等待他的地图的制成。我恳切的希望他的声（申）请能得到批准。"①

6月9日　出席中国科学院图书馆召开的科学图书分类委员会第一次会议，讨论分类法的指导思想和体系结构。会议由陶孟和、关肇直、顾家杰主持，另有杨钟健、吴素萱、顾孟潮、郑作新、彭桓武、傅鹰等人参与会议。

6月11日　新华社播发《北京市各大学教育工作者致美、日两国大学教育工作者的公开信》，侯仁之在公开信上签名。签名者还有吴玉章、陆志韦、叶企

---

① 侯仁之：《知我之深　期待之殷》，见侯馥兴编：《师道师说（侯仁之卷）》，东方出版社2013年版，第120—121页。

孙、汤用彤、林砺儒等在京高校的领导及教职员5658人。

6月14日 沈祖荫致信侯仁之，谈及基督教、辩证唯物主义等信仰问题。

沈祖荫致侯仁之信： "大前天礼拜，又翻出你十年前寄我的《基督教与人类之再造》和我给你信《论"天路历程"》来重读一过（仁之，实际上你早已是一个辩证唯物论的信徒并且越来越是了，宗教对于你只是一件外衣），看到当时自己言论的肯定有力，一刹那间恢复了一点自信。"①

7月9日 《光明日报》第1版刊登《师大、燕大工会发表宣言，加紧执行捐献工作贯彻爱国公约》。中国教育工会燕京大学委员会为响应抗美援朝总会7月4日号召，继续努力加紧执行捐献工作与贯彻爱国公约。侯仁之、林庚、翁独健、聂崇歧、齐思和、张东荪、蒋荫恩、翦伯赞等460人在宣言上签名。

7月20日 出席在北京市政府东大厅召开的北京市人民政府文教委员会文物座谈会，讨论文物调查和整理工作。会上，第一次与考古学家夏鼐见面。

案： 会议由北京市副市长吴晗主持，与会者还有郑振铎（文化部文物局），郑天挺、罗常培、阎文儒、唐兰（以上北京大学），邵循正、刘致平、王逊（以上清华大学），夏鼐（中国科学院），柴德赓、赵光贤、启功（以上辅仁大学），马衡（故宫博物院），沈从文（北京历史博物馆），赵万里（北京图书馆），老舍（北京市文联），俞同奎（北京文物整理委员会），陈占祥（市府都市计划委员会）等33人。此前，北京市人民政府于7月1日成立北京市文物调查组，由原北京历史博物馆负责人傅振伦任主任，金梁任顾问。

夏鼐日记： "下午赴市政府参加关于保护北京市文物之座谈，首次晤及

---

① 转引自唐晓峰：《从"基甸救国"到"人类再造"——记青年侯仁之》，见《阅读与感知——人文地理笔记》，生活·读书·新知三联书店2013年版，第324页。

侯仁之君。"①

案：夏鼐（1910—1985），浙江温州人，考古学家。毕业于清华大学、英国伦敦大学，任职于中央研究院历史语言研究所、中国科学院考古研究所（今中国社会科学院考古研究所），曾任中国考古学会理事会理事长，是中国考古学的开拓者和奠基人之一。论著结集为《夏鼐文集》（社会科学文献出版社，2000年），生平参见《夏鼐日记》（华东师范大学出版社，2011年）。

8月6日至9月16日 参加中央人民政府南方老根据地访问团湘赣边分团，访问井冈山革命老根据地，途经茶陵、郴县、耒阳、攸县一带。

案：1951年7月，中央人民政府派出由8413人组成的南方革命老根据地访问团、由3809人组成的北方老根据地访问团，分赴全国18个老根据地。南方访问团由内务部部长谢觉哉任团长，8月6日抵达南昌，代表中央赠送毛泽东为老根据地题写的锦旗"发扬革命传统，争取更大光荣"。8月16日，南方访问团总团及所属的江西中央老根据地、湘赣边、湘鄂赣、闽浙赣、鄂豫皖、湘鄂西、川陕边、粤东、海南等9个分团分赴各地访问。9月16日，访问团返回北京。南方访问团湘赣边分团由朱学范、谭余保、李立负责，人员来自党政、军民、民主党派各界人士，下设文工团、剧团、医疗队等。

侯仁之："我随同中央人民政府南方老根据地访问团湘赣边分团从革命圣地井冈山下来之后，回想沿途所见所闻，深深感觉到这一方人民在长期革命斗争中所付出的重大的代价，真是我们所无法设想的。……归根结底，我写这篇短文的用意，并不是要在佳节的前夕给大家头上浇冷水。假使我们大多数的人在以往为了促进这个新中国的诞生并没有出过什么努力，付出过什么代价，可是在今天，为了保卫和建设这个新中国，我们燕京大学的同志确实有了值得重视的成绩。我们全体一致努力肃清美帝国主义文化侵略的毒

---

① 夏鼐：《夏鼐日记》卷四，华东师范大学出版社2011年版，第410—411页。

素，把这所美好的大学献给了祖国的人民。我们师生合作，努力进行课程改革，使我们能够在祖国文化教育的建设上站定脚跟。我们之间有不少人参加了土地改革伟大工作，并通过这个工作改造了自己。我们全校师生员工——连附中附小的同学在内——进行了抗美援朝的捐献运动。如果我在这篇短文里算是片断地、不完全地传达了老根据地的人民对于促进新中国的诞生所付出的惨重的代价，同时我应该说明：我也曾经向老根据地的人民传达了我们燕京大学的同志们在保卫这个新中国的抗美援朝的捐献运动中所涌现出的人物和事迹。"①

9月29日　到中国科学院与竺可桢、周立三、林超等人讨论地理课程标准。

10月1日　中华人民共和国国庆节庆祝典礼在天安门广场举行。侯仁之参加燕京大学师生的庆祝游行队伍，接受中央领导检阅。

案：毛泽东、朱德、刘少奇、宋庆龄、李济深、张澜、林伯渠、周恩来、程潜、沈钧儒、罗荣桓等出席庆典，出席观礼者近万人，首都各界40余万人参加典礼。游行队伍包括来自首都中等以上学校的8万人。

10月5日　燕京大学成立教员政治学习委员会，陆志韦任主席，侯仁之等人任常委，在全校范围内掀起政治学习、思想改造的热潮。思想改造运动对侯仁之的学术思想影响较大。

张大中："我率工作组进驻燕京，重点批判陆、张、赵（陆志韦、张东荪、赵紫宸）。当时中央有个文件，部署在全国各高等院校进行思想教育运动，中心是宣传马列主义和爱国主义教育。这个运动当时有一个统一的部署，全国的大学都搞。不过那时候并不叫'思想改造运动'，这个'思

---

① 侯仁之：《使自己与祖国的伟大、光荣和胜利相结合》，载《新燕京》（庆祝国庆节特刊），1951年9月29日。

想改造运动'是后来被定义的。当时叫'思想教育运动'。……从1951年底到1952年春将近半年的时间里,思想教育运动的中心题目是搞爱国主义教育。针对当时学校里存在的'崇美、亲美、恐美'思想,针锋相对地提出'抗美、反美、蔑视美国'。这个运动的背景就是抗美援朝。……这个运动的目标很清楚,重点是陆志韦他们三人,其他人是'教育'问题。在活动的开展上,依靠了一些进步教授,例如翁独健、雷洁琼、严景耀、侯仁之等先生。"①

侯仁之: "在这里还应该指出的就是1951年秋季开始的思想改造运动给我的积极影响的一面。在学术思想上我感受最大的,就是关于辩证唯物主义和历史唯物主义的学习。"②

侯仁之: "最初我听说知识分子的思想要改造,学校里的课程要改革,我以为那都是说的别的知识分子的思想要改造,别的教员的课程要改革,我自己并不包括在内。我一点也不觉得我自己的思想有什么需要改造的地方,我自己的课程有什么需要改革的地方。可是,在这一年半的各式各样的学习中,在党的直接间接的教育下,我渐渐地觉悟了。我开始认识到我的出身,我的教养,以至于我在专门学术上所受的训练,都只能使我比较妥帖地生活在一个以自我为中心的局促狭小的天地中,弄弄个人自以为清高的超然的'学术研究'而沾沾自喜,却决不能使我生活在一个以广大人民为主的无限光明无限远大的大世界中,担当起我应有的工作而胜任愉快。"③

黄宗江: "我一向敬师,乃至崇尚'一字之师'。有好几位燕京学长我奉书均称师,如萧乾、吴晓铃诸大家,当然还有周一良。他们均依古俗'退帖',说是兄弟相称为妥。还有好几位这样的师兄如侯仁之、管玉珊……我还注意到这些位既师且兄,在解放后多力求'思想改造',力求学习毛泽东思想,力求学术上站稳马克思主义立场观点。总之,一切向左看齐;然而,

---

① 张大中:《我经历的北平地下党》,中共党史出版社2009年版,第272—273页。
② 侯仁之:《学业历程自述》,见侯馥兴编:《师道师说(侯仁之卷)》,东方出版社2013年版,第20页。
③ 侯仁之:《中国共产党和我》,载《人民日报》,1951年7月8日。

后果每每仍落入右'坑'（'倾'之俗读一种），甚至左而极左转入右而极右。极不幸之一例可属一跤一脚跌进了'文革'中'四人帮'的写作班子'梁效（两校）'。"①

10月7日　侯仁之夫妇拜访邓之诚。

11月14日　赴北京城内开会。晚上在家中读到《人民日报》上刊登的斯大林与英国作家威尔斯谈话的文章，读后思想上受到震动。

　　案：当日《人民日报》第3版刊发《与英国作家威尔斯的谈话》，介绍斯大林1934年7月23日与英国小说家、历史及科幻作家威尔斯（Herbert George Wells, 1866—1946）的谈话。斯大林在谈话中批评了资产阶级知识分子的各种错误的偏见。《人民日报》编者案语认为"这类偏见在我国一部分知识分子中也还或多或少地存在着，因此，学习这个谈话，对于我国知识界特别是高等学校教师、科学家、技术专家们的思想改造运动，很有益处"。1941年该文由刘光翻译，发表于延安《中国青年》第3卷第6期。译文由曹葆华校改。威尔斯曾就读于科学师范学校（Normal School of Science）、伦敦大学（London University）。政治上鼓吹改良主义。平生著述甚丰，所著《世界史纲》（*The Outline of History: Being a Plain History of Life and Mankind*, London: George Newnes Limited, 1919-1920）、《人类的工作，财富和幸福》（*The Work, Wealth and Happiness of Mankind*, Garden City: Doubleday, Doran & Company, 1931）对侯仁之的思想有较大影响。

11月　夫人张玮瑛到中国科学院近代史研究所，任助理研究员。

12月15日　邓之诚赴侯仁之家中进行政治学习。

---

① 黄宗江：《"书生"周一良》，载《燕大校友通讯》2002年第34期。

邓之诚日记："张东荪来闲谈，劝予参加小组讨论。晚，赴侯仁之家开会，所谓从谏如流也。"①

12月28日至30日　北京市第三届第三次各界人民代表会议在中山公园中山堂召开。会议主要讨论增产节约，反对贪污、反对浪费、反对官僚主义问题。28日，都市计划委员会副主任委员梁思成做了关于首都建设计划的初步意见的报告。

12月30日　出席中国地理学会北京分会在中国科学院礼堂召开的成立大会。徐特立、黄国璋（时任中国地理学会理事长）、竺可桢（时任中国科学院副院长兼地理研究所所长）出席大会并讲话。大会通过分会章程。本日，中国地理学会北京分会第一届理事会在中国科学院会议室召开第一次会议，推举孙敬之为分会理事长，侯仁之当选为理事。

案：此前，侯仁之、林超、孙敬之、王钧衡、张景华、李孝芳等9人任中国地理学会北京分会筹备委员。此后，中国地理学会北京分会由孙敬之任理事长，侯仁之等11人任理事，1958年更名为北京地理学会。孙敬之（1909—1983），本名培钦，字敬之，号鲁夫，河北深泽人。1933年毕业于北京师范大学，曾任职于华北联合大学、中国人民大学、兰州大学、北京经济学院等校，专长于经济地理学、人口学，主编"中国人口丛书""中国省市区经济地理丛书"，著有《孙敬之文集（经济地理学与人口学）》（中国财政经济出版社，1992年）等。

竺可桢日记："今日地理学会北京分会在科学院开成立大会，由孙敬之、侯仁之、王钧衡、张景华四筹备委员作报告。知北京地理学会有会员119人，今晨到64人。通过分会会章草案，并选举分会理事。会员中有中学教员49人，机关职员31人，大学教员38人。理事十一人，计分配为中学三人，计张景华、陈穆如、周额青；大学四人，孙敬之、王钧衡、侯仁之、李孝芳；机关三人，田世英、鲍鹤龄、薛贻源。请徐特立、黄国璋、文教局代

---

① 邓之诚著，邓瑞整理：《邓之诚文史札记》上，凤凰出版社2012年版，第617页。

正 谱 | 181

表及余四人演讲。十一点半散会。"①

12月　与陆瑶华（学生）、刘德贵（工友）一起被燕京大学推选为北京市第四届人民代表。

本年　在燕京大学讲授与历史地理学有关的课程，具体课程名称待考。

高庆鸿："1951年因大一国文课经考试而免修，我和高哲、傅继馥等便选了侯仁之先生的历史地理课。……43年前侯先生为我们制订的教学计划中，有一项便是去周口店北京猿人遗址考察，后来因经费不足而取消了。侯先生不无痛心地交代我们：'以后有机会你们再去吧！'课堂上侯先生讲过了，北京城建在三面环山、一面通向华北大平原的'北京小平原'上，她的东南一带，在古代有一片沼泽分布，在房山附近的几个小山包可以看出不同年代的沉积层，北京猿人、山顶洞人活动在那一带。"②

张广达："我于1949年考入燕京大学物理系，次年转系进入历史系。我非常幸运，遇到了很多好老师。……还有侯仁之先生的北京地理，翁独健先生的蒙元史，也都是绝学。"③

张世镕："选修课之中，对我影响较大的是侯仁之先生主讲的历史地理学。这门功课对我后来发表的数百篇文章，有关历史地理背景的看法和写法，有很大的帮助。"④

——继续在清华大学历史系讲授中国历史地理课程，具体课程名称待考。

---

① 竺可桢：《竺可桢全集》第12卷，上海科技教育出版社2007年版，第497—498页。
② 高庆鸿：《一日辛劳，夙愿得偿：参观周口店北京猿人遗址有感》，载《燕大校友通讯》1995年第19期。
③ 张广达：《我和隋唐、中亚史研究》，见张世林编：《学林春秋》三编上册，朝华出版社1999年版，第59页。
④ 张世镕：《燕大新闻系就读记》，载《燕大校友通讯》2009年第54期。

王敦书："1951年10月，我以第一志愿考入清华大学历史系，先后随丁则良师学宋元史（中国通史三）、邵循正师学明清史（中国通史四）、周一良、孙毓棠二师学中国历史文选，侯仁之师学中国历史地理，冯友兰师学历史唯物论，并开始学俄语（英语因全国大学入学通考获95分而免修）。……1952年10月清华大学历史系并入北京大学，我也由荷塘月色的清华园来到了湖光塔影的未名湖畔。"①

著述

5月19日　《北京是一座伟大美丽的城（上）——人民首都巡礼》刊于《中国青年》1951年第65期。文章称"北京城是在'北京湾'里生长起来的一个具有悠久历史的大城""北京城有壮伟的体形和完整的都市计划""北京城有优秀超绝的建筑艺术"。

5月23日　《我在土地改革中所学习的第一课》刊于《人民日报》。文章称"我在土地改革中所学习的第一课，就是翻身农民的恨与爱"。

5月24日邓之诚日记："昨《人民日报》载侯仁之一文，谓参观土改从农民学到阶级斗争的恨与爱，此正今后知识分子应走之方向。侯生一语破的，应受上赏也！何以他人皆不能从此处着想，或有授意耶！"②

5月　修订完成《北京海淀附近的地形水道与聚落——首都都市计划中新定文化教育区的地理条件和它的发展过程》，后刊于《地理学报》（1950年第18卷第一、二期合刊，1951年6月出版）。

侯仁之："我在北京都市计划委员会所进行的第一项任务，就是要从

---

① 王敦书：《前言：我的人生轨迹和学术道路》，见《贻书堂史集》，商务印书馆2003年版，第2—3页。

② 邓之诚著，邓瑞整理：《邓之诚文史札记》上，凤凰出版社2012年版，第572页。

地理条件上充分论证过去海淀附近园林开发的原因，以便进一步考虑其规划利用的前景。当时提出这项研究课题，是因为有项建议，要在圆明园的废墟上，进行一项有相当规模的建筑工程，这就涉及整个圆明园以及附近一带旧日园林的利用问题。为了进行合理的规划，首先就需要了解为什么自明清以来海淀诸园接踵而起，从私人别业一直发展到皇家的离宫别馆。这块地方究竟有什么特点，竟在数百年内发展成为北京近郊盛极一时的园林区。研究的结果，从微地貌和水源条件的分析，提出了'海淀台地'与"巴沟低地'两个小区的划分，而旧日海淀诸园的分布，无不在巴沟低地这个小区之内。因此，以风景论，自然首推旧日园林散布的低地；但是以建筑条件论，当以海淀台地为上选。并于1950年秋向都市计划委员会提出了研究成果的书面报告（该报告经修改后，发表在1951年5月出版的《地理学报》上）。其后梁思成先生口头传达了周恩来总理的建议，认为圆明园废墟应作为遗址公园进行绿化，并已纳入城市总体规划考虑之中。"①

案：1950年5月，北京都市计划委员会决定将西北郊（大致范围是清河以南，今海淀区东部）定为文教区。1953年11月，北京市首个城市规划草案正式将西北郊确定为文教区。

6月2日　《北京是一座伟大美丽的城（下）——人民首都巡礼》刊于《中国青年》1951年第66期。文章称："如果在以往我们的北京城有好有坏，在未来我们就只许它有好，而不许它有坏；如果在以往我们的北京城是伟大的是美丽的，在未来我们一定要使它更伟大更美丽。北京，全中国人民因为你而感觉到光荣、骄傲！全世界劳动人民也都因为你而感觉到光荣、骄傲！"

7月8日　《中国共产党和我》刊于《人民日报》第3版。同版刊发清华大学教授冯友兰的《我对于共产党员的认识》，该文当日又刊于《光明日报》第2版。

---

① 侯仁之：《相知愈深　爱之弥坚》，见张健民主编：《北京——我们心中的城》，北京出版社1989年版，第116—117页。

> **侯仁之**："在党的领导下，我从心里认识了我自己是必须彻底改造的——不但是我的思想必须彻底改造，就是我一向认为自己'第二生命'的学术研究工作，也必须彻底改造。这是我一年半以前做梦也想不到的事，现在却对我成了最真实、最具体、最基本的事。对我自己说，这真是一个大'革命'，是党的直接间接耐心启发教育的结果。"[1]

8月1日 《华北大平原》刊于《进步青年》（刊物原名《中学生》，开明书店出版）1951年第238期。

> **案**：该文为侯仁之的《黄河传》试写稿，谋篇于他被日寇逮捕期间。后以"华北大平原的故事"为题收于《步芳集》（北京出版社，1962年、1981年）。

1984年4月6日侯仁之的《尼罗河》题记："44年前，余初执教于燕京大学，尝借读此书，而深有所感。……当时我想：如果和尼罗河相比较，伟大祖国的黄河，岂不是更加值得为之立传的么？不幸《尼罗河传》尚未卒读，燕京大学即遭日寇封闭，我亦被日本宪兵逮捕，转囚于日本陆军监狱。狱中不能虚度时光，因以腹稿，试写《黄河传》。半年后，假释出狱，又在玮瑛鼓励下，录成一篇，曾送元骥、天钦诸友好评阅。1946年夏进修于英国利物浦大学，因携此稿于行箧中，意在课余之暇，乘兴续写。实则匆匆三年，未尝有闲及此。1949年秋回国后，诸多任务接踵而至，更无余暇考虑及此，而试稿一篇，终被索去，以'华北大平原的故事'为题，单独刊载于《进步青年》（后收入《步芳集》中），于今又已33年。"[2]

9月29日 《使自己与祖国的伟大、光荣和胜利相结合》刊于《新燕京》庆

---

[1] 侯仁之：《中国共产党和我》，载《人民日报》，1951年7月8日。
[2] 侯馥兴：《有缘竟如是乎——一生尤念〈黄河传〉，半世书缘〈尼罗河〉》，载《中华读书报》，2013年12月5日。

祝国庆节特刊第2版。

12月30日　《学习文件使我进一步端正了自己的学习态度》刊于《人民日报》第3版的《用批评和自我批评的方法开展思想改造运动》专栏。同版刊发消息《京津高等教师思想改造学习运动，第二阶段学习有成绩》《北京科学研究工作者展开思想改造运动，郭沫若在动员会上号召丢掉思想包袱》等。

案：侯仁之在文中介绍了自己在思想改造学习运动中的思想变化。全文分为"一个文件打得我的'思想列车'出轨了""一个'伟大而且前进的思想家'在我眼前崩溃了""乌鸦的窠里孵不出凤凰来"3部分。该文后收于光明日报社编辑的《思想改造文选》第2集（光明日报出版社，1952年，光明日报丛刊第12辑）。

侯仁之："在我初步学习了马列主义的基本知识之后，我首先感觉到自己的业务有进行改造的必要了。我原是学历史的，以后才改学地理。我还记得当我回国之前，有人向我半开玩笑地说道：'你现在幸而是改行了，否则回去以后就非要重新学起不可；不然，会失业的！'他这话虽然是半开玩笑的，但是我却以为并不是全无道理。可是回来之后不久，我发现连我所学的地理学也非要彻底改造不可了。我在达到了这样的认识之后，首先是想学俄文，以便多多吸取苏联地理学界的新思想和新观点。其次，我又着手研读政治经济学，以为这是改造我的地理学的理论基础。但是现在回想，这种要求业务改造的觉悟固然不错，可是其动机却仍然是为了自己。我要求自己在业务上能够站得住，使我仍然可以在新中国的地理学界立足。这种首先为了自己而进行的业务改造，是永远不会改造得好的。要想改造得好，就必须先来改造自己的思想，使自己首先能够成为一个全心全意为人民服务的人。但是关于这一点，我在当时还远没有认识到。"[①]

[①]　侯仁之：《学习文件使我进一步端正了自己的学习态度》，载《人民日报》，1951年12月30日。

评介

12月8日 《光明日报》第3版刊发燕大分学委报道员于效谦的《燕京大学教师学习小结》。该文提及"例如历史系教授侯仁之,就坦白地说出自己在'理智上'虽然已经承认了司徒雷登是在中国的帝国主义分子,但在'感情上'对他还是骂不出口。最后就在小组同事们的帮助下初步解决了这个思想问题"。

1952年 41岁

背景

5月2日 中共中央做出在高校中批判资产阶级思想和清理"中层"的指示。
6月至9月 全国高等学校进行院系调整。
11月12日 教育部指示各高校制订编译苏联教材计划。

纪事

1月12日 京津高校教师学习委员会决定各校停止期考,教师停止原有教学计划,转入反贪污、反浪费、反官僚主义斗争,深入进行思想改造的学习。

1月24日 燕京大学师生员工举行反浪费大会。会上,陆志韦校长、蒋荫恩总务长等人做检讨,林昌晋、林庚、于世青等人做典型发言,并有同学、教师、工友等自由发言。侯仁之做了大会总结,称"反贪污、反浪费、反官僚主义运动在我们学校中狂风暴雨般展开了,燕京从来没有的民主作风真正树立起来了。我们坚决反对贪污、浪费、官僚主义现象,我们要找出产生这些现象的根源是什么,我们要铲除资产阶级思想留下的丑恶祸根"。

1月下旬 "三反""五反"及知识分子思想改造运动在燕京大学全面展开,师生检查浪费行为。2月下旬,该运动发展成为批判资产阶级思想和反对美帝国主义文化侵略的思想斗争。侯仁之参与这一运动,并作为典型进行自我思想检查,顺利获得通过。

案:在思想改造运动中,燕京大学被称为美帝国主义侵略中国的重要堡垒。该运动由北京市委派驻的工作组进行领导,蒋南翔任组长,张大中任副组长。此次政治运动对陆志韦、张东荪、赵紫宸等人进行重点批判,还举办了美帝国主义文化侵略罪行展览会,试图把燕京大学改造成中国人民的文化、教育阵地。

张世龙: "1951冬—1952春又刮起'三反、五反'大风。……对不沾经济的大学教师,无法用'三反、五反'的帽子扣下。于是就借其名搞起'知识分子思想改造'的大运动。……但是这次运动真正要'整'的对象却是著名学者、校长陆志韦教授和著名民主人士(当时政府委员)、哲学系张东荪教授。为了形成'对比',组织全校师生大会听取某些教授的典型'自我思想检查'。先有著名民主教授雷洁琼(民进中委)、翁独健教授,以及1949年由英国回国的侯仁之教授做'检查'。"[①]

2月11日 燕京大学"三反"运动进入新阶段,继续肃清美帝文化侵略的影响。当日,侯仁之主持燕大师生大会,由蔡馏生、吴兴华等老师做典型报告。侯仁之在报告中指出"一、民主风气已经在燕京普遍展开;二、群众进行批评已建立了自己的标准,就是以一个人民教师的条件来要求教师;三、群众充分发挥了积极与创造性,师生间的思想不断地提高"。当日晚,燕大节约检查委员会办公室做出决定,将该运动继续普遍深入开展下去,将"三反"运动推向高潮,争取在思想战线上的更大胜利。

2月22日至23日 北京市高校节约检查委员会在北大举办北京市高等学校反浪费展览会,北大、清华、燕大等10所院校参展。

2月25日 参加燕京大学节约检查委员会召开的全体干部和教员大会。此次会议指出今后运动的重点是由系级转向全校,充分揭发美帝国主义文化侵略的影响。与此同时,燕京大学举办美帝国主义文化侵略罪行展览会。

2月29日 燕京大学召开全校师生大会,批判哲学系主任张东荪。此前,张东荪于2月8日和20日在历史学系、哲学系、国文系、心理系联合师生大会上做过

---

① 张世龙:《燕园絮语》,华龄出版社2005年版,第9—10页。

两次检讨。26日，张东荪又在全校师生大会上做检讨，均未获通过。

3月10日　参加燕京大学节约检查委员会召开的全体师生员工大会，对宗教学院院长赵紫宸进行批判。次日，燕京大学校长陆志韦在全校师生大会上做检讨。

> **舒衡哲：**"陆志韦的同僚，比如侯仁之，甚至连保持缄默都不可以。每个人都必须反对陆志韦，必须反对司徒雷登，必须反对这所教会大学的遗风，打倒陆志韦的运动把所有曾经认同燕大对博雅教育的贡献的人都卷了进来。"①

3月21日　北京大学、清华大学、燕京大学3校院系调整会议在北大召开。

3月28日　燕京大学正式发起历时3周的"忠诚老实运动"，全校师生员工1723人参加，其中有1529人交代问题。侯仁之将司徒雷登所赠《尼罗河：一条河流的生命故事》一书交给组织审查。"忠诚老实运动"之后，又进行清理"中层"工作。

春末　燕京大学师生进行校园整治，疏通燕园西门篓斗桥沟渠。侯仁之参加劳动。

5月2日　到北京饭店出席文化部招待缅甸文化团宴会，出席者还有竺可桢、周扬、萨空了等人。

5月26日　中央人民政府教育部通知燕京大学，同意改组校务委员会，并决定由翁独健等10人组成新的校务委员会常务委员会。12日，教育部副部长曾昭抡批示人事司拟稿发文至燕京大学。31日，燕京大学召开全校大会宣布此事。其中，侯仁之为新组建的校务委员会常务委员，时任历史学系主任（新任）、工会主席。

案：翁独健（教务长、历史系教授，原委员）代理校长职务，主持校

---

① [美]舒衡哲著，张宏杰译：《鸣鹤园》，北京大学出版社2009年版，第149页。

务。除侯仁之外，委员还包括蒋荫恩（总务长、新闻系主任，原委员）、褚圣麟（副教务长、物理系主任，原委员）、翦伯赞（历史系教授）、严景耀（政治系代理主任、政治课教学委员会主任，原委员）、赵承信（劳动系主任）、李德滋（土木工程系主任）、王平（女，生物系助教）等7人。另外一人，5月26日所发通知中为谢道渊。但在曾昭抡5月12日批示的《燕京大学校务委员会常务委员名单》中，则为"夏自强（秘书，历史系助教，党员）"①。

周一良："院系调整中，还把旧日北平与清华、北大鼎足而三的燕京大学予以肢解消灭。当时作为燕京毕业生，在一心一意跟党走的指导思想下，竟没有发生一点疑问。我自己对于院系调整未提任何不同意见，许多其他教学科研骨干也未置一词，例如：社会学系吴文藻、林耀华、严景跃、雷洁琼；历史系邓之诚、翁独健、齐思和、侯仁之、王钟翰；中文系高名凯、谢冰心；英语系俞大䌷、赵萝蕤；理科李汝祺、蔡镏生、陆志韦、胡经甫；少壮骨干夏自强、谢道渊、郑必俊、石幼珊等等。现在回顾起来，院系调整和取消燕京都是错误决定。"②

1964年5月31日顾颉刚日记："与思和谈，昔日燕京大学师生今日尚留于北京大学者：（教员）齐思和、侯仁之、周一良、高名凯、陈芳芝、黄子通、陈鸿舜；（职员）梁思庄、容媛、陈意。只此十人矣。"③

6月28日 北京大学呈文教育部，报送京津高等学校院系调整北京大学筹备委员会办公室工作人员名单。其中，办公室主任周培源（清华大学），办公室副主任侯仁之（燕京大学）、文重（北京大学）。侯仁之同时任人事组成员。此外，筹备委员会正、副主任委员由马寅初和汤用彤、周培源、翁独健担任。

---

① 《中央人民政府教育部通知》（1952年5月26日），见北京大学档案馆藏燕京大学档案第YJ52063卷。
② 周一良：《钻石婚杂忆》，生活·读书·新知三联书店2002年版，第112—113页。
③ 顾颉刚：《顾颉刚日记》卷十，中华书局2011年版，第72页。

　　案：马寅初（1882—1982），浙江嵊县人，经济学家、社会学家、教育家。曾就读于中西书院、天津北洋大学及美国耶鲁大学、哥伦比亚大学，1914年获博士学位。回国后，曾任北京大学、东南大学、中央大学、金陵大学、中山大学、交通大学、重庆大学、浙江大学等校教职。新中国成立后，历任中央人民政府委员、中央财经委员会副主任、华东军政委员会副主席、北京大学校长、浙江大学校长，兼任多届全国人大常委及全国政协常委。1957年，马寅初发表《新人口论》，后因此而遭受批判。1979年，任北京大学名誉校长。著有《马寅初经济论文选集》（北京大学出版社，1981年）、《马寅初全集》（浙江人民出版社，1999年）等。周培源（1902—1993），江苏宜兴人，物理学家、教育家。毕业于清华大学，后赴美国芝加哥大学、加州理工学院留学。曾任清华大学教务长、校务委员会副主任，北京大学教务长、副校长、校长，中国科学院副院长，另有中国科协主席、中国物理学会理事长等兼职。中国近代力学和理论物理学奠基人之一。

6月30日　《燕京大学1951—1952年度历史系教学计划表》制定。历史学系共开设15门课程。其中，侯仁之开设地理通论选修课、地理学讲座选修课。

7月2日　京津高校院系调整办公室发出综合性大学设置专业及系科的初步意见。北京大学制订出新北大的系科和专业设置初步方案。新北大设置地质地理系，下设地理学、地质学、物理探矿3个专业。8月25日，北京大学筹备委员会办公室制订新北大系、专业及专修科设置方案。其中，地质地理系设置自然地理专业，有教师8人，均来自清华大学，后又有燕京大学、北京大学教师加入。有老生18人、新生20人，校舍位于原燕京大学宗教楼二楼。

7月3日　全国高等学校招生委员会致函燕京大学，邀请侯仁之参加本年暑期全国高等学校招生委员会各科命题委员。5日，中央人民政府教育部开会讨论命题原则及其相关问题。在各科命题委员名单中，"中外地理"的命题委员为李孝芳（清华大学）、孙敬之（中国人民大学）、侯仁之3人。

7月10日　启程赴广州岭南大学介绍燕京大学教育改造经验，负责岭南大学思想改造运动的推动。31日，岭南大学节约检查分会办公室召开全校师生大会，邀请侯仁之介绍燕京大学教师思想改造情况和经验。此外，侯仁之途经武汉时，与陶军邂逅。到达广州后，与谢希德会面。

  案：岭南大学的前身为美国基督教会创办的格致书院、岭南学堂，1927年定名为岭南大学（Lingnan University）。1952年7月28日，岭南大学思想改造运动正式开展，中共中央华南分局第四书记陶铸、广东区高等学校节约检查委员会委员冯乃超到校做报告。此后不久，岭南大学被并入中山大学。

  侯仁之："新中国建国之后进行院系调整，北京大学和燕京大学合并为北京大学。随后广州的中山大学和岭南大学合并，教育部派了一个工作队，十个人，我也是工作队成员之一。"①

  罗致平："尔后，我们被派到岭南大学搞思想改造运动。……岭南大学思想改造工作队的总负责是北京大学的地理学教授侯仁之，十分著名的地理学权威。"②

  7月7日邓之诚日记："瑞儿云：侯仁之日内赴广州岭南大学参加工作组，推进教师学习。"③

  7月9日邓之诚日记："侯仁之来辞行，明日登程，一团高兴。"④

  夏和顺："1952年7月间，教育部派遣一支10人工作队赴广州帮助工作，在岭南大学全体师生及员工大会上，燕京大学侯仁之教授现身说法，介绍燕京大学被合并经验。"⑤

  谢希德："在广州遇到不少老同学，最高兴的是遇到从北京来的天钦初

---

① 梅辰：《晚晴在心，扬鞭奋蹄——访著名历史地理学家侯仁之先生》，见《人文大家访谈录》，中国文联出版社2005年版，第156页。
② 罗小平：《书山学海任逍遥——著名民族学家、民俗学家、人类学家罗致平教授评传》，非正式出版物，第65页。
③ 邓之诚著，邓瑞整理：《邓之诚文史札记》下，凤凰出版社2012年版，第658页。
④ 同上书，第659页。
⑤ 夏和顺：《全盘西化台前幕后：陈序经传》，广东人民出版社2010年版，第209页。

中时代的老师、历史地理学家侯仁之教授,他是从北京专程南下帮助当时岭南大学(不久改为中山大学)的教师思想改造的。他们都向我们介绍如何和过去划清界限,进行思想改造。"①

7月27日 竺可桢召集中国地理学会北京分会理事开会,商讨协助苏联专家编辑《中华地理志》等事宜。侯仁之因赴广东参观土改而缺席。

8月11日至14日 北京市第四届各界人民代表会议第一次会议在中山公园中山堂举行。侯仁之出席此次会议。此前,侯仁之、向达、张龙翔、周培源、梁思成、钟敬文、陈垣、艾思奇等44人同时当选"专科以上学校教职员工学生代表"。会议期间,讨论并通过了拆除天安门广场长安左门、长安右门的提案。

8月22日 北京大学、清华大学、燕京大学3校领导根据教师志愿对院系调整中的人事调整进行安排。3校领导汤用彤、周培源、翁独健分别找所在各校的系主任进行研究。

9月16日 北京大学开始从城内沙滩迁入西郊原燕京大学校址。

9月21日 竺可桢赴清华大学,在林超处了解地理系状况。

竺可桢日记: "八点半乘车赴清华。……予已约林超在校门相等,所以先往。九点到清华。和林超谈,知地理系只剩林超、李孝芳、侯仁之、刘心务等六人,不久移入燕京。"②

案: 林超所言,为清华大学地理系撤并,新组建北大地质地理系的情形。林超(1909—1991),字伯超,广东揭阳人,地理学家、地理教育家。曾就读于岭南大学、中山大学及英国利物浦大学,获博士学位。曾供职于中山大学、西南联合大学、中国地理研究所、清华大学、北京大学等。被誉为中国现代人文地理学的开拓者、综合自然地理学的奠基人,著有《林超地理

---

① 谢希德:《一段珍贵的回忆——献给中国共产党成立七十五周年》,见中国人民政治协商会议上海市委员会文史资料委员会编:《上海文史资料选辑》第82辑,内部资料,1996年,第273页。

② 竺可桢:《竺可桢全集》第12卷,上海科技教育出版社2007年版,第699页。

学论文选》（北京大学出版社，1993年）。

9月22日　北京大学筹备委员会发出正式通知，公布新北大各行政部门负责人。侯仁之任北京大学副教务长兼地质地理系主任。

案：经过院系调整，燕京大学被撤销。院系调整之后，马寅初任新北京大学的校长，周培源任教务长，严仁赓、侯仁之任副教务长。北京大学地质地理系是院系调整后整合原北京大学、清华大学地学专业而成，后陆续设立自然地理、经济地理、地貌学等专业。原北大、清华地质系均并入北京地质学院，北大仅保留其名，以待重建。1955年，北京大学在地质地理系恢复地质学专业。

北京高校院系调整工作报告："新北京大学为综合性大学，培养科学研究人才、中学师资及文化工作干部，由原北大、清华、燕京的文理各系及辅仁西语系合并组成，今年将有5000多学生，校址在原燕京大学。目前各系、专业及专修科设置已确定，教学计划也已订出，正在进行复查。人事调整工作要到9月才能进行。"①

王戈、王作人："1952年燕大并入北大后他被抽调到广州，协助做中山大学和岭南大学的合并调整工作。江隆基到校后，发现地理学乱糟糟的，便通过教育部当月将侯仁之召回，出任副教务长，兼地理系主任。"②

侯仁之："院系调整的时候给了我一个名誉，让我担任副教务长，原因就是我一直在做党的地下工作。在院系调整的时候，因为一些原因，很多人都调走了，有一部分人留下来，而且给我一个职务：副教务长兼地质地理系主任，在过去的燕京人当中，我在学校中担任的职务最大。"③

---

① 《中共北京市委组织部学校支部工作科关于目前北京市高等学校院系调整工作进展情况的报告（1952年8月25日）》，见陈大白主编：《北京高等教育文献资料选编（1949—1976）》，首都师范大学出版社2002年版，第133页。

② 王戈、王作人：《江隆基的最后十四年》，作家出版社2015年版，第64页。

③ 陈远：《消逝的燕京》，重庆出版社2011年版，第75页。

侯仁之："1952年经过院系调整，清华大学地学系的地理组合并到新北大，改建为地质地理系的自然地理专业。当时全专业只有8位教师、1位职员，各班学生合计也只有30多人。"①

张世龙："调整后北京大学放弃城内的以红楼为标志的旧校舍，迁入撤销的燕京大学校园——燕园，即现在中关村之北京大学（当时称"新北大"）。新的校领导班子：校长为著名学者、无党派民主人士马寅初；第一副校长是曾学留德国、1927年老党员、抗战时任陕北公学教务长、解放战争时任西北局教育部长之江隆基同志，第二副校长是著名学者、原北大汤用彤教授。教务长是著名物理学、力学专家，原清华周培源教授，副教务长是原北大严仁赓教授和原燕京侯仁之教授。总务长（即现今的后勤）由原燕京新闻系主任蒋荫恩教授担任（不久调入人民大学新成立之新闻系）。党委书记是由部队转业的李X同志担任，后他调走，改派史梦兰同志直至陆平任校长兼党委书记。"②

王新平："1952年全国高等院校调整，原北京大学地质学系的师生，连同图书资料、仪器设备、标本等全部转入新成立的北京地质学院（即现在的中国地质大学）（用乐老的话叫'一锅端'），建系43年之久的北大地质学系停止了招生。北大则新设立了'地质地理学系'，侯仁之教授任系主任。北大地质学系既然已不复存在了，为什么还叫'地质地理学系'呢？当年乐老与朱亮璞老师谈及此事时，曾说：1952年院系调整时，马寅初校长就早有心计，马校长认为'没有地质学系的理学院是不完整的，将来一定要恢复地质学系'（马校长接见乐老时所谈），所以当时用了'地质地理学系'的名字，为以后地质学系的恢复埋下了伏笔。院系调整之后，在众多地质专家和侯仁之主任的呼吁下，经高等教育部批准，决定自1955年秋季开始北京大学地质学类专业恢复招生。"③

---

① 侯仁之：《北京大学地质地理系地理各专业的建立和发展》（简介），载《地理知识》1959年第3期。

② 张世龙：《燕园絮语》，华龄出版社2005年版，第31页。

③ 王新平：《忆重建地质学系的功臣——乐森璕教授》，见《百年辉煌 继往开来：北京大学地质学系建系100周年纪念文集》，北京大学出版社2009年版，第119页。

王恩涌："大约在5月初，清华大学校委会副主任兼教务长周培源在办公室向当时任系学生会与团支部工作的我传达高教部的有关系的去向和决定。他说，为加强中学地理师资的培养和加强北京师范大学地理系的师资力量，清华大学地学系地理组将合并到调整后的北京师范大学地理系去。……后来，他向科学院副院长、中国地理学会竺可桢理事长写了信，表示了他的意见。竺先生非常重视，向有关部门反映了此意见。我们再听到的决定却是调整到北京大学，建立地质地理系。该系由北京大学的副教务长侯仁之教授兼系主任。侯先生是原燕京大学教授，著名的历史地理学家。"①

9月　北京大学地质地理系1952级自然地理专业本科生入学。1952级自然地理专业必修课程中有地理学史课程，由侯仁之在四年级开设。

王恩涌："北京大学的地理部分是1952年由清华大学调入的。当时，北京大学成立了地质地理系。地理方面按苏联经验只建立自然地理学专业。人文地理由于受极'左'思潮的影响，在全国大学地理系中销声匿迹，既无专业，又无课程，北大情况亦是如此。到1955年，开始建立经济地理专业。60年代初，由于侯仁之教授在历史地理学中的成就与威望，系里成立了历史地理研究组。到80年代，系内又有一些教员转入人文地理方向。这就形成了系内人文地理方面的教学、研究以及人员各方面的各特点。"②

——为北京大学入学新生讲授关于北京历史的第一堂课，此后逐渐成为惯例。

崔道怡："'湖光塔影，这就是我们北大新的标志性景观了。'地质

---

① 王恩涌：《陈传康给竺可桢的一封信》，见《王恩涌文化地理随笔》，商务印书馆2010年版，第311—312页。

② 王恩涌：《北京大学的人文地理教学与研究》，载《人文地理》1995年第1期。

地理系教授侯仁之先生，在办公楼大礼堂里给新生上了开学前的第一课。他由'五四'传统讲到景物环境，激情澎湃，神采飞扬：'你们是北大由红楼迁进燕园的第一届学员啊！你们想要知道什么叫金碧辉煌吗？请去看一看颐和园长廊的彩绘吧！你们想要知道什么叫历史沧桑吗？请去看一看圆明园遗址的断柱吧！而圆明园的一对华表，就屹立在这办公楼前；颐和园的小型石舫，就停泊于那未名湖畔。'①

崔道怡："开学前夕，侯仁之教授向新生介绍北大。讲过'五四'光荣传统，话题转向景物环境——你们想要知道什么叫金碧辉煌吗？请去看一看颐和园长廊的彩绘吧！你们想要知道什么叫历史沧桑吗？请去看一看圆明园遗址的断柱吧！而圆明园的一对华表，就屹立在办公楼前；颐和园的小型石舫，就停泊于未名湖中……大学征途刚起步，他就把我们带上了引人入胜的文化、学术和审美路径。"②

姚学吾："侯仁之、张玮瑛伉俪是我的良师益友。我最早与侯先生结识是1952年。那年正好是高校的院系调整。……在筹备北大前，原来三校文理法系科里担任学生干部的同学被召集在燕园开会。我被任命为临时生活福利部长。就在第二次工作会上。学生会长把学校的总务长、新闻系主任蒋荫恩教授和分管学生工作的副教务长、地质地理系主任侯仁之教授介绍给大家认识，说今后会有许多工作需要取得他们的协助和支持。这次会是在未名湖畔，花神庙前的草坪上开的。两位校领导也和我们一起在草地上席地而坐。两位教授都是原来燕京大学的著名学者。那次来也都身着西装。蒋先生头发梳理得整整齐齐，一副金丝眼镜，还留着一道细细的小胡子，十分绅士。侯先生相对朴实多了，西服十分干净，但略显旧了些。侯先生很爱说话的，会议休息时，他就跟我们说：'你们北大、清华合并过来的同学大概都不太知道你们脚下的这片园林的历史由来吧？我不久会在开学大会上给全体同学介

---

① 崔道怡：《未名秋雨》，见朱家雄主编：《北大爱情》，东方出版社2014年版，第18页。
② 崔道怡：《水流云在未名情》，见吉狄马加、张同吾主编：《百年烟雨图——中国当代作家、诗人及知名学者回首自己在二十世纪最难忘的经历》，中国文联出版社1999年版，第151页。

绍燕园的历史沿革。'他说话的声音有如洪钟大吕，而且十分亲切。这就算是初识侯仁之教授了。后来在开学不久，我就因工作的关系不时到他在办公楼一楼的办公室见他，偶尔，也去他在燕南园的家拜访。以至，几十年来连绵不断的交往，终于成为我的良师益友。"①

10月4日　经过院系调整的北京大学在东操场举行开学典礼。陆定一、马叙伦、钱俊瑞等政要及马寅初、江隆基、汤用彤等校领导出席。20日，北大全校正式宣布上课，但地质地理系学生因教室问题未能如期上课。

10月12日　拜访邓之诚。

10月23日　拜访竺可桢。

10月29日　北京大学校务委员会决定侯仁之任校文娱体育委员会主任。

10月30日　参加在中国科学院召开的《中华人民共和国地理志》座谈会，出席者还有竺可桢、黄秉维等人。

案：1952年《中华人民共和国地理志》由苏联科学院院长涅斯米扬诺夫提议中苏双方合作编撰。同年11月15日，中国科学院院长会议决定由竺可桢任总编辑，罗开富主编自然地理分册，孙敬之、周立三主编经济地理分册。1953年年初，《中华地理志》编辑部成立，编辑工作正式启动。

竺可桢日记："开《中华人民共和国地理志》座谈会，到黄秉维、周立三、施雅风、钱雨农、侯学煜、侯仁之、周廷儒、田世英，水利部叶永毅，财经会王守礼，孙敬之、郑作新、胡序威、罗开富等。大家对于把自然地理中气候放在地形前有意见。王守礼提出保密问题，以为材料不易搜集。郑作新提出地名问题。黄秉维以为资料应标准化，所有统计以1936年或1952年为准。中膳后继续讨论，到五点散。现自然地理所缺为动物地理，经济地理缺工业、农业地理方面。"②

---

① 姚学吾：《侯仁之与张玮瑛》（上），载《侨报周末》，2016年11月27日。
② 竺可桢：《竺可桢全集》第12卷，上海科技教育出版社2007年版，第722页。

周立三、吴传钧："1953年初，根据我国经济建设和文化建设方面的需要，中国科学院决定成立《中华地理志》编辑部，计划在较短期内编写一部具有较高科学性与思想性的《中华人民共和国地理志》，其中经济地理部分由中国科学院地理研究所经济地理研究室和中国人民大学经济地理教研室合作进行，并组织了一部分高等学校教师共同编写，前后参加这一工作的近30人。"①

10月下旬 与江隆基赴教育部办事。

张友仁："1952年10月下半月的一个下午，我要到教育部去接来北大政治经济学教研室任教的第一位苏联专家古马青珂教授。正好得知江隆基同志要到教育部去办事，我就搭他的小轿车同去。他坐在前座，侯仁之副教务长、蒋荫恩总务长和我坐在后座。"②

11月2日 与马寅初、江隆基、汤用彤、蒋荫恩、周培源、文重等校领导出席北京大学行政会议，讨论工资调整等问题。

11月22日 主持召开北京大学地质地理系第三次碰头会。会议讨论了图书杂志等事，并决定碰头会每周召开一次。一周后召开第四次碰头会，林超、王乃樑、刘心务、潘德扬、段知敬等人出席，侯仁之缺席。会议讨论了本系图书馆阅览室管理规则。

12月3日 北京大学教务处公布教育部核准的各系专业系科计划草案。地质地理系设有4年制的自然地理专业。

12月6日 主持在系办公室召开北京大学地质地理系第五次会议，全体教职员与会。会议讨论了新生、1953年度第1季度预算、职员政治学习等问题。

12月9日 主持在系办公室召开北京大学地质地理系临时第六次会议，林超、

---

① 周立三、吴传钧：《经济地理学》，见中国科学院南京地理与湖泊研究所编：《周立三论文选集》，中国科学技术大学出版社1990年版，第61页。

② 张友仁：《献身人民教育事业的楷模》，见刘众语主编：《纪念江隆基文集》，兰州大学出版社1987年版，第245页。

王乃樑、李孝芳、刘迪生、刘心务、潘德扬、段知敬出席。会议决定"水文学清华大学土木系只担任河流部分，其余第七章至第十一章由罗开富先生担任"。会议还讨论了政治学习讨论时间安排、明年工作计划、图书小组增加人员等问题。

12月21日　竺可桢、施雅风、李文彦等人召开中国地理学会代表大会筹委会，确定侯仁之、李旭旦、陈尔寿、徐特立、周廷儒、施雅风、罗开富等人为特约代表。12月7日曾召开中国地理学会代表大会筹委会，竺可桢、孙敬之、周立三、林超、谌亚达等人与会。

12月23日　出席在北京大学地质地理系办公室召开的第七次系务会议，另有林超、王乃樑、李孝芳、刘心务、刘迪生、潘德扬、段知敬出席。会议讨论了检查教学、职员分工、仪器保管、校外集体活动等问题。

本年　结束在清华大学营建系的兼课。此后，侯仁之曾在清华大学做过讲座。

陶宗震："1952年开始'教改'，为第一个五年计划培养'对口'人才。侯先生集中精力于创办历史地理专业，同时清华建筑系停办规划专业。侯先生乃将他的讲义手稿（后吴良镛先生编讲义从我处拿去。这份讲义中包括北京、西安、洛阳等三个最重要的古都的历史概要）及从英国带回的12本规划书籍皆无私地赠予我，对我国城市规划建设事业开创时期的起步工作影响深远。"[①]

陶宗震："早在清华建筑系读书时，……讲授'市镇地理'的侯仁之先生，曾向我介绍了日本学者足利喜六写的《长安史迹考》一书。"[②]

案：足利喜六当为足立喜六。足立喜六（1871—1949），日本土木工程学家，清光绪末期执教于陕西高等学堂，课余考察西安附近史迹，写成《長安史蹟の研究》（东洋文库，1933年初版。该书由杨鍊译为中文，书名作《長安史迹考》，1935年由上海商务印书馆出版）。

张哲荪："钱伟长于1952年夏被任命为清华大学教务长。时隔不久，

---

① 陶宗震：《"饮水思源"——我的老师侯仁之》，见卞晋平主编：《仁者之德——侯仁之纪念文集》，中国文史出版社2017年版，第242页。
② 陶宗震、王凡：《天安门广场规划和人民大会堂设计方案是怎样诞生的》，见王兆成主编：《历史学家茶座》第5辑，山东人民出版社2006年版，第97页。

我于1952秋入学清华大学，攻读机械制造系机械制造工艺、机床及工具专业。在校5年虽然没有钱伟长的课程，但是清华常常邀请名人学者做报告，给我留下较深刻印象的有严济慈、涂长望、侯仁之、游国恩、乔冠华、陈家康、钱学森、李锐等，多为钱伟长主持报告会，做开场介绍和结束语。"①

——北京大学制定1952学年度第一学期各系科课程表（标准本）。在地质地理系自然地理专业课程表中，开设有李孝芳的自然地理概论、仇永炎的气候与气象、林超的中国地理、王乃樑的地形学、侯学煜的土壤学等课程，未见侯仁之开设课程。

评介

3月4日　《人民日报》第3版刊登《北京高等学校师生员工对资产阶级思想展开坚决斗争》一文，介绍侯仁之、陈垣、梁思成、聂崇岐等人在"三反"运动中的表现。

佚名："在思想斗争战线上，各校对资产阶级思想展开了激烈的斗争。教师、同学、职员、工友，都起来揭发某些行政领导者和一些教授中的许多有碍国家建设、有害人民利益的严重现象，使他们不得不自动地或被迫地放下'架子'，进行检讨，揭发过去隐藏的不可告人的肮脏东西。许多校长、院长、系主任、教授、讲师、助教都在群众面前做了检讨，有的检讨了不负责任的官僚主义，有的检讨了互相倾轧的宗派主义、有的检讨了损人利己的本位主义，有的揭发了自私自利的行为，有的批判了崇美、亲美思想。许多学校的行政领导人和教师，认识了自己思想上的毛病，愿意纠正错误，都做了比较深刻的检讨，有着显著的进步。……辅仁大学校长陈垣、北京大学副校长汤用彤、北京师范大学校长林砺儒、燕京大学新闻系主任蒋荫恩、历史

---

① 张哲荪：《追思"三钱"》（连载三），载《文史精华》2011年第1期。

学系教授侯仁之,清华大学营建系主任梁思成、文学院院长金岳霖等,敢于在群众面前进行自我批评,揭露自己的错误,因而受到教师和同学们的欢迎。"①

1953年　42岁

背景

1月　中国科学院地理研究所在南京成立,中国地理学会首届全国代表大会召开。

3月1日　《中华人民共和国全国人民代表大会及地方各级人民代表大会选举法》公布施行。

9月10日至23日　首次全国综合大学会议召开,确定综合大学的方针、任务和培养目标。

纪事

1月22日　北京大学地质地理学系第八次系务会议在办公楼召开。会议记录中提到"侯先生觉得自己不是学自然地理的"。

1月26日至31日　中国地理学会第一届全国代表大会在北京召开。侯仁之出席大会,并被选为中国地理学会(总会)常务理事,兼任《地理学报》总编。在27日召开的大学地理教学问题座谈会上,侯仁之认为"大学地理系的负责人必须坚持教员的政治学习","我们的教学计划不能硬性抄袭苏联,……但总的方向还是向苏联的方向走"。会议指出,大学地理系很多必修课程(如天文学、土壤地理、植物地理、动物地理、历史地理等)都因缺乏师资而无法设置。

案：中国地理学会代理事长竺可桢任大会主席,并做《中国地理学工作者当前的任务》报告。来自北京、天津、华东、中南、西南、西北、东北

---

① 佚名:《北京高等学校师生员工对资产阶级思想展开坚决斗争》,载《人民日报》,1952年3月4日。

各地的31名正式代表出席了会议。中华全国自然科学专门学会联合会副主席曾昭抡、中央教育部副部长林砺儒、中国科学院副院长吴有训、中央人民政府委员徐特立等领导应邀出席并做指示。大会选举出中国地理学会总会理事会,由竺可桢任理事长,另有周立三、周廷儒、施雅风、褚亚平任常务理事,徐特立、孙敬之、侯仁之、李春芬、任美锷、李旭旦、陈尔寿、吕逸卿、曹廷藩、丁锡祉、王德基、梁祖荫等任理事,孙敬之任秘书长(一说书记)。参加大学地理教学问题座谈会的还有孙敬之(中国人民大学经济地理教研室主任)、任美锷(南京大学地理系主任)、周廷儒(北京师范大学地理系主任)、李春芬(华东师范大学地理系主任)、李旭旦(南京师范学院地理科主任)、丁锡祉(东北师范大学教授)、钟功甫(华南师范学院)、王德基(兰州大学)、邓启东(武汉大学)等人。

2月1日竺可桢日记:"施雅风来,知地理学会理事已选出如下:北京〈八〉〔七〕人,徐特立、施雅风、竺可桢、孙敬之、周立三、周廷儒、侯仁之;华东四人,任美锷、李旭旦、陈尔寿、李春芬;中南二人,吕逸卿、曹廷藩;东北,丁锡祉;西北,王华文;西南,梁祖荫。《地理学报》以侯仁之为总编,《地理知识》以李旭旦为总编。今日大家去西郊游览云。"①

中国地理学会通讯:"大会选出竺可桢、孙敬之、周立三、侯仁之、周廷儒、施雅风、褚亚平(以上为常务理事)、徐特立、李春芬、任美锷、李旭旦、陈尔寿、吕逸卿、曹廷藩、丁锡祉、王德基、梁祖荫等17人为总会理事。理事会公推竺可桢为理事长,孙敬之为书记。"②

本报:"北京大学地质地理系主任侯仁之代表认为大学地理系的负责人必须坚持教员的政治学习,如北大的教员每天填好工作表格,有计划地来控制学习时间。并采取和政治学习相同的办法,坚持业务学习。……侯仁之代表指出,我们的教学计划不能硬性抄袭苏联,如一年级同学数学基础较差,

---

① 竺可桢:《竺可桢全集》第13卷,上海科技教育出版社2007年版,第32页。
② 中国地理学会通讯:《中国地理学会举行第一届全国代表大会》,载《科学通报》1953年第3期。

学天文就很吃力，便应适当地将天文学移得后一点学习；但总的方面还是向苏联的方向走。"①

孙敬之："侯仁之先生说：'地理学界这样的团结一致，是发展地理科学的基础。''在第一次常务理事会上，确定把地理学报的编委会放到北京，由侯仁之、施雅风二同志分别担任正副总编辑。《地理知识》暂留南京，仍由李旭旦同志担任编辑，俟条件成熟，也迁北京；因为《地理知识》在北京出版，编委会放到南京，在进行工作上是不方便的。'"②

施雅风："我们在了解到地理学会会员分布、各地理机构领导人员变动，特别是政治思想动态的基础上，通知各地区选出代表，报经中华全国自然科学专门学会联合会批准，在1953年1月下旬举行了中国地理学会第一次代表大会。到会的代表有30多人，连同来宾和列席的会员超过了50人。这是解放后地理学界举行的第一次全国代表大会，主要议题是地理学如何为国家经济建设服务和选举地理学会的理事会。……这次大会决定修改会章，更广泛地吸收会员。经过较充分的协商，会上选举了17人为理事。理事会推选竺老为理事长，孙敬之为书记，侯仁之任《地理学报》总编辑，我担任副总编辑，李旭旦任《地理知识》总编辑。"③

2月15日 出席在北京城内干面胡同31号召开的中国地理学会第二次常务委员理事会，会议决定由侯仁之负责编辑《地理学报》和《科学论著丛刊》。

竺可桢日记："地理学委二次常委：侯仁之、褚亚平、施雅风、周立三、竺可桢、孙敬之、王经。1）试办夜校。……2）学会组织。……3）发展会员。……4）《地理学报》编辑。总编辑侯仁之、施雅风。北京仇为之、刘培桐、王乃梁、陈述彭、罗开富，南京任美锷，上海黄秉维，东北丁

---

① 本报：《中国地理学会首届代表大会座谈大学地理教学问题》，载《光明日报》，1953年2月11日。
② 孙敬之：《中国地理学会第一届全国代表大会召开的过程和收获》，载《科学通报》1953年第4期。
③ 施雅风：《施雅风口述自传》，湖南教育出版社2009年版，第129—130页。

锡祉，广州钟彦威。由会里正式通知聘任，期间以到改选时为定。…… 5）《科学论著丛刊》。上次会议决定分四组：区域地理、自然地理、历史地理、经济地理。周立三、侯仁之先负责。施雅风为秘书。"①

2月20日 主持在北京大学地质地理学系办公室召开的第九次系务会议，林超、王乃樑、刘心务、段知敬、李孝芳等出席。会议讨论了教学计划、工作分配、发展方向等问题。林超在发言中提到"五六月林、刘、侯先生出去调查做领队准备"。

3月1日 出席中国地理学会常务理事会，谈论常务理事会半年工作计划、《地理知识》编委、《科学论著丛刊》编辑等问题。侯仁之汇报《地理学报》编辑情况，并任《科学论著丛刊》历史地理组主任。

竺可桢日记："9：00地理学会常委会。陈尔寿、褚亚平、侯仁之、周廷儒、周立三、孙敬之、施雅风等均到。I. 常务理事会半年工作计划。……侯：《地理学报》。三月底交下次稿，迫切。〔开设〕'都市地理'专号。三月中开一座谈会。〔包括：〕城市地理大纲，内务部各城市人口等，水库损失调查，书评，消息（《中华地理志》）。木器。（'都市地理'。地理工作如何参加？）国家计划建设局。II.《地理知识》编委，李旭旦提。……III.《科学论著丛刊》编辑问题。周立三主任。自然地理组，罗开富主任，施雅风秘书。经济地理组，孙敬之主任。历史地理组，侯仁之主任。……"②

7月12日竺可桢日记："编译局各学报编辑座谈会。杨季璠〔报告〕各学报出版情况。……《地理学报》今年年初起做出改组决定，在侯仁之领导下已号召改进。"③

---

① 竺可桢：《竺可桢全集》第13卷，上海科技教育出版社2007年版，第41—42页。
② 同上书，第52—53页。
③ 同上书，第193页。

3月11日　北京大学地质地理学系第十次系务会议在系办公室召开，林超、王乃樑、刘心务、刘迪生、段知敬、潘德扬、王恩涌、陈昌笃等人出席。会议记录提及陈昌笃、王恩涌留校及作息时间等事。

3月16日　主持在北京大学地质地理学办公室召开的第十一次系务会议，林超、王乃樑、刘心务、刘迪生、段知敬、潘德扬、王恩涌等人出席。会议讨论了本年暑期实习课程、各课实习时间、学习文件方法等问题，决定在26日由侯仁之报告历史地理方面的文章。

3月23日　参加北京大学校务委员会会议，讨论1952学年度第二学期的工作任务。副教务长侯仁之报告了整饬学习纪律的工作部署，要求各系重视学生组织性、纪律性的教育，树立良好学风。

3月27日　主持在北京大学地质地理学系办公室召开的第十二次系务会议，林超、王乃樑、段知敬、王恩涌、潘德扬、刘心务、李孝芳等人出席。会议讨论了北京大学1952年度第2学期的方针、任务。针对林超提出的"着手进行科学研究工作"的意见，侯仁之认为"这点在第三项内容内提到了，这工作不能单独进行，必须在培养师资与提高教学质量中同时进行的"。会议还讨论了教学小组问题，侯仁之谈及系秘书的行政事务和教学工作，提议增加图书馆管理员。

3月　北京大学文娱体育委员会成立，侯仁之任主任委员。同月，北京大学基本建设委员会成立，汤用彤任主任委员，张龙翔任副主任委员，蒋荫恩、侯仁之、文重等任委员。

案：汤用彤（1893—1964），字锡予，生于甘肃渭源，哲学史家。毕业于清华学校、哈佛大学，曾执教于东南大学、南开大学、中央大学、北京大学、西南联合大学等校。1951年，任北京大学分管基建、财务的副校长。论著结集为《汤用彤全集》（河北人民出版社，2000年）。

4月7日　主持在北京大学地质地理学系办公室召开的第十三次系务会议，林超、王乃樑、刘心务、段知敬、刘迪生、李孝芳等出席。会议讨论了本系重点设备费的支配问题。

4月10日　在北京大学纪律教育活动中向全体同学做学习纪律的报告，并宣布学生学习守则草案及对严重违反学习纪律的学生的处分。

4月12日　在中国地理学会北京分会做题为《北京的历史地理》的演讲，竺可桢到会。

竺可桢日记："上午8：30—12：00，侯仁之在地理学会北京分会讲'北京的历史地理'。说北京在《水经注》（1300年以前）尚称'雍奴薮'，其时海岸线与现在不同。从殷墟到唐，南北交通以京汉线为主。凡从南和蒙古、东北交通须由北京（蓟、幽、燕）经过，所以北京在地理上占重要位置。从考古学上看，殷代铜器发现也在京汉线上。周武王伐纣后封黄帝子孙于蓟，从此到战国无明文。燕起，以北京为根据，其时因手工工具以铁器发明大有进步，同时骑射亦有进步，形成行国与居国对立，是以有万里长城之筑。秦统一天下是一个阶段，那时起至唐，要向北发展，必以北京（幽燕）为根据，若退守亦必以此为重镇。唐隋时始有灌溉，为粮食之源。隋炀帝筑运河（其时无天津），通永定河以至幽燕。唐太宗伐高丽失败，立悯忠寺，即今北京城西南之华光寺，在幽州城东南。安禄山据幽州作乱，在华光寺有碑纪功云云。下午没有听。"[①]

4月16日　主持在北京大学地质地理学系办公室召开的第十四次系务会议，王乃樑、刘心务、段知敬、刘迪生、王恩涌、李孝芳、潘德扬等人出席。侯仁之报告了期中教学检查、本系教员草拟教学大纲、舒化章来系工作等问题，并提出系秘书王恩涌多花时间帮助系里工作。

4月19日　赴北京图书馆做题为《北京——我们伟大的首都》学术演讲。

4月27日　出席由北京市副市长吴晗、中央人民政府文化部文化事业管理局局长郑振铎召集的筹建首都历史与建设博物馆座谈会，与会者还有叶恭绰、邢赞亭、常任侠、马衡、常惠、罗哲文、傅振伦、刘开渠、苏秉琦、启功、向达、萧

---

① 竺可桢：《竺可桢全集》第13卷，上海科技教育出版社2007年版，第107页。

军等20余人。

春　带领北京大学历史系学生到颐和园春游，讲解圆明园历史。

王世民："我们上学的时候，……当时的教务长是周培源，副教务长中有侯仁之。刚入学的同学特别喜欢听侯先生讲话，他当时是全国青联的委员，讲话充满活力。记得侯先生对新生讲话时，曾经说过'北京建都800周年等着你们'，'今年全国教育经费共计400万，北大独得100万'。1953年春游颐和园时，他还亲自在知春亭前通过播音器给大家讲解。这些都给大家留下深刻的印象。"①

陈小川："春季踏青时节，同学们来到颐和园，聆听侯仁之先生给我们讲颐和园的历史，和清朝政府在此操练水军的情形。其后同学们分别游览，场面十分壮观。"②

6月10日　出席中华全国第二次青年代表大会。15日，新华社发电公布中华全国民主青年联合会第二届全国委员会委员名单。16日，《人民日报》第1版刊发委员名单。侯仁之、丁聪、于蓝、田家英、吴良镛、吴晗、吴阶平、胡耀邦、钱三强、钱伟长、魏巍、廖承志等人当选为委员。

案：中华全国民主青年联合会，简称全国青联，1949年5月在北京成立，其宗旨为"团结全国青年，谋取青年福利，与全国人民一起，为争取新民主主义革命的彻底胜利及完成新民主主义国家的建设事业而奋斗，并联合全世界民主青年为争取世界持久和平与人民民主而奋斗"。该会初名"中华全国民主青年联合会总会"，1953年6月改称"中华全国民主青年联合会"，1958年4月改称"中华全国青年联合会"。

---

① 北京大学考古文博学院编：《记忆：北大考古口述史》，北京大学出版社2012年版，第459页。
② 陈小川：《怀念母校》，见王春梅、王美秀编：《那时我们正年轻——北京大学历史系友回忆录》，现代教育出版社2006年版，第17页。

侯仁之："解放之初，我们又在北京相见，虽然都已不是青年，却在'全国民主青年联合会'同时分担了一点任务，用当时耀邦同志的话来说，我们都是按'公岁'的标准才算得上是'青年'。……可是不久他就离开'青联'的领导岗位去承担更多、更重要的任务去了。我也很快不再兼任'青联'的任何名义，只是渴望能专心一志去从事个人在北大的教学和科学研究工作。"①

6月14日　出席中国科学院论著丛刊委员会会议，负责历史地理学部分。

竺可桢日记："地理组《论著丛刊》委员会，周立三、林超、周廷儒、侯仁之、施雅风、吕炯、竺可桢、向达、杨钟健。《论著丛刊》气象已将中西文版付印，地质已选择一百多篇，数学、物理也进行得相当快，生理尚未推动。今年才加上了地理组。分为三组：自然地理、经济地理和历史地理。主持者罗开富、孙敬之及侯仁之。"②

6月25日　主持在北京大学地质地理学系办公室召开的第十五次系务会议，林超、刘心务、段知敬、刘迪生、王恩涌、李孝芳、王亦闲等人出席。会议讨论了制订"过渡性的教学计划"。该教学计划在四年级课程中设有5学分的"地理学史"。

7月1日至12日　带领北京大学自然地理专业师生赴河北张家口、山西大同一带进行普通地质、自然地理、地形、植物地理及土壤野外实习。

7月12日　中国科学院编译局召开各学报编委联席会议。当日的竺可桢日记载："《地理学报》今年年初起做出改组决定，在侯仁之领导下已号召改进。"当日日记又记载"北大设置专门化"情况，当时北京大学设"地学一个专业"，

---

① 侯仁之：《忆吴晗同志与〈地理小丛书〉》，见《侯仁之燕园问学集》，上海教育出版社1991年版，第44页。

② 竺可桢：《竺可桢全集》第13卷，上海科技教育出版社2007年版，第162页。

理应为"自然地理"专业。

7月13日 北京大学教务处统计，全校共设28个专业、5个专修科，下设38个专门化。当时，地质地理系有自然地理专业，下设自然地理、植物地理两个专门化。

7月24日 主持在北京大学地质地理学系办公室召开的总结会议，段知敬、李孝芳、潘德扬等人出席。侯仁之指出总结着重于教学小组和教研组，并谈及学生反映的问题。27日，侯仁之又主持在系办公室召开的关于教学小组总结讨论会，段知敬、李孝芳、潘德扬等人出席。侯仁之在报告中指出"苏联教材不可随便增删""自然地理中心问题"等。

8月5日 侯仁之所在的北京大学地质地理系欲聘任谭其骧任教，未果。

案：谭其骧（1911—1992），字季龙，祖籍浙江嘉兴，生于辽宁沈阳。毕业于暨南大学、燕京大学，曾在北平图书馆、浙江大学、复旦大学等地任职。长期从事中国历史地理学、中国史研究，是中国历史地理学的奠基人之一。1980年当选为中国科学院学部委员。主编《中国历史地图集》（中国地图出版社，全八册），著有《长水集》（人民出版社，两册及续编）等。

邓之诚日记："周一良来，言：本校地理系延聘谭其骧，复旦难之。"[1]

8月24日至26日 北京市第四届各界人民代表会议第二次会议在中山公园中山堂举行。侯仁之出席会议。26日，侯仁之、梁思成、林徽因在会上主张不拆北京旧城城墙。

侯仁之："北京解放后，在五十年代初的北京市人民代表大会的一次会议上，这是有争论的，我也上台发表了自己的意见。我同意当时梁思成教授的意见是主张保存和改造北京旧城墙并加以利用的。可是遭到驳斥。后来了解到这个城墙的存废问题还被看作是个'立场问题'，可是我还是想不通，

---

[1] 邓之诚著，邓瑞整理：《邓之诚文史札记》下，凤凰出版社2012年版，第734页。

后来城墙还是拆掉了。"①

胡蛮："下午,人代会大会发言。发言代表中提出拆城墙问题,华南圭并有书面提出。电车工人、钢铁工人和高等学校学生等都主张拆。梁思成、林徽音和侯仁之教授等不主张拆。争论很多。休息时间,宋匡我同志问胡蛮的意见。胡认为城墙要不要,要看实际需要。"②

案：此前的8月20日,北京市政府召开由吴晗主持的关于首都古文物建筑保护问题座谈会,出席者有梁思成、华南圭、郑振铎、马衡、林徽因、朱兆雪、叶恭绰、薛子正等人。侯仁之未出席此次会议。

孔庆普："1953年8月20日,吴晗副市长主持召开文物古建保护工作会议,建设局出席会议的人员有林是镇、林治远、袁德曦、王文俊、赵冬日、朱兆雪、白宝华、李善梁、孔庆普。建设局以外,我认识的人有梁思成、单士元、陈占祥、华南圭、钟森、李颂森、俞同奎、祁英涛、杜仙洲、陈孝开、曹安礼等。"③

9月初 参加北京大学开学典礼,在主席台就座。

柳鸣九："开学典礼的那天,学校的领导与各系的系主任都列坐在民主楼大礼堂的主席台上,被一一介绍给入学的全体新生:校长马寅初,鼎鼎大名的经济学家;副校长汤用彤,著名的国学大师;教务长周培源,国际著名的物理学家;还有一批系主任,经济系的陈岱孙、化学系的黄昆、地质地理系的侯仁之、历史系的翦伯赞、中文系的杨晦、西语系的冯至、东语系的季

---

① 侯仁之：《试论北京城市规划建设的两个基本原则——北京城市历史地理的专题研究之一》（在北京科技发展战略讨论会上的讲话），见李兴权、宋毅主编：《城市学与发展战略》,北京科学学研究中心,1985年,第58页。

② 胡蛮：《新中国初期的中央和北京市文化建设》,见康乐编:《胡蛮与新中国美术》,中国书店出版社2014年版,第233页。

③ 孔庆普：《北京的城楼与牌楼结构考察》,东方出版社2014年版,第322页。

羡林、图书系的向达……无一不是闻名遐迩的学术权威、文化大家。"①

9月7日　主持在北京大学地质地理学系召开的1953年度第1次系务会议，林超、王乃樑、刘心务、段知敬、李孝芳、潘德扬、欧阳青、王恩涌、郑钧镛、陈静生、陈传康、王亦闲等人出席。会议讨论了教学计划、本系助教人选、教学小组的组织、进修生、研究生、高教部组织的教材翻译等问题。

9月10日　中央人民政府高等教育部在北京召开全国综合大学会议，来自全国13所高校的校长、教务长、部分系主任和教授及各大行政区高等教育管理局负责人与会。会议总结了院系调整以来综合大学的工作，明确了综合大学的方针、任务和培养目标，指出综合大学的任务是"培养合乎一定规格的科学研究工作者和高等学校的师资以及中等学校的师资"。

9月12日　与宿白赴夏鼐处商谈北京大学考古专业课程问题。

10月10日　北京大学副校长江隆基根据全国综合大学会议精神，结合北大实际，向全校教师与研究生、教务处全体工作人员以及其他行政单位科长以上干部做了传达报告。

10月20日　出席北京大学地质地理学系行政会议，另有林超、刘心务、王恩涌、陈传康等人出席。会议推举林超、侯仁之选取文件，拟定提纲，组织讨论综合性大学的方针任务。

10月29日　北京市第四届各界人民代表会议第三次会议在北京人民印刷厂礼堂举行。侯仁之出席此次市、区两级人民代表会议联席会议。

12月13日　出席中国地理学会理事会会议，讨论1954年预算及年会筹备情况。

12月28日　出席在北京市政府第一会议室举行的关于首都古文物建筑处理问题座谈会。会议由北京市副市长吴晗主持，出席者还有梁思成、郑振铎、王明之、林是镇、叶恭绰、罗哲文、马衡、朱欣陶、朱兆雪、华南圭、俞同奎、萧

---

① 柳鸣九：《未名湖畔四年》，见《且说这根芦苇——柳鸣九文化自述》，上海远东出版社2012年版，第23页。

军、薛子正、侯堮等人。会议主要讨论了东、西交民巷和历代帝王庙等地的牌楼及地安门等古建筑的处理问题。

12月29日　顾颉刚从上海迁到北京。侯仁之前往拜访。昨日，顾颉刚与齐思和前往北京大学拜访侯仁之，未遇，乃夜宿齐思和家中。

12月31日　北京大学人事处编制党政干部名册，其中侯仁之任副教务长兼地质地理系主任。

本年　北京大学制定1952学年度第二学期各系科课程表（标准本）。在地质地理系自然地理专业课程表中，开设有李孝芳的土壤地理、王乃樑的地形学和普通地质等课程，未见侯仁之开设课程。

——北京大学制定1953学年度第一学期各系科课程表（标准本）。在地质地理系自然地理专业课程表中，开设有自然地理教学小组的自然地理、王乃樑的地形学、林超的世界区域自然地理、刘迪生的制图学等课程，未见侯仁之开设课程。

著述

1月　《迎接北京建都八百周年：八百年来劳动人民改造首都地理环境的两件大事》刊于《地理知识》1953年第1期。后以《八百年来劳动人民改造北京地理环境的两件大事》为题收入《步芳集》（北京出版社，1962年）。

> 4月16日顾颉刚日记："看侯仁之《北京建都八百年》一文。"[1]
> 1955年10月15日谭其骧日记："看《地理知识》侯仁之文。晚访贺公，同买明日赴官厅水库干粮。"[2]
> 案：谭其骧所看《地理知识》文当为《迎接北京建都八百周年：八百年来劳动人民改造首都地理环境的两件大事》。

4月21日　《北京——我们的首都》刊于《光明日报》第3版。编者案语称

---

[1] 顾颉刚：《顾颉刚日记》卷七，中华书局2011年版，第375页。

[2] 葛剑雄编：《谭其骧日记·京华日记》，文汇出版社1998年版，第57页。

"侯仁之教授这篇文章，叙述了北京城建设和发展的重要史实，可供关心我们的首都的历史和地理研究工作者的参考"。

10月24日　署名"石钺"的《我们学习在伟大祖国的原野上》刊于《人民日报》第3版，后收入《步芳集》（北京出版社，1962年）。

评介

7月16日　新华社记者雷朋《新型的北京大学》刊于《光明日报》第2版。文章提及北大设置数学力学、物理、化学、生物、地质地理等12个系和33个专业，成立21个教学研究组和35个教学小组。文章指出，北大教师开始在教学和科学研究工作中贯彻教育为生产建设服务和理论联系实际的方针，"地质地理系有些研究地理资源的教授就曾和学生们一起协助北京市都市建筑委员会进行过北京市都市地理基本资源的调查和官厅水库经济地理的调查工作"。这显然是针对侯仁之而言。

1954年　43岁

背景

3月　中共中央确立中国科学院是全国科学研究的中心。
6月3日　中国科学院学部委员名单公布，其中生物学地学部84人。
9月15日　第一届全国人民代表大会第一次会议开幕。

纪事

2月5日　竺可桢到北京大学，与严仁赓"谈及北大尹达、侯仁之、严仁赓、周培源四人的分工"。

案：严仁赓（1910—2007），天津人。1933年毕业于南开大学商学院，后赴美国哈佛大学、哥伦比亚大学等校进修。曾在北平社会调查所、中央研究院社会科学研究所、浙江大学、北京大学等单位任职。专于西方经济学、财政学、经济史研究。编著有《当代资产阶级经济学说》（商务印书

馆，1964年）等。尹达（1906—1983），河南滑县人，历史学家。1953年9月从中国人民大学调入北京大学，10月10日被任命为第一副教务长。同年年底，调任中国科学院历史研究所副所长，协助郭沫若工作。1954年兼任考古研究所副所长。著有《中国新石器时代》（生活·读书·新知三联书店，1955年）、《尹达史学论著选集》（人民出版社，1989年）等。

2月19日　出席竺可桢召集的中国科学史工作讨论会。

2月21日　出席中国地理学会理事会会议，与竺可桢、孙敬之等人讨论次年年会筹备、中国地理知识科普讲座等事项，并约请林超谈珠穆朗玛峰边界问题。

竺可桢日记："3:00在院开地理学会理事会，到孙敬之、周立三、施雅风、侯仁之、周廷儒及陈尔寿、褚亚平等，记录倪焕英。今日并约林超来谈喜马拉雅最高峰珠穆朗玛边界问题。……因许多材料均在北大，故约林超费一点时间看了材料以后把经过写出，以为日后开座谈会时报告之用。"①

2月22日　参加周培源教务长主持的北京大学开展体育运动会议。侯仁之传达中央体育运动委员会贺龙主任在政务院会议上的报告。

3月6日　到中国科学院参加陕甘地区黄土座谈会，与会者有竺可桢、杨钟健、袁复礼、林超、罗开富、施雅风、黄秉维、周廷儒等人。

3月28日　到中国科学院院部参加中国地理学会第十一次理事会，与会者有竺可桢、施雅风等人，讨论年会等事宜。

4月9日　到北京政法学院做题为《我们伟大的首都》的报告。

4月25日　到中国科学院参加中国地理学会理事会会议，与竺可桢、周立三等人讨论工作总结、计划及年会安排。

6月22日　吴晗致信北京市委书记彭真、刘仁、张友渔等人，建议北京市历史与建设博物馆的"馆长人选初步意见拟商请北大副教务长侯仁之担任"。

---

① 竺可桢：《竺可桢全集》第13卷，上海科技教育出版社2007年版，第385页。

案：吴晗（1909—1969），本名春晗，字辰伯，浙江义乌人，历史学家、社会活动家。曾就读于中国公学、清华大学，曾任云南大学、西南联合大学、清华大学教职。新中国成立后，历任清华大学文学院院长、北京市副市长、民盟中央副主席、北京市历史学会会长等职。学术研究以明史见长，主编了《中国历史小丛书》等普及读物，著作结集为《吴晗全集》（中国人民大学出版社，2009年）。

6月22日至25日　出席在北京市第十九中学礼堂召开的北京市海淀区第一届第一次人民代表大会。24日，侯仁之在会上当选为北京市人民代表大会代表。来自海淀的北京市人民代表还有向达、林徽因、华罗庚、蒋南翔等人。

6月26日至28日　北京市第四届各界人民代表会议第四次会议在中山公园中山堂举行。侯仁之出席会议。

7月1日　北京大学校长顾问、政治经济学教研室苏联专家、莫斯科大学教授古马青珂回国。侯仁之、江隆基、汤用彤、周培源、尹达等北大校领导在颐和园欢送。

7月17日　出席由北京市副市长吴晗主持的中小学教学指导参考材料编辑委员会顾问座谈会。出席者另有叶圣陶、吕叔湘、翦伯赞、傅种孙、钱伟长、王淦昌、向达、孙敬之、彭真、翁独健等人。

7月19日　与林超、王乃樑等人开会讨论招生计划、专门化课程设置计划、教学计划和大纲修订、教学组织、科学研究、培养师资等问题。21日至22日，又开会讨论专门化和专业设置、专家聘请等问题。侯仁之主张"请专家应照顾重点与全面的结合。既对全系有帮助，也能集中力量照顾某专业。地形学是我系的一个重点，请一个地形学家，但要有广博的地理基础"。

7月23日　中央人民政府文化部社会文化事业管理局、中国科学院、北京大学联合举办的第三届考古工作人员训练班开学。侯仁之与中央文化部副部长郑振铎、中国科学院考古研究所副所长尹达、北京大学教授向达出席开学典礼并讲话。

7月　与朱岗昆谈来北大兼课之事。此前，朱岗昆与侯仁之曾联系在北大兼课事宜。

> **竺可桢日记：** "上午与叶笃正谈为朱岗昆在北大兼课事。缘朱在南京与地球物理同事闹翻，与陈志强大吵，因此欲来北大兼事。但事先未与所中谈过，却直接与北大侯仁之去谈，此实自由主义作风，实不可长。拟先令其回南京，以后由北大提出后再考虑。"①

> **案：** 朱岗昆（1916—2010），浙江淳安县人，地球物理学家。毕业于中央大学地理系，后获英国牛津大学哲学博士，曾任中国地球物理学会副理事长，是中国干旱和农业气象研究的主要开创者。

8月2日　曾任高等教育部顾问的苏联专家马里采夫与政务院文化教育委员会副秘书长范长江交谈。马里采夫谈到北京大学有地质地理系，但实际上只有地理方面的专业，没有地质方面的专业。

8月4日　出席中国地理学会常务理事会会议，并与竺可桢谈及综合大学地理学合并之事。

> **竺可桢日记：** "九点至科联，开地理学会常务理事会，到侯仁之、孙敬之、褚亚平、陈尔寿及施雅风。先与侯仁之谈及北京大学地学系问题，知曾经考虑南京、北京二大学合并地理〈所〉〔系〕问题。缘综合大学有北大、南大、西北、兰州及中山五个地理系而无一像样，所以要合并几个才行。但南京移北京则南大不愿，因南大希望把地学能办好。物理、数学，南大不能与北大抗衡，而南京有地质、地理、土壤各所之故，兰州与西北亦各不相下云。"②

8月8日　出席在北京师范大学召开的中国地理学会理事会会议。次日，中国

---

① 竺可桢：《竺可桢全集》第13卷，上海科技教育出版社2007年版，第484页。

② 同上书，第492页。

地理学会第一届学术讨论会在北师大北院礼堂召开。

竺可桢日记："三点十分至师大北院开地理学会理事会，外埠理事只到丁锡祉一人，此外陈尔寿、褚亚平（北京教师进修学院，市府所办）、孙敬之、侯仁之、施雅风，在京理事惟周立三未到。决定明日开幕秩序及全会会程。外埠理事任美锷、李旭旦、邓启东、曹廷藩、王德基、梁祖荫均以阻水不能来。李春芬告假，吕逸卿病，以徐俊鸣代。次至会场及宿舍，遇兰州王德基及西安王成组。"①

8月17日至23日　出席在中山公园中山堂举行的北京市第一届人民代表大会第一次会议。侯仁之在会上做了反对拆除北京旧城墙的发言。后来，在获悉东四牌楼、西四牌楼即将拆毁的消息后，侯仁之曾与其他5人联名致信上级领导，呼吁保存两座牌楼。

侯仁之："今日上午最后两位代表发言提出了关于拆除北京城墙的意见，我对这个意见有一点不同的看法，提出来供各位代表参考。第一，我承认北京城墙是封建时代的遗物，当初完全是为了保护封建统治头子而建立的。但是我们不能把北京的城墙本身也认为是封建的，不但如此，而且我们还应该认为：北京城墙本身就是劳动人民血汗的结晶。……第二，我虽然不是学建筑的，也不懂得建筑艺术，但是北京城墙有它在建筑艺术上的价值。……第三，我承认北京城墙在今天对于北京都市的发展是有一定的障碍作用的，但这并不是不可克服的。……第四，最后，华（南圭）老先生在他的书面意见上说：'拆去八十里之大墙，即是打破城乡对立之初步。'我很不同意这样的说法。打破城乡对立，不靠拆城墙。可见，要消灭城乡对立，首先是取消剥削制度，其次是大力发展工业，而不是拆城墙。因此，我坚决拥护这次大会上张（友渔）副市长关于财政收支与计划的报告，因为我们支

---

① 竺可桢：《竺可桢全集》第13卷，上海科技教育出版社2007年版，第494—495页。

出的最大比例是用来作为经济建设的，但是我反对拆除北京城墙。"①

9月2日 出席中国自然科学史研究委员会成立会议。该委员会由竺可桢任主任委员，叶企孙、侯外庐任副主任委员。侯仁之、向达、李俨、钱宝琮、梁思成、刘仙洲、王振铎共17人当选为委员。会议决定暂时在中国科学院历史研究二所设立办公室，筹设专门研究机构。

竺可桢日记："上午九点开中国自然科学史委员会，到叶企孙、向达、侯外庐、陈桢、侯仁之、袁翰青、王振铎、丁西林、张含英等。袁翰青主张约请四五十岁左右的讲考据的人协助工作。王天木以为做科学史研究工作必须书本与调查联合做方能收效。批评李约瑟的《中国科学技术史》的缺点在于没有〔与〕调查结合。营造社就是从调查古建筑而得到成绩。杨宽鼓风炉这篇文缺点就是不知道高炉。大家以为委员会应该有重点，如以物理、化学、数学、天文、生物、地学为重点。委员会对农、医、工以联系组织为重点。关于刊物，通讯先在《科学通报》出，以后出专刊。企孙主张约钱宝琮，以余介石调往浙大做中国科学史论文目录。最后谈及委员会再应增加人选及推举古代科学家等事。"②

尤芳湖："这一委员会系由中国科学院聘请院内外各学科专家17人组成，他们是：向达、侯外庐（历史学与考古学），钱宝琮、李俨（数学），叶企孙、丁西林（物理学），袁翰青（化学），侯仁之（地理学），竺可桢（天文学），陈桢（生物学），张含英（水利工程），梁思成、刘敦桢（建筑学），刘仙洲（机械工程），李涛（医药科学），刘庆云（农业科学），王振铎（发明与发现）；并以竺可桢为主任委员，叶企孙、侯外庐为副主任委员。"③

---

① 侯馥兴：《侯仁之与梁思成》，载《南方周末》，2018年5月10日。
② 竺可桢：《竺可桢全集》第13卷，上海科技教育出版社2007年版，第511页。
③ 尤芳湖：《中国科学院成立中国自然科学史研究委员会》，载《科学通报》1954年第10期。

9月6日　北京大学地质地理系教研室工作会议召开。侯仁之报告工作重点和计划，谈及教学计划、教学大纲、教材翻译、教学方法改进等问题。

9月20日　北京大学《地质地理系工作计划周历》制定，安排于9月25日、10月9日、11月3日召开全系教员大会，布置全系的工作计划，讨论修订教学计划的原则等。

10月16日　北京大学校务委员会召开扩大会议，副校长汤用彤做《北京大学两年来的工作报告》，建议1956学年度增设地质专业。

10月　北京大学地质地理学系提交10月份工作报告，谈及新生工作、本系培养目标讨论、调整教学组织、系行政管理等问题。报告提及"今日系的教师人数已由八人增加到廿人（包括俄文翻译）"。

11月8日　竺可桢与中国科学院副院长张劲夫商定，拟派孙敬之、侯仁之、黄秉维代表中国地理学会出席苏联地理学会第二届代表大会。

竺可桢日记："晚膳后张稼夫副院长来，与谈西北分院、派人出席苏联地理学会（派孙敬之、侯仁之、黄秉维及翻译人员，本月廿二日开始开会）及调袁翰青事。孙敬之来。"①

案：最终，侯仁之并未赴苏联。据《中国科学院史事汇要》（1955年）载：1955年1月20日，中国科学院副院长张稼夫致函兼管中科院的国务院副总理陈毅，称苏联科学院数次来函邀请中国科学院派人参加苏联地理学会会议，建议我国当派人参加，并附上中国人民大学教授孙敬之、本院地理研究所副研究员施雅风二人简历。次日，陈毅批复同意。②

11月15日　到竺可桢处谈北京大学地质地理系照搬莫斯科大学地理课程设置之事。

竺可桢日记："先是北大侯仁之来谈一小时（8h—9h），为了北大地理

---

① 竺可桢：《竺可桢全集》第13卷，上海科技教育出版社2007年版，第558页。
② 王忠俊：《中国科学院史事汇要》（1955年），中国科学院院史文物资料征集委员会办公室，1995年，第10页。

系事。缘莫斯科大学1953年地理课程大有改变，经济地理与自然地理方面之基本科学课目取消，而加上教育学与统计等科目。同时二者课目亦大抵相同，因此以为北大应该也要化一部力量培植教师。余不赞同此说。缘地理在苏联素来发展专门科目，已有根底，所以有力量兼顾师资，而中国则应强调培植专门人才。所以北大要加经济地理固好，但植物地理和气候学亦不宜太迟了。"①

11月20日　到中国科学院与竺可桢谈北京大学地质地理系发展照搬莫斯科大学模式之事，并谈及中科院选址。

　　竺可桢日记："侯仁之来谈北大地理系发展模仿莫斯科大学1953年情形。我认为是不揣其本而齐其末，主张把基础先打好，然后再花时间在教学工作上。至三楼看天津工学院、清华、南京工学院和中央设计局、北京设计局等五个机关对于院址的计划。昨曾开会一天，苏联专家亦到会。他对科学院放在目前地位，文教中心使全城造路计划发生困难，有意见。因照计划北京四个城角NE、NW、SE和SW均将有一条大马路出发向这四个方向，而科学院大门前之马路若是东西南北向，便与西北角的大马〔路〕斜交。所以苏联顾问主张科学院放在城的正北，该处尚是空地云，各组所制图和模型以中央设计局的第六和清华设计的第十最为合适。中央大楼之高均在15~24层，约140~200m之高。"②

12月30日　在中国科学院会议室参加地理学报编委会针对侯学煜的《植物地理学的内容、范围和当前任务》一文召开的讨论会。与会者还有竺可桢、钱崇澍、李继侗、李连捷、侯学煜、吴征镒、施雅风等30余人。会前，侯仁之就"植物历史地理学"提交书面意见。

---

① 竺可桢：《竺可桢全集》第13卷，上海科技教育出版社2007年版，第562页。

② 同上书，第564—565页。

竺可桢日记："晨开座谈会讨论《植物地理学的内容与目的、任务》。晨七点起。上午参加讨论《植物地理学的内容与目的、任务》，系侯学煜的一篇文章。今日由侯仁之主持。李继侗首先指出原文把植物地理学分作生态学、地植物学、植物群落和植物地理历史学四部分，认为不妥。……李连捷提出植物历史地理应自第四纪时代起。以为指示植物会走向环境决定论。"①

侯仁之："在地理学范围内，历史地理学研究人类活动加工于自然有了显著影响之后的地理环境的变迁，它所根据的主要是历史文献与考古学、人类学上的资料。如果研究在人类活动对于自然还没有显著的影响或甚至是在人类还没有存在以前的地理环境的变迁，则属于古地理学的范围。所谓'植物历史地理学'不是研究历史时期人类活动如何影响到植被的变迁，而是根据植物化石以及花粉孢子分析研究地质时期的植物分布，因此从地理学所习用的名词含义来看，如把'植物历史地理学'改为'古植物地理学'或许更为恰当。"②

本年　应北京师范大学历史系主任柴德赓之邀，多次赴该系开设历史地理讲座。

王云度："柴先生不仅亲自为我们开课，作为系主任，还很注重扩大我们的知识面。……他强调'左史右图'，多次请北京大学历史地理专家侯仁之先生为我们开设历史地理讲座。"③

骆经富："1952年院系调整之后，辅仁大学并入北师大来了，柴德赓先生一开始就是历史系主任。为了扩大学生的知识面，提高学生的知识水平和社会主义觉悟，作为系主任的柴先生，胸有成竹，有计划、有步骤地邀

---

① 竺可桢：《竺可桢全集》第13卷，上海科技教育出版社2007年版，第586—587页。
② 陈昌笃、郑钧镛整理：《对于侯学煜同志的"植物地理学的内容范围和当前任务"的讨论》，载《地理学报》第21卷第1期，1955年3月。
③ 王云度：《师恩难忘——纪念先师柴德赓先生诞辰百年》，见何荣昌等主编：《百年青峰》，苏州大学出版社2007年版，第177页。

请校内外的专家、学者、劳动模范、战斗英雄来做报告。事隔40多年，我还记得当年曾邀请过书画大家启功先生，地质地理学家侯仁之先生，……等等。"①

任伊临："侯仁之老师的学术报告是在阶梯教室做的，内容丰富，逻辑性强，极具创见，讲到英法联军火烧圆明园时，他语调渐趋激烈。他说：侵略者用烈火烧掉了世界园林艺术杰作，这场罪恶的大火教育了中国人民，让我们永远不忘国耻。现在，中国人民站起来了，可以自豪地向世界宣告，建筑圆明园的图纸还在，如需要，我们完全有力量将它恢复，让列强看看站起来了的中国人民的力量和智慧。讲到北京解放后的新生，侯老师兴奋地告诉我们，为了迎接建国十周年，政府准备在北京修建十大建筑，这些建筑不仅应当具有当代的最先进水平，还应当让后人为之感到骄傲。他的报告不仅让我们了解北京的过去和今天，还振奋了我们精神，是文道结合的典型。"②

——北京大学制定1953学年度第二学期课程表（标准本）。在地质地理系自然地理专业课程表中，开设有李宪之的气象与气候、郝诒纯的地史学、李继侗的地植物学、王亦娴的外国经济地理等课程，未见侯仁之开设课程。

——北京大学制定1954学年度第一学期北京大学各系科课程上课时间表。在地质地理系自然地理专业课程表中，开设有刘心务的自然地理概论、王乃樑的地形学、袁复礼的第四纪地质、林超的中国区域自然地理等课程，未见侯仁之开设课程。

著述

本年　《首都的新建设》刊于《人民画报》1954年第10期。

---

① 骆经富：《柴德赓先生二三事》，见何荣昌等主编：《百年青峰》，苏州大学出版社2007年版，第177页。

② 陆计明、任伊临主编：《献身边疆教育的人们》，新疆人民出版社2007年版，第17页。

正谱 | 223

1955年　44岁

背景

1月26日　中共中央批发中宣部《关于开展批判胡风思想的报告》的指示。

6月　中国科学院学部成立，竺可桢任生物学地学部主任。

9月23日　中国科学院院务常务会议通过《中国科学院科学奖金委员会暂行组织规程》。

12月　中国科学院成立综合科学考察工作委员会，竺可桢兼任主任。

纪事

1月1日　侯仁之夫妇到蒋家胡同拜访邓之诚，祝贺新年。

1月15日　截至该日，北京大学地质地理系有专任教员25人，实际人数20人，兼职兼差4人，兼任教员1人。同时，全系有学生80人，师生总计112人。

1月27日至2月2日　北京大学召开全校教学经验讨论会。校长马寅初致开幕词，高教部副部长曾昭抡出席开幕式并讲话。全校教师、研究生、进修教师参加会议。会议期间，副教务长侯仁之做了题为《北京大学生产实习工作总结》的报告。

2月6日　代表张国淦到中央民族学院开会，与顾颉刚等人讨论禹贡学会结束办法。

> **顾颉刚日记**："今日同会、同席：于省吾、唐兰、朱士嘉、黄文弼、王庸、冯家昇、侯仁之（代张国淦）（以上禹贡学会理监事），费孝通、陈述（以上民族学院代表人）。讨论结果：一、房屋——捐献政府。二、图书——赠送民族学院。三、刊物——分送各大学及图书馆。四、现金——慰劳解放台湾军士。禹贡学会从此终了矣！"[1]

---

[1]　顾颉刚：《顾颉刚日记》卷七，中华书局2011年版，第653页。

2月14日　首都人民在庆祝中苏友好同盟互助条约签订5周年纪念之际，开展反对使用原子武器签名运动。北京大学教务长周培源，副教务长严仁赓、侯仁之连同全校师生员工近7000人参加签名运动。

2月19日　上午到邓之诚寓所拜访谭其骧，不遇。下午，谭其骧到北大访问侯仁之。谭其骧此次来京，为改编和重绘杨守敬《历代舆地图》借调至中国科学院，2月12日到北京。

2月18日邓之诚日记："午候谭其骧，不至，始饭。饭后，谭来，复为具酒，言：是借调一年。遂谈至日暮，晚以水角子啖之，彼外出访友。"①

2月18日谭其骧日记："十时出发赴北大，下午一时始到文如师处。饭后四时走访同院聂小珊、东大地周一良、浦江清，回邓寓晚餐。晚饭后至南大地，访向觉明、齐致中，返一良处寄宿。"②

案："聂小珊"当为聂筱珊，亦即聂崇岐（1903—1962），河北蓟县人，1928年燕京大学历史系毕业并留校，参与洪业主持的引得编纂。1952年调入中国科学院。

2月19日邓之诚日记："晨，侯仁之来访谭，谭宿于周一良处，侯去，谭始来。徐苹芳来。午为谭生日具酒，兼邀同舍。"③

2月19日谭其骧日记："早餐后访俞大纲，又至邓寓午饭。午后访郑桐荪，进校访侯仁之。返城赴黄秉维宴会，同座者竺藕舫、王以中，寄宿，见黄盛璋。"④

2月19日竺可桢日记："晚七点至东四七条第四宿舍黄秉维家晚膳，与王以中、谭季龙谈。谭在复旦，由院与高教部调他来京一年做历史地图。十点回。"⑤

---

① 邓之诚著，邓瑞整理：《邓之诚文史札记》下，凤凰出版社2012年版，第854页。
② 葛剑雄编：《谭其骧日记·京华日记》，文汇出版社1998年版，第24页。
③ 邓之诚著，邓瑞整理：《邓之诚文史札记》下，凤凰出版社2012年版，第854页。
④ 葛剑雄编：《谭其骧日记·京华日记》，文汇出版社1998年版，第24—25页。
⑤ 竺可桢：《竺可桢全集》第14卷，上海科技教育出版社2008年版，第31页。

3月2日 北京大学召开校务委员会扩大会议，讨论资产阶级唯心主义学术思想批判问题。4月12日，北京大学校务委员会开会通过了召开"五四"科学讨论会计划、奖励先进班和优秀生条例，决定在"五四"校庆日举行以学术思想批判为主题的科学讨论会。

3月5日 北京大学举行体育锻炼动员大会，会上宣布了以马寅初为主任委员的北大体育运动委员会名单，侯仁之名列其中。

3月27日 到全国科联出席中国地理学会理事会会议。竺可桢、任美锷、李海晨、孙敬之、施雅风、褚亚平、陈尔寿、周廷儒等人与会，傅角今、王德基、曹廷藩列席会议。

3月31日 到中国科学院参加黄河历史水文讨论会，出席者有竺可桢、顾颉刚、王庸、谭其骧、施雅风、徐近之等人。

> **顾颉刚日记：**"到科学院，参加黄河水文讨论会，自三时至六时半。与季龙、昌群同车归。贺次君来。与丹枫、季龙讨论历史图计划。……今日下午同会：冯仲云、竺可桢、王以中、谭季龙、施雅风、徐近之、侯仁之、单士魁、王矩其、袁□□、贺昌群、罗开富、欧阳海、张宝堃。共约二十人。"[1]
>
> **竺可桢日记：**"下午参加黄河历史水文研究座谈会，到水利部冯仲云、黄河水利委员会叶永毅、规划委员会马静亭、水文局谢家泽，此外有王庸、张宝堃、罗开富、顾颉刚、王其渠、徐近之、谭其骧及故宫单士元、欧阳海等，记录许孟英。"[2]
>
> **谭其骧日记：**"下午赴科学院历史水文会议，出席者水利部冯部长、黄河规划委员会负责人、竺藕老、顾先生、王以中、贺昌群、罗开富、徐近之、施雅风、欧阳海等约二十人。会后至顾宅晚餐，同商历史地图计划（为新华社）。"[3]

---

[1] 顾颉刚：《顾颉刚日记》卷七，中华书局2011年版，第671页。
[2] 竺可桢：《竺可桢全集》第14卷，上海科技教育出版社2008年版，第56页。
[3] 葛剑雄编：《谭其骧日记·京华日记》，文汇出版社1998年版，第30页。

胡国惠："他对黄泛区考察之后，曾参加黄河规划座谈会。会上，他接受历史地理学家冯仲云、侯仁之建议，感到治理黄河除根据实地考察近现代灾区泥沙淤积的资料外，有必要整理黄河中游大水、大旱等灾害的史籍记载，从而探索其自然规律。于是他从华北各省的地方志中，初步整理大水、大旱、严寒、巨雹和大雪的记载，逐条摘句，列表归纳气候变迁、水旱规律。"①

考异：顾颉刚日记中的"王矩其"及竺可桢日记中的"王其渠"当为王其榘（1922— ），湖南桃源人，毕业于南京中央大学，曾任翦伯赞、范文澜学术助手，主要从事近代史资料整理及明史研究，任中国社会科学院近代史所研究员。又，胡国惠所称"历史地理学家冯仲云"当误。冯仲云（1908—1968），江苏武进人，1949年后曾任松江省人民政府主席、北京图书馆馆长、水利部副部长等职，并非"历史地理学家"。

5月4日 北京大学在办公楼礼堂举行奖励先进班大会。马寅初、江隆基、严仁赓、侯仁之等校领导出席。

案：1955年1月29日，青年团北京市委员会向中共北京市委提交在高校学生中建立"先进集体"的请示报告，认为建立先进集体是学生工作中一项很好的工作方法和组织形式。此前，北京大学在1954年已表彰过两个模范班。

——下午，北京大学"五四"科学讨论会在办公楼礼堂举行开幕式，并召开第一次全会。马寅初致开幕词，苏联专家萨波什尼柯夫及金岳霖等人做报告。全校教师、研究生、进修教师及四年级本科生与会。

案：5月4日至14日，北京大学1945—1955学年科学讨论会共举行4次全

---

① 胡国惠：《地理学家徐近之》，见四川省政协文史资料研究委员会、四川省文史馆编：《四川近现代文化人物》，四川人民出版社1989年版，第350页。

体会议。另外，此次会议又设地理学及数学力学、物理学、气象学、化学、生物学、中国语言文学、历史哲学等分会。

江隆基："这次科学讨论会共举行了四次全会，三十六次分组会。在讨论会上提出报告的论文共一百篇，计自然科学方面的论文六十四篇，人文科学方面的论文三十六篇。从论文的性质上分，属于学术思想批判的十八篇，属于理论探讨的五十三篇，直接联系生产实际的十四篇，属于评述性的十三篇，属于经验总结和介绍的二篇。提出科学报告的共一三三人（有些报告是几个人合作的），其中外籍专家六人，教授、副教授、研究员、副研究员六十人，讲师、助教和进修教师五十六人，研究生和四年级学生十人，职员一人。……为了贯彻理论联系实际的方针，加强和业务部门，特别是和科学院的联系合作，是十分必要的。……在这方面我校部分系科和教研室，如生物系昆虫教研室、……地质地理系、图书馆专修科等单位，都进行了不少工作，而且收到了一些成效。"①

5月5日　《杨图》编委会会议在中国科学院召开，范文澜、吴晗、谭其骧、顾颉刚等人出席。侯仁之或未出席此次会议。

顾颉刚日记："到第三所，开会讨论编绘杨守敬图事，自二时至六时。……今日下午同会同席：范文澜、吴晗、尹达、刘大年、谭季龙、王崇武、侯外庐、恽逸群、沈静芷、欧阳缨、张思俊。讨论结果，山川照杨图，城市用今名，以杨图出于胡林翼《清舆图》，不能与今日地图适应，古地名之记注遂不易，不如即以杨图为间架也。"

5月6日　北京大学"五四"科学讨论会第二次全会召开。会上，翦伯赞、蔡仪做学术报告。侯仁之、顾颉刚、郑天挺、王力、林超、魏建功、金岳霖等人出席。

---

① 江隆基：《关于开展科学研究的几个问题》（一九五五年五月十五日），见周源、郭琦等编：《江隆基教育论文选》，陕西人民出版社1981年版，第157、162页。

顾颉刚日记："到北京大学，参加科学讨论会，听翦伯赞'《红楼梦》的时代背景'、蔡仪'批判胡风唯心论的文艺思想'。……今日在北大所晤人：黄子通、郑天挺、魏建功、侯仁之、尚爱松、王了一、林超、赵纪彬、柴德赓、冯世五、石峻、刘念先、金岳霖、唐擘黄。"①

案：顾颉刚所参加的会议，即北京大学举行的1954—1955年科学讨论会。翦伯赞在会上发表论文探讨《红楼梦》的时代背景（即后来刊发于《北京大学学报》（人文科学版）1955年第二期的《论十八世纪上半期中国社会经济的性质——兼论〈红楼梦〉中所反映的社会经济情况》一文）。1954年10月，中共高层发动对胡适、俞平伯、胡风等资产阶级唯心主义思想的批判。翦伯赞、蔡仪的报告当与此时代背景有关。

5月13日 作为副教务长，出席在北京大学举行的体育课观摩教学。来自中国人民大学、清华大学等21所高等院校的40多名体育教师，以及来自高等教育部、北京市体委的代表参加了这次观摩教学。

5月29日 北京大学1955年春节体育运动大会（新中国成立后的第一届校园运动会）在东操场举行，共有731人参加了学生组、职工组的比赛。侯仁之参加职工组的3000米长跑，获得冠军。

5月 在北京大学地学楼，与地质地理系师生一起欢迎苏联科学院地理研究所所长格拉西莫夫院士来访。

案：伊·普·格拉西莫夫（Иннокентий Петрович Герасимов，1905—1985），苏联人，地理学家。毕业于列宁格勒大学，曾任苏联地理研究所所长，主要从事土壤学、地貌学、建设地理学研究。1953年当选为苏联科学院院士。1955年5月，格拉西莫夫随苏联科学院代表团来华，在竺可桢的陪同下访问西安、兰州、重庆、昆明、广州等地。

---

① 顾颉刚：《顾颉刚日记》卷七，中华书局2011年版，第685页。

6月17日　到高等教育部参加黄松龄召集的恢复北京大学地质系教研室座谈会。与会者还有何长工、竺可桢、周培源、江隆基等人。侯仁之积极主张恢复北京大学的地质学专业（系科）。

6月21日　致信苏联莫斯科大学地理系主任马尔科夫，委托对方地理系教师担任北大地质地理系青年助教的科学导师，以函授方式指导陈静生学习土壤地理，指导陈传康学习景观学。10月8日，对方的系副主任瓦拉诺夫回信侯仁之，同意派该系教师任陈静生、陈传康的导师，并随信寄上一些出版物。

案：何长工（1901—1987），湖南华容人，革命家、军事教育家。1952年后，历任地质部副部长、党委书记，是新中国地质事业的重要领导者。黄松龄（1898—1972），湖北石首人，经济学家、教育家。曾任高等教育部副部长，兼任中国科学院哲学社会科学部委员。1958年后专门从事社会主义经济理论研究，任职于中央高级党校、中国人民大学等。

王戈、王作人："他住燕南园61号，与江隆基最初住地57号是近邻。每日晚饭过后，便去找江反复地陈述自己的观点：地质地理，如同一只鸟儿的两只翅膀，少了哪个都飞不动。没有地质学部分，北大的地理系将难以生存；苟且地存活下去，也成不了气候。只有地质地理并存，才是健全的。'我是搞地理的，不能因自己的偏爱而废弃一个学科。江校长应当相信，我侯某说的是真心话，内行话。'"①

竺可桢日记："晚至高教部。黄松龄副部长召集座谈会，谈北大地质系教研室，到何长工、周培源、江校长、侯仁之。预备今年招30人，五年毕业。主要问题是要教研室主任，北大提王嘉荫、王鸿桢，地质学院只肯让张席禔、袁希渊、高平，两方相持不下。"②

中共地质地理系党总支委员会："1955年地质地理系初设地质专业时，

---

① 王戈、王作人：《江隆基的最后十四年》，作家出版社2015年版，第63—64页。
② 竺可桢：《竺可桢全集》第14卷，上海科技教育出版社2008年版，第114页。

即已考虑将来一俟条件成熟时必须分为地质系与地理系,将地质与地理置于一系系过渡性的临时措施。由于各方面干部的缺乏,当时将地质地理系合于一系是完全必要的与正确的。"①

7月15日 与北京大学教授向达、中国科学院历史研究所第一所及考古研究所副所长尹达、中国科学院考古研究所副所长夏鼐、文化部文物管理局局长王冶秋等人出席第四届考古工作人员训练班开学典礼。

案：1952年至1955年,为弥补配合基本建设考古力量人才的不足,文化部社会文化事业管理局、中国科学院考古研究所、北京大学联合开设4期考古工作人员训练班,抽调来自全国各地文管会、博物馆的300余名干部参加培训,由裴文中、梁思永、夏鼐、郭宝钧、马衡、唐兰、张政烺、向达、苏秉琦、阎文儒、陈万里等知名学者进行授课。

佚名："接着侯仁之副教务长讲话。他说,解放以来中国考古工作的成绩是很大的,一方面配合基本建设进行了科学的调查发掘,一方面向人民群众进行了爱国主义的教育,这些成绩是与以前训练班毕业的三百余名学员以及全国考古工作者的辛勤工作分不开的。他号召学员们在学习时必须确立一切为了祖国的观念,克服单纯的业务观点及个人主义思想。"②

7月 玉渊潭疏浚工程动工。玉渊潭原名水泡子,侯仁之根据文献记载建议命名为玉渊潭。侯仁之认为玉渊潭在金元时期就已经开辟起来,后来随着这一带园林的荒废,玉渊潭一名逐渐失传。

侯仁之："在北京旧城的建设上,利用天然的河湖水系加以改造,然

---

① 中共地质地理系党总支委员会：《关于地质地理系分为地质系和地理系的报告》,见北京大学档案馆藏（档案号01419590004）。

② 佚名：《第四届考古工作人员训练班开学》,载《文物参考资料》1955年第8期。

后与全城的平面设计纳入一个整体规划之中,这是一个十分值得重视的传统。……打开新《北京市游览图》,可以清楚地看到,在旧城的西郊,自昆明湖以南新形成的河湖水系,已经与新修建的道路系统,有计划地交织在一起。特别是沿着'京密引水渠'新建的滨河路,更为美化首都的新市容开创了一个良好的先例。尤其值得注意的是玉渊潭这一古老的风景中心,已经得到了很好的利用。"①

8月17日　北京大学行政工作会议决定下学期开学推迟,由副教务长侯仁之牵头组成迎新工作组。会议决定将下学期开学日期定在9月8日。

8月　北京大学地质地理系新增地质学、经济地理专业。仇为之从中国人民大学经济地理教研室调入北京大学,与胡兆量、杨吾扬、魏心镇等人支援建设经济地理专业。侯仁之为仇为之的调入,亲自找孙敬之做工作。1956年5月,高等教育部批准北大地质地理系的仇为之由讲师晋升为副教授。

9月6日　出席中国地理学会理事会,与竺可桢、孙敬之等人讨论地理学发展计划等事宜。

9月11日　在北京大学地学楼101号阶梯教室为新同学做历史上的北京专题报告,并带领新生到北京西郊实地考察。

朱祖希："侯仁之先生个头不高,却显得精神矍铄,声如洪钟。从侯先生的讲话中我才知道,我们这一届新同学是地质地理系开办以来人数最多的。而"经济地理专业"则是根据社会主义建设的需要,依照苏联莫斯科大学的专业设置,在地质地理系新添置的一个专业。它的培养目标是'经济地理学家',它的研究对象是'社会主义计划经济的合理布局'。对此,我的内心自然是感到由衷的高兴。紧接着,侯仁之先生便为我们开启了开学之后的第一课——北京。……就在开学后的第一个星期天,侯先生又亲自带领我们做了一次地理考察。我们从西校门出发,进蔚秀园、挂甲屯、西苑、圆明

---

① 侯仁之:《北京旧城平面设计的改造》,载《文物》1973年第5期。

园西墙外，过青龙桥，到卧佛寺、樱桃沟……侯先生一边走，一边讲。'我们学地理的，既要在书斋里查阅文献资料，汲取前人研究的成果，也要到大自然中去，到社会实践中去实实在在地探究。只有这样，我们的地理研究才会是承前启后，脚踏实地的。'"[1]

黄发程："我们是1955年9月进入北京大学地质地理系学习的。……为了培养新同学对专业的认知和兴趣，在开学后的第一个星期天，侯先生就亲自带领我们四个班的新同学进行一次野外地理知识之旅。记得那天大家在28斋宿舍门前集中后，侯先生就带着我们先沿着燕南园走到西校门内，一路给我们讲述燕园的由来和勺园的变迁，讲到办公楼前高耸的一对华表为什么左右不完全一样。接着走出西校门，穿过蔚秀园，记得是沿着圆明园、颐和园外直走到青龙桥，在镶黄旗看了景泰陵后再走到樱桃沟、卧佛寺、碧云寺，然后折回玉泉山回到学校。途中侯师还向我们讲解西郊水系的来龙去脉，讲到常年风向造成树木都向着一个方向倾斜等常识。这是一次地学的启蒙教育，把我们初步带入了地学之门。"[2]

9月12日　到北京城内访问谭其骧。

9月23日　《地理学报》编委会会议在北京大学地质地理系召开。谭其骧与会，侯仁之理应与会。

谭其骧日记："去北大。上午访齐思和、严仁赓（未晤）、俞大纲、浦江清、周一良，在一良处午饭。下午二时地理系开地理学报编委会，五时许散会。谒文如师，晚八时始归。承赠《骨董琐记》合编一本。"[3]

邓之诚日记："谭其骧来，留之夜谈，不可，八时半去。"[4]

---

[1] 朱祖希：《侯仁之与北京城》，北京工业大学出版社2015年版，第209页。
[2] 黄发程：《师恩师情——忆侯仁之师的恩师情谊二三事》，见北京大学历史地理研究中心编：《走近侯仁之——恭贺侯仁之先生百岁寿辰》，学苑出版社2011年版，第113页。
[3] 葛剑雄编：《谭其骧日记·京华日记》，文汇出版社1998年版，第54页。
[4] 邓之诚著，邓瑞整理：《邓之诚文史札记》下，凤凰出版社2012年版，第854页。

正谱 | 233

考异：谭其骧、邓之诚当日的日记未明确记载侯仁之参会。然侯仁之1953年年初始任中国地理学会《地理学报》主编，且时任北京大学地质地理系主任，理应参加此次在北大地质地理系召开的《地理学报》编委会会议。

10月4日　北京大学发出通知，根据9月29日行政会议讨论的决定，免去侯仁之的副教务长职务。

案：为加强对各系科的领导，9月30日召开的北京大学第80次行政会议通过决定，今后教务长和副教务长分工协助校长领导各系科的教学、科学研究和师资培养等工作。其中，教务长周培源负责指导理科各系。副教务长严仁赓负责指导经济、法律、俄语、西语、东语等五系。副教务长张仲纯负责指导中文、历史、哲学、图书馆专修科及马列主义教研室和工农速成中学。副校长江隆基直接领导外国留学生中国语文专修班、中国现代革命史教研室。体育教研室由教务处主任秘书王学珍指导。①

10月14日　谭其骧到北京大学开会，见侯仁之，并搭乘侯仁之车回城。
10月　为中央水利部北京勘测设计院拟制的海河流域规划提供参考资料。资料的一部分后写成《历史上海河流域的灌溉情况》一文公开发表。

案：1955年1月，中央水利部部署海河流域规划编制任务，由水利部北京勘测设计研究院编制规划。8月，国家计划委员会与水利部批准海河流域规划任务书。1957年11月，北京勘测设计院提出《海河流域规划》（草案），对海河流域的防洪、灌溉、供水、航运、发电进行了全面规划。

11月5日　北京大学油印《地质地理系教员名单》，全系共有32人，其中侯仁之、乐森璕、王嘉荫、林超为教授，王乃樑、李孝芳为副教授，另有刘心务、王

---

① 王学珍等主编：《北京大学纪事》（1898—1997），北京大学出版社2008年版，第594—595页。

亦闲、王恩涌、陈静生、毛赞猷、陈凯、杨吾扬、李域、周琦琇等讲师及助教。

11月8日　莫斯科大学地理系副主任瓦拉诺夫回信侯仁之，同意用函授方式指导北大地质地理系助教陈静生、陈传康进修土壤地理学、景观学。

案：1954年10月28日，高教部部长杨秀峰在送别莫斯科大学校长的座谈会上宣布，总理周恩来批准北大与莫斯科大学建立经常联系。两校校长商定，两校将交换教学计划、教研室工作计划、学报和规章制度，交流教学经验，建立校长、系主任、教研室主任与教师之间的直接通信联系。

11月17日　张稼夫主持召开中国科学院第五十次院务常务会议，陶孟和、竺可桢、吴有训、恽子强、杨钟健等人出席。会议讨论批准了应用化学研究所、地理研究所、地质研究所、考古研究所、历史研究所第二所等16家研究单位的学术委员会委员名单。侯仁之名列地理研究所学术委员会委员名单中。

11月25日　出席中国科学史委员会第三次会议。会议由竺可桢主持，叶企孙做题为《中国自然科学史研究委员会十个月来的工作情况》的报告和题为《中国古代自然科学及技术史第一编的分章草案》的说明。会议决定于来年6月在北京举行中国自然科学史学术会议，为9月在意大利召开的国际科学史协会第八届会议做准备。会议还决定编写《中国古代自然科学及技术史》。

1月29日竺可桢日记："八点半至院，开第二次中国科学史委员会，到刘仙洲、侯外庐、向达、袁翰青、刘庆云、万国鼎、李涛、叶企孙，列席有曾次亮、王庸、贺昌群、夏纬瑛。首由叶企孙报告，从去年十月委员会开始在历史所办公，现有中山大学史系毕业黄君及北大史系毕业荀君二实习员做化学和生物史。二人在学历史和化学、生物、外文。尚有事务员喻君，兼任王振铎、曾次亮二人，李俨将到院专任。……"①

11月7日竺可桢日记："十点至历史所，与叶企孙、侯外庐谈开第三次

---

① 竺可桢：《竺可桢全集》第14卷，上海科技教育出版社2008年版，第19页。

中国科学史委员会，以定明年度计划。定在十一月廿几号。……与向觉明、谭季龙谈及洪瑞钊来函评地图出版社出版《中国历史地图集》，顾颉刚、章巽编，谭校。据云洪瑞钊系无赖，此图集曾经他看过，因没有放他在校对之名上，所以提出反对。洪曾做过许多无聊之事云。"①

11月25日竺可桢日记："上午九点开中国科学史委员会第三次会议，到钱琢如、李俨、侯外庐、叶企孙、王振铎、冯家升、王毓瑚、万国鼎、曾次亮、夏纬瑛、陈桢等。下午又到向觉明、侯仁之、梁思成、刘仙洲。"②

11月25日谭其骧日记："八时许赴科学院，出席中国自然科学史研究委员会第三次会议，竺藕舫主席，出席者有钱琢如、李俨、叶企苏、冯家升、李涛、王振铎、万国鼎、侯外庐等，另有五人不识。下午刘仙洲、梁思成、向觉明、侯仁之亦来参加。"③

12月1日　北京大学地质地理系地质学教研室主任乐森璕致信系主任侯仁之，内容涉及地质学师资调配和基建（含阶梯式教室、实验室、书库等）。信件附有《申请高教部调配师资名单》，拟从北京地质学院、南京大学、东北地质学院、中南地质局等地调进的普通地质学、结晶学、矿物学等专业的教师10人，名单提及王鸿桢、杨遵仪、郝诒纯、边兆祥、袁复礼、陈国达等人。

案：乐森璕（1899—1989），贵州贵阳人，地质古生物学家、地质教育家。毕业于北京大学地质系、德国马堡大学，曾在农商部地质调查所、中山大学、重庆大学等地工作。1955年调入北京大学，负责重建地质系专业，曾任地质地理学系主任、地质学系主任，兼任中国地质学会副理事长。1955年当选为中国科学院学部委员。

周培源："侯仁之教授还兼着地理系主任，多次跟我谈过，院系调整时

---

① 竺可桢：《竺可桢全集》第14卷，上海科技教育出版社2008年版，第211页。
② 同上书，第221页。
③ 葛剑雄编：《谭其骧日记·京华日记》，文汇出版社1998年版，第62页。

将地质学方面的人调到地质学院去了。没有地质,地理系就缺了一半,而且老北大是以地质见长的,李四光是北大地质系的创始人。现在的情况是出去的不见得都安心,有的闹着要回来。一方面是我们缺一块,没人,另一方面又不能挖兄弟院校的墙脚,怎么办?"①

杜松竹、周水良:"考虑到国家建设的需要和各方面的建议,高等教育部决定:1955年秋季起,北京大学地质学专业恢复招生。高教部长杨秀峰同意李四光的推荐,调重庆大学乐森璕教授负责恢复北大地质学专业的筹备工作。……当年,地质学专业招生60名。地质地理学系系主任侯仁之教授负责系里的行政全面工作,地质学方面除乐教授外,只有王嘉荫教授和两名助教。"②

本报:"乐森璕说:要地质工作和地质科学的迅速发展,必须是研究、勘探和教学并重,互相配合。我国目前的情形,是勘探工作有了很大的进展,而研究工作却受到很大的限制。原因何在呢?是由于地质部有本位主义,集中了绝大多数老地质科学家,就是不放。人们说它有地质学界的'二十八宿',而我们北大地质地理系却只有两位教授,科学院地质研究所的人力,虽比我们多些,但也不足。要使地质科学达到国际水平,就得做研究工作,就得叫综合大学培养地质学家,地质部和有关方面,几年来,熟视无睹地不协商解决同这两方面所存在的矛盾。在院系调整时,北大地质系的教授、图书和仪器都被'调整'到地质学院,给你来个'连根儿拔'。中断了三年,到1955年才恢复了地质地理系,但直到今天,教授只二人,图书、仪器、房子都没有。"③

12月14日 香港大学访问团一行20余人应中国人民对外文化协会之邀抵达北京访问。此前,高等教育部、中国科学院党组提出与之交流的学者名单,侯仁

---

① 王戈、王作人:《江隆基的最后十四年》,作家出版社2015年版,第43页。
② 杜松竹、周水良:《乐森璕传略》,贵州科技出版社1993年版,第79—80页。
③ 本报:《地质学家谈地质科学发展的内部矛盾,指出地质部本位主义严重》,载《光明日报》,1957年5月18日。

之、尚钺、冯至、严仁赓、周一良、雷洁琼、孙敬之、侯外庐、刘大年等人名列其中。该名单经周恩来总理核定。

熊向晖："由高等教育部党组和中国科学院党组分别提出，报经总理核定的与来访的香港大学教授、讲师进行接触、交谈的学者名单如下：北京大学教授尚钺、冯至、严仁赓、杨晦、周一良、侯仁之、赵以炳（总理加上该校西语系教授俞大纲）；清华大学教授陈世骅、政法学院副教务长雷洁琼；人民大学教授孙敬之；师范大学教授彭飞；农业大学教授吴亭、娄成辰、周大征；协和医学院教授邹金黄、张希钦；中华医学会方石珊；中国科学院生物化学部童第周，应用物理所施汝为、吴乾章，昆虫研究所陈世骧；经济所狄超白，历史二所侯外庐，历史三所刘大年。"①

案：陈君葆随同香港大学英籍教授访问北京，作诗《听侯仁之讲北京形势》，其诗载"白日幽州入乔皇，五朝人去剩金汤。发端便揽雄都胜，左抱沧溟右太行"②。

本年　提交《专家工作计划》，介绍北京大学地质地理学系概括，并提出对专家的要求。该文件为现藏北京大学档案馆的未完成手稿，从笔迹判断，显然出自侯仁之之手。

——据北京大学各系科课程上课时间表（一九五四至一九五五学年第二学期）载，侯仁之首次为地质地理学系自然地理专业四年级开设地理学史课程。课程每周2学时，授课地点为地学楼305室。

案：地质地理系同时开设的还有林超的中国区域自然地理、李孝芳的中国土壤、陈昌笃的中国植被、王亦娴的外国经济地理、刘迪生的制图学等

---

① 熊向晖：《我的情报与外交生涯》增订新版，中共党史出版社2006年版，第450页。
② 陈君葆：《听侯仁之讲北京形势》，见谢荣滚主编：《陈君葆诗文集》，三联书店（香港）有限公司1998年版，第422页。

课程。同时，陆卓明在政治经济学专业开设中外经济地理课程，而历史系长期未开设与历史地理（沿革地理）相关的课程。

著述

本年　《北京都市发展过程中的水源问题》刊于《北京大学学报》（人文科学）1955年第1期（创刊号）。该文"把过去长时期内随着北京都市的发展而进行的一系列的开辟水源的工作，做一总结性的检查"，并展望了"人民首都水源开发的远景"。

案： 该文报送有关领导及永定河引水工程总指挥部参考。文中《北京历代河流水道图》（5万分之一，共6幅）由北京都市计划委员会等当为抄绘。作为一项重要成果，该文入选《全国高等学校已完成的重要科学研究题目汇编》（中华人民共和国高等教育部科学研究司，1956年）。

7月27日谭其骧日记： "看侯仁之《北京水源》文。……归看《北大学报》。"①

赵建永： "经过解放初的知识分子思想改造、全国院系调整和"三反""五反"等运动，到1954年学校的教学秩序初步稳定。汤用彤遂提出大学虽以教学为主，但也要积极开展科学研究的主张。为此他筹备创办《北京大学学报》，开展学术上的自由论辩以推动科学研究工作，并亲自积极组稿。侯仁之先生告诉笔者，他发表在《北京大学学报》创刊号上的那篇关于北京水资源研究的论文，就是汤先生向他约稿而写成的，文中首次提出的问题至今还是北京城市发展的首要制约因素。"②

——《北京》刊于《旅行家》1955年第1期。

---

① 葛剑雄编：《谭其骧日记·京华日记》，文汇出版社1998年版，第47页。
② 赵建永：《汤用彤与现代中国学术》，人民出版社2015年版，第35页。

案：《旅行家》创刊于1955年，隶属于团中央、中国青年出版社，主编为彭子冈（1914—1988，曾任《大公报》记者）。侯仁之、浦熙修、孙敬之、叶至善等人曾任《旅行家》编委，并为活跃的撰稿人。

——《北京明陵》刊于《旅行家》1955年第8期。该文后以《明十三陵》为题收入《步芳集》（北京出版社，1962年）。

1962年5月15日侯仁之附记："1955年秋我写这篇小文时，曾提出了两个建议：第一是利用十三陵盆地修筑水库，那时主要着眼点还在于点缀风景，后来十三陵水库动工修建，则首先是为了农田灌溉、发展生产。第二是希望长陵地宫可以打开，而当时还只能根据前人旧图草拟一幅《方城及地宫剖面示意图》。"①

——《从丰沙线到官厅水库》刊于《旅行家》1955年第11期。该文后收入侯仁之《步芳集》（北京出版社，1962年）。

评介

4月18日　《光明日报》第2版刊发北京大学马克思列宁主义夜大学办公室的《北京大学教师在马克思列宁主义夜大学学习的收获》。在介绍学习心得体会时，侯仁之称"一学期的学习，使我更深刻的认识到自己思想方法的片面性以及工作作风的主观"。

1956年　45岁

背景

1月14日至20日　关于知识分子问题的会议在北京召开，号召"向现代科学

---

① 侯仁之：《明十三陵》，见《步芳集》，北京出版社1981年版，第142页。

进军"。

1月　中国科学院自然资源综合考察委员会成立。

3月14日　国务院成立科学规划委员会。

8月25日　中国科学院、高等教育部、教育部联合召开地理科学研究与教学座谈会。

12月22日　中共中央同意《关于征求〈一九五六——一九六七年科学技术发展远景规划纲要（修正草案）〉意见的报告》。

纪事

1月3日　竺可桢召集刘仙洲、叶企孙、侯外庐等人参加《中国科学史》座谈会，侯仁之与王庸被指定为地理学史的作者。

　　竺可桢日记："午后二点半在院开《中国科学史》座谈，到刘仙洲、王振铎、李涛、李俨和叶企孙、侯外庐。决定约请下列人写《中国科学史》。起初不以断代而定，分门别类，以三年为期，写好后再写编年中国科学史，指定人如下：

　　数学：李俨、钱宝琮；气象：竺可桢；历法：曾次亮、钱宝琮；生产工具：刘仙洲；天文：竺可桢、叶企孙、席泽宗；建筑：梁思成、刘士能；物理：王振铎、钱临照、叶企孙；印刷：潘光旦、赵万里、刘国钧；化学：张子高、张资珙、冯家声、袁翰青、陈国符；冶金：杨宽、周仁；生物：陈桢、石声汉、夏纬瑛、刘崇乐；锻铸：夏鼐；地质矿物：王恒升；陶瓷：周仁；地图、地理：王庸、侯仁之。"[①]

1月15日　首都各界人民庆祝社会主义改造胜利联欢大会在天安门广场举行。毛泽东、周恩来、彭真等党和国家领导同志与首都各界20多万人出席大会。侯仁之、梁思成、高士其、钱学森、华罗庚、钱伟长、孙晓邨等首都科学家、

---

① 竺可桢：《竺可桢全集》第14卷，上海科技教育出版社2008年版，第268页。

正谱 | 241

教授、作家参加该活动。侯仁之称"这几天北京全城普天同庆，一同奔向社会主义，给我们每一个知识分子以很大的鼓舞。鼓舞着我们加紧进行工作，赶上社会主义建设的需要"。

1月27日　与王庸到谭其骧处，讨论由谭其骧起草的十二年科学工作远景规划中地理学史和历史地理研究部分。

2月1日　北京大学人事处编制全校人员名单，其中地质地理系主任为侯仁之，党总支书记为王恩涌。

2月17日　出席竺可桢在西郊宾馆主持的中国科学史远景规划会议，与会者另有谭其骧、刘大年等人。

谭其骧日记："上午仍出席二所会议。午后至西郊宾馆出席科学史会议，晤刘大年。会议由竺藕舫主持，出席者侯仁之、王天木、李涛、钱临[照]等。六时散会，至东来顺参加二所聚餐。饭后赴俞宅。归与向公、韩儒林谈。"①

竺可桢日记："午后至西郊宾馆讨论自然科学史远景，到刘崇乐、辛树帜、钱临照、王振铎、王毓瑚、李涛、李俨。刘大年做了报告，将所拟发展计划分发与各人，于廿一[日]前提意见，廿五号集中再讨论。钱临照提议出季刊，大家均认为应着手准备，首先物色干部。"②

2月19日　与王庸到谭其骧处讨论中国科学史十二年远景规划中的地理学史研究规划。

2月至8月　从事《海河流域历史地理中的几个问题》课题研究。该课题的题目提出者、领导人和执行人均为侯仁之，合作单位为水利部北京勘测设计研究院，其研究目的是"结合北京勘测设计院海河流域规划，提供必要的参考资料，并解决所提出的问题"。

---

① 葛剑雄编：《谭其骧日记·京华日记》，文汇出版社1998年版，第72页。
② 竺可桢：《竺可桢全集》第14卷，上海科技教育出版社2008年版，第292页。

侯仁之："〈1〉主要内容：（Ⅰ）历史时期渤海湾海岸线的变迁；（Ⅱ）历史水文中所见天津水灾；（Ⅲ）平原灌溉的发展。〈2〉研究方法：以本人以及设计院所收集的文献资料与书面报告为主，结合重点地区的实地勘察进行研究，室内与野外工作并重。"①

2月　北京大学党委书记、副校长江隆基在共青团北京大学第二次代表大会上发表讲话，号召青年学生向科学进军。为响应这一号召，地质地理系崔海亭、田昭舆等学生组成北京地理科学研究小组，由侯仁之指导。

江隆基："向科学进军可以采取各种各样的方式。写学年论文，成立科学研究小组，组织科学报告会和讨论会，是向科学进军的重要方式。但对于学生来说，学好专业课程和专门化课程，搞好实验和实习，何尝不是向科学进军。"②

3月4日　与王庸到谭其骧处讨论中国科学史十二年远景规划中的地理学史研究规划。

谭其骧日记："午后二时王以中、侯仁之来谈地理学史规划。"③
2月23日竺可桢日记："十一点至西郊宾馆，与叶企孙、谭其骧、席泽宗三人谈中国科学史十二年远景。由谭起草，已写了一天多，把大纲节目写好，定于廿六、廿七号开会讨论。"④
2月28日竺可桢日记："晨八点半至西苑大旅社，讨论十二年远景规划

---

① 《一九五六年科学研究计划》，见北京大学档案馆藏《地质地理学系提高教学质量的决议和专业计划与专家谈话记录、人事调配、工资及学生名册、系存在问题讨论提纲、科研计划》（档案号：第0141956002卷）。
② 江隆基：《和青年同志们谈谈向科学进军的问题》，见周源、郭琦等编：《江隆基教育论文选》，陕西人民出版社1981年版，第172页。
③ 葛剑雄编：《谭其骧日记·京华日记》，文汇出版社1998年版，第74页。
④ 竺可桢：《竺可桢全集》第14卷，上海科技教育出版社2008年版，第295页。

中中国科学史部分。到王毓瑚、刘致平、刘仙洲、袁翰青、王振铎、刘崇乐、李俨、李涛、夏纬瑛、侯外庐、谭其骧等。决定中国自然科[学]技术史作为一个重要项目。"①

3月14日　北京大学体育工作委员会召开全体会议。委员会副主任侯仁之与会，并做体育工作报告，宣读《北京大学体育活动的两年规划》。会上决定成立中国大学生体育协会北京大学理事会。同年4月，北大体育运动委员会撤销，改设北大体育协会。

3月18日　到嘉兴寺出席公祭王庸仪式。参加吊唁者还有陈垣、竺可桢、顾颉刚、叶企孙、王振铎、谭其骧、向达、黄秉维、赵万里、吴晗等人。

　　案：王庸（1900—1956），字以中，江苏无锡人。曾就读于江苏第二工业学校、南京高等师范学校、清华学校研究院，曾在暨南大学、中国公学、北平图书馆、浙江大学、南京图书馆、北京图书馆等地任职，著有《中国地理学史》（商务印书馆，1938年）、《中国地图史纲》（商务印书馆，1959年）等，文章辑为《王庸文存》（江苏人民出版社，2014年）。

　　3月14日竺可桢日记："王（以中）庸到京后郁郁不得志，他在图书馆[管]地图，我劝其至地理所研究历史地理，但他素性疏懒。昨日在北京图书馆照常办公，晚膳时曾吃了酒。酒后与服务生口角数语，旋起，出门即倒，口吐白沫，即送市第五医院，医生检视脉已停。"②

　　3月15日谭其骧日记："下午接赵斐云电，王以中先生突于昨夜暴卒。即赶到第五医院，正在入殓。殓后送至嘉兴寺，七时许归。闻王先生昨晚吃晚饭时甚高兴。饭后因与其宿舍门房口角，发怒，致心脏病发，当时即倒地，口吐白沫，流尿，未及到医院脉已停。"③

---

① 竺可桢：《竺可桢全集》第14卷，上海科技教育出版社2008年版，第298页。
② 同上书，第304页。
③ 葛剑雄编：《谭其骧日记·京华日记》，文汇出版社1998年版，第75页。

竺可桢日记："九点吕蔚光来谈，偕至嘉兴寺公祭王以中。以中，无锡人，今年56，于1921年左右毕业于东大，在暨南、浙大等校教历史和地理，著《中国地理学史》，最近已再版问世，向无大病。去世日（本月十四）尚在图书馆照常办事。晚膳时吃了酒，与门房口角数语，出门昏倒，至医院已不救云。今日到者有陈援庵老，询之今年已76（1880年生），叶企孙、王振铎、谭其骧、向觉明、侯仁之、黄秉维、赵万里及北京图书馆丁馆长、张副馆长、吴晗等。祭毕，灵柩即送朝阳门外火葬云。"①

顾颉刚日记："与静秋、昌群同至嘉兴寺，……今日同吊：叶誉虎、林宰平、陈援庵、刘汝霖、张秀民、王伯祥、叶圣陶、徐调孚、钱稻孙、张申府、竺可桢、吴辰伯、王天木、傅振伦、侯仁之、黄秉维、万稼轩、向觉明、谭季龙、吕叔湘……赵万里、张全新、杨殿珣，约一百人。"②

3月28日　应邓之诚之子邓珂之邀，赴北京市第十九中学进行讲演。

3月16日邓之诚日记："晚，珂归。请得侯仁之下星期三往十九中讲演，甚高兴"。③

3月28日邓之诚日记："晚八点，珂归。今日侯仁之往十九中讲演，珂任招待，饭后始归也。"④

5月4日至12日　北京大学1955—1956学年"五四"科学讨论会召开，下设地质地理学分会场。

5月　天安门广场人民英雄纪念碑工程在修建运送石料的铁路支线时，在前门城墙豁口处发现古河道。侯仁之与单士元应邀前往踏勘。

---

① 竺可桢：《竺可桢全集》第14卷，上海科技教育出版社2008年版，第306页。
② 顾颉刚：《顾颉刚日记》卷八，中华书局2011年版，第35—36页。
③ 邓之诚著，邓瑞整理：《邓之诚文史札记》下，凤凰出版社2012年版，第923—924页。
④ 同上书，第926页。

孔庆普："我将此地质状况分别告诉侯仁之教授和单士元先生，当天下午，侯仁之带着一名助教来到现场查看，不一会儿，单士元先生也来了。我就去告诉李善梁说侯仁之和单士元来了，李善梁同我一起来到现场。看完现场以后，李善梁请侯仁之和单士元到工程组小会议室休息，工作人员为我们端来茶水，边喝茶边谈。侯教授说，根据历史资料中的记载，现在的永定河是古代桑干河的下游，古代在石景山附近曾有水闸，称'金门闸'。金门闸的下游有两条或三条较宽的河道。这条古河道应该是北边的一条穿过北京城的河道，这里可能就是北边的一条河道遗址。"[1]

6月4日　出席在西郊宾馆举行的十二年科学远景规划地理组的谈论，出席者还有竺可桢、任美锷、周廷儒、李承三等人。8日，继续出席在西郊宾馆召开的十二年科学远景规划地理学科规划组会议，出席者另有竺可桢、李承三、周廷儒、郭敬辉、孙敬之、黄秉维、杨纫章等人。

7月9日　到西苑大旅社参加科学史讨论会，竺可桢、顾颉刚、叶企孙等人一起参加。

案：此前，竺可桢与叶企孙、钱宝琮、李俨、刘仙洲、席泽宗、夏纬瑛等人已于6月11日在西苑大旅社召开过科学史讨论会。7月2日，竺可桢、叶企孙、刘仙洲、王振铎、夏纬瑛、钱宝琮等人又在中国科学院召开中国科学史委员会会议。

竺可桢日记："九点至西苑大旅社礼堂，参加中国自然科学史第一次讨论会。今日到者约一百人，外埠来者有万国鼎、张孟闻、石声汉、王吉民、龚纯（女）、赵却民、黄胜白、刘朝阳、刘坦等，本埠到方石三、李德全（部长）、方心芳、林镕、顾颉刚、王毓瑚、胡先骕、龙伯坚、陈邦贤、沈其震、钱宝琮、叶企孙、刘仙洲、袁翰青、侯外庐、严敦杰、侯仁之等。余首先讲《百家争鸣》一小时廿分钟。次王吉民讲《祖国医药文化流传海外考》。万

---

[1] 孔庆普：《城：我与北京的八十年》，东方出版社2016年版，第156页。

国鼎讲《(齐民要术)所记农业技术及其在中国农业技术上地位》。"①

顾颉刚日记："到西苑大旅社,参加科学史讨论会,听竺可桢开幕词,……科学史讨论会所晤人:竺可桢、钱宝琮、刘朝阳、陈恒力、王毓瑚、石声汉、李德全、龙伯坚、陈邦贤、侯外庐、万国鼎、朱培仁、胡先骕、夏玮瑛、王吉民、宋大仁、黄胜白、唐兰、马坚、叶企孙、袁翰青、钱临照、侯仁之。"②

7月中旬　中共北京大学委员会召开座谈会,讨论教条主义、文章发表困难、图书杂志、一致性和灵活性等问题和困难。侯仁之出席会议并发言。10月4日,北大校长马寅初在《人民日报》发表《为了达到世界先进科学水平必须创造的条件》一文,援引了侯仁之的发言。

侯仁之："今年北京大学的'五四'科学讨论会在这方面比去年有进步,但是写成文字的批评还很少,即使有也容易散失,如果有一个刊物就很好,容易经常发表讨论文章,不一定要集中在'五四'科学讨论会上才提出来。……教学中的教条主义很严重,解放以后批判地理环境决定论,这是对的;但是后来大家惟恐在这一方面犯错误,而被戴上地理环境决定论的帽子,因此连正确的地理环境的影响也不敢谈了。有一次一位同志在杂志上发表一篇文章,谈到我国郑州在解放以后所以发展得这样快,除了由于新中国这样一个条件外,另一个原因是它从来就是一个水陆交通要点。这种说法本来是有道理的,但是编辑部却一连接到几封读者来信,反对作者的说法,并引用斯大林讲地理环境与社会发展的关系的话,认定作者犯了地理环境决定论的错误。像这样片面地引经据典、乱扣帽子,并不能很好地展开讨论,来解决问题,反倒使大家徒生戒心,甚至连正确地评价地理环境的作用也不敢了。"③

---

① 竺可桢:《竺可桢全集》第14卷,上海科技教育出版社2008年版,第368页。
② 顾颉刚:《顾颉刚日记》卷八,中华书局2011年版,第87—88页。
③ 马寅初:《为了达到世界先进科学水平必须创造的条件》,载《人民日报》,1956年10月4日。

8月　苏联地形学专家 B．Γ．列别杰夫来到北京大学任教。列别杰夫帮助地质地理系创办地貌学专业，并倡导地貌学教研室与冶金工业部门建立联系。

　　案：“地形”专业的准确名称为"地貌学"。列别杰夫（又作列别节夫、列别捷夫）毕业于莫斯科大学地理系地貌专业，来华前执教于乌克兰切尔诺夫泽大学地理系，任地貌学教研室主任。来华后，在北大地质地理系讲授现代地形学基本理论和问题课程，并与侯仁之研究师资培养问题。侯仁之曾陪同列别杰夫及王乃樑、王嘉荫、韩慕康、曹家欣等地质地理系师生到海淀寨口村进行地貌考察。途中，由摄影家吴印咸拍摄合影留念。

9月3日　中国科学院地理研究所学术委员会成立，侯仁之、黄秉维、周立三、李秉枢、罗开富、徐近之、吴传钧、郭敬辉、陈述彭、任美锷、孙敬之、卢鋆、谢家泽、王之卓、叶雪安等人组成委员会。

9月8日　根据高教部暑期召开的院校长和教务长座谈会精神，北京大学修订教学计划。其中，自然地理专业保留教育学课程，本学年新增地质、地形、经济地理等新专业。

9月　高等教育部下发教授工资排队名单，侯仁之任二级教授。

　　《北京高等教育志》："1956年6月，国务院发布的《关于工资改革的决定》和7月10日高等教育部发布的《关于1956年全国高等学校教职工工资评定和调整的通知》，将教授、副教授工资分为十二级，其中一、二级教授级别的确定，由高等教育部会同各主管业务部门与省市通盘研究审批，三级教授由省市审批。"[①]

　　案：北京大学的二级教授另有黄昆、褚圣麟、胡宁、段学复、程民德、徐献瑜、廖山涛、张青莲、张龙翔、吴组缃、林庚、周祖谟、浦江清、高名凯、邵循正、齐思和、张政烺、周一良、邓广铭、张岱年、洪谦、周炳琳、

---

① 《北京高等教育志》编纂委员会编：《北京高等教育志》下卷，华艺出版社2004年版，第1686页。

严仁赓、王重民、刘国钧、马坚等，共计69人。

9月至12月　从事《清初资本主义萌芽时期的中国地理学》课题研究。该课题的题目提出者、领导人、执行人均为侯仁之，合作单位为中国科学院自然科学技术史研究委员会。

　　侯仁之："研究目的：中国传统地理学的思想到了清初资本主义萌芽时期，发生了极大的变化，开始转入了一个新的发展方向，但没有得到进一步发展，这是中国地理学史的研究上具有关键性的一个问题。本论文将加以探讨，并作为中国科学院自然科学技术史研究委员会的专题之一。"①

10月3日　北京大学地质地理学系系务委员会制定讨论提纲，形成《我系目前存在的主要问题与改进工作的初步意见》。该意见称"从系主任到系秘书，在工作中缺乏对群众的联系，常常是上下不通气，各忙自己的一套。其次是布置工作多，检查工作少，而具体的帮助和经常的关心就更少"。

10月5日　竺可桢与施雅风谈本年8月20日至25日中国地理学会年会情况，知悉"学报主编仍为侯仁之，惟增加编辑。理事长仍推我，增加一个副理事长黄秉维"。

　　案：黄秉维（1913—2000），广东惠阳人，地理学家。毕业于中山大学，曾任职于浙江大学史地系、资源委员会、华东工业部工业经济研究所、华东财政经济委员会基本建设处。1954年至1984年，任中国科学院地理研究所所长。1955年，当选为中国科学院地学部学部委员。曾兼任中国地理学会理事长，被誉为"中国当代地理学研究的主要组织者和带头人"，论著结集为《自然地理综合工作六十年》（科学出版社，1993年）、《地理学综合研

---

① 《一九五六年科学研究计划》，见北京大学档案馆藏《地质地理学系提高教学质量的决议和专业计划与专家谈话记录、人事调配、工资及学生名册、系存在问题讨论提纲、科研计划》（档案号：第0141956002卷）。

究：黄秉维文集》（商务印书馆，2003年）。

10月10日　到北京西郊机场送澳大利亚地理学家赴华南地区考察，巧遇竺可桢。

10月16日　到中国科学院，与谭其骧讨论编写中国古代地理名著选读及历史地理学发展计划等事。

10月24日　侯仁之与林超到谭其骧处，共进午餐。饭后到中国科学院，讨论赴故宫博物院看古地图之事。11月2日，与谭其骧赴故宫博物院看地图。

——北京大学地质地理学系本学年第二次系务会议召开，讨论如何提高教学质量、各教研室巩固学生专业思想等问题。12月5日，印发《关于进一步提高教学质量的决议》。

11月7日　到中国科学院与谭其骧讨论中国古代地理名著选读之事。此前一日，中国科学院召开院务常委会议，讨论参加第八届国际科学史会议和成立中国科学院自然科学史研究室筹备方案。竺可桢当时正在争取将谭其骧调入中科院。

11月18日　与竺可桢、林超、黄秉维、孙敬之等人到中国科学院参加中国地理学会所邀苏联地理学家进行的演讲。

> **竺可桢日记：**"中国地理学会请Мурзаев及Арманд演讲。今日到者为地理学会在京会员，到林超、侯仁之、罗开富、孙敬之、张景华、袁复礼、文振旺、周立三等，黄秉维主席。阿尔孟特讲苏联地理学的工作特点，大学有25系，师院65个。"[①]

12月1日　在北京大学为学生做北京西北郊开发过程的讲座。

12月11日　高等教育部发文，批准北京新的校务委员会及下辖自然科学、社会科学、语言文学3个委员会委员名单。其中，校务委员会有57人，马寅初任主席，侯仁之、江隆基、汤用彤、周培源、向达、冯友兰、傅鹰、乐森璕、叶企孙

---

① 竺可桢：《竺可桢全集》第14卷，上海科技教育出版社2008年版，第455页。

等人为委员。自然科学委员会有37人，周培源任主席，侯仁之、林超、段学复、黄昆、褚圣麟、王竹溪、乐森璕、饶毓泰等任委员。

12月15日　与苏联专家列别杰夫就北京大学地质地理学系青年师资的培养问题进行谈话，由列别杰夫介绍如何提高青年教师的教学能力、科研工作能力。谈话内容由陈静生记录在案。

12月20日至22日　北京市海淀区第二届人民代表大会第一次会议召开。大会选举北京市第二届人民代表大会代表68人，其中北京大学入选者有侯仁之、张龙翔、张景钺、李椿、郑昕、向达、赵明菿等7人。

12月30日　与黄秉维拜访谭其骧，共进午餐。饭后到黄秉维家中谈研究生及日后工作联系之事。

本年　北京市人民委员会办公厅发布关于征求道路命名意见提出初步原则的报告。该初步方案制订是向侯仁之、郑振铎、叶恭绰、徐旭生、向达、陈垣、黎锦熙、老舍、梁思成等人征求意见。

——据北京大学《1955—1956学年教学计划执行计划》载，侯仁之为地质地理学系自然地理专业四年级开设地理学史课程。课程在第二学期开设，总共36学时，每周3学时。

——卫生部委托中医研究院医史研究室和北京医学院医史教研室共同开办医史高级师资进修班，侯仁之应邀讲授中国历史和地理学史。

——北京大学地质地理学系列出欲申请调配师资的名单，拟调入李连捷、严钦尚、周廷儒、李承三等人。其中，历史地理及地理学史研究室打算调入谭其骧、黄盛璋、王庸。

——侯仁之第一次提出加入中国共产党的申请，但此事最终未果。

　　案：中共中央下达关于知识分子问题的指示，指出克服关门主义，在高校教授、讲师中发展新党员。侯仁之在万里的提名下，经由刘仁、崔月莉介绍，由中共北京市委讨论通过加入中国共产党。但侯仁之似乎并未向所在的北京大学基层党组织履行入党程序。

　　《中国共产党北京历史》（第二卷）："1956年，北京共发展389名高级知识分子入党。一批著名的专家学者，如外科医生吴阶平、历史学教授周一良、东方语言学教授季羡林、历史地理学教授侯仁之、戏剧大师曹禺等，都在这个时期入党。"①

黄继忠："我想向我校的党委会提一个问题：去年知识分子政策提出之后，我校一阵风在高级知识分子中发展了一批党员，我听到的一些名字是严仁赓、侯仁之、冯至、陈定民、季羡林、曹靖华等，一分析，这些同志不是教务长，就是系主任、教研室主任等领导干部。这给我一种错觉，好像是专门吸收领导干部入党似的。"②

考异：据《北京大学纪事》（1898—1997）载，1979年12月31日北京大学党委常委开会，同意侯仁之加入中国共产党。③该书为依据档案文献编辑的官方文献，时间确凿，从之。1980年7月1日，侯仁之正式宣誓加入中国共产党。关于侯仁之在1956年入党的说法，事出有因。侯仁之在当时积极争取入党并进入相关程序，只不过未能如愿。

著述

2月17日　《改造首都自然环境的一个重要措施》刊于《北京日报》。该文歌颂了官厅水库、永定河引水工程，后改名为《开辟首都水源的一个历史性的新胜利》，收入《步芳集》（北京出版社，1962年）。

7月2日　《热爱家乡，热爱祖国》刊于《中国少年报》。该文后收入侯仁之的《步芳集》（北京出版社，1962年）。

9月22日　《国庆前夕的话北京》刊于《工人日报》。

10月　署名"Hou Jen-Chih"（侯仁之）的Peking: A Historical Sketch一文刊

---

① 中共北京市委党史研究室：《中国共产党北京历史》（第二卷），北京出版社2011年版，第179页。

② 黄继忠：《大胆向党和党员提意见》，见北京出版社编辑：《首都高等学校反右派斗争的巨大胜利!——中国人民大学、北京大学、清华大学、北京师范大学反右派斗争材料选辑》，北京出版社1957年版，第216—217页。

③ 王学珍等主编：《北京大学纪事》（1898—1997），北京大学出版社2008年版，第965页。

于 People's China（《人民中国》）1956年第19期。

12月18日　《倾听来自学生群中的声音》刊于《人民日报》第7版。文章就"如何进一步密切师生之间的关系"这一当前高等学校教学工作中值得注意的问题提出了自己的看法。文章设想"一位年长的教师尽管教学和科学研究工作都是十分繁重的（因为他们正是这方面的主力），如果使他每隔三、四周拿出两个小时的周末时间，来接待一下希望和他进行一次亲切谈话的学生，他也会是十分欢迎的"。

本年　《身体要锻炼才能坚强》刊于《中学生》1956年第8期。该文后收入《侯仁之燕园问学集》（上海教育出版社，1991年）。

评介

3月20日　马寅初在《中国新闻》第754期刊发《北京大学的科学研究工作》，介绍侯仁之指导地质地理系自然地理科学小组进行科学研究的活动。

马寅初："近年来北京大学的大学生为了巩固并扩大从课程中所学到的知识，培养独立工作能力与科学研究的兴趣，已纷纷成立了科学研究小组，目前全校约有六十个科学研究小组，小组活动的方式是多样化的，或者是举行专题报告会与讨论会，或者是进行实习、实验、参观等活动。这些小组都取得教师们的经常关心与指导，例如地质地理系主任侯仁之教授亲自指导了自然地理科学小组的活动，帮助他们制订计划，并带领他们到校外去测量水道。这种对学生有极大益处的科学小组，在今后必然会更多地建立与发展起来。"[1]

12月1日　时任国际基督教大学教授的洪绂在日本地理学会发表题为《中国地理学现状の鱗爪》的演讲，提及侯仁之及其所在的北京大学地质地理系。演讲

---

[1]　马寅初：《北京大学的科学研究工作》，见《马寅初全集》第十四卷，浙江人民出版社1999年版，第428页。

稿发表于次年的《地理学评论》第30卷第2期。

传承

7月19日 《光明日报》第2版刊登《综合大学招收哪些专业的副博士研究生》,称北京大学、南京大学等19所高等学校今年共招收副博士研究生466名。其中,北京大学中国历史地理专业计划招收2人,导师为侯仁之。此外,复旦大学历史地理专业计划招收2人,导师为谭其骧、章巽。

9月 徐兆奎来到北京大学地质地理系进修,师从侯仁之学习历史地理学。1957年进修结束,侯仁之动员徐兆奎留在北京大学任教。

> **案**:徐兆奎(1917—2003),字伯先,笔名星静,江苏沭阳人。曾就读于江苏教育学院、中央大学,曾执教于南开中学、中央大学、湖北师范学院、东北人民大学、北京大学等校。主要从事经济地理、世界地理、历史地理、地名学、地理学史的教学与科研,曾任《北京历史地图集》副主编,著有《清代黑龙江流域的经济发展》(商务印书馆,1959年)、《历史地理与地名研究》(海洋出版社,1993年)。

本年 为中国科学院地理研究所招收历史地理专业研究生郑景纯。

> **案**:1956年,北京大学研究生计划招考副博士研究生(亦即研究生)157名。在北京大学研究生招生委员会编印的《北京大学招考研究生有关资料》中,侯仁之在导师名单之中。另据《中国科学院教育发展史》(科学出版社,2009年)中"中国科学院1956年度研究生招生专业和导师一览表"记载,该年度地理所历史地理研究所专业导师为谭其骧、侯仁之2人。1956年1月,中国科学院举行第一次研究生招生考试。又,郑景纯(1935—),福建福州人。1956年毕业于北大地质地理系,随后就读中国科学院地理研究所研究生。1961年研究生毕业后,长期在中国大百科全书出版社上海分社担任地理图书编辑,曾任《中国大百科全书》第一版《世界地理》卷、《中国地

理》卷责任编辑。

马寅初："北京大学的科学研究工作决不是关起大门来进行学究式的研究，而是尽可能地与生产部门以及中国科学院的研究单位相配合，彼此合作。……北京大学与中国科学院有着密切的合作关系，有科学院的研究员在北京大学兼课或指导研究生，也有北京大学的教师兼任科学院的研究人员。另外，北京大学有的教研室与科学院的有关研究所订立了合同，进行长期的合作。……北京大学与这些单位的合作，不但能解决科学研究工作中人力与物力的困难，更重要的意义在于使北京大学的研究工作能循着理论联系实际并为实际服务的正确方针不断地前进。"①

钮仲勋："当时，侯先生有两个研究生，亲自在北大燕南园自己家里给他们上课。其中一个叫郑景纯，是罗振玉的外孙女，有家学渊源，后来去中国大百科全书出版社工作了。郑景纯没写毕业论文，读到第四年，就要求不写毕业论文，给了个实习研究员，工作去了。后来落实政策，研究生读两年，就算毕业。"②

1957年　46岁

背景

3月16日　毛泽东就中国科学院与高等教育部之间的人员调动之争做出指示。
4月24日　永定河引水工程完工。
4月27日　中共中央发出《关于整风运动的指示》，整风运动在全国展开。

---

① 马寅初：《北京大学的科学研究工作》，见《马寅初全集》第十四卷，浙江人民出版社1999年版，第426—427页。
② 丁超整理：《钮仲勋先生访问记》，见华林甫、陆文宝主编：《清史地理研究》第二集，上海古籍出版社2016年版，第430页。

纪事

1月2日 北京大学地质地理学系召开第三次系务会议，讨论《一九五七年地质教研室师资培养计划》（草案）等事项。

——谭其骧看侯仁之《北京水源》一文。昨日，谭其骧前往北大拜访邓之诚。

> **1月1日邓之诚日记：**"午睡起，谭其骧来，言：即将回复旦任课，地图带回兼办，有助理二人，及画图员，或将兼地理研究所研究员，每年北来两三月。四时许去，晚间又来，谈至九时去，约其临行前拨冗出城一次也。"①
>
> **1月1日谭其骧日记：**"十时起，赴北大。一时到蒋家胡同，先访聂筱珊，继谒文如师。四时至卢合夫[卢鹤绂]处。饭后晤邵循正，又至邓师处，九时至向公处。"②

1月4日 与黄盛璋到谭其骧处谈历史地理、地理学史等事。

1月9日至12日 出席在中山公园中山堂举行的北京市第二届人民代表大会第一次会议。侯仁之、向达、陈士骅、冯景兰等北京大学教授均为海淀区的代表。会上，侯仁之当选为政府工作报告审查委员会委员。

1月14日 北京大学地质地理系致函校办公室，称高等教育部在本月19日至28日在广州召开修订地理系各课程教学大纲修订会议，我系拟派20名教师参会。

1月16日 在该日填写的《1957年科学研究计划》中，北京大学地质地理学系经济地理专业有侯仁之领导和执行的"滦河河口考察"项目。该研究的目的是"帮助海河流域规划"，备注称"与水利部合作"。

3月1日至7日 中国科学院地理研究所学术委员会第二次会议在江苏南京召开。侯仁之、黄秉维、任美锷、沈玉昌、徐近之、罗来兴、周立三、吴传钧、赵松乔、孙敬之、陈述彭等人一同出席，并宣读论文《历史时期海河三角洲的变

---

① 邓之诚著，邓瑞整理：《邓之诚文史札记》下，凤凰出版社2012年版，第982页。

② 葛剑雄编：《谭其骧日记·京华日记》，文汇出版社1998年版，第104页。

迁》（又名《历史时期渤海湾西部海岸线的变迁》）。

3月 北京市公债推销委员会教育界分会向北大布置本年公债推销工作。侯仁之因即将离京，提前到工会办公室认购公债500元。另有季羡林等人提前缴款或认购。

4月13日 顾颉刚致信侯仁之。18日，侯仁之拜访顾颉刚，与之长谈。此行，侯仁之赠顾颉刚《天津聚落之起源》一书。

4月23日 北京大学邀请在校工作的外籍专家游览香山，副校长周培源、江隆基及各系系主任、教授作陪。侯仁之与地质地理系苏联专家列别杰夫参加该活动。侯仁之为大家讲解沿途的历史和传说。

佚名："然而最忙的却要算是我们的'北京通'侯仁之先生了。从一下车介绍'香山已有了800多年历史'时起，他便成为大家得力的向导。每到一个地方，他总要介绍一番有关的历史和传说：……他的话永远是那么的幽默诙谐，时时引起人们欢乐的笑声。当大家到达了'朝阳洞'时，他和列别杰夫会面了，于是这两位地质地理学家互相谦让起来：一个说：'请讲讲朝阳洞的名称的由来。'另一个则说：'请谈谈为什么石壁上生长着树木。'"①

4月25日 北京大学校党委召开干部会议，贯彻毛泽东在最高国务会议和全国宣传会议上的讲话，共同学习怎样处理人民内部矛盾的问题，北大党委第一书记江隆基及校务委员会委员、各系系主任、行政部门处长、民主党派负责人等出席。

5月6日至14日 参加北京大学校党委召集的党内外人士帮助党整风的会议。侯仁之着眼于改进学校的工作，做了《要具体研究各系工作中的问题》的发言。此外，东语系教授马坚就院校调整中北大将地质系"完全送出去"，造成地质地

---

① 佚名：《香山日暖迎贵客，中外专家情谊长》，载《北京大学校刊》第117期第6版，1957年4月30日。

理系设置困难的问题提出批评。

案：会上，翦伯赞、傅鹰、杨人楩、王铁崖、王重民、冯友兰、游国恩、朱光潜、邓广铭、金克木、谢义炳、黄昆、陈岱孙、陈振汉、龚祥瑞、周炳琳、吴兴华、马坚等人出席会议，针对学校领导的官僚主义、宗派主义、教条主义提出尖锐批评。截至5月14日，共举行6次大会，有50位教授和干部发言。据《北京大学校刊》1957年5月12日第118期第1-3版记载，批评意见主要包括：（1）学校机关化、衙门化；（2）领导教学与科学研究中存在着严重的教条主义与形式主义；（3）党内存在着严重的宗派主义；（4）对政治思想工作的意见；（5）工会、民主党派没有发挥应有作用；（6）对高教部的官僚主义也提出了尖锐批评。

侯仁之："为了改进校的领导，加强系的工作是十分必要的。有的同志提出校部工作下放，是值得研究的。但目前系的领导工作问题很多，应该重点检查一二个系，具体深入研究一下。去年校部工作初步下放，但系里没有配备适当干部，工作压下来，怎么办得好？更重要的是系的工作也存在着严重的官僚主义，我系一些工作干部主要是党员同志，思想上搞不通，向科学进军的口号提出后，片面强调业务，不肯把系的工作摆在主要位置，不能最主要的时间精力搞系的工作，党委在这方面必须加强思想教育。此外，系一级尚未建立起一套严密的工作制度，学校的机构也不灵活，常常是上下不通气，校的领导也有该管的不管，不该管的又管得过死，使下面工作干部浪费很多不必要的时间和精力。"①

马坚："北大曾有过两次惨痛的经验教训，第一次是把北大的地质系，连教师和设备完全送出，后来设置地质地理系的时候，感到很大的困难。"②

---

① 《在党内外干部会议上，二十位同志对党委领导工作中的缺点和错误继续提出批评》，载《北京大学校刊》第119期第3版，1957年5月20日。
② 同上刊同期第2版。

5月7日 接待中国科学院副院长竺可桢一行来访，与乐森璕等介绍北京大学地质地理系情况。

竺可桢日记："午后二点半和杨克强、尹赞勋至北大地质地理系，和侯仁之、乐森璕、王嘉荫等谈地质地理情况。据云，北大在1952〔年〕时在院系未调整前，有七个教授。经调整后，所有教员和28000书籍和清华、南开、唐山关于地质部分全部并北京地质学院。1955年经总顾问马列车夫提了意见，认为重点大学如北大不能没有地质系。又成立地质专业和地貌专业，1956年成立地球化学和自然地理专业。现有360人，其中地质128人，为理科五系中发展最快一系。"[1]

《乐森璕传略》："自从1957年5月7日中国科学院副院长竺可桢和杨钟健、尹赞勋等专家视察北大地质地理系时，提出需要兴建一座地学楼的建议，正与乐氏的心思不谋而合，自此以后，这地学楼就成了他的心病了。"[2]

5月16日 赴中国科学院听巴西学者Josue De Castro做题为《食物与人口》的演讲。

竺可桢日记："上午九点至院。今日以中国地理学会名义约巴西Rio de Janeiro里约热内卢大学Josue De Castro教授演讲'食物与人口'。……十点De Castro来。听讲者马寅初、邵力子、侯仁之、曾世英及地理学会会员一百人左右。"[3]

5月18日 《光明日报》第2版刊发《地质学家谈地质科学发展的内部矛盾，

---

[1] 竺可桢：《竺可桢全集》第14卷，上海科技教育出版社2008年版，第570—571页。
[2] 杜松竹、周水良：《乐森璕传略》，贵州科技出版社1993年版，第110页。
[3] 竺可桢：《竺可桢全集》第14卷，上海科技教育出版社2008年版，第576—577页。

指出地质部本位主义严重》。北京大学地质地理系教授乐森璕、地质部储量委员会主任田奇镌、中国科学院地质研究所矿物室主任何作霖在接受记者采访时指出，地质部过分地强调勘探等生产任务重要，忽视科学研究工作，使地质理论研究工作中断，已经给建设事业和科学发展造成损失。

5月19日　北京大学学生在大饭厅前的广场上开辟"民主墙"，通过大字报方式参与整风，针对"三害"提出意见。在"民主墙"上，曾张贴学生访问该校教授翦伯赞、冯友兰、侯仁之等人发表的意见。

5月24日　在北京大学地质地理学系《一九五七年工作报告》上进行批注，并用红笔书写贴签。

5月　北京大学地质地理系1953级本科生陈光寒、潘鸿儒等在地学楼贴出要求转系学习的大字报，部分学生因此被打成"右派"。毕业前夕，时任系主任侯仁之宣布处分决定。

6月8日　接受《北京大学校刊》记者翟奎曾的采访，就当前进行的整风运动发表看法，指出"既要'鸣'，也要'争'""党的领导决不能离开学校""每个人都要在风浪中接受考验"。

6月15日　与历史系主任翦伯赞一起参加北京大学学生会举办的教授演讲会，发表对整风运动的看法与体会。侯仁之勉励北大学生"每个爱国青年都应当站稳立场，团结在党的周围，对反党、反社会主义的言论展开斗争，使整风运动健康地发展"。

6月15日至8月13日　根据中共中央关于边整边改的方针，北京大学校务委员会先后召开3次校委会，讨论地质专业、心理专业改系，中文系语言、文学分专业，改进学校领导体制等问题。

案：为展开充分讨论，全体校委会委员按照所在专业性质分为数理化、生地、语言文学、社会科学4个小组。8月13日的校务委员会会议综合各个小组的意见，认为发展地质科学是国家经济建设的迫切需要，国家科学规划委员会小组也准备在地质学方面支援北京大学，统一将地质专业改为地质系，由学校、地质地理系及校外有关人士共同组成筹备小组，争取在1957—1958

学年度内建系。

6月25日　乐森璕提交《地质地化专业应即建系的理由》，认为北京大学地质地理学系的地质系和地理学"必须尽早分开"，并建议"今年做好建系的计划和准备明年春假后正式成立地质系，更急迫的是在1958年尽早开始兴建地质楼，并要求高教部指拨专款，充实必不可少的设备"。

6月　出席北京出版社举办的"北京讲座"，介绍北京历史地理。

——《光明日报》总编辑储安平致信侯仁之，为改革版面约稿。

——致信顾颉刚，约其赴山东青岛编辑《中国古代地理名著选读》。

7月3日　拜访顾颉刚。

7月5日至29日　北京大学应南斯拉夫贝尔格莱德大学之邀，派侯仁之、张龙翔出席"今日的大学"国际讨论会。5日，侯仁之、张龙翔二人从北京启程。7日，抵达贝尔格莱德，与驻南大使馆取得联系，并与伍修权谈话。8日，抵达贝尔格莱德大学。9日，赴杜勃罗尼克市。10日，会见贝尔格莱德大学校长，并转交马寅初的信。当日下午至20日，参加会议。侯仁之就大学生的一般教育问题和学术自由问题发言，说明"百花齐放，百家争鸣"的方针，得到了苏联代表的支持。21日，返回贝尔格莱德。22日，到贝尔格莱德大学赠送书籍礼品。23日，参观该校理学院地理系、科学院地理研究所等机构。24日，返程途中抵达莫斯科。25日至26日，参观莫斯科大学地理系等机构。27日，参观全苏农业展览会和工业展览会。当日离开莫斯科回国，29日下午返回北京。回国后，侯仁之、张龙翔向马寅初、江隆基等校领导提交《参加南斯拉夫国际讨论会总结报告》。

案：1957年5月10日，南斯拉夫贝尔格莱德大学校长布拉戈叶维奇致函北京大学校长，邀请派代表参加在杜勃罗尼克市召开的"今日的大学"国际讨论会。20日，对方再次致信北大，提供两个免费参会名额。27日，北大发文给高等教育部留学生管理与对外联络司。6月初，高等教育部与外交部联系后，希望北大重新考虑人选，"注意政治经验比较丰富一些的人去。又希望能派一位社会科学方面，一位自然科学方面的干部前往参加"。江隆基认为"侯仁之先生实际上就是搞历史地理的,和人文科学接近。可以不改变人选"。7月2日,高等教育部党组发文给中共中央国际活动指导委员会,称"关于北京大学拟派侯仁之、张龙翔两教授参加贝尔格莱德大学'今日的大学'的讨论会,业经你委转报习仲勋同志批准,并经中共中央组织部审查同意出国。兹将他们赴南的活动计划送去,请予审批"①。此次会议,共有来自苏联、中国、保加利亚、缅甸、法国、意大利等21个国家的68名代表出席。又,张龙翔(1916—1996),浙江湖州人,生物化学家、教育家。曾就读于沪江大学、清华大学、岭南大学。1940年赴加拿大多伦多大学留学。曾在西南联合大学、北京大学等地任职,1981年至1984年任北京大学校长,兼任中国生物化学会理事长、中美生物化学招考委员会中方主席等职。

7月10日　《北京大学校刊》第137期第3版转引原刊于5月29日《北京日报》的黄继忠的《大胆向党和党员提意见》。黄继忠在文中对北京大学"一阵风在高级知识分子中发展了一批党员"提出批评,涉及严仁赓、侯仁之、季羡林、曹靖华等人。

7月23日至8月4日　出席在中山公园中山堂召开的北京市第二届人民代表大会第二次会议。会议选举彭真为北京市市长,张友渔、吴晗等为副市长,并选举出由王明之、刘仁、朱兆雪、孙孚凌、郑天翔、胡锡奎、梁思成、舒舍予、翁独健、雷洁琼等39人组成的北京市人民委员会。会上,有25名代表及3名列席人员因"反右"而被批判。侯仁之就"反右"问题发言。同时发言的还有陈陆圻、董渭川等人。会上,侯仁之当选为政府工作报告审查委员会委员。

7月30日　国家体委召开中国登山队攀登贡嘎山主峰成功庆祝会。北京大学举行1500人参加的庆祝大会。登山队成员包括北京大学地质地理系研究生崔之久、助教马文璞,会前受到贺龙副总理的接见。在次年成立的中国登山协会中,侯仁之任协会委员。

---

① 见北京大学档案馆藏《高教部、北大关于侯仁之、张龙翔参加南斯拉夫贝尔格莱德大学"今日的大学"国际讨论会的有关函件、总结报告》(档案号2011957038)。

8月12日至28日 应中国科学院地理研究所之邀主持编辑《中国古代地理名著选读》，赴青岛的中国科学院休养所，与顾颉刚、谭其骧、任美锷等人共商此事。

顾颉刚："〔一九五七年〕七月十一日至青岛，以地理研究所委托侯仁之君编辑《中国古代地理名著选读》，仁之邀谭季龙、任美锷两君及予同编，予主西汉以前，季龙主《汉书·地理志》，仁之主《水经注》，美锷主《徐霞客游记》，乘暑假中同至青岛，拨去人事，专力编纂，盖季龙为复旦大学历史系主任，仁之为北京大学地理系主任，美锷则南京大学地理系主任，任务苦多，非易地则不克为也。当予挈家人来此，三君尚未至，乃一方面整理《诗论》，一方面涉猎论今古文诸书，遂有此册之记。及八月三日季龙自上海来，十二日仁之由北京来，商量体例既定，予遂从事古地理，此册未由写毕。"①

8月12日顾颉刚日记："与李兴银到车站，接侯仁之。车至新新公寓，接季龙，同到休养所落宿。仁之、季龙来谈编辑事。……到季龙处，并晤尹达。与季龙同到尹达处谈。"②

8月26日顾颉刚日记："与仁之、美锷、季龙赁马车游湛山寺及太平角。与尹达、仁之、美锷、季龙到胶东路看夜市，步而往，车而归。"③

8月28日顾颉刚日记："与仁之、季龙、美锷同商历史地理名著选、要籍介绍、论文选等工作。……送仁之上车。"④

9月5日顾颉刚日记："季龙来。将季龙《汉书·地理志》注已成稿阅毕，摘钞入笔记，约二千四百字。……十时，送美锷、季龙上站。……季龙论作文，谓自己太拘谨，放不开。蒙老则晦涩，看不懂。仁之会作文，故占了便宜，可惜现在行政事务太忙，不能进步。又说予文章流畅，是一笔绝大

---

① 顾颉刚著，印永清辑，魏得良校：《顾颉刚书话》，浙江人民出版社1998年版，第43页。
② 顾颉刚：《顾颉刚日记》卷八，中华书局2011年版，第294页。
③ 同上书，第300页。
④ 同上。

的本钱。"[1]

案：此处"蒙老"当为蒙文通（1894—1968），四川盐亭人，四川大学教授，此时亦在青岛疗养。

8月13日　北京大学校务委员会开会讨论某些专业改系的问题，决定将地质地理系的地质专业改为地质系，成立由校方、地质地理系和校外相关人士组成的筹备小组，争取1957—1958学年度建系。当时，国家科学规划委员会小组拟在地质学方面对北大提供支援。

8月22日　在青岛期间，应邀与顾颉刚、尹达、谭其骧到山东大学历史系出席座谈会，吴福恒、黄云眉、孙思白、郑鹤声、童书业等山大学者出席。24日，应山东大学之邀前往演讲。

8月　中共北京市委向中央提交1957年在高级知识分子中发展新党员的报告。报告称："今年计划在高级知识分子中先接收一批政治表现好，政治历史考察清楚的够党员条件的分子入党。有些表现虽好，但还须进行某些工作的，放在明年接收。……今后发展的重点应放在大学教授、建筑与设计部门、医疗卫生系统等薄弱方面。在工作中要克服重业务而忽视政治的偏向，除了对政治历史应进行严格的审查外，对于政治思想方面要十分重视，以保证党员的质量。"

9月5日　《北京大学校刊》第153期第1版发表社论《在教师中深入展开反右派斗争》。

9月6日　到中国科学院生物大楼，与竺可桢、黄秉维谈中国科学院物理天文台选址问题。

竺可桢日记："九点至生物大楼。和侯仁之、黄秉维谈，为程茂兰觅物理天文台台址。在图上看到在50~100km之内，要在1000m的高度，则妙峰山在1100m高度，但距离只40km，且去时要走过一个800m高的山峰，后又下去，至300m再上升。此外则周口店附近和八达岭附近，交通方便，距离合

---

[1] 顾颉刚：《顾颉刚日记》卷八，中华书局2011年版，第305页。

适，有一千公尺的高度，可以考虑。"①

9月12日 致信北京大学办公室。侯仁之陪新到校的苏联专家列兹尼科夫参观校史馆，后者提出应该有更多的实物陈列。侯仁之在信中转达上述意见。

9月21日 出席北大地质地理系迎新大会。会后，与林超教授等新老师生到校内三十二斋新宿舍区工地进行义务劳动。26日，《北京大学校刊》第157期第3版刊发牛正武《地质地理系新老同学给新学年的献礼》介绍此事。

9月26日 北京大学校务委员会召开第37次会议，讨论1957—1958学年工作纲要草案，指出今后一年的主要任务是"在深入反右派斗争的基础上，对全体人员进行社会主义思想教育，彻底整顿作风，改进领导，改进工作"。

9月 为全校入学新生做《历史上的北京城》报告。参加北京大学宿舍区挖沟劳动，并利用周末带领新入校的经济地理专业学生考察北大校园及周边地区、北海公园、景山公园、昆明湖、玉泉山等地。

王善钧："北大新生入学训练，还有一个保留节目，每年请侯仁之先生（地质地理系主任）为新同学讲述北京的过去、现在和将来。侯先生对北京的历史地理，如数家珍。他讲到，八百多年前，蒙古族首领忽必烈，率领千万铁骑，浩浩荡荡，一举把宋军阵地摧毁，便长驱直入，攻占了中都（北京）城，建立起'元大都'。侯先生还讲了'京杭大运河'。这条水上运输大动脉，北起涿郡（北京），南到余杭（杭州），可将南方出产的粮食，直接运抵北京西直门前的积水潭码头。所有这些，都留在我的记忆中。"②

段宝林："侯仁之先生讲北京和燕园的历史讲座似乎是百听不厌的。他讲演富有文学色彩，慷慨激昂，富于鼓动性，颇振奋人心。有一次讲到某外国使节去朝见皇帝，事先讲好不行下跪礼，但当他进了故宫的一座座门，

---

① 竺可桢：《竺可桢全集》第14卷，上海科技教育出版社2008年版，第647页。
② 王善钧：《燕园往事今吾》，见陆学艺主编：《青春岁月在北大——哲学系1957级同学回忆录》，社会科学文献出版社2012年版，第84页。

一进宫殿，只见那建筑之华丽雄伟、节奏之疏密有致，走了好半天才到太和殿，他的心里一阵阵紧张，使他爬上台阶见到皇帝时，竟然忘了事先的约定，而不自觉地在山呼万岁声中，跟着中国官员一起下跪了。侯先生说，故宫是用建筑艺术书写的一首皇权伟大的颂歌。而讲到英法联军马队手持火把赶往圆明园进行烧杀抢劫时，我们对那些恶魔般的西方强盗兵的暴行，充满了义愤与爱国的激情，久久难以忘怀。"①

——苏联莫斯科大学地理系交换生进入北京大学地质地理系学习。本学年，有61名外国留学生进入北大学习。

——侯仁之开设中国地理学史课程。据俄罗斯科学院远东研究所柳·伊·康德拉绍娃回忆，"侯仁之亲自给我们上课，解释古文，并希望我们回国后能将古文翻译成俄语，但我们却无法胜任这样伟大的事"。

陈彤、孙世恺： "地质地理系经济地理专业的师生谈起讲授地理学史的时候，常常怀念起半年前毕业返国的苏联留学生尼古拉耶夫等。……一年以前，这个专业新开地理学史课程，那时还没有一套完整的讲义。系主任侯仁之教授领导教研组的教师编出中国部分的地理学史讲义以后，感到对苏联近现代地理学史研究不够深刻。这时，侯仁之教授忽然想到在本班学习的苏联留学生。他想，这几位苏联留学生很努力学习，出国前已在莫斯科大学学过地理，一定对苏联近现代地理学了解得比较多些，如果能叫他们讲点课也是促进学习的好办法。于是他提议请苏联留学生讲述这部分课程。当时，几个苏联留学生都表示自己研究得不够。可是，中国教师都满怀热情地给予鼓舞，又指派一个讲师具体帮助他们编写讲义，足足准备了两个多月，写出完整的讲稿。"②

---

① 段宝林：《五六十年代北大校园生活琐忆》，见北京市档案馆编：《北京档案史料》2000年第3辑，新华出版社2000年版，第298页。
② 陈彤、孙世恺：《亲如家人——记苏联留学生在北京大学》，载《人民日报》，1961年2月11日。

10月5日　北京大学召开全体教员大会，副校长江隆基做有关本学年工作的报告，要求深入开展反右派斗争，进行社会主义思想教育。

10月12日　《北京大学校刊》第160期第1版刊发《来自苏联等国的六位专家已开始工作》。其中，来自苏联顿河罗斯托夫大学的沉积岩石专家阿·帕·列兹尼柯夫应高教部聘请来北京大学地质地理系执教，讲授沉积作用等4门课程，培养和指导来自全国各地的进修教师、研究生。

10月15日　顾颉刚致信侯仁之。

10月19日　为庆祝十月革命胜利40周年，北京大学地质地理系举行科学报告会，邀请风成地形学家、斯大林奖金获得者、苏联科学院地理研究所的Б.А.费道洛维奇博士做有关新疆地理和地貌调查的报告。

10月26日　中共北京市委任命陆平为北京大学党委第一书记，江隆基改任第二书记。此前，国务院任命陆平为北京大学副校长。

案：陆平（1914—2002），吉林长春人。曾就读于北京大学。早年参加学生运动，投身革命。曾任中共松江省委常委、中共黑龙江省委委员、铁道部副部长等职。1957年，在北京大学担任党委书记兼副校长。1960年，任北京大学党委第一书记兼校长。后曾任第七机械工业部副部长、航天工业部顾问、全国政协副秘书长等职。

10月31日　北京大学地质地理系主任侯仁之到三十斋403室与经济地理专业一年级同学就专业培养目标与课程的关系、教学及生活问题进行座谈。次日，侯仁之到班上听课。

10月31日　《北京大学校刊》第165期第4版的"大字报选载"刊登《第一张教授大字报——地质地理系仇为之副教授的一张大字报》。

11月6日　为庆祝十月革命胜利40周年，北京大学地质地理系在十斋103室举行友谊展览会，展出莫斯科大学、列宁格勒大学赠送的专业课程大纲、野外实习大纲及书刊、地图、标本等。

11月13日　北京大学地质地理学系俄语翻译王述训致信系党总支、系主任侯仁之，请求将北京地质勘探学院专家工作室的张旭箴借调或调入北大地质地理学系。15日，侯仁之在报告上签名同意。

11月18日　顾颉刚在青岛致信侯仁之。

11月19日　北京大学地质地理学系向校方提交《地质地理系对于莫斯科大学地理系建议交换自然地理专业生产实习学生的意见》。副校长江隆基批示"立即呈报高教部"。北京大学拟同意莫斯科大学的建议，但限于目前师资指导力量的困难，不能接受莫斯科大学的委托，也无力派实习队出国。

11月22日　《北京大学校刊》第172期第2版刊发《下定决心，大家动手——地质地理系图书室出现了新面貌》，称系主任侯仁之亲自负责改进系图书室。此前，系图书室是整改运动中该系师生员工意见集中的焦点。

11月25日　中国教育工会北京大学委员会召开《社会主义国家共产党工人党代表会议宣言》和《和平宣言》座谈会。侯仁之与邵循正、郑昕、林庚、芮沐等人出席。侯仁之发言称"真是'百花齐放'""事情虽只是沧海一粟，但也是非共产党领导下的人民天下所绝不可能有的"。30日，《北京大学校刊》第173期第1版刊发《世界人民拍手笑，帝国主义害了怕——工会邀集部分教授座谈两篇宣言》。

11月　接受《人民日报》记者柏生的采访，谈及北京大学、莫斯科大学"中苏两个古老大学的友谊"。

12月4日至11日　北京大学地质地理系在九斋举办反浪费展览。15日《北京大学校刊》第177期第2版刊发《惊人的积压，严重的浪费——地质地理系举办反浪费展览会》。

12月11日　北京大学举行系主任联席会议，副校长江隆基、陆平及各系主任、处长、图书馆馆长、直属教研室主任出席会议。会议传达了彭真关于国内外形势和整改、干部下放工作的报告。

12月19日　北京市政协组织人民政府委员会、政协的委员及部分教师到河北省保定、满城、河间等地参观农村水利建设。侯仁之、赵诏熊、赵隆勤、杜连耀等北大教授以及北京农学院的关君蔚等人参加该活动。侯仁之接受采访时盛赞农民兴修水利的规模和气魄，称"知识分子的劳动过程是个体的，而今天改造子牙河的农民,便是走的集体化的道路;红色卫星上天就是苏联科学家集体的贡献;如何学习农民走集体化的道路,对我们来说是个重要的问题"。

12月22日 在该日填写的北京大学《地质地理系机构人员编制表》中,经济地理教研室有教授侯仁之,副教授仇为之,讲师胡兆量、王亦闲、陆卓明、徐兆奎,助教李域、杨吾扬、林雅贞、魏心镇、郭鸿铭、汪安祥。全教研室共有教员12人。

12月31日 《北京大学校刊》第184期第1版刊发社论《让我们在各个战线上为社会主义贡献力量》,介绍北大第一批下乡和支援其他单位的情况。地质地理系的王文斌、陆卓明、吴荔明、周琦琇、魏心镇等26人名列"光荣榜"。

本年 在本年度《地质地理系在职人员名单表》中有侯仁之如下信息:44岁,大学毕业,家庭成分"小资产阶级",本人出身"教员",现任职务"系主任、教授",1952年10月到系工作。

著述

6月11日 《不能缄默无言——对"党委制退出学校"的意见》刊于《人民日报》第7版。文章就所谓"党委制退出学校""民主治校"或"教授治校"问题发表观点。该文又收于《新华半月刊》1957年第13期。同期《人民日报》又刊发中国人民大学教授赵承信的《我对院系调整和教学改革的体会》。

> **侯仁之:**"把北京大学比作在社会主义革命洪流中向前行驶的一只船,我们许多负有行政责任的人,无论是党员还是非党员,就好比是船上的水手,而代表党的领导的党委会则是船上的舵手。……所谓'党委制退出学校'的说法,在这个比喻中无异说是要把我们的舵手换掉,把我们的方向掉转头来。这样做我们是坚决不能同意的,因此对这样的意见无论如何也是不能缄默无言的。"①

7月 《怎样自学地理》收入中国青年出版社编《怎样自学——和青年谈学

---

① 侯仁之:《不能缄默无言——对"党委制退出学校"的意见》,载《人民日报》,1957年6月11日。

习文化科学知识》（中国青年出版社，1957年）。同书收录周振甫、叶蠖生、裘光明、王幼于、顾均正、方宗熙等人指导学习文学、汉语、历史、数学、物理、化学、生物的文章。

侯仁之："地理学作为一门科学来说，在今天已经获得了重大的新发展。首先，它早已脱离了那种对地理事实单纯记述的阶段，而进一步要求对错综复杂的地理现象，就其内在的联系做出阐发和说明。这就使得看似孤立的、纷然并列的各种各样的地理现象，在我们的认识过程中，逐渐被发现为不但是可以理解的，而且是相互依赖的、相互制约的。这种'自然奥秘'的揭露，好像是对旧日地理学注入了一种新生命，终于使僵死的东西活跃起来，使破碎的东西恢复了完整。"①

12月　《历史时期渤海湾西部海岸线的变迁》刊于中国科学院地理研究所编辑的《地理学资料》第1期（科学出版社，1957年）。该文1956年10月写完初稿，1957年3月15日有增补。

4月12日谭其骧日记："早仁之来，谈渤海湾海岸变迁，渠已撰一文，颇有所见。"②

李世瑜："历史地理学家侯仁之先生来信说：'前些日子我在有关历史地理学的一次学术讨论会上，介绍了您在野外考察中对于古代渤海西部海岸蛤蜊堤的发现及大作，我认为这对历史地理学的研究有重要的参考价值。历史地理工作者也应该到野外去，到现场去，不能怕艰苦，搞历史地理工作，不能只是坐在书房里翻阅文件资料。您的考察研究对历史地理工作者有很大启发。我是极力主张要重视野外考察的。过去我正是通过野外考察才解决了

---

① 侯仁之：《怎样自学地理》，见中国青年出版社编：《怎样自学——和青年谈学习文化科学知识》，中国青年出版社1957年版，第51页。

② 葛剑雄编：《谭其骧日记·京华日记》，文汇出版社1998年版，第78—79页。

一些单凭文献资料所不能解决的问题的。古代渤海西部海岸遗迹的发现和研究对历史地理的研究做出了重要贡献。'"①

本年　《我爱旅行》刊于《旅行家》1957年第2期。该文后收于侯仁之的《步芳集》（北京出版社，1962年）。

——《南斯拉夫人民的友谊》刊于《旅行家》1957年第11期。该文后收于侯仁之的《步芳集》增订本（北京出版社，1981年）。

评介

1月7日　《北京大学校刊》第105期第5版刊发《一个平常的劳动日》，介绍侯仁之到副校长周培源燕南园家中商谈地质地理系工作的情况，侯仁之称"我们将在廿九日召开第三次系务会议，讨论师资培养问题"。

4月30日　《北京大学校刊》第117期第6版刊发叶家铮的《受同学欢迎的中小型文化活动》，介绍侯仁之开设讲座情况，称"侯仁之的讲座不得不临时更换大会场"，"侯仁之教授给新到北京，而又马上准备春游的新同学谈名胜古迹"。

6月13日　《北京大学校刊》第126期第2版刊发翟奎曾对侯仁之的采访稿《这是一次真正的政治课考试：侯仁之教授谈当前的整风运动》。该文是组稿《对一切反对社会主义言论不能缄默无言》的一部分。

6月16日　王永凤的《侯仁之、翦伯赞勉励北大学生：站稳立场坚决》刊于《北京日报》第2版。

11月6日　柏生《中苏两个古老大学的友谊》刊于《人民日报》第3版，介绍北京大学与莫斯科大学的交往时重点介绍了侯仁之及其所在的地理系。

案：1957年是十月革命胜利40周年。为此，全国人民代表大会常委会、国务院、中共中央向苏联人民祝贺伟大的十月革命节。首都各界人民在11月

---

① 李世瑜：《纪念古代渤海湾西部海岸线遗迹发现三十五年》，见《社会历史学文集》，天津古籍出版社2007年版，第452—453页。

6日举行盛大集会。

11月11日 《北京大学校刊》第169期第2版刊登《地质地理系主任下班参加座谈会》，第4版刊登《地质地理系举行"友谊展览会"》。

11月26日 《人民日报》第8版刊文《一个队日的活动》，介绍侯仁之参加北京大学附小少先队第三中队以"北京——可爱的首都"为主题的队会。侯仁之为小学生讲解北京的过去和未来。

传承

2月 招收的北京大学历史地理专业第一位研究生王北辰入校就读。同时，帮助谭其骧"代管"其在中国科学院地理研究所招收的研究生钮仲勋。

案：据《北京大学校刊》1957年2月21日第108期第1版刊登的《我校录取103名研究生》介绍，北大在1956年第一次公开招考研究生，原计划招收73个培养方向的157名研究生，实际招收103名，计划于1960年度寒假毕业。该年，北京大学地质地理系的研究生导师有王乃樑、侯仁之、王嘉荫3人。王北辰（1921—1996），黑龙江齐齐哈尔人，曾任齐齐哈尔实验中学地理教师，生前执教于北京大学城市与环境学系，主要从事沙漠历史地理研究，著有《王北辰西北历史地理论文集》（学苑出版社，2000年）。在1957年度《地质地理系在职人员名单表》中有王北辰如下信息：36岁，本人出身"教员"，现任职务"研究生"，1952年2月到系。

北京大学历史地理研究中心："1957年，身为中学教师顽强好学的王北辰先生考入北京大学地质地理系，成为北大历史地理专业侯仁之先生的第一位研究生。1961年春，他毕业留校任教，三十余年一直从事历史地理学的教学和科研工作。"[1]

---

[1] 北京大学历史地理研究中心：《〈王北辰西北历史地理论文集〉序言》，见本书编辑组编：《王北辰西北历史地理论文集》，学苑出版社2000年版，第1页。

钮仲勋："我读研究生的第一年,谭先生主要在复旦大学,没时间指导我。于是,谭先生就委托北京大学的侯仁之先生代管。地理所黄秉维所长对我说,你是谭先生的学生,但你赶紧去北大找侯先生上课去。当时,侯先生有两个研究生,亲自在北大燕南园自己家里给他们上课。……另外一个研究生是王北辰。王北辰可能是四年制研究生,比我早入学,但我是五年制的。除了旁听侯先生的课,当时和侯先生有个约定,每两个星期去侯仁之府上一次,汇报学习中的问题。侯仁之对学生很负责,完全是英国式的培养方法。他很守时,如果你迟到了,会不高兴。侯先生对我比较客气,说过好几次'你是谭先生的学生'。"①

1958年　47岁

背景

3月3日　中共中央做出开展反浪费、反保守运动("双反"运动)的指示。

4月22日　人民英雄纪念碑在天安门广场建成。

5月　"大跃进"运动在全国展开。

11月　中国科学院地理研究所正式由南京迁至北京西郊中关村。

纪事

1月5日　赴西郊友谊宾馆参加欢送苏联地理学家萨莫伊洛夫(САМОЙЛОВ)教授回国。侯仁之致辞,并介绍主编《中国地理学史》之事。

竺可桢日记:"赴西郊友谊宾馆南配楼(二号楼)大厅晚餐,到黄秉维、王爱云夫妇、孙敬之夫妇、侯仁之、周廷儒、郭敬辉、沈玉昌和翻译李恒等。教授将于后日下午7时35分车回莫斯科,所以这几天特忙。

---

① 丁超整理:《钮仲勋先生访问记》,见华林甫、陆文宝主编:《清史地理研究》第二集,上海古籍出版社2016年版,第430页。

昨日还在师大做报告，大家认为满意，以为师大地理系和莫斯科师大地理系取得联系，并为莫大和北大地理系取得更密切联系。席间侯仁之致辞，说他主编《中国地理学史》，C之来中国，将为中国地理史上一件大事云。"①

2月6日 与乐森璕、王嘉荫、王乃樑、林超、李孝芳、仇为之、梁毅、陈凯、王恩涌等人参加系务会议，讨论"右派"学生的处理问题。

2月8日 出席有系务委员、教研室主任参加的系务会议。侯仁之做有关预算的报告，指出系里浪费严重，称"去年的寨口实习就是一例：用资产阶级方法去鼓励工作人员积极性，这是一个漏洞。希望各教研室秘书在教研室主任领导下，重新审查，看可否节省多少"。

2月9日 赴北京城西南广安门外六里桥八一电影厂，参与拍摄苏联莫斯科通俗电影厂和上海科学电影厂合作拍摄的友谊铁路（从兰州到阿拉木图）沿途地理风景电影片。同行者有竺可桢、黄秉维、孙敬之、郭敬辉等。

——北京大学全体师生举行"除四害，讲卫生"动员誓师大会。次日，北大各单位集中捕杀麻雀、老鼠、蚊蝇，清扫垃圾杂物。

2月10日 北京大学地质地理学系地质教研室张容芳因病申请寒假回家。12日，侯仁之签字同意。此后，张容芳又数次向系里提出辞职申请。

2月13日 参加北京大学地质地理学系系务会议。会议讨论了下学期上课、考试与实习安排、"右派"处理等问题。

2月27日 赴中国科学院，与竺可桢、孙敬之、黄秉维等谈参加国际地理学会1960年大会，以及该年8月赴莫斯科参加萨利谢夫的《世界大地图集》委员会会议等事宜。

2月28日 北京大学校党委召开总支、直属支部委员以上干部会议，邀请学校行政负责干部，各系正、副主任及各民主党派、工会和学生会负责人列席会议。会议了讨论如何深入整改和全面大跃进。陆平在报告中指出"这个运动要以反

---

① 竺可桢：《竺可桢全集》第15卷，上海科技教育出版社2008年版，第6页。

浪费、反保守为纲，使学校来一个全面大跃进。因此运动锋芒不仅仅是指向人力、物力、财力的浪费，而且要就办学的根本道路和基本方法进行大辩论，批判障碍学校前进的资产阶级思想，扫清官气、暮气、骄阔气、娇气，贯彻社会主义的办学路线和方法，使学校真正成为为国家培养又红又专的干部的社会主义大学"。

2月　北京大学地质地理系承担圆明园的园林工作，植树近两万株，打算把圆明园建成美丽的公园。此后，北京市园林局授予该系奖旗一面。

——北京大学地质地理学系提出1958年至1962年《地质地理系跃进规划纲要》（草案）。该纲要称"5年内，地质地理本科学生可以增加到1500人左右（包括代其他单位培养），是现有学生的2～3倍。其中工农成分学生占60%，根本改变我系学生队伍的成分"。并称"研究生由现有的8人可增加到50～70人，是现有的6倍（以上数字，最后由学校来规定）"。纲要还提到"我们积极创造条件，争取在一年内，分别地质系、地理系（这问题最后由学校批准）"。

3月2日　北京市高等学校体育积极分子大会在首都体育馆召开，首都32所高等学校的6000余名体育积极分子参会，提出争取体育大跃进的口号。同期，北京大学体育跃进大会召开。侯仁之代表地质地理系全体师生表示决心"先进，再先进，跃进，再跃进，永远保持在全校体育运动行列的上游"。

3月5日　北京大学校务委员会举行扩大会议，校务委员及教研室主任以上干部与会。会议讨论了如何深入整改和全面大跃进的问题。侯仁之与季羡林、杨晦、樊弘、魏建功、冯至等人与会。侯仁之在讨论中发言称"过去教师中不是比红专，而是比工资，比学术，比设备，比阔气，比进修，……往往在这些问题上争吵，消耗不少力量"。

3月9日　北京大学物理系副主任谢义炳在地学楼贴出大字报《致地质地理系主任侯仁之先生的公开信》，称"整改中，我校九三社员中理科教员开会座谈如何向学校及各系提意见，揭发缺点。你系林超，李孝芳及张家骥等先生都认为有顾虑不敢提。这种现象是不健康的，是有碍工作的，在这次双反运动中，我向您在发动群众，揭发问题与缺点，严肃整风，增加团结、推进政治与教学等方面进行挑战"。侯仁之在地质地理系通讯组采访时表示坚决应战，欢迎谢义炳更多地揭露，并动员林超等人毫无顾忌地投入运动。此外，生物系也于3月8日向地质地理系等系发出挑战，表示"决心把生物系变成红色生物系"。

3月10日　北京大学全校师生举行反浪费、反保守运动誓师大会，副校长陆平做了题为《反浪费，反保守，向又红又专道路大跃进！》的报告，称这场运动是"一个深刻的思想上和政治上的社会主义革命运动，又是一个社会主义生产大跃进和文化大跃进的运动，它将席卷一切人员到运动中来"。同时要求"人人出大字报，大字报要比多比好"。地质地理系也召开誓师大会。当日，地质地理系各教研室分头搜集资料，开会分析和研究大字报。侯仁之张贴数张大字报，并在地学楼前阅读和抄录其他大字报，报道称"他很兴奋，从今天的情况看来可以相信通过这次运动，能够彻底解决本系两条道路的斗争"。

案：1958年2月底，中共北京市委高等学校委员会部署首都高校整风运动新阶段的人物，要求开展反浪费、反保守运动，贯彻勤俭办学、勤俭生产、勤工俭学（"三勤"）方针，放手发动群众，就办学根本道路和基本方法进行大鸣大放、大争大辩，进一步确定社会主义办学路线和方法，改革教学制度，提高教学质量，多快好省地培养又红又专的知识分子。3月10日，《北京大学校刊》第201期第3版刊发《勇敢上战场——记地质地理系的誓师大会》，介绍该系的"双反"运动。

3月15日　北京大学全校师生继续揭发教育工作中"成名成家""厚古薄今""教书不教人""脱离生产""脱离实际"等所谓的歪风邪气。

3月12日　收到莫斯科大学地理系里亚布契科夫的来信，信中附有致教育部长杨秀峰的信。此前，亚布契科夫寄来13种教学大纲和文章。此后，杨秀峰把亚布契科夫信的中文译本转交侯仁之，并要求仔细考虑并提出意见。侯仁之据此提出具体建议，并拟定答复里亚布契科夫的信稿。

案：侯仁之接到里亚布契科夫来信及杨秀峰指示后，起草了北京大学地质地理系与莫斯科大学地理系合作的具体建议。建议内容涉及自然区域划分，经济地理学，制图学，地植物学，外国自然地理、水文地理、地貌学、气候学，北京大学地理系新厦的设备等方面。侯仁之在答复里亚布契科夫信中还提到"本年内（1958）除去资料交换外，双方应该就同意合作的各项制订具体的合作计划，计划应做到1962年，但是还必须明确规定每一年度应该进行的工作。至于涉及人员来往的问题（如人选和时间），自然还须政府的批准，才算最后确定"①。又，里亚布契科夫（生卒不详，А. М. Рябчиков，又作廖勃契柯夫、略布契可夫等），苏联人，地理学家。曾任莫斯科大学地理系主任、外国自然地理教研室主任，主要从事印度、东南亚、南斯拉夫方面的研究。

　　侯仁之："地理学各专业目前正在与苏联莫斯科大学地理系酝酿建立科学研究上的协作。莫斯科大学地理系对我系地理各专业的建立和发展，一致表示了最亲切的兄弟般的关怀，并且源源不断地寄送图书资料，和不厌其烦地答复我们的询问。我系各地理专业的建立，从最初起就凝结着中苏人民的伟大友谊，这是值得永久纪念的。"②

3月28日　《北京大学校刊》第216期第2版刊发地质地理系自然地理教研室李孝芳的《愧对党、行政和人民对我的重托》一文。李孝芳检讨自己深受资产阶级思想毒害，"在群众关系上，我和一些老先生侯先生，林先生都不团结，在资产阶级个人主义思想支配下，我认为只有一条路，便是好好的教书和搞科研"。

4月2日　北京大学校务委员会举行第四十五次会议，副校长陆平报告了北大"双反"运动情况及下阶段（大争大辨大，大鸣大放阶段）的工作计划。此后，北大开始"红专"大辩论，批判资产阶级个人主义思想及"五气"，批判"走粉红色道路"，制订"红专"规划。

4月5日　北京大学地质地理系举行春季运动会。老教师参加竞走等项目，并与学生进行拔河比赛。另有黄泽生打破1500米和3000米长跑的学校记录。

---

① 　见北京大学档案馆藏《侯仁之给苏联А. М. 里亚布契科夫的信》（档案号2011960093）。据内容判断，该信件当写于1958年，但在归档时被并入到1960年卷宗中。
② 　侯仁之：《北京大学地质地理系地理各专业的建立和发展》（简介），载《地理知识》1959年第3期。

4月9日至14日　中华全国民主青年联合会第三次代表大会召开。会上由陆定一代表中共中央致开幕词，侯仁之、王光英、叶至善、孙孚凌、刘西元、胡绳、胡启立、吴学谦等当选中华全国青年联合会第三届委员会常务委员会委员。11日，侯仁之与华中师范学院历史系教师章开沅等人在大会上发言。

4月10日　在北京大学地质地理系自然地理教研室以陈静生的"红专"问题为核心进行第一次辩论会，批评了"政治业务分工论"和"粉红色道路"。

4月11日　北京大学召开干部会，布置去十三陵水库劳动的准备工作。领导小组负责人、北大党委副书记崔雄崑要求"行动军事化，生产战斗化，生活工农化"，反对自由主义和本位主义。13日，参加十三陵水库劳动的6000余名北大师生举行誓师大会。次日，北大师生开赴十三陵水库工地。行前，侯仁之为师生讲解十三陵的历史地理。此后，马寅初、陆平等校领导曾前往看望师生。4月25日，北大6000余名赴十三陵工地的劳动者大军返校，实现了"生产、思想两大丰收"。

案：为支援农业大生产运动，加强学生劳动锻炼，支援十三陵水利工程，高等教育部于2月16日下发《关于组织高等学校学生参加十三陵水库义务劳动的通知》。青年团北京市委组织北京市高校学生约4万人，分批赴十三陵水库工地进行义务劳动。北大师生承担修建水库的运料任务，这也是思想改造的方式。

4月12日　竺可桢、黄秉维等在中国科协文化俱乐部召开地理学会理事会，会上推定黄秉维、孙敬之、侯仁之为筹备1960年国际地理学会论文组织委员。

竺可桢日记："晚至文化俱乐部开地理学会理事会，到黄秉维、孙敬之、褚亚平、曾世英、科联黄继武，讨论：1.地理学会如何跃进，提出编《地理教学》、举行讲演等问题；2.1960年国际地理学会的筹备，定出几个主要题目，提先要人准备，并推定黄秉维、孙敬之、侯仁之为论文组织委员；3.对访苏联代表团传达报告五月来不及，定八月底九月初；4.明年召

开学术讨论会,定夏天在外埠举行,征求各分会意见。"①

4月16日 北京大学成立围剿麻雀指挥部,由大学办公室主任蒋荫恩任主任。17日,北大召开全校围剿麻雀动员大会。19日至21日,北京大学校党委同意围剿麻雀指挥部的请求,决定全体教职工放假全力投入围剿麻雀的战斗,已补充北大附小战斗力不足的弱点。侯仁之参与到这一活动中。北京大学档案馆存有侯仁之在屋顶上手执竹竿驱赶麻雀的照片。

4月18日 《北京大学校刊》第225期第1版报道《大家都来参观"反对资产阶级个人主义思想展览会"》。

4月18日、20日 北京大学校党委召开两次教授座谈会,邀请郑昕、冯友兰、朱光潜、傅鹰、龚祥瑞等31位教授座谈"双反"运动的收获。24日的《北京大学校刊》头版称"双反运动是伟大的救人运动,我校教授感谢党对他们的耐心帮助"。同版刊发社论《红专规划是深入进行自觉革命的好形式》。

4月27日 与竺可桢、林超等人到文化俱乐部出席苏联地貌学家列别杰夫的学术报告,路遇顾颉刚。

> **竺可桢日记**:"上午地理学会约Лебедев列别杰夫讲'论中国地貌学若干问题'。……九点至文化俱乐部,参加地理学会约请北大所聘地貌学专家Лебедев讲'中国地貌学若干重要任务与问题'。地貌学在解放后始发展起来,现仅北大有一个专业,南大有一个专门化。全国地貌工作人员不到一百人。地貌学已成为自己的一个科学。"②

> **顾颉刚日记**:"到皇史宬访刘起釪,并晤戴舜年等,参观档案陈列室。遇竺可桢、侯仁之、林超。到文化俱乐部,参加民进中央小组组织生活,自九时至十二时。"③

---

① 竺可桢:《竺可桢全集》第15卷,上海科技教育出版社2008年版,第71页。
② 同上书,第83页。
③ 顾颉刚:《顾颉刚日记》卷八,中华书局2011年版,第418页。

5月4日 北京大学60年校庆纪念大会召开。彭真、郭沫若、陈伯达、杨秀峰及学术界人士、北大万余名师生参加大会。陈伯达在讲话中提出"用马克思列宁主义的批判的革命的精神继续改造北京大学,建设一个共产主义的新北京大学"。北大党委书记、副校长江隆基在报告中提出"建设社会主义新北大的四个环节"。北大地质地理系师生为迎接校庆,进行校园河湖水道整治规划。在北京大学60周年校庆文艺演出晚会上,由侯仁之与西语系教授杨周翰、东方学系教授吴世璜、数学力学系副教授王仁等人组成的教师合唱团演唱了《东风压倒西风》《歌唱伟大的五年计划》等歌曲。

5月6日 苏联地貌学家列别杰夫离开北京大学回国。列别杰夫曾任北京大学校长顾问、地质地理系系主任顾问。

5月17日 北京大学"双反"运动进入深入教学改革阶段。为此,北大万余名师生举行"继续思想革命,深入教学改革"誓师大会,号召贯彻社会主义建设总路线,划清教育和学术思想上两条道路的界限,"坚决要把思想革命进行到底,建设共产主义新北大"。会上,翦伯赞、傅鹰、王力、邓广铭、黄昆、李赋宁等人发言。《光明日报》介绍侯仁之对教学改革的看法。

> **本报讯:**"北京大学在5月17日开始教学改革,首先通过参观、听报告、漫谈等方式学习了社会主义建设总路线。……地理系教授侯仁之学了总路线认为:按照总路线进行教学改革,要打破旧的框子,教育工作才能跃进,但是现在还有不少的人不能打破旧框子,象对广东办大学,说真心话,很少教授承认那是正规大学,这就是资产阶级的规格,不打破它,结合实际的步子就走不动。"①

5月 开始参与北京大学历史系汪篯、翦伯赞主持的《北京史》编纂工作。

> **张传玺:**"我与侯先生相识,始于1958年5月。当时,'大跃进'浪潮

---

① 本报讯:《打破旧体系,建立新体系——根据总路线进行教学改革,首都许多高等学校要求全面跃进》,载《光明日报》,1958年5月29日。

席卷全国。我所在的北大历史系欲写一部《北京史》准备第二年'十·一'向国庆十周年献礼。侯先生是北京史名家，受请指导历史系的这项工作。我有幸多次亲聆教导。"①

许大龄："一九五八年，北京市委杨述同志交给北大历史系一项编写《北京简史》的任务，当时这个工作由汪篯同志主持，只编出一本油印的《北京简史》。到一九五九年，北京市委号召编写北京史志，又把写《北京史》的任务交给了北大，由廖沫沙同志亲自领导。他把《北京史》的编写工作委托给我系主任翦伯赞同志，在历史系成立了一个编委会。……考古专业的同志和我校北京史专家侯仁之同志也参加了编纂工作。从五九年春到六〇年底，经过两年时间，完成了初稿，古代和近代部分铅印成册，现代部分油印成册。"②

6月7日 《北京大学校刊》第241期第2版刊登邓荣祥的《燕园——将更加美丽》，称"地质地理系主任侯仁之先生向工程科提出疏通湖沟，整治水道的建议。这个建议得到了学校的支持；现在地质地理系同学已经光荣地担负起疏通本校水道系统的任务，他们利用课余时间紧张地进行测量"。

——北京大学地质地理系响应党中央"全党办地质全民办地质"的口号，举办小型矿石标本展览会。

6月10日 《北京大学校刊》第242期第1版刊发中共北京大学委员会的《北京大学跃进规划纲要草案（1958—1962年）》。该纲要号召"在党的社会主义建设总路线的照耀下，大干特干，苦战五年，把北京大学建成先进的共产主义大学。为了实现这一任务，我们必须坚决贯彻执行教育与生产相结合、理论与实际相结合、脑力劳动与体力劳动相结合、知识分子与工农群众相结合的社会主义的教育路线，用马克思列宁主义的、批判的、革命的精神，彻底批判资产阶级的教

---

① 张传玺：《向侯仁之先生学习历史地理——恭贺侯先生寿比南山》，载《中华读书报》，2011年12月7日。

② 许大龄：《〈北京史〉编写工作的回顾和期望》，见北京史研究会编：《燕京春秋》，北京出版社1982年版，第251—252页。

育思想和学术思想，继续贯彻知识分子的思想改造，破除封建的、资本主义的教育传统，粉碎资产阶级伪科学，解放思想，在各门学科、各门课程上巩固地竖起马克思列宁主义的红旗；建立起一支又红又专的师资队伍；加强学生德、智、体三方面的教育，培养学生成为具有共产主义觉悟的、掌握现代文化科学技术的、身体健康的劳动者；贯彻'百花齐放、百家争鸣'的方针，大力开展科学研究工作，使北京大学成为先进的科学基地之一；树立勤劳朴实、刻苦钻研、大胆开创、生动活泼的新校风"。

——北京大学地质地理系举行全系大会，提出跃进规划纲要。系党总支书记王恩涌宣读地理系五年跃进规划，提出打破资产阶级教学传统，贯彻社会主义教育路线，建成全国先进地理系之一。

6月16日　国务院科学规划委员会主任聂荣臻签署聘书，聘请侯仁之为地方志小组成员。中国地方志指导小组办公室编的《中国方志通鉴》（方志出版社，2010年）称此举标志着"国务院科学规划委员会地方志小组正式成立"。

6月16日、17日　北京大学召开跃进评比大会。教育部副部长黄松龄、中国科学院机关党委副书记田夫及首都高校负责人，北大校领导陆平、马适安及全校师生万余人参加大会。

6月21日　《北京大学校刊》第246期第4版刊发《飞跃前进中的地质地理系》，介绍该系测量制图教研室接受北京市规划委员会任务，进行斋堂地图的测绘工作。

6月　中华人民共和国登山协会正式成立。侯仁之与施雅风、林超、吴征镒等科学家任协会委员。

上半年　据北京大学编印的1958年上半年教学计划可知，地质地理学系设置地球化学（下设稀有元素、岩浆岩-岩浆矿床两个专门化）、地质学（下设构造地质、古生物地质两个专门化）、地貌学、自然地理学（下设中国自然地理、生物地理两个专门化）、经济地理学（下设中国经济地理、外国经济地理两个专门化）等5个专业。

7月1日　《北京大学校刊》第251期第7版刊发《地质地理系管理工作在跃进》。同期头版刊发社论《巩固和加强党的领导是建成先进的共产主义新北大的根本保证》，号召为实现党委提出的北京大学五年跃进规划纲要而奋斗。

7月3日　北京大学党委宣传部召开全校宣传教育工作跃进大会。党委第一书记陆平提出"人人都做劳动者；人人都做文化科学战士；人人都做共产主义宣传员"，并指出目前应立刻开展关于教育方针的大辩论。5日，《北京大学校刊》第252期第1版刊发社论《人人畅所欲言，深入展开教育方针大辩论》，提出"理科各系教师还应该结合教学改革，结合教育方针的大辩论，进一步解决理论联系实际问题。文科各系教师还应该密切结合教学计划、教学大纲、教学内容的修订，进一步开展学术思想的批判和自我批判"。第5版刊发中共北大委员会宣传部《北京大学宣传教育工作跃进规划纲要草案（1958—1962年）》。

——张家口车务段京同第六客运包乘组致信北京大学校领导，表扬地质地理系同学刘凤惠、李容全等人积极参加列车义务劳动。

7月5日　《北京大学校刊》第252期刊发《地质地理系开始野外实习》，称该系全体师生员工派出17支队伍参加实习。其中，一年级5个专业接受北京都市规划局的测量任务，三年级以上的同学参加了北京市郊经济地理、自然地理调查，长江三峡测量等工作。

7月13日　在北京城内南河沿25号中华全国自然科学专门学会联合会（全国科联）参加地理学会理事会。竺可桢、孙敬之、谭其骧等人出席，讨论五年内跃进计划等事宜。

竺可桢日记："下午二点半至南河沿25号科联开地理学会理事会，到孙敬之、侯仁之、王钧衡、李秉枢、黄秉维、陈述彭、王乃梁、侯学煜、褚亚平、高泳源、谭其骧诸人，讨论五年内跃进计划。地理学会理事陈尔寿（总）、黄绍鸣（济南）、王德基（兰州）撤销理事。李旭旦待原机关来函，罗开富撤销编辑。五年内争取会员为左派，拥护人民利益。五年详读马恩列著作，精读《毛选》，执行党政策。业务方面与教部合作，研究43个高校地理系分工，鼓励会员积极参加调查工作，争取五年内完成五千种论文，中学教师参加地方志等等。此外尚有国际活动，会务工作，降低会员入会资

格。讨论后,决计分为二组,再细谈。我参加组织一组至六点,晚膳时我先回。"①

7月17日 出席在中国科学院召开的《国家大地图集》编纂委员会成立大会。与会者还有竺可桢、方俊、白敏、陈述彭、黄秉维、曾世英等人。

案:中国国家大地图集编纂启动于1958年7月,由中国科学院、国家测绘总局主持,中科院副院长竺可桢任主任委员,武衡、黄秉维、张国器、白敏任副主任委员。当时设想大地图集包括普通地图集、自然地图集、经济地图集、历史地图集4部分。由于受"文革"影响,仅完成自然地图集和普通地图集分省部分。国家大地图集第二次编制始于1981年,列入国家十年科研规划项目,包括普通地图集、自然地图集、农业地图集、历史地图集、能源地图集等分卷。

竺可桢日记:"晨五点起。八点至院,参加《国家大地图集》编纂委员会成立大会。八点半开会,到者有方俊、白敏、李海晨、吴征镒、陈述彭、侯仁之、李秉枢、黄秉维、曾世英、程纯枢等,尚有万过贤、孙冶方、刘德隆、吴忠性、沈其益、陆漱芬、周立三、郑作新、马溶之、黄汲清、(张思俊〔旁注:到〕)、张国器、须恺、喻沧、闭布裘〔?〕、蒲锡文、谢家泽诸人未到或告假。其中竺为主任委员,白敏、孙冶方、黄秉维为副主任委员。今天参加者尚有苏联专家Бохвадаский和Кадаявская等。上午由敏、竺和黄秉维致辞,最后秘书陈述彭报告《大地图集》设计方案,预备于1962年前完成第一卷《自然地图》(本国)和第二卷《经济地图集》,原订十年完成。59年提前完成五卷设计方案,包括第三卷《中国历史地图集》,第四卷《世界普通地图集》和第五卷《世界自然地理专门图集》。1967完成译印工作。在编委会领导下,建立科学技术编辑室,在国家测绘局办公,以制图干部为主,包括国家测绘总局、总参测绘总局、地理研究所、地图出版社、

---

① 竺可桢:《竺可桢全集》第15卷,上海科技教育出版社2008年版,第137页。

测量制图研究室、有关大学教师。在测绘总局建立专业编绘室，约80人。每卷图集要指定编委一二人负责。分为若干组，有组长负责，每一图幅应有专人负责，定期交稿。要成立地名标准翻译委员会，1960完成外国地名翻译工作。"①

7月26日　到北京城东厂胡同参加《国家大地图集·历史地图集》编辑部会议，出席者有竺可桢、刘大年、谭其骧等人。

竺可桢日记："午后二点至东厂胡同历史二所，《大地图集》编辑部召集会议，讨论《历史地图集》，到刘大年、傅乐焕、张思俊、杨向奎、谭其骧、侯仁之、李秉枢等。"②

——北京大学地质地理学系图书室、磨片室、绘图室向系主任提交暑期工作情况及计划。27日，侯仁之签批该汇报材料，称"图书室的报告写得好"。在绘图室7月8日制订的工作计划中，其目前的经常性工作是"科研图（侯主任的，张数未定）"。

7月　北京大学历史系制订《中国古代史教研室五年规划修正草案》，计划在1959年与中国近代史教研室、地质地理系及北京市都市规划委员会合作开设《北京史》课程。此事与侯仁之相关。

8月1日　顾颉刚致信侯仁之，事由不详。

8月7日　据《北京大学校刊》第260期第3版报道，为加强科学研究与培养干部的相互协作，北京大学地质地理系与中国科学院地质研究所签订1958年至1963年5年合同及1958年至1959年年度合同。

案：按照中国科学院地质研究所与北京大学地质地理系达成的协作合

---

① 竺可桢：《竺可桢全集》第15卷，上海科技教育出版社2008年版，第139—140页。

② 同上书，第147页。

同，两单位除合作进行多项研究工作以外，地质研究所将保证满足北大地质教学师资的要求，何作霖、张文佑、彭琪瑞、涂光炽、徐煜坚、郭承基等高级研究人员将在北大兼课。地质研究所还将协助该系建立实验室和培养干部，该所试验室也将提供北大教学和科学研究之用。北京大学地质地理系将为科学院地质研究所培养90名地质方面的大学生，协助中科院科学技术大学的教学工作。

8月12日　为争取留学苏联学习构造地质学的研究生钱祥麟分配到北京大学，乐森璕致信侯仁之。

8月12日至22日　北京市第三届人民代表大会第一次会议在全国政协礼堂举行。12日，北京市第三届人大第一次会议通过主席团、秘书长名单，侯仁之入选主席团。侯仁之当选为北京市人民委员会委员。22日，侯仁之与参加北京市第三届人民代表大会的600余名代表在政协礼堂投票选举毛泽东为全国人民代表大会代表。

　　案：此次会上，彭真当选北京市市长，张友渔、冯基平、吴晗、王昆仑、程宏毅、贾庭三、乐松生当选副市长，侯仁之、刘仁、梁思成、孙孚凌等39人当选为北京市人民委员会委员。此届人民委员会任期为1958年8月至1962年6月。

　　任志樵等："北京大学地质地理系教授兼系主任侯仁之曾对人说，他投票选举毛主席，就是在毛主席的面前保证，自己一定要连根挖掉资产阶级思想，努力学习毛主席著作，和工人、农民结合，真正做一个又红又专的工人阶级知识分子。"[①]

8月28日　北京大学第三次党代会召开。学校行政领导部门和各系行政主要负责人应邀出席开幕式。为向国庆和党代会献礼，全校完成科研项目2000多个，

---

① 任志樵等：《伟大的毛泽东，我们永远选举您！》，载《光明日报》，1958年8月23日。

据称"其中达到或超过国际水平的200余项"。

8月29日　长春地质勘探学院致函北京大学，同意朱梅湘到该院随苏联专家进修变质岩及理论岩石课程。9月4日，侯仁之签批该函。

8月　参加吴晗主持的"中国历史小丛书"编委会。

案： "中国历史小丛书"由吴晗任主编，另有尹达、白寿彝、任继愈、吴廷璆、何兹全、何干之、汪篯、周一良、邱汉生、金灿然、邵循正、季镇淮、郑天挺、陈乐素、翁独健、戴逸等人任编委。又，编委会人员构成前后变动较大。此外，根据时任北京市副市长吴晗的指示，北京教师进修学院领导主持筹建"中国历史小丛书"编委会，由史地教研室负责书稿的组织、审稿和编辑。1963年6月，北京教师进修学院专门成立"小丛书办公室"，协助编辑历史、地理、语文小丛书。

侯仁之： "吴晗同志担任几个小丛书的总主编。最初我被约参加《中国历史小丛书》的编委会，后来又协助吴晗同志负责编辑《地理小丛书》。……当时积极赞助小丛书编写工作的邓拓同志。"①

侯仁之： "吴晗是北京市的副市长。他那时编了个'历史小丛书'，一定要我写个东西，我就写了。我写的好像是徐霞客。写了以后，他一定要我再编一个'地理小丛书'。先是'历史小丛书'，再是'地理小丛书'，后来还编了一个什么，三个小丛书，第三个是什么，我忘记了。我说让吴晗来做总主编，我做副的。他不同意，还是让我。我对普及科学知识还是有兴趣的。我给'历史小丛书'写的是《徐霞客》，给'地理小丛书'写的是《历史上的北京城》。"②

李侃： "我和吴晗直接接触是从一五八年秋天编辑出版《中国历史小丛书》开始的。一天下午，金灿然和我一起到北京市人民政府吴晗的办公室，

---

① 侯仁之：《忆吴晗同志与〈地理小丛书〉》，见《侯仁之燕园问学集》，上海教育出版社1991年版，第45页。

② 陈光中：《侯仁之》，生活·读书·新知三联书店2005年版，第177页。

商谈出版历史小丛书的问题，确定由吴晗当主编，聘请一些有关的专家组成编委会。"①

  李侃："正是在'大跃进'这种混乱中，《中国历史小丛书》诞生了。这套丛书是怎么出版的呢？记得在1958年秋季的一天下午，刚上班，金灿然就找我，让我和他一起去找吴晗。……谈话中，我才知道，吴晗倡议编一套通俗的历史读物《中国历史小丛书》，希望中华书局出版。小丛书还以吴晗为主编，组成一个编委会。编委由10余人组成，除吴晗、金灿然、陈哲文之外，还提了一些文史界名人，记得的有翁独健、周一良、滕净东、何家槐、马少波、侯仁之、潘絜兹、邵循正、刘桂五等，张习孔负责日常事务，中华书局由我负责组织编辑出版，具体加工发稿工作，则由近代史编辑组何双生负责，胡宜柔也参加。"②

  9月10日 北京大学历时40余天的"科研大跃进"基本结束，全校完成科研项目3000余项。其中，侯仁之参加过的《北京史》初稿基本完成。

  9月18日 中共北大第三次代表大会讨论并修订了由中共北大委员会提出，经全校师生员工讨论通过的《北京大学跃进规划纲要草案（1958—1962年）》，建议由校务委员会讨论、通过。

  9月18日—25日 中国科协第一次全国代表大会（亦即科联、科普全国代表大会）在北京政协礼堂召开。会上宣布成立中华人民共和国科学技术协会，选举出149人组成的全国委员会，并经由委员会选出了主席、副主席和主席团委员，以及书记处书记。侯仁之应邀列席会议。

  9月 带着北京大学地质地理系新生徒步考察颐和园，沿途讲解北京历史地理。

  10月10日 赴全聚德饭店参加为包括地理学家列西茨基院士在内的苏联、波

---

① 李侃：《吴晗同志与中华书局》，见北京市历史学会编：《吴晗纪念文集》，北京出版社1984年版，第211页。

② 李侃：《我与中华书局》，见《李侃史学随笔选》，中华书局2008年版，第606—607页。

兰科学家举行的招待宴会，另有竺可桢、叶笃正、孙敬之、黄秉维、华罗庚、关肇直、王寿仁等人一同参加。

竺可桢日记："晚在全聚德宴请波兰数学家Орец奥尔里次通讯院士，УкаШевич教授及夫人，地理学家列西茨基Лешицкий前院士和Климашевский克里马赛夫斯基教授，到叶笃正、侯仁之、孙敬之、黄秉维、华罗庚、关肇直、王寿仁等。列西茨基1907年生，雅格隆大学教授，1946曾任外交部副部长，1952—57[任]波兰科学院副秘书、地球物理年委员。"①

10月14日　与黄秉维等人出席竺可桢招待新西兰地理学家的晚宴。

竺可桢日记："晚约请新西兰威灵顿城新中友好协会分会主席、维多利亚大学地理教授Keith Buchanan（1919生于英国杜莱），到侯仁之、黄秉维、郭扬、陈绿园。"②

10月15日　北京大学召开全校代表会议，与会的243位代表选举出新一届校务委员会。侯仁之、丁辽生、江泽涵、乐森璕、刘国钧、金克木、陈岱孙、傅鹰、黄昆、翦伯赞、魏建功、冯友兰、饶毓泰、邵循正、龚理嘉等58人当选新的校务委员。16日，新一届校务委员会召开第54次会议，讨论当前工作，各系汇报根据深入教学改革的精神而进行系和专业改造的设想。其中，地质地理系准备设置高原地理专门化、固沙专门化。

10月16日　《北京大学校刊》第276期刊发《地质地理系贯彻党的教育方针的巨大收获》，介绍该系在野外实习生产、教学、思想上的三丰收。

10月19日　出席在中国科学院召开的中国地理学会理事会会议，与竺可桢、

---

① 竺可桢：《竺可桢全集》第15卷，上海科技教育出版社2008年版，第211页。

② 同上书，第214页。

孙敬之、黄秉维等人讨论学会的发展路线和改组办法。

竺可桢日记："午后地理学会总会开理事会，地点院第一会议室。到孙敬之、李宪之、侯仁之、王钧衡、林超、孙承烈、黄秉维、陈传康、叶益蓉（师大）等等。由孙敬之传〔达〕9/18—25的科协成立大会聂副总理报告和范长江总结，王钧衡讲了上星期日的会议情形，次就讨论关于地理学会总会以后路线以及改组办法。六点晚膳。膳后我先发表了我的个人意见，以为目前大跃进时代，国家到处'向地球进军'，如甘肃引洮工作已开始，不久西北防风固沙，南山、天山融雪和边疆开发统需地理工作人员，一定要积极参加，不要等人来请。大学的课程安排须改变，始生师能参加考察工作，《地理学报》可发表边疆地区的资源情况引起大家注意云云。"①

10月27日至11月2日 内蒙古、宁夏、陕西、甘肃、青海、新疆6省区治理沙漠规划会议（第一次治沙会议）在呼和浩特召开。侯仁之以北京大学地质地理系主任身份出席。会上决定成立统一领导机构，后经中央批准，成立以内蒙古自治区人民政府主席乌兰夫为主任，农业部部长陈正人、农业部副部长李登瀛、中国科学院副院长裴丽生为副主任，武衡等人为成员的领导小组，办公室设在中国科学院地学部。

武衡："针对沙漠危害及其可以征服的实践，中央指示中央农村工作部和科学规划委员会召开'治沙会议'，研究治沙的规划和措施。会议于1958年10月在内蒙古首府呼和浩特召开。出席会议的有中央各部门、西北6省（区）及中国科学院、各科研机构、高等学校的科技人员、专家和领导干部118人。会后向中央写了报告，提出从1959年起10年内全面改造利用沙漠的要求。"②

---

① 竺可桢：《竺可桢全集》第15卷，上海科技教育出版社2008年版，第217页。
② 武衡：《科技战线五十年》，科学技术文献出版社1992年版，第217页。

侯仁之："由于西北沙漠地带的扩大和蔓延日益严重，如何治理改造沙漠成为亟待解决的问题。1958年10月，国务院在内蒙古呼和浩特召开'西北六省区治理沙漠规划会议'，我代表北京大学地质地理系出席，会后组织多学科力量投入沙漠考察。1960—1964年，除了教学和行政工作之外，我每年暑假都带领学生、年轻同事进沙漠。1960年夏赴宁夏河东沙区，1961年夏赴内蒙古乌兰布和沙漠，1962年夏赴内蒙古及陕西榆林地区毛乌素沙漠。1962年底，由国务院农林办公室领导的治沙科学研究小组，打算用10年时间（1963—1972年）完成从内蒙古西部到新疆南部的沙漠考察设想。根据这个计划，1963年夏天我再赴内蒙古乌兰布和沙漠，1964年再赴陕西榆林地区及毛乌素沙漠，在旅途中随手写下的'沙行小记'和'沙行续记'是那一段经历的生动记录。"①

黄秉维等："同年中国科学院为了研究风沙对于黄河的影响及其防治的途径，与有关部门组织了一个考察队，调查黄河沿岸的中卫、磴口及阿拉善旗的吉兰太盐池和内蒙伊克昭盟的大部地区。1958年，该队继续进行工作，其任务已不限于研究与黄河治理有关的区域和问题，而是为较大范围的防沙、固沙及改造利用沙漠提供科学依据。调查区域包括甘肃河西走廊、内蒙阿拉善北部和南部以及宁夏平原的沙漠。在1957—1958年两年中，上述中国科学院组织的考察队先后考察了内蒙伊克昭盟、巴音淖尔盟、阿拉善旗、甘肃张掖专区、陕西榆林专区和宁夏的沙漠，调查路线共长11628公里，并对磴口、中卫、民勤、金塔、敦煌、乌审旗、展旦召、榆林等地的沙漠做了重点的详细调查。"②

10月 北京大学地质地理系经济地理专业55级学生参加长江流域规划办公室及各省区领导下的南方水运网规划工作，并在1959年7月完成95万字的规划报告，后编成《中国河运地理》（商务印书馆，1962年）一书。

---

① 蒋宗凤主编：《赤霞长歌：北京大学离休干部访谈录》，北京大学出版社2009年版，第206页。
② 黄秉维等：《沙漠的综合考察》，见中国科学院编译出版委员会主编：《十年来的中国科学·综合考察（1949—1959）》，科学出版社1959年版，第168页。

11月17日 出席中国地理学会理事会会议，由竺可桢传达科协各学会理事的报告会精神。会议决定增加《地理学报》的编辑力量，分担总编侯仁之的工作。

> **竺可桢日记：**"晚七点又至生物大楼开地理学会理事会，到孙敬之、侯仁之、黄秉维、李秉枢、郭敬辉、曾世英、郭扬、邹祖林（科协组织部）和记录倪焕英。孙敬之报告了小组会议，我报告十二日晚科协召集各学会理事报告会，讨论了'靠'、'挂'、'拼'、'做'四个字的各学会改组办法。次讨论'挂'，认为学报应多加批评文章，理事会应加青年，应速成立核心小组。'靠'，依靠地理所。孙敬之主张'两靠'，尚要靠计委，但大家以为依照范长江，靠一面好。《地理学报》编辑部总编辑侯仁之太忙，决定由地理所移京后加入高泳源、谢芳蓉为编辑，来主持内部征稿等工作。"①

11月18日 受"大跃进"的影响，北京大学向教育部提交报告，拟由14个学系增加为17个学系，专业设置由38个增至48个。其中，"陆地水文地理"专业应拟设在地质地理学系。

12月初 北京大学地质地理系第一次大规模野外实习结束。各专业参与到北京郊区人民公社规划及水土保持、地形测量等工作中。部分师生远赴黑龙江流域、渤海湾沿岸、黄河上游等地进行土壤、植被、地貌和土地规划的调查研究。地貌专业和地质专业则投入到铁矿勘探工作之中。20日，《北京大学校刊》第286期第3版刊发《地质地理系野外生产实习获得全面大丰收》，介绍地质地理系二、三年级学生及教师300余人从7月初开始的野外实习活动。同期校刊配发评论《共产主义教育方针的凯歌》。

12月17日 竺可桢在北京城内朝阳门大街召开《科学史十年来贡献》专集编辑会，刘仙洲、梁思成、夏纬瑛、张子高、叶企孙、王振铎、吴品三、李俨、钱宝琮、严敦杰等人出席。会上决定侯仁之负责地理学部分。

12月29日 代表北京大学地质地理系师生致函印度阿里迦回教大学，对在该

---

① 竺可桢：《竺可桢全集》第15卷，上海科技教育出版社2008年版，第237页。

校召开的地理学讨论会表示祝贺。此前，该校海达尔教授曾在北京邀请地质地理系派人参会，但由于教学任务繁重，地质地理系无法派人参会，于是委托我国代表团带去宋代《禹迹图》复制品作为礼物。

12月31日　出席中共北京市委和北京市人民委员会在天桥剧场联合举办的新年联欢晚会。出席者另有彭真、刘仁、郑天翔、邓拓、万里、冯基平、王昆仑、程宏毅、贾庭三、乐松生、梁思成、孙孚凌等千余人。

本年年底　到中国人民大学探望被打成"右派"的赵承信教授，未果。

案：1952年院系调整后，赵承信调入中国人民大学统计系任教，后曾当选北京市人民代表，兼任民进北京市委负责人。后因建议人大成立校务委员会、大学恢复社会学课程等"罪状"，在1958年年初被划为"右派"，受到错误批评。1959年病逝。

本年　北京在兴建迎接新中国成立10周年十大建筑时发现古河道。侯仁之与单士元应邀前往踏勘研究，认定该古河道为桑干河下游支流。时任北京市副市长万里委托侯仁之研究地下河道埋藏情况。

案：万里（1916—2015），山东东平人，革命家、政治家。曾任国务院副总理、全国人大常委会委员长等要职。1958年，万里任中共北京市委书记兼北京市副市长，分管城市建设，协助周恩来领导首都十大建筑及其他重要工程的规划与建设。

侯仁之："为了迎接建国十周年，1958年在北京开始兴建十大建筑作为纪念。在建筑工事紧张进行的过程中，有一处工地上在开槽之后，发现了埋藏地下数米深的一条古河床，为工程的进行带来了意外的麻烦。事后，当时的北京市人民政府万里副市长认为这是首都城市建设的一个隐患，要求探查这条古河道的上源与下游。结合文献记载和钻探资料考察的结果，发现在城内的核心地区，共发现埋藏在地面以下不同时代和不同深度的五条河源故道，既有天然河床，也有人工渠道。1965年春夏之间，我向万里副市长汇报这一考察研究的成果时,他传达了周恩来总理的意见说,像北京这样一座历史悠久的城市,从城内到郊区,历代变化十分复杂,只是用文字来描述不同时代的一些变化,很难讲得清楚,最好用不同时代的地图来表示。当时万里副市长就把这项任务交给我去和北京市城市规划管理局周永源副局长共同商量,组织力量,进行设计。"①

孔庆普:"1958年初,人民英雄纪念碑即将落成,市政府决定,由市政工程局拆除正阳门东西两边的城门及其外边的100米城墙。……鉴于1956年开辟城墙豁口时,发现古河道遗址,为了查明此段地质状况,用勺钻进行探查,上面是一层较薄的腐质土。第二层是厚约100厘米的石细沙层,以下是砂石层,未探及底层。此处的地质状况与1956年开辟城墙豁口处的地质状况大致相同。于是又将此情况告诉单士元和侯仁之。第二天上午,侯仁之带着十几名学生来到这里进行现场教学。同时,单士元也到了,陈孝开和臧尔忠得知也到了。几位老朋友见面后,互相问候,然后查看现场土质,大家离开工地,来到工地办公室,我又将探查记录给各位看,一致认为,这就是史料中记载的"金门闸"下游的桑干河下游的一条支流。史料中只有金门闸的记载,水闸下游的河道在何处?无记载,如今可开眼了。"②

——1958年《北京大学教师名册》记录侯仁之如下基本信息:年龄46岁,籍贯山东,家庭出身"自职"。本人成分"教育工作者",级别"二",本年无课。

——北京大学《1958年科研计划》中列有地质地理学系经济地理教研室侯仁之教授主持、徐兆奎讲师参与的《明末清初资本主义萌芽时的中国地理学》[编号(58)北大甲地2号]。该课题的来源是中国科学院自然科学史研究室,工作时间为1958年1月至12月,目标为"全部完成这一研究,并写出论文"。备注称"1957年曾列在研究计划,因行政任务过重未能进行"。

---

① 侯仁之:《相知愈深 爱之弥坚》,见张健民主编:《北京——我们心中的城》,北京出版社1989年版,第120页。

② 孔庆普:《城:我与北京的八十年》,东方出版社2016年版,第164—165页。

著述

3月15日 《党委会以官僚主义的态度对待我系的政治思想教育工作》刊于《北京大学校刊》第206期第2版。文章检讨了北大地质地理系的思想政治工作。

侯仁之："党委会对我系学生的政治思想教育工作重视不够,就是党员干部的政治思想教育工作,也是重视不够的。这可以从王恩涌、陈静生两位同志身上看出来。比如,他们两人对担任系秘书工作,都带有情绪,都多少看作是一种负担,不肯全心全意去搞。……建议今后党委也可主动找党外负责行政领导的同志充分征求一下对于他们直接领导下的党员干部的意见和对其他有关方面的意见,每学期至少一次。这不但会进一步密切党群关系,消除官僚主义,而且也会利于改进工作,加强党对学校的领导。"①

3月 《历史上海河流域的灌溉情况》刊于中国科学院地理研究所编辑部编的《地理学资料》1958年第2辑。

4月11日 《十三陵的水》刊于《人民日报》第8版。该文后收入侯仁之的《步芳集》(北京出版社,1962年)。

4月12日 《修十三陵水库去》刊于《北京大学校刊》第222期第3版。该文根据原刊于《旅行家》三月号的《山陵水库话英雄》一文改写。

侯仁之："同学们丢下了形形色色的个人主义的思想包袱,满身轻快,现在要迎着大好春光,奔十三陵水库工地了。在这里同样的要争取在劳动战线上打一个胜仗,这也就是对自己进一步的锻炼!"②

9月11日 《就是要蔑视你美帝国主义!》刊于《光明日报》第2版。侯仁之

---

① 侯仁之:《党委会以官僚主义的态度对待我系的政治思想教育工作》,载《北京大学校刊》第206期第2版,1958年3月15日。

② 侯仁之:《修十三陵水库去》,载《北京大学校刊》第222期第3版,1958年4月12日。

称"再正告一次你这流氓——美国强盗：台湾、澎湖、金门、马祖，从来都是中国的领土，解放我们的领土、维护我们的主权，这是我们六亿人民神圣不可侵犯的权利，你如果胆敢在这里挑动战争，那就是自取灭亡，别无出路"。

9月12日 现代诗《我们的歌》刊于《北京大学校刊》第270期第3版。该组诗分为《车间战歌》《跃进歌》《永远向前》3篇。

《车间战歌》："这里是一个战场，/在这里——/我们要彻底击溃科学研究上的个人主义，/要建立起共产主义的大协作，/我们一定要胜利，/因为有党的领导在这里！/在这里——/斗志昂扬，/革命的号角十分响亮，/我们一定要拔白旗、插红旗，/不但在工作上，而且在思想上，/取得最后的胜利！"

《跃进歌》："一年的工作四十天干完，/四千年的历史一眼望到边，/看，生产决定了科学的成长，/看，最先进的地理思想从战斗里放射出光芒，/要把一条红线穿得长又长！"

《永远向前》："在这场战斗里，/无产阶级科学研究的路线一定要胜利，/愿学花木兰坚决出征、勇敢向前，/但是不能再设想战争胜利后还要——'脱我战时袍，着我旧时裳'，/新开辟的科学研究方向，/将把我们带到更为辽阔的战场！"①

本年 《山陵水库话英雄》刊于《旅行家》1958年第3期。该文后收入侯仁之的《步芳集》（北京出版社，1962年）。

——《积极参加改造沙漠的伟大事业》刊于《水土保持》1958年第5期。

——《记北京大学校园——祝六十周年校庆》刊于《旅行家》1958年第4期。该文后收入侯仁之的《步芳集》（北京出版社，1962年）。

评介

1月6日 《光明日报》第2版刊发《北京一批教授赴满城河间参观水利建

---

① 侯仁之：《我们的歌》，载《北京大学校刊》第270期第3版，1958年9月12日。

设，看到农民排山倒海的伟大力量》。文章着重介绍了侯仁之在此行中的观感。侯仁之称"在参观之后，我越发感觉到党号召知识分子到农村锻炼的正确性，只有同劳动人民生活在一起，才能培养起自己的劳动人民的思想感情，有了劳动人民的思想感情，才能改变立场，成为工人阶级的知识分子"。

1月8日　香港《大公报》第2版刊发中国新闻社北京7日电《排山倒海兴水利，北京教授咸惊服》，称"侯仁之说，元明清三代都想解决河北水害问题，只有今天才能创造出这样奇迹"。

3月11日　《北京大学校刊》第202期第2版刊发《战斗的一天，沸腾的一天》，介绍北大开展"双反"运动的情况。文章称"侯先生明天早晨有课，今天晚上还有会议，但是在写大字报方面仍不甘示弱，今天已经贴出了好几张，晚上还在继续写。他说一定要做到使教学与双反运动能够互相促进"。

4月7日　《北京大学校刊》第220期第3版报道"在双反运动高潮中，地质地理系各教研室每天开会总结当天运动情况，研究第二天的工作任务，向系西瓜园推选大字报"。报道配发唐理奎所摄侯仁之向各系教研室讲解自己大字报的照片。

5月30日　《北京大学校刊》第239期第4版刊发《教职工研究生的文体工作还需跃进，团委会、工会联合召开文体、宣传干部会议》，介绍侯仁之与物理系主任褚圣麟、生物系副主任陈德明及部分教研室主任参加北大教师合唱团的情况。

6月13日　《人民日报》第7版刊发傅军的《丢掉个人主义心情舒畅，北京高等学校面貌一新》一文，介绍地质地理系主任侯仁之教授参加"教师合唱团"的情况，称侯仁之和物理系主任褚圣麟教授是合唱团的积极分子。侯仁之说："唱歌，用我过去的眼光来看，那是年轻人的事了，现在，我们不是和青年人唱得一样好听？"

案：该文附记"北京三十四个高等学校十二万师生员工在双反运动中，从3月5日到4月18日，共贴出大字报七百七十二万四千七百张。平均每校贴二十二万七千一百九十七，平均每人贴六十四张。贴大字报最多的学校是清华大学，共贴出二百七十万张，贴得最少的学校是中央美术学院，共贴出九千张。"

6月20日　《光明日报》第2版刊发新华社记者傅军拍摄的组照《心情舒畅，轻装前进》，介绍地质地理系主任侯仁之、物理系主任褚圣麟等人参加北京大学教师合唱团的情况。

9月2日　《北京大学校刊》第267期第5—6版刊发《向国庆献礼，向我校党代会献礼——献礼宫巡礼》。地质地理系的地质地化、地貌学、经济地理等教研室汇报了科研和实习的成果。文中提到"侯仁之教授和科学院合作，正在赶写一部以辩证唯物主义、历史唯物主义为基础的'中国地理学史'，已经完成6万多字"。

传承

本年　指导北京大学地质地理系55级本科生黄发程完成学年论文《北京西郊水稻田的形成》。约在1964年至1965年间，侯仁之致信黄发程，希望其报考自己的研究生，未果。

1959年　48岁

背景

4月17日至29日　全国政协三届一次会议召开。

8月底　人民大会堂、民族文化宫、中国革命历史博物馆等首都"十大建筑"建成。

本年　中国科学院治沙队开展科考活动。

纪事

1月8日　正式着手编辑《中国古代地理名著选读》，联系顾颉刚以促进《尚书·禹贡》注释事宜。

顾颉刚日记："前年在青岛所为《中国古代地理名著选读》，仁之今日

方得动手编集，去年之忙可知也。予须作《山海经》、《禹贡》两说明，因即赶作。"①

案：《中国古代地理名著选读》第一辑出版时，并未选入《山海经》一书。

1月15日顾颉刚日记："作《禹贡》篇说明二千字讫，即修改誊清，未毕。……《禹贡》著作时代问题，蓄于心中已三十余年，兹以仁之之促，述其大概，心所蓄者得写出若干，快甚。"②

1978年5月7日顾颉刚致喻权域信："1957年夏天，科学院地理研究所给北大地理地质系主任侯仁之同志一个任务，要他在暑假里组织一个团体，编写《中国古代地理名著选读》，他就把我组织进去，要我写《禹贡》这篇。我对这篇本有些研究，就答应了。可是就在这时，反右整风运动起，我在北京参加几个组织：1.全国政协，2.科学院社会科学部，3.民进中央，每天开会不胜其忙，勉强把'叙论'写毕，'注释'就抽不出时间去做。可是地理研究所催稿甚急，我既已接受了这个任务，就不容不做，我便用旧社会中'学阀'的办法，交给贺次君作，名字我出，稿费由贺领，总算应付过去（看这书的'序言'，侯同志写的日期是1959年1月20日，可见他也为这个运动而忙，直待全书排完了才成这篇短文章，已过组织写书的日子一年多了）。"③

——《北京大学校刊》第289期第2版刊发《经济地理专业四年级同学工地实习得锦旗》，介绍地质地理系经济地理专业同学从去年10月开始在长江沿岸进行实习的情况。

1月16日至23日 根据西北六省区治理沙漠规划会议精神，中国科学院成立了治沙队，召开治沙队工作计划会议。会议讨论了裴丽生所做的《西北地区治沙规划方案》报告。侯仁之代表南京大学、兰州大学、内蒙古畜牧兽医学院、内蒙古大学、北京师范大学、北京大学等单位，在会上做题为《积极参加改造沙漠的

---

① 顾颉刚：《顾颉刚日记》卷八，中华书局2011年版，第555页。
② 同上书，第558页。
③ 顾颉刚：《顾颉刚书信集》卷三，中华书局2011年版，第557页。

伟大事业》的发言，称"我们一定要结合改造沙漠的伟大任务，创造性地进行教学改革，积极动员我们所在各系科的师生，听候号令，以便迅速投入到向沙漠进攻的最前线，一直战斗到最后的胜利"！3月，北大地质地理系10位师生启程赴西北"向沙漠进军"。

竺可桢、简焯坡："治沙队（最初是黄河中游水土保持综合考察队的一部分）任务是根据1958年10月西北六省（区）治沙规划会议的要求，进行沙漠改造、利用的科学考察工作和试验研究工作。1959年开始组成。"①

1月　北京大学地质地理学系制订《建立共产主义的地质地理系的方案》（草案）。该方案称"我系是我国研究历史地理的一个据点，应按照国家需要积极在中国经济地理专门化内培养一部分历史地理工作者。并通过实际工作使马克思列宁主义的历史地理学尽快的在我国得以建立和发展"。按照该方案，中国经济地理专门化开设地理学史与历史地理等10门专业课程。

2月1日　竺可桢致函侯仁之，谈及他对侯仁之主编的《中国地理学简史》的意见。此前的1月23日，侯仁之致信竺可桢，并将该书第一、二部寄上供其提意见。

竺可桢日记："晨六点半起。上午阅侯仁之等著《中国地理学简史》初稿，共分六章，约15万字。我看了第一、二、三、四章，到明末时期。后两章，第六章讲解放以后尚未写好，第五章因我无时间所以未阅。全文极流畅，对于中国古代地理书籍、人物和事业亦提纲挈领地讲得透彻。下午和晚上，我提了两点意见写信给侯仁之。一是对于元明时代畿辅水利专立一节，但对于秦汉以来的水利却未提及。司马迁《河渠志》中已把秦的开郑国渠和秦之所以富强说得很清楚，汉武帝开发河西厥功尤大。唐后长江流域开发，也靠开造运河。第二点，在四章第一节谈了郑和下西洋，但对于五代至宋元

---

① 　竺可桢、简焯坡：《沙漠的综合考察》，见中国科学院编译出版委员会主编：《十年来的中国科学·综合考察》（1949—1959），科学出版社1959年版，第3页。

和阿拉伯互市，以及市舶的重要性竟未提及，使人感到明初忽然海洋事业才大发达起来。书成，于明日寄去。"①

2月1日 竺可桢致侯仁之函："一月廿三日惠书和《中国地理学简史》（初稿）第一、二部已拜读，甚佩贵校地质地理同人能于短期内写成十多万字巨著，网罗上下两千多年来的国人地理工作，提纲挈领地叙述出来，文字也极流畅。不愧为开国十年纪念中国科学史的礼品。桢对于科学史虽感兴趣但知识浅薄，除稿中数处笔误以铅笔注出外，尚有两点意见，藉陈刍荛。"②

3月6日　《北京大学校刊》第297期第3版刊发署名"地质地理系十名向沙漠进军的战士"的文章《改造沙漠，改造自己》。

3月25日　到中国科学院地理研究所参加中国地理学会理事会，讨论1959年工作计划。

竺可桢日记："晚七点至西郊中关村地理所开地理学会。到侯仁之、李秉枢、黄秉维、郭敬辉及科协杨君，知倪焕英已调下乡。今日谈1959年计划，定七月开会讨论人民公社中地理工作，十二月开会讨论自然区划。"③

3月26日　北京大学教学工作会议开幕。会议总结1958年大跃进的成果，确定了1959年工作方针和任务，号召全校师生员工为实现"更大更好更全面的跃进而奋斗"。侯仁之作为校务委员会委员参加会议。此前，校务委员会于3月23日通过了会议议程。会议于4月12日闭幕。

4月1日　北京大学地质地理系运动会在东操场举行，全系师生700余人参加。26个项目中有15项打破系记录、1项打破北京市高校记录。

4月5日　北京大学理科举行教学经验交流会，地质地理系报告在生产实习中

---

① 竺可桢：《竺可桢全集》第15卷，上海科技教育出版社2008年版，第313—314页。
② 竺可桢：《致侯仁之函稿[地理学史书稿审阅意见]》（1959年2月1日），见《竺可桢全集》第3卷，上海科技教育出版社2004年版，第505页。
③ 竺可桢：《竺可桢全集》第15卷，上海科技教育出版社2008年版，第344—345页。

贯彻"三结合"的经验。

4月9日　《北京大学校刊》第304期刊发《运动场上显身手——记地质地理系运动会》，介绍4月1日该系举办的运动会。

4月11日　北京大学地质地理系在大礼堂举行文娱会演。老教师表演了小合唱《革命人》《拿出干劲来》《社会主义好》等。

4月17日至29日　出席全国政协三届一次会议。11日，中国人民政治协商会议第二届常委会第五十四次会议通过第三届全国委员会名单，侯仁之入选中华全国青年联合会界别委员，任期为1959年4月17日至1964年12月19日。该界别又有叶至善、孙孚凌、胡启立等9人。

4月25日　在《中国科学院地质研究所与北京大学地质地理系协作合同》上代表乙方签字，并加盖"北京大学地质地理系"公章。按照合同要求，北大地质地理系派师生6人，由地质研究所第四纪研究室（甲方）领导，参加在柴达木、河西走廊及山东等地区进行的中国黄土分布调查工作。5月8日，又签署了《关于北京大学参加中国科学院地质研究所稀有、分散元素工作，勤工俭学的协作合同》。

5月1日　到天安门广场参加五一游行，遇顾颉刚等人。

6月20日　参加《国家大地图集》编辑委员会会议，主张复旦大学先修改完杨守敬《历代舆地图》，再开展国家大地图集的历史图。

竺可桢日记："下午开《国家大地图集》编辑委员会会议。……次黄盛璋报告历史地图集。尹达新出医院今日未到。问题在于近代史地图，历史三所可以担任，但刘大年不愿任大地图集历史图全部工作，因要向各方接洽，尹达已允担任，但无时间去张罗。现近代〈世〉〔史〕部分，历史所把地理所历史组黄盛璋等拉去工作，而古代要复旦做；复旦则不允谭其骧来京，要科学院派人前去协助，所以编辑室至今不能成立。决定〔另〕定期开会讨论成立编辑室。六点散会。今日到会者白敏、陆志韦、张宝堃、程忆帆、侯学煜、李秉枢、陈述彭、黄盛璋、军事测绘学校副教授吴忠信、总参测绘局副局长张图器、宁国义、国家测绘总局喻沧、南京（大学）师范学院陆漱芬等。又侯仁之今日亦到，他主张复旦先把杨守敬图修改好后再进

行工作。"①

6月26日　陆元灼主持召开北京大学地质地理学系野外实习队各队干部会议。侯仁之出席会议,并传达陆平在北大校务委员会第六十七次会议上所做关于继续贯彻教学工作会议精神的报告。

7月1日　出席在北京举行的全国自然地理进修班,在国子监与林超等师生合影。

案：全国自然地理进修班由苏联著名自然地理学家 А．Г．伊萨钦科主讲,起初设置于中山大学。1959年,因伊萨钦科不适应广州气候,移至北京大学举行。该进修班以景观学、自然区划为主要内容,系统介绍了苏联自然地理学理论与方法,并由林超带领学员在河北省及其附近地区进行自然区划实践。7月10日,伊萨钦科在北京火车站乘车返回苏联。伊萨钦科在中山大学、北京大学的讲稿,后由中山大学地质地理系翻译成《自然地理学原理》（高等教育出版社,1965年）一书。

7月4日　致信苏联莫斯科大学地理系亚历山大·马克西莫维奇,谈及北京大学地质地理系与苏方合作编写世界地理学史一事,并邀其他来华短期讲学。

侯仁之："我今天早上刚刚赶写了一封信给您。在八时正交给了尼古拉也夫同学。当时当我来到系办公室之后,出乎意料的我得到了校部转来的我国教育部的通知,通知我系所提出的与您系进行科学研究的合作项目,已经我国国务院批准,并已交苏联驻华大使馆转交苏联高等教育部。如果苏联高等教育部和您同意这项合作项目,那么我希望您早做准备。在今年秋季来我校做短期讲学。这项合作项目是建议在我们两系之间合作编写世界地理学史,我系可以完全担负有关中国地理学史的研究和编写工作,也可以分担日本、印度和其他东南亚诸国的地理学史的一部分编写工作。但是详细的合作

---

① 竺可桢：《竺可桢全集》第15卷,上海科技教育出版社2008年版,第402—403页。

办法，还须得到您的同意之后来华面谈。"①

7月5日至11日 北京大学校工会第八次代表大会召开。大会选举出49名第八届委员会委员和9名候补委员。侯仁之当选中国教育工会北京大学第八届委员会主席，赵国栋、李今、吴达元、周华民任副主席。

7月21日 中国地理学会在天津召开理事会，侯仁之当选为大会主席团成员。

　　竺可桢日记："二点半和李秉枢、孙敬之、王均衡、瞿宁淑等谈今晚召集谈话会及大会日程与添补理事。……估计地理学会理事除已到竺、孙、王及梁希杰外，北京褚亚平、曾世英、侯仁之、王守礼均可到。此外天津鲍觉民、杭州严德一、南京任美锷均答应来。晚间开临时理事会扩大会议，通过日程、大会主席团。……主席团指定竺可桢、孙敬之、王均衡、李秉枢、李文（兰州）、梁希杰（武汉）、严德一（浙江）、沈静芷（地图社）、陈亚子（吉林）、侯仁之、鲍觉民（天津）十一人。"②

8月28日 中华全国青年联合会、北京市青年联合会召开集会，号召各级青联组织立即动员起来，以实际行动拥护党的八届八中全会的公报和决议。中华全国青年联合会主席刘西元在会上讲话。全国青联常委、北京大学地质地理系教授侯仁之在会上说："我们一定要努力学习党的八届八中全会的公报和决议，永远跟着党走，在波澜壮阔的跃进浪潮中继续奋勇前进。"

9月10日至17日 北京市第三届人民代表大会第二次会议在全国政协礼堂举行。12日，侯仁之在小组会议上发言拥护我国政府对中印边界问题所持的严正立场，同时谴责印度的某些人士掀起的猖狂的反华活动。14日，北京市三届人大二次会议通过主席团、秘书长名单。侯仁之当选主席团成员。

---

① 见北京大学档案馆藏《北大地质地理系主任侯仁之同志给苏联亚历山大·马克西莫维奇同志的信》（档案号2011959113），1959年7月4日。

② 竺可桢：《竺可桢全集》第15卷，上海科技教育出版社2008年版，第421页。

《人民日报》："市人民代表、北京大学地质地理系教授侯仁之代表说：所谓中印边界问题，都是英帝国主义者一手造成的，是它的侵略政策的产物。奇怪的是，摆脱了英帝国主义的统治而独立了的印度，竟然继承英帝国主义的衣钵，把当初连英国人自己都不敢明目张胆承认的一条非法的麦克马洪线当作法宝，向已经站了起来的中国人民挑衅。印度军队和行政人员甚至还越过了他们所谓的麦克马洪线，侵入了我国的领土，还反而诬蔑我们是'侵略者'。更加荒唐的是尼赫鲁总理还居然替所谓麦克马洪线辩护，说什么这条线在地理上'适巧有一个优点'，因为它是一道'明显的分水岭'。如果说凭一条分水岭就可以作为一个地理上的'优点'来改变国界，那么当前世界上真不知道有多少相邻的国家要重新划分他们的国界了，这个论点显然是站不住脚的。侯仁之说，我们要警告印度当局，你们在中印边境问题上的这种无理态度，只会有利于帝国主义，而极端不利于印度自己和中印友谊。"①

案：当日《人民日报》又介绍了在政协上海市委员会为讨论中印边界问题举行的扩大会议情况。其中，复旦大学历史系主任谭其骧认为所谓"麦克马洪线"只是英国对中国西藏地方施行侵略政策的产物，从来就不是中印两国的国界线。

9月11日 北京大学地质地理学系党总支委员会向校方提交《关于地质地理系分为地质系和地理系的报告》，称"我国国内诸大学均未有将地质与地理合并于一系者。举世各综合性大学，亦无一兼管地质与地理两方面的系"。

10月9日 北京市高等学校和中等专业学校跃进展览会在清华大学开幕。北大地质地理系参展，展览内容包括地质地理系与武汉水运工程学院共同完成的南方七省水运网规划。

10月30日 林超主持在北京大学地质地理学系系主任办公室召开的政治学

---

① 《北京上海各界人士讨论中印边界问题，同声斥责印度猖狂反华活动，一致支持我国政府严正立场》，载《人民日报》，1959年9月13日。

习讨论会，侯仁之、王嘉荫、王乃樑、李孝芳、张景哲、徐启刚、刘迪生、胡兆量、徐兆奎、张家骥等人参加。会议以阶级斗争形势为主要内容。侯仁之发言称"既欢呼社会主义成就（不是装的假的）。另一方面也还有不很相容的地方。个人主义还未清除，仍然有两种世界观的矛盾"。

11月5日　北京大学公布贯彻党的教育方针先进单位和先进人物代表大会筹备委员会名单。侯仁之、王学珍、史梦兰、陈岱孙、严仁赓、翦伯赞、陆平、张景钺、季羡林、周培源、周炳琳、马寅初、冯定等共41人名列其中。

——北京大学地质地理系党总支提交《关于十月份高级知识分子学习八中全会的汇报》。报告称：侯仁之说"自己思想上有自留地，不愿意毫无保留地向党谈，怕犯错误，心情有时不舒畅"。又，侯仁之与王乃樑均流露了希望教学改革运动早日结束的想法。

11月10日至21日　为贯彻执行新的教学计划和中央关于干部参加体力劳动的决定，北京大学地质地理系师生职工800余人响应北京市委的号召，投入到四季青人民公社抢收白菜入窖的战斗中。《北京大学校刊》第333期第4版刊发《紧张的劳动，愉快的欢笑——记地质地理系同学和人民公社社员共同抢收大白菜》。

11月11日　中国科学院在北京饭店宴请德国地理学会主席盖特勒（Johannes Fürchtegott Gellert），竺可桢、黄秉维、刘东生、侯仁之、王乃樑、施雅风、李秉枢等人参加。

11月14日至21日　第一届全国地层会议在北京召开。来自中国科学院、地质部、煤炭工业部、石油工业部、冶金工业部和地质院校的近500名代表，以及苏联科学院和苏联地质保矿部代表团出席会议。会议决定成立全国地层委员会。李四光、武衡、竺可桢、尹赞勋、何长工、裴丽生等人出席会议。侯仁之、乐森璕代表北京大学地质地理系出席。

12月26日　林超主持在北京大学地质地理学系系主任办公室召开的政治学习讨论会，侯仁之、乐森璕、王乃樑、李孝芳、徐兆奎、胡兆量、刘迪生、张景哲、徐启刚等参加。会议讨论了马寅初的"新人口论"。侯仁之在发言中称"张印堂、葛德石的最早散布谬论"，并称马寅初"他的影响很不好，如果传到台湾一定会得到鼓掌"。

12月31日 教育部高教二司致函北京大学，称北大转来的莫斯科大学地理系系主任李亚布契科夫（里亚布契科夫）致侯仁之的信，以及侯仁之拟答复的信稿均已收到。该函对侯仁之的信稿提出修改建议，并就侯仁之参加苏联地理学会第三次代表大会之事做出指示。

案：据教育部致北大函载：教育部同意侯仁之1959年邀请李亚布契科夫来华讲学，已经通过外交部向苏联政府提出正式照会。至于邀请莫斯科大学地理系历史地理研究室索洛维约夫随同来华讲学之事，则因不在双方计划范围内，在侯仁之复信中不要提出。至于侯仁之出席苏联地理学会第三次代表大会之事，由于苏方未提出正式邀请，复信中也不要提出。①

下半年 侯仁之、徐兆奎为地质地理学系经济地理专业四、五年级本科生，自然地理专业五年级本科生开设地理学史课程，每周三学时，每周二3~4节、周五3~4节（双周）分别在俄文楼103室、一教208室上课。②所编地理学史讲义两册铅印本内部印行。讲义中的苏联近现代地理学史，由苏联留学生协助完成。

本年 北京大学地质地理系设置地球化学、构造地质、古生物地层、地貌、自然地理、经济地理等6个专业。

——中共地质地理学系党总支《统战工作计划》将侯仁之列为统战工作对象，称其"有一定专长，基础较广"，并指定王北辰为教学科研上的联系人、王恩涌为统战思想工作方面的具体联系人。

中共地质地理系党总支："必须认识到资产阶级知识分子还是有一定知识的，我系还没有不学无术的，根据最近分类：（1）一类，造诣较深，基础雄厚的，乐森璕；（2）二类，有一定专长，基础较广的，王嘉荫、王乃

---

① 见北京大学档案馆藏《教育部给北大的函》（档案号2011960093），1959年12月31日。
② 见北京大学档案馆藏《北京大学地质地理系上课时间表》（1959—1960年第一学期）（档案号3031959028）。

樑、侯仁之；（3）三类，一般完成教课人物的，李孝芳、林超、张景哲、徐启刚。"①

著述

3月　《北京大学地质地理系地理各专业的建立和发展（简介）》刊于《地理知识》1959年第3期。

4月13日　《"五四"前夕忆红楼》刊于《中国青年报》，后收于中国社会科学院近代史研究所编的《五四运动回忆录》（中国社会科学出版社，1979年）。

5月4日　《为什么要化简单为复杂？》刊于《北京日报》。

6月　《陈潢——清代杰出的治河专家》刊于科学出版社出版的《科学史集刊》1959年第2期。该文是在旧作基础上改写而成，后以《清代杰出的治河专家陈潢》为题收于《步芳集》（北京出版社，1962年）。

8月29日　《高举总路线、大跃进、人民公社的光荣旗帜前进》刊于《北京大学校刊》第320期2版。

> **侯仁之：**"作为教育工作者，我们在1958年全民跃进的形势下，也都取得了自己工作岗位上的巨大胜利。但是我们不能满足于这些，在这新学年里，我们要鼓足更大的干劲，进一步贯彻'教育为无产阶级政治服务、教育与生产劳动相结合'的党的教育方针，提高教学质量，开展科学研究，完成劳动任务，向着红透专深的方向，奋勇前进！"②

9月　中国科学院地理研究所编辑，侯仁之主编，顾颉刚、谭其骧、任美锷、黄盛璋等人参与的《中国古代地理名著选读》（第一辑）由科学出版社出版。

---

① 中共地质地理系党总支：《统战工作计划》（1959年），见北京大学档案馆藏《监察规定规划纲要、周口店失密、组织发展意见、统战治保工作要点、关于地质地理系分为地质系和地理系的报告》（档案号01419590004）。

② 侯仁之：《高举总路线、大跃进、人民公社的光荣旗帜前进》，载《北京大学校刊》第320期第2版，1959年8月29日。

案：侯仁之对《水经注》中北京地区两条水道进行注释，其前言以《郦道元与〈水经注〉》为题收入《步芳集》（北京出版社，1962年）之中。1963年8月，该书由香港的中华书局股份有限公司出版。2005年，该书在华林甫的促成下由学苑出版社再版。

1月20日侯仁之所写序言："这部书的编纂，原是想供给对中国古代地理学的发展有兴趣的地理工作者和大学地理系的学生参考阅读的。……这一想法，后来经过一些同志们的讨论，认为可行，而且应当立即进行；同时中国科学院地理研究所的领导同志认为这一工作对于一般地理工作者也是需要的。因此给与积极的支持和帮助。这时就决定以禹贡、汉书地理志、水经注和徐霞客游记四种作为选注的尝试，并约请了顾颉刚、谭其骧、黄盛璋、任美锷诸位先生分担进行。……在这书的编纂过程中，自然科学史研究室的曹婉如同志在原稿校阅上曾付出了很大的劳动，地理研究所钮仲勋同志和北京大学地质地理系王北辰同志也都热情帮助，在这里应该向他们表示衷心的感谢。"[1]

高泳源："古代地理书籍的记载有时过于简略，《选读》参证其他有关的史料做了说明。过去对古书的注释绝大部分是引经据典做繁琐的考证，不能说明问题。《选读》有一部分注释不是根据书本，而是根据实地考察，以事实来和原书相印证。……这种运用实地考察来注释古书的科学方法，打破了过去训诂考证的传统范围。此外，本书的注释还利用地图将古代的地理情况重现在我们的面前，使我们能够更好地去理解古籍，更深刻地去认识地理现象的发展规律。……由于各书的性质不同，各书的注释也不是一个人写的，所以注释的质量并不是平衡的。……也有一些注释的内容在科学性上是值得商榷的。……此外，各篇之中有个别的注释，前后也有重复。"[2]

谭其骧："历史地理的专著，解放前出过几本讲疆域政区沿革的，有商

---

[1] 侯仁之主编：《中国古代地理名著选读》第一辑，科学出版社1959年版，序言第i–iii页。
[2] 高泳源：《评〈中国古代地理名著选读〉第一辑》，载《人民日报》，1960年7月7日。

务印书馆出版的《中国疆域沿革史》（顾颉刚、史念海合著），有开明书店出版的《中国疆域沿革略》（童书业著）等。解放后出版的，五十年代出版社出版的侯仁之主编的《中国古代地理名著选读》和最近由科学出版社出版的《中国自然地理、历史自然地理》，是比较合适的，质量比解放前高了许多。上述诸书，都可以阅读。"①

林颉："侯仁之主编《中国古代地理名著选读》是地理文献研究的精品"。②

钟凤年："中国科学院地理研究所编辑的'中国古代地理名著选读'第一辑中，有水经注选释三篇，系由侯仁之、黄盛璋两先生所分任的。它们的出版，对于学习古代地理的人，有很大的帮助。水经注一书在古代地理学上的重大贡献，是无用细说的。两先生以此较浅易明白的注释介绍了㶟水、鲍丘水和渭水三篇，是以北京地区和西安地区作为示例，这样的选题极为恰当。不过，在注释中间还有可以商榷的地方，在引文方面也存在了一些错误。……黄盛璋所担任的渭水注部分，问题比较多，……对于侯仁之先生所释鲍丘水和㶟水两篇，我也有一些意见。"③

案：另有钮仲勋的《介绍〈中国古代地理名著选读〉第一辑》刊于《学术月刊》1960年第2期。

10月　《中国地理学简史》由北京大学地质地理系内部印行。

案：该书为侯仁之在北大开设中国地理学史课程的讲义，其篇章结构和内容为日后出版的《中国古代地理学简史》一书打下基础。该书初稿包括共六章，第五章"半封建半殖民地时期地理学"和第六章"解放以后的地理学"，在此次内部印行及日后公开出版中均删除。

---

① 谭其骧：《初学历史地理学必读书目》，载《文史知识》1983年第4期。
② 林颉编著：《中国历史地理学研究》，福建人民出版社2006年版，第294页。
③ 钟凤年：《评"水经注选释"》，载《考古》1961年第5期。

1月29日竺可桢日记："下午阅北大侯仁之和地理系同人所著《中国地理学简史》初稿，是不到一个月工作日内完成。分为第一章'原始公社和奴隶社会时期地理学'，其中包括《山经》（《山海经》的一部）与《禹贡》及《管子-地员篇》，第二、三、四章'封建社会时期的地理学'（28—78页），'从秦起至鸦片战争'（78—224页），第五章'半封建半殖民地时期地理学'pp.225—364（惟第五章尚未完全写好）。其中第一章材料极少，而第二、三、四章则材料很多，不大相称。马克思说东方农业文化基于灌溉事业，这在中国也是一样，稿中谈得太少。但于海外的地理，除述法显《佛国记》、Marco Polo〈外〉和郑和七下西洋外，也嫌略。《邱处机的西游记》以及赵汝括《诸蕃志》似均未提及，认为有补增之需要。"①

辛德勇："科学出版社发行的《中国古代地理学简史》，截止于鸦片战争时期，这是遵循当时通行的历史分期。在我这一年龄段及其以下的后学晚辈，现在很少有人知道，先生主持编著的初稿，本来一直延续到撰写书稿的20世纪50年代末期，书名署有《中国地理学简史》，并不仅仅是鸦片战争以前的所谓'古代'。后来碍于近代以来不可避免地会涉及敏感问题，正式出版时只好将其拦腰斩断，去除鸦片战争以后的第五、六两章按照页数计算，舍掉将近五分之三，实在令人遗憾，直接影响到对中国地理学史的全面认识和这一学科的整体建构。"②

11月10日　《决心执行新的教学计划，科研规划、师资培养提高规划，继续向又红又专大跃进》刊于《北京大学校刊》第330期3版。侯仁之表示"我作为一个教师、一个教学行政人员，坚决响应党的号召，积极行动起来，学先进，赶先进，也要使自己成为先进，以新的跃进成就迎接明年全校群英会"。

12月　中国科学院编译出版委员会主编、中国科学院地理研究所编辑的《十

---

① 竺可桢：《竺可桢全集》第15卷，上海科技教育出版社2008年版，第312页。
② 辛德勇：《晾书与寿》，见北京大学历史地理研究中心编：《走近侯仁之——恭贺侯仁之先生百岁寿辰》，学苑出版社2011年版，第243页。

年来的中国科学·地理学（1949—1959）》出版。侯仁之为该书撰写《历史地理学》部分。该文后以《十年来中国的历史地理学》为题收于《历史地理学的视野》（生活·读书·新知三联书店，2009年）。

  侯仁之："历史地理学是历史学与地理学之间的边缘学科，新中国成立以来的十年间，这门学科得到了很大的发展，在马克思列宁主义思想的指导下，它第一次明确了自己研究的对象和任务，并在社会主义建设事业的推动下，沿着新的方向迅速前进。""解放以前，有些历史学家认为历史地理就是沿革地理。沿革地理在中国是有着悠久的传统的，而历史地理则被认为仅仅是从外文翻译过来的一个新名词。这种把历史地理和沿革地理等同起来的看法，是不正确的。历史地理就其研究对象来说，无可争辩地属于地理学的范围。称之为历史地理，是因为它所研究的不是今天的地理，而是过去的地理历史时期的地理。至于沿革地理则主要研究的是历代疆域的消长和地方行政区划以及地名的演变，这不过是历史地理研究的初步工作，而不是它的主要内容。"[①]

  案：文章既说"历史地理学是历史学与地理学之间的边缘学科"，又说"历史地理就其研究对象来说，无可争辩地属于地理学的范围"，逻辑上有矛盾。矛盾产生的原因，恐在于该文"写作系由中国科学院地理研究所历史地理组的全体组员收集资料，初稿完成征询各方面意见后，又经地理研究所历史地理组与北京大学地质地理系历史地理小组部分同志讨论定稿"。

本年 《关于古代北京的几个问题》刊于《文物》1959年第9期，对北京城市历史地理进行了提纲挈领地论述。

  案：文章分为"起源试探""燕都蓟城""平原门户""城址沿

[①] 侯仁之：《十年来中国的历史地理学》，见《历史地理学的视野》，生活·读书·新知三联书店2009年版，第7页。

革""巨变之始"五部分,指出"从秦时起一直到唐朝末年,每当汉族统治者实力强大,内足以镇压农民的起义,外足以扩张势力、开拓疆土的时候,就一定要以蓟城为经略东北的基地。反之,每当汉族统治者势力衰微,农民起义作为阶级斗争的一种形式而日趋激烈的时候,东北的游牧民族,也常常乘机内侵,于是蓟城又成为汉族统治者的一个军事防守的重镇。最后到了防守无效,东北游牧部族一旦侵入之后,蓟城又成为必争必夺之地,并以之作为继续南进的跳板"[①]。文章认为唐代安禄山范阳起兵"标志了封建社会时期长安城的日趋没落和北京城的日益重要。在北京城的历史上,算得是一个即将到来的巨大变化的征兆"。

——《昆明湖的变迁》刊于《前线》1959年第16期,后收入《步芳集》(北京出版社,1962年)之中,题目改为《北京城最早的水库——昆明湖》。

评介

5月18日　《光明日报》第2版刊发《跃进中的新北大——一所古老而又年轻的综合性大学》。该文提及系主任侯仁之不久前在地质地理系举行的文艺演出晚会上表演独唱节目。

9月13日　《人民日报》第2版刊发新华社电《北京上海各界人士讨论中印边界问题:同声斥责印度猖狂反华活动,一致支持我国政府严正立场》,文章介绍了侯仁之在北京市第三届第二次人民代表大会小组会议上的发言。

1960年　49岁

背景

9月1日　密云水库建成。稍后,京密引水渠动工。

11月17日　国务院通过《文物保护管理暂行条例》,批准第一批全国重点文

---

① 侯仁之:《关于古代北京的几个问题》,载《文物》1959年第9期。

物保护单位名单。

纪事

1月4日 出席在西颐宾馆召开的全国地理学术会议预备会,当选会议领导小组成员。5日至15日,来自全国各地理研究机构、大学地理系和有关产业部门的136名代表出席此次会议。其间,侯仁之于13日与竺可桢谈马寅初在北大因人口论受批评之事。

　　案:此次会议由中国科学院地学部、中国地理学会联合召开。侯仁之、竺可桢、张振球、尹赞勋、黄秉维、李秉枢、孙敬之、沈静芷、任美锷、周廷儒、李之保、陈凯、丁锡祉、李文、王钧衡、李春芬、曹廷藩等18人被推举组成此次会议的领导小组。

　　竺可桢日记:"八点半至西颐宾馆参加地理会议。上午各地方学会做了报告,我听了北京地理学会报告,说明要加强党的领导,成立党组,加强四个专业组,即自然、经济、制图和地理教育。举办人民公社训练班,做学术报告。……和侯仁之谈,知马寅初在北大因写了经济学论文大受批评,而马又卖老不肯出席,以是引起大众愤慨云。"[①]

2月4日 北京大学贯彻党的教育方针的先进单位、先进人物代表大会召开。各系教研室、班级和行政单位的先进单位代表130人、先进人物代表637人出席。其中,地质地理系地理教员党支部、地化专业岩矿教学小组、地五(四)班南方水运网地理调查队等被评为先进单位,侯仁之、于洸、田昭舆、徐海鹏、崔海亭等人获先进人物荣誉。

2月15日 苏联莫斯科大学地理系主任里亚布契科夫致信侯仁之,表达对侯仁之的中国地理学史著述的赞许。

---

① 竺可桢:《竺可桢全集》第15卷,上海科技教育出版社2008年版,第568页。

里亚布契科夫："我很高兴知道你已经写成一部中国地理学史巨著。我的学生把它翻成俄文。这很好，很有用。如果你乐意的话，我到中国将愿意熟悉这一有价值的著作。我看到这是反映中国地理思想发展的一面镜子。"①

2月20日　北京大学校工会举行全校教职工文艺会演，印刷厂、膳食科、地质地理系等单位获得表彰。地质地理系表演的舞蹈《夸地瓜》获得演出一等奖。系主任侯仁之与党总支书记陈凯大力支持本单位文艺活动。

——致信苏联莫斯科大学亚历山大·马克西莫维奇。信中提到，为庆祝中苏友好同盟互助条约签订十周年，齐赫文斯基率苏中友协代表团到北京大学参加庆祝大会。马克西莫维奇的学生尼古拉耶夫作为苏联留学生代表用中文做了长篇发言。

2月21日　到中国历史博物馆主讲《徐霞客游记》学术报告会。在此前后，另有苏联考古学家吉谢列夫主讲《苏联青铜时代与中国考古学有关问题》，吴晗主讲《武则天》。

2月23日　北京大学校务委员会第74次会议（扩大）通过了参加北京市文教群英会的代表名单。先进单位及代表包括地质地理系西北治沙工作队（周琦琮代表）、历史系北京史编写小组（陈庆华代表）等，先进工作者包括来自地质地理系的侯仁之、崔之久、崔海亭，来自历史系的周一良等。

——北京大学地质地理系致函联络科，递交苏联莫斯科大学亚历山大·马克西莫维奇的来信和侯仁之的复信草稿，请求审批。如果同意，将由地质地理系打印后寄出。

2月26日至29日　北京市召开教育和卫生、科研、文化、新闻、体育方面社会主义建设先进工作者代表大会（文教战线群英会），北京市委书记处书记邓拓出席会议并讲话。29日，中共北京市委第一书记、市长彭真出席闭幕式。北京大学的53个先进单位获得奖状、69位先进工作者获得奖章。侯仁之获得"一九五九年度

---

① 见北京大学档案馆藏《苏联A. M. 里亚布契科夫给侯仁之的信》（档案号2011960093），1960年2月15日。

北京市教育和文化、卫生、体育等方面社会主义建设先进工作者"荣誉称号。

考异： 又有观点认为，侯仁之于1959年获"北京市先进工作者"荣誉称号，于1960年1月获"北京市劳动模范"荣誉称号。详情待考。

3月8日　北京大学召开全校妇女大会。此前，北大成立纪念"三八"妇女节筹备委员会。其中，张群玉任主任委员，侯仁之、杨汝佶、刘文兰、魏立坚任副主任委员。

3月12日　参加在中关村地理所召开的中国地理学会理事会，讨论增选理事长、秘书长及年内会议安排等问题。会上，侯仁之与李秉枢增选为中国地理学会副理事长。

竺可桢日记： "二点在地理所开地理学会理事会，到孙敬之、黄秉维、侯仁之、李秉枢、沈静芷、李之保、陈开（女）、周廷儒（施雅风、郭敬辉未到）。由瞿宁淑报告今日日（日）[程]。增加理事长、秘书长，因工作展开之故，决定加副理事长李秉枢、侯仁之，秘书长沈静芷，陈开、李之保、瞿宁淑。60年内开五次会议，六月初南京开'省地图集'会议，六月底长春'地理学会会务交流'，七月初大连'区域规划'，九月杭州开'人民公社及地理志'会议，十一月在广州开'小气候为生产服务'会议。次讨论刊物，和商务合作写《中国地名大辞典》，出12种人民公社小丛书，每册约一万字，七月一日交稿。"[①]

3月29日　出席在全国政协礼堂举行的中国人民政治协商会议第三届全国委员会第二次会议。此次会议于3月29日至4月11日在北京召开。

4月4日　《北京大学校刊》第354期第3版刊发《地貌专业师生苦战一周，建立河床动力模型实验场》。地质地理系师生参与黄河治理，提出"以黄河为纲，

---

① 竺可桢：《竺可桢全集》第15卷，上海科技教育出版社2008年版，第612页。

从游荡入手"，建立河床动力实验场进行模型实验。系主任侯仁之与党总支书记陈凯参加建立实验场的劳动。

4月6日　北京大学召开体育跃进大会。校代表队、各系代表队及全校体育干部与会，校党委副书记史梦兰做出指示。

5月5日　《北京大学校刊》第361期第3版报道《地质地理系师生革新教学设备收效巨大》，称该系在四月下旬召开技术革新运动会，3天提出25811项合理化建议，其中重大项目2269项，实现了259项。

5月31日　《北京大学校刊》第366期第3版报道《地质地理系积极筹建工厂，白手起家制成先进设备》，介绍该系初步办起金工、木工、玻璃、印刷等车间。

5月　在中国科学院治沙队和地理研究所的组织领导下，开赴宁夏河东沙区开展西北沙漠历史地理考察，足迹到达青铜峡、灵武城、磁窑山、鸳鸯湖、红山堡、花马池、陈家台、铁柱泉等地。王北辰、吴醒东、方梦桥等人一起前往考察。此行开启了侯仁之的沙漠历史地理考察和研究之路。侯仁之关注航空遥感在沙漠研究中的应用。

侯仁之："我记得那是在1960年春天，我第一次向党、向我所在的单位的教师和学生公开表示了自己的决心——决心跳出小书房、跳出旧书堆、跳出烦琐考证的旧圈套，毅然决然走向沙漠、走向实际、走向科学实验所提出来的现实要求。……前途无限广阔，我决心在阶级斗争、生产斗争和科学实验的三大革命运动中，奋勇前进！"①

侯仁之："1960—1964年间，在中国科学院治沙队和地理研究所组织领导下，历史地理学作为一个专业，曾以我系的历史地理研究小组为主，结合我校考古专业和其它单位的个别同志利用暑假期间参加了西北部分沙漠地区的考察。……这里需要补充说明的是1962年底在国务院农林办公室的直接领导下，曾经成立了一个治沙科学研究小组（同时成立的还有围垦湖滨，围垦

---

① 侯仁之：《听毛主席的话　走革命的道路》，载《科学通报》1964年第10期。

海涂，草原利用，盐碱化防治，山地利用和水土保持等科学研究小组。）随后在治沙科研小组里除去拟定了'沙漠改造利用科学研究1963年工作计划'外，还初步考虑了用十年时间（1963—1972年）完成从内蒙西部经河西走廊一直到新疆南部的沙漠考察的设想，当时我系历史地理科研小组就是根据1963年的工作计划，开始参加了乌兰布和沙漠与毛乌素沙漠的考察工作。但是后来由于林彪和'四人帮'对无产阶级文化大革命的干扰破坏，迫使治沙科研小组的工作全部停顿下来，沙漠地区历史地理的考察工作，当然也随之中断。"①

杨森翔："一次，考察人员来到当地的农场，场部的人知道后非要听侯仁之讲一讲他们世代生存的家乡以前是什么样的。晚上，人们早早地来到事先约定的一间空房里。没有讲桌，有人临时放了一张破旧的桌子当讲桌，没有电灯，大家便点起了煤油灯。在星星点点的灯光中，侯仁之惊呆了，屋子已经被密密麻麻的人群挤满了，站着的，坐着的，倚着的，靠着的，老人、孩子，能来的全来了，在侯仁之看来，那一双双闪动的眼睛就像是天上的星星，迫切地等待着讲座的开始。侯仁之用最浅显易懂的语言讲述着一个又一个故事，寂静的农场里不时爆出热烈的掌声，兴奋的人们最后竟然唱起了歌，跳起了舞。两个多小时后讲座结束了，这时一个人急匆匆地跑过来说：'侯先生，其实我早就不做饭了，你来了我得给你做，我给你做一次真正的蒙古王爷府里的饭。'第二天，考察队员们吃到了那个厨师做的千层饼，侯仁之说，这是他这辈子吃过的最好吃的千层饼。"②

毛赞猷："1960年夏，随侯老师河东沙区考察的还有刘迪生、范心圻和毛赞猷组成的航空像片利用小组。侯老师非常关注航空遥感在沙漠考察中的应用。"③

---

① 侯仁之：《历史地理学的理论与实践》，载《北京大学学报》（自然科学版）1979年第1期。
② 杨森翔：《向沙漠进军——1960年侯仁之宁夏河东沙区考察回记》，载《吴忠日报》，2008年4月1日。
③ 毛赞猷：《回忆侯仁之老师》，见卞晋平主编：《仁者之德——侯仁之纪念文集》，中国文史出版社2017年版，第321页。

6月2日　北京大学招生委员会编辑《北京大学校刊》（专业介绍 1960年）介绍各系专业设置情况。其中，地质地理系设构造地质、古生物地层、地球化学、地貌、自然地理、经济地理等6个专业。在《北京大学1960年考生报名专业类名称表》中，理工类六年制本科有地质地理系的地球化学、构造地质专业、地貌、自然地理专业。

6月24日至30日　北京市第三届人民代表大会第三次会议在全国政协礼堂举行。侯仁之缺席会议。

7月2日　《北京大学校刊》头版刊发社论《做彻底改造文科的促进派》，并刊文《高举毛泽东思想红旗，建设共产主义大学的文科——广大师生积极投入彻底改造文科的战斗》。文章称"这次教学革命的特点，是无产阶级与资产阶级两条道路的斗争，已深入到教学本身和世界观的改造，因而课程内容的改造和下乡下厂实现校内外结合问题，就成为这次教学改革的两个中心问题"。

7月12日　北京大学地质地理系召开全系大会，由经济地理、岩石学和普通自然地理教改队报告教改战斗成绩。报告一致认为"只要坚持毛泽东思想挂帅，对资产阶级的地学科学体系进行彻底的革命，就一定能建立起毛泽东思想指导的地学科学体系"。《北京大学校刊》7月18日第373期第1版的《地质地理系举行大会报告教改成绩》报道了此事。

9月1日　出席中国地理学会理事会，与竺可桢、褚亚平、黄秉维、黄钧衡等人讨论筹备11月底在吉林长春召开的地理学术会议。

9月1日至4日　北京大学集中进行本学期形势与任务课第一单元，响应党的号召，投入以粮钢为中心的增产节俭运动。

9月3日　北京大学1800名新生入学，举行迎新大会。

10月26日　《北京大学校刊》第383期第1版刊登海淀区选举委员会北京大学选区的选举工作组名单。张学书任组长，侯仁之、周培源、赵国栋、刘文兰任副组长。11月30日，将选举出海淀区人民代表大会代表，出席12月召开的海淀区第四届人民代表大会第一次会议。

11月4日　《北京大学校刊》第384期第2版刊登《地质地理系成立历史资料介绍组》，介绍该系为配合读懂毛主席著作，成立第三次国内革命战争时期历史资料介绍组。

上半年　侯仁之、徐兆奎为地质地理系经济地理专业五年级本科生开设历史地理课程，每周4学时，每周一3~4节、周六1~2节分别在一教210室、哲学楼102室上课。

下半年　北京大学地质地理系在1960—1961学年第一学期开设25门课程（13门为基础课，12门为专门化课），其中没有与历史地理学相关的课程。又，此时地质地理系共有5个年级，学生合计33人，老教员有28人。

本年　应教育部聘请担任十年制学校教材地理学科顾问，同时出任者还有竺可桢、黄秉维、郭敬辉等人。

著述

1月　《沙滩的红楼》刊于北京出版社编辑的《北京街道的故事》（北京出版社，1960年第2版）。该文后收于侯仁之的《步芳集》（北京出版社，1962年）。

评介

2月17日　《北京大学学刊》第347期第3版整版刊发报道《用新的成就迎接全国文教战线先代会》，介绍北大地质地理系与中国科学院合编中国地理学史之事，并配发侯仁之与青年教师徐兆奎、曹婉如的合影。该版又报道该系"古生物地层专业师生猛攻尖端科学"。

> 案：曹婉如（1923—1996），别名遂园，福建福州人，地理（地图）学史家。毕业于金陵女子大学、南京大学，曾任职于中国科学院地理研究所、自然科学史研究所，专长于中国地理（地图）学史研究，主编三卷本《中国古代地图集》（文物出版社），参撰《中国科学技术史稿》（科学出版社，1982年）、《中国古代地理学史》（科学出版社，1984年）等。

1961年　50岁

背景

3月15日至23日　中共中央广州会议召开，科学、教育领域开展调整。

7月6日　中共中央政治局讨论通过"科学十四条"。

9月　中共中央批转试行"高校工作六十条"。

纪事

2月11日　在北京大学哲学楼101室为"寒假青年讲座"做题为《北京的过去、现在和将来》的报告。

3月15日　北京大学召开第83次校务委员会会议，讨论1960—1961学年第二学期教学计划安排。

3月18日　教育部通知北京大学，同意地质地理系1956级学生按原计划五年毕业，其他各年级按六年制计划培养。

3月24日　参加在南河沿文化俱乐部召开的中国地理学会理事会，讨论1961年学会工作计划等问题。讨论决定学会内设立教学、自然地理、经济地理、地图等4组委员，侯仁之被分在教学组。

4月21日　北京大学万余名师生举行"支持古巴反对美帝国主义侵略"大会。副校长周培源、工会主席及地质地理系主任侯仁之等人发言。侯仁之代表全校教职工表示拥护周恩来给卡斯特罗发的电文、我国政府反对美国侵略古巴，支持古巴人民正义斗争的声明。

5月4日　北京大学举行一年一度的"五四"科学讨论会。地质地理系的学术报告有王嘉荫的《岩石学的发展方向》、乐森璕的《无脊椎动物学的现状和发展问题》等。

5月11日　北京大学地质地理系地貌教研室的承继成等师生为准备参加郑州黄河水利委员会治黄工程勘察而到燕南园访问侯仁之，请教如何运用历史地理学的观点和资料研究黄河下游河道演变规律的问题。

5月13日　《光明日报》第1版刊登《北京大学等校历史系整理古籍计划》。

据此可知，北大地质地理系将整理历史地理名著《水经注》《徐霞客游记》，此工作当由侯仁之主持。

  案：与此同期，北京大学还负责整理《大唐西域记》《贞观政要》《唐六典》等典籍，中国人民大学负责编纂《中国近代史大事年表》《北洋军阀史料》等，南开大学负责点校《明史》《明会典》《清会典》等，南京大学负责编纂《明清以来苏州丝织业史料》和点校《元典章》等。复旦大学以历史地理为重点，主要负责改绘《中国历代舆地图》和新编《中国历史地名辞典》，并点校《太平寰宇记》《元和郡县志》《元丰九域志》。华东师范大学负责编纂《中国历史辞典》《中国近代史资料题解》等工具书。①

5月27日 北京大学校务委员会召开第84次（扩大）会议，校务委员听取校长陆平关于1961年工作任务的报告。各系系务委员、教研室主任和副主任、教授及副教授共400余人列席会议。

5月29日 北京大学校务委员会召开第85次会议，校务委员讨论了1961—1962学年的招生工作，讨论通过了招生委员会名单。周培源任招生委员会主任委员，严仁赓、崔雄崑、尹企卓任副主任委员，侯仁之、王学珍、伊敏、郑昕、段学复、张龙翔、褚圣麟、翦伯赞等23人任委员。

夏 赴内蒙古自治区乌兰布和沙漠进行考察。

7月13日 《北京大学校刊》第406期第1版刊发报道《教师加强辅导，同学认真学习，地质地理系考试成绩优异》。

7月17日 参加中国自然科学史研究委员会扩大会议，就中国科技史编写问题发表看法。

  案：与会者还有竺可桢、张含英、刘仙洲、侯外庐、夏鼐、刘崇乐、

---

① 《北京大学等校历史系整理古籍计划》，载《光明日报》，1961年5月13日。

李俨、叶企孙、钱宝琮、夏纬英、王振铎、胡庶华、陈邦贤、王毓瑚、王若愚、杜省物、程之范等40余人，会议由时任中国科学院副院长、中国自然科学史研究委员会主席竺可桢主持。侯仁之发言指出"明中叶以后，地理学有很突出的成就，工艺技术与本草学也是如此，这是一个了不起的时代，应该划分为一个时期"。

7月 赴内蒙古海拉尔参加全国政协组织的疗养，同行者有顾颉刚、梁漱溟、翁文灏、熊庆来、章伯钧、章乃器、谢家荣、黄绍竑等全国政协委员。在此期间，多次与顾颉刚长谈。18日，侯仁之赠顾颉刚手绘的海拉尔、满洲里等地地图。24日，在呼伦贝尔盟进行有关北京历史的专题演讲。28日，继续进行有关北京城历史和未来发展的演讲。8月5日，侯仁之拜会顾颉刚，赠阅"中国历史小丛书"之《徐霞客》。

8月5日顾颉刚日记："王枫、侯仁之、郑挹梅等来谈。看仁之所作《历史小丛书——徐霞客》。"[①]

詹铭新："史学家顾颉刚这几天刚从内蒙古海拉尔避暑后回到北京。……这次去海拉尔避暑，他记下了在草原上的所见所闻，以及他和同行的全国政协委员侯仁之（地质地理学家）、全国人民代表大会代表陈文彬（语言学家）等，一起探讨学术问题的谈话。"[②]

9月1日 谭其骧为改绘"杨图"事在京工作。侯仁之与夏鼐、谭其骧在北京城内南河沿文化俱乐部会面。

夏鼐日记："谭其骧同志以参加杨守敬历史图修订工作来京开会，明晨即南返，来所聊天，偕至文化俱乐部南河沿分部用午膳，遇及侯仁之、唐立

---

① 顾颉刚：《顾颉刚日记》卷九，中华书局2011年版，第301页。
② 詹铭新：《读书 行路 求学问——访史学家顾颉刚》，载《光明日报》，1961年8月12日。

庵、王伯祥诸同志。"[1]

顾颉刚日记："遇侯仁之、黄芝冈、朱文叔、程希孟。"[2]

9月11日　顾颉刚致信侯仁之。21日，侯仁之夫妇与顾颉刚会面。25日，顾颉刚再致信侯仁之。

10月4日　天津藏书家卢弼（卢慎之）致信侯仁之，答复侯仁之9月26日所寄信函，信中谈起与孙冰如的交往。

10月6日　参加"中国历史小丛书"座谈会，并赴文化部拜会陈原，邀其参加"地理小丛书"编委会。11日，"地理小丛书"编委会成立会议召开，侯仁之任副主编。

案："地理小丛书"编辑委员会由吴晗任主编，侯仁之任副主编，陈原、曾世英、林超、高泳源、邹新垓、杨树珍、陈昌笃、王乃樑、邓静中、仇为之、任金城任编委，具体编务由北京教师进修学院协助。该丛书分为中国地理、外国地理、一般地理知识3个方面，由中国青年出版社出版。

10月14日　首都文化科学界人士举行世界文化名人挪威科学家弗里特约夫·南森（Fridtjof Nansen，1861—1930）诞生100周年纪念活动。该活动由中国人民保卫世界和平委员会、中国人民对外文化协会、全国科学技术协会、中国地理学会、北京市科学技术协会、北京市地理学会联合举办，全国科学技术协会副主席、中国地理学会理事长竺可桢致开幕词，北京大学地质地理系教授林超介绍南森的生平。

10月23日　北京大学地质地理系召开本学期第一次野外生产实习科学工作汇报会，由地貌教研室主任王乃樑教授做四川西部二郎山、大渡河一带地貌考察工作报告。地质地理系系务委员会决定从本年开始，每年暑假后召开野外生产实习

---

[1] 夏鼐：《夏鼐日记》卷六，华东师范大学出版社2011年版，第199页。
[2] 顾颉刚：《顾颉刚日记》卷九，中华书局2011年版，第317页。

的科学工作汇报会。

11月1日 北京大学校务委员会召开第91次（扩大）会议。会议由副校长周培源主持，教育部部长杨秀峰做了指示。与会者听取了党委常委、副教务长王学珍的《关于劳逸结合的情况、问题和意见》的报告。

11月15日 侯仁之、张玮瑛在全国政协俱乐部与顾颉刚会面。

11月23日 经北京大学校务委员会通过，并经教育部批准，地质地理系的王乃樑及其他系的廖山涛、季镇淮、任继愈、黄绍湘等9人被确定和提升为教授。

11月28日 中国地理学会在上海召开地貌学、经济地理专业学术讨论会，竺可桢、任美锷、周廷儒、丁锡祉、曾昭璇、邓静中、王乃樑、仇为之等人与会，侯仁之提交论文《历史地理刍议》，其发言摘要以《关于历史地理学的若干问题》为题刊于该年12月14日的《文汇报》。

> **案**：此次会议发表历史地理方面的论文7篇。会前，复旦大学历史地理研究室于11月23日将侯仁之的《"中国沿革地理"课程商榷》等文章编辑成册，以供会议讨论。
>
> **11月16日竺可桢日记**："专业委员已选定，130多人。地貌、经济地理学术讨论，地貌为农业服[务]，地貌制图[旁记：14人]，河谷地貌今后发展方向，有50篇论文。经济地理为农业服务，农业地理，若干理论问题，也有五十篇。历史地理也要讨论，20人，历史地理5人。"①
>
> **11月28日竺可桢日记**："经济地理23人，列席15人。江河为农业服务。为地区经济开发作用。实践基础，谈研究对象，科学性质，今后发展方向与任务。论文50篇，历史地理七篇。"②
>
> **马蔼乃**："全国地理学会于十一月底在上海召开了地貌专业性学术讨论会与经济地理专业性学术讨论会。我校地质地理系主任侯仁之和王乃樑教授、仇为之副教授参加了这次会议。他们共带去有关地貌及经济地理方面

---

① 竺可桢：《竺可桢全集》第16卷，上海科技教育出版社2009年版，第151页。

② 同上书，第156页。

的科学论文七篇,其中包括侯仁之教授的'历史地理刍议',王乃樑教授的'关于河流阶地',仇为之副教授的'关于经济地理学发展的意见'等论文。"①

12月9日　与周培源出席在北京大学礼堂举办的张权声乐演唱会。

12月30日　到人民大会堂参加全国人大、政协广东组参观访问会议,见顾颉刚等人。

顾颉刚日记："乘文学研究所车到人民大合堂,参加人代、政协广东组参观访问会议。五时散。同侯仁之。冒大雪归。"②

12月　出席中国科学院治沙队1961年治沙科学研究总结会议,提交《宁夏河东沙区有关历史地理的几个问题》(讨论用稿),署名单位为"北京大学地质地理系综合研究组"。

本年　武汉大学石泉造访侯仁之,与之探讨历史地理学学科性质、研究方法等问题。

石泉："侯仁之先生早在二十多年前就曾对我说过:研究历史地理,光靠文献史料不行,必须进行野外考察。那里往往有很多古代遗迹(特别是古城堡和居民点故址和古河道),可向我们提供书本上没有的,很有价值的第一手物证。侯先生的这一指点,我一直铭记在心。……1961年,学校对教师实行'三定'——定(专业)方向,定任务,定措施。经过仔细考虑,我终于决定自己今后'定向'搞历史地理。随即去北京,向侯仁之先生请教,他很高兴,给了我一些重要的指点和建议:(1)对历史地理学这门新兴学

---

① 马蔼乃:《地质地理系部分教师参加全国地理学会举办的学术讨论会》,载《北京大学校刊》第416期第3版,1961年12月23日。

② 顾颉刚:《顾颉刚日记》卷九,中华书局2011年版,第375页。

科的性质、任务与作用，要有明确的认识；（2）书本知识与实地考察相结合；（3）注意历史时期地理变化过程中'人'所起的作用，而'人'又是受生产力水平和生产关系制约的。1961年秋，我开始讲授'中国历史地理专题'课，并着手编写了部分讲义。"①

著述

3月 《徐霞客》由中华书局出版。该书收入"中国历史小丛书"，此后多次重印、再版，1983年收入"中国历史小丛书"之《古代旅行家的故事》合订本（中华书局）。

苏双碧、王宏志："一些有影响的专家对吴晗的邀请也是有求必应。如《徐霞客》一书，吴晗请侯仁之教授编写。侯仁之工作虽然很忙，但还是立即答应下来，并且按照编委会的要求认真编写。他除了精读《徐霞客游记》外，还'翻阅大量有关材料，把其中能说明徐霞客热爱祖国伟大河山的思想和严肃地从事考察工作的科学精神，富有故事性情节的材料，精选出来。在写作中竭力把文字写得流畅、易懂、动人'。因此，《徐霞客》这本小册子出版后，受到读者的广泛欢迎。"②

唐晓峰："新中国成立后，侯仁之先生对于徐霞客的研究评价最有影响，他对于霞客的地理学价值的阐述获得公认。"③

于希贤："正如谭其骧教授所指出的那样：研究徐霞客，1949年以前是丁文江先生带出来的；1949年以后，是侯仁之先生带出来的。侯仁之先生把对徐霞客的研究，放到了明末新兴资本主义经济萌芽的社会历史条件下来考察，并指出徐霞客开创了系统观察地理环境、系统描述自然景观的新方向。

---

① 石泉：《古代荆楚地理新探》，武汉大学出版社1988年版，第8、28页。
② 苏双碧、王宏志：《吴晗传》，上海人民出版社1998年版，第240页。
③ 唐晓峰：《现代语境下的徐霞客》，见《阅读与感知》，生活·读书·新知三联书店2013年版，第182页。

这就使对徐霞客的研究又向前推进了一步。"①1987年11月24日，于希贤在无锡"纪念徐霞客诞生400周年"大会上发言后，谭其骧与之面谈，提及上述评价。

4月9日　《徐霞客——石灰岩地貌考察的先驱》刊于《人民日报》第5版，后收于《步芳集》（北京出版社，1962年）。

　　侯仁之："由于徐霞客的卓越贡献，我们应该把他看作是中国历史上最伟大的地理学家之一，同时在世界科学史上也应占有重要地位。"②

5月11日　《沙行小纪（一）》刊于《光明日报》第4版《东风》，介绍青铜峡。

　　侯仁之："1960年5月，因为工作的需要，我们一伙人来到宁夏回族自治区的银川市，在这里小做休整，就分道进入黄河以东、鄂尔多斯高原南部的沙区（简称河东沙区）。我自己在沙区所走过的道路虽然有限，但所见所闻为旅途增色不少。特别是在一些曾经逗留过的地方，无论是大城小邑，抑或是沙漠废墟，都有些意想不到的收获，总算大大开阔了自己的眼界，丰富了自己的头脑。但比起在这同一沙区所进行的其他工作来，又似乎是微不足道的。姑择要记之，名曰'沙行小纪'。所记以地为主，凡九处：青铜峡、灵武城、磁窑山、鸳鸯湖、清水营、红山堡、英雄渠、铁柱泉、盐池县。当陆续披载，求正于读者。"③

5月16日　《沙行小纪（二）》刊于《光明日报》第4版《东风》，介绍灵武

---

① 于希贤：《对近代先驱地理学家徐霞客研究的回顾与展望》，载《地理学报》1989年第2期。
② 侯仁之：《徐霞客——石灰岩地貌考察的先驱》，见《步芳集》，北京出版社1981年版，第55页。
③ 侯仁之：《沙行小纪（一）》，载《光明日报》，1961年5月11日。

城。

5月18日　《海淀镇的起源》刊于《北京日报》的《北京景物溯源散记》专栏。

5月20日　《沙行小纪（三）》刊于《光明日报》第4版《东风》，介绍磁窑山。

5月25日　《历史的一个侧影——海淀园林的兴替》刊于《北京日报》。

6月1日　《沙行小纪（四）》刊于《光明日报》第4版《东风》，介绍鸳鸯湖。

6月8日　《瓮山与瓮山泊——颐和园话旧之一》刊于《北京日报》。

6月29日　《昆明湖的变迁——颐和园话旧之二》刊于《北京日报》。

7月6日　《凤凰墩与凤凰楼——颐和园话旧之三》刊于《北京日报》。

7月18日　《沙行小纪（五）》刊于《光明日报》第4版《东风》，介绍红山堡。

7月29日　《花马池——沙行小纪之六》刊于《光明日报》第4版《东风》。

8月5日　《铁柱泉——沙行小纪之七》刊于《光明日报》第4版《东风》。

8月31日　《陈家台——沙行小纪之八》刊于《光明日报》第4版《东风》。

9月14日　《踪迹高梁河》刊于《北京日报》。

10月6日　写完《刘继庄的地理思想》一文，11月9日刊于《北京日报》，后收于《步芳集》（北京出版社，1962年）。

10月19日　《古代高梁河之谜》刊于《北京日报》。该文后作为《踪迹高梁河》一文的第二部分收于《奋蹄集》（北京燕山出版社，1995年）。

11月2日　《戾陵遏与车箱渠》刊于《北京日报》。

11月20日　写成《写给北大青年同学的话》，后收于《奋蹄集》（北京燕山出版社，1995年）。

12月14日　《关于历史地理学的若干问题》刊于《文汇报》第3版。

案：该文为侯仁之在中国地理学会上海专业学术讨论会上的发言摘要，称"历史地理学是地理学的一个组成部分"，并指出"历史地理学的一个根

本论点,就是说人类的生活环境,经常在变化中,而不是一成不变的"。全文分为"什么是历史地理学?为什么要研究它?""从'历史地理'和'沿革地理'的关系说起""在历史地理学的领域内唯物主义和唯心主义的对立和斗争""野外考察在历史地理学研究中的重要性"4部分。该文是次年发表的《历史地理学刍议》的雏形。

12月 执笔完成《宁夏河东沙区有关历史地理的几个问题》(讨论用稿),在中国科学院治沙队1961年治沙科学研究总结会议上宣读。署名单位为"北京大学地质地理系综合研究组"。

评介

2月11日 陈彤、孙世恺的《亲如家人——记苏联留学生在北京大学》刊于《人民日报》,介绍北京大学地质地理系主任侯仁之在领导经济地理专业教研组讲授地理学史课程中,与苏联留学生尼古拉耶夫"教学相长"的故事。

5月22日 北京大学地质地理系地貌教研室承继成的《一次深受教益的访问》刊于《北京大学校刊》第401期第2版,介绍了侯仁之如何运用历史地理学的观点和资料去研究黄河下游河道演变规律的问题。

12月12日 《北京大学校刊》第415期第3版刊发《地质地理系师生发扬艰苦朴素新风尚》,称"系主任侯仁之教授工作认真负责,生活上也很简朴,曾被评为海淀区的勤俭红旗手"。

12月23日 《北京大学校刊》第416期第3版刊发马蔼乃的《地质地理系部分教师参加全国地理学会举办的学术讨论会》,介绍侯仁之、王乃樑、仇为之参加在上海举行的中国地理学会地貌学和经济地理专业学术讨论会的情况。其中,侯仁之提交论文《历史地理学刍议》。

1962年　51岁

背景

1月11日至2月7日　中共中央在北京召开扩大的中央工作会议（即七千人大会）。

3月2日　全国科学工作会议在广州召开，周恩来做《论知识分子问题》的报告。

纪事

1月15日　北京大学副校长周培源主持召开校长办公会，代理教务长王学珍及翦伯赞、傅鹰、王竹溪、魏建功4位新任副校长与会，讨论了让数学力学系和地质地理系搬到十三陵新区的计划及其他问题。后来，侯仁之所在的地质地理系并未搬迁至十三陵分校。

　　案：1960年年初，北京大学着手在十三陵建设理科新校址。1962年2月9日，北京大学校长陆平主持召开校长办公会，讨论理科搬迁到新校址和贯彻《高校六十条》的工作。决定成立迁校指挥部，地质地理系是否搬迁待听取各方面意见后再定。1963年，北大无线电电子学系、数学力学系力学专业搬迁至昌平北大十三陵分校（俗称"北大200号"）。

1月23日　在燕南园家中向北京大学学生介绍自己在各地考察的见闻。

2月14日　北京大学等首都高等院校举行联欢晚会，庆祝《中苏友好同盟互助条约》签订12周年。北大代理教务长王学珍、地质地理系主任侯仁之教授等人出席了北大联欢晚会。

2月　在江苏省江阴县副县长祝铨寿的陪同下，"怀着十二分的敬意"去参观位于南旸岐村的徐霞客墓、徐霞客故居"晴山堂"、霞客小学等地。访问见闻后写成《访徐霞客故乡》一文刊于当月《人民日报》。

——赴云南省考察，参观蝴蝶泉、思茅、苍山洱海、路南石林、西双版纳、

"黎明之城"（允景洪）等地。在新学期开学的第二天，侯仁之向地质地理系学生介绍云南旅途见闻。

3月2日　应全国政协科学技术组邀请在政协礼堂为"双周讲座"主讲《历史上的北京城》。国务院参事室全体参事也前来听报告。

3月7日　以北京大学工会主席的身份，与党委副书记张学书、校长助理严仁赓等人参加北京大学举行的纪念"三八"妇女节座谈会。

3月16日　教育部通知北京大学，批准新一届校务委员会名单。委员会由48人组成，校长陆平任主任委员，副校长汤用彤、周培源、翦伯赞、傅鹰、魏建功、王竹溪任副主任委员。地质地理系主任兼校工会主席侯仁之为北大校务委员会委员。委员另有段学复、褚圣麟、杨晦、翦伯赞、陈岱孙、季羡林、冯至、曹靖华、江泽涵、乐森璕、邵循正、叶企孙、周炳琳、谢义炳、游国恩等人。

4月13日　赴北京西郊二里沟全国科协参加中国地理学会理事会，讨论十年长远学科规划问题。

案：地理学十年长远规划是1960年年底制订的《1963—1972年科学技术发展规划》（简称《十年科技规划》）的一部分。该规划是对《1956—1967年科学技术发展规划》（简称《十二年科学规划》）的继承和发展。在《十年科技规划》的第一节"土地生物资源的调查研究"中提出"干旱地区和沙漠的利用改造"的问题，对侯仁之后来的学术道路影响深远。

4月13日　到中南海怀仁堂参加中国人民政治协商会议第三届全国委员会第三次会议。此次会议于3月23日至4月18日召开。

4月22日　答复《北京日报》理论部转来的朱更翱（署名"甘为牛"）针对侯仁之《戾陵堨与车厢渠》一文的商榷文章《关于〈戾陵遏与车厢渠〉一些问题》。

4月25日　北京大学校务委员会举行第98次会议。此次会议为两届校委会联席会议，由校长陆平主持。会议改组产生新的校务委员，由陆平任主任委员，汤用彤、周培源、翦伯赞、傅鹰、王竹溪、魏建功任副主任委员，侯仁之、王竹

溪、蓝芸夫、叶企孙、季羡林、江泽涵、游国恩等共57人任委员。

4月26日 北京大学校务委员会举行第99次会议。会议讨论了当前的工作安排、学校1962年度预算,并通过了各系系委会名单和某些干部任免。

5月4日至月底 北京大学举行"五四"科学讨论会。23日、25日两天,地质地理系经济地理教研室举行两次科学讨论会,讨论胡兆量的《华北的谷子高粱相对产区及其布局》、李域的《农业地理小对象和内容问题的探讨》等论文。除本教研室成员外,另有来自兰州大学、北京农业大学等兄弟院校和科研机构的同志参加讨论。28日,乐森璕教授在北京大学地质地理系"五四"科学讨论会上做题为《中国南部泥盆石炭系的分界及艾特隆层存在与否的问题》的报告。侯仁之主持报告会,孙云铸、王日伦、盛莘夫、杨遵仪等人出席。

5月9日 致信北京大学生物系主任陈阅增,谈及于素芝等人调整专业申请问题。

5月24日 收到中国青年出版社审稿费。侯仁之为中国青年出版社1962年出版的"地理小丛书"中的汪安祥的《多瑙河》、李孝芳的《我国的沙漠》、陈静生的《新疆的自然》三书审稿。

5月31日 到北京政法学院做有关北京历史的学术讲座。

6月11日至19日 北京市第四届人民代表大会第一次会议在全国政协礼堂召开。侯仁之入选主席团,担任第四届人民代表大会第一次会议政府工作报告审查委员会召集人。会议还选举了北京市人民委员会组成人员。其中,彭真任市长,万里、冯基平、吴晗、王昆仑等9人任副市长,侯仁之、刘仁、梁思成、王明之、郑天翔等37人任北京市人民委员会委员。此届人民委员会任期为1962年6月至1964年9月。

6月15日 《北京大学校刊》第427期第1版刊登《地质地理系师生即将外出考察,实习工作积极贯彻精简节约精神》。报道称本月中旬,地质地理系师生近700人陆续外出进行教学实习和生产实习。9月15日,《北京大学校刊》第431期第2版刊发报道《地质地理系野外实习工作基本结束》。

6月17日 中国科学院考古研究所夏鼐阅读侯仁之的《历史上的北京城》(收入"地理小丛书"之中)一书。

6月20日到7月8日 教育部在北京召开高等学校理科教学工作会议。教育部直属13所综合大学、师范院校的校院长、教务长、系主任、教师及个别高教局的代表共75人参加会议。

6月 北京大学地质地理系学生根据教学计划的安排，在北京周口店山区进行教学实习和生产实习，对地层、构造、矿物岩石、自然地理现象及地貌现象进行现场观察。

7月6日 教育部通知北京大学，同意任命侯仁之、李赋宁为副教务长。此前，侯仁之曾找北大校长陆平面谈，请求调动工作去中国科学院地理研究所。9月15日，《北京大学校刊》第431期第1版刊登《学校领导干部任免名单》，公布对侯仁之、李赋宁的任命。

7月9日 中国科学院地学部地理分组座谈会在北京西郊中关村福利楼二楼召开，讨论1963年至1972年地理学十年规划。会议提出西藏地理和历史地理学两项新的中心任务，由侯仁之负责提出历史地理学的中心问题题目。

7月28日 北京大学校务委员会开会讨论通过免去侯仁之地质地理系主任职务。9月15日，《北京大学校刊》第431期第1版刊登《学校领导干部任免名单》，称北大校务委员会第102次会议通过任命乐森璕为地质地理系主任，王乃樑、王恩涌任系副主任。

夏 赴内蒙古自治区及陕西省榆林地区考察毛乌素沙地。

案：据《北京大学纪事》（1898—1997）载，1962年6月初，北京大学地质地理系大部分学生在京郊的密云、周口店、海淀、十三陵等地参加野外实习。自然地理专业五年级学生则参加中国科学院组织的西北沙区治沙调查研究。

8月27日 北京大学校长办公会决定由理科几位副校长和自然科学处处长张龙翔、副教务长侯仁之共同研究重点学校增加科研编制的问题。

8月 在北京历史学会、中国历史博物馆、中国革命博物馆联合举办的历史知识讲座上主讲《北京城的成长和北京的水》。

9月8日　北京大学举行迎新大会。会后，侯仁之主持召开新生代表座谈会。

9月22日　中共中国科学院哲学社会科学学部党组向中宣部报送《关于地方志小组问题的请示报告》，建议地方志小组由中科院改为国家档案局直接领导。10月30日，中宣部批复同意。但是，国家档案局此后又提出地方志小组仍归中国科学院哲学社会科学学部领导，具体工作由国家档案局实际负责，并提出曾三担任地方志小组组长。按照这一精神调整后的中国地方志小组由曾三任地方志小组组长。侯仁之、姜君辰、吴晗、齐燕铭、王冶秋、李秉枢、严中平、刘大年等人为成员。

案：中国地方志小组的前身为1958年6月国务院科学规划委员会成立的地方志小组。1959年，中国科学院和国家档案局在中宣部的指导下具体指导全国地方志的编纂工作。"文革"期间，中国地方志小组停止活动。1983年，中国地方志小组改称中国地方志指导小组，划归中国社会科学院领导。

9月28日　赴北京西郊二里沟参加中国地理学会常务理事会。侯仁之欲辞掉在学会中的职务，但最终仍保留大多数职务。

10月7日　由北京市军事工程俱乐部和海淀区体委等单位举办的北京市首届军事工程操舟竞赛在颐和园内昆明湖举行。北京大学、清华大学等14个代表队参赛。北京大学航海队获得男子、女子团体冠军。国家体委副主任、国防体协主任李达上将等人观看比赛。此时，侯仁之分管北大学生的体育工作。

10月9日　赴竺可桢处谈"地理小丛书"编辑事宜。

10月12日　与陈岱孙、周炳琳、赵靖、樊弘、厉以宁等人参加北京大学经济系1957级毕业生合影。

10月13日　赴人民大会堂出席"史地小丛书"扩大编委会。与会者有吴晗、竺可桢等人。

10月　与北京大学地质地理系毕业生合影留念。

11月1日至24日　谭其骧与叶群数次见面，为之讲解历史地理。据谭其骧估计，叶群找其讲课，或由于杨向奎或侯仁之的介绍。

11月4日 北京大学、北京师范大学、清华大学、中国人民大学、北京机械学院等高校的师生前往古巴大使馆，声援卡斯特罗总理的战斗演说。侯仁之与北京大学副校长王竹溪及其他学校的马继孔、祁开智、郑华炽、周廷儒、马特等人参加该活动。

11月16日 北京大学校务委员会举行第105次会议，通过确定与提升228名教师为讲师，并通过若干任免事项。该会议还讨论决定试行《北京大学设置一年级班、级主任，成立一年级工作组的意见》。22日，北大校长办公室下发《北京大学关于设置一年级班、级主任，成立一年级工作组的意见》，批准成立一年级工作组，由侯仁之任主任。此后，侯仁之定期召集各系一年级学生代表座谈。

11月25日 北京大学举行庆祝阿尔巴尼亚独立50周年和解放18周年的联欢会，阿中友协代表团及驻华大使应邀参加。侯仁之与北京大学党委书记、校长陆平出席。

11月 拜访金勋，看到其收藏淑春园、鸣鹤园、镜春园、朗润园、蔚秀园、承泽园等清代海淀诸园平面图。此事记载于侯仁之刊于《北京大学校刊》上的《鸣鹤园镜春园地盘画样全图》一文中。

12月7日至17日 北京大学校工会第九次代表大会召开。侯仁之在会上做了第八届委员会的工作报告。赵国栋传达了中国教育工会主席吴玉章和中共北京市委书记邓拓在北京市工会第三次代表大会上的报告。副校长王竹溪、黄一然，党委副书记史梦兰到会讲话。21日，新当选的第九届委员会召开第一次会议，进行委员分工，选出常委会委员。其中，侯仁之任主席，李今、吴达元、闫光华、周华民任副主席。

本年底 为响应积极支援农业的号召，侯仁之在国务院农林办公室的领导下参与制订沙漠改造利用研究十年考察计划。

案：1962年9月在北京召开的中共八届十中全会通过了《关于进一步巩固人民公社集体经济、发展农业生产的决定》，号召各部门积极支援农业。1962年10月22日《人民日报》刊发社论《集中全党全国力量支援农业》。

  本年底至次年上半年 北京大学为落实《高教六十条》，为全校文科一、二年级学生开设《查检大图书馆卡片分类目录》系列讲座。侯仁之与梁思庄、刘国钧、王重民、赵宝煦、许大龄等人分别主讲一个专题。

  本年 介绍华中师范学院章开沅到北京大学历史系邵循正处进修，未果。

  ——中华书局组织编订今人的学术论文集，侯仁之入选。

  案：中华书局此次编订的论文集分为"已故专家的论文集""今人的学术论文集""专题学术论文集、讨论集"。在"今人的学术论文集"中，征得作者同意编订的有陈垣、陈寅恪、顾颉刚、马叙伦、竺可桢、梁思成、刘节、裴文中、于省吾、唐兰、容庚、胡厚宣、邓广铭、谭其骧、梁方仲、侯仁之、韩儒林、周一良、杨宽、冯家昇、游国恩、王力、周祖谟、刘大杰、夏承焘、王季思、冯沅君、陆侃如、余冠英、孙楷第、高亨等30余人。

著述

1月11日 《历史地理学刍议》修订完毕，投给《北京大学学报》（自然科学版）。后刊于该学报本年第8卷第1期。

1月17日 《历史上的北京城》刊于《光明日报》第4版《史学双周刊》第229号，后收于《步芳集》（北京出版社，1962年），题目改为《北京城的沿革》。

2月8日 《说蓟》刊于《北京日报》。

2月25日 《访徐霞客故乡》刊于《人民日报》第5版，后收于《步芳集》（北京出版社，1962年）。

4月12日 《说燕》刊于《北京日报》，后收于《奋蹄集》（北京燕山出版社，1995年），有补记。

5月31日 《现在的北京城最初是谁建造的？》刊于《北京日报》，回答读者王文海的提问。该文后收入《奋蹄集》（北京燕山出版社，1995年）。

5月 《历史上的北京城》由中国青年出版社出版，该书收于"地理小丛书"。

案：《历史上的北京城》的蒙古文译本1963年由内蒙古教育出版社出版。同年，该书的哈萨克文译本由新疆人民出版社翻译并出版。1980年中国青年出版社再版此书。

5月25日 侯仁之赠张玮瑛题记："这是我想写的有关首都的三部曲的第一部，为了更广大的青年读者，计划续写'首都北京'和'北京城的展望'。对于您最关切的'北京历史地理'一书来说，这也仅仅是一个提纲，请您从历史的角度上多提意见。"

7月31日 《北京城和刘伯温的关系》刊于《北京日报》。

7月 主编的《中国古代地理学简史》由科学出版社出版。7月21日，科学出版社编辑部编辑行政室给侯仁之寄送《中国古代地理学简史》样书，要求在8月21之前挂号寄回，以供定稿印刷。

案：全书的结构和绝大部分内容以北京大学地质地理系的中国地理学史课程的讲义为基础，侯仁之执笔第一、二章和第四章的前四节，徐兆奎执笔第三章，曹婉如执笔第四章第五节。该书由北京大学地质地理系、中国科学院自然科学史研究室编著，得到了中国科学院副院长、中国地理学会理事长竺可桢和中央文化部出版事业管理局副局长陈原的指导。

9月 《步芳集》由北京出版社出版。该书收录了侯仁之的23篇文章，内容涉及北京历史地理、地理学人物、沙漠考察及数篇序言。1981年，该书由北京出版社再版。

——《理科学生也应该重视写作》刊于《中国青年》1962年第17期。该文后收于《侯仁之燕园问学集》（上海教育出版社，1991年），题目改为《理科学生也应该注意写作》。

10月12日 与张玮瑛合著《喜看儿子参加农业生产一年》刊于《中国青年报》。

11月20日 写完《校园史话》的原序《写给青年同学们的话》。序文后收于

《燕园史话》（北京大学出版社，1988年）。

11月23日　《校园史话》刊于《北京大学校刊》第435期第4版。文章前附有《致年青人的话》，该文介绍了勺园的历史。据1962年12月12日第436期第4版所刊《校园史话（二）》附记载：北大历史系容媛先生看到《校园史话》后致信侯仁之，称米万钟《勺园修禊图》现藏于历史系考古专业资料室。

12月12日　《校园史话（二）》刊于《北京大学校刊》第436期第4版。该文介绍了北大校园西门的娄兜桥。

12月30日　《校园史话（三）》刊于《北京大学校刊》第437期第4版。该文介绍了弘雅园的历史。

评介

1月15日　《北京大学校刊》第418期报道了学生会举办的"星期天讲座"，侯仁之主讲的《旅行家徐霞客在科学史上的成就》引起了热烈反响。

1月27日　新华社记者所摄侯仁之与学生的合影《师生之间》刊于《北京晚报》1962年第1354号第3版。画面中，侯仁之向学生介绍外出考察时的见闻及所摄照片。

2月1日　《光明日报》第2版刊发新华社记者谢琍拍摄的照片《师生之间》。侯仁之在家里向学生们介绍在各地的见闻，并将拍摄的照片给学生们看。

3月5日　《北京大学校刊》第420期第4版刊登地质地理系通讯《开眼界，广见闻，鼓斗志：侯仁之教授讲云南见闻》，介绍侯仁之向地质地理系学生介绍最近访问云南的旅途见闻。侯仁之叮嘱同学们"要学点历史，否则就很难理解在历史悠久的祖国大地上所出现的若干地理现象。同时，要有较高的语言、文字修养"。

10月14日　《光明日报》第2版刊发詹铭新的《深入浅出地编写普及知识读物——访三套小丛书的作者和编者》，介绍"中国历史小丛书""外国历史小丛书""地理小丛书"出版情况。文章提到"地理小丛书"副主编侯仁之要求每一本书既通俗易懂，又能够具有一定的学术性，要求作者尽可能地把国内外最新的科学成就写进书里去。

10月　《北京晚报》报道侯仁之在中国革命博物馆所做的讲座《北京城的成

长和北京的水》。

传承

9月15日 《北京大学校刊》第431期第1版刊登消息称"我校今年招收了属于52个培养方向的90名研究生，他们即将在58位学有专长、具有多年教学经验的导师指导下开始学习"。侯仁之是否是研究生导师，或者本年是否招生，详情待考。

1963年　52岁

背景

1月12日　北大、清华、中科院召开三方会议，加强院校间在自然科学领域的合作。

12月2日　中共中央、国务院批准中央科学小组、国家科学技术委员会党组《关于一九六三年——一九七二年科学技术发展规划的报告》《科学技术发展规划纲要》。

纪事

1月7日至11日　出席在上海召开的《杨图》委员会工作会议，入选以吴晗为首的领导小组。会议决定增加边疆地区图幅，由改编"杨图"变为重绘整本图集。

案：《杨图》委员会由吴晗、尹达、刘导生、白敏、谭其骧、张思俊、韩儒林、侯仁之等8人组成。会议认为"'杨图'没有表示各民族的分布，只是汉族发展史图；没有边疆图，只有中央王朝图……不符合历史事实。于是决定增加图幅，整本图集予以新编"[1]。

---

[1] 中国地图出版社社庆办公室编：《中国地图出版社五十年（1954—2004）》，中国地图出版社2004年版，第223页。

1月17日　《北京大学校刊》第438期第1版刊发报道《我校生物、地质地理系提出一批科研成果》，介绍为农业建设服务的新成果。其中，地质地理系对华北平原的谷子、高粱布局问题，内蒙古伊克昭盟东南部半农半牧区土地利用类型及其评价，北京市海淀区农业土地利用和作物布局，宁夏和内蒙古中部的治沙、海河流域土壤盐渍化等问题进行研究。

2月14日　赴北京西郊西颐宾馆参加国家科委治沙组会议，讨论治沙组的中心问题。与会者还有竺可桢、黄秉维、朱震达等人。

2月20日　北京大学选区工作组经海淀区选举委员会批准成立，史梦兰任组长，侯仁之、黄一然、刘文兰任副组长。当日，工作组举行第一次会议，部署1963年选举工作。22日，工作组召开各系主任和办公室主任、各工厂厂长及直属单位负责人会议，具体部署选举工作。

——北京大学举行第107次校务委员会，讨论和安排本学期工作。

2月22日　赴北京西郊友谊宾馆参加中国地理学会扩大理事会。此次会议讨论以支援农业为主题而召开的地理学会年会、地理科普等事宜，与会者还有竺可桢、曾世英、林超等人。

3月1日　为实施《中华人民共和国教育部直属高等学校暂行工作条例》（草案）中关于"高等学校必须继续努力培养又红又专的教师队伍"的规定，北京大学校务委员会通过《北京大学师资培养暂行办法》。

3月7日　赴文化俱乐部出席中国地理学会和商务印书馆召集的外国地理名著编译委员会会议，被推举为主任委员。

3月17日至19日　北京大学总务部门1962年度先进代表大会召开。校工会主席侯仁之代表工会在闭幕式上致贺词。

3月27日　国家科委综合局局长黄正夏拜访侯仁之，建议侯仁之成立历史地理研究机构，报请北京大学领导批准，转呈国家科委。

案：黄正夏（1921—2009），湖北襄阳人。早年参加革命，新中国成立后参与"二汽"的筹建。1956年后在国家技术委员会、国家科委、中国科学院任职。

3月29日至4月5日 北京市第四届人民代表大会第二次会议在北京展览馆剧场召开。侯仁之入选主席团，并任第四届人民代表大会第二次会议政府工作报告审查委员会召集人。

3月30日 北京大学选区工作组公布海淀区人民代表候选人名单及总监选人、副总监选人名单。侯仁之为副总监选人之一。此次投票在4月5日举行。

3月 北京大学人事处编制教职员工名册，其中侯仁之任副教务长，地质地理系主任之职改由乐森璕担任。

　　案：此时，侯仁之卸任北京大学地质地理学系系主任之职，改由乐森璕、王乃樑、张炳光任正、副系主任，石世民、毛赞猷任系主任助理。据北京大学档案馆所藏档案载，1964年北大地质地理学系干部分工调配情况为"乐森璕，系主任，负责本系全面工作，主管全系教学工作。王乃樑，＜付＞〔副〕主任，主管全系科学研究及研究生工作。张炳光，代＜付＞〔副〕主任，协助主任负责全系全面工作及主管全系行政工作"[①]。

——北京大学地质地理学系提出将地貌学、自然地理学两个专业的1958级学生的学习年限改为五年半。此后，教育部批复同意这两个专业的56名学生改为五年半学制，于1964年2月毕业。

4月24日 《北京大学校刊》第445期第2版刊文介绍北大地质地理系副主任王乃樑教授向该系高年级同学做题为《地学论文的写作方法》的报告。

4月28日 北京大学1963年春季学生田径运动会闭幕。教育部部长杨秀峰出席闭幕式。副教务长侯仁之与党委书记、校长陆平，副校长周培源、魏建功等校领导一同出席。

5月4日至15日 北京大学文理科各系先后举行1963年度"五四"科学讨论会，宣读了110多篇论文。

---

① 见北京大学档案馆所藏档案《地质地理系1964学年第一学期第一次行政会议纪要》（档案号01419640004）。

5月15日至29日 在为北京大学中文系首届古典文献专业本科生开设的中国古代文化史课上讲授中国古代地理名著。

案：据1962年9月15日《北京大学校刊》第431期第2版《古典文献专业继续举办中国古代文化讲座》载："古典文献教研室从去年暑假起，举办中国古代文化讲座，就中国通史、中国哲学史、中国文学史等课程中所不能容纳或不着重讲授而对整理古籍又是需要的知识，分为若干专题加以介绍。初步计划，讲座内容包括：（1）古人的日常生活状况，（2）经济制度，（3）政治制度，（4）家庭与宗族，（5）社会礼俗，（6）宗教信仰，（7）图书，（8）艺术，（9）古代少数民族的文化生活，（10）科学技术的发展，（11）古代中外文化交流，等项。"1961—1962学年度第一学期开设的课程有刘国钧的"中国古代书籍制度的发展"、王重民的"中国的地方志"、向达的"玄奘法师与大唐西域记"、聂崇岐的"中国古代的官制"。1962—1963学年度第一学期拟开设刘国钧的"中国古代书籍制度的发展"、阴法鲁的"中国古代音乐与文学的关系"、席泽宗的"中国古代的天文历法"、张政烺的"商周时期的日用器物和礼俗"、启功的"中国古代的书法与绘画"、阎文儒的"中国的佛教美术"、任继愈的"中国古代的宗教"、王重民的"明清时代天主教的译书事业"、史树青的"从白虎通义看汉代的礼俗和唐宋时代板刻事业的发展"、向仍旦的"中国古代婚姻制度"等。其他讲题及报告人正在联络。

黄葵："1963年5月15日至5月29日，时任地球物理系主任的侯仁之教授分三次给我们讲了《中国古代的历史地理著作》这一个专题。这一专题，他分为四节讲授：（一）先秦的地理著作；（二）秦汉至明初的重要地理著作；（三）明以后的地理著作；（四）地方志。对于这些问题，侯先生直入主题，专谈历史地理著作的产生、内容、重要作用、整理研究应注意的问题，并介绍了顾颉刚的《中国名著选读》和他著作的《中国地理史简史》二书参考。"[1]

---

[1] 黄葵：《北大从师记》，巴蜀书社2011年版，第146页。

严绍璗："在从1959年到1964年的五年中我们接受了42门课程的训导，北京大学集合了校内外可以称之为最著名的学者（当然是以北京为中心区域的学者）为我们23个学生上课。……由郭沫若先生领衔，吴晗、史树青、侯仁之、席泽忠、启功诸位先生讲授'中国文化史'。"①

《严绍璗先生70年大事编》（1940—2010）："'中国文化史'二年4学期：郭沫若、吴晗、齐燕铭、侯仁之、席泽忠、向达、史树青、周一良、启功、阴法鲁、聂崇岐等十二位先生讲授。"②

阴法鲁："本专业举办《中国古代文化史》讲座多次，讲课的人，除本专业教师外，还邀请了校内外的一些专家，如刘国钧、侯仁之、向达、宿白、任继愈、聂崇岐、启功、张政烺、史树青、柴德赓等同志。……1964年，第一届本科学生毕业，他们具备了文、史、哲多方面的基本知识，阅读、整理、研究古籍以及批评继承文化遗产的基本能力，也有较高的文字表达能力。"③

考异：黄葵、严绍璗二人为北京大学中文系古典文献专业第一批学生，1959年入学，1964年毕业。上述回忆，多不确之处。其中，"地球物理系"当为"地质地理系"，"《中国名著选读》"当为侯仁之主编的"《中国古代地理名著选读》"，"《中国地理史简史》"当为侯仁之主编的"《中国古代地理学简史》"，"席泽忠"当为"席泽宗"之误。

5月24日 北京大学校务委员会开会，讨论十三陵校区安排、修改各专业教学计划等问题。地质地理系6个专业改为五年制。

5月25日、26日 北京市第七届高等院校学生田径运动会在北京大学举行。教育部部长杨秀峰、国家体委副主任荣高棠、北大党委书记及校长陆平讲话，来

---

① 郭九苓：《我的人生与比较文学研究之路——严绍璗老师访谈》（上），见郭九苓等主编：《北大中文名师教育谈》，广西师范大学出版社2015年版，第415页。

② 张哲俊主编：《严绍璗学术研究——严绍璗先生七十华诞纪念集》，北京大学出版社2010年版，第532页。

③ 阴法鲁：《北京大学古典文献专业的建立与中华书局》，见《阴法鲁学术论文集》，中华书局2008年版，第497页。

自本市36所高校的1349名运动员参赛。

5月31日　赴全国科协参加中国地理学会理事会第二次常务理事会，出席者另有竺可桢、李秉枢、周廷儒、瞿宁淑等人，讨论中国地理学会理事会改选、加强《地理学报》编辑等事宜。

5月底　北京大学地质地理系860名学生分赴北京郊区、河北、内蒙古、贵州、广西等地进行野外的教学、生产、毕业实习。

6月26日　北京大学校务委员会第112次会议召开。会议通过学生成绩考核办法，并通过《成立北京大学体育运动委员会的决定》及该委员会成员名单。北大体育运动委员会由陆平任主任，侯仁之、谢道渊、赵占元、刘文兰任副主任，谢义炳、陈岱孙、林启武、吴继文等人任委员。

佚名："1963年我校体育运动水平有很大提高。在北京市和西郊高校比赛中获得多项冠军，有12名运动员破8项校田径纪录，4人破11项高校举重纪录。"①

6月　与在内蒙古大学讲学的杭州大学教授夏承焘相遇。夏承焘的《内蒙古杂诗》的第四首记录此事。

案：夏承焘（1900—1986），浙江温州人，词学家。毕业于温州师范学校，曾执教于严州第九中学、之江大学、浙江师范学院、杭州大学等。著有《唐宋词人年谱》《夏承焘词集》《天风阁学词日记》等，著述结集为《夏承焘集》（浙江教育出版社、浙江古籍出版社，1997年）。

夏承焘《内蒙古杂诗四首》其四："万卷书生末二毛，驱山鞭石作人豪。小诗共记相逢地，敕勒川头白月高。"②

考异：该诗中"二毛"一词注释称"此谓所遇友人侯仁之教授等"。

------

① 佚名：《1963年我校体育运动水平有很大提高》，载《北京大学校刊》第462期第4版，1964年2月7日。

② 夏承焘著，吴无闻注：《天风阁诗集》，浙江人民出版社1982年版，第134页。

该诗收入《天风阁诗集》时将写作时间记作"一九六四年"。检核夏承焘的《天风阁学词日记》所载,另据《夏承焘年谱》可知:1963年6月,夏承焘"赴北京师范大学及内蒙古大学讲词。作《内蒙古杂诗》(七绝四首)"①。从之。另据1963年6月14日《北京大学校刊》第450期第2版所刊《夏承焘教授来校讲授唐宋词》载,夏承焘最近来北大中文系进行了为期一月的讲授。在此期间,时为校领导的侯仁之应与夏承焘有所交往。

6月至7月 与俞伟超、李宝田参加中国科学院治沙队乌兰布和沙漠工作组,考察了窳浑城、三封城、临戎城、鸡鹿塞等汉代遗址以及屠申泽故址。此后,侯仁之执笔完成《乌兰布和沙漠北部的汉代垦区》。

> **案:** 1963年,中国科学院治沙队乌兰布和沙漠工作组由风沙地貌、水文地质、水利、土壤、综合自然地理、历史地理、考古、经济地理、农业、牧业、林业、测绘等专业组成,人员以中国科学院地理研究所沙漠研究室为主。除侯仁之外,另有朱震达、赵松乔(中国科学院地理研究所沙漠研究室)、席承藩(中国科学院土壤研究所)、李伯衡(国家测绘总局)、李长松(中央地质部水文地质局)等20余人。
>
> **侯仁之等:** "1963年六七两月,作者三人组成历史地理及考古专业组,参加了中国科学院地理研究所乌兰布和沙漠工作队。本文是参加这次野外考察的成果之一,由侯仁之执笔写成。在这次考察中,俞伟超担任考古方面的工作,李宝田负责测量制图及部分资料搜集工作,参加测量工作的还有内蒙古自治区林业厅林泽。考古报告由俞伟超写成专文,另行发表。在这次考察过程中,巴彦淖尔盟盟委副书记杨力生同志给予了极大帮助并提供了一些重要的考察线索,谨此致谢。"②

---

① 李剑亮编:《夏承焘年谱》,光明日报出版社2012年版,第223页。
② 侯仁之、俞伟超、李宝田:《乌兰布和沙漠北部的汉代垦区》,见中国科学院治沙队编:《治沙研究》第七号,科学出版社1965年版,第15页。

7月6日 中国科学院《科学通报》第五届编辑委员会会议召开。在《科学通报》第五届编辑委员会中，严济慈任主任委员，侯仁之、尹赞勋、吴征镒、张光斗、唐敖庆、顾震潮、黄秉维、谢希德等77人任委员。

8月4日至9日 北京市郊连降大雨，发生水灾。北京大学校内未名湖湖水漫溢。9日下午，侯仁之到北京大学西校门拍摄洪水照片，偶遇时任北京市委副书记刘仁。所摄照片送交校档案馆存档。侯仁之曾写《记1963年8月上旬燕园洪水》短札（未刊）。

案：刘仁（1909—1973），重庆酉阳人，新中国成立前领导平津地区地下工作，新中国成立后曾任中共北京市委副书记、第二书记，中共中央华北局书记处书记等职。

9月9日 北京大学千余名新生开始正式上课。本年新入学的55名研究生分布在12个系42个专业，包括侯仁之的研究生朱士光。

9月16日 到中国科学院考古研究所拜访夏鼐，约请徐苹芳协助绘制《中国历史地图集》中的元大都及明代北京图幅。

案：徐苹芳（1930—2011），山东招远人，考古学家。就读于燕京大学、北京大学，曾任职于南开大学历史系、中国科学院考古研究所（今中国社会科学院考古研究所），兼任中国考古学会理事长。长期从事中国历史考古研究，曾主持北京金中都及元大都、唐宋扬州城、杭州南宋临安城的勘查和发掘，著有《明清北京城图》（地图出版社，1986年）、《中国历史考古学论丛》（允晨文化实业股份有限公司，1995年）等。

夏鼐日记："侯仁之教授来所，约徐苹芳同志协助之为杨图作元大都及明代北京图，王伯洪同志亦在座，商议合作办法。"[①]

---

① 夏鼐：《夏鼐日记》卷六，华东师范大学出版社2011年版，第365页。

9月17日　北京大学举行迎新大会。校长、党委书记陆平及傅鹰、史梦兰、谢道渊、刘文兰等领导及各系党政领导出席会议。

9月22日至24日　参加北京市地理学会1963年学术年会。

案：会议油印的《北京市地理学会1963年学术年会》（历史地理部分）收录侯仁之的《从人类活动的遗迹探索宁夏河东沙区的变迁》《历史时期海河三角洲的变迁》《历史上海河流域的灌溉情况》等文。

9月23日竺可桢日记："北京市地理学会定廿二到廿四开学〔会〕年会，选拔今年杭州年会论文并会员代表大会。"①

10月1日　到天安门广场参加国庆节观礼活动。一同出席观礼活动的还有顾颉刚、王伯祥、俞平伯、江泽涵、翁独健、饶毓泰、钱昌照、严景耀、雷洁琼、谢冰心、陈岱孙、费孝通、邵循正、叶企孙、竺可桢、黄汲清等人。

10月16日　北京大学校务委员会开会，讨论通过自然科学处处长张龙翔汇报的《北京大学1963—1972年自然科学研究发展规划纲要》。副教务长侯仁之在会上汇报全校体育工作的情况。会议通过了《关于开展体育工作的决定》。

10月6日、13日　北京市1963年航海多项比赛（高校男女组）在颐和园举行，来自18所高校的300名运动员参加驶帆、荡桨、手旗通讯、结绳、队列动作等比赛。北京大学航海队获得男子、女子团体总分第一。副教务长侯仁之和其他校领导观看了比赛。

案：《有情君未老：侯仁之九十五华诞影集》称："1963年，负责学校体育工作期间，与分别获得北京高校划船比赛男、女总分第一名的北京大学代表队队员合影。"②《北京大学体育史》亦载："1963年北京市高校国防

---

① 竺可桢：《竺可桢全集》第16卷，上海科技教育出版社2009年版，第607页。
② 北京大学历史地理研究中心编：《有情君未老：侯仁之九十五华诞影集》，北京大学出版社2006年版，第59页。

体育航海多项竞赛中北大获男子、女子总分第一名。"[1]另，1963年10月18日《北京大学校刊》第456期第1版报道"在市航海多项比赛中，我校航海队获得高校组男子团体、女子团体总分第一名"。"在最近北京市航海多项比赛中，我校获得了高校组男子团体和女子团体总分第一名。……在比赛过程中，副教务长侯仁之、党委宣传部副部长王庆淑和不参加比赛的队员和同学在岸上喊'加油'，为他们鼓劲。"[2]

10月16日 北京大学校务委员会举行第116次会议，讨论和通过了关于开展体育工作的决定及若干任免事项等。《关于开展体育工作的决定》要求"校长、教务长、系主任必须根据德智体全面发展的教育方针，把体育作为教学工作中不可少的组成部分，加强领导，定期进行检查，推广先进经验，表扬先进单位"。

10月18日 《北京大学校刊》第3版刊文《地质地理系进行标本大清理》，称最近在系总支和行政的统一部署下，全系教职工、实验员和部分同学对野外采集来的岩石矿物、古生物化石标本进行清理。

10月27日 北京大学1963年教职工秋季田径运动会举行。党委书记、校长陆平及党委第一副书记、副校长戈华等党政领导出席大会。工会主席侯仁之在开幕式上讲话，号召全体工会会员锻炼身体，增强体质，以更饱满的热情建设社会主义。地质地理系工会主席林超教授参加了广播操团体赛。

11月4日 为北京大学地质地理系全系师生做报告，介绍本年夏天在内蒙古乌兰布和沙漠进行历史地理考察的成果。报告引起了与会师生的极大兴趣。侯仁之根据报告内容写成《乌兰布和沙漠北部的汉代垦区》，于本月中旬提交给在杭州召开的全国地理学会学术讨论会，并在会上宣读。

——《北京大学校刊》第457期第1版刊发报道《我校召开制订青年教师进修计划经验交流会》。各系系主任、教研室主任、教学秘书100多人参会。历史系

---

[1] 郝光安主编：《北京大学体育史》，人民体育出版社2008年版，第72页。
[2] 见《成绩是苦练出来的——访我校航海代表队》，《北京大学校刊》第457期第5版，1963年11月4日。

中国古代史教研室主任邓广铭、西语系副主任吴达元教授介绍了经验。

11月11日 抵达杭州出席中国地理学会第三次代表大会暨支援农业学术年会。是日，出席中国地理学会理事会，被推举为大会主席团成员。12日，学术年会在杭州西湖第六公园华侨饭店开幕，侯仁之任大会主席，宣布开幕，并被选为中国地理学会理事。22日，大会闭幕。侯仁之、黄秉维、任美锷当选为学会第三届理事会副理事长，竺可桢任理事长。大会听取了侯仁之所做的《近四年来我国历史地理学发展概况》的报告。会议期间，与杭州大学陈桥驿相识。

案：此次会议，亦即中国地理学会成立三十周年学术讨论会。除侯仁之外，北大地质地理系的林超、李孝芳、胡兆量、王恩涌、陈传康也参加了会议，提交论文11篇。侯仁之提交的论文是《乌兰布和沙漠北部的汉代垦区》，林超提交了《北京山区土地类型及自然区划初步研究》，胡兆量提交了《北京市海淀区海淀人民公社土地利用问题》。

11月17日至12月4日 中国人民政治协商会议第三届全国委员会第四次会议在北京召开。11月30日，侯仁之在全国政协礼堂参加会议并在会上发言。12月3日，侯仁之到人民大会堂参加第二届全国人民代表大会第四次会议闭幕式。此次全国人大会议于1963年11月17日至12月3日举行。

11月下旬 邀请来京参加中国科学院哲学社会科学部扩大会议的谭其骧到北京大学地质地理系做学术报告。

朱士光："我记得很清楚，我是1963年从广州中山大学考到北京大学，跟侯先生读研究生。当年大约是在冬天12月份的时候，谭先生到北京去参加中国科学院哲学社会科学学部的一个扩大会议，会议结束以后侯先生请谭先生到北大给地质地理学系的师生做学术报告，当时我也参加了，这是我第一次见到谭先生，谭先生当时50来岁，显得非常精神潇洒，因为侯先生当时是北大教务长兼地质地理系的主任，自然由他来主持这个报告会，他在介绍谭先生的时候就明确地说：'谭先生是我的老师。'使得整个会场听众对谭先生更加肃然起敬。"①

葛剑雄："10月26日至11月16日，〔谭其骧〕赴京出席中国科学院哲学社会科学部扩大会议。"②

考异：谭其骧所参加会议为中国科学院哲学社会科学学部第四次扩大会议，与会者还有中宣部副部长周扬及蔡尚思、翦伯赞、高亨等人。11月13日，刘少奇在会上做关于国际形势和反对现代修正主义问题的报告。根据这一时期侯仁之的行程判断，谭其骧应邀来北大做报告，时间当在11月下旬，姑且存疑。

11月 北京大学2100余名师生分批赴京郊平谷、通县参加农村社会主义教育运动，接受"阶级和阶级斗争教育"。

本年 中共中央科学小组有关领导建议由中国科学技术协会发起成立科普作译者联谊会，以此团结科普作者、译者，提高科普写作翻译水平。侯仁之、茅以升、高士其、华罗庚、傅连暲、顾均正、贾祖璋等数十人召开数次座谈会，并初步酝酿筹委会的人选。后因开展"四清"运动，此事搁浅。

——北京大学就把地质地理学系分为地质系和地理系一事向教育部做出请示。次年，教育部"〔64〕高二蒋理字第289号"文件批复同意分系。

著述

1月17日 《校园史话（四）》刊于《北京大学校刊》第438期第4版，介绍勺园遗址集贤院的历史。

3月2日 《校园史话（五）》刊于《北京大学校刊》第440期第4版，介绍勺园、淑春园的历史。

3月29日 《校园史话（七）》刊于《北京大学校刊》第442期第4版，介绍

---

① 复旦大学历史地理研究中心主编：《谭其骧先生百年诞辰纪念文集》，上海人民出版社2012年版，第200页。

② 葛剑雄：《谭其骧先生年谱》，见复旦大学历史地理研究中心主编：《谭其骧先生百年诞辰纪念文集》，上海人民出版社2012年版，第182页。

未名湖石船的历史。

4月12日　《校园史话（八）》刊于《北京大学校刊》第444期第4版，介绍睿王园（墨尔根园）的历史。

4月24日　《校园史话（九）》刊于《北京大学校刊》第445期第4版，介绍镜春园的历史。

5月10日　与张玮瑛合写的《送儿子支援农业最前线》刊于《北京日报》第3版。

6月14日　《校园史话（十）》刊于《北京大学校刊》第450期第4版，介绍《鸣鹤园镜春园地盘画样全图》。侯仁之在文中提到近期拜访了金勋先生，看到了清代海淀诸园平面图。

6月　《地理学家徐霞客》刊于中央人民广播电台文教科学编辑部编的《历史故事（第三集）》（北京出版社，1963年）。

7月15日　《校园史话（十一）》刊于《北京大学校刊》第452期第4版，介绍朗润园的历史。

9月12日　《校园史话（十二）》刊于《北京大学校刊》第454期第4版，介绍蔚秀园的历史。

10月12日　与张玮瑛合著的《喜看儿子参加农业生产一年》刊于《中国青年报》第2版。

10月　写完《送儿子支援农业最前线》一文，后收于《知识青年的革命道路》（天津人民出版社，1964年）。本文是对《北京日报》刊发的《送儿子支援农业最前线》和《中国青年报》刊发的《喜看儿子参加农业生产一年》这两篇文章的删节合并。

11月　《同记者同志谈谈地理学》刊于《新闻业务》1963年第11期。该文是侯仁之与《新闻业务》记者丛林中的谈话记录。在访谈中，侯仁之介绍了自然地理、经济地理、历史地理3门地理学分支学科，并推荐《普通自然地理简明教程》（商务印书馆，1960年）、《中华地理志经济地理丛书》（科学出版社）和《水经注》3部书。

12月13日　《校园史话（十三）》刊于《北京大学校刊》第459期第4版，介

绍承泽园、农园的历史。

评介

1月17日　《北京大学校刊》第438期第2版刊发《地质地理系教员积极编写地理小丛书》，介绍侯仁之、李孝芳、陈静生、张景哲、汪安祥等地质地理系教员编写的5种地理科普读物，着重介绍了张景哲编写的《古巴》一书。

3月2日　《北京大学校刊》第440期第4版刊发《侯仁之教授讲"怎样查找地名"》，介绍侯仁之主讲在本周举行的文科工具书讲座第四讲的情况。侯仁之介绍了现代中外地名及中国古代地名的查找方法，并介绍《水经注》和《读史方舆纪要》这两部中国地理名著。图书馆为配合讲座而在教师参考书阅览室展览相关图书。

7月9日　《人民日报》第6版刊发叶秋的《怪与不怪》，介绍侯仁之夫妇将儿子送到国营农场参加农业生产之事。

11月19日　《北京大学校刊》第458期第2版刊发董黎明的《揭开历史时期乌兰布和沙漠的秘密——侯仁之教授给地质地理系师生报告去内蒙古考察的成果》。

12月10日　《光明日报》第1版《要闻》刊发《既受到革命思想熏陶，又扩大知识领域——北京一些高等学校课余讲座深受欢迎》。文章提及北京大学地质地理系教授侯仁之所做的讲座《旅行家徐霞客在科学史上的成就》。

传承

9月9日　北京大学千余名新生（包括55名研究生）正式上课。此时，侯仁之招收中山大学毕业生朱士光为历史地理专业研究生。

案：1月14日至21日，教育部在北京召开高等学校研究生工作会议，讨论了研究生的培养目标、培养原则和方法等主要问题，修订了《高等学校培养研究生工作暂行条例》（草案）。北京大学新入学的55名研究生分布于12个系的42个专业。他们与导师会面，并由导师制订3年学习计划。

朱士光："1962年秋季在康乐园中读到北京大学地质地理系侯仁之教授发表在当年《北京大学学报》（自然科学版）第1期上的《历史地理学

刍议》一文中阐述的'人类的生活环境，经常在变化中'，'这种变化在人类历史时期来说，主要的还是由于人的活动不断加工于自然的结果，至于不因人的活动而发生的变化，虽然也有，但比较起来，确是非常微小的'等理论观点，……对侯仁之先生的上述观点产生了极大的共鸣；当即给他写信，……并表达了希望今后从事历史地理研究的意愿。……基于上述认识，我于是下定决心，要遵奉侯仁之先生的理论观点，投身历史地理学研究，努力探明地理环境的'昨天'和'前天'，以更好了解它的'今天'，并建设好它的'明天'。有了上述自觉的认识与坚定的信念，加之又得到侯仁之先生来信鼓励，因而在第二年春天，响应国家向大学应届毕业生发出的'做勇攀科学高峰的登山队员'的号召，自主报名，报考侯仁之教授的研究生；并在毕业分配前夕收到了北京大学研究生招生办公室的录取通知书。"[1]

朱士光："我于1963年秋进入燕园后，他一方面亲自给我讲授历史地理学理论课与中国疆域沿革史等专业基础课，另一方面安排我到北京大学考古学专业、地质学专业着重学习考古学与第四纪地质学课程。"[2]

1964年　53岁

背景

2月　"工业学大庆""农业学大寨"运动在全国展开。

12月15日　中共中央工作会议在北京召开，开展"四清"运动。

---

[1] 朱士光：《一次决定我终生专业研究方向的科学考察——记1962年夏琼西南自然地理调查》，见中山大学地理科学与规划学院编：《中山大学地理学八十年回忆文集》，中国评论学术出版社（香港）2009年版，第68—69页。

[2] 朱士光：《恭贺吾师仁之先生百岁喜寿诞辰，学习吾师仁之先生三大治学风范》，见北京大学历史地理研究中心编：《走近侯仁之——恭贺侯仁之先生百岁寿辰》，学苑出版社2011年版，第275—276页。

纪事

1月5日 赴北京西郊科学会堂出席中国地理学会常务理事会扩大会议,讨论将在本年8月召开的北京中心学术会议的议题。

1月14日 北京大学师生员工千余人在办公楼礼堂集会,声援巴拿马人民反对美帝国主义侵略、维护国家主权的正义斗争。校长陆平、校工会副主席李今、数学力学系教授江泽涵、中文系教授王力等人在大会上发言。

1月31日 北京大学开始放寒假。校工会组织会员参观北京市举办的阶级教育展览会。

2月21日 北京大学召开理科各系教职员大会。党委书记、校长陆平做了关于理科教学、科学研究工作的报告,要求贯彻"少而精"的原则,加强基础实验课和专业基础实验课。理科各系教职员和系务委员会进行了讨论。

2月24日 北京大学地质地理系举行全系教学经验交流会。自然地理教研室张景哲、经济地理教研室陆卓明、岩矿教研室潘德阳等6位教职工介绍了教学工作经验。

2月25日 赴北京西郊科学会堂出席治沙队讨论会并做报告,提交论文《乌兰布和(毛乌素沙漠)北部的汉代垦区》。同日,北京大学地质地理系举行教学经验交流会。

> **竺可桢日记**:"我们到科学会堂会议室的二楼会议讲堂,参加治沙队讨论会,讨论1963年工作成果和1964年工作安排。……我读了开幕词。侯仁之报告专业组大会时聂总书面指示和韩光同志演讲与总结报告。……膳后至北配楼楼下看了治沙队的展览。除图表外,并有乌兰布和沙漠北部汉代遗址的古物陶缶、五铢钱。"[1]

> **2月28日 竺可桢日记**:"毛乌素乌兰布和亦有成绩。侯仁之在三盛公(磴口)以北考古历史地理工作也很出色。……我个人最感兴趣的是侯仁之《乌兰布和(毛乌素沙漠)北部的汉代垦区》一文。"[2]

---

[1] 竺可桢:《竺可桢全集》第17卷,上海科技教育出版社2009年版,第52—53页。

[2] 同上书,第55—56页。

3月4日　赴北京西郊科学会堂出席中国地理学会新一届常务理事会会议。侯仁之主笔的《关于十五六世纪印度洋航海通商》被世界科协北京中心会议采纳。

竺可桢日记："午后二点去科学会堂，参加地理学会新理事会常务委员会，到周廷儒、侯仁之、李秉枢、黄秉维、李之保、王乃梁、郭敬辉、周立三、王钧衡、吕炯、瞿宁淑。讨论：1.成立气候专业委员会。……次讨论1964年工作计划要点。……次谈刊物。……最后谈普及工作与国际交流。……国际方面，八月北京中心会议，提出四个题目，北京中心采取一个，'关于十五六世纪印度洋航海通商'，文由侯仁之主稿。"①

3月24日　北京大学校工会召开各部门文体委员和文体积极分子会议。工会主席、学校体育运动委员会副主任侯仁之讲话，要求全体文体委员和文体积极分子在党和行政领导的支持下，把教职工的体育运动推动和开展起来。另有校工会文体委员会主任张瑾、副主任莫启林等出席。

3月28日、30日　北京大学召开理科全体教职员大会，交流各系贯彻"少而精"的原则和加强实验课方面的教学工作经验。地质地理系自然地理教研室陈静生介绍"我们是怎样改进教学实习的"。

4月10日　北京大学召开学习毛主席著作经验交流会。地质地理系五年级一班学生孙关龙等人在会上介绍了经验和体会。孙关龙所在班级组织了两个毛主席著作学习小组。

4月12日　北京大学理科教学工作会议结束。校长陆平在总结报告中要求贯彻"少而精"的教学原则，"大张旗鼓地学习毛主席的教育思想，工作中能改的要马上着手改，以减轻学生负担，提高教学质量"。

4月22日　北京大学第114次校务委员会会议讨论通过了《北京大学关于在今年"五四"表扬"三好"学生的决定》。

——《北京大学校刊》第467期第4版刊发《中国区域经济地理课教师提出贯

---

① 竺可桢：《竺可桢全集》第17卷，上海科技教育出版社2009年版，第59—60页。

彻"少而精"的三项措施》，介绍地质地理系经济地理教研室针对专业基础课中国区域经济地理的改进措施。

4月26日　北京大学地质地理系举行全系教师大会，交流教学中贯彻"少而精"的经验。自然地理教研室陈传康、经济地理教研室陆卓明等人介绍了经验。

5月7日　向北京城市规划管理局赠送《北京都市发展过程中的水源问题》［刊于《北京大学学报》（人文科学），1955年创刊号］油印本。

5月10日　北京大学举行1964年教职工春季田径运动会。副教务长侯仁之获得男子甲组60米持球赛冠军。

5月11日　北京大学召开文科教学经验交流会，要求加强马列主义、毛泽东思想的指导，贯彻"少而精"的原则。此前，在中国科学院哲学社会科学部委员会第四次扩大会议精神指导下，北京大学在2月上旬召开文科教学和科学研究工作会议，确定了北大文科今后的主要任务。

5月21日至6月4日　参加中共中央统战部组织的东北参观团，与梁思成、叶圣陶、叶至善等人参观大庆油田、哈尔滨等地。

5月25日　吴晗、尹达、夏鼐等人在北海公园庆霄楼讨论徐苹芳完成的《明北京城复原图》，该图由侯仁之指导，李宝田参与编绘。侯仁之因去东北参观，未能出席会议。

6月18日　《北京大学校刊》第473期第1版刊发《地质地理系师生开始野外实习》，称全系500余名师生组成30多个实习队，准备于6月中上旬开始赴各地实习。行前，系行政和党总支召开全系大会，要求全体师生在野外实习中认真贯彻学校理科教学工作会议精神，学习"大庆"和解放军，加强政治思想工作。9月，地质地理系本年的野外实习工作全部结束。此后，1964年10月30日《北京大学校刊》第483期第2版刊发《地质地理系学生通过实习丰富了课堂知识》一文，介绍了古生物地层、构造、经济地理等专业的实习情况。

6月24日　赴北京西郊科学会堂出席中国地理学会第三次扩大理事会，讨论1965年及明后两年学术会议计划等事项。侯仁之的《在所谓新航路发现以前中国与东非之间的海上交通》被译为英文、法文，提交北京中心会议。

6月26日至30日　出席政协全国委员会举行的参观、访问农村社会主义教育运动心得体会交流会，并在会上发言。

  案： 与会者中有500多人在3月下旬到6月中旬到河北霸县、山东泰安、山西曲沃和北京郊区等地参观农村社会主义教育运动和农业生产的情况。另有卢汉、魏建功、潘光旦、王枫、谢义炳、陈麟瑞、冯友兰、李国伟、阴法鲁、许闻天、郑洞国、项冲等在京的政协委员、各民主党派和无党派民主人士在会上发言。

7月8日至8月　带领北京大学历史地理考察小组，启程赴毛乌素沙地考察。此行应中国科学院治沙队的委托，同行者有袁樾方、王北辰、李宝田、朱士光等人。7月8日，乘火车从北京至包头。9日，抵达包头。10日，乘卡车从包头抵达伊克昭盟东胜。12日，经过伊金霍洛旗，参观成吉思汗陵，当晚抵达陕西榆林。20日，启程去考察位于乌审旗的统万城遗址。26日，夜宿巴图湾土窑洞。27日，骑毛驴到达统万城。8月，考察了榆林的塌崖畔、古城滩、牛家梁、白河水库等地。

7月　梁思成题赠《建筑史论文集》第一辑（清华大学土建系建筑历史教研组编，1964年）。

8月19日　到科学会堂参加为北京科学讨论会所做演讲的试讲。出席者有竺可桢、吴征镒等人。

  案： 1963年9月，中国科协和世界科协北京中心共同发起筹办1964年北京科学讨论会。1964年8月21日至31日，北京科学讨论会召开。与会者有来自亚、非、拉和大洋洲44个国家和地区的367位科学家。中国代表团有61人参加，另有特邀代表32人，由周培源任团长。会议期间，党和国家领导人毛泽东、刘少奇、朱德、周恩来、邓小平等人会见全体与会者。北京大学极为重视此次会议，派出周培源、张龙翔、周一良、冯至等代表与会，来自11个系的500余人列席了会议。

8月26日　陪同参加北京科学讨论会的外国代表游览颐和园。会议期间，来自20多个国家的48名代表还参观了北京大学地质地理系等系及其实验室。

8月27日　在友谊宾馆参加北京科学讨论会，宣读论文《在所谓新航路的发现以前中国与东非之间的海上交通》。

9月1日　与竺可桢等人赴人民大会堂新疆厅出席中国地理学会为北京科学讨论会外宾举行的招待会。侯仁之介绍中国地理学会的历史及现状。

9月3日至12日　北京市第五届人民代表大会第一次会议在人民大会堂举行。9月2日，北京市第五届人大第一次会议预备会议通过主席团、秘书长名单，侯仁之入选主席团。此届人大，侯仁之为海淀区代表。12日，北京市第五届人民代表大会第一次会议选举出北京市人民委员会组成人员。其中，彭真任市长，万里、吴晗等10人任副市长。侯仁之、刘仁、孙孚凌、严镜清、郑天翔、佟铮、贾星五等36人当选为北京市人民委员会委员。此届人民委员会任期为1964年9月至1966年5月。

9月13日　北京大学地质地理系师生职工打扫环境卫生，清理"五四"运动场、十三斋等地的垃圾、杂草。

10月4日　北京大学地质地理学系1964学年第一学期第一次行政会议召开，会议由系主任乐森璕主持，王乃樑、王恩涌、陈凯、张炳光等十一人出席。侯仁之未出席会议。

10月11日　1964年北京市高校航海多项比赛闭幕。在16所高校参加的比赛中，北京大学男、女航海队蝉联冠军。

10月14日至22日　赴甘肃兰州出席中国地理学会举办的全国干旱区地理会议，任大会开幕式主席及分组讨论组组长。来自全国30多个单位的60多名代表参会。侯仁之提交了《历史地理学在沙漠考察中的任务》，引起热烈讨论。会议期间，侯仁之与竺可桢交流统万城考察心得。

10月22日　竺可桢拟安排侯仁之与日中友好代表团中的《水经注》研究专家森鹿三会谈。

10月25日　北京大学1964年一年级学生田径运动会在"五四"运动场举行。副教务长侯仁之与副校长黄一然、魏建功及化学系系主任孙承锷、哲学系系主任郑昕等出席大会。

10月30日　《北京大学校刊》第483期第2版刊发《地质地理系学生通过实习

丰富了课堂知识》，介绍9月结束的野外实习（教学实习和生产实习）情况。

11月1日　北京市西郊区第三届高等院校田径运动会在北京师范大学闭幕。北京大学获得男女团体总分第二名。副教务长侯仁之与团委书记刘崑观看比赛，并在发奖后接见北大代表队运动员。

11月5日　中共中央在北京大学进行社会主义教育运动试点，派驻以张磐石为队长的工作队。18日，张磐石召开全校社教积极分子大会，介绍哲学系、地质地理系等8个系的问题，指出北大阶级斗争情况严重。

11月18日　中国人民政治协商会议第三届常委会第四十四次会议通过第四届全国委员会委员名单，侯仁之入选特别邀请人士界委员。任期为1964年12月20日至1978年2月23日。

11月27日　赴西郊科学会堂出席中国地理学会常务理事会扩大会议，谈兰州干旱区会议情况、化学地理会、刊物问题、增补理事名单等。

11月　北京大学进行社会主义教育运动试点，以阶级斗争为纲，放手发动群众，解决学校中无产阶级、资产阶级两条道路，解决"反修防修"、党的领导和办学方向等问题。

12月1日　北京大学师生员工3000余人在大饭厅举行集会，声讨美国、比利时武装侵略刚果（利）。副教务长、工会主席侯仁之与党委书记、校长陆平及副书记张学书、党委常委赵国栋、民主党派代表褚圣麟等人出席大会。侯仁之代表校工会讲话，称"美帝国主义武装侵略刚果（利），彻底暴露了它的侵略本性，事实证明不论艾森豪威尔也好，肯尼迪也好，约翰逊也好，他们都是坏蛋，都是屠杀各国人民的刽子手，都是破坏世界和平的罪魁祸首，是世界人民的共同敌人"。

12月3日　竺可桢与中国科学院自然科学史研究室段伯宇交谈，提及派侯仁之、侯外庐等人赴波兰华沙参加第11届国际科学史大会之事。

12月4日　主持在中国科学院考古研究所召开的"杨图"编委会，夏鼐与会。

12月20日　中国人民政治协商会议第四届全国委员会第一次会议在北京开幕。侯仁之、冯友兰、俞大纲、向达、傅鹰、王力、周培源、金克木、陈岱孙、季羡林、朱光潜、邵循正等来自北京大学的24位全国政协委员与会。

上半年　为北京大学地质地理系自然地理专业14名五年级本科生开设地理学史

课程。该课程每周3学时,每周四3~4节、周六3~4节(双周)在哲学楼202室上课。

案:据1964—1965学年第一学期课程表所载,北大地质地理系开设自然地理、经济地理、地貌、地球化学(岩矿专门组、地化专门组)、构造地质、古生物地层等专业和专门化。[①]

著述

6月18日 《校园史话(十四)》刊于《北京大学校刊》第473期第4版,介绍燕园的历史。

7月22日 《校园史话(十六)》刊于《北京大学校刊》第476期第4版,介绍北大校园水道的变迁。

10月30日 《毛乌素沙漠的历史地理考察——考察中发现了大量古代人类活动遗址,对榆林城城址变迁得出了新的看法》刊于《北京大学校刊》第483期第2版。文章称"考察队计划今后在毛乌素沙漠及其邻近的库不齐沙漠继续进行工作,以便获得更为丰富的资料,并作出科学的结论"。

本年 《从人类活动的遗迹探索宁夏河东沙区的变迁》刊于《科学通报》1964年第3期。该文收于《历史地理学的理论与实践》(上海人民出版社,1979年)等文集。

——《听毛主席的话,走革命的道路》刊于《科学通报》1964年第10期。该文后以《走上沙漠考察的道路》为题收于《历史地理学的理论与实践》(上海人民出版社,1979年)。

——《在所谓新航路的发现以前中国与东非之间的海上交通》刊于《科学通报》第11期。该文收于《侯仁之文集》(北京大学出版社,1998年),其中英文本收于侯仁之的《中国历史地理论集》(外语教学与研究出版社,2015年)。

---

① 见北京大学档案馆藏《(地质地理系)1964—1965学年第一学期课程表》(档案号3031964017)。

评介

3月21日　香港《大公报》第3版刊发中国新闻社北京20日电，介绍"以务农为荣思想逐渐深入人心。知识青年纷纷下乡。赵树理、侯仁之的儿子在农村劳动得很出色，一教授的女儿侯隽在农村落户，同农民结婚"。

5月19日　《北京大学校刊》第470期第4版刊发《紧张愉快的六十米持球跑》，介绍侯仁之与哲学系系主任郑昕参加60米持球跑的情况，并配发侯仁之向郑昕传授持球跑经验的照片。

8月28日　《人民日报》刊登新华社27日电《北京科学讨论会显示多科性学术会议的特点》，介绍侯仁之在北京科学讨论会上所宣读的《在所谓新航路的发现以前中国与东非之间的海上交通》的主要观点。

9月12日　《北京大学校刊》第478期第1版报道了1964年北京科学讨论会闭幕的情况，提及侯仁之的《在所谓新航路的发现以前中国与东非之间的海上交通》。会议期间，来自20多个国家和地区的48位科学家到北大参观。

传承

本年　在中国科学院自然科学史研究室招收南京大学毕业生徐传松为地理学史专业研究生。

　　案：北京大学历史地理研究中心编的《走近侯仁之——恭贺侯仁之先生百岁寿辰》一书列出侯仁之先生指导过的研究生，名单中未见"徐传松"。又，此人生平不显，详情待考。

　　翟淑婷："1964年，自然科学史研究室招收了4名研究生——范楚玉、华觉明、陈美东和徐传松。……1964年，徐传松从南京大学地理系毕业，考取研究生后师从侯仁之研究地理学史。由于受政治运动的影响，这批研究生的培养不如前面几届正规。他们入学后不久即被派到安徽寿县等地参加'四清'运动，一年以后才回到北京。这届研究生没有明确的培养计划，对课程修读也没有统一的规定，除政治课和外语课外，专业课是否修读由导师

决定。"①

1965年　54岁

背景
1月14日　中共中央发布《农村社会主义教育运动中目前提出的一些问题》（即"二十三条"）。

7月1日　北京地铁一期工程开工。

纪事
1月4日　中国人民政治协商会议第四届全国委员会第一次会议举行全体大会。侯仁之做大会发言，指出"做一个新中国的科学工作者必须改造资产阶级世界观，才能很好地为社会主义的建设事业服务"。次日，此次全国政协会议闭幕，推举毛泽东为全国政协名誉主席。

1月8日　列席在西郊科学会堂会议室召开的《国家大地图集·自然地图集》专门委员会第二次会议。

> 案：《国家大地图集》的编纂于1958年7月由中国科学院、国家测绘总局发起，中国科学院副院长竺可桢任《国家大地图集》编纂委员会主任委员。该图集由普通地图集、自然地图集、经济地图集、历史地图集组成。

1月22日　赴科学会堂出席《科学通报》编辑委员会第二次会议，与会者还有竺可桢、严济慈、钱临照等人。

1月25日　赴科学会堂出席中国地理学会理事会，商讨召集亚、非、拉地理学会会议事宜。

3月9日　中共北京市委书记处书记、北京市副市长万里在北京大学主持召开

---
① 翟淑婷：《1950—1960年代中国的科学史研究生培养》，载《中国科技史杂志》2009年第4期。

正 谱 | 363

党员干部会议，组织学习"二十三条"精神，总结北大工作，把北大的社会主义革命进行好、进行到底，把北京大学建设成好的社会主义大学。

5月11日 北京大学地质地理学系提交《地质地理系关于搞好教学秩序工作的汇报》。

春夏之交 北京城东西长安街和前三门之间地下埋藏古河道的研究成果参加在北京举行的全国高等院校科研成果展览会。侯仁之向万里汇报这一成果。万里传达周恩来指示，建议侯仁之与北京城市规划管理局联合编绘北京历史地图集。

> **案：**该成果为该地区的基本建设提供了重要的参考资料。因此，图表和模型在保密室中展出。展览结束后，高等教育部将全部展览的图表资料借去，这些资料在"文革"期间全部遗失。

> **侯仁之：**"1965年春夏之间，北京市副市长万里同志在听取汇报有关北京地下古河道分布情况的研究成果时，曾经传达周恩来总理的意见说：像北京这样历史悠久的古城，从城市到郊区，历代变迁十分复杂，只是用文字说明，难以使人看得清楚，能不能用绘制不同时代地图的办法，把前后变迁的情况尽可能地表示出来，遂即嘱咐侯仁之与北京市城市规划管理局周永源副局长进行磋商，立即着手组织人力进行这项工作。其后由于进行社会主义教育运动以及相继发生的'文化大革命'的大动乱，竟使这一图集的编纂计划停顿下来，一搁十年。"[①]

6月22日 竺可桢将《西洋科学名人传》中"洪堡"的写作任务交给侯仁之。此前，竺可桢于5月10日约张文佑、钱临照、刘仙洲、钱宝琮、叶企孙、张子高、茅以升等人讨论编写《西洋科学名人传》（或《西方科学家传》）之事。10月9日，竺可桢约科学出版社谈"科学名人传"的写作问题，其中侯仁之负责撰写《洪堡传》。又，竺可桢负责撰写《魏格纳传》，该传出版前由侯仁之审阅。

---

① 侯仁之：《〈北京历史地图集〉前言》，见侯仁之主编：《北京历史地图集》，北京出版社1988年版。

案：1964年10月，中共中央宣传部副部长、中国科学院副院长陈伯达要求中科院组织编写西洋科学家传记。1965年3月7日，竺可桢应张劲夫要求召集编写科学家传记的小组会议。11日，竺可桢再次召集西洋科学家人物传记编写会议。5月10日又召集会议讨论出版《西洋科学名人传》或《西方科学家传》事。6月，科学出版社制订《编辑出版科学名人传略方案》，确定初步选定的40位外国科学家，并拟定10月出版。

7月17日 赴西郊科学会堂出席自然辩证法座谈会，学习坂田昌一的《关于新基本粒子观的对话》，并与黄秉维召集地理组进行分组讨论。

案：坂田昌一（1911—1970），日本理论物理学家。1963年8月，《自然辩证法研究通讯》刊发坂田昌一的《基本粒子的新概念》（原标题为《关于新基本粒子观的对话》）译文。毛泽东读后颇感兴趣，后与于光远、周培源等人面谈该文，阐释物质无限可分的思想。1965年6月，中共中央机关刊《红旗》杂志重新刊登坂田昌一《关于新基本粒子观的对话》一文，引起了国内科学界的高度重视。

7月21日 赴西郊科学会堂参加中国地理学会辩证唯物主义学习小组，讨论在研究和教学中如何学习和应用毛泽东思想。

7月27日 顾颉刚遇侯仁之等人。昨日，谭其骧拜访顾颉刚，与之长谈。

7月至8月 侯仁之应邀出席重编和改绘杨守敬的《历代舆地图》工作会议，负责编绘历史城市图。其间，应邀出席吴晗在新侨饭店主持的宴会，与会者有尹达、夏鼐、韩儒林、方国瑜等改绘"杨图"的参与人员。

8月2日 赴甘肃兰州参加中国科学院冰川冻土沙漠研究所成立大会，并以来宾身份致辞。该研究所由中国科学院地理研究所冰川冻土研究室与沙漠研究室（原治沙队）合并而成。8月4日，侯仁之乘机回京。

8月30日 竺可桢阅读侯仁之所撰《洪堡评传》。次日，致信侯仁之，就地理学家洪堡的评价问题发表意见。书信全文收于《侯仁之燕园问学集》（上海教

育出版社，1991年），《竺可桢全集》据此收录。

9月1日　赴中国科学院生物大楼出席1966—1976年珠穆朗玛峰科学计划讨论会。

9月7日至11日　北京市第五届人民代表大会第二次会议在全国政协礼堂举行。9月6日，侯仁之在北京市第五届人大第二次会议上当选为主席团成员。

9月28日　新入学研究生尹钧科到燕南园拜访侯仁之，获赠《步芳集》（北京出版社，1962年）。

10月1日　赴天安门参加国庆节观礼。

10月　参加门头沟清水公社"四清"工作队。其间，参加门头沟区学习毛主席著作积极分子代表会议。

11月10日　姚文元的《评新编历史剧〈海瑞罢官〉》在上海《文汇报》发表，开始批评吴晗。侯仁之受到牵连。

11月20日　高等教育部在北京化工学院举办直属高等学校科学研究和生产展览会，展出了近年来在农业、工业、新兴科技以及基础理论等方面的217项成果。其中，侯仁之主持的毛乌素沙漠调查入选成果展。

12月4日　顾颉刚阅读侯仁之所著"中国历史小丛书"之《徐霞客》（中华书局，1961年）。

12月27日至次年1月10日　高等教育部在甘肃兰州召开地理学与地质学教材编审委员会扩大会议。北京大学地质地理学系派14人参加会议（地理学6人，地质学8人），另有南京大学、西北大学、兰州大学、中山大学、北京师范大学等20所高校派代表参加。

案：侯仁之是否与会，暂不详。1966年1月28日，北京大学地质地理学系递交《关于参加兰州地理学与地质学教材编审委员会扩大会议总结和工作意见报告》。会议确定了基础课和北大地质地理学系承担的教材任务，包括自然地理概论、地质学、地貌学、水文学、水文学与农田水利基础、气候学、土壤地理、植物地理、中国自然地理、中国经济地理、世界自然地理、外国政治经济地理、测量学、地图学等。在《北京大学地质地理系地理各专业承担编教材任务》表中亦无与历史地理学相关的教材。

上半年　为北京大学地质地理系经济地理专业11名四年级本科生开设历史地理研究法课程。该课程每周2学时。另有仇为之开设的人口地理、陆卓明开设的外国经济地理等课程。

下半年　侯仁之在1965—1966学年第一学期课程表中未开设课程。

本年　北京大学地质地理系开设自然地理（自然地理专门组、地貌专门组）、地质、地球化学、古生物地层4个专业（专门化）。

著述

2月5日　《对"榆林三迁"说的考证》刊于《人民日报》。文章摘要介绍了侯仁之的《"榆林三迁"的说法是错误的》（《地理》1965年第1期）一文。

3月12日　《所谓"新航路的发现"的真相》刊于《人民日报》第5版。文章认为"在殖民制度的扩张中被广为传播的所谓'新航路的发现'这一名词，也必须予以摈弃，因为这个名词不但歪曲了历史的事实，抹杀了亚非人民在航海事业中的贡献，而且是对殖民主义者本身的一种歌颂"。

9月7日　《穿过鄂尔多斯高原》刊于《光明日报》第4版《东风》，后收于《步芳集》（北京出版社，1981年）。

9月16日　《榆林城》刊于《光明日报》第4版《东风》，后收于《步芳集》（北京出版社，1981年）。史学家吕振羽读后曾作诗一首。

> **吕振羽的《"榆林城"读后》**："岁岁也先鏖甲兵，防边无计拓边城。榆城三拓石台古，沙障九重林带青。蒙汉融融族谊厚，关河觥觥舸车腾。边墙犹未绝烽火，曾记大河策马行。"①

10月30日　《榆溪河》刊于《光明日报》第4版《东风》，后收于《步芳

---

① 吕振羽：《吕振羽全集》第十卷《学吟集诗选》，人民出版社2014年版，第376—377页。

集》（北京出版社，1981年）。

本年　《历史地理学在沙漠考察中的任务》刊于《地理》1965年第1期。1964年10月7日，该文已有油印本印行。该文后收于《历史地理学的理论与实践》（上海人民出版社，1979年）等文集。

——《"榆林三迁"的说法是错误的》刊于《地理》1965年第1期《地理拾零》。

——与俞伟超、李宝田合写的《乌兰布和沙漠北部的汉代垦区》刊于中国科学院治沙队编写的《治沙研究》第七号（科学出版社，1965年）。该文后收于《历史地理学的理论与实践》（上海人民出版社，1979年）等文集。

评介

1月5日　《光明日报》第2版刊发《政协会议继续举行全体大会，委员们发言表示拥护政府工作报告同意政协常委会工作报告》。文章提及北京大学副教务长侯仁之的发言。

传承

8月　所招历史地理专业研究生朱士光未能完成学业，结业离校，分配至陕西省水利电力厅水土保持局工作。

9月　招收尹钧科、王伟杰为历史地理专业研究生。

案：据1966年6月17日编印的《地质地理系教职工名单》（北京大学档案馆藏，档案号01419660002）可知，当时全系共有13名研究生。其中，尹钧科（1942年生），家庭出身为贫农，政治面貌为预备党员，住在29斋335室。王伟杰（1938年生），家庭出身为贫农，政治面貌为群众，住在29斋336室。

1966年　55岁

背景

3月17日　中共中央在上海召开政治局扩大会议，开展"三家村"批判运动。

5月7日　毛泽东发出"五七指示"，提出把全国各行各业都要办成"一个大学校"。

5月16日　中央发布"五一六通知"，"文革"爆发。

纪事

2月6日　侯仁之在门头沟清水公社致信徐兆奎，谈及建立历史地理研究室之事，委托徐兆奎起草规划草案，并谈及考古、第四纪、孢粉、绘图等专业的人员配备及研究生培养等事。此时，国家科委综合司建议在北京大学地质地理系筹建历史地理专门研究机构。

春　侯仁之继续在门头沟清水公社参加"四清"工作队。

4月16日　《北京日报》刊发《关于"三家村"和〈燕山夜话〉的批判》，北京大学召开八千人大会。侯仁之因与"三家村"熟悉而受到牵连。

　　案："三家村"代指邓拓、吴晗、廖沫沙3人以"吴南星"笔名在中共北京市委机关刊《前线》上开辟的专栏《三家村札记》。1966年，江青、姚文元等人将该专栏污蔑为"反党反社会主义的大毒草"，进行批判。1978年8月，中共北京市委做出《关于"三家村"冤案的平反决定》。

　　侯仁之："'文革'来了，学校乱了，燕南园也乱了。批斗会此起彼伏。'文革'爆发前，我为吴晗主编的《中国历史小丛书》写过一本关于描述徐霞客生平的小书，因为这个原因，'文革'还没有开始，先就定我为'三家村的黑干将'。我不明白我和'三家村'有什么关系，很不服气，'文革'一开始就遭到批斗，最后是劳动改造。"[1]

---

[1] 侯仁之：《陆平校长留我在北大》，见《陆平纪念文集》编委会编著：《陆平纪念文集》，北京大学出版社2007年版，第6页。

5月15日　北京大学地质地理学系制定《关于修订教学计划的初步意见》（提纲），提出"教育工作，随着我国社会主义革命和社会主义建设日益的发展，必须根据毛主席的教育思想，进行教育革命，进行教学改革，进一步贯彻党的教育方针，毛主席关于教育工作一系列的指示，以及准备实行半工半读教育制度，走中国自己办学的道路"。

6月17日　北京大学编印《地质地理系教职工名单》。在《地质地理系总支委员会名单》中，陈凯任总支书记，张炳光任总支副书记兼监委，崔海亭任总支副书记。当时，该系经济地理教研室有14人，由仇为之副教授任教研室主任。名单中，侯仁之教授的家庭出身为"自由职业"，政治面貌为"群众"，住址在燕南园61号，时任副教务长。

　　案：当时，该系经济地理教研室有侯仁之、仇为之、胡兆量、魏心镇、李域、谢凝高、徐兆奎、王亦娴、陆卓明、王北辰、杨吾扬、林雅贞、董黎明、周一星等14人。以上14人名字为油印，另有手写的"郭世凤"一人。

6月29日　中共北京市委派驻以张承先为组长的驻北京大学工作组。刘玉德任地质地理系工作组组长。

6月　北京市人民委员会改组。侯仁之在北京市第五届人民代表大会上当选的市人民委员会委员职务被取消。

7月28日　北京大学文化革命委员会筹备委员会成立，共有委员21人。委员包括来自地质地理系的张延亮。当日，筹委会举行第一次全体会议，选举聂元梓为主任委员。

8月17日　毛泽东为北京大学新校刊《新北大》题写刊名。22日，《新北大》创刊。为此，北大师生隆重举行庆祝大会，"决心把《新北大》办成为学习、宣传、贯彻和捍卫毛泽东思想的红色阵地"。

8月至10月　北京大学地质地理学系成立"文化革命委员会"。第一次临时"文化革命委员会"主任为唐春景（学生），副主任为张延亮。9月，"文化革命委员会"正式成立，王清亮（学生）任主任，江培谟、刘思诚任副主任。

9月21日　北京大学地质地理系和反帝系（原西语系）联合举办忆苦思甜大会。

12月12日　《新北大》第22期第4版刊发《"雄关漫道真如铁，而今迈步从头越"——地质地理系"井冈山"远征队到达兰考》。新北大地质地理系井冈山远征队的7名同学于10月25日在毛主席像前宣誓，开始远征。

著述

2月21日　《北京地下湮废河道复原图说明书》刊于国家科委研究室编辑的《科学研究实验动态》第737号。

> 案：1965年，侯仁之主持完成北京地下湮废古河道的复原（东西长安街至前三门地区）研究，成果包括图件、模型、说明书，未正式发表。该研究是北京市兴建"十大建筑"时为排除地下隐患而提出。图件、模型均散佚。说明书由侯仁之指导研究生王伟杰完成，后收入侯仁之的《北京城的生命印记》（生活·读书·新知三联书店，2009年）之中。

传承

5月　北京大学研究生入学考试举行。北京师范大学地理系毕业生奚国金等报考侯仁之的研究生。因"文革"爆发，侯仁之停止招收研究生。

1967年　56岁

背景

1月　上海发生"一月夺权"。全国各地随之掀起"夺权"风，建立军干群"三结合"革命委员会。

3月　中央军委发出"三支两军"的号召。

纪事

春　致信"中央文革小组",要求利用北京开挖地层修建地铁之机,进行北京城区埋藏古河道研究。此信委托尹钧科转交聂元梓,未果。

4月8日至16日　北京大学地质地理系毛泽东思想宣传队到门头沟山区进行文艺宣传。5月19日,该宣传队的《向工农兵学习,为工农兵服务》一文刊于《新北大》第75期第2版。

1968年　57岁

背景

8月　工宣队进驻所有北京高校。

12月　毛泽东发出"知识青年到农村去"的号召。

纪事

2月9日　调查组赴上海复旦大学谭其骧处了解侯仁之的情况。与此同期,谭其骧撰写自传,并接待来了解史念海情况的调查组。

2月13日　北京卫戍区解放军毛泽东思想宣传队进驻北京大学。

1969年　58岁

背景

4月1日至24日　中共九大召开。

10月　北京(中国)第一条地下铁道线路(北京火车站至石景山区苹果园)建成。

纪事

1月15日至18日　北京大学教改组召开师生、干部座谈会,讨论学校体制改革和专业设置问题,有意见认为"地球本身是个实验室,光关在房间里

搞，真是活见鬼"，主张"地质地理系北大不办，改由地质队办培训班培养人才"。

1月28日　北京大学地质地理系革命委员会成立。

2月17日　北京大学监改大院（"牛棚"）解散。

3月24日　解放军8341部队宣传队进驻北京大学。31日，宣传队召开全体师生员工、家属大会。

4月30日　调查组赴上海复旦大学找谭其骧对侯仁之夫人张玮瑛进行外调，并了解禹贡学会的政治背景。次日，谭其骧写有关张玮瑛、禹贡学会的材料。

下半年　北京大学派遣教改小分队到各地进行教改调查，举办工农兵短期培训试点班。

8月　下放到江西鲤鱼洲北京大学"五七干校"接受劳动改造，从事重体力劳动。

案：1969年7月10日，为响应毛泽东"五七"道路的号召，北京大学派先遣队到江西南昌鲤鱼洲筹建试验农场。截至10月底，2000多名北大教职工被派往鲤鱼洲试验农场，编为13个生产连队。该农场位于鄱阳湖围湖造田而成的圩区，占地8000余亩，是严重的血吸虫病发病区。侯仁之在此从事繁重的体力劳动，编入地质地理系所在的七连，副连长为江培谟、王恩涌。

10月18日至20日　北京大学革委会、宣传队召开全校战备动员大会和教育革命动员大会。

1970年　59岁

背景

6月27日　中共中央批转《北京大学、清华大学关于招生（试点）的请示报告》，决定招收"工农兵学员"。

10月1日　毛泽东在新中国成立庆典上会见美国记者、作家斯诺。

纪事

3月11日 李四光与北京大学地质地理系、数力系教改小组以及地矿部教育司、地质力学所的人座谈地质教育革命问题。

案：北大方面在座谈会上称："搞教改的时间不长。地质地理系原有教员170多人，现留70多人，其余去'五七'干校。原地质地理系，地质方面分：古生物、地层，构造地质，地球化学三个专业。地理方面：自然地理——地貌及经济地理。……过去的专业设施不符合国防建设和生产建设的需要，不是无产阶级政治挂帅。目前，对这些批判得还不够。教改组做了些社会调查和讨论之后，对新北大的地质地理系如何办也有一些想法，这些想法是否对，请部长提意见。我们考虑设下列专业：地质：1. 地震地质；2. 找矿——成矿规律。通过这两个方面来学习地质力学。地理：主要设外国地理专业，立足于备战。"①

6月15日 北京大学地质地理系谢凝高、郭廷彬、白懋正3人拜访竺可桢，称侯仁之、林超继续下放到江西鲤鱼洲北大试验农场（"五七干校"）劳动。

1971年　60岁

背景

9月13日 林彪等人叛逃坠亡。

10月 周恩来重新主持中央日常工作，调整党的各项政策。

---

① 李四光同志遗留资料整理小组：《李四光同志与北大地质地理系，数力系教改小组座谈地质教育革命问题》（一九七〇年三月十一日），见《李四光同志关于地质工作方面的一些意见》（内部资料），地质科学研究院地质力学研究所，1974年，第123页。

纪事

1月6日　北京大学地质地理系举办区县地质员学习班,在房山县南窖公社办学。

1月22日　《北京大学简报》报道地质地理系怀来县教改小分队解决群众饮水问题。

4月29日　北京大学宣传队领导小组通过各单位干部配备名单,张延亮、王德新任地质地理系正、副政治指导员,江培谟与王恩涌、邵庆山任正、副连长。

上半年　继续在江西鲤鱼洲北大试验农场接受监护劳动。

7月20日　受人员增加、物资供应紧张及血吸虫病患的影响,北京大学党委会决定撤销江西鲤鱼洲"五七干校",设施移交地方,教职员工分批撤回北京。

8月　回到北京,在北京大学校内继续接受劳动改造。据说,侯仁之、林超、王远枝等人一起在校内劳动。此间,开始构思写作《北京的历史地理》《北京城》等专著。

侯仁之:"那时我仍然是被管制的,回来以后还劳动。在东操场,和另外一个老头,收拾桌椅板凳。武斗的时候打架打的,搞得乱七八糟,我们就整理那些东西。后来,到年终了,我们系里的一个工作人员对我说:'侯仁之,你可以回家了,在家里待着吧。'我就回来了。"[1]

王远枝:"我们一起劳动有三个人,他们两个都是全世界最有名、最棒的教授,一个是侯仁之,一个是林超。……特别是侯教授,他很健谈,好像北大的每一座房子、每一块石头都有说不尽的故事。林教授经常做关键性的补充。……侯教授真了不起。他为了增强我的信心,给我讲了他儿子的故事。……有一年国庆节前后,我们国家的国防部长把他请到家里,每天小汽车接送,让他给讲课,讲历朝历代中国战争史上的军事战略要地和战术要地,整整讲了一个星期。后来首长送他一盆鲜花。他学识渊博,是我国历史

---

[1] 陈光中:《侯仁之》,生活·读书·新知三联书店2005年版,第206页。

地理学的创始人和学术泰斗。听了他讲,我才知道地理这门学科学问大了去了。……两个顶级教授教一个学生好几年,我敢说在北大的历史上,没有几个学生有我这种待遇,有我这么幸运。"①

案:王远枝,北大地质地理系1964级学生,1970年被留校审查,未予毕业。后曾任国家发展和改革委员会中小企业司司长等职。上述回忆性文字,并未正式发表。因其鲜活生动,照录于此。文中的"国防部长"当为林彪。至于细节的准确性,存疑待考。

1972年　61岁

背景
2月28日　《中美联合公报》签署,中美关系开始正常化。
8月10日　全国科学技术工作会议在京召开。

纪事
1月5日　分配到北京大学地热科研组,绘制怀来考察成果图表。②

案:1970年春,在"教育革命"的背景下,北京大学地质地理系成立地热研究组,开展对北京、天津等地的地热研究。11月,地热组开始到河北怀来后郝窑热田进行地热考察。1971年9月,后郝窑地热试验电站发电成功。北京大学地质地理系地热组曾编纂《地热》(科学出版社,1972年)等书。

1月9日　梁思成在北京病逝。16日,侯仁之致信仍在河南息县中科院"五七干校"的张玮瑛,称梁思成"曾厚望于我"。

---

① 王远枝:《好在历史是人民写的(大学往事)》,见香港中文大学中国研究服务中心"民间历史记录档案库"(http://mjlsh.usc.cuhk.edu.hk/Book.aspx?cid=4&tid=3461,2018年3月9日浏览)。
② 本条至1976年的多条纪事,参见唐晓峰的《鲤鱼洲归来——1971~1976侯仁之工作志》(《中国历史地理论丛》2014年第1期),恕不一一注明。

1月27、28日　绘制涿水、漯水流域图。

6月7日　北京大学校党委批准张彦魁任地质地理总支书记、革委会主任，江培谟、王恩涌、乐森璕任革委会副主任。8月18日，校党委会开会决定，党总支书记、革委会主任要经市委批准。于是，党总支副书记由张彦魁、江培谟、王德新担任，革委会副主任由王恩涌、乐森璕担任。9月6日，中共北京市委批复，由张延亮任地质地理系党总支书记，江培谟任革委会主任。

6月16日　北京大学向北京市文教组报送"四五"计划、"五五"计划期间的招生、专业规划。地质地理系设地质力学、地球化学专业和目前暂缺的地貌、自然地理、化学地理、经济地理专业。其中无历史地理专业。

7月1日　在建党纪念日向北京大学地质地理系领导提交开展历史地理学研究的意见书，希望继续西北地区沙漠历史地理研究。此事无果而终。

侯仁之："到了1972年7月，也就是按照当初的设想本应该是已经全部完成我国西北部沙漠考察的日子，我特意在党的生日这一天，向当时的地质地理系的领导写了一份开展历史地理学研究的意见书，正式提出希望随着教育革命的发展，能有机会继续进行西北沙漠地区的考察研究工作。后来才了解到当时正是万恶的'四人帮'蓄意破坏关于自然科学基础理论研究的时候，因此这份意见书递交之后，也就再无下文。"[1]

侯仁之："在'文化大革命'的后期，我曾利用一切可能的条件，把幸而保存下来的部分沙漠考察的材料，做了一些整理，并渴望趁着自己有限的晚年，还有机会重入沙漠。因此，在1972年夏，我曾提出书面意见，要求继续进行沙漠考察，未被批准。"[2]

7月　与北京大学历史系教师张传玺谈历史教学地图集编纂之事。

---

[1] 侯仁之：《历史地理学的理论与实践》，载《北京大学学报》（自然科学版）1979年第1期。
[2] 侯仁之：《伟大的共产党领导我们继续长征》，《北京大学校刊》第185期第2版，1978年3月15日。

9月24日　谭其骧致信侯仁之。

10月31日　致信北京大学自然科学处陈守良。与李文漪到北京房山琉璃河考古工地采集孢粉样品。

10月　将《中国古代地理名著选读》等旧书两册赠给俞伟超。

案：俞伟超（1933—2003），江苏江阴人，考古学家。毕业于北京大学历史系考古专业，曾在中国（社会）科学院考古研究所、北京大学、中国历史博物馆任职，兼任中国考古学会副理事长、中国文物学会副会长等。

11月2日　拟定"历史地理研究生培养意见"。

11月28日　谭其骧就《考古》杂志所发《上海市大陆部分的海陆变迁和开发过程》一文与侯仁之邮件往复。

谭其骧日记："上午对杨荣国文章提意见至十点，修桂对余文提二点意见，动手修改。下午全校大会……晚修改毕，作书致仁之。中午仁之来信，云《考古》已将余文题目发排。下午二时发电致《考古》，告以题目已改。"[1]

案：另据《谭其骧日记》，谭其骧11月18日"开始修改《再谈上海海陆变迁》一文"，9月24日"晚作书复侯仁之、钮仲勋"。该文当为刊于《考古》1973年第1期的《上海市大陆部分的海陆变迁和开发过程》。

12月20日　代拟致中国科学院地质研究所信稿。

12月25日　致李文漪、俞伟超信。

本年　继续在北京大学劳动改造。

---

[1] 葛剑雄编：《谭其骧日记》，广东人民出版社2013年版，第196页。

著述

1月17日　拟定《北京的历史地理》纲目。

5月18日　完成《北京的历史地理》第一章的初稿37页，附手绘表4张、图8幅。

1973年　62岁

背景

2月　《科学通报》《中国科学》开始复刊。

8月5日　国务院召开首次全国环境保护会议。

本年　《中国自然地理》编辑委员会成立。

纪事

3月至8月　利用北京地质地形勘测处地下钻孔资料和大比例尺地图，结合文献记录，复原埋藏于西长安街至宣武门、和平门地区地下的不同时代的河湖水系，为地质勘探提供必要的参考，并着手研究北京的地质地理基础。7月9日，完成北京城区古河道分布图。8月8日，到北京市规划局勘测处做关于编制北京城区古河道（包括河湖沟坑）分布图的汇报。

4月21日　夏仁德重返燕南园，与侯仁之会面，合影留念。此行，夏仁德应中国人民对外友好协会之邀访华，受到周恩来接见。

4月28日　完成"历史地理教学与科学研究的初步工作计划要点"初稿。

5月21日　竺可桢回信侯仁之，并寄送《中国近五千年来气候变迁的初步研究》单行本。此前，侯仁之致函竺可桢，谈及《中国近五千年来气候变迁的初步研究》一文。

5月25日　《新北大》第3版报道北京大学"积极制订措施，加速教育革命步伐"。其中，地质地理系经济地理专业"决定改变自己的外国地理研究计划，收集有关材料，为现实斗争服务。同时，他们还准备接受北京市建设规划方面的任务，为理论联系实际闯出一条新路"。

5月　北京大学决定设置15个学系38个专业。其中，地质地理学系设有自然地理、地貌学、古生物地层三个专业，均为三年制。

7月6日　北京市城市规划管理局俞长风复函侯仁之，感谢其寄赠《北京旧城平面设计的改造》，并称会将其工作情况转告周永源。此前，侯仁之在信中介绍了自己的工作情况。

案：周永源（1921—　），天津人。毕业于北京大学，长期从事北京城市建设规划管理工作，曾在北京市建筑事务管理局、建设局、建管局、规划局及北京市规划委员会、首都规划委员会任职。俞长风（1931—　），曾任北京市城市规划管理局副局长、第十一届亚运会工程总指挥部副总指挥等职。

——北京市革命委员会将《清华大学、北京大学关于1973年秋季试办研究班的初步意见》上报国务院，两校准备在条件较好的专业试办研究班，培养具有较高水平的专门人才。其中，北大地质地理系的古生物地层、历史地理分别被纳入理科、文科招生专业。此事最终未果。

《清华大学、北京大学关于1973年秋季试办研究班的初步意见（1973年7月）》："北京大学理科在数学、计算数学、应用数学、低温物理、理论物理、激光、磁学、物理化学、无机化学、分析化学、催化、高分子化学、有机化学、古生物地层、地球物理、原子核物理16个专业招收100名左右。文科在文学、中国史、哲学史、政治经济学、经济学说史、历史地理六个专业招收30名左右。晚作复函与北大侯仁之并寄文件。"[①]

8月8日　在北京市勘测处勘二队汇报北京城区古河道分布图。

---

① 《北京市革命委员会关于清华大学、北京大学1973年秋季试办研究班问题向国务院的报告（1973年7月6日）》，见陈大白主编：《北京高等教育文献资料选编（1949年—1976年）》，首都师范大学出版社2002年版，第1022页。

8月23日　完成"关于天竺村一带的历史地理资料及说明",交北京城市规划管理局地质地形勘测处。

8月　为北京市勘测处介绍北京历代城址和河湖水系的变迁。此间,指导孙秀萍、李容全整理东、西长安街至前三门地区地下湮废河道图。

案：《历史地理学的研究和文物考古工作》后收入《历史地理学的理论与实践》（上海人民出版社,1979年）之中。《真实的、想象的和抽象的过去时代的世界——历史地理学的三个领域》,作者为普林斯（H. Prince）,原刊 Progress in Geography: international reviews of current research, 第三卷,1971年出版。《史前期的环境、地理学与生态学》,原刊于 Environment and Archaeology: an introduction to Pleistocene Geography 一书,原作者为布策尔（Karl W. Butzer）。

著述

7月9日　完成《北京地下湮废河湖沟坑文献资料汇编》,开始对东长安街至崇文门的古河道（六部口大川淀、台基厂元代通惠河故道）进行勘测。

孙秀萍："本文内容是北京市城市规划管理局勘测处多年来工作的集体成果,于1977年11月由孙秀萍汇集写成。资料主要依据1958年雅文富等同志整理北京城沼泊及沟渠分布图。1972年勘测二队资料组整理北京市崇文、宣武区河湖沟坑图。1973年在侯仁之教授指导下由孙秀萍、李容全整理东、西长安街至前三门地区地下湮废河道图。1974年孙秀萍整理东、西城区河湖沟坑图,苏中坡同志参加了部分工作,在此基础上1974年孙秀萍汇编北京市城区埋藏河湖沟坑图。"[1]

---

[1] 孙秀萍：《北京城区全新世埋藏河、湖、沟、坑的分布及其演变》,见北京市社会科学研究所《北京史苑》编辑部编：《北京史苑》第二辑,北京出版社1985年版,第232页。

10月　完成《历史地理学的研究和文物考古工作》稿。翻译《真实的、想象的和抽象的过去时代的世界——历史地理学的三个领域》《史前期的环境、地理学与生态学》。

本年　《从红柳河上的古城废墟看毛乌素沙漠的变迁》刊于《文物》1973年第1期。

——与俞伟超合作的《乌兰布和沙漠的考古发现和地理环境的变迁》刊于《考古》1973年第2期。

——《北京旧城平面设计的改造》刊于《文物》1973年第5期。该文参考了中国科学院考古研究所徐苹芳的修改意见，并注意到欧美资产阶级建筑学和规划学界的观点。

1974年　63岁

背景

本年　"批林批孔""评法批儒"运动在全国进行。

纪事

1月5日　著名数学史家钱宝琮逝世。2月18日，中国科学院哲学社会学部在北京八宝山革命公墓举行了钱宝琮追悼会，侯仁之、顾颉刚、谭其骧、华罗庚、夏鼐等人敬献花圈。

1月16日　北京大学地质地理学系经济地理教研室拟定《经济地理教研室一九七四年第一季度工作安排》，该教研室打算去邯郸市参加城市规划工作，并计划与北京市城乡规划管理局座谈。

案：此前，北京大学革命委员会办公室于1973年12月27日通知各单位于一月底以前将1974年上半年计划及第一季度详细计划报送办公室和教改组。1974年1月30日，地质地理学系教改组上报计划，称"地理教研室经济地理组为结合生产摸索专业方向，已与邯郸市联系拟于三月中旬派四五位教师去该地参加该市的城市规划工作"。31日,江培谟就某些问题致信王恩涌,称"一是经地去邯郸问题,商量一下再说;二是人数,运动期间最好尽量少出去些,各摊到底去多少人,可走时再定"。

《经济地理教研室一九七四年第一季度工作安排》:"(1)到北京市城乡规划管理局座谈征求73年教育革命实践经验和意见基础上,进一步协商74年协作方式和内容。(2)为从多方面摸索创办城市地理专业问题,经与邯郸市城建局联系,决定在74年2月到5月参加邯郸城市规划工作(约需经费:教师五人旅途、住宿、补助费等伍百元)。"①

1月26日　清华大学、北京大学两校党委常委联席会议召开,决定成立"北京大学、清华大学大批判组",驻地设在北京大学北招待所。

3月15日　到台基厂考察元代通惠河故道。

3月17日　致信北京市规划局周永源。

3月拟定第二季度计划"编写天安门广场以东地区湮废河道资料汇编,东城区高梁河故道勘察,为规划局编写外事工作参考资料。提出西山森林的破坏及后果"。

周昆叔:"20世纪70年代后期,北京饭店要向东扩展,即今王府井大街南口西侧新建北京饭店东楼。挖东楼地基时挖到7~8米下发现一古树干。侯老获知后,认为这是了解北京古地理的重要线索,故约我等在侯老带领下前往考察。"②

考异:侯仁之要进行的"编写天安门广场以东地区湮废河道资料汇编"当与1973年春开工、1974年夏完工的北京饭店新东楼工程有关。周昆叔将此事记成70年代后期,当误。

---

① 《七四年第一季度教学实习计划》,见北京大学档案馆藏《关于十年规划、教学计划、教材及教改方案和协议书、建立挂钩关系以及参加冻土协作项目的意见》(档案号01419740004)。
② 周昆叔:《一代宗师——恭贺侯老仁之先生100岁华诞》,见北京大学历史地理研究中心编:《走近侯仁之——恭贺侯仁之先生百岁寿辰》,学苑出版社2011年版,第106页。

4月17日　到一机部工地考察蓟丘。接测绘处孙秀萍信，谈蓟丘。

4月至6月　与北大地质地理系经济地理专业师生以"赴邯教育革命组"的名义赴河北邯郸"开门办学"，进行城市规划考察。

王恩涌："1966年开始的一场风暴，受极'左'思潮影响，认为地理'无用'。在'砸烂'声中地理各专业受到极大破坏。在70年代初，北大各理科专业都已先后恢复招生。开始教学活动。可是地理三个专业却要在找到新的出路时才能恢复招生。……经济地理于1973年开始走上与城市规划相结合的道路。他们采取教学与实践相结合的办法创建新的方向。招来学生后，一方面在校内学习基本课程，另一方面又在实践中学习城市规划方面的必要知识。经过邯郸、承德等城市的实际规划工作证明了地理学的作用，也得到建筑学界的承认。这样，经济地理的城市规划方向被列为城建部门技术干部一个重要来源。"[1]

董黎明："1974年，在教研室负责人魏心镇的带领下，包括侯先生在内的一行六人（仇为之、杨吾扬、董黎明、周一星），是首次到河北邯郸调研和参与规划研究，次年仍是这支基本队伍，在国家建委的支持下，承担了承德市城市总体规划的任务，1976年又与经济地理1975级学生一起赴山东淄博参加区域规划和辛店区城市规划。"[2]

申有顺："1974年，当我又住进市城建局后院招待所时，发现从北京来了6个人。带队的是个60多岁的老头，个子不高，戴副眼镜，人虽然瘦巴巴的，但走起路来还蛮有精神。他平时不善言语，但严肃中透出善良、可亲。听招待所的人讲，他们都是从北京来的大教授，那个老头还是全国有名的'资产阶级反动学术权威'。他们到邯郸是来接受工人阶级'再教育'的。后来我才知道，那个瘦巴巴的老人就是我国著名的历史地理学家侯仁之教

---

[1]　王恩涌：《北京大学地理系（城市与环境学系）的四十年（1952—1992）》，见北京大学城市与环境学系编：《城市·区域与环境》，海洋出版社1993年版，第4页。

[2]　董黎明：《侯仁之先生》，见北京大学历史地理研究中心编：《走近侯仁之——恭贺侯仁之先生百岁寿辰》，学苑出版社2011年版，第215页。

授，其他几个人是他的助教和学生。其中，就有后来成为我国著名建筑大师的周一星先生。他们几个人每天天还没亮就起床，简单的吃点饭，就背上测量仪器等工具出门，中午一般都不回来，晚上回来的也非常晚。饭后，又都到老头住的房子里你一句我一句的争论至半夜还不休息。"①

胡序威："'文革'后期高等学校开始恢复专业招生，要求开门办学，对口培养。综合性大学要想恢复经济地理专业的招生，必须首先解决其毕业后的出路问题。为此，北京大学、南京大学、中山大学、杭州大学等校的经济地理老师纷纷走出校门，向有关部门和地区进行经济地理专业需求的社会调查。尽管有些受访部门也表示需要经济地理专业人员，但其可吸纳量甚为有限。而在向城市规划局的领导曹洪涛和王凡、刘学海等人进行调查访问时，他们几乎都是异口同声地说：随着城市规划工作在全国各地的逐步恢复和开展，需要大量懂城市规划的干部和技术人员。城市规划的涉及面很广，需要从不同的专业基础来培养城市规划人才，欢迎经济地理专业为城市规划培养人才。为应眼前城市规划人手紧缺之急，可先开办一些城市规划的短期培训班。于是，从1974年开始，北京大学、南京大学、中山大学、杭州大学等校的地理系经济地理专业均结合地方规划部门的需要，开办了城市规划短期培训班，并分别选择邯郸、江阴、韶关、义乌等城市进行城市规划的试点，以便从中为改进教学吸取经验。"②

6月9日　致信周永源。

6月12日　向邯郸市城建局党委汇报《邯郸城址的演变和城市兴衰的地理背景》。19日，在邯郸市文办举行报告会，介绍邯郸地区的兴衰历史。该市各中学历史、地理教师和市革委机关部分干部300余人与会。22日，向邯郸市革委领导汇报《邯郸城址的演变和城市兴衰的地理背景》。次日，返回北京大学。

---

① 申有顺：《侯仁之教授在邯郸》，载《邯郸日报》，2010年12月4日。
② 胡序威：《地理界加盟规划界的历史回忆——为庆祝中国城市规划学会成立50周年而写》，见《区域与城市研究》（增补本），科学出版社2008年版，第569—570页。

6月27日　北大地质地理系总支副书记、工宣队张师傅通知侯仁之去校党委，集合后赴"梁效"大批判组驻地北招待所。时任北京大学党委常委、军宣队代表、"梁效"党支部书记李家宽宣布众人待命，不得外出，行程保密。李家宽告诉侯仁之要带历史地理方面的书籍。于是，侯仁之随身携带《读史方舆纪要》第一册。当日下午，侯仁之、汤一介、周一良等十余人乘车至北京火车站，见到迟群、谢静宜等人。此行目的地为天津小靳庄，同行者还有冯友兰、赵纪彬、庄则栋、浩亮等人。

　　案："两校大批判组"简称"梁效"，由迟群、谢静宜组织、策划并指挥，成员有魏建功、冯友兰、周一良等30余人。李家宽时任大批判组党支部书记、业务组副组长，宋柏年时任党支部副书记、业务组组长。1981年，二人均受到不同程度的党内处分。又，迟群（1932—1999），山东乳山人。"文革"期间曾任国务院科教组副组长，掌握科教领域，操控"梁效"写作小组。

　　张玮瑛："'文革'后期，'四人帮'的政治蓄谋加紧实施，四处发展势力网罗人才，学校的知识分子也不能幸免。1974年初，仁之还在劳动着，突然接到通知，紧急集合上火车，也不知道要去哪里。下车后才知道是到了江青树立的典型天津小靳庄。几天后返校又被召去开'座谈会'。仁之警觉到情况不好，想走。我们对于江青在'文革'中历次来北大的所作所为，非常反感。每每议论，以'三点水'代其名。面对这突如其来的局面，不愿从命，然而，脱身不易。仁之进城去看我们信赖和尊敬的燕京大学学长翁独健。独健先生已从旁知道仁之被点名去了小靳庄，对他说了一句话：'三十六计，走为上！'正好这时有报导，河北邯郸在战备'深挖洞'时发现地下城墙夯土和战国时期文物，北大地理系的师生要前往开门办学。仁之借此机会立刻出走，及时避开了'四人帮'的纠缠。那两年，他大部分时间在河北和山东，先后对邯郸、承德、淄博三座城市做了实地考察，提交了关于城市历史地理研究的报告。"[①]

---

① 张玮瑛：《天光云影共徘徊》，见郝斌等编辑：《回眸侯仁之》，大统图书股份有限公司（台北）2008年版，第24—25页。

考异：天津小靳庄被江青树为"批林批孔"的典型是在1974年6月。该月22日，江青第一次到达小靳庄。侯仁之恐怕不可能在"1974年初"被带去此地。

张玮瑛："1974年6月，仁之突然接到通知，紧急集合上火车，也不知道要去哪里。下车后才知道是到了江青树立的典型——天津小靳庄。几天后返校又被召去开'座谈会'。仁之警觉到情况不好，想走。……仁之进城去看我们信赖和尊敬的老朋友翁独健。独健先生已从旁知道仁之被点名去了小靳庄，对他说了一句话：'三十六计，走为上！'正好这时邯郸在战备'深挖洞'时发现地下城墙夯土和战国时期文物，北大地理系的师生前往开门办学。仁之已去邯郸实地考察了两个月。仁之借此为由立刻在此出走，及时避开了'四人帮'的纠缠。"①

案：此处将侯仁之去天津小靳庄的时间改为"1974年6月"，且称侯仁之"已去邯郸实地考察了两个月"。

任崇岳："'四人帮'组织'梁效'写作班子时，准备把北京大学的侯仁之先生拉进去，翁先生不知从哪里得到了这个消息，不由暗暗替老朋友着急。如果直言相告，一旦泄漏出去，肯定会招来不测之祸。他把侯先生约到南池子家里，婉转地对他说，四川大足新发现了石刻，有非常高的艺术价值，你何不去见识见识！云南四季如春，气候好，可看的风景更多，元谋人遗址就值得你去考查，可不要错过机会啊！侯先生开始时捉摸不透翁先生为何说这番话，后来仔细想想，才觉察出了翁先生的一片良苦用心，便马上治装入蜀，算是躲过了一劫。"②

案：此处称翁独健主动邀请侯仁之见面，劝告其远离"梁效"。

郭毅生："翁独健先生在燕京大学时与地理学家侯仁之是好朋友。'文

---

① 张玮瑛：《天光云影共徘徊》，见北京大学历史地理研究中心编：《走近侯仁之——恭贺侯仁之先生百岁寿辰》，学苑出版社2011年版，第7—8页。

② 任崇岳：《高山安可仰，徒此揖清芬——纪念翁独健师诞辰100周年》，见郝时远、罗贤佑主编：《蒙元史暨民族史论集——纪念翁独健先生诞辰一百周年》，社会科学文献出版社2006年版，第43页。

化大革命'中,'四人帮'组织名为'梁效'的写作班子,想把侯先生拉进去。翁先生有所风闻,便约侯先生到南池子家中相叙。他说道:'四川新发现的大足石刻很有价值,你抓紧去看看;云南气候好,又有元谋人的遗址可考查,你何不一路走走,去看看。'侯先生是个聪明人,回去品味翁先生的话,便心领神会,不日就西行入蜀,躲过了一场劫难。"①

邓锐龄:"至于他劝侯仁之先生及早脱身远行,避开江青在天津的'召见'。这是后来从贾敬颜先生那里听到的,也许大家已经知道了。"②

案:"文革"时期侯仁之没有去四川、云南等地自由活动的可能,此说存疑。

李宝田:"'文化大革命'期间,江青搞小静庄,让侯先生去查查小静庄的具体历史情况。江青指派,侯先生不能不去,临走带了一本《读史方舆纪要》,跟着坐火车去了天津调查。回来后,龚澍就来跟侯先生说这事拉上关系扯不清,叫他赶紧走,于是侯先生后来去淄博搞城市规划去了,躲开了江青。"③

案:"小静庄"当为"小靳庄"之误。又,文中所提"龚澍"或应为"龚澎"。龚澎(1914—1970),毕业于燕京大学,新中国成立后曾任外交部新闻司司长。龚澎1970年病逝,不可能在1974年给侯仁之提建议。

陈光中:"随着'路线斗争'日益激烈,'四人帮'的政治野心不断膨胀,他们也在四处网罗人才,以用作篡党夺权的工具。侯仁之作为一位著名学者,自然也成了被网罗的对象。……在这样的时刻,侯仁之应做出何种选择?尽管他与所有的中国普通百姓一样,无法了解'文革'的重重内幕,但一个知识分子的直觉使他尚能具备基本的判断力。他是不会屈从邪恶的。然而,究竟该如何决断,却不是一件容易的事情。形势逼人,又容不得他拖延……侯仁之陷入了两难的境地。此时,一位交往多年的老朋友私下说了一

---

① 郭毅生:《五秩春秋正盛年——为民大历史系庆致贺》,见中央民族大学历史系编:《民族史研究》第7辑,民族出版社2007年版,第8—9页。
② 邓锐龄:《值得敬重的翁独健先生》,载《燕大校友通讯》2007年第49期。
③ 李宝田:《侯先生是这样教我历史地理的》,见北京大学历史地理研究中心编:《走近侯仁之——恭贺侯仁之先生百岁寿辰》,学苑出版社2011年版,第254页。

句话，使侯仁之顿然清醒：'三十六计，走为上！'在这关键的时刻，到外地城市进行考察是难得的借口。"①

邵瑜："侯仁之伯伯一向身体很好，他是地理学家，那段时间他去考察沙漠了，在那种不通邮，不通航，不通电话，连水电都不通，谁也找不到的地方一躲几个月。父亲对他非常佩服。我感觉当时有很大一批老一辈的学者在无声地抵制四人帮，想尽办法不与他们合作，父亲是他们当中的一个。"②

案：此处"父亲"即邵循正，"那段时间"即"文革"时期。邵循正于1973年4月去世，故不可能知道侯仁之1974年的言行。又，侯仁之提出进行西北干旱区沙漠历史地理考察是在1972年。此处记载有误。

周一星："1974年通过在邯郸城市建设局工作的校友，参与邯郸城市总体规划，既搞环境调查，又搞总体布局，逐渐进入城市规划的核心。……回想70年代到各地做城市规划的经历，心头仍感暖意。当时，上自侯仁之、仇为之这样的老教授，下至我这样最年轻的助教，都一样自带铺盖，同睡通铺，同吃粗茶淡饭。大家对接纳我们的规划单位发自内心的感激，没有一丝取得报酬的想法，一心想的是为了专业的生存和学生的出路，如何为地方多做贡献。老师们各显其能，通力合作，完成任务。"③

案：据此可知，当时北大地质地理系参与邯郸城市规划工作是为了发展专业而积极争取的结果。

考异：侯仁之进行邯郸、承德、淄博等城市规划与翁独健、龚澎等人的关系，尚无不刊之论。张世龙称他"立即邀侯先生共同访问翁先生，听取他的意见"，张玮瑛也说侯仁之就此事拜访翁独健。如果属实，则翁独健的建议至关重要。但是，梳理侯仁之的人生履历可知，其与翁独健的交往并不密切。在"文革"的政治高压态势下，侯仁之恐怕不会轻易与翁独健交流如此

---

① 陈光中：《侯仁之》，生活·读书·新知三联书店2005年版，第209页。
② 邵瑜：《心恒先生轶事》，见戴学稷、徐如编：《邵循正先生百年诞辰纪念文集》（续编），2009年，第245页。
③ 周一星：《城市地理求索：周一星自选集》，商务印书馆2010年版，第2页。

敏感的问题。无论如何，侯仁之的"藏身之地"显然不可能是四川、云南或西北沙漠地区，而是选择了邯郸。

蔡仲德："（6月17）上午得通知往外地开会，地点、内容、均保密。……晚饭时有车来接先生去开会。'到了火车站以后，迟群、谢静宜已经先到了。他们让我走进一列'专车'，车上已经有不少的人。问他们，他们也都说不知道上哪儿去，去干什么。……下车到站上一看，原来是天津。坐上汽车，到了招待所，这才吃晚饭。吃罢晚饭，已经是凌晨两点多钟了。……第二天早饭以后，传下来三条禁令：一不准写信，二不准打电话，三不准上街。……江青来了，原来她住在另一个地方，只有迟群、谢静宜同我们一起在这里住。'"①

考异：蔡仲德称冯友兰随同迟群、谢静宜等人去天津的时间为6月17日。《北京大学纪事》（1898—1997）亦载6月16日"江青带梁效部分成员到天津巡游"。冯友兰是否与侯仁之等人同行，抑或时间有误，待考。

7月1日　天津市委第一书记解学恭、副总理纪登奎接见侯仁之一行。江青因病回京，要求众人分头在天津和小靳庄做调查研究。侯仁之分在由迟群带领的小靳庄一组，到村里与社员同吃同住，调查新中国成立前后小靳庄的变化。经过一周左右，侯仁之返回天津，向迟群汇报调研心得体会。迟群对侯仁之的汇报表示不满，改派时任北大政工宣传组副组长、"梁效"大批判组副组长宋柏年连夜返回小靳庄，调查高龄老贫农为何参加劳动。次日，宋柏年返回，称"九十岁老贫农出来劳动，就是因为'中央首长'来到小靳庄，使老年人都深受感动，也出来参加劳动了"。

7月10日　北京大学校教改组召开"儒法斗争与科学技术"问题座谈会，校党委负责人和理科各系、校办工厂的部分师生出席。地质地理系等系师生在会上发言，结合《梦溪笔谈》《齐民要术》等著作，分析了历史上儒法斗争对自然科

---

① 蔡仲德：《冯友兰先生年谱初编》，见《三松堂全集》附录，河南人民出版社2000年版，第572页。

学发展的影响。侯仁之曾撰写《从古代城市建设看儒法斗争》一文,或与此事相关。

7月11日　侯仁之从天津小靳庄返回北京大学。迟群要求此行行程保密。不久,"梁效"大批判组郁龙余来访,未遇,带来大字线装本《弟子规》《神童诗》两册,并留言"书是中央首长江青送的,要准备意见,上面随时可能要"。侯仁之返校后未参加座谈会,借故脱身而出。

7月13日　致信杨瑾转国家文物局王冶秋局长,谈邯郸战国赵王城。

11月　中国科学院地理研究所王守春、李宝田探望侯仁之,请教历史地理学的发展趋势。

12月28日　致信北京图书馆善本特藏部任金城,谈及对《中国古代地理文献展览提纲》的意见,并随信送上日本学者海野一隆针对《舆地图》《广舆图》的研究论文。

本年　中国科学院欲借调侯仁之到冰川冻土沙漠研究所参加沙漠考察,未果。

著述

3月　完成《北京城》初稿。

　　案:此处所称"《北京城》初稿",或为应中国科学院自然科学史研究所之邀,为《中国古代建筑技术史》所写的《元大都城》《明清北京城》。

1975年　64岁

背景

1月13日至17日　四届全国人大一次会议举行,重申"四个现代化"目标。
11月　"反击右倾翻案风"运动开始。

纪事

1月1日　晨起,在北京大学校园内跑步,听中央社论新年献词广播,抄写党的基本路线。

1月2日　到教研室学习元旦中央社论新年献词。晚间，北京大学党委副书记、革委会副主任张学书与侯仁之谈话，传达历史问题处理意见。侯仁之当日的工作手记记载了张学书所说："我的印象，你没有问题了。如还没有什么新情况，还是'文革'前的那些事，没有什么发展的，也可以不必做什么结论。至于说'当作人民内部问题处理'，可能……"

1月3日　致信于洸，谈《中国历史　地理》一书中历史地理部分的写作问题。

案：于洸（1935—　），1960年毕业于北京大学地质地理系后留校任教，曾任系副主任、党总支书记、北京大学副校长等职。

1月4日　参加北京大学地质地理系"批林批孔"座谈会。

1月5日　朱震达来访。此行可能与朱震达撰写的《中国自然地理·历史自然地理》书中的沙漠历史地理部分有关。

案：朱震达（1930—2006），浙江海宁人，沙漠学家。曾就读于复旦大学史地系、南京大学地理系，1952年毕业后到中国科学院地理研究所工作，曾任中国科学院兰州沙漠研究所所长，1985年当选第三世界科学院院士。兼任中国地理学会沙漠分会理事长、防治荒漠化国际公约中国执行委员会高级专家顾问等职。合著有《中国沙漠概论》（科学出版社，1980年）等。

1月6日　出席城乡规划短训班开学典礼。当日，北京大学召开学习朝阳农学院动员大会，要求掀起学朝农热潮。迟群出席，介绍朝阳农学院经验。7日，为城乡规划短训班备课，绘制北京地理位置、古代交通路线示意图。8日，为城乡规划短训班讲授城市建设史上的儒法斗争问题。与俞长风谈新中国成立后北京城市建设中"两条路线"的斗争问题。9日，学习朝阳农学院经验。

2月5日　北京大学校党委召开扩大会议，号召"为把学校改造成为无产阶级专政的工具而奋斗"，强调办大学要"开门办学，结合战斗任务组织教学"，主张到工厂、农村办学，举办短训班等。

3月12日　叶剑英、吴德、乌兰夫、王震、沈雁冰等领导，连同首都各界人士500余人在中山公园中山堂举行仪式，纪念孙中山先生逝世50周年。侯仁之、孙越崎、翁独健、费孝通、吴文藻、吴大琨、王力、傅鹰、程裕淇、乐森璕、江泽涵、朱光潜等人以政协全国委员会委员的身份参加该活动。

3月26日　致信北大地质地理系党总支，要求平反。应国家文物事业管理局之约，为联合国教科文组织刊物《信使》写"古代北京"。

4月11日　为北京语言学院留学生做报告《北京历史名胜重点介绍》。

5月1日　参加颐和园游园活动。同时，中国科学院学部组织顾颉刚到颐和园参加该活动。顾颉刚在此偶遇侯仁之、何思源等人。

5月　赛明思随不列颠哥伦比亚大学地理系人员来华访问，拜访侯仁之。1975年，北京大学接待了来自70个国家和地区的393批4200位来宾来访。

案：赛明思（Marwyn S. Samuels，1942—　），犹太裔美国人，地理学家、中国问题研究专家。曾执教于美国锡拉丘茨大学（Syracuse University），专长于中国政治经济、城市与区域规划等学术领域，著有Contest for the South China Sea（《中国南海的争端》，1982）、Humanistic Geography: Prospects and Problems（《人本主义地理学：展望与问题》，1978，与David Ley合著）。1973年，曾随加拿大外交部教育代表团访问中国，受到周恩来接见。后曾在北京大学、南京大学执教。他的妻子魏玛明曾来北京大学随侯仁之进修。

6月15日　赴河北省承德市城市建设局，带领仇为之、魏心镇、张景哲、董黎明、周一星进行城市规划工作。侯仁之此行受到国家建委城市规划处夏宗玕的推荐。

6月26日　《新北大》第90期第4版刊发《地质地理系举办航空地质短训班》，介绍该系地貌专业与地质局所属的航空地质测量大队合办航空地质短训班。

7月26日　河北省建委在承德市召开城市总体规划评审会，侯仁之与董黎明出席会议。会上，侯仁之在城市性质上坚持承德是社会主义风景城市。27日，赴承德市隆化县董存瑞烈士陵园调查。28日，唐山大地震发生，评审会因此取消。29日，在承德市革委会大楼礼堂做题为《从承德市历史发展的特点看它的现在与未来》的学术报告。

案：侯仁之所做的报告，内容包括承德市的起源、避暑山庄的兴建和人口构成、康熙和乾隆在山庄的政治活动、承德的远景4个方面。该报告后以《侯仁之教授1975年在承德的报告和发言》为题刊于2013年11月6日《中国文物报》第3版。

侯仁之："在'文革'后期，我被下放到承德搞城市建设运动（包括董老师），我们在那儿住了很久，对承德市的起源、早期的城市人口、避暑山庄的兴起和作用、外八庙的建置以及西沟新河的开凿等进行了大量深入细致地考察研究。当时，我根据自己的考察研究资料，大胆提出承德的历史文化遗产应该集成，今后城市的发展方向应该是风景旅游城市。当时主持工作的一个领导一听就火了，指责我'风景旅游能吃吗'？"[1]

9月5日 与夏鼐、谭其骧等人出席国家文物事业管理局在承德召开的北方边疆考古座谈会。9日，侯仁之在会上发言，介绍"承德市的发展史"。

12月中旬 北京大学召开理科毕业班教育革命成果汇报会。中共北京大学委员会、北京大学革命委员会公布《关于授予理科七二级先进集体奖旗的决定》，决定授予地质地理系七二级地热青藏实践队"风雪高原炼红心，开发地热为人民"红旗，授予地质地理系七二级地震地质班"山崩地裂何所惧，越是艰险越向前"红旗。

著述

4月 撰写《北京历史名胜重点介绍》（提纲），未刊。

8月16日 返回北京，起草《承德市城市发展的特点和它的改造》。

9月 《承德市城市发展的特点和它的改造》由承德市城市建设局印行，该

---

[1] 陈梅云：《行舟瀚海探迷踪，一片丹心寄未来——访著名学者侯仁之院士》，载《规划师》2000年第3期。

文初刊于《历史地理学的理论与实践》（上海人民出版社，1979年）。后收于避暑山庄研究会编的《避暑山庄论丛》（紫禁城出版社，1986年）。

案：1978年9月18日，国务院副总理谷牧到河北承德考察避暑山庄单位搬迁和避暑山庄外八庙整修工程进展情况。在听取承德地市委领导的意见后，谷牧在谈话中指出"研究一些引武烈河水有什么坏处，问题不大就办；不行，河两岸整理一下，种上树……整一整，栽上树，也是一景。松涛声听到了，潺潺流水，这也是一景。仁之写的那一篇对我们很有帮助"[1]。此处所提文章，当为侯仁之的《承德市城市发展的特点和它的改造》。

9月2日 崔海亭将《建筑学报》编辑的关于《从儒法斗争的角度看城址的演变》一文的意见交给侯仁之。该意见认为该文"打破了过去在历史地理研究中的老框框"。《从古代城市建设看儒法斗争》后刊于《建筑学报》1975年第3期，又收于《建筑领域批儒评法文选》（中国建筑工业出版社，1975年）。

1976年　65岁

背景

7月28日 唐山大地震。
10月6日 粉碎"四人帮"，"文革"结束。

纪事

2月14日 《新北大》第117期第4版刊发《坚持半工半读，回击右倾翻案风》，介绍地质地理系经济地理（城市规划）专业七五级师生在北大蔚秀园教工宿舍基建工地进行半工半读教育革命试点的情况。

2月21日 中共北京市委、北京市革命委员会举行大会，欢送到农村和青藏

---

[1] 李晓东：《记谷牧考察避暑山庄的重要谈话》，载《中国文物科学研究》2014年第1期。

高原等边疆地区的466名应届毕业的工农兵学员。北京大学地质地理系党支部副书记王德新代表北京市大专院校在校师生员工讲话，号召继续贯彻执行毛主席关于教育革命的指示，坚持无产阶级教育革命的方向，实行开门办学，半工半读，将教育革命进行到底。

3月11日至31日　到中国科学院图书馆查看有关淄博的地方志。

3月　接待来访的昆明师范学院史地系地理组教师于希贤，与之交谈历史地理理论、徐霞客研究等问题。

4月2日　去天安门广场悼念周恩来总理。

4月4日至17日　带领北大地质地理系经济地理（城市规划）专业师生赴淄博市"开门办学"，进行城市规划考察。在此期间，侯仁之曾到刘敦愿等人主持的临淄齐国古城考古发掘现场，对发掘工作给予指导。

4月12日　北京大学地质地理系师生到北京西山半工半读基地进行"开门办学"。14日，该系师生员工欢送冀东富铁会战小分队、西藏地热考察队奔赴"开门办学"第一线。15日，《新北大》第127期第4版刊发《地质地理系以阶级斗争为纲搞好开门办学》，称地质地理系党总支"针对当前两个阶级、两条路线斗争的新形势，讨论了今年开门办学的指导思想和工作要点，明确指出：要把今年开门办学作为反击右倾翻案风的战斗，同十七年修正主义教育路线对着干，同右倾翻案风对着干，要把每个实践队建设成毛主席重要指示的宣传队，回击右倾翻案风的战斗队，'工业学大庆'、'农业学大寨'运动的服务队"。

4月　由中国科学院自然科学史研究所主持的《中国古代建筑技术史》协作讨论会在北京召开。北京大学地质地理系为协作单位之一，负责"元大都的建设工程""明清两代北京城的建设"两部分，实际编写工作由侯仁之承担。5月20日，致信张驭寰，谈及编写《中国古代建筑技术史》一事。

侯仁之致函张驭寰："本月十一日，我已随同我系经济地理（城乡规划）专业师生，前来山东淄博市参加开门办学工作。临行前一日，收到由学部寄来的《中国建筑技术史》编写方案。现住张店济青路淄博市政工程处，计划月底或七月初前往临淄。北大、山大两校考古专业和山东省博物馆的同志们，目前正在那里进行发掘。建议：关于战国临淄城部分的编写，应与山东省博物馆协作。请向贵所领导请示，是否可致函山东省博物馆，请指定专人参加这项工作。这样我们可以就地与之联系，为这一项目的协作单位之一。并将有人（可以提我）前往临淄与博物馆在现场发掘的同志直接联系〔四月上旬，我在临淄时，山东省博物馆馆长张学同志，文物组长（？）张学海同志，都在现场领导发掘工作〕，以上意见是否可行，望赐回复。"

5月7日　为北京市八一中学学生讲圆明园。

5月11日至7月24日　再度带领师生赴淄博市"开门办学"，驻地为张店济青路淄博市市政工程处。

5月　不列颠哥伦比亚大学地理系人员再度来华访问。赛明思再次拜访侯仁之，了解中国地理学界。

6月16日　致信张驭寰，谈及去山东省博物馆，约请参加写作战国时期临淄古城之事。

侯仁之致函张驭寰："五月下旬，从张店寄上一信，想已收到。建议你请山东省博物馆参加协作编写战国时代临淄齐古城的事，不知所领导如何考虑。便中请示知为盼。六月一日至六日，我曾到临淄小住，除向省博物馆及山大、北大的诸同志请教外，还对齐古城建址的条件——特别是城址的选择与淄河的关系做了些初步的考察。当时省博物馆领导张学同志，以及张学海同志，王恩田同志等都在场，但是由于没有收到您的信，不知所领导如何考虑，因此我也没有提关于协作或索取资料的事。我准备于本月下旬到济南，在那里将有数日之留，并拟到省博物馆看一些齐古城出土的东西和阅读有关资料。上次信中的建议，如何考虑，或是否已与省馆有所联系，亲即示知。我当于接到来信后再去济南。"

7月26日至8月1日　与董黎明一同作为北京大学的代表，赴承德参加城市总体规划评审会。因唐山大地震发生，返回北京。

8月2日至31日　在北京大学参加抗震防震工作。在此期间，参加学习班，准备写《淄博市主要城镇的起源和发展》。

9月1日　赴淄博张店参加"开门办学"。

9月13日　回京参加吊唁毛泽东的活动。18日，首都百万群众在天安门广场举行毛泽东追悼大会。北大师生员工及家属在校内举行追悼大会。

10月10日　中共中央、北京市委指示查封位于朗润园北招待所的北大、清华大批判组（"梁效"）。

10月17日至11月12日　再赴淄博张店参加"开门办学"。在此期间，曾对齐长城进行实地调查。

10月26日　《新北大》第156期第5、6版刊发署名"地质地理系师生"的《大快人心　大得人心》，欢呼"四人帮"倒台。

10月27日　北大地质地理系召开声讨、揭发、批判"四人帮"反革命罪行大会。

11月　参加在陕西西安举行的《中国自然地理·历史自然地理》第一次审稿会。谭其骧、史念海、郭敬辉、朱士光、王守春等人与会。

12月9日　复信云南昆明师范学院于希贤，答复其有关云南图书馆所藏顾炎武的《肇域志》的咨询。

12月16日　毛主席纪念堂工程指挥部来北京大学地质地理系取走"昆仑石"。该系地貌专业教师崔之久和七三级"工农兵学员"外出"开门办学"，在进行青藏铁路地质勘探和选线时从昆仑山上搬下来一块乳英石，献给毛主席纪念堂工程。

著述

2月2日　完成为联合国教科文组织《信使》刊物所写《古代北京》清样。

2月　与袁樾方合作的《风沙威胁不可怕　"榆林三迁"是谣传——从考古发现论证陕北榆林城的起源和地区开发》刊于《文物》1976年第2期。

4月1日　校改、抄清《经济地理城市规划专业专题课大纲》《城市历史地理专题之一：城市的起源和城址的变迁》。

12月28日　写完《淄博市主要城镇的起源和发展》，由淄博市基本建设委员会印行，后收于《历史地理学的理论与实践》（上海人民出版社，1979年）等文集。

1977年　66岁

背景
5月　中国社会科学院成立。
10月12日　国务院批转教育部《关于一九七七年高等学校招生工作的意见》，恢复高考制度。

纪事
1月27日　致信山东大学历史系刘敦愿，与之交流临淄齐国古城的防洪设施问题，并谈及近期工作安排及行程。
3月22日　北京大学召开揭发批判两校大批判组（"梁效"）大会。
4月8日　到中国科学院考古研究所夏鼐处谈元大都发掘之事。

　　案：1964年至1974年，中国科学院考古研究所、原北京市文物管理处联合对元大都进行勘查和发掘，发现十余处建筑遗址和居住遗迹。该项考古工作由徐苹芳主持。

4月21日　应圆明园管理处邀请，与夏鼐、赵光华等专家学者及社会各界代表参观圆明园遗址现状，并参加遗址保护专题座谈会。

　　陈光中："后来，又有了一个偶然的机会。侯仁之的一个老朋友，原来是圆明园的负责人，'文革'开始后遭批斗关押了好几年，如今也被放出来了。他来看望侯仁之的时候，顺便提出来：何不认真地研究一下圆明园。这真是一个好主意。"[①]
　　夏鼐日记："上午偕杨鸿勋同志至圆明园遗址管理处，参加座谈会。……发言者有历史博物馆曾奇（画家）、文物局杜仙洲、北大侯仁之

---
① 陈光中：《侯仁之》，生活·读书·新知三联书店2005年版，第206页。

等，我也发了言，5时许始散。"①

7月10日 拜访顾颉刚，请其为《长城图卷》题词，并谈及北京大学批判"梁效"之事。顾颉刚赠阅《西北考察日记》（上海合众图书馆，1949年）一书。

顾颉刚日记："侯仁之来，送《长城图卷》索题。……仁之言，北大中批判依附'四人帮'之大批判组，声势甚大。"②

案：此处《长城图卷》，亦即《关山万里图》。绘者侯及名（1920—2003），号友墨，河北临榆人，知名国画家、中央文史馆馆员，曾以长城为题绘制《关山万里图》长卷。

10月5日 拜访顾颉刚。8日，又为《长城图卷》题词之事拜访顾颉刚。30日，顾颉刚为《关山万里图》题词一事致函侯仁之。委托侯仁之补充长城史料。

顾颉刚日记："将题《关山万里图》文钞毕，写侯仁之信。……予文中所提长城史迹，恐有讹误，因致函仁之，嘱其费两天工夫，在北大图书馆中觅资料订补。"③

11月6日 拜访顾颉刚。

顾颉刚日记："侯仁之来，长谈。……因仁之来，方知中央文史研究馆主任武志平乃是学斌之叔祖，他爱我手迹，已将我致仁之函索去，作纪念。"④次日，侯仁之委托北京市规划局送纸给顾颉刚。

---

① 夏鼐：《夏鼐日记》卷八，华东师范大学出版社2011年版，第90—91页。
② 顾颉刚：《顾颉刚日记》卷十一，中华书局2011年版，第466页。
③ 同上书，第507页。
④ 同上书，第509页。

11月 当选为第五届政协北京市委员会常务委员，任期至1983年3月。另有王力、张青莲、季镇淮等北京大学学者入选。

——北京市第七届人民代表大会代表选举完毕。本次选举产生1194名代表，任期至1983年3月。侯仁之当初并未入选，后补选为69名市人大代表之一。

12月19日 中共北京大学委员会向教育部部长刘西尧及国家科委主任方毅报送《关于恢复北京大学地质系并加强师资力量的报告》。1977年全国自然科学规划会议期间，地质、地球物理、古生物学、地球化学及矿物学各组的全体代表向方毅反映，"建议恢复北京大学地质系并增加师资力量，逐步予以加强"。

12月24日 《新北大》第179期第3版刊发《我校积极开展学术科普讲座活动》，其中包括侯仁之的《北京城的历史和解放后的改造》。

案：据北京大学校刊《新北大》报道，该校教育革命部从9月开始积极组织学术、科学、文学讲座和业余教学活动。其中社会科学方面的讲座有《毛主席关于三个世界划分的伟大意义》《关于海洋法的问题》《北京城的历史和解放后的改造》等。后者的主讲人显然是侯仁之。

本年年底 赴上海出席上海师范大学举行的《中国自然地理》之《历史自然地理》审稿会，直至1978年1月。会议期间，与陈桥驿交流。

葛剑雄："1977年11月下旬，《中国自然地理》编委会决定《历史自然地理》分册在上海定稿。……最后通过华东师大的陈吉余联系，决定在华东师范大学留学生招待所开会。先后参加会议的有杭州大学地理系的陈桥驿，中科院地理研究所的王守春、张丕远，华东师大地理系的陈吉余，北京大学地理系的侯仁之和研究室的邹逸麟、张修桂等，直到1978年1月30日才结束回家。"[1]

案：此时上海师范大学是由上海师范学院、华东师范大学等校合并而

---

[1] 葛剑雄：《悠悠长水：谭其骧后传》，华东师范大学出版社2000年版，第287页。

成。

邹逸麟："《中国历史自然地理》是谭先生1975年主持启动的。……谭先生组织了北京大学、中科院地理研究所和我们复旦史地所的人撰写了初稿，后来在西安、开封等地召开了审稿会。从1977年底至1978年一月底，我们都在上海师大集中审稿，……后来地理研究所就请杭州大学的陈桥驿先生主持审稿工作，陈先生又拉了我，一起搞了两三年吧。"①

案：此处所提北京大学的人当指侯仁之，但侯仁之或未参与初稿撰写。

王守春："1973年12月，在北京讨论该书提纲，该书编写工作启动时的最初讨论和分工之时，侯先生还在鄱阳湖畔的'五七干校'被'改造'，未能参与该书的编写，故该书的'历史时期沙漠的变迁'一章由朱震达先生来写，但后来朱震达在写该章过程中，多次请教了侯先生。……侯先生虽然未能直接参与该书的撰写，但1977年12月和1978年1月在上海华东师范大学举行的该书第二次审稿期间，侯先生还是以极大的热情去上海参与该书的审稿工作，为该书的撰写提出宝贵意见。"②

案：侯仁之1971年8月从江西鲤鱼洲"五七干校"返回北京。1973年12月讨论该书提纲时，侯仁之在北京，但因没有行动自由，未能参加讨论。1975年1月5日，朱震达造访侯仁之，或为编写此书而来。

陈桥驿："1979年底，以谭其骧先生为首的十几位来自上海、北京、杭州等地的历史地理学者，集中在上海赶写以竺可桢先生为主编的《中国自然地理》中的《历史自然地理》分册。侯先生因为本身任务甚重，没有参加此书编写。但是到这年年底前的最后几天，他却从北京赶到上海。他来上海的目的是为了与我们讨论历史地理学这门学科今后的发展。所以主要只与谭先生及我谈论这个课题。……所以我的郦学研究能够小有收获，侯先生的指导也是值得感谢的。"③

---

① 邹逸麟口述，林丽成撰稿：《邹逸麟口述历史》，上海书店出版社2016年版，第134页。
② 王守春：《学术泰斗 仁慈长者——回忆侯先生六件事》，见北京大学历史地理研究中心编：《走近侯仁之——恭贺侯仁之先生百岁寿辰》，学苑出版社2011年版，第269—270页。
③ 陈桥驿：《永记导师侯仁之先生的教导》，载《中国历史地理论丛》2014年第1期。

陈桥驿:"1978年秋,由于编撰竺可桢先生主编的《中国自然地理》中的《历史自然地理》分册,十几位学者在上海华东师范大学集中了近两个月,我与我尊敬的谭其骧先生隔室而居,朝夕过从,所以对于他在灾难年头所受的折磨,当时已经洞悉。而在这项工作的后一阶段,我所尊敬的另一位前辈侯仁之先生为了商讨发展历史地理学的问题从北京来到上海。这是我们在经过这场生死大难以后的第一次见面,在'乍见反疑梦,相悲各问灾(原诗作"年")'的心情下,不免要互说这些年代中的遭遇。我向他诉说了我因读郦而遭受的坎坷以及在'牛棚'继续冒险读此书的事,他不仅敦促我把此事经过写出来,而且又透露了我的这番经历,以致《书林》主编金永华先生不久专程到杭州索求此稿。"①

案:此次审稿会是在1977年年底而非1979年年底或1978年秋召开的。

《中国自然地理·历史自然地理》1980年3月"前言":"本分册各章节从1973年起分别由各单位执笔人开始撰写,中间进行了反复的修改。曾于1976年、1977年、1978年三年中,先后在西安、上海、开封三地举行了为时达四个月的定稿会议,并组织本书编委及撰写人员,分别到武汉、南京、郑州、杭州等地的有关单位求教。……各章节的撰写分工如下:……第六章历史时期的沙漠变迁:朱震达(中国科学院兰州沙漠研究所)、刘恕(中国科学院兰州沙漠研究所)、侯仁之(北京大学)。"②

案:侯仁之并未参加《中国自然地理·历史自然地理》的书稿撰写,只是参与审稿。该书成书后在分工人员名单中列出侯仁之,恐是出于尊重。

本年 北京语言文学自修大学成立。该校后更名为北京自修大学,并由邓小平题写校名。侯仁之与季羡林曾任该校名誉校长。

---

① 陈桥驿:《〈郦学札记〉自序》,见《郦学札记》,上海书店出版社2000年版,第1—2页。
② 中国科学院《中国自然地理》编辑委员会主编:《中国自然地理·历史自然地理》,科学出版社1982年版,前言。

著述

7月 收录侯仁之多篇文章的《水文、沙漠、火山考古》一书由文物出版社出版。

> **案：** 该书收录侯仁之此前公开发表的《从红柳河上的古城废墟看毛乌素沙漠的变迁》《乌兰布和沙漠的考古发现和地理环境的变迁》《风沙威胁不可怕 "榆林三迁"是谣传——从考古发现论证陕北榆林城的起源和地区开发》，由重庆市博物馆等编辑。金涛就此撰写《大有作为的历史地理学——兼评〈水文、沙漠、火山考古〉》（《自然杂志》1978年第1卷第4期）。

9月28日 将所承担的《中国建筑技术史》一书中 "元大都城与明清北京城"一节油印稿交送中国科学院自然科学史研究所。

> **案：** 为《中国建筑技术史》中 "城市建设"章所写专题之一的长编，以《元大都城与明清北京城》为题刊于《故宫博物院院刊》1979年第3期及《历史地理学的理论与实际》（上海人民出版社，1979年），后又收入《侯仁之文集》（北京大学出版社，1998年）、《北京城的生命印记》（生活·读书·新知三联书店，2009年）等书之中。
>
> **张驭寰：** "北京大学地质地理系侯仁之先生承担的写史任务资料已收齐，正在赶写文字中，据了解侯先生近来患眼出血症，但是为了不影响全书出版，侯先生表示要带病加速赶写，争取尽快交出文字稿。侯先生年高事繁，又患眼病，仍然大力支持写史工作，这种精神令大家非常感动。"[1]

本年 与吴良镛合著的《天安门广场礼赞——从宫廷广场到人民广场的演变和改造》刊于《文物》1977年第9期。文章认为毛主席纪念堂 "创立了我国建

---

[1] 张驭寰：《中国古代建筑技术史》，见《张驭寰文集》第1卷第2编，中国文史出版社2008年版，第256页。

筑史上的奇迹。这是广场馆舍的新里程碑"。该文后收于《我站在毛主席纪念堂前》（人民文学出版社，1977年）。

案： 吴良镛（1922— ），江苏南京人，城市规划及建筑学家。毕业于中央大学建筑系、美国匡溪艺术学院建筑与城市设计系，长期在清华大学建筑系任教。1980年当选中国科学院学部委员，1995年当选中国工程院院士，获2011年度国家最高科学技术奖。著有《城市规划设计论文集》（北京燕山出版社，1988年）、《人居环境科学导论》（中国建筑工业出版社，2001年）、《广义建筑学》（清华大学出版社，2011年）等。

侯仁之、吴良镛："扩建后的天安门广场在整个首都的城市规划中，已经成为平面布局的中心，占据了全城中最重要的地位。对比之下，紫禁城这个在旧日突出于全城中轴线上的古建筑群，则已经退居到类似广场'后院'的次要地位，并已经被改造成为一座最具体、最生动的阶级教育的大课堂。人们到这里来，欣赏古代劳动人民用自己的双手所创造出来的雄伟瑰丽的建筑物和收藏在这里的各种艺术珍品。同时，这一切也反映出过去封建统治阶级的穷奢极欲和对劳动人民的残酷剥削和压榨。它有力地证明在封建社会里，'只有农民和手工业工人是创造财富和创造文化的基本的阶级'。"[①]

评介

5月　不列颠哥伦比亚大学的赛明思写作《中国的地理学：研究和训练和趋势》（*Geography in China: Trends in Research and Training*）一文，后刊于1977年秋的《太平洋事务》（*Pacific Affairs*）第50卷第3期。该文相当一部分内容依据1975年5月和1976年5月不列颠哥伦比亚大学地理系人员来华对侯仁之的访问而写成。这是侯仁之在该时期少见的国际学术交流活动。

---

① 侯仁之、吴良镛：《天安门广场礼赞——从宫廷广场到人民广场的演变和改造》，载《文物》1977年第9期。

1978年 67岁

背景

3月18日至31日 全国科学大会召开，制定《一九七八——一九八五年全国科学技术发展规划纲要》（草案）。

9月 中国地理代表团访问美国。

12月18日至22日 中共十一届三中全会在北京举行。

纪事

1月26日 谭其骧赠阅《黄河下游的改道》一文油印稿。谭其骧所赠《黄河下游的改道》一文于1980年6月10日修改完成，定名为《西汉以前的黄河下游河道》，刊于1981年11月《历史地理》创刊号。

2月9日 致信俞伟超，介绍徐兆奎前往请教，并谈及即将启程的西北沙漠考察之行。

2月12日 拜访顾颉刚，谈及谭其骧的病情。

> **顾颉刚日记**："仁之自上海归，为告谭季龙以工作及开会过忙，竟致中风。幸抢救早，旋愈，今仍住医院。季龙在沪为学界名人，诸事坌集，又负责心太强，工作常至中夜二三小时，遂至血压过高，殊可悯也。"[1]

2月18日 中国人民政治协商会议第四届常委会第八次会议通过第五届全国委员会委员人选名单，侯仁之当选全国政协委员。侯仁之为无党派爱国人士界别委员，任期为1978年2月24日至1983年6月3日。同期同界别入选者还有马寅初、王力、吴世昌、俞大绂、翁独健、傅鹰、曾世英等24人。

2月20日 致信北京出版社文艺组编辑陈晓敏，答复2月15日来信，并向吴良镛转告。

---

[1] 顾颉刚：《顾颉刚日记》卷十一，中华书局2011年版，第541页。

——致信于希贤，谈及北京大学地理系筹建历史地理研究室之事。

2月23日　北京大学校党委常委开会，任命王恩涌为地理系临时党总支书记，王德新为地质系临时党总支书记。

2月24日至3月8日　中国人民政治协商会议第五届全国委员会第一次会议在北京召开。侯仁之与会。3月4日，侯仁之参加全国政协五届一次会议教育组对《第二次汉字简化方案》（草案）的讨论，并与胡愈之、王芸生、王力、钱人元、冯德培、侯仁之、曾世英、俞大绂、翁独健、吴世昌、张含英、郑易里、唐兰、周有光等人联名致信第五届全国政协第一次会议秘书处，要求停止使用《第二次汉字简化方案》。

3月18日　全国科学大会在北京开幕，邓小平、华国锋、方毅及6000名代表参会。侯仁之、周培源、张龙翔、陈佳洱等北京大学教授出席，深受鼓舞。又，北京大学地质地理系的多项成果获得大会奖励。

案：全国科学大会于1978年3月18日至31日在北京召开。邓小平在开幕式上重申了"科学技术是生产力"的观点。大会通过《一九七八—一九八五年全国科学技术发展规划纲要》（草案）。全国科学大会授予北京大学在科技工作中做出重大贡献的先进工作者、先进集体和优秀科技成果的完成单位及个人16张奖状，其中包括地质地理系的地热科研组，以及该系完成的"官厅水库水源保护研究""地热发电（热水扩容法）""中国的黄土"等7项成果。

4月5日　北京大学原党委书记兼副校长、兰州大学原党委书记兼校长江隆基的起灵仪式在甘肃兰州举行。侯仁之、周培源、王学珍、季羡林、严仁赓等人发去唁电或亲笔信。

4月11日　北京大学校党委召开全国科学大会的传达、授奖大会，全校教师干部出席。

4月22日至5月16日　全国教育工作会议在北京召开。中共中央副主席、国务院副总理邓小平出席开幕式并做重要讲话。会议讨论了《一九七八年至一九八五

年全国教育事业规划纲要》（草案）、《全国普通高等学校暂行工作条例》（草案）等。侯仁之与会，并再次萌生加入中国共产党的想法。

  学文、闻笛："在全国教育工作大会上，侯仁之聆听了邓副主席的报告，他夜不能寐，回顾自己几十年来所走过的曲折的道路和粉碎'四人帮'之后的大好形势，他从国家民族的兴亡看到了中国共产党的伟大，只有中国共产党，才能领导中国人民建设繁荣富强的新中国，其他任何政治力量都不能实现这个目标。事后，他再一次向党组织提出了申请。"①

  4月29日 英国生物化学家、科学史家李约瑟（Joseph Needham）及其助手鲁桂珍访问北京大学。

  4月30日 《北京大学校刊》第191期第1版刊发《运动要搞好，关键在领导——西语、俄语、地质、地理四系联合召开揭批聂元梓罪行大会》。地理、地质等四系及全校各单位代表参加大会。侯仁之在会上做了批判发言，以自己的亲身经历揭批了聂元梓之流的罪行。

  4月 参加在中山公园音乐堂举行的少先队员与科学家、劳动模范见面会。与会者另有茅以升、周培源、林巧稚、张光斗、吴阶平、周光召、张广厚、黄家驷等人及2000余名少先队员。

  ——中国民主同盟、中国农工民主党中央的部分领导和北京市政协委员参观圆明园遗址。侯仁之应圆明园管理处之邀前往介绍圆明园历史。

  5月4日 为期半个月的庆祝北京大学建校80周年"五四"科学讨论会开始。这次讨论会是1966年以来第一次全校性的大型学术讨论会，共设25个分会场，共计提交487篇论文，召开了百余次会议，数百家单位的数千名嘉宾和校友参会。侯仁之出席地理系分会，此次讨论有20多家在京单位参加，侯仁之做题为《开展历史地理学研究的意见》（后定名为《历史地理学的理论与实践》）的报告。

---

① 学文、闻笛：《对党的信念愈久愈坚——侯仁之教授入党记》，载《北京大学校刊》第254期第2版，1980年7月2日。

此外，林超、李孝芳、陈昌笃也在会上做了报告。

6月5日　《北京大学校刊》第195期《专业介绍专刊》介绍该校1978年招生系科专业。其中，地理学系招收四年制经济地理学（城市规划）专业，该专业"要学习地理基础和建筑、城市规划的专门知识、有关的新技术手段，培养又红又专的城市规划和区域规划等方面的人才"。又，地质学系设有地质力学、地震地质学两个专业。

6月　北大地质地理系陈凯、王恩涌到燕南园地震棚找侯仁之面谈，谈及地质地理系分家之事，拟由侯仁之任地理系主任，侯仁之推辞。

6月至8月　与俞伟超、王炳华、马雍等人参加中国科学院沙漠研究综合考察队，考察内蒙古的古居延城废墟和古居延泽、甘肃的汉龙勒城和阳关故址。又应甘肃省科学技术协会之邀，做题为《居延和阳关地区沙漠化的初步考察》报告，录音稿经整理后刊于《环境研究》1982年第3期，修改稿收于《侯仁之燕园问学集》（上海教育出版社，1991年）。

侯仁之："中国科学院沙漠研究所综合考察队，到河西地区，重点在额济纳旗古居延地区和敦煌县古阳关地区考察，用了一个半月时间。这次考察是由几个不同专业的人组成，有风沙地貌、陆地水文、植物、林业、历史、考古等专业。我自己作为一个历史地理工作者，参加了考察队。历史地理学作为现代地理学的一个分支，还是一门比较年轻的学科。在这次考察中，我学习到从书本上没法学到的东西。"①

侯仁之："科学的春天终于来到了，浩荡的东风又把我送上前往大西北沙区的征途。火车奔驰在包兰线上，黎明时候正好穿越黄河北岸的后套平原，然后迅速南转，向着内蒙古境内最后一个大站磴口（巴彦高勒）前进。"②

---

① 侯仁之：《居延和阳关地区沙漠化的初步考察》，见《侯仁之燕园问学集》，上海教育出版社1991年版，第178页。

② 侯仁之：《塞上行》，见《侯仁之燕园问学集》，上海教育出版社1991年版，第177页。

6月27日　经中共中央批准，周培源被任命为北京大学校长，冯定、王竹溪、季羡林、张龙翔等8人为副校长。7月20日，中共教育部党组下发中共中央组织部的任命通知。

7月6日　北京大学党委常委开会讨论侯仁之、季羡林、程贤策等24人的落实政策问题。

8月7日至19日　北京大学校党委召开校系两级干部会议，贯彻邓小平副主席针对北大问题提出的"澄清是非，团结多数，调动积极性"的方针，讨论开学后的工作，制订学校发展规划。

8月　率北京大学地理系经济地理城市规划专业师生赴安徽芜湖市参加《芜湖市总体规划》工作，并亲自进行城市历史地理专题研究，带领历史地理组师生考察"楚王城"遗址。10月，城市规划告一段落，完成研究成果《芜湖市历史地理概述》。工作完成后，师生同游黄山。

案：该规划是在安徽省建委和芜湖市委的领导下，由侯仁之、张景哲、周一星、董黎明等来自历史地理、工业地理、交通运输地理、人口地理、城市气候、建筑与居住区规划等专业的12位教师具体承担。该规划包含《芜湖市总体规划方案》《关于芜裕铁路枢纽的调查报告》等3项专题研究，绘制近20张规划图。工作结束后，芜湖市委第一书记兼城市规划领导小组及各级领导、专家180多人听取汇报、审查方案。

8月12日至16日　中国建筑学会城市规划学术委员会成立大会在甘肃兰州召开，肖华代表兰州军区、甘肃省委出席会议。侯仁之在会上当选为学术委员会副主任委员。曹洪涛担任主任委员，另有金瓯卜、吴良镛、孙平、裴萍、任震英、金经昌、郑孝燮等人任副主任委员。

8月　在甘肃兰州做题为《古居延及古阳关沙漠化过程考察报告》的学术报告。

9月　北京出版社为出版《北京历史地图集》高级礼品本、国际交换本而提交出版津贴说明，初步计划印制4000册。

10月　组织到北京西山（潭柘寺、戒台寺）、河北易县清西陵考察。途中，郭来喜建议增加到紫荆关长城考察，获得侯仁之的赞同。

11月3日　中国科学院兰州沙漠研究所科学考察队开始对河西走廊进行考察。该考察队由风沙地貌、历史地理、考古、林业、水文地质等专业的人员组成，侯仁之任业务指导。

11月20日至21日　北京大学举行工会第十次代表大会，上届工会副主席侯仁之致开幕词。第十届委员会第一次会议选举产生了工会第十届委员会，季羡林、侯仁之等人被选为副主席。

11月22日，北京大学校党委常委开会，决定任命王乃樑、陈凯为地理系副主任。地理系主任一职暂时空缺。

11月27日至12月3日　中国地理学会举办的全国冰川冻土学术会议在甘肃兰州召开。侯仁之以中国地理学会副理事长身份出席，并致开幕词，要求大家加强中外学术交流，努力向世界冰川冻土科学技术高峰攀登，为实现四个现代化贡献全部力量。

12月7日至15日　湖南省经济地理所与中国地理学会经济地理专业委员会联合在长沙召开全国经济地理学术会议。侯仁之建议周一星与董黎明合写《在实践中蓬勃发展的城市地理学》一文，总结北京大学经济地理教研室从1973年至1978年参加城市规划实践的体会。

12月10日　致信石泉，谈及武汉大学历史地理学发展、出席在长沙召开的中国地理学会理事会等事。

本年　北大地质地理系分成地理系、地质系。在地理系，经济地理教研室下辖历史地理研究小组。

案： 6月26日，乐森璕被任命为地质系主任。地质系后设古生物及地层学、岩矿及地球化学、构造地质及地质力学、地震地质学等四个专业。次年1月10日，北京大学校党委和校行政发出通知，正式任命侯仁之为地理系主任。

——北京出版社成立《北京史地丛书》编委会。侯仁之、翁独健、单士元、吴良镛、陈庆华、罗哲文、徐平芳、于杰、赵其昌等人任编委。

著述
3月15日　《伟大的共产党领导我们继续长征》刊于《北京大学》校刊第185期第2版。

6月4日　写成《塞上行》一文，初收于《侯仁之燕园问学集》（上海教育出版社，1991年）。

评介
3月24日　《光明日报》第2版刊发《老教授的新长征》。文章介绍侯仁之参加全国科学大会期间，在友谊宾馆进行长跑锻炼的情况。该文称"他除了参加大会安排的各项活动，还抓紧一切时间进行他向往已久的研究课题——探索人类历史时期地理环境变化的规律"。该文还提及，侯仁之应兰州冰川沙漠冻土研究所之邀参加新疆塔克拉玛干大沙漠的综合考察。

5月12日　香港《大公报》第3版刊发中国新闻社北京5月11日电，介绍北京大学庆祝建校80周年"五四"科学讨论会的情况，文章称"地理系侯仁之教授宣读他的题为《开展历史地理学研究的意见》的论文，这是他在六年前为响应周总理关于加强基础理论研究的号召而写的。粉碎了'四人帮'，历史地理这门边缘科学也得到了重视，科学院成立了历史地理研究所，北京大学也将成立历史地理研究室"。

本年　今淘（金涛）的《沙漠来信——记侯仁之教授》刊于《战地》1978年第8期。

——金涛的《大有作为的历史地理学——兼评〈水文、沙漠、火山考古〉》刊于《自然杂志》1978年第4期，积极评价侯仁之对毛乌素沙地、乌兰布和沙漠的历史地理研究。

——高明义、桑祥森的《北京大学新气象》刊于《人民画报》1978年第8期。文中介绍侯仁之在北京大学"五四"科学讨论会上做报告的情形。

传承

本年 招收唐晓峰、于希贤、尹钧科3人为研究生，专业为经济地理，研究方向为历史地理。

案：1978年1月4日，北京大学校党委召开中层干部会，要求做好招收研究生工作，决定1977年、1978年两年合招，3月报名。本届研究生入学考试在5月15日至17日举行，考试科目为政治、外语、普通自然地理、历史地理四门。6月进行复试。9月，全校有458名研究生新生入学。入学后，侯仁之为历史地理方向的研究生开设城市历史地理专题研究、历史地理研究法专题等课程。

1979年　68岁

背景

3月30日　邓小平提出坚持四项基本原则。

8月　中国科普创作协会第一次代表大会召开。

12月　中国地理学会在广州召开第四届代表大会，提出复兴人文地理学。

纪事

1月10日　北京大学校党委和校行政发出通知，任命侯仁之为地理系主任、乐森璕为地质系主任。

案：同时任命的还有数学系主任段学复、物理系主任褚圣麟、化学系主任张青莲、生物系主任陈阅增、地球物理系主任谢义炳、历史系主任邓广铭、哲学系主任冯定、经济系主任陈岱孙、东语系主任季羡林、西语系主任李赋宁、法律系主任陈守一、图书馆学系主任刘国钧、计算机科学技术系主任张世龙等人。

中共北京大学党委办公室："北大大批原来的校系两级干部重新恢复了工作，也选拔了一些新干部。与此同时，又陆续恢复与任命了一批知名学者，如段学复、褚圣麟、张青莲、侯仁之、胡济民、陈岱孙、陈守一、季羡林、李赋宁等担任系主任职务，使北大的政治思想工作、管理工作、教学工作和科研工作很快步入了正轨。"①

1月19日　夏仁德致信侯仁之，谈及美中友好协会迎接邓小平副总理访美等事。

1月31日　致信武汉大学石泉，谈及朱士光工作调动、历史地理学专业研究生入学试题等事。随信附上朱士光写给侯仁之的信。

2月22日　马克思主义史学家、北京大学原副校长翦伯赞追悼会和骨灰安放仪式在八宝山革命公墓举行。侯仁之、胡乔木、王冶秋、高沂、陆平、胡绳、于光远、周扬、白寿彝、雷洁琼、翁独健、黎澍、夏鼐、陈岱孙、朱光潜、邓广铭、王力等近500名首都教育界、史学界的知名人士参加追悼会。又，北京大学1982年11月举办翦伯赞学术纪念会，周扬、张龙翔、周一良、雷洁琼、邓广铭等出席。

2月　北京大学第一分校开学，设地理系。分校地理系的建设得到了侯仁之的支持，后发展成为北京联合大学应用文理学院城市科学系。

3月6日　北京大学校团委会、学生会邀请侯仁之做题为《北京城的历史变迁和解放后的改造》的报告。

4月11日　北京大学校工会举办科普讲座，由工会副主席、地理学主任侯仁之主讲第一讲《北京西郊园林的开发与北京大学校园》。

4月13日　北京大学学术委员会召开全体大会，宣告正式成立。委员会由165名委员组成，学术委员会主任为周培源。下设数理、生化地、文史哲、政经法、外语等5个分会。其中，生化地分会主任为张龙翔，侯仁之任生化地分会副主任。另有邓广铭任文史哲分会主任，季羡林任外语分会主任。

4月29日　经北京市委教育工作部批准，北京大学的215名讲师提升为副教授，包括来自地理系的徐兆奎、杨吾扬、韩慕康、陈传康、王恩涌、陈静生、曹家欣等人。

5月3日　白耀的《〈地理小丛书〉即将恢复出版》刊于《光明日报》第2

---

① 中共北京大学党委办公室：《北大人深切怀念周林同志》，见中共仁怀市委员会、仁怀市人民政府编：《周林纪念文集》，贵州人民出版社1999年版，第119页。

版。据介绍，"地理小丛书"不久将由中国青年出版社继续出版，原丛书副主编侯仁之接任主编。

5月4日 北京大学在首都体育馆举行纪念五四运动60周年和校庆81周年大会。会议由周培源主持，方毅、许德珩、蒋南翔、张承先、高沂等应邀与会，北大老校友、兼职教授、党政工团负责人等出席。

6月1日 《北京历史地图集》编纂工作筹备会召开，决定成立编委会，由侯仁之任主编。侯仁之因故缺席会议。

　　案：《北京历史地图集》编委会由单士元任顾问，组成人员来自北京大学、中国社会科学院考古所、中国科学院地理所、北京市文物工作队、北京市社会科学研究所、北京市测绘处等单位。该图集日常编纂工作由徐兆奎主持，地图的设计、编制、印刷由北京市测绘处（北京市测绘院）负责。

——为赴西安出席中国地理学会历史地理学术会议之事，行前拜访顾颉刚。

　　5月31日顾颉刚日记："写中国地理学会在西安召开之历史地理学术会议之祝贺电。"①

　　6月1日顾颉刚日记："侯仁之将于今晚赴西安开会，来谈。"②

　　5月31日顾颉刚贺电："接你会通知，将于六月五日至十四日在西安市召开学术会议，邀我参加，这是我非常荣幸和高兴的事。只恨我年老力衰，腰脚不健，艰于旅行，所以只得请假，请乞原宥。……甚愿经本届会议中推定编辑委员，向有关各方面专业人员集稿，早日出版定期刊物，取得国内外专家之同情，迅速推进各项专题研究，使本会工作得依预定计划得日新月异之成绩，并在伟大的祖国之科学研究中取得崇高的地位。"③

---

① 顾颉刚：《顾颉刚日记》卷十一，中华书局2011年版，第663页。
② 同上书，第664页。
③ 顾颉刚：《中国地理学会全国历史地理专业学术会议贺电》，见《宝树园文存》卷二，中华书局2011年版，第493页。

6月5日至12日 中国地理学会历史地理学术会议在陕西西安召开。侯仁之以中国地理学会副理事长身份致辞,并在会上做报告。侯仁之在会上当选为新成立的历史地理专业委员会主任。会上筹划创办《中国历史地理论丛》,由谭其骧、侯仁之、史念海、陈桥驿轮流主编。会议期间,侯仁之应陕西省历史学会之邀在陕西师范大学做北京城历史地理方面的学术报告。会议结束后,史念海到火车站为侯仁之送行,侯仁之请史念海设法将朱士光调入陕西师大工作。

案:会议由陕西师范大学副校长史念海主持,中国地理学会副理事长侯仁之在开幕词中提出会议的任务:一、总结三十年来历史地理学的成就,交流新成果。二、讨论历史地理学的方向、任务、专业机构、分工、培养新生力量、出版刊物等的问题。三、建立历史地理专业委员会,吸收新会员。[①]侯仁之在大会上宣读《城市历史地理的研究与城市规划》报告,后刊于该年《地理学报》第4期。与会者另有黄盛璋、陈可畏、马正林、徐俊鸣、贾敬颜、王北辰、单树模、李之勤等人。

张修桂:"在中国地理学会的组织、支持下,西安会议首先成立了中国地理学会领导下的历史地理专业委员会,北京大学侯仁之教授出任首届专业委员会主任委员。中国历史地理学界从此有了自己的学术团体。"[②]

史念海:"《中国历史地理论丛》是1981年开始出版的。迄今七年,共印行了三辑。编辑《论丛》的倡议却早在1979年夏初。那时中国地理学会在西安召开了第一次全国历史地理学术讨论会,这是历史地理工作者前所未有的盛会。会上回顾既往的历程,瞻望未来的发展,都感到这门学科对于国家现代化建设有一定的作用,应该群策群力,取得更多的成就,满足当前的需要,不辜负各方的期望。为了发展这门学科,《论丛》的编辑和出版,

---

① 陈可畏、邓自欣:《在西安举行的全国历史地理学术讨论会》,载《中国史研究动态》1979年第8期。

② 张修桂:《中国历史地理学界的两件大事》,见吴传钧、施雅风主编:《中国地理学90年发展回忆录》,学苑出版社1999年版,第723页。

就是十分及时和完全必要的。根据当时的筹划，编辑的任务就由谭其骧、侯仁之、陈桥驿诸同志负责，我也侧身其间，略尽一点微力。这些年来，由于谭、侯两位公务繁忙，难得分身，实际上是由我和桥驿同志先后分别主编。"①

吴松弟："1979年6月，历史地理学界在西安召开建国以来的首次全国性学术会议。会上决定成立历史地理专业委员会，筹办历史地理专业刊物。当选为历史地理专业委员会首届主任的侯仁之称赞此次会议，是'中国历史地理学界新长征中的里程碑'。"②

6月15日至7月2日　中国人民政治协商会议第五届全国委员会第二次会议在北京召开。侯仁之出席会议，并呼吁保护安徽芜湖干将莫邪铸剑遗址。

6月16日　北京大学党组织给侯仁之做出正式政治审查结论，称"'文化大革命'中对侯仁之同志历史上与司徒雷登的关系问题进行了审查。……经审查未发现有何政治问题，予以结论。'文化大革命'中强加给侯仁之同志的所谓'××××'等一切诬陷不实之词均应推倒"③。7月14日，校党委做出《北京大学处理文化大革命以来积案落实政策工作小结》。

夏　带领尹钧科、于希贤、唐晓峰3位研究生到圆明园遗址考察并野餐。

8月　陆心贤等编著的《地学史话》（上海科学技术出版社，1979年）出版。侯仁之、谭其骧、曹婉如、徐近之、唐锡仁、黄盛璋、史念海、陈吉余、钮仲勋、曾昭璇等人曾为该书提建议。

9月1日至13日　中国科学技术协会在秦皇岛北戴河召开全国科协工作会议。侯仁之出席会议。

---

① 史念海：《前言》，载《中国历史地理论丛》1987年第1期。

② 姜义华，武克全主编：《二十世纪中国社会科学》（历史学卷），上海人民出版社2005年版，第301页。

③ 唐晓峰：《鲤鱼洲归来——1971~1976侯仁之工作志》，载《中国历史地理论丛》2014年第1期。

案：此次会议是中国科协恢复活动后召开的首次会议。会议由中国科协副主席、党组书记裴丽生主持，地方科协与全国学会主要负责人与会，向中央提交了《关于召开中国科协第二次全国代表大会几个问题的请示报告》。次年3月，中国科协第二次全国代表大会在北京召开。

9月4日　北京大学校务委员会第23次会议讨论通过各学系专业设置和选修组名称。其中，地理学系设自然地理学（下设环境学、自然资源、地生态学3个选修组）、地貌及第四纪学、经济地理学（下设区域与城市规划选修组）。

9月14日　北京大学召开大会为原校长马寅初彻底平反，恢复名誉。侯仁之以校工会副主席、地理系主任的身份发言。同时发言的还有北京大学副校长季羡林、经济系主任陈岱孙、民盟北大支部副主委熊伟等人。7月23日，中共北京大学委员会曾做出《关于为马寅初先生平反的决定》。9月5日，党中央批准马寅初任北京大学名誉校长。

——吴浦月、吴彰题赠吴晗的《灯下集》（生活·读书·新知三联书店，1960年初版，1979年印刷）。题词称"海瑞罢官遭横祸，平反昭雪谢青天。重印遗篇传后世，依然三镜照人间"。

9月20日　《图书馆学通讯》为组织"李大钊同志与图书馆事业"文稿致函侯仁之。28日，该刊又致函侯仁之，谈及转载《五四前夕忆红楼》一文。10月17日，该刊又为此事致函侯仁之。

9月　作为教授代表，出席在北京大学学生大食堂举行的1979级迎新大会。

11月3日　出席海淀区地名普查工作会议，并做题为《海淀区附近地区的开发过程与地名演变》的报告。该报告后作为《北京市海淀区地名录》"序言"，收入《奋蹄集》（北京燕山出版社，1995年）之中。

11月21日　赵紫宸在北京病逝。侯仁之、雷洁琼、冰心、吴文藻、任之恭及美国驻华大使馆芮效俭等人参加追悼会。

案：赵紫宸（1888—1979），浙江德清人，神学家。曾就读于东吴大学、美国田纳西州梵德毕尔特大学，曾执教于东吴大学、燕京大学。1928年

后长期任燕大宗教学院院长。1949年，作为基督教界代表参加中国人民政治协商会议。新中国成立后，主要从事中国基督教三自革新运动。著有《赵紫宸文集》（商务印书馆，2004年）。

12月6日　北京市第七届人民代表大会第三次会议预备会议通过主席团、秘书长名单，侯仁之入选主席团。7日至13日，北京市七届人大三次会议在人民大会堂召开。此次会议决定将市革命委员会改为市人民政府，并建立市人大常委会，侯仁之当选为北京市第七届人民代表大会常务委员会委员，并当选为国民经济计划和财政预决算审查委员会委员。

12月17日至24日　出席中国林学会在北京召开的三北防护林体系建设学术讨论会并发言。参加此次会议者还有李连捷、关君蔚、史念海、朱震达等人。侯仁之做题为《我国西北风沙区的历史地理管窥》的学术报告。该文由朱士光整理，刊于史念海主编的《中国历史地理论丛》第1辑（陕西人民出版社，1981年），后收于《侯仁之燕园问学集》（上海教育出版社，1991年）。

案： 三北防护林是我国在东北、华北、西北地区进行的大型生态工程。1978年，国务院批转国家林业总局关于在三北风沙危害和水土流失的重点地区建设大型防护林的规划，确立了营造三北防护林体系的战略措施。1979年，国务院批准成立三北防护林建设领导小组。2009年，国务院印发《关于进一步推进三北防护林体系建设的意见》。

12月21日　北京大学校务会议决定成立北京大学基建规划领导小组，组长王路宾，副组长张萍、张龙翔，侯仁之、王学珍、王常在、谢青、文重、王希祜等人为成员。

12月26日　著名政治学家、法学家、《红楼梦》研究专家吴恩裕的追悼会在八宝山革命公墓举行。侯仁之、雷洁琼、张伯驹、邓广铭、俞平伯、夏鼐、启功等同事和好友参加追悼会或送花圈、挽联等。

12月28日至次年1月7日　出席在广州矿泉别墅召开的中国地理学会第四届代

表大会暨综合学术年会,并在会上当选为中国地理学会副理事长。

案:广东省领导及中国科协书记处书记王顺桐到会。会议选举黄秉维任第四届理事会理事长,侯仁之、李春芬、任美锷、李子川、周廷儒、郭敬辉任副理事长,瞿宁淑为秘书长,吴传钧、施雅风、李旭旦、王乃樑、王恩涌、曹廷藩等任常务理事。此次会议正值中国地理学会创建70周年,讨论了人文地理学在地理学中的地位、如何评价地理环境对人类社会发展的作用等地理学"禁区"问题。

12月31日　北京大学校党委常委开会,同意侯仁之、秦国刚、芮沐3人加入中国共产党。

本年　应邀为国家科委一局、北京市革委会学习班、北京市政协、清华大学学生会、《中国青年》编辑部等单位做多场有关北京城市发展的学术报告。

著述

4月10日　写成《记燕园出土文物——有关地望考证的墓志石》。该文后收于《奋蹄集》(北京燕山出版社,1995年)。

5月24日　《只有社会主义才能救中国》刊于《北京大学校刊》第227期第2版。

侯仁之:"在我们面前没有任何别的可供选择的道路,只有在共产党的领导下,坚持社会主义方向,中国才有希望、有前途,才能走向共产主义。同时,只有坚持无产阶级专政,才能有最广大人民的真正民主,才能调动一切积极因素,朝着共产主义的远大目标胜利前进。"[1]

7月20日　《明朝米玉(崑泉)墓志铭》刊于《北京大学校刊》的《百花

---

[1] 侯仁之:《只有社会主义才能救中国》,载《北京大学校刊》第227期第2版,1979年5月24日。

园》增刊第2版。

7月25日 《从竺可桢论洪保德的一封信说起》刊于《光明日报》第4版《科学副刊》第13期。该文后收于《侯仁之燕园问学集》（上海教育出版社，1991年），增写附记一则。

9月 论文集《历史地理学的理论与实践》一书由上海人民出版社出版。该书"序言"写于1978年8月20日，校后记写于1979年2月22日。全书收录论文22篇，分为历史地理学的理论探讨、沙漠的历史地理考察、城市的历史地理研究三大类，另有3篇地理学史方面的文章。

12月 《城市历史地理的研究与城市规划》一文刊于《地理学报》1979年第4期。文章就侯仁之参加的北京、承德、芜湖、淄博等城市规划实例，就城址的起源和演变、城市面貌的形成及其特征、城市位置的转移及其规律、城市开发和城市兴衰的地理背景等方面提出概括性认识。侯仁之的这一系统化论述又被称为"侯仁之工作法"。

> **侯仁之：**"我国现有的重要城市，绝大多数是在封建社会里成长起来的，其中有些城市的起源，还可以上溯到奴隶社会时期。这些历史悠久的旧城市，除某种共性之外，还无不具有本身的发展规律和特点，充分揭示其规律和特点，既是城市历史地理研究的重要任务，又是改造旧城市所必不可少的知识，因此这样的研究也是城市规划工作所不容忽视的。正是由于这一原因，我国城市历史地理的研究，在新中国成立后才顺利地发展起来。在这里只能根据个人有限的实践经验，试就城市历史地理研究中的几个主要问题，结合一些具体的实例，做些初步的概括性的探讨，以供进一步研究的参考。"[1]
>
> **李孝聪：**"中国历史城市地理学理论与方法的奠基人是侯仁之先生。所以，谈到历史城市地理研究的理论与方法，首先应当介绍侯仁之工作法。侯

---

[1] 侯仁之：《城市历史地理的研究与城市规划》，见《侯仁之燕园问学集》，上海教育出版社1991年版，第300页。

正谱 | 421

仁之先生通过对北京、承德、芜湖、淄博、邯郸等历史城市地理多年的研究实践，从理论上明确了历史城市地理学的性质、任务和内容，并且建立了科学的研究方法。他指出：历史城市地理学的学科性质是属于地理范围，不同于传统的都邑沿革之学。历史城市地理研究必须与城市规划相结合才能获得长足进展。……侯仁之工作法的理论研究程序是解释现存城市的形态及影响职能布局的历史因素，然后用历史溯源法，从近至远，逐步复原出各历史阶段的城市面貌和空间结构。"①

本年 《历史地理学的理论与实践》刊于《北京大学学报》（自然科学版）1979年第1期。

案： 该文是侯仁之在1978年庆祝北京大学建校80周年"五四"科学讨论会地理系分会上所做的报告。文章阐述了历史地理学的理论和实践意义，指出北京地区历史地理研究、西北干旱区历史地理考察这两个目前研究工作的主要方面。

——《洪堡评传》一文刊于《北京大学学报》（哲学社会科学版）1979年第6期。

——《元大都城与明清北京城》刊于《故宫博物院院刊》1979年第3期。

——《圆明园》一文刊于北京《文史资料选编》第1辑（政协北京市委员会文史资料委员会，1979年）。文中提出了整顿圆明园遗址的"以水为纲，以木为本"8字方针。

——《北京——它是古老的，又是新生的》刊于《战地》1979年第5期，后刊于李祯祥、贺海编的《漫步神州》（人民日报出版社，1982年）。

——《〈未名湖〉与未名湖》刊于北京大学"五四"文学社《未名湖》创刊号。该文后收于《奋蹄集》（北京燕山出版社，1995年）。

---

① 李孝聪：《历史城市地理》，山东教育出版社2007年版，第12—13页。

——《冰川冻土学术会议开幕词》刊于《冰川冻土》1979年第1期。

评介

4月27日　《光明日报》第2版刊发《北京大学举办课外学术讲座》，介绍北大团委会、学生会举办的学术报告会和科学讲座，提及地理系主任侯仁之教授所做的《北京城的历史变迁和解放后的改造》、西语系主任李赋宁教授所做的《怎样提高英语的"四会"能力》等报告。

6月11日　《北京大学校刊》第228期第1版刊发董黎明的《理论联系实际，教学与科研结合——经济地理专业在芜湖城市规划作出新成绩》，介绍系主任侯仁之带领经济地理教研室于1978年9月至11月在安徽芜湖参加城市规划的情况。

1980年　69岁

背景

4月　中共中央书记处就首都规划建设做出4项重要指示。

10月　中国科学院各学部增选出283名新学部委员。

12月　国务院学位委员会第一次（扩大）会议召开。

纪事

年初　委托中国青年出版社编辑到杭州递交陈桥驿一封信，邀请其主编《中国六大古都》一书。此后，侯仁之与金涛为此书合撰"北京"部分。

1月　出席在上海复旦大学召开的全国性历史地理刊物筹备出版工作会议，出席会议的还有中国地理学会负责人郭敬辉、谭其骧、史念海以及上海有关出版单位的代表等。复旦大学校长苏步青会见与会代表。

2月20日　加拿大大不列颠哥伦比亚大学赛明思致信侯仁之，谈及侯仁之、张玮瑛来加拿大的行程安排问题。

——山西雁北地区科学技术委员会、雁北行署文化局致函侯仁之，邀其就贾兰坡、张畅耕、卫奇的论文《考古在研究大同火山活动时代中的作用》（见黄盛

璋主编的《亚洲文明论丛》，四川人民出版社1986年版）是否可以推荐参加自然科学评奖提出明确意见。

2月21日　香港大学薛凤旋致信侯仁之，谈及国际地理学会（IGU）开会之事。

案：薛凤旋（Victor F. S. Sit, 1947—　），香港人，地理学家。毕业于香港大学、英国伦敦经济学院，曾执教于香港大学、香港浸会大学等高校，著有《北京：从传统国都到社会主义首都》（香港大学出版社，1996年）、《中国城市及其文明的演变》（世界图书出版公司，2010年）、《北京：由传统国都到中国式世界城市》（社会科学文献出版社，2014年）等。1996年5月受聘为北京大学客座教授。

2月　云南方志学家于乃义读侯仁之的《历史地理学的理论与实践》，赋诗一首："人间何事山河改？地理宏观指掌明。侯老硕文发奥旨，徐公游记展征程。积年向慕雨露足，今夕怀思弦共鸣。更喜红都新史志，群推橡笔树旗旌。"

3月18日　北京大学校医院原院长吴继文逝世。28日，追悼会在八宝山革命公墓举行。雷洁琼、崔月犁、张大中、韩天石、周培源等出席。吴继文原为燕京大学校医，积极协助中共的地下工作。抗战期间，侯仁之被日寇判刑，取保开释，当时燕京大学校医吴继文为侯仁之做铺保。

3月　应赛明思之邀，作为席瑟尔格林（Cecil H. & Ida Green）客座教授，赴加拿大大不列颠哥伦比亚大学讲学，进行3次公开演讲，讲授中国古代历史地理学。在此期间，应邀访问美国匹兹堡大学，代表北京大学校方赠送两块北京城墙古城砖。9月12日，匹兹堡大学校长致函北大校长周培源，感谢侯仁之所赠古城砖。该城砖现保存于匹兹堡大学图书馆的东亚图书馆。

3月23日至30日　侯仁之夫妇在美期间，赴波士顿拜谒洪业。洪业委托张玮瑛将其在北京的房产赠予郭纪森。

案：郭纪森（1914—2009），河北冀县人，古籍版本鉴定专家，毕生从

事图书贩卖发行，曾供职于稽古堂、勤有堂、开通书社、中国书店，与顾颉刚、洪业、冯友兰、郑振铎、侯仁之等知名学者多有往来。

4月2日至4日　北京市第七届人民代表大会第四次会议在人民大会堂举行。4月1日，北京市第七届人大第四次会议预备会议通过主席团、秘书长名单，侯仁之入选主席团，并当选为国民经济计划和财政预决算审查委员会委员。

4月7日　北京大学党委书记韩天石到燕南园拜访侯仁之，代表党委肯定侯仁之的工作成绩。

4月18日　爱德华·华默（Edward L. Farmer）题赠所著的《明初两京制度》（*Early Ming Government: the Evolution of Dual Capitals*，Harvard University Asia Center，1976年）。

4月　侯仁之夫妇在华盛顿拜访夏仁德。

5月3日　《北京大学校刊》公布1980年招生的系和专业。其中，地理学设置自然地理学、地貌与第四纪学、经济地理学3个专业。

5月28日　《光明日报》第3版刊发《政协全国委员会文化组召开座谈会，呼吁颁布法律切实保护文物古迹》，称政协全国委员会文化组最近两次邀请部分政协委员座谈文物保护问题。侯仁之、王力、尹达、李兆炳、单士元、郑孝燮、沈从文、梁漱溟、张开济、萨空了等人参加座谈会。

6月5日　邹士方、姜莹、樊平等人到燕南园拜访侯仁之。侯仁之介绍说自己不久要去加拿大访问，"今年是民间的，明年是正式访问，讲的题目全部由自己定"。

6月至8月　中国科学院兰州沙漠研究所主持赴新疆南部丝绸之路沿线沙漠考察。侯仁之因故未能参加，改派王北辰参加。

6月16日　北京大学举办美国大学生暑期汉语短训班，除了为来自华盛顿大学、哥伦比亚大学等6所大学的17名学生讲授汉语外，还邀请侯仁之主讲《北京的过去、现在和将来》。侯宝林主讲《相声的艺术》。

7月1日　侯仁之宣誓加入中国共产党。为纪念中国共产党成立59周年，北京大学党委在办公楼礼堂举行新党员入党宣誓大会。侯仁之代表210名新党员在会上发言，称"我多年的愿望终于实现了，这是党用心血栽培的结果"。此前，侯仁之已在28楼某一会议室宣读了入党志愿书。

> **案**：据《北京大学纪事》（1898—1997）载，1979年12月31日北京大学党委常委开会同意侯仁之、秦国刚、芮沐3位教授加入中国共产党。该书又载，1980年6月4日，北京大学党委常委会同意侯仁之入党，上报市委审批。7月1日，新华社播发"著名地理学家侯仁之入党"的消息。消息称侯仁之在宣誓仪式上说"我多年的愿望终于实现了，这是党用心血栽培的结果"，并对新华社记者说"党始终深切地关怀着我们知识分子"。

7月4日　《北京市历史地图集》编辑组第一次工作会议在北京市测绘处召开。侯仁之主持会议。出席会议的还有徐苹芳、李宝田、徐兆奎、张大有、董怡国、于杰、俞美尔、尹钧科、唐晓峰、于希贤、高松凡等人。该地图集顾问单士元因故请假。会上宣读了北京市政府领导对"关于编制《北京市历史地图集》的请示报告"的批文，宣布该地图集编辑组正式成立。

> **案**：在当时，该项工作还是《北京志》的组成部分。初步设计全图集有26幅地图，分别由北京大学、中国社会科学院考古所、中国科学院地理研究所、北京市文物工作队等单位承担。7月25日，北京市政府发文，批准成立《北京市历史地图集》编辑组（市文办〔80〕001号）。

8月2日至17日　中国地理学会暑期短训班举办，在北京举行7场专题报告。侯仁之主讲《北京历史地理》，吴传钧主讲《我国土地利用问题》，童庆禧主讲《遥感新技术》。

8月7日　国家城建总局规划局的城市规划法起草小组致信侯仁之，邀其对《中华人民共和国城市规划法（草案）》第二稿和《关于〈中华人民共和国城市规划法（草案）〉的说明》第二稿进行审阅修改。16日，侯仁之征求魏心镇、杨吾扬、董黎明对上述两稿的意见。

8月13日至19日 出席中国建筑学会建筑历史学术委员会在百万庄国家建委招待所召开的纪念圆明园罹劫一百二十周年学术讨论会并发言。此前的7月31日，侯仁之接到邀请函。会上，侯仁之指出"如果从现在起，做出规划，逐步从废墟上修复圆明园，其意义也是十分重大的。它将是我们古老民族复兴的象征。而且，圆明园地处首都西北郊文教区的中心地带，从长远考虑，它的修复，对建设北京的文化中心，也是一种推动"。

案： 国家建委主任张百发、国家建工总局局长肖桐、北京市副市长白介夫等领导出席此次会议。侯仁之与会并讲话，提出改变过去单纯保护遗址的主张和"以水为纲，以木为本"的原则，应主动地对遗址积极进行整修、建设，建议将圆明园纳入首都城市规划之中，建成西郊科学文化区的中心。会议期间，在《保护、整修及利用圆明园遗址倡议书》上签名。会上发起成立中国圆明园学会筹备委员会，侯仁之、郑孝燮、刘开渠等人任委员。截至10月16日，《保护、整修及利用圆明园遗址倡议书》共征集到宋庆龄、习仲勋、张爱萍、楚图南、叶圣陶、季羡林、赵朴初等1583位社会各界人士的签名。

8月16日 致信陈天声，谈及留英往事。此前，侯仁之从"文革"期间被抄走的信件、手稿、记事本中发现陈天声1948年6月8日的来信。

8月25日至9月5日 第24届国际地理学大会在日本东京召开。吴传钧率领由李旭旦、周廷儒、施雅风、王乃樑、罗开富、宋家泰、黄盛璋、黄以柱等人组成的代表团与会。英国历史地理学家阿兰·贝克参会，并在会后访问中国，在北京大学地理系与侯仁之第一次会面。

案： 阿兰·贝克（Alan R. H. Baker, 1938— ），英国人，历史地理学家。曾就读于伦敦大学学院（University College London）、剑桥大学（University of Cambridge），长期任职于剑桥大学，曾任地理系主任。其研究主要集中于19世纪法国的社会、经济和文化景观，是国际历史地理学界的领军人物，曾任英国地理学家协会（Institute of British Geographers）历史地理研究组的创始成员及主席。1997被授予法国学术棕榈骑士勋章（Chevalier dans l'Ordres des Palmes Académiques），2009年获英国皇家地理学会创始人金质勋章（Royal Geographical Society's Founder's Medal），2010年当选英国人文和社会科学院（British Academy）院士。著有 Geography and History: Bridging the Divide（Cambridge: Cambridge University Press, 2003. 有中日文译本）等。

8月30日 全国人大五届三次会议在北京开幕。侯仁之作为全国政协委员列席了开幕式。侯仁之接受《光明日报》记者采访时说："现在，大家一坐下来，没有过去的那种套话，开门见山，单刀直入地讨论国家大事。这种畅所欲言的民主气氛，是前所未见的。这正是我们国家兴旺发达的希望之所在。"

9月13日 郭敬辉陪同侯仁之、谭其骧、史念海到三里河拜访顾颉刚。

案： 郭敬辉（1916—1985），河北定县人，水文地理学家。早年加入禹贡学会，1939年参加革命。曾任中国科学院地理研究所水文研究室主任、副所长，后领导创建中科院西南地理研究所、石家庄农业现代化研究所，兼任中国地理学会副理事长、中国海洋学会副理事长、北京市地理学会理事长等职。史念海（1912—2001），山西平陆人。毕业于辅仁大学历史系，曾任职于国立编译馆、复旦大学、兰州大学、西北大学师范学院、陕西师范大学等地。中国现代历史地理学学科的主要创建人之一，一生论著宏富，有《河山集》系列，又结集为《史念海全集》（人民出版社，2013年）。

9月16日 邹士方前来拜访。侯仁之为其题词："士方同学：刚刚看过你的文章，十分欣赏，希望继续看到你的习作，更快地成长！"

9月17日 《北京晚报》顾问委员会名单公布，侯仁之、冰心、华君武、严济慈、邓广铭、侯宝林、管桦、黄苗子、吴祖光、吴作人等人入选，廖沫沙任主任委员。

9月20日 应全国政协城市建设组邀请做从北京城的历史发展看北京的城市建设报告。

9月23日至27日 中国地理学会沙漠分会成立大会在宁夏回族自治区银川市召开。中国地理学会副理事长侯仁之代表地理学会宣布成立沙漠分会的决定。会议选举出由55名理事组成的全国沙漠学会理事会,侯仁之当选为名誉理事长,朱震达任理事长。

9月29日 北京史研究会成立。侯仁之、李林、曹子西、刘北汜、彭明等人领导北京史研究会的发起组建工作,侯仁之曾任名誉会长。

案: 北京史研究会由北京市社会科学院主管,是以"团结、组织北京史研究工作者,以马列主义、毛泽东思想为指导,贯彻'双百'方针,努力提高北京史研究水平,普及北京史知识,为首都的社会主义现代化建设服务"为宗旨的民间团体,李林任第一届会长,曹子西任副会长兼秘书长。该研究会编有《北京史论文集》《燕京春秋》《北京史研究通讯》等。

10月22日 与高校地理系综合自然地理讨论班师生合影。

案: 该讨论班是教育部委托北京大学和东北师范大学地理系于9月1日至10月31日在北京开办。参加者来自全国29所综合大学、师范院校地理系及有关科研单位。林超、陈传康、李寿深、景贵和、黄秉维、赵松乔等人授课或做专题讲座。

10月26日 当选为中国科学院地学部学部委员。中国科学院各学部在各学部委员推荐以及各部门、省市区按组织系统遴选的996位有效推荐人选中进行无记名投票,选出283位新学部委员。其中地学部64人,侯仁之名列其中。

10月 美国匹兹堡大学秘书长方·杜森教授到北京大学拜访侯仁之,送上侯仁之3月向该校赠送北京古城墙砖的照片。

11月 江苏科技出版社出版《科学文艺译丛》第一辑。该译丛由北京大学西

正谱 | 429

语系主任李赋宁任主编,侯仁之、方宗熙、王珉源、高小霞、裴文中等任编辑顾问。

12月11日　选举海淀区人民代表工作进行无记名投票,侯仁之与北京大学附中关秋岚、基建处处长王希祜、哲学系研究生胡平4人当选为北京市海淀区第七届人民代表大会代表。

12月14日　拜访顾颉刚。

12月20日　云南图书馆学家、方志学家于乃义逝世。侯仁之致挽联"体弱不禁风,热忱可融世间冰雪;志久而弥坚,苦乐常通乡邦书翰"。

12月21日　北京市旅游经济学会成立大会举行。侯仁之、吴大琨等人任副会长,廖沫沙任会长。侯仁之因故未能出席会议。26日,侯仁之致函北京旅游经济学会负责同志,指出会议材料介绍侯仁之身份时误作"北京大学副校长"。

12月23日　洪业在美国病逝。洪业生前曾将其收藏的砚台托王钟翰赠给侯仁之。

> **陈毓贤**："有一些古砚台,是洪业三十年代时开始收集的,他曾写了一篇文章考证砚台,准备有一天把砚台分给学生,像和尚传钵一样,象征他的学术工作要让后人接棒。现在他可以如愿以偿了,他叫王君把砚台分给在中国的学生。"[1]
>
> **侯仁之**："《勺园图录考》一部,则是煨莲师谢世之后经学兄王钟翰教授转交我作为纪念的,同时还有煨莲师所藏砚台一方,我则置诸案头,用以纪念我师黾勉向学的教导,永不可忘。"[2]

12月初　受教育部委派,与雷洁琼、黄继忠等人组成中国教育代表团,赴美出席在新奥尔良举行的美国社会科学学会(NCSS)成立60周年大会。返程途中,

---

[1] [美]陈毓贤:《洪业传》,商务印书馆2013年版,第286页。
[2] 侯仁之:《登高自卑,行远自迩——三记我师洪业教授》,见《侯仁之燕园问学集》,上海教育出版社1991年版,第18页。

经停香港,受到燕京大学香港校友会的欢迎。在7日举行的九龙塘俱乐部聚会上,雷洁琼、侯仁之与香港校友交流访美观感。

案:美国社会科学学会(National Council for the Social Studies,又译作"美国全国社会科学研究委员会""美国全国社会科学审议会"),创建于1921年,其成员是主要来自历史、地理、政治、经济、社会、心理诸学科领域的教育者。雷洁琼(1905—2011),广东广州人,社会学家、法学家、社会活动家。早年留学美国,在南加州大学获社会学硕士学位。1931年回国后,执教于燕京大学社会学系。抗战时期,在江西积极参加抗日活动。后曾执教于东吴大学、沪江大学等在沪高校。新中国成立后,执教于燕京大学、北京政法学院、北京大学等校,曾任北京市副市长、民进中央主席、全国政协副主席、全国人大常委会副委员长等职。

《大公报》:"侯仁之教授提到,他们在大西洋城,有一位从台湾去的厨师,特地去探问他们,切盼有一天能回到祖国观光,还专门送来三支菜。异地隆情,使他们深感台湾和大陆同胞之间的亲切关系。"[①]

冬　中国科学院地学部对中科院"六五"(1981—1986年)地学重点科学研究项目申请报告进行评审。侯仁之、黄秉维、叶连俊、施雅风、周廷儒、朱显谟等人参与评审。

本年　铁道工程部队在修建北京地下铁道二号线时,向市政工程局索要城墙开辟豁口施工记录。为此,孔庆普与单士元拜访侯仁之,咨询古河道遗址情况。

孔庆普:"1980年,铁道工程部队为修建地下铁道,向市政工程局了解城墙开辟豁口施工记录,……拆除东面城墙的时候,在大雅宝胡同和一号豁口之间,城墙的石灰土基础最厚处达1.2米,石灰土宽约4米。石灰土的下面

---

① 佚名:《三教授访问美国后经港,雷洁琼、侯仁之及黄继忠昨受留港燕大校友欢迎》,载《大公报》(香港),1980年12月8日。

正谱 | 431

是一层厚约40厘米的腐质土，腐质土下面是粉沙层，沙层以下是砂石层。经探查，砂石层的厚度在14米以上，地铁隧道的基础落在砂石层中。发现此现象以后，我去找单士元先生，单先生说看过一份历史资料，早在元代之前，由海子东岸，大致向东南方向有一条河道直通通惠河。……单先生又说，侯仁之教授对地理历史有研究，听说，侯先生已恢复教授名誉，很少授课，主要是做些研究工作，他家没有电话，没法儿和他联系，估计他会在家，咱们去找他一趟。……侯仁之见我们突然到来，很高兴，非常客气。单先生说明来意后，让我介绍内城东面城墙下面发现的地质状况。我说完以后，侯先生说，历史资料中有记载，元代以前，穿过元大都城的河渠有三条，最北边的一条河道称为'坝河'，坝河的上游在海子的西北部，下游接入北运河。中间的一条河道是'通惠河'，通惠河的上游在海子的东面，通惠河的下游也是接入北运河。海子的水源来自高粱河，高粱河的源头在玉泉山。最南边的一条河道是历史资料中称为'桑干河下游的一条支流'。在东面城墙下面发现的古河道遗址应该是古通惠河的旧址。侯先生又说，你们在南面城墙开辟豁口的时候，下面发现的古河道遗址，就是古代的桑干河下游的一条支流。"①

——应邀赴河北承德做题为《承德奇风异景的由来》学术报告。
——获美国亚拉巴马州莫比尔市（Mobile City）的"荣誉市民"称号。

著述

2月8日　写完《历史地理》创刊号发刊词，后刊于中国地理学会历史地理专业委员会主办的《历史地理》创刊号（上海人民出版社，1981年）。该文认为"《历史地理》的编辑和出版，标志着我国历史地理学的发展又进入了一个新阶段"。侯仁之还撰写《回忆与希望》以参与纪念《禹贡》笔谈。

5月3日　写完《漫话北大校园》一文，后刊于该年《北京大学校刊》5月3日

---

① 孔庆普：《城：我与北京的八十年》，东方出版社2016年版，第234—235页。

增刊第4版。该文为纪念北京大学建校82周年而作。

6月 《紫禁城——回顾与前瞻》刊于《紫禁城》1980年创刊号。后收于紫禁城杂志社编的《故宫新语》（上海文化出版社，1984年）。

> **侯仁之**："以紫禁城为核心的北京旧城的平面设计，在表达封建帝王'惟我独尊'这一主题思想上，在我国历代封建帝都的规划中，可以说是最杰出的典型了。然而，解放后作为人民首都的北京城，也正是在这个最关键的地方，首先打破了封建时代的旧格局，换来了社会主义的新面貌。新扩建的宏伟的天安门广场已经成为人民首都政治生活的心脏，而旧日雄踞全城之中的紫禁城，则已退居到'后院'的地位。"①

9月 写完《古代中国地理文献的现代解释》。1981年2月13日在加拿大不列颠哥伦比亚大学进行对该文演讲，其中英文稿后收于《中国历史地理论集》（英汉对照）（外语教学与研究出版社，2015年）。

9月 与金涛合著的《北京史话》由上海人民出版社出版。1988年，该书由上海人民出版社纳入《少年文库》再版。

本年 《从天安门广场看北京旧城的改造》刊于《城市规划》1980年第1期。该文后以《从设计思想看北京旧城的改造》为题收于《奋蹄集》（北京燕山出版社，1995年）。

> **侯仁之**："如果说封建时代北京城建设的主题思想是歌颂封建帝王的'唯我独尊'，那么今天，作为社会主义新时代的北京城建设的主题思想，就应该是歌颂人民——歌颂人民的力量、人民的尊严，歌颂'人民，只有人民，才是创造世界历史的动力'。"②

---

① 侯仁之：《紫禁城——回顾与前瞻》，见《奋蹄集》，北京燕山出版社1995年版，第140页。
② 侯仁之：《从设计思想看北京旧城的改造》，见《奋蹄集》，北京燕山出版社1995年版，第155页。

——《首都城市建设的主题思想——学习中央书记处关于北京工作方针四条建议的体会》刊于《新时期》1980年第4期。该文主张"我们应该把过去为显示封建帝王唯我独尊主题思想的旧北京，改造成为显示人民力量和人民权威的新北京"。1980年7月31日《人民日报》介绍了侯仁之的这篇文章，题目误作《首都市场建设的主题思想》。

——《城市规划应该体现社会主义的时代精神》刊于《城市规划》1980年第6期。该文是侯仁之在全国城市规划工作会议全体会议上的发言摘要。

——《天安门广场的过去和现在》刊于《旅游》1980年第1期。该文后收于王灿炽编的《北京纵横游》（文化艺术出版社，1984年）。

  侯仁之："现在，不仅是天安门广场本身扩大了，就是作为广场东西两翼的长安街也大加展宽和延伸了，这就形成了横贯全城的一条新轴线。对比之下，过去那条自南而北纵贯全城的旧轴线，已经失去了对于全城平面布局的支配地位。同时，在旧日里雄踞全城之上的紫禁城，也因此而变成了天安门广场的一个'后院'。这种变化之巨大，涵义之深刻，不从新旧时代的对比来细加考察，是不大容易了解到的。而了解这一点，正是了解我们伟大首都新面貌的出发点。"①

——《徐霞客和徐霞客游记》刊于《社会科学战线》1980年第1期。该文影响较大，多次收入语文教材之中，例如顾静如主编的成人中专试用教材《语文》第三册（高等教育出版社，1988年）。

——《北海公园与北京城》刊于《文物》1980年第4期。该文为纪念北海公园建立800周年而作。

——《巍巍太行》刊于外文版《中国建设》。其中文底稿后收于《侯仁之燕园问学集》（上海教育出版社，1991年）。

---

① 侯仁之：《天安门广场的过去和现在》，见王灿炽编：《北京纵横游》，文化艺术出版社1984年版，第10页。

——《对〈城市建设〉的一点希望》刊于《城市建设》1980年试刊号。

评介

1月13日　学海《〈历史地理学的理论与实践〉出版》刊于《光明日报》第2版。该消息称"这部三十六万字的著作，是作者解放后三十年研究成果的结晶"。

4月　徐志春主编的《中国科学家传略辞典》现代第1辑（中国科学家辞典编委会，1980年）收录"侯仁之"。

5月28日　《北京大学校刊》第250期第1版刊发《为首都城市规划作出贡献》，介绍地理系经济地理（区域和城市规划）专业学习中央书记处对首都城市建设工作的4点建议。系主任侯仁之主持学习和讨论，并结合不久前到国外讲学的感受，谈到外国朋友对首都北京建设的希望，称"党中央书记处高瞻远瞩，提出四条建议，我们要借这股强劲东风，把北京建设成为政治文化科学中心"。全国城建总局城建规划研究所总工程师、地理系兼职教授陈占祥参加了座谈会并发言。

案：1980年4月21日，中共中央书记处专门开会讨论首都新时期建设规划问题，做出4点指示：第一，要把北京建设成为全中国、全世界社会秩序、社会治安、社会风气和道德风尚最好的城市。第二，要把北京变成全国环境最清洁、最卫生、最优美的第一流的城市。第三，要把北京建成全国科学、文化、技术最发达，教育程度最高的第一流的城市。第四，要使北京经济上不断繁荣，人民生活方便安定。要着重发展旅游事业、服务行业、食品工业、高精尖的轻型工业和电子工业。

6月3日　《"北京通"谈改造北京——访历史地理学家侯仁之》刊于《北京日报》。

6月29日　《著名历史地理学家侯仁之入党》刊于《光明日报》第1版《要闻》。

7月2日　《北京大学校刊》第254期第2版刊发学文、闻笛的《对党的信念愈

久愈坚——侯仁之教授入党记》。侯仁之称"我从申请入党二十多年来，虽然经历了意想不到的波折和考验，入党的志愿从未动摇，对党的信念是愈久愈坚"。

7月4日　宏志的《继往开来建设人民首都——读〈历史上的北京城〉》刊于《北京日报》。

8月31日　金涛、马雨农的《可喜的变化——五届人大三次会议开幕式侧记》刊于《光明日报》第3版。该文介绍了侯仁之列席开幕式并接受记者采访的情况。

12月8日　香港《大公报》第5版刊发《三教授访问美国后经港，雷洁琼、侯仁之及黄继忠昨受留港燕大校友欢迎》。

本年　《社会科学战线》杂志1980年第1期封底上刊出"中国社会科学家近影"，侯仁之、马寅初、顾颉刚、周谷城、费孝通、王朝闻等人入选。

——《著名地理学家侯仁之入党》刊于《新华社新闻稿》1980年第3809期。

——陈和毅撰文并摄影的《北上额济纳——丝绸之路纪行（七）》刊于《人民画报》1980年第1期。该文介绍了侯仁之参加额济纳综合考察的情况。文章提到，侯仁之认为"历史上人为的因素使额济纳绿洲面积比过去缩小了"。

1981年　70岁

背景

3月23日　国务院批准283名增补的学部委员名单。
5月13日　第一次全国人文地理学讨论会在杭州召开。
10月10日　国务院发出《关于加强旅游工作的决定》。

纪事

1月16日至23日　出席北京市海淀区第七届人民代表大会第一次会议，当选为区人民代表大会常务委员会副主任，任期至1984年8月。会议选举了海淀区人大常委会、区人民政府等机构的组成人员。此次会议是1966年以来首次召开的新一届人大会议。会后，海淀区革命委员会改为区人民政府。

1月23日　悼念顾颉刚学术报告会在北京举行。中国社会科学院副院长张友渔主持会议，中国史学会主席团成员白寿彝做报告介绍顾颉刚的学术贡献。侯仁之、叶圣陶、邓广铭、尹达、夏鼐、翁独健、胡厚宣、张政烺、孙毓棠、罗尔纲、吴世昌、贾芝、雷洁琼、梅益、梁寒冰等300余人出席会议。报告会现场展示了顾颉刚的著作、手稿等。

2月11日至5月17日　根据中加文化协定，应加拿大方面之邀，赴加拿大维多利亚大学、多伦多大学、哥伦比亚大学讲学。2月11日，做题为《古代中国地理文献的现代解释》的讲演。在此期间，赴美国约翰·霍普金斯大学访问，并赴波士顿参加哈佛大学举行的洪业教授追悼会。

3月2日　白可适（Baruch Boxer）赠送Leo A. Orleans编的《当代中国的科学》（*Science in Contemporary China*，Stanford University Press，1980）一书中环境科学的相关章节复印件。

3月13日　北京大学第43次校长办公会议通过《关于召开科学讨论会的几点意见》，决定从今年起不再每年举行全校性的集中统一的"五四"科学讨论会。

3月27日　《北京市历史地图集》编委会扩大会议召开，初步决定于8月7日至14日召开审图工作会议。

3月29日　新华社发布电讯，对外公布增选后的中国科学院学部委员名单。其中，中国科学院新增补283名委员，原有117名委员。侯仁之当选为中国科学院地学部学部委员。

案：名单中的地学部学部委员共有丁国瑜、马杏垣、王之卓、王仁、王日伦、王恒升、王钰、王鸿祯、毛汉礼、方俊、尹赞勋、叶连俊、叶笃正、业治铮、卢衍豪、乐森璕、关士聪、刘东生、刘光鼎、许杰、池际尚（女）、任美锷、朱夏、孙殿卿、吴汝康、宋叔和、李星学、李春昱、谷德振、张文佑、张伯声、张宗祜、张炳熹、周立三、周廷儒、周明镇、岳希新、陈永令、陈国达、陈述彭、武衡、杨遵仪、侯仁之、赵金科、施雅风、徐仁、徐克勤、袁见齐、翁文波、贾兰坡、贾福海、顾功叙、顾知微、高由禧、高振西、涂光炽、郝诒纯（女）、秦馨菱、郭文魁、郭承基、黄汲清、黄绍显、黄秉维、陶诗言、谢义炳、谢学锦、董申保、曾庆存、曾融生、程纯枢、程裕淇、傅承义、裴文中、谭其骧、穆恩之等75人。

3月　芝加哥大学教授卫德礼题赠*The Golden Khersonese: Studies in the Historical Geography of the Malay Peninsula before A.D. 1500*（University of Malaya Press，1961）一书。

　　案：卫德礼（Paul Wheatley，1921—1999），英籍美国地理学家。曾执教于加州大学伯克利分校、伦敦大学学院、芝加哥大学等校，著有《四方之极：中国古代城市起源及特点初探》（*The Pivot of the Four Quarters: a Preliminary Enquiry into the Origins and Character of the Ancient Chinese City*，Edinburgh: Edinburgh University Press, 1971）等。

4月10日　北京大学第47次校长办公会议通过《关于成立遥感培训部和保卫部建制问题的决定》，成立遥感培训部，建制属于地理系，按教研室一级待遇，任命陈凯为主任，承继成、毛赞猷为副主任。

4月14日　洪业教授追悼会在中央民族学院举行。侯仁之夫人张玮瑛出席。

4月23日至28日　北京市第七届人民代表大会第五次会议在人民大会堂举行。22日，北京市第七届人大第五次会议预备会议通过主席团、秘书长名单，侯仁之入选主席团，并当选为国民经济计划和财政预决算审查委员会委员。

4月　何业恒、文焕然题赠《中国鹦鹉分布的变迁》[《兰州大学学报》（自然科学版），1981年第1期]。5月，文焕然题赠其与高耀亭、何业恒合著的《历史时期我国长臂猿分布的变迁》（《动物学研究》第2卷第1期，1981年2月）一文。

5月5日　应美国约翰·霍普金斯大学邀请访美。本日，与该校地理学与环境工程系教授大卫·哈维（David Harvey）会面，哈维题赠《地理学中的解释》（*Explanation in Geography*，Edward Arnold，1969年）一书。出国期间，又在加拿大多伦多大学做题为《榆林城：从万里长城上的军事重镇到"绿色长城"上的

治沙前哨》报告，报告的中文原稿后收入《侯仁之燕园问学集》（上海教育出版社，1991年）之中。

5月11日　中国科学院第四次学部委员大会在北京召开，邓小平等党和国家领导人与会，并接见了参会的学部委员。

葛剑雄："1981年5月，我随谭先生赴京出席中国科学院学部大会，在京西宾馆见到了来房间看望谭先生的侯先生。他和谭先生同时当选为中国科学院学部委员，同属地学部成员。侯先生比我想象的更年轻，更有活力，其实他与谭先生只相差不足十个月。谭先生刚向侯先生介绍我，他就亲热地说：'我也是谭先生的学生，我们是同学。'谭先生忙说：'别开玩笑了，以后得多向侯先生请教，你问的那些国外历史地理的问题只有侯先生懂。'"①

考异：侯仁之的《华府采访拾零》载有"1981年5月初第三次访问华盛顿"一语，且有美国国家博物馆美国研究部主任、哥伦比亚历史学会会长沃什伯恩（Wilcomb E. Washburn）于"1981年5月11日"赠送《联邦城：规划与现实》（*The Federal City: Plans & Realities*）一书的记载。故侯仁之是否参加第四次学部委员大会，存疑。

6月7日　侯仁之夫人张玮瑛致信陈絜（矩孙），邀其为夏仁德逝世一周年撰写纪念文章。5月24日，张玮瑛到民进北京市委高校科研工委会介绍访美观感。

6月12日至13日　北京大学工会在办公楼礼堂举行第十一届工会会员代表大会，北京市总工会徐乃乾及韩天石、王路宾、张萍、季羡林等北大党政领导出席。张侠、侯仁之、闫光华、邸振江、段维中5人当选为校工会副主席。

6月13日　国务院学位委员会第二次会议通过国务院学位委员会学科评议组成员名单。侯仁之当选为理学评议组成员。

---

① 葛剑雄：《怀念侯仁之先生》，见《我们应有的反思——葛剑雄编年自选集》，中信出版社2015年版，第556—557页。

案：该名单中，除参加学科评议组工作的学位委员29人外，10个学科评议组共有407人。其中，历史学评议组中有邓广铭、刘大年、苏秉琦、李学勤、杨向奎、吴于廑、吴泽、郑天挺、徐中舒、黎澍、韩儒林、谭其骧12人。理学评议组共有87人，包括任美锷、李春芬、侯仁之、黄秉维等地理学家。

6月16日　《北京大学校刊》第276期第1版刊发《党委召开学部委员座谈会》。侯仁之、黄子卿、江泽涵、段学复、程民德、张青莲、冯新德、徐光宪、唐有祺、高小霞、王仁、谢义炳12名学部委员出席座谈会。

侯仁之："（第四届学部委员大会）对边缘学科的发展问题，提得很明确。我们不仅要搞好各学科内的科学研究，而且要大力提倡各学科之间的协作，发展跨学科的科学研究。在这方面，北大就有很大的优势。我校学科门类齐全，每个学科都集中了一批骨干，这个优越的条件在全国是少有的。"[1]

6月17日　北京市人民政府办公厅致函侯仁之，邀其出席北京市文物古迹保护管理委员会第一次会议。22日，侯仁之出席在东城区台基厂中共北京市委第三会议室召开的北京市文物古迹保护管理委员会成立大会，并当选为主任委员。

案：北京市文物古迹保护管理委员会为北京市政府的顾问机构，提供有关文物博物馆事业的重大方针政策、规划等问题的咨询和讨论。该委员会是在1980年11月召开的北京市第一次文物工作会议上决定成立的。北京市副市长白介夫主持此次成立会议，选举产生由34人组成的委员会，侯仁之当选为主任委员。北京市文物事业管理局局长刘子章、清华大学建筑系主任吴良镛、北京市规划局副局长李准当选为副主任委员。会议还讨论了北京市文物局起草的《北京市文物古迹保护管理暂行办法》（草案）和《北京市文物市场管理暂行办法》（草案）。

---

[1]　《党委召开学部委员座谈会》，载《北京大学校刊》第276期第1版，1981年6月16日。

夏鼐日记："赴市委大楼，参加北京市文物保护管理委员会的成立大会，举出侯仁之同志为主任委员。由白介夫副市长主持会议，焦若愚市长、赵鹏飞副市长出席会议并讲了话，然后各委员发言，一直谈到12时半，即在其餐厅用膳。"①

北京市文物局："1992年，为推进北京文物保护的发展，市政府聘请各方面专家成立北京市文物古迹保护委员会。当时真是群贤毕至，有侯仁之、罗哲文、吴良镛、张开济、张镈、郑孝燮、李准、赵冬日、单士元等。当会议进行到选举主任委员议程时，一位老先生提议道：'不用选了，就请侯老当吧。'与会老专家纷纷响应。侯老用他特有的洪亮声音推辞：'我才疏学浅，不能胜任，谢谢，谢谢大家。还是选能胜任的同志吧，比如吴老（吴良镛）。'吴老连忙摆手，'不行，不行。不是我推辞，还是您最胜任'。这时，罗老的一句话让大家颔首称是：'侯老，您不要推了，我们只是研究一个个建筑，您是研究北京城的，研究北京城历史的！'在大家的一致推举下，侯老同意了：'我比大家长几岁，这副担子我挑了。这副担子很重啊，大家一起帮我挑！'"②

案：北京市文物古迹保护管理委员会的正式成立时间是1981年，上引文所称"1992年"当误。又，该机构的全称中有"管理"二字。

6月24日 北京大学举行名誉校长马寅初从教65周年暨百岁寿辰庆祝大会。刘澜涛、蒋南翔、焦若愚等领导及韩天石、张龙翔、季羡林等北大师生代表出席。马寅初因病住院，缺席会议。23日，侯仁之前往医院表示祝贺。

6月 日本東京大学大学院工学系越沢明題贈所编的《戦前中国都市文献目録・図書の部》（"アジア都市研究文献シリーズ"第1期，東京大学工学部アジア都市研究会，1981）。

7月9日至11日 北京大学校党委组织全校党总支正、副书记，党员正、副系主任，正、副处长以上干部学习《关于建国以来党的若干历史问题的决议》。

---

① 夏鼐：《夏鼐日记》卷九，华东师范大学出版社2011年版，第47页。
② 北京市文物局：《高山景行 京都守护神——悼念侯仁之老先生》，载《北京文博》2013年第3期。

7月24日　Pehyun Wen从美国密歇根致信侯仁之。9月16日，侯仁之在甘肃兰州复信。

7月25日至8月1日　中国地方史志协会成立大会暨首届地方志学术讨论会在山西太原召开。谭其骧、傅振伦、朱士嘉、史念海等学者与会。会议选举产生第一届理事会，梁寒冰任会长，王首道、曾三任名誉会长。侯仁之未能与会，但仍与方国瑜、张中、傅振伦、廖沫沙、谭其骧等人被聘为中国地方史志协会学术顾问。

7月　《北京历史地图集》编辑委员会在北京市第四招待所召开审图会议，白介夫等北京市领导及单士元、史念海、曹尔琴、黄盛璋、曹子西、文焕然、王煜华、张传玺等专家学者出席指导。此前，侯仁之于7月7日向北京市副市长白介夫、中共北京市委宣传部递送《关于筹备〈北京市历史地图集〉审图会的请示报告》。

> **案：** 白介夫（1921—2013），陕西绥德人。1938年参加革命，主要从事新闻工作。新中国成立后，曾在中国科学院大连化学物理研究所、化学所担任领导职务，后任北京市科委主任、北京市常务副市长、北京市政协主席等职，对北京市的教育、科技、卫生等工作做出了贡献。兼任中国抗日战争史学会名誉会长。
>
> **侯仁之：** "经过两年的努力，图集的初稿基本完成，并于1981年7月由编辑委员会召开了审图会议，除邀请我市有关专家和熟悉地方情况的多位同志参加外，还特约了上海、西安和武汉等地的专家学者出席指导。"①

8月1日　夏鼐与苏秉琦谈北京市保护文物委员会事，并写信给侯仁之。

8月20日　题赠《步芳集》（北京出版社，1981年）一书给任金城。

8月30日　主持在北京市委大楼召开的北京市文管会第二次会议，北京市副市长白介夫及夏鼐、单士元、罗哲文、尚爱松等学者参加，讨论北京市文管会任务以及东单北极阁怡王府的保护问题等。

---

① 侯仁之：《〈北京历史地图集〉前言》，见侯仁之主编：《北京历史地图集》，北京出版社1988年版。

9月1日至26日　国务院环境保护领导小组办公室和中国科学院兰州沙漠研究所联合在甘肃兰州举办联合国环境规划署第二次沙漠化防治讲习班。来自埃及、肯尼亚、坦桑尼亚、墨西哥、也门、秘鲁、塞内加尔、索马里、土耳其等国的专家和官员参加讲习班。中国沙漠学会名誉理事长侯仁之主讲《从中国沙漠地区的古城来看历史时期沙漠的变化》。另有中国沙漠学会理事长、中国科学院兰州沙漠研究所副所长朱震达做题为《中国北方地区的沙漠化过程及其治理区划》的学术报告。

9月2日　收到北京史研究会、北京市社会科学研究所历史室编的《北京史研究通讯·增刊》。该刊收录《北京史大事纪年》《北京胡同丛谈》等。

9月6日　燕京大学外籍教授夏仁德先生纪念会在北京大学新图书馆举行。会议由北京市副市长雷洁琼主持，并由其宣读黄华写的悼词。翁独健、陈永龄等百余位燕京大学校友出席。侯仁之在会上宣读石泉（刘适）1979年写给夏仁德的信，回忆当年"八一九大逮捕"的经历。

9月9日　致信王灿炽，谈及稿件修订事，着重提到文章援引的万里于1977年年底致侯仁之信。

9月27日　复旦大学中国历史地理研究所张修桂致函侯仁之，谈及《历史地理》集刊创刊号出版之事，并请侯仁之审定陈桥驿翻译的英文目录。

9月　导师H. C. 达比题赠其主编的 *A New Historical Geography of England after 1600*（Cambridge University Press，1973）、*A New Historical Geography of England before 1600*（Cambridge University Press，1976）等书给侯仁之。

11月3日　国务院批准首批博士学位授予单位及其学科、专业和指导教师名单。侯仁之名列导师之中，专业为历史地理学与地理学史。

案：北京大学有45个学科、专业的71人获得博士生指导教师资格，另有93个学科、专业获得硕士学位授予资格。同时公布的地理学博士学位授予单位、专业和导师信息还包括：（1）自然地理学：王乃樑、林超（北京大学）；陈吉余（华东师范大学）；任美锷、杨怀仁（南京大学）；黄秉维（中国科学院地学部、地理研究所）；施雅风（中国科学院地学部、兰州冰川冻土研究所）。（2）人文地理学：吴传钧（中国科学院地学部、地理研究所）；（3）区域地理学：李春芬（华东师范大学）；（4）古地理学：周廷儒（北京师范大学）。此外，在理学硕士学位授予单位及其学科、专业名单中，北京大学、杭州大学、中山大学、中国科学院地学部（地理研究所）具有地理学"历史地理学及地理学史"专业的硕士学位授予权。又，复旦大学的谭其骧教授为历史学"历史地理"专业的博士指导教师，陕西师范大学的史念海教授为历史学"历史地理学"专业的博士指导教师。

11月20日　贾兰坡赠阅《建议用古人类学和考古学的成果建立我国第四系的标准剖面》（《地质学报》1982年第1期）。

11月　四川省灌县县志编辑部致函侯仁之，寄赠《灌县风物》，请其指导县志编修。

11月至次年2月　应美国富布赖特基金会邀请，作为访问教授，赴美国伊利诺伊大学进行讲学。讲学内容为中国传统地理学和当代历史地理学的专题研究。

> **案：** 富布赖特项目（Fulbright Program）于1946年由美国参议员富布莱特（J. William Fulbright, 1905—1995）创办，隶属于美国国务院教育和文化事务局。该项目旨在促进美国与其他国家的交流与理解。中国教育部与美国国务院签订了富布莱特合作项目，侯仁之、英若诚、汝信、牛文元、吴青等人均曾申请该项目赴美。
>
> **侯馥兴：** "1981年11月—1982年2月母亲被邀与父亲同行前往美国芝加哥大学、伊利诺伊大学、东伊利诺伊大学、哥伦比亚大学、芝加哥大学、斯坦福大学等六所大学讲学。"[1]

12月17日　中国建筑学会城市规划分会第三届委员会在河北石家庄成立。侯仁之与曹洪涛、曹言行、任震英、宋家泰等人被推举为名誉委员及顾问，郑孝燮

---

[1]　侯馥兴：《从塘头厦到燕南园——我的母亲张玮瑛》，花城出版社2012年版，第131页。

任主任委员，吴良镛、周干峙、董鉴泓、胡序威、周永源等人任副主任委员。

12月28日　侯仁之与另两位全国政协委员郑孝燮、单士元建议国务院建立历史文化名城保护制度。次年2月8日，国务院公布第一批历史文化名城，北京、承德、南京、曲阜、拉萨、延安等24座城市入选。

案：郑孝燮（1916—2017），辽宁沈阳人，城市规划学家、古建筑保护专家。曾就读于交通大学唐山工程学院、中央大学建筑系，毕业后从事建筑设计工作，曾在武汉区域规划委员会、清华大学建筑系、重工业部基本建设局设计处、城市建设部城市规划局等任职，兼任国家历史名城保护专家委员会委员、国家文物委员会委员等职。

12月　美国伊利诺伊大学地理系主任阿瑟·格迪斯（Arthur Getis）教授题赠其与朱迪丝·格蒂斯（Judith Getis）、费尔曼（J.D. Fellmann）合著的 *Geography: a systematic geography*（Macmillan Company，1981）。

本年　北京大学地理系经济地理教研室的"历史地理小组"独立成为"历史地理教研室"，与系内的经济地理、自然地理、环境地理、地貌等教研室并列。

著述

2月25日　与关秋岚、王希祜、胡平联名在《北京大学校刊》第266期第2版发表《向选民汇报》，介绍海淀区第七届人民代表大会第一次会议情况。

5月　《步芳集》由北京出版社再版，增补《沙行续记》《南斯拉夫人民的友谊》两文，又有1981年10月10日所写《步芳集》再版赘语。

——《塌崖畔》初收于《步芳集》（北京出版社，1981年）。

11月　《圆明园罹劫一百二十周年》刊于《圆明园》1981年第1集。

本年　《洞察过去，创造未来》刊于《科学与未来》1981年第2期。

——《老城砖，新使命——记两块北京城砖远涉重洋的前前后后》刊于《学习与研究》1981年第2期。后以《两方北京城砖远渡重洋记》为题收于《侯仁之燕园问学集》（上海教育出版社，1991年）。

——《敦煌县南湖绿洲沙漠化蠡测——河西走廊祁连山北麓绿洲的个案调查之一》刊于《中国沙漠》杂志创刊号。同时，侯仁之为该刊撰写发刊词。

传承

11月6日　北京大学举行1978级研究生毕业典礼。侯仁之在"文革"后招收的首批研究生唐晓峰、于希贤、尹钧科顺利毕业。次年1月，北京大学学位评定委员会第二次会议决定授予1981届355名毕业研究生硕士学位。

案：《北京大学一九八一年授予硕士学位名单》刊于1982年6月15日《北京大学行政公报》第16期（总第39期）。于希贤完成硕士学位论文《北京天然森林植被的破坏过程及其后果》，唐晓峰完成硕士学位论文《从考古条件论证北京城起源和发展的交通条件》，尹钧科完成硕士学位论文《明代北京郊区村落的发展》。于希贤、唐晓峰毕业后留校工作，执教于北大地理系。此外，侯仁之还致信北京市领导，以图解决尹钧科的留京工作问题。

评介

6月23日　《人民日报》第4版刊发新华社北京22日电《北京市文物古迹保护管理委员会成立》，介绍北京大学教授侯仁之当选为主任委员。

7月6日　张延军的《二十七年的诚挚追求——访著名历史地理学家、新党员侯仁之同志》刊于《北京日报》第2版。

本年　金涛的《寻找"失去的世界"的人——访中国著名历史地理学家侯仁之教授》刊于《科学与未来》1981年第2期。

——王灿炽的《侯仁之教授谈加美等国研究北京史概况》刊于《中国古都研究通讯》1981创刊号及《北京史研究通讯》1981年第5期。

——王灿炽的《〈北京市历史地图集〉编绘工作简介》刊于《学习与研究》1981年第5期。

——于乃义的《立志终身做一名资料员，学习前辈的有益经验举隅》刊于

《云南图书馆季刊》1981年第1期,对侯仁之的学术贡献做出评价。

1982年　71岁

背景

2月27日　国务院常务会议通过关于开展全民义务植树运动的实施办法。

11月26日至12月10日　五届全国人大五次会议通过《中华人民共和国宪法》。

纪事

1月5日　中国地名委员会、教育部、国家出版局联合下发《关于编纂出版中华人民共和国地名词典的通知》,要求成立词典总编纂委员会,各省、直辖市、自治区均成立编纂委员会。侯仁之任总编纂委员会学术顾问以及北京市编纂委员会顾问。

　　案:上述通知发布之时,词典总编纂委员会由王大钧任主任,浦通修、陈翰伯、陈原、曾世英任副主任。后来,总编纂委员会的领导部门改为中国地名委员会、国家教委、新闻出版署,总编纂委员会的主任委员由崔乃夫担任,张德江、浦通修、陈原、曾世英任副主任委员,侯仁之、史念海、任美锷、李荣、李春芬、吴泽炎、林超、林丽韫、周立三、谭其骧任学术顾问。与之相应,北京市编纂委员会由周永源任主任委员,宣祥鎏、褚亚平、张大有、魏恪宗任副主任委员,侯仁之、林超任顾问,褚亚平任主编,另有尹钧科、叶祖孚、史为乐、苏天钧、张传玺、赵其昌、徐兆奎、雷大受等人任编纂委员。1991年4月,《中华人民共和国地名词典·北京市》由商务印书馆出版。

1月22日　美国雪城大学(Syracuse University)地理系教授D. W. 梅尼格题赠*European Settlement and Development in North America: Essays on Geographical Change in Honour and Memory of Andrew Hill Clark*(University of Toronto Press,

1978）一书，感谢侯仁之造访锡拉丘茨。

案：梅尼格（Donald William Meinig, 1924— ），美国人，地理学家。1953年获得华盛顿大学（University of Washington）博士学位，长期执教于美国雪城大学地理系，任教授、系主任、荣誉教授。其主要学术贡献在于北美洲的历史地理、区域地理学和文化地理等领域，著有4卷本《美国的形成》（*The Shaping of America*, New Haven: Yale University Press, 1986—2004）等。

2月27日　致信交通部副部长潘琪，谈及筹备徐霞客诞辰400周年纪念会等事。23日，侯仁之收到中国地理学会秘书长瞿宁淑来函，提及中国地理学会理事长黄秉维建议由侯仁之负责筹备本年末召开的《徐霞客游记》学术讨论会。为此事，侯仁之同时致信于光远。

案：瞿宁淑（1924— ），江苏省常州市人，地理学学术交流活动组织家。毕业于中央大学地理系，长期任中国地理学会秘书长，曾任中国徐霞客研究会副会长。她是革命家瞿秋白的堂妹、地理学家吴传钧夫人。

3月12日至21日　北京市第七届人民代表大会第六次会议在人民大会堂召开。侯仁之入选主席团，并当选国民经济计划和财政预决算审查委员会委员。会上，侯仁之呼吁重视北京城的地下水问题。

3月19日　邹逸麟赠侯仁之《宋代黄河下游横陇北流诸道考》（《文史》1982年第12辑）一文油印本。

3月23日至4月5日　为解决中国地理学会的会籍问题，国际地理联合会主席、尼日利亚地理学家马卜贡杰（Akin Mabogunje）和该会秘书长曼斯哈德应邀来华访问。中国地理学会副理事长侯仁之参与会见。

3月26日　赴北海景山管理处座谈静心斋利用问题，与会者还有单士元、夏鼐、廖沫沙等人。

3月30日 致信北京大学校长张龙翔，提出辞去地理系主任的请求。此前，侯仁之访问美国，深感教育界普遍存在知识老化、年龄老化的问题，希望首先从领导干部做起，尽快让年富力强的同志接替年老体弱者，发挥骨干作用，消除领导挂虚名、办事效率低下的现象。7月4日，侯仁之再次致信校长请辞。10月11日，经北大地理系系务会议决定，侯仁之召集全系干部会议，提出辞去地理系主任的请求。11月2日，侯仁之在全系教职员工会议中再次提出辞职请求。19日，北大党政领导召集侯仁之及地理系其他领导干部开会，听取全面汇报，准予研究侯仁之请辞之事。此前，侯仁之出差赴四川省。在川期间，致信北京大学校党委代理书记项子明，说明地理系新领导班子的酝酿经过。12月13日，北大校党委和行政批准侯仁之辞去地理系主任的请求。

春 北京大学疏浚校园西部勺园五号楼北侧小湖，修砌湖岸，发现明代米万钟勺园建筑遗址。侯仁之前往考察施工现场，拍照留念。施工者将发现的汉五铢钱交给侯仁之。1982年，北京大学进行勺园二期工程，成立勺园管理处。

4月1日 教育部"〔82〕教高一字043号"文批复北京大学递交的"北发〔82〕89号"文，同意该校成立学位评定委员会，侯仁之任委员。7日，北京大学学位评定委员会第一次会议通过了24个分会的委员名单，侯仁之任地理学分委员会委员。

案：北京大学学位评定委员会由侯仁之、张龙翔、王竹溪、段学复、虞福春、张青莲、王乃樑、陈阅增、王仁、沈克琦、谢义炳、季羡林、朱德熙、王瑶、周一良、黄楠森、洪谦、陈岱孙、王铁崖、李赋宁、王学珍等21人组成，张龙翔任主席，王竹溪、季羡林任副主席。地理学分委员会由王乃樑任主席，侯仁之、王恩涌、承继成、陈凯、林超、张景哲、魏心镇等人任委员。1982年6月1日，《北京大学行政公报》第15期（总第38期）刊登了《北京大学学位评定委员会分会成员名单》。

4月 与罗哲文、徐苹芳、徐兆奎、苏天钧、陈传康、王北辰、俞美尔、高松凡、唐晓峰等人赴河北涿鹿矾山等地考查传说中黄帝的活动遗迹。

——北京大学召开文理科博士生指导教师座谈会，侯仁之等48位教授与会，"地理系教授侯仁之、林超说，现在北大房屋太紧张，地理系尤甚。教师没有集体工作的地方，研究生更没有，都是在导师家里上课"。

5月10日　金涛来访。此行为采访侯仁之童年经历而来，以供新蕾出版社编辑《科学家的童年》一书之用。

5月13日　赴北京市第四招待所参加并主持北京市文物古迹保护管理委员会第三次会议，到会者有萨空了、单士元、吴良镛、夏鼐、李准等人。

5月22日　北大校领导韩天石、张龙翔、季羡林等，侯仁之、王力、陈岱孙、朱光潜、杨晦、乐森璕、闻家驷、赵乃抟、樊弘、严仁赓等知名教授及师生代表前往北京医院向北京大学名誉校长马寅初遗体告别。

7月3日　致信北京大学校长办公室主任文重，谈及美国马里兰大学建筑学教授希尔（John W. Hill）来华访问的住宿、行程安排问题。

7月21日　北京市第七届人民代表大会常务委员会第二十二次会议原则通过《北京城市建设总体规划方案》（草案）。该方案由市人民政府再做必要的修改，报请国务院批准后组织实施。该规划参考和吸收了侯仁之关于北京旧城改造的一些基本思想。

7月　中国城市规划设计研究院由城乡建设环境保护部批准成立。侯仁之、吴良镛、郑孝燮、任震英、齐康、周干峙等人任高级技术顾问。

9月1日至5日　出席中国地理学会与复旦大学历史地理研究所联合在上海延安饭店召开的中国历史地理国际学术会议。会上，侯仁之做题为《近年来我国历史地理学发展的主要趋势》报告，回顾了新中国成立30多年来的历史地理学发展成就。会前，侯仁之协助联系海外学者。会议期间，侯仁之参加《地名知识》期刊座谈会。

案：侯仁之、谭其骧、史念海、张丕远、曹婉如及日本学者海野一隆、斯波义信、秋山元秀等百余人出席会议。大会以"城市与自然环境变迁"为中心议题，分环境变迁、城市历史地理、区域开发、历史水文气候4个小组进行讨论。

9月8日　谭其骧致函程应镠，介绍在复旦大学召开的中国历史地理国际学术会议情况。信中提到"历史地理学会"的设置，侯仁之并不赞同。

虞云国："至于你说要王育民同志参加'历史地理学会'，这可办不到，因为根本没有这么一个学会。上面已说明，这次会议的召集单位之一是中国地理学会的历史地理专业委员会而不是'历史地理学会'。也曾有人提过要成立学会，地理学会的负责人包括侯仁之在内不赞成，即作罢论。事实上这次参加会议的人的大多数也并不是地理学会的会员。总之，参加学会和能否出席此次会议是两回事。我看王育民同志也不必为此而要求参加中国地理学会。"[1]

9月21日　北京大学校党委召开由党委委员、总支书记、系主任等人参加的中层干部会，由教育部、北京市领导传达韩天石调任中纪委、项子明代理校党委书记的决定。

9月　在北京大学开学典礼上做《北京城市起源与变迁》的报告。

10月8日　《北京大学校刊》第310期第1版刊登《地理系经济地理专业参加编制嘉兴发展规划》，介绍经济地理学专业师生应浙江省建委及嘉兴市政府的邀请，在地理系遥感、自然地理、历史地理教研室及数学系的协助下，编制嘉兴市城市规划。

10月18日　中国圆明园学会筹委会、中国地方史志协会、中国建筑学会建筑历史学术委员会等33个学术团体在故宫午门城楼联合举行圆明园罹劫122周年纪念活动。侯仁之、成仿吾、雷洁琼、廖沫沙、姚仲明、戴念慈、单士元、赵冬日、张开济等人出席。

10月23日　致函中国科学院兰州沙漠研究所学术委员会，对邸醒民用于申请批准成为副研究员的《试论宁夏地区土地沙漠化的过程及其诸因素的关系》一文进行同行评议。

10月25日至30日　中国科学院地学部地理学科组在北京召开扩大会议，对中

---

[1]　虞云国编著：《程应镠先生编年事辑》，上海人民出版社2016年版，第442页。

科院地理研究所进行评议。评议由地学部副主任兼地理学科组组长施雅风主持，侯仁之、陈述彭、谭其骧、周立三、周廷儒、黄秉维、左大康、吴传钧、杨利普、唐邦兴等学科组成员参加评议。另有谢家泽、王乃樑、刘培桐、喻沧、钟功甫等人及地理研究所原领导李秉枢、于强参加评议。

11月6日至11日　出席中国地理学会在四川成都召开的地理科普积极分子代表大会。侯仁之任大会主席团成员，并获得科普积极分子荣誉。侯仁之在开幕式讲话中阐述了地理科普工作的必要性和重要性，称地理科普是进行爱国主义和国际主义教育的重要内容。

11月12日　北京大学校长办公会决定接受用侯仁之的恩师洪业稿费设置的洪业奖学金，专门奖励历史系中国史专业毕业班同学。

11月20日　贾兰坡题赠《建议用古人类学和考古学的成果建立我国第四系的标准剖面》（《地质学报》，1982第3期）一文。

11月30日　北京大学校党委常委会同意侯仁之辞去地理系主任职务，由王乃樑接任。

12月1日　北京市文物委员会组织对文物保护单位的第二次视察工作。侯仁之、夏鼐、汪之力等人视察了茅盾故居、可园、火神庙、铺面房、关岳庙、西什库教堂等地。

12月9日　出席并主持在北京市文物局召开的北京市文物古迹保护管理委员会第五次会议。与会者有夏鼐、汪之力、吴良镛、张开济、刘子章、许屺生、安志敏、罗哲文、张驭寰等人。

12月14日至16日　出席国家大历史地图集编委会在中国社科院近代史所举行的第一次会议。会议决定地图集以中国社会科学院为主办单位，谭其骧、侯仁之、夏鼐、史念海、翁独健等为编委会副主任，谭其骧任总编纂。

案：1981年，国家地图集总编纂委员会确定张友渔任《中华人民共和国地图集·历史地图集》编委会主任，尹达、谭其骧任《中华人民共和国地图集·历史地图集》主编。

12月19日至24日 由国家城乡建设环境保护部和中国自然辩证法研究会联合举办的全国城市发展战略思想讨论会在北京召开。费孝通、于光远、张光斗、吴良镛、周永源、郑孝燮等人与会。23日,国务院副总理万里在中南海勤政殿接见部分代表。侯仁之因故缺席,但提交了有关北京历史变迁和改造发展的论文。

12月20日至24日 出席中国科学技术史学会地学史专业委员会在广州主办的第一届地学史学术讨论会,建议修订《中国地理学史》,续编《中国古代地理名著选读》。

案:侯仁之、武衡、谭其骧、夏湘蓉等任大会主席团成员,另有王成组、曹婉如、曾昭璇、郭敬辉、梁家勉等学者与会。会议分"人地关系""历史自然学""地图史""徐霞客研究""地质文献问题""地理学如何为四化服务"6个专题进行座谈。

宋正海:"侯仁之教授就正确评价近代外国人对中国的地理考察、探讨中国近代地理学落后原因等问题做了报告,他建议北京大学地理系和自然科学史所地学史组再度合作修改五十年代编写的《中国地理学史》(包括近代部分),以满足开设地理学史课程的需要。他还建议续编《中国古代地理名著选读》。"[1]

12月25日 中国地理学会给北京大学地理系发来《关于编写英文版〈中国地理学〉的通知》,邀请侯仁之负责历史地理方面的章节。

案:1982年11月22日在北京召开的中国地理学会第三次理事会扩大会议商定,为迎接1984年7月在法国巴黎召开的第25届国际地理大会,决定出版英文版《中国地理学》(Geography in China)论文集,着重介绍"文革"以来我国地理学各方面的研究成果、学术见解和主要成果。编写分工如下:序言(黄秉维)、综合自然地理(赵松乔)、地貌(王乃樑)、气候(陶诗言)、水文(刘昌明)、化学地理(唐永銮)、沙漠(朱震达)、冰

---

[1] 宋正海:《第一次全国地学史学术讨论会在广州召开》,载《地理研究》第2卷第2期,1983年6月。

川（施雅风）、人文地理（李旭旦）、经济地理（吴传钧）、区域地理（林超）、历史地理（侯仁之）、世界地理（李春芬）、地图（缪鸿基）、遥感应用（陈述彭）、地理教育（任美锷），全书由吴传钧、王乃樑、林超、赵松乔编辑，拟由科学出版社出版。

12月　北京市旅游经济学会选举产生第二届理事会。焦若愚任名誉会长，廖沫沙任会长，侯仁之、吴大琨、侯锡九、柯焕章、白祖诚等人任副会长。

本年年底　接到美国康奈尔大学研究院卡萨瑞特（Alison P. Casarett）的赴华盛顿考察研究的邀请，因故未能成行。

上半年　为北京大学地理学系经济地理专业78级本科生27人开设必修课《历史地理学》。该课每周3学时，2学分，每周二在一教215室上课。[①]又，在1982年2月编印的地理系春季课程教学大纲中，有经济地理教研室开设的城市历史地理课程。

　　案：据《城市历史地理教学大纲》载，该课程共45学时，其内容为"历史地理学的基本理论与城市历史地理的研究""城市历史地理研究举例""参观与实习"3部分。该课程安排参观故宫午门首都古建展览、首都博物馆北京建置展览，并组织"海淀镇的起源与附近园林区的开发（从颐和园到紫竹院）"的实习。[②]该教学大纲是否得到实际执行，详情待考。

下半年　为北京大学地理学系79级经济地理专业29名本科生讲授必修课历史地理。该课自9月16日开始上课，每周4学时，2学分，地点位于一教112室。同时，侯仁之与徐兆奎还在俄文楼109室为地理系研究生开设历史地理专题研究课程，每周一3~4节、周三1~2节课。

本年　《北京大学教学计划》（一九八二年）制订。在1982年4月修订的

---

① 见北京大学档案馆藏教学行政处：《北京大学课程表1981—1982学年第二学期》（档案号3031981014），1981年12月9日。

② 见北京大学档案馆藏地理系教务组：《地理系1982年春季各科课程教学大纲和教学日历汇编》（档案号01582002），1982年2月。

《地理学系经济地理学专业教学计划》中，必修课有历史地理学（Ⅰ），限制性选修课有中国古代地理学史、中国疆域沿革和中国古代地理文献等课程。在自然地理学、地貌学与第四纪地质学两个专业的教学计划中，则未设置上述课程。此外，在地理学系历史地理学硕士研究生必修课中有历史地理学（Ⅱ）、历史地理研究法等课程。

考异：据同时期制定的《北京大学课程目录》载，历史地理学（Ⅰ）（课程号42.207）是地理学系经济地理学专业本科生的必修课，其内容为"历史地理学的理论与方法，城市历史地理，沙漠历史地理，区域历史地理等"。中国疆域沿革（课程号42.225）是地理系本科生选修课，其内容为"我国历代疆域、行政区划的变更。城、关、都、邑兴衰，民族移动，河流水系变迁等"。中国古代地理文献（课程号42.226）为地理学系本科生选修课，其内容为"介绍我国几千年来地理名著，特别是在这些地理名著中，记述我们祖先对大地、自然、人文、物产、风俗以及人地关系等方面的阐述"。中国古代地理学史（课程号42.227）是地理学系本科生选修课，其内容为"介绍中国古代劳动人民在生产和社会活动的实践中，不断地认识和利用地理环境，发展地理科学等"。历史地理学（Ⅱ）（课程号42.421）是地理学系历史地理学硕士研究生必修课，其内容为"历史地理方面的理论及实例"。历史地理研究法（课程号42.422）也是历史地理学硕士研究生必修课，其内容为"介绍历史地理方面传统的与现代的各种研究方法"[①]。不过，该教学计划和课程目录的执行情况存疑，详情待考。

——北京大学公布在北京市的招生专业和人数，其中，地理学系招收自然地理学、经济地理学、地貌学及第四纪地质学。

——中国科学院科学基金委员会经国务院批准成立。卢嘉锡任该基金会主

---

① 见北京大学档案馆藏《北京大学课程目录》（1982年）（档案号3031982016-2）。

任，严东生、谢希德任副主任，侯仁之是23位委员之一。[1]

案：1981年5月，在中国科学院第四次学部委员大会召开期间，数理科学部和生物科学部的华罗庚、江泽涵、王淦昌、邓稼先、曹天钦、贝时璋、吴征镒等89位学部委员致信中央领导，呼吁成立该基金。1981年11月14日，中国科学院主席团第二次会议通过《中国科学院科学基金试行条例》。1986年，该基金并入国家自然科学基金。

著述

5月　《历史上的北京城》刊于《人民画报》1982年第5期。文中有李森的摄影作品多幅。该文后收于《时代的足迹：人民画报35年文选（1950—1985）》（人民画报社，1985年）。

8月15日　写完《论北京旧城的改造》，后刊于《城市规划》1983年第1期，收入中国自然辩证法研究会编的《城市发展战略研究》（新华出版社，1985年）一书之中。文章认为在北京旧城改造中，应该遵循批判继承的原则，达到古为今用、推陈出新的目的，创造出社会主义新时代的新文化。文章还建议对富有人民性、群众性的什刹海及其周边地区进行调研，制订更为详细的规划。

9月　《纪念作为时代先驱的地理学家徐霞客》刊于《地理学报》1982年第3期。

11月　《北京城：历史发展的特点及其改造》收于《历史地理》第2辑（上海人民出版社，1982年）。该文是1980年春侯仁之在加拿大不列颠哥伦比亚大学进行演讲的中文底稿。

本年　《在居延及古阳关地区沙漠化过程考察》刊于《甘肃环境研究与监测》1982年第3期。

——《寇·哈瑞斯教授谈近30年来西方历史地理学的发展》刊于《地理译报》1982年第4期。该文据哈瑞斯写给侯仁之的信件摘译而成。

---

[1]　中国管理科学学会科学基金专业委员会编：《中国科学基金年鉴》，科学出版社1991年版，第147页。

传承

9月2日　招收的硕士研究生韩光辉、陈晓田、赵中枢、武弘麟入学。

本年　接收美国学者魏玛明为访问学者，指导其从事北京四合院研究。

评介

4月20日　教育部高教二司编的《研究生工作简报》第47期刊登《北京大学博士研究生指导教师对培养博士生的意见和建议》，介绍侯仁之、邓广铭、乐森璕等48位教授的意见。

7月　《中国科学家辞典》编委会编纂的《中国科学家辞典》现代第一分册（山东科学技术出版社，1982年）收录"侯仁之"，并转引日本学者保柳睦美对侯仁之的评价。

> **《中国科学家辞典》**："侯仁之对中国历史地理的研究涉及很多方面，对城市建设规划等工作，起了很大的作用。他的研究工作在国内外颇有声誉。日本地理学家保柳睦美在所著《丝绸之路地带的自然变迁》（1976年）一书的附录中，对侯仁之教授有详细的评论。保柳睦美认为，新中国的地理学者，强调了对新国家国土建设有用的研究，但并非局限于眼前的应用，而是把基本调查研究作为重点，宣传了毛泽东思想，在具体做法上，则不论何地，都保持以国土现实为根本的基础研究性格，以赶超国外先进水平的精神进行研究工作。侯仁之在研究工作中不避艰苦，在炎热盛夏的季节，到沙漠中去考察，开拓了历史地理研究的新天地，曾写过一篇回顾性的文章：《听毛主席的话，走革命的道路》（《科学通报》，1964年10月），《丝绸之路地带的自然变迁》一书，对这篇文章也做了整篇的引用。"[1]

案：保柳睦美（Hoyanagi Mutsumi，1905—1987），日本人，地理学家。毕业于东京帝国大学理学部地理学科，曾执教于防卫大学校、东京都立

---

[1] 《中国科学家辞典》编委会编纂：《中国科学家辞典》现代第一分册，山东科学技术出版社1982年版，第317页。

大学、立教大学，兼任东京地理学会副会长。对中国华北、西北地区地理学有深入研究，著《北支・蒙古の地理——乾燥アジアの地理学的諸問題》（古今书院，1943年）等。

9月4日　《光明日报》第2版刊发陆建明的文章，介绍侯仁之9月1日在中国历史地理学术讨论会上代表大陆史地学家向台湾同行发出参会的呼吁。

　　陆建明："侯说，在共同献身的这门学科领域里，无数事实昭示我们：每当祖国统一金瓯无缺的年代，也就是人文昌盛、物阜民丰的时期，偏安之局，抱残守缺，终将导致危亡，祸及黎民百姓。愿大陆和台湾的历史地理学家，在下一届召开全国历史地理学术讨论会时相会。"①

11月　日本财团法人霞山会的《现代中国人名辞典》（1982年）收录"侯仁之"。

——邹新炎的《水和北京城》收入中央人民广播电台科技组、科学普及出版社编辑部编的《科学家谈科学》第二辑（科学普及出版社，1982年）之中。该文介绍了邹新炎就北京城水源问题对侯仁之的采访。侯仁之从水源的角度谈到北京建设和改造中的问题。

12月13日　《光明日报》第4版刊发新华社北京12月12日讯《首都部分文物工作者畅谈学习新宪法体会，呼吁进一步加强法制做好文物保护工作》。据介绍，侯仁之、汪之力、吴良镛、张开济、刘子章、杨冠飞、安志敏、罗哲文、夏鼐、张驭寰、傅连兴、谢辰生等首都部分文物工作者举行座谈会，畅谈学习新宪法的体会，呼吁进一步加强法制，做好文物保护工作。

---

① 陆建明：《中国地理学会副理事长侯仁之》，载《光明日报》，1982年9月4日。

1983年　72岁

背景

5月27日　国务院学位委员会、北京市政府联合召开博士、硕士学位授予大会。

10月1日　邓小平提出教育要面向现代化、面向世界、面向未来。

11月12日　首都规划建设委员会在北京成立。

纪事

1月1日　获富布赖特学者奖。

1月12日　《北京市历史地图集》编委会召开会议。侯仁之、徐兆奎、苏天钧、董怡国、李宝田、俞美尔、于希贤、高松凡等出席。会议讨论了地图集汇报会、图幅安排、地名索引编制、出版等事宜。

1月15日　中国科技史学会、北京地理学会、北京大学地理系等单位举办的中国地学会创始人、地理学家张相文逝世50周年纪念会在北大召开。

1月25日　致信中国地方史志协会办公室，谈及出席2月1日在济南召开的全国地方史志规划会议和中国地方史志协会学术年会筹备会之事。

1月26日　中国社会科学院向邓力群及中央书记处提交《关于恢复地方志小组工作的请示报告》，初步提出了小组成员人选。其中，曾三任组长，梁寒冰、韩毓虎任副组长，侯仁之、刘大年、严中平、牙含章、朱士嘉、陈元方、李志敏等人为成员。经中央批准，地方志小组恢复活动并改名为"中国地方志指导小组"，由曾三任组长，梁寒冰、韩毓虎任副组长，侯仁之、刘大年、严中平、牙含章、朱士嘉、陈元方、李志敏、章夷白等人为成员。4月8日至9日，中国地方志指导小组第一次会议在北京召开，讨论了指导小组的工作任务和全国地方志规划。

1月30日　北京大学校党委和校行政发出通知，同意侯仁之辞去地理系主任职务，任命王乃樑任地理系主任。3月16日，北京大学校党委常委开会，讨论系领导班子调整问题，系主任原则上年龄不超过60岁。

2月2日　致信廖静文，就未能出席徐悲鸿纪念馆新馆开幕仪式致歉。

2月7日　物理学家王竹溪遗体告别仪式在八宝山革命公墓举行。侯仁之、马大猷、王力、王淦昌、白介夫、周一良、段学复、钱学森、黄昆、褚圣麟、蒋南翔等生前友好及北大师生近600人出席。

2月12日　致信燕京大学校友吴蔚然、黄伍琼夫妇，介绍自己已获准辞去系主任职务等近况。

> **案**：吴蔚然（1920—2016），江苏常州人，外科学专家。曾就读于燕京大学、协和医学院、中央大学、华西大学，曾任职于中和医院、协和医院、北京医院等地，兼任中央保健委员会委员、专家组副组长。

2月21日　《北京市历史地图集》编辑组在北京大学图书馆召开编辑会议，侯仁之、徐兆奎、苏天钧、王北辰、李宝田、俞美尔、于希贤、高松凡等出席，讨论清代、民国北京城图。

2月25日　第114次校长办公会议通过《北京大学校园建设规划委员会名单》，侯仁之、项子明、张龙翔、季羡林、张学书、张萍、王学珍、宿白、谢青、陈守良、汪永铨、文重、王希祜等人组成委员会。

2月27日　《北京市历史地图集》编辑组召开编辑会议，侯仁之、徐兆奎、苏天钧、王北辰、李宝田、俞美尔、于希贤、唐晓峰、高松凡等出席，讨论图例修订、地名索引等事。

3月1日　与北京大学地理系1979级自然地理专业毕业生合影留念。

3月7日　《北京市历史地图集》编辑组召开会议，侯仁之、徐兆奎、苏天钧、张先得、李宝田、俞美尔、于希贤、唐晓峰、高松凡等出席，讨论地图说明书、野外考察、人员组织安排等问题。侯仁之在发言中指出《北京市历史地图集》的名称存在名不副实的问题，建议标注"第一集"字样，日后陆续编纂出版包括人口、产业、交通、自然环境在内的其他集。对《北京历史地图集》的下一步工作，侯仁之建议先从自然环境入手。

——北京大学校园规划委员会举行第一次会议，委员会由张龙翔等13人组成，侯仁之应在其中。会议讨论了北大总体规划，提出既要保持园林特色，又要有所创新，体现时代特色。

3月8日 致信北京大学历史系许大龄教授，谈及美国芝加哥大学历史系博士研究生马紫梅来北京大学进修之事，请许大龄充任其导师，指导有关吴晗的研究。信中又提及廖沫沙对此事持积极态度。此外，侯仁之曾介绍马紫梅到首都博物馆赵其昌处了解吴晗。此后，马紫梅曾将《洪业传》[*A Latterday Confucian: Reminiscences of William Hung(1893—1980)*，1987年]一书寄给侯仁之。

  案：马紫梅（Mary G. Mazur，1931—　），美国人，历史学者。毕业于芝加哥大学（University of Chicago），执教于菩吉海湾大学（University of Puget Sound）。主要从事中国现代史学史、社会史研究。著有《时代之子吴晗》（曾越麟等译校，中国社会科学出版社，1996年）、《历史学专业英语教程》（北京大学出版社，2005年，合著）、*Wu Han, Historian: Son of China's Times*（Lanham, Md.: Lexington Books, 2009）等。

3月16日至24日 北京市第八届人民代表大会第一次会议在人民大会堂举行。15日，北京市第八届人大第一次会议预备会议通过主席团、秘书长名单，侯仁之入选主席团。会上，侯仁之当选为国民经济、社会发展计划和财政预决算审查委员会委员，并与其他代表就北京第二汽车制造厂的污染问题提出了议案和质询。23日，侯仁之当选为北京市第八届人民代表大会常务委员会委员。

  案：2月28日，《北京大学校刊》第319期第1版报道，侯仁之、田军、阴法鲁、陈守一、罗豪才、闻家驷、黄植文、雷洁琼等8人当选北京市第八届人民代表大会代表。

3月31日 苏天钧转告夏鼐说，侯仁之要成立北京历史地貌研究小组，邀其

参加。夏鼐婉拒。

4月11日　《北京市历史地图集》编辑组召开会议，讨论在昌平的野外考察问题。侯仁之、徐兆奎、张传玺、尹钧科、俞美尔、于希贤、唐晓峰、高松凡等人出席。

4月12日　造访华君武，不遇，乃致信介绍王大观的《残冬京华图》展览及出版事宜。信中谈及在1986年加拿大温哥华世界博览会举办《残冬京华图》展览及该图在不列颠哥伦比亚大学出版社出版之事，涉及赛明思、张开济等人。

4月13日　中学生杂志社举行出刊400期老朋友座谈会。侯仁之、叶圣陶、吕叔湘、陈原、孙起孟、戈宝权、叶至善等人出席。

4月18日至20日　纪念徐霞客诞辰400周年筹委会在江苏无锡召开筹委会第一次会议。该筹委会以中共中顾委常务委员会委员、全国政协副主席陆定一为主任，具体筹备工作由中国科协、中国地理学会、中国国土经济研究会和江苏省社科联承担。侯仁之、于光远、任美锷、李德仁、吴传钧、褚绍唐、陈桥驿等人与会并发言。21日，与会者参观无锡东林书院，并在题名簿上留名。

4月22日至29日　出席中国地方志指导小组在洛阳召开的中国地方志规划会议并发言。中共河南省委书记罗干出席开幕式，谭其骧、傅振伦、来新夏、黄苇等人与会。24日，侯仁之在河南省地方志学术讨论会上做《新方志要记述自然地理、人文地理的变化》的发言。

4月28日　中国人民政治协商会议第五届常委会第二十三次会议通过第六届全国委员会委员人选名单，侯仁之入选教育界委员，任期为1983年6月4日至1988年3月22日。任职期间，侯仁之曾就风景名胜区的保护发表看法。

案： 同期入选第六届全国政协委员的北京大学教授有王力、王瑶、王铁崖、邓广铭、冯友兰、朱光潜、江泽涵、乐森璕、陈岱孙、金克木、闻家驷、徐光宪、曹靖华等共22人。

罗哲文： "最近听到侯仁之先生在全国政协文化组、经济建设组共同召开的会上说：'将近一千年来所形成的北京西郊风景园林区，已逐渐被一幢

幢不谐调的高楼所破坏,两山峥冈、玉泉塔影、万寿山、昆明湖的优美形象将黯然失色。四川和九寨沟的原始天然美景也将随着飞机的轰鸣、高楼的林立、污染的增加,逐渐减少以至完全毁灭其价值。'"①

5月1日　从河南洛阳赶回北京,致函中国美术家协会对外联络部,答复4月16日来函。信中介绍加拿大不列颠哥伦比亚大学副教授赛明思的情况。同时致信华君武,事由同上。

5月16日　北京环境变迁研究会在北京成立,侯仁之担任主任委员,常征、邢嘉明任副主任委员。

5月27日　20余位作家、书画家、美学家和摄影家出席在北京北海公园静憩轩举行的"我爱祖国山河美"游记文学征文座谈会。中宣部副部长郁文出席座谈会并发言。侯仁之、冯牧、姚雪垠、王朝闻、臧克家、李可染、李铎等人出席。v

5月29日　致信中国地理学会国际活动组,谈及起草英文版《中国地理学》书中的"历史地理"一节之事。侯仁之将打印稿送至该书编辑王乃樑处。同日,致信王乃樑。

6月6日至12日　出席在安徽合肥召开的《中国地理丛书》编写出版工作会议。侯仁之受胡乔木委托任编委会主任,会上发言的一部分后以《继承和发扬我国古代地理著作中的爱国主义思想》为题发表于《地理教学》1983年第5期。会后,赴黄山游览。13日,返京。

案: 会议由中共中央宣传部出版局和文化部出版局联合召开,来自中国科学院所属的10多家地理研究单位及近30所高等院校及出版部门的100余人与会。丛书编委会主任侯仁之,副主任陈述彭、左大康、许力以主持会议,

---

① 罗哲文:《文物古迹的保护管理》,见丁文魁主编:《风景名胜研究》,同济大学出版社1988年版,第232页。该文据罗哲文在第一、二期全国风景名胜领导干部研究班上的讲稿整理而成。全国风景名胜区领导干部研究班是城乡建设环境保护部委托同济大学于1984年11月举办的。

传达了胡乔木、邓力群关于编写出版《中国地理丛书》的指示。《中国地理丛书》由胡乔木倡议编纂。会上确定图书选题81种。其中，《中国历史地理》《简明中国历史地图集》拟由复旦大学中国历史地理研究所承担。《中国的历史名城》拟由杭州大学陈桥驿编写。侯仁之拟撰写《中国地理学家和地理名著》（拟由中国青年出版社出版）。7月22日，中宣部下发《批转中国地理丛书编写出版工作会议纪要的通知》。

6月13日 致信苏天钧，谈及《北京历史地图集》的前言、后记修订事宜。信中提及，修订后的前言、后记将由侯仁之送给国务院副总理万里及北京市副市长白介夫。

6月26日 《北京市历史地图集》编辑组召开工作例会。侯仁之、徐兆奎、张传玺、苏天钧、尹钧科、俞美尔、李宝田、于希贤、唐晓峰、高松凡等人出席。侯仁之在会上强调尽快结束图集的编制工作，并建议在7月中旬召开一次编委会。侯仁之还建议，对于悬而未决的问题，可写成专题论文，作为附件附在地图集后。

6月29日 张芝联在北京大学燕东园寓所致函侯仁之，谈及接待外宾来访之事。

7月4日 在北京大学会见日中地理学会会议代表团成员。

> **案**：这是日中地理学会会议代表团应中国地理学会邀请进行的首次访华。侯仁之以中国地理学会副理事长身份，连同黄秉维（时任中国地理学会理事长）、周廷儒、吴传钧（以上为时任中国地理学会副理事长）及林超、张兰生、李文彦、杨吾扬、邹翊光、曹婉如、崔之久、杨景春、黄盛璋、钮仲勋、龚国元等人，与日方的河野通博、船越昭生等人在北京大学进行会见，就人文地理学、地貌学、历史地理学的发展进行深入交流，并互赠书刊。[1]

---

[1] 佚名：《日中地理学会会议代表团首次访华》，载《地理学报》第38卷第4期，1983年12月。

7月5日　复旦大学中国历史地理研究所寄来葛剑雄的博士学位论文《西汉人口地理》，邀其进行审阅。

7月7日　北京大学校党委常委开会决定由胡兆量任地理系副主任、代理系主任。9月27日，胡兆量被任命为地理系主任。

7月12日　侯仁之主持召开历史地理教研室会议，徐兆奎、于希贤、高松凡、唐晓峰等出席。会议讨论了研究生论文指导、国内历史地理研究机构发展情况、研究生招生、课程设置等问题。

7月19日至26日　赴吉林长春出席中国地理学第四届理事会第三次会议，会议期间参加《地理科学》期刊座谈会。

案： 中国地理学会理事长黄秉维，副理事长李子川、郭敬辉，秘书长瞿宁淑及朱震达、宋家泰、钟功甫、黄锡畴、周立三、李旭旦、李孝芳、李秉枢、陈尔寿、鲍觉民、谭其骧、陈述彭、冯绳武等理事一同出席。会后考察了长白山。会议拟定成立人文地理学专业委员会。①

7月20日　致信苏天钧，谈及《环境变迁研究》发刊词草稿之事，并委托苏天钧请邢嘉明、周昆叔、贾兰坡、李宝田、张丕远等人提意见。

7月29日　参加北京市第八届人大常委会第四次会议。会议讨论了中共中央、国务院关于对《北京城市建设总体规划方案》的批复和关于成立首都规划建设委员会的决定。

案： 1983年7月14日，中共中央、国务院对《北京城市建设总体规划方案》做出批复。批复指出"北京是我们伟大社会主义祖国的首都，是全国的政治中心和文化中心。北京的城市建设和各项事业的发展，都必须服从和充分体现这一城市性质的要求"，并决定成立首都规划建设委员会。

---

① 郑平：《中国地理学会召开第四届理事会第三次会议》，载《地理学报》第38卷第4期，1983年12月。

侯仁之："北京是全国的政治中心，对此大家的看法是一致的，但应该不应该同时是全国的文化中心？过去一直有争论，现在批复明确指出，北京是全国政治中心和文化中心，北京的建设要反映中华民族的历史文化，这一点非常重要，它把人们的认识统一起来了。北京早在新石器时代就是南北文化的汇合点，就是文化中心，这在世界上是少见的。我们一定要坚决地按照批复去做，建设一个能反映我国历史文化的，有中国特色的社会主义首都。"①

周永源："我和侯老接触，最早是在建国初期，在北京市领导同志召集的讨论北京城市规划会议上。但那时接触还不多。和侯老接触最多的时期，是我奉命主持修订北京城市总体规划的那几年，即1980年到1983年。不论在征求意见阶段，还是在上报国务院以前，侯老都积极参加讨论，并极其热心地对工作给予帮助，还提出非常宝贵的意见。……给我印象最深的是在北京市人大常委会议上审查北京城市总体规划方案草案时，侯老在会上的一次发言。"②

7月　收到日本学者船越昭生寄来的《〈禹贡半月刊〉总目次·索引》（禹贡目录编辑会编，同朋舍发行，1971年）。

8月1日　《北京市历史地图集》编辑组召开工作例会。侯仁之、徐兆奎、张传玺、苏天钧、俞美尔、尹钧科等人出席。会议主要讨论了地图集的图历簿、说明书问题。

8月4日　北京大学在办公楼礼堂举行授予联合国教科文组织总干事阿马杜·马赫塔尔·姆博（Amadou-Mahtar M'Bow）名誉博士学位仪式。侯仁之接到请柬。

8月6日至10日　国务院副总理万里、李鹏视察陕西安康洪水灾区，指挥抗洪

---

① 北京市人大常委会办公厅、北京市档案馆编：《北京市人民代表大会文献资料汇编（1949—1993）》，北京出版社1996年版，第1224页。

② 周永源：《历史地理学对北京城市规划建设所作的贡献》，见侯仁之主编：《环境变迁研究》第四辑，北京古籍出版社1993年版，第1页。

救灾。侯仁之奉命陪同视察。行前，侯仁之委托于希贤等人查阅安康地区历史上的洪涝资料。在视察安康途中，万里做出了"办好北京大学地理系"，加强历史地理研究的指示。10日，万里、李鹏在陕西省当地领导的陪同下视察汉中地区，侯仁之随同前往，并参观石门汉魏十三品陈列馆。

8月9日 圆明园整修奠基仪式在圆明园大水法遗址旁举行，奠基石由侯仁之题写。出席仪式的有金紫光、单士元、雷洁琼、贾春旺、宿白、张开济、史树青、杨鸿勋等百余人。侯仁之因故缺席。

8月13日 结束陕西安康之行，由西安乘飞机赴上海复旦大学参加博士论文答辩，任答辩委员会主席，同时出席者还有史念海、杨向奎、陈桥驿、吴泽、杨宽、胡道静等人。

8月22日至27日 参加并主持在避暑山庄烟雨楼召开的承德避暑山庄建庄280周年学术讨论会，并当选为避暑山庄研究会名誉理事。

> **案**：此次学术会议由承德市人民政府和承德市文物局主办，朱家溍、郑孝燮、谢辰生、吴良镛、王树民、戴逸、罗明、王思治等120余位专家学者及仲尾和雄率领的日本访问团与会。会上成立避暑山庄研究会，侯仁之当选为名誉理事。8月23日，中顾委主任邓小平接见与会代表。

8月23日 北京大学留学生办公室于钟莲来信，感谢侯仁之为留学生讲课，并送来一本相册作为纪念。

8月26日至9月2日 中国科学院地学部地理学科组在兰州召开扩大会议，对沙漠研究所进行评议。侯仁之、周立三、施雅风、陈述彭、左大康、赵松乔、黄锡畴、孙鸿烈、朱震达等人参加会议，并代表地学部在全所大会上做了评议总结。另有李秉枢、于强、赵松乔、李孝芳等人应邀与会。会议期间参观了位于宁夏中卫的沙坡头沙漠科学试验站。

8月 出席在浙江德清莫干山召开的《中国国家地图集·国家历史地图集》编委会会议。会议由谭其骧主持，侯仁之、史念海、张海鹏、高德等人出席会议。

9月19日至23日 中国古都学会成立大会暨首次古都学术讨论会在陕西师范大学召开。会议选举产生第一届理事会，史念海当选为会长，侯仁之、谭其骧、罗哲文当选为名誉会长，阎崇年任秘书长。

9月23日至30日 根据1982年法国总统密特朗访华时达成的文化交流协议，法国对外关系部派出3位学者对圆明园进行学术交流。活动由圆明园学会承办，侯仁之、史树青、金紫光、汪之力、宣祥鎏、汪菊渊、傅天仇、周维权、朱家溍、王璞子、赵光华等人参加交流活动。

本年夏 在尹钧科、韩光辉的陪同下游览泰山、曲阜、泗水等地，并在泗水二中为师生做报告。

10月1日 中山大学地质学系邓国敢题赠合著的《从石碌群的地质年代推论Dictyonema的生存时限》[《中山大学学报》（自然科学版），1983年第3期]一文。

10月24日 中共北京市顾问委员会主任、北京市原市长焦若愚对北京历史地图集编制工作做出重要批示，称"这一成就对编写北京市地方志贡献很大，希望仁之同志能牵头组织北京地方志的编制工作"。

11月3日 "北京大学树立新风，严肃校纪大会"在东操场举行，万余名师生参加大会，开展"树立共产主义新风，清除精神污染"教育活动。在此期间，侯仁之为爱国主义、共产主义教育讲座主讲《伟大的首都北京》。另有沙健孙、陆卓明、张寄谦、潘永祥等人做报告。

11月7日 《北京市历史地图集》编辑组召开工作例会。侯仁之、徐兆奎、张传玺、王北辰、苏天钧、俞美尔、唐晓峰、李宝田等人出席。会议主要讨论了地图说明书问题。14日，《北京市历史地图集》编辑组又召开工作例会。侯仁之、徐兆奎、张传玺、王北辰、苏天钧、俞美尔、高松凡、李宝田等人出席。会议讨论了地图说明书问题。

12月9日至10日 北京市第八届人大常委会第七次会议召开。会议听取了关于严厉打击严重刑事犯罪活动情况的汇报、关于文化艺术工作中精神污染情况和今后采取的抵制措施的汇报。此外，会议还传达了彭真委员长在六届全国人大常委会三次会议上关于清除精神污染问题的讲话。侯仁之缺席会议。

——中国地方志指导小组第二次会议在北京召开。

12月16日　北京史研究会召开年会，选举产生第二届理事会。侯仁之当选名誉会长。另有廖沫沙、单士元、翁独健、溥杰、李林、何兹全、田耕等人任顾问，曹子西任会长，于杰、王纪刚、许大龄、刘北汜、赵其昌、彭明等人任副会长，阎崇年任秘书长。

案：曹子西（1929—　），天津武清人。毕业于华北大学，曾在中国人民大学、中共北京市委宣传部理论处任职。1978年任北京市社会科学研究所（后改院）副所长，兼任北京史研究会会长等。主编有十卷本《北京通史》（中国书店，1994年）。

12月　受聘为北京市人民政府城市规划顾问组顾问。

上半年　据教学行政处1982年12月编印的《北京大学1982—1983学年第二学期课程表》（理科）载，地理学历史地理专业研究生二年级有第四纪年代学（陈铁副教授开设）、孢粉学（周昆叔副研究员开设）等课程。另，地理系教师王北辰为历史系79级、80级本科生开设选修课历史地理。

下半年　据教学行政处6月编印的《北京大学1983—1984学年第一学期课程表》（理科）载，地理系俄文楼208室为80级经济地理专业本科生开设必修课——城市历史地理。开课人疑为侯仁之。

本年　侯仁之、罗哲文、单士元到北京西便门明城墙遗址进行实地考察，提出保护建议。

案：罗哲文（1924—2012），四川宜宾人，古建筑专家。1940年入中国营造学社，师从梁思成、刘敦桢，后在中国建筑研究所任职。新中国成立后长期在国家文物局工作，曾任中国文物研究所所长，兼任国家文物局古建筑专家组组长、中国文物学会名誉会长、全国历史文化名城保护专家委员会副主任、中国长城学会副会长等职。著有《罗哲文历史文化名城与古建筑保护文集》（中国建筑工业出版社，2003年）、《罗哲文全集》

（北京美术摄影出版社，2017年）等。单士元（1907—1998），北京人，档案学家、古建筑专家。曾就读于北京大学。长期在故宫博物院工作，曾任副院长、顾问，著作结集为四卷本《单士元集》（紫禁城出版社，2009年）。

著述

4月　与金涛合著的《北京》一文收入陈桥驿主编的《中国六大古都》之中，由中国青年出版社出版。该书编写始倡于侯仁之。

> **案：**该书出版时纳入侯仁之主编的"地理小丛书"。书中另有马正林撰写的《西安》、史为乐撰写的《洛阳》、王煦柽撰写的《南京》、李润田撰写的《开封》、陈桥驿撰写的《杭州》等部分。
>
> **1981年10月陈桥驿序言：**"为了让青年读者对我国的六大古都有所了解，在中国科学院学部委员侯仁之教授的倡导下，我们特地编写了此书。"[1]

6月　《给一位青年朋友的信》刊于《中学生数理化》1983年总第21期。该文后收于《侯仁之燕园问学集》（上海教育出版社，1991年）及韩存志、王克美主编的《院士书信》（上海科技教育出版社，2002年）等书。

7月　《在新地方志中增加地理变化的一点意见》刊于洛阳市编纂委员会总编辑室编的《方志文摘》1983年第4辑。修改稿收于《侯仁之燕园问学集》（上海教育出版社，1991年）。

8月30日　写完《环境变迁研究》发刊词，收于《环境变迁研究》第一辑（海洋出版社，1984年），后收于《侯仁之燕园问学集》（上海教育出版社，1991年）。该文的初稿完成于7月20日。

---

[1]　陈桥驿：《中国六大古都》，中国青年出版社1983年版，序言第5页。

  侯仁之："现在我们在合作编绘《北京历史地图集》的基础上，进行调整和扩大，自愿组织'北京环境变迁研究会'，希冀对全新世开始以来这一万年间北京及其附近地区的自然和人文的环境变迁，先进行一些专题研究，汇为丛刊，分期发表，借以为首都的城市建设和地区开展，提供初步的参考资料。然后，期以时日，在深入研究的基础上，力求为上述目的，做出关于环境变迁的规律性的探讨，当更有助于今后首都建设的实践。"①

  10月24日 写完《一位真正爱好社会主义事业的"好事之徒"》，初收于北京市历史学会编的《吴晗纪念文集》（北京出版社，1984年），后以《忆吴晗同志与〈地理小丛书〉》为题收于《侯仁之燕园问学集》（上海教育出版社，1991年）。

  11月 侯仁之主编、寇德璋编写的《幼学游记百汇》由山西人民出版社纳入"父母必备丛书"中出版。

  12月12日 《重现历史的"历史新闻"——为〈北京历史上的今天〉一书写的前言》刊于《北京日报》。

  本年 《近年来我国历史地理学发展的主要趋势》刊于《地理学报》1983年第2期，后收于李旭旦主编的《人文地理学概说》（科学出版社，1985年）中。文章从科学理论的探讨、研究领域的开拓、联系实际的方向、传统特点的发展4方面对我国历史地理学的发展进行了回顾和前瞻。

  侯仁之："作为现代地理学一个组成部分的历史地理学，是随着中华人民共和国的诞生而迅速发展起来的，在马列主义、毛泽东思想的指导下，在社会主义建设事业的推动下，33年来这门新兴的学科在理论建设上，开始运用辩证唯物主义、历史唯物主义的哲学观点，吸收国外先进的学术思想和研

---

① 侯仁之：《〈环境变迁研究〉发刊词》，见《侯仁之燕园问学集》，上海教育出版社1991年版，第331页。

究方法，已经初步建立起具有我国特色的历史地理学。"[1]

张文奎："最近侯仁之在《近年来我国历史地理学发展的主要趋势》论文中，对历史地理的基本理论、研究领域、研究方向和传统特点等问题，提出了自己的意见和看法，并就现代地理学已经形成自然地理学、经济地理学和人文地理学三个基本分支，对今后在历史地理学的研究中是否也要相应地划分为三个基本分支的问题，提出了商榷。经过我国历史地理工作者的努力，历史地理学的学科理论有了较快的发展，但由于历史地理学还是比较年轻的一门科学，实践工作还很有限，因而作为理论总结的基础还比较欠缺。一门学科的基本理论问题需要经过大量实践的印证和长期反复的讨论才能逐步完善。"[2]

——《继承和发扬我国古代地理著作中的爱国主义精神》刊于《地理教学》1983年第5期。

——《饮水思源，写给〈中学生〉》刊于《中学生》1983年第5期。

传承

2月　接收加拿大不列颠哥伦比亚大学地理系副教授赛明思来北京大学做交换学者，进修中国历史地理课程，为期一年。1982年五六月间，赛明思在北京大学地理系讲学。

评介

1月12日　卢新智的《将生命同时代的崇高责任联系在一起——访问原地理系主任侯仁之教授》刊于《北京大学校刊》第318期第2版。文章介绍了侯仁之主动请辞北京大学地理系主任的经过。

3月　柴桑的《求索——地理学家侯仁之的童年》初收于天津新蕾出版社编辑

---

[1] 侯仁之：《近年来我国历史地理学发展的主要趋势》，见《侯仁之燕园问学集》，上海教育出版社1991年版，第321页。

[2] 张文奎主编：《人文地理学概论》，东北师范大学出版社1993年版，第441页。

的童年文库《科学家的童年》第三册。这是一篇关于侯仁之童年经历的重要文献。

10月21日　李乔的《北京人应了解北京史——访北京大学侯仁之教授》刊于《北京日报》。侯仁之在回答"北京人为什么要学习北京史"这一问题时说："家住北京，有条件了解自己的乡土，何况北京又不是一般的地方。爱祖国是有具体内容的，常常是从自己生活的地方体会到祖国的温暖亲切和伟大。可以说，学习地方历史、地理，是树立爱国主义思想不可缺少的内容。"

10月　李昂编著的《读书方法探寻》（长征出版社，1983年）收录《侯仁之："随时冲破一切成见的束缚"》，介绍侯仁之的读书治学经验。

> 侯仁之："在自然科学这个极为广阔的研究领域里，似乎不宜很早就给自己在思想上定个框框，划个范围。最好是尽量争取先有个广博一点的知识基础，有个开阔一点的科学眼界。对于初学者来说，这是十分必要的。在主观上千万不可'划地为牢'，以致不敢越雷池一步。这种思想状况有点类似'固步自封'，是十分有害于科学上的进取精神的。科学上的进取精神，有点像拓荒者的那种劲头，一方面他在已经开拓出来的知识领域里站稳了脚跟——也就是已经掌握了坚实的基础知识，另一方面，也是更为重要的一方面，他还能勇于探索，随时冲破一切成见的束缚，以极大的热情和魄力，去开拓那渺无涯际的自然界中未知的领域。"[①]

1984年　73岁

背景

6月19日　国家计委、国家科委、中科院、教育部、北京市政府等党委负责人开会讨论中关村地区发展问题。

10月20日　中共十二届三中全会召开通过《中共中央关于经济体制改革的决定》。

本年　中国恢复在国际地理联合会的会员国席位。

---

① 李昂：《读书方法探寻》增订本，长征出版社1985年版，第204—205页。

纪事

1月3日　中国太平洋历史学会成立大会在人民大会堂召开。大会决定成立了以周谷城为主编，侯仁之、张海峰等人为副主编的《太平洋》编辑委员会，出版会刊《太平洋》。

1月4日　中国科学院地理研究所郑斯中赠阅《我国历史时期冷暖年代的干旱型》(《地理研究》，1983年第4期)一文。

1月9日　为落实万里副总理"办好北京大学地理系"，加强历史地理研究的指示，北京大学召开有校长张龙翔、党委书记项子明参加的讨论会，要求地理系做好规划。侯仁之在会上做了汇报。会议讨论决定，同意将北京大学地理系历史地理教研室改为研究室。5月31日，北大地理系规划（1985—1990）初稿完成。该规划建议将地理系改称"地理环境学系"。

1月17日　北京市第八届人民代表大会常务委员会第八次会议召开，会议批准了《北京市城市建设规划管理暂行办法》。侯仁之缺席会议。

1月17日至22日　中国城市科学研究会成立大会在北京召开，侯仁之当选为研究会顾问。

> **案**：国务院副总理李鹏、城乡建设环境保护部部长李锡铭以及来自全国的400余位专家、学者与会。大会推举万里任名誉会长，通过《中国城市科学研究会章程》，选举第一届理事会，由李锡铭任理事长，储传亨、刘国光、李宝恒、吴良镛、周永源任副理事长。侯仁之、费孝通、韩光、李昌、于光远、雷洁琼、钱伟长、许涤新、马洪、廖季立、童大林、刘开渠、吴大琨、戴念慈、张光斗、夏书章、赵武成、赵祖康、丁秀、曹洪涛等人任顾问。

1月19日　中国科普创作协会第二次代表大会在京闭幕。国务委员方毅曾到会讲话，鼓励专业科技工作者从事科普创作。侯仁之、钱学森、茅以升、董纯才、高士其、华罗庚、裴维蕃等17位科学家、科普作家受到表彰，并被推举为中国科普创作协会荣誉会员。

1月25日　应路斯基金会邀请，启程赴美考察城市规划，到美国康奈尔大学城市与规划学院进行北京与华盛顿城市设计主题思想比较研究。此行得到了北京市副市长白介夫、张百发的支持。在美期间，侯仁之、张玮瑛夫妇访问华盛顿、纽约、费城等地。行程到本年9月1日结束。此次应邀赴美的学者还有江宁生、黄盛璋等学者。

案：路斯基金会（The Henry Luce Foundation）设立于1936年，是美国《时代周刊》（TIME）的创建者之一、主编路斯（Henry R. Luce）为纪念其在中国传教的父母（Henry W.Luce和Elizabeth R.Luce）而设。该基金会的宗旨是扩展知识，鼓励高标准的服务和领导，开设有美国艺术、亚洲研究、高等教育、路斯学者等项目。该基金会建立后的第一个资助项目就是在燕京大学开展。1981年至1991年，建立了路斯基金中国学者（Luce Fund for Chinese Scholars）项目。又，Henry W. Luce曾任燕京大学首任副校长，未名湖湖中岛上"思义亭"中的"思"字就是Luce一字的简化的音译。[①]

——致信华君武，谈及王大观的《残冬京华图》在美国、加拿大的展览及出版事宜。信中提及赛明思、魏玛明、张开济、唐晓峰等人。

年初　致信在山东泗水的尹钧科，称已经解决了尹钧科的两地分居问题。

案：此前，北京市委主要领导委托侯仁之指导《北京志》编修。侯仁之提出尹钧科可以承担这一工作，但因两地分居，困难很多，希望市领导考虑解决。1984年夏，尹钧科全家迁入北京。尹钧科曾赋诗"师恩泰山重，教泽东海深。滴水涌泉报，学苑勤耕耘"纪念此事。

---

① 侯仁之：《我从燕京大学来》，见《我从燕京大学来》，生活·读书·新知三联书店2009年版，第2页。

——旅美期间，了解张印堂、洪绂、沙学浚、丁骕等旅居北美的华人地理学家情况。

案：沙学浚（1907—1998），江苏泰州人，地理学家。曾就读于金陵大学、中央大学、莱比锡大学（University of Leipzig）、柏林大学（University of Berlin）等，曾执教于中山大学、复旦大学、浙江大学、中央大学、台湾师范大学等。1974年移居美国。曾兼任"中国地理学会"秘书长、理事长。著有《国防地理新论》（商务印书馆，1944年）、《地理学论文集》（台湾商务印书馆，1972年）等。丁骕（William S. Ting），祖籍云南曲靖，地理学家、古史及古文字学家。曾就读于辅仁大学、燕京大学、苏格兰格拉斯哥大学，曾任职于中央研究院地质研究所、中央大学、中山大学、香港大学等地，晚年赴美执教于加州州立大学地理系。著有《地形学》（五南图书出版公司，1985年）、《夏商史研究》（艺文印书馆，1993年）等。

侯仁之："今年年初，我来北美欣悉张印堂教授、洪思齐教授、沙学浚教授和丁骕教授等还都客居美国和加拿大，颐养晚年。我想如果当初参加《地理学报》的创刊，尔今伏然健在的各前辈，无论是在大陆的、在台湾的，还是远在国外各地的，都能欢聚一堂，为共同缔造经营的这一学术刊物，同庆其创刊50周年的纪念日，应该是何等可庆可贺的事啊！"①

3月13日 北京大学召开干部会议，由教育部部长何东昌宣读王学珍、丁石孙任北京大学党委书记、校长的任命。

3月19日 加州大学伯克利分校地理学教授万斯题赠 This Scene of Man: The Role and Structure of the City in the Geography of Western Civilization（Harper's College Press，1977）一书。

---

① 侯仁之：《纪念〈地理学报〉创刊50周年》，见《侯仁之燕园问学集》，上海教育出版社1991年版，第350页。

案：万斯（James E. Vance, Jr., 1925—1999），美国人，城市地理学家。曾就读于克拉克大学（Clark University），获博士学位，曾执教于阿肯色大学（University of Arkansas）、怀俄明大学（University of Wyoming）、内布拉斯加大学（University of Nebraska），后长期执教于加州大学伯克利分校（University of California, Berkeley）地理系，擅长于城市形态、交通及北美历史地理研究，著有 *The Continuing City : urban morphology in western civilization*（Baltimore, Md. : Johns Hopkins University Press, 1990）、*The North American Railroad : its origin, evolution, and geography*（Baltimore : Johns Hopkins University Press, 1995）等。

3月27日　北京市第八届人大常委会第十次会议召开，会议听取了关于召开本市八届人大二次会议筹备工作情况的汇报等。侯仁之缺席会议。

4月2日　赖朴吾夫妇应邀到北京师范学院讲学。11日，赖朴吾突发疾病，在北京逝世。19日，骨灰安葬在北京大学未名湖南侧临湖轩下。当时，侯仁之夫妇在美国康奈尔大学，侯仁之致信赖朴吾称："春天不能在北京见，夏天总可在剑桥重会了！"侯仁之赴美之前，曾面见路易·艾黎，告知赖朴吾来华之事。

4月3日至9日　北京市第八届人民代表大会第二次会议在人民大会堂举行。4月2日，北京市第八届人大第二次会议预备会议通过主席团、秘书长名单，侯仁之入选主席团，但缺席会议。

4月6日　在美国康奈尔大学旧书摊欣然购得《尼罗河传》。当夜，在该书扉页作题记，并感慨"只是余今老矣，敢以未竟之志期诸来者，我家族中或亦后继有人乎"？

4月12日　侯仁之夫妇应邀出席华美协进会（China Institute in America）在纽约中国大楼召开的中国传统建筑研讨会。

4月　应康奈尔大学城市与区域规划系教授芮溥思之邀赴该校访学。在此期

间，侯仁之从美国加州大学伯克利分校地理系教授斯坦伯格处了解到联合国教科文组织的《保护世界文化和自然遗产公约》的重要性。

案：芮溥思（John William Reps，1921—，又译作瑞溥思），美国人，城市规划史学家。曾就读于美国达特慕思学院（Dartmouth College）、康奈尔大学（Cornell University）、英国利物浦大学（University of Liverpool）等校。1952年后长期执教于康奈尔大学。1988年，以访问教授身份莅临北京大学。专长于城市和区域规划，著有 *The Making of Urban America: A History of City Planning in the United States*（Princeton University Press, 1965）、*Bird's Eye Views: Historic Lithographs of North American Cities*（Princeton Architectural Press, 1998）等。

斯坦伯格（Hilgard O'Reilly Sternberg，1917—2011），巴西人，地理学家。毕业于里约热内卢联邦大学（Federal University of Rio de Janeiro）、加州大学伯克利分校、路易斯安那州立大学（Louisiana State University），其学术思想受索尔（Carl O. Sauer）的影响，以亚马孙河（Amazon River）研究著称于世。

5月4日 燕京大学北京校友会在新华社餐厅成立，雷洁琼任会长，侯仁之等人任副会长。

案：此前，众校友于1983年12月10日在雷洁琼寓所发起成立燕京大学校友会，并于1984年2月12日在新华社餐厅举办校友会筹备会议。燕京大学校友会正式成立后，由黄华、张友渔、张文裕、吴文藻、翁独健、费孝通、李汝祺、褚圣麟任名誉会长，雷洁琼任会长，吴世昌、侯仁之、陆禹、龚普生、叶笃义、严东生、王秀瑛、陈鼎文、张定任副会长，马健行任总干事。

5月8日 北京市第八届人大常委会第十一次会议召开。会议传达了全国人大

常委会委员长彭真关于加强社会主义民主与法制建设、加强人大常委会工作和建设的重要讲话。侯仁之缺席会议。

5月31日　在美国康奈尔大学致信《新建筑》学报，发表对在北京城南草桥村建设"大都花城"的意见。该信件以《要真实、要发展——关于城市古建筑遗址的利用与开发问题的一封信》为题刊于《新建筑》1985年第3期。

5月　与单士元、吴良镛、郑孝燮、朱自煊、郑光中等人被北京市西城区政府聘为什刹海开发建设顾问。

6月1日　复信《少年科学画报》编辑部，谈及目前在美国讲学，7月初赴英国接受荣誉学位，无法参加该编辑部组织的顾问委员会会议。

6月5日至7日　北京市第八届人大常委会第十二次会议召开。侯仁之缺席会议。

6月10日　剑桥大学H. C.达比教授致信侯仁之，答复侯仁之5月14日来信提及的大英图书馆所藏古地图问题，并提及他将参加在利物浦大学举行的荣誉科学博士学位授予仪式，信中又提及赖朴吾夫人（Nancy Lapwood）。

6月14日　中国史学会、中国出版工作者协会联合在京举办爱国主义优秀通俗历史读物评奖活动。侯仁之、金涛的《北京史话》（上海人民出版社）与卫家雄、邓自欣等编的《中国古代史常识（历史地理部分）》（中国青年出版社）等28部作品被评为优秀读物。

6月16日　经第160次校长办公会议提名和党政领导研究，北京大学成立校园建设规划委员会，负责全校校园建设规划事宜。丁石孙任主任委员，侯仁之、王学珍、张学书、朱德熙、沙健孙、文重、宿白、谢凝高、陈佳洱等14人任委员。该委员会的中心任务是配合基建处做好重点建设项目"主楼（理科楼群）"的任务审批、购地、搬迁，同时具体负责楼群的设计工作。

6月23日　在路斯基金的安排下，启程到美国威廉斯堡等地参观。

7月1日至15日　赴英国伦敦、利物浦、剑桥等地访问。4日，出席英国利物浦大学毕业典礼，被授予荣誉科学博士学位（the Degree of Doctor of Science, honoris causa），并代表应届毕业生和荣誉学位获得者致辞。在此期间，与利物浦大学地理系教授座谈，并赴剑桥大学拜访导师H. C.达比、阿兰·贝克及李约瑟等人。H. C.达比为侯仁之的来访举行欢迎酒会，侯仁之当年的室友理查德·劳顿主持晚宴。侯仁之致辞的中英文稿后收于《中国历史地理论集（英汉对照）》（外语教学与研究出版社，2015年）。

7月7日　在曼斯缪·奎尼（Massimo Quaini）著、布拉德利（Alan Bradley）译的《地理学和马克思主义》（Geography and Marxism，Basil Blackwell，1982）一书上做题记，题记称"在利物浦大学接受荣誉科学博士和出席传统晚宴后，又前来剑桥大学谒见老师德贝教授，并拜访李约瑟博士，下榻'蓝豹'。首往'海佛'购得此书，以为纪念"。

7月中下旬　从康奈尔大学校园移居到位于华盛顿的康奈尔大学研究中心，进行对华盛顿城市规划的考察。此间，赴美国康奈尔大学讲学，讲学内容为北京城市建设的主题思想。

7月26日　拜访华盛顿大学建筑系麦格拉斯（Dorn C. McGrath）教授，讨论维修长城的社会赞助问题。

8月6日　华盛顿市市长宣布该天为郎方日，侯仁之参加首届郎方日纪念活动。

案：郎方（Pierre Charles L'Enfant，1754—1825），法裔美国人，建筑和土木工程专家。美国首任总统华盛顿授权其对华盛顿特区进行城市规划，该方案成为"郎方规划"（The L'Enfant Plan）。

8月7日　为中国加入《保护世界文化和自然遗产公约》致信联合国教科文组织中国委员会。此前，侯仁之就此事曾与中国驻美大使馆科技参赞吴贻康、中国驻联合国科技参赞方晓讨论。

8月17日至18日　北京市第八届人民代表大会第三次会议在北京展览馆剧场举行。16日，北京市第八届人大第三次会议预备会议通过主席团、秘书长名单，侯仁之入选主席团。7日，北京市第八届人大常委会第十四次会议举行，侯仁之缺席会议。

8月　北京出版社召开会议，决定出版由侯仁之主编的《北京历史地图集》。

9月4日 出席在河北省秦皇岛市山海关区北街招待所召开的中国山海关长城研究会成立大会，并任该会顾问。

案：中国山海关长城研究会是我国第一个以研究、保护、开发万里长城和古代城堡为宗旨的民间团体。全国人大副委员长严济慈为大会题词"万里长城长城万里，子子孙孙万世长新"。国防部部长张爱萍托人转达对大会的祝贺。王定国代表中国老年文物研究学会、罗哲文代表文化部文物局向大会致辞。大会推举魏传统、罗哲文为名誉会长，侯仁之、王定国、单士元、郑孝燮、吴良镛、安岗、朱家溍等人为学会顾问，金紫光为会长。中国山海关长城研究会发出了开展维修山海关长城社会赞助活动的倡议书和征集长城文物、文献的启事。会议期间，与会者参观了天下第一关、老龙头、九门口、姜女坟、黑山头的名胜古迹。

9月10日 填写《回国定居工作专家情况调查表》。当时，侯仁之的工资级别为"高教二级"（实际工资为281.5元）。侯仁之在表中介绍了自己的学术贡献，并反映了家庭生活开支、住房等方面的一些困难。

案：与侯仁之同期填写该调查表的北京大学地理系教师还有王乃樑、王亦娴、徐启刚、张景哲等人。

侯仁之："专长：中国历史地理学。回国后，在历史唯物主义与辩证唯物主义的指导下，对历史地理学在理论上的发展有所贡献，并结合社会主义建设事业的需要，开拓了城市历史地理与沙漠历史地理的新领域，取得了实际效益。同时还结合教学需要，开展了对我国地理学史的研究。由于上述工作的成果，于1981年当选为中国科学院地学部学部委员。1984年7月，英国利物浦大学授予'荣誉科学博士学位'。在科学研究的同时，还注意普及科学知识的写作，在1984年1月中国科普创作协会第二次代表大会上，与其他十六位'老一代科普作家'受到表彰，并被推选为中国科普创作协会荣誉会员。"①

9月14日　《北京大学校刊》第363期第1版公布教育部批准的北大校务委员会名单。此名单经过教育部〔84〕教党字140号文批准，由校长丁石孙兼任主任，张龙翔任第一副主任，季羡林、沈克琦、陈岱孙任副主任，侯仁之、王力、王铁崖、邓广铭、李赋宁、张青莲、袁行霈、谢义炳、段学复、林启武、陈阅增等共27人任委员。9月20日《北京大学行政公报》第8期（总第78期）也刊载《北京大学校务委员会成立的通知》。

9月26日　应邀参观新修复的琉璃厂东西街文物古籍书铺，参加者有吴良镛、夏鼐、单士元及北京市领导白介夫、陈昊苏等人。②

9月　与夫人张玮瑛为"爱我中华，修我长城"活动捐款1100元，并致函《北京晚报》表达对该活动的支持。7月5日，《北京晚报》《北京日报》《经济日报》《工人日报》、八达岭特区办事处等联合发起"爱我中华，修我长城"社会赞助活动。

10月17日　河北省邢台市人民政府聘请侯仁之、席泽宗、傅天仇、伊世同等人为郭守敬纪念馆顾问。

10月18日至20日　北京市第八届人大常委会第十五次会议召开。侯仁之出席会议。会议主要讨论了保护妇女儿童合法权益的问题。

10月25日　出席中国圆明园学会筹委会在人民大会堂举行的圆明园罹劫124周年纪念会。与会者还有刘澜涛、江华、周谷城、杨成武、屈武、溥杰、萨空了、廖沫沙、王光美、雷洁琼、王定国、魏传统等各界代表300余人。

10月27日　到北京市大兴团河行宫遗址等处进行考察。

10月31日　地质出版社成立"中华大地丛书"编辑委员会，侯仁之任编委会主任。

---

① 侯仁之：《回国定居工作专家情况调查表》（1984年9月），见北京大学档案馆馆藏资料（档案号01584003）。

② 夏鼐：《夏鼐日记》卷九，华东师范大学出版社2011年版，第397页。

案：该丛书根据国务院副总理万里的提议而编写，万里曾就此丛书做出批示："很好，希望大家共同努力，完成这件大事，以教育后代，并与各国交流。"后来，该丛书陆续出版《锦绣中华》《世界屋脊》《长城内外》《东北大地》《丝绸路上》《南国新貌》《大江上下》等7册。

11月28日至29日　北京市第八届人大常委会第十六次会议召开。会议审议并通过了《北京市农村建房用地管理暂行办法》。侯仁之缺席会议。

11月　全国政协文化组、经济建设组就保护北京历史文化名城邀请政协委员和有关专家举行座谈。侯仁之、梁漱溟、萨空了、姜椿芳、郑孝燮、单士元、罗哲文、吴祖光等人参加座谈。侯仁之发言称"北京城的布局、规划、建筑艺术是历史的杰作，国际上评价很高，高层建筑盖在什么地方，要有统一规划，现在是各单位各自为政，古典园林为之失色"。

12月1日　出席在北京海淀影剧院举行的中国圆明园学会成立大会，当选为顾问。会后出席圆明园"福海景区"整修工程开工典礼。

　　案：中国圆明园学会由建筑、园林、历史、文物、考古等领域内的专家学者组成。魏传统当选为首任会长，另有戴念慈、夏鼐、郑孝燮、张开济、单士元、王朝闻、刘开渠、戴逸等57人任顾问。会后，与会代表赴圆明园遗址参加"福海景区"整修工程开工典礼。另有全国政协副主席屈武及杨献珍、连贯、白介夫等各界人士参加了开工典礼。2004年3月，经国家文物局、文化部批准并报请国家民政部审查，中国圆明园学会在人民大会堂召开会员代表大会及重新成立大会。

12月8日　北京大学"五四"文学社举行联欢会，庆祝恢复活动六周年。校领导沙健孙、文学社顾问王瑶及侯仁之、严家炎、谢冕、袁行霈等人出席联欢会。

12月9日　北京大学地理系历史地理研究室撰写《1978年以来侯仁之同志的主要工作和先进事迹》。次日，该材料作为地理系《推荐侯仁之同志为北京市劳动模范书》的附件，由地理系提交。

历史地理研究室："由于侯仁之同志数十年来从事历史地理学研究，为开拓新中国历史地理学的新方向，创立基本理论而进行了大量的研究工作实践。侯仁之同志是国内历史地理学中地理学派的带头人。为此他受到国内外的嘉奖，其学术成就受到肯定。同时他还努力从事科普读物的写作。"[1]

北京大学地理系："侯仁之同志是我国历史地理学的权威，毕生研究北京市历史地理，虽然已经七十三岁高龄，仍不辞艰辛，为北京市建设奔波。他现任北京市城市规划委员会顾问，北京市文物保护委员会主任，还兼任有关北京的职务近十项。北京市城市总体规划采纳了他的不少观点。在北京市园林、名胜（如什刹海、天坛）的保护中，侯仁之同志起了重要作用。侯仁之同志主持的《北京市历史地图集》等科研具有国际水平。同时，侯仁之同志还热心于有关北京历史知识的普及工作。他所著《历史上的北京城》《北京史话》等作品均受到广大读者欢迎。侯仁之同志还是北京大学地理系历史地理教研室的奠基人。为此，推荐侯仁之同志为北京市劳动模范。"[2]

12月10日　《北京市历史地图集》编辑组在北京大学图书馆召开工作例会。侯仁之、徐兆奎、张传玺、王北辰、于希贤、尹钧科、俞美尔、高松凡、李宝田、唐晓峰等人出席。会议主要讨论了地图集审图、修改工作安排问题。25日，《北京市历史地图集》编辑组在北京大学图书馆召开工作例会。侯仁之、徐兆奎、张传玺、王北辰、尹钧科、俞美尔、李宝田、武弘麟等人出席。会议主要讨论了地图集说明书的撰写问题。

12月16日　筹建中国文化书院座谈会在北京大学召开。座谈会由张岱年主持，会上成立了中国文化书院筹备委员会，拟选址于圆明园旧址。后来，书院选

---

[1] 历史地理研究室：《附件：1978年以来侯仁之同志的主要工作和先进事迹》，见北京大学档案馆藏资料（档案号01584003）。

[2] 北京大学地理系：《推荐侯仁之同志为北京市劳动模范书》，见北京大学档案馆藏资料（档案号01584003）。

址在北大校内治贝子园。侯仁之、梁漱溟、冯友兰、张岱年、李泽厚、季羡林、汤一介、周一良、金克木等人任书院学术委员会委员。

12月27日至28日 参加北京市第八届人大常委会第十七次会议。赵鹏飞主任受主任会议委托做《关于加强市人大常委会工作几点意见》的报告。委员们进行了分组和大会讨论。侯仁之参与讨论并发言。

> 侯仁之："社会主义民主不同于资本主义民主，我们不赞成用'大民主'的方法。从我所在的北京大学来说，应当向学生进行这方面的教育。但是，北京大学确实存在着官僚主义，机构重叠，人浮于事，渠道不通，中间梗塞。这个问题解决了，才能使基层民主从形式到内容更健全。"[1]

下半年 据教学行政处5月编印的《北京大学1984—1985年度第一学期课程表》（理科）载，侯仁之等人在一教211室开设历史地理专业必修课历史地理学与历史地理研究法，又在哲学楼206室开设必修课历史地理专题研究。

> 案：同期，在俄文楼103室有历史地理专业课程中国地理学史，开课人不详。又，唐晓峰为地理系81级经济地理、自然地理专业本科生开设必选课城市历史地理。[2]

本年 北京大学地理系历史地理教研室更名为历史地理研究室。
——北京铁路局副局长郝慎铭为北京西客站选址之事到燕南园拜访侯仁之。此前，铁道部、北京市于1983年7月形成《关于北京西客站规划设计方案若干问题的会议纪要》，决定北京西客站"站址方案确定在莲花池以东，占用莲花池公园西北角小部分，基本上对着羊坊店路。客站附近的莲花池河河道改移，采用穿

---

[1] 北京市人大常委会办公厅、北京市档案馆编：《北京市人民代表大会文献资料汇编（1949—1993）》，北京出版社1996年版，第1237页。

[2] 教学行政处：《北京大学1984—1985学年第一学期课程表》（理科），1984年5月，见北京大学档案馆馆藏资料（档案号3031984016-1）。

越莲花池北岸的暗渠方案,具体处理要进一步与园林局商量"。

著述

5月7日 《要看到建设"滨河公园"的历史意义——我的一点想法和建议》刊于《北京日报》。

> **1990年6月10日侯仁之附记:**"上文写成于1984年春应邀出访美国康奈尔大学建筑学院城市与区域规划系的时候,当时关于建设'滨河公园'的消息传来,及时赶写了这篇小文,投寄《北京日报》,于1984年5月7日刊出。"[①]

5月10日 在美国康奈尔大学城市与区域规划系写完《〈北京的城墙与城门〉序》。该序又刊于《燕都》1986年第4期、《北京文博文丛》2013年第3期。

> **案:**《北京的城墙与城门》(*The Walls and Gates of Peking*)一书由瑞典艺术史研究者喜仁龙(Osvald Sirén,1879—1966)所著,1924年在英国伦敦初版。该书中译本由许永全翻译、宋惕冰校对。除侯仁之的序外,另有周谷城的序。
>
> **侯仁之:**"我对北京这座古城的城墙和城门本身,却没有什么研究。还是在北平解放前夕,我偶然在伦敦一家旧书店里发现了喜仁龙教授的这部《北京的城墙和城门》,并以重价把它买下来,通夜加以浏览,我才开始意识到这一组古建筑的艺术价值。"[②]
>
> **宋惕冰:**"20世纪80年代,北京市文物古迹保护委员会建立后,主任委员侯仁之先生时常提到瑞典作家奥斯伍尔德·喜仁龙曾对北京的城墙和城门的关注和贡献。……事有凑巧,就在1983年冬,我赴侯老府上(北京大学燕

---

① 侯仁之:《要看到建设"滨河公园"的历史意义——我的一点想法和建议》,见《奋蹄集》,北京燕山出版社1995年版,第168页。
② 侯仁之:《〈北京的城墙与城门〉序》,见《奋蹄集》,北京燕山出版社1995年版,第23页。

南园61号）拜望侯老时，侯老让我看了这部书原著，并借给我阅读。当得知我毕业于北大外语系时，便建议我将此书译成中文。……也恰在此时，一位名叫许永全的青年，从河北大学毕业，分配到市文物局办公室当文秘，后到北京燕山出版社任编辑。听说他英文好，我本人又忙于公务，便合作将喜仁龙的原著译成中文，并于两个月内完成译稿。译作完成后，我用了半个多月时间进行校订，主要更正古建专业名词与中文表达中的西式长句。并请周谷城、侯仁之先生写序。1985年由刚成立的北京燕山出版社出版。"①

单士元："过去曾有瑞典学者普查过老北京城城墙城门，写有专著。书成后即赠学社一部。梁先生说外人已先我们而行，因命人翻成中文，名曰北京城墙及城门（现在已在侯仁之教授指导下编译印行）。当日梁先生嘱我绕北平内城一周查阅城墙上部所嵌之重修石碣，准备有所补充。全功未竟，而芦沟桥事变。此旧稿仍藏本人书箧中，历近五十年矣。"②

9月24日 《国庆述怀》刊于《北京大学校刊》第365期第7版。该文抒发了侯仁之从国外回到北京城的观感。

9月 《回顾过去，瞻望未来——纪念〈地理学报〉创刊五十周年》刊于《地理学报》1984年第3期。该文英文版以"Thoughts at The Fiftieth Anniversary of The Publication of Acta Geographical Sinica：Retrospect and Prospect"为题刊于Acta Geographica Sinica1984年第3期。

10月 侯仁之主编，邢嘉明、苏天钧副主编，北京环境变迁研究会编的《环境变迁研究》第一辑由海洋出版社出版。

本年 《北京市旧城城市设计的改造——新中国文化建设的一个具体说明》刊于《城市问题》1984年第2期。

---

① 宋惕冰：《〈北京的城墙与城门〉出版经过》，载《北京文博文丛》2017年第2期。
② 单士元：《梁先生八十五诞辰纪念》，见梁思成先生诞辰八十五周年纪念大会编印：《梁思成先生诞辰八十五周年纪念文集（1901—1986）》，清华大学出版社1986年版，第27页。

案：该文以北京旧城城市设计的改造为例，就当时面临的建设社会主义新文化的问题，从地理的因素提出个人的观点和看法。英文稿收入为美国芝加哥大学教授哈瑞斯（Chauncy D. Harris）4月1日退休而编的纪念文集《现代城市变化的世界模式》中。中英文稿又收入《中国历史地理论集（英汉对照）》（外语教学与研究出版社，2015年）。

——《展望全国文化中心的北京》刊于《新观察》1984年第21期。

——Geography in China（《中国地理学》英文版）由科学出版社出版，侯仁之撰写历史地理部分。

——写成《一位患难中的良师益友——追忆夏仁德教授》一文，刊于《夏仁德在中国》（世界知识出版社，1985年）。该文后以《追忆夏仁德教授》为题收入《奋蹄集》（北京燕山出版社，1995年）之中的"未名湖畔的怀念"。

评介

本年　邹逸麟的《回顾建国以来我国历史地理学的发展》（《复旦学报》1984年第5期）认为"侯仁之同志对毛乌素沙地和乌兰布和沙漠变迁的研究，可以说是开创了我国沙漠变迁研究的先河"。

——黄新亚的《各辟蹊径，同气相求——读近年出版的几部历史地理学专著》刊于《读书》1984年第1期。该文对侯仁之的《历史地理学的理论与实践》进行评价，称"作者力图依据辩证唯物主义和历史唯物主义原则，对历史地理学理论进行探讨"，并称"以自然科学严密的论证解释历史上沧桑兴替的办法，是侯先生治学的重要特点"。

——肖恒、谢紫的《如果你想聪明，跑步吧——记全国政协委员、著名学者侯仁之》刊于《北京体育》1984年第5期。侯仁之在介绍记者采访时称"长跑赐予我一副好身体"。

传承

9月　招收的硕士研究生高松凡、刘荣芳、刘波入学。
——招收的博士研究生司徒尚纪入学。

　　司徒尚纪："以侯先生的意见，要在广州安一个历史地理的纵队，先安下一个钉子。招我读他的研究生的时候，他很严肃地告诉我：'你毕业后不要想着在北京工作，还是要回岭南，因为历史地理的布局，北方在北大，东方有复旦，西边有陕西师大，中间有武汉大学，那么南方也要有人，东西南北中。'"[①]

12月　与徐兆奎合作指导韩光辉完成硕士研究生论文《清与民国三百年间北京今市域内人口地理的初步研究》。

　　案：经北京大学学位评定委员会第十次会议通过，授予韩光辉硕士学位。韩光辉以及武弘麟、陈晓田、赵中枢等人的名字见于校长办公室《北京大学行政公报》第3期（总第104期，1986年5月4日编印）中的《北京大学一九八四年（下半年）授予博士学位、硕士学位名单》。

——指导武弘麟完成硕士研究生论文《科尔沁沙地沙漠化历史过程初探》。
——与邢嘉明合作指导陈晓田完成硕士研究生论文《运用遥感景象对北京平原水系变迁及其环境后果的初步研究》。
——与徐兆奎合作指导赵中枢完成硕士研究生论文《北京市昌平县的地区开发与环境变迁》。

[①] 樊克宁：《侯仁之：一个守望大地的人》，见《呆在原地——与世纪学人面对面》，广东人民出版社2013年版，第66页。

1985年　74岁

背景

1月21日　每年9月10日被确定为教师节。

11月　全国人大常委会批准中国加入《保护世界文化和自然遗产公约》。

纪事

1月14日　《北京市历史地图集》编辑组在北京大学图书馆召开工作例会。侯仁之、徐兆奎、张传玺、苏天钧、王北辰、尹钧科、俞美尔、李宝田、唐晓峰等人出席。会上，尹钧科汇报了单士元、徐苹芳等人提出的修改意见。侯仁之就图集的文字说明、地名索引等问题提出意见和要求。29日，《北京市历史地图集》编辑组在北京大学图书馆召开工作例会。侯仁之、张传玺、苏天钧、尹钧科、武弘麟等人出席。会议讨论了图集的文字说明、地图印制、文字规范等问题。

1月31日至2月1日　北京市第八届人大常委会第十八次会议召开。会议通过了关于召开北京市第八届人民代表大会第四次会议的决定。侯仁之缺席会议。

2月5日　《北京市历史地图集》编辑组在北京大学图书馆召开工作例会。侯仁之、徐兆奎、张传玺、李宝田、尹钧科、高松凡等人出席。会议讨论了图集的文字说明、地名索引等图集审改问题。会议决定由苏天钧与北京市测绘处董怡国、张大有，北京市社会科学研究所曹子西及北京出版社联系出版事宜。12日，《北京市历史地图集》编辑组在北京大学图书馆召开工作例会。侯仁之、徐兆奎、张传玺、李宝田、王北辰、苏天钧、尹钧科、武弘麟等人出席。会议讨论了图集的文字说明、地图设色等问题。

2月7日　出席在北京饭店西七楼餐厅举行的北京市文物古迹保护管理委员会茶话会，与会者另有白介夫、陆禹、陈昊苏、吴良镛、郑孝燮、张开济、单士元、夏鼐、谢辰生、罗哲文等人。

2月10日　文化部、北京市宣武区政府、中山实业有限公司等正式签约联合开发宣外大街的菜市口、牛街一带。侯仁之得悉这一消息，接受《北京晚报》的

采访，称"改造北京旧城，切不可忘记北京是历史文化名城这一特殊性"。

2月16日　国务院学位委员会第六次会议决定，为了表彰第一届学科评议组成员在学位工作上所做的贡献，向参加第一届学科评议组工作的学者、专家赠送荣誉性学位工作纪念品。侯仁之获得国务院学位委员会第一届学科评议组工作纪念牌。此外，国务院学位委员会还发出《给国务院学位委员会第一届学科评议组成员的感谢信》。此前，国务院学位委员会于1月5日在北京市召开学科评议组召集人会议，讨论了第二届学科评议组成员名单。侯仁之为第一届学科评议组理学评议组成员，并未当选第二届学科评议组成员。

2月20日　受邀出席在人民大会堂宴会厅举行的春节团拜会。

2月25日　中国科学院古地理与历史地理研究室邢嘉明致信侯仁之，谈及中科院与北京市签订科技合作协议，针对北京市城市建设总体规划开展研究，因而咨询历史地理学如何在其中发挥作用。

2月26日至30日　北京科技发展战略讨论会召开，侯仁之作为北京市政府首都发展战略顾问组顾问，与钱学森等300余名专家出席会议，针对首都建设提出22项议题。另有宦乡、王纪宽、陆宇澄等人与会。

案：侯仁之在会上做题为《试论北京城市规划建设的两个基本原则》（北京城市历史地理的专题研究之一）的发言，提出了北京城市规划建设的两个基本原则：第一，一定要站在创造社会主义新文化的高度上来看北京城的规划和建设，特别是旧城的改造；第二，一定要在北京城的规划建设中，特别是旧城的改造中，坚持突出社会主义新时代的主题思想。发言稿以《试论北京城市规划建设的两个基本原则》为题刊于《新建筑》1986年第3期，其修订稿收入《侯仁之燕园问学集》（上海教育出版社，1991年）之中时注明"1985年3月在北京科技发展战略讨论会上的讲话，略有删改"，此处"3月"当为"2月"之误。[①]又，《侯仁之年谱简编》载1985年"5月出席

---

① 侯仁之：《试论北京城市规划建设的两个基本原则》（北京城市历史地理的专题研究之一），见李兴汉、宋毅编：《城市学与发展战略》，北京科学学研究中心1985年，第70页。

北京发展战略讨论会，做《试论北京城市规划建设的两个基本原则》专题发言"，月份当误。①

2月　致信《人民政协报》记者邹士方，答复约稿之事，寄送为《北京人谈北京》所写的序言。

3月1日　向朱良漪赠阅《环境变迁研究》第一辑精装本。

3月4日至24日　中国文化书院筹委会与九州知识信息开发中心在北京主办中国文化书院第一期讲习班。侯仁之为170名学员做题为《中国传统地理学中的爱国主义思想》的讲演。

案：侯仁之及冯友兰、梁漱溟、张岱年、任继愈、金克木、牙含章、石峻、吴晓铃、戴逸、何兹全、丁守和、阴法鲁、汤一介、白化文、陈鼓应、李泽厚、杜维明等学者任授课导师。讲习班结束后，又召开"重新探讨中国传统文化的价值和作用"学术讨论会。侯仁之的讲演稿后刊于中国文化书院讲演录编委会编的《论中国传统文化》（生活·读书·新知三联书店，1988年）。

3月5日　中国考古学会第五次年会在北京大学召开。夏鼐与徐苹芳拜访侯仁之。

——《北京市历史地图集》编辑组在北京大学图书馆召开工作例会。侯仁之、徐兆奎、张传玺、李宝田、王北辰、苏天钧、高松凡、武弘麟等人出席。为避免打搅，会议拟定在京外召开审图会。

3月10日至18日　北京市第八届人民代表大会第四次会议在人民大会堂举行。3月5日，北京市第八届人大常委会举行第十九次会议，审议了补选和增选代表的代表资格问题。侯仁之缺席此次会议。9日，北京市八届人大四次会议预备会议通过主席团、秘书长名单，侯仁之入选主席团。11日，北京市八届人大四次会议通过关于调整市人大常委会部分组成人员的决议，接受侯仁之辞去北京市第

---

① 王毓蔺编：《侯仁之学术文化随笔》，中国青年出版社2001年版，第265页。

八届人民代表大会常务委员会委员职务的请求。

3月25日至4月8日　中国人民政治协商会议第六届全国委员会第三次会议在北京举行。侯仁之、郑孝燮、罗哲文、阳含熙在会上联名提交《第六届全国政协第三次会议提案》（第663号），建议我国尽快加入联合国教科文组织的《保护世界文化和自然遗产公约》。

案：《保护世界文化和自然遗产公约》（Convention Concerning the Protection of the World Cultural and Natural Heritage）于1972年11月16日由联合国教科文组织在法国巴黎召开的第十七届大会上通过。1976年，世界遗产委员会成立。侯仁之等人的第663号提案案由为："我国应尽早参加'联合国教育、科学及文化组织'(简称教科文组织)的'世界文化和自然遗产保护公约'，并准备争取参加'世界遗产委员会'以利于我国重大文化和自然遗产的保存和保护，加强我国在国际文化合作事业中的地位案。"其办法为："由我教科文组织全国委员会会同文化部、科学院和人与生物圈国家委员会、城乡建设环境保护部、林业部、外交部等有关部门，准备有关'世界文化和自然遗产保护公约'的文件，并备文说明参加该公约所应具备的条件和有关事项，报告国务院和全国人民代表大会常务委员会审核批准。"11月6日，中国教科文全委会秘书处收到提案。1985年11月，第六届全国人民代表大会常务委员会第十三次会议批准中国加入《保护世界文化和自然遗产公约》。1985年12月12日，中国正式成为《保护世界文化和自然遗产公约》缔约国之一。

郑孝燮："1985年，在六届全国政协第三次会议前，北京大学教授侯仁之委员写信，后又打电话给我。他说，联合国教科文组织1972年在巴黎通过了一个《保护世界文化和自然遗产公约》，中国应该加入这个公约，我们应该提交一份这样的提案。我当即表示完全赞成。侯仁之教授先是在1984年到美国康奈尔大学讲学时知道这件事的，这给他很大的震动，中国历史文化渊源深厚，完全符合世界遗产的条件，我们应该放眼世界，更好地保存祖先留给我们的宝贵遗产。这样，就有了这份由侯老起草的，侯仁之、阳含熙、罗哲文和我共同签名的，编号为663号的提案。当年4月，这份提案送交给全国人大，引起高度重视。1985年11月，全国人大常委会批准了我国参加《保护世界文化和自然遗产公约》。1987年，我国有了第一批入选世界遗产保护的项目。"①

于希贤："说实在的，当时侯先生年纪大了，但是他非常聪明，他同我谈思路，让我来操作。我把提案草稿写出来，他改定后，装入信封，封好口。当时不是专家都有电话的，也没有email这些条件。我就骑着自行车跑十几公里到北京城里，送给全国政协委员阳含熙、郑孝燮、罗哲文，通知他们开会，给提案联合签名，然后提交。1985年4月，这项《建议我国政府尽早参加"保护世界文化和自然遗产公约"》提案在全国政协会议上获得通过。"②

考异：上述回忆有不实之处。当时提交提案时，罗哲文、郑孝燮二人并不在国内，二人的签名由侯仁之代签。据1985年4月9日侯仁之致郑孝燮信载："我已经代您签了名，我相信哲文同志也一定会同意，因此也代他签了名。此外签名的还有阳含熙同志（人与生物圈国家委员会）和我共四人，未多征集签名，但事先征求了我教科文组织全国委员会杨伯箴同志的意见，并请他看过全文，他还加了一点内容。"③

4月1日至5日 出席首届全国旅游地学学术年会，与孙大光、黄汲清一起被推举为中国旅游地学研究会筹备委员会名誉会长。

4月2日 致信杨文衡、杨世铎，谈及为二人所撰的《徐霞客》一书作序之事。3月22日，二人曾为此事致函侯仁之。该书为纪念徐霞客诞辰400周年而作，最终在1986年由中国青年出版社出版。

4月11日 题赠《历史地理学的理论与实践》给于希贤，题词称"此册第462页上节录了1978年您从昆明寄来的两封信。时隔六年，重新翻阅，恍惚有如昨

---

① 郑孝燮：《我亲历的全国政协文物保护活动》，见中国政协文史馆编：《文史资料选辑》第163辑，中国文史出版社2013年版，第132—133页。
② 樊克宁：《呆在原地——与世纪学人面对面》，广东人民出版社2013年版，第67页。
③ 郑孝燮：《我亲历的全国政协文物保护活动》，见中国政协文史馆编：《文史资料选辑》第163辑，中国文史出版社2013年版，第138页。

日。尔今全家北来，定居首都，朝夕相处，更是当初意想不到的。匆匆书此，以志纪念"。

4月15日至18日 中国地理学会第五届理事会暨表彰从事地理工作五十年老专家大会在北京举行。会议开幕式由中国地理学会理事长黄秉维主持，王成组、林超、曾世英、严德一、王维屏等人受到表彰。中国地理学会副理事长侯仁之代表第四届理事会向受表彰的33位老科学家表示祝贺，并颁发纪念品和荣誉证书。18日，吴传钧代表常务理事会宣布侯仁之、胡焕庸、曾世英、林超、曹廷藩5人被聘为中国地理学会名誉理事。此次会议确定陈桥驿任历史地理专业委员会主任，邹逸麟、钮仲勋、于希贤任副主任。侯仁之当选为中国地理学会历史地理专业委员会名誉理事。

案： 受表彰的33位从事地理工作50年以上的老科学家为王维屏、王成组（绳祖）、方俊、叶汇、李旭旦、李海晨、李良骐、刘恩兰、刘愈之、任美锷、朱炳海、吕炯、杨曾威、杨克毅、严德一、余俊生、周立三、周廷儒、林超、林观得、赵燨如、胡焕庸、梁溥、梁祖荫、梁希杰、黄秉维、盛叙功、曾世英、谢家泽、鲍觉民、楼桐茂、褚绍唐、谭其骧。4月16日，中国地理学会第五届理事会通过人事名单，黄秉维任理事长，吴传钧、任美锷、张兰生、王恩涌、程潞、施雅风任副理事长，瞿宁淑任秘书长。

4月18日至19日 出席在北京召开的中国地方志指导小组第五次会议。国务院同意中国地方志指导小组由中国社会科学院代管。经中共中央宣传部批准，中国地方志指导小组成员扩大至18人，中共中央顾问委员会委员曾三任组长，梁寒冰、韩毓虎任副组长，侯仁之、刘大年、牙含章、朱士嘉、董一博、黄秉维、高德、左大康等15人为成员，郦家驹任秘书长。

4月27日 北京大学第190次校长办公会决定遥感技术应用研究所从地理系中分离出来，成为系级建制的独立单位。

5月10日 校长办公室编印的《北京大学行政公报》第6期（总第90期）刊登经校学术委员会研究、学校批准的《北京大学各系（所、室）学术委员会名单》。其中，地理系、遥感技术应用研究所的学术委员会由胡兆量任主任，王恩涌任副主任，承继成、魏心镇、杨吾扬、关伯仁、杨景春、陈传康、陈静生任委员，侯仁之、王乃樑、林超、张景哲、陈述彭、刘东生、沈克琦任特邀委员。

5月15日　《北京大学》校刊第391期第2版报道地理系经济地理专业部分师生和在京校友庆祝专业成立30周年的情况。30年来，经济地理专业培养了14届的300多名毕业生。当时，经济地理专业是北大最热门的专业之一，本科生入学平均成绩名列全校理科各专业第三名。

5月　《中国地方志大辞典》编辑委员会在浙江杭州成立。侯仁之、朱士嘉、傅振伦、牙含章等人任顾问。

6月20日　致信北京大学校卫队负责同志，介绍乔荣诰之子到校卫队工作，以便照顾家庭。乔荣诰是侯仁之的初中同学，也是傅作义部队的起义人员，生前在北大体育教研室、校卫队工作。

6月　主持审议中国科学院遥感应用研究所制订的中国旅游资源信息系统总体和技术方案。来自国家科委、国家计委、国家旅游局、文物局、城建部园林局等单位的60余位专家参加评审会。

7月17日　在全国政协文化组和市政协文化组联合举行的专题讨论会上，提请北京市政府保护好卢沟桥。8月11日，北京市政府成立卢沟桥历史文物修复委员会，由陈昊苏任委员会主任。15日，卢沟桥修复工程指挥部成立，陈昊苏任总指挥，郭景兴任指挥部办公室主任。侯仁之、单士元、罗哲文、郑孝燮、魏传统、侯镜如等人任顾问。另有焦若愚、陆禹、白介夫任名誉顾问。20日，第一次顾问组扩大会议召开，审议卢沟桥修复工程初步设计方案。

7月　浙江省人民政府决定编纂《浙江古今地名词典》，同时成立编纂委员会。编纂委员会由谭其骧、侯仁之、史念海任顾问，陈桥驿任副主任及主编。

8月5日　北京大学向国家教委教师办公室、北京市高教局递交《北京大学关于设立教师学科评审组的报告》（北发〔85〕485号）。在地理系教师学科评审组中，系主任胡兆量教授（待特批）任组长，王恩涌副教授任副组长，成员有侯仁之、王乃樑、林超、张景哲、陈述彭、沈克琦、承继成、杨吾扬、关伯仁、陈传康、陈静生、魏心镇、杨景春。

8月14日　与罗哲文、朱长龄等人陪同美国康乃尔大学建筑学院教授芮溥思一行到北京城内鼓楼考察。15日，时值抗日战争胜利40周年纪念日，再陪同康奈尔大学教授一行参观卢沟桥。19日，芮溥思赠阅 *Views and Viewmakers of Urban America*（University of Missouri Press，1984）一书。当日，与美国学者 E. N. 培根在北京大学勺园告别，临别获赠 *Birch's View of Philadelphia*（Free Library of Philadelphia，1982）一书。本月，芮溥思又赠 *Panoramas of Promise: Pacific Northwest Cities and Towns on Nineteenth-Century Lithographs*（Washington State University，1984）一书。

8月24日　北京市文物保护协会成立大会召开。侯仁之以北京市文物古迹保护管理委员会主任委员、协会顾问身份发表讲话。另有陈昊苏、白介夫、廖沫沙、吴良镛、郑孝燮、张开济、罗哲文等出席。

8月　赴中国国际广播电台录制录音通讯《四十年前的八·一五》。

10月2日　致信冰心，谈及从其文学作品中受到的启发和教育。

10月初　与全国人大常委会副委员长黄华、严济慈，全国政协副主席钱昌照及王定国、罗哲文等人听取董耀会等人徒步考察长城的汇报。

10月6日　侯仁之与全国政协委员罗哲文、北京市文物局副局长彭思齐等视察北京平谷上宅遗址发掘现场和将军关段长城，并提出修复长城和关口的设想。11月8日，侯仁之再赴平谷考察上宅遗址并指导发掘研究工作。

10月9日　获颁中国科学院"从事科学工作五十年荣誉奖状"，奖状称"侯仁之同志献身科学事业五十年，积极探索，努力实践，辛勤耕耘。为祖国科学发展、经济建设和人才培育做出了重要贡献。特予表彰"。

10月14日　致函《地理知识》编辑部，谈及文稿处理之事。该文原系《北京菁华》（人民日报出版社）一书的第一章《北京的地理位置》。

10月29日　与白介夫、廖沫沙、雷洁琼、屈武、杨献珍、单士元、杨伯达等人出席在人民大会堂举行的圆明园罹劫125周年纪念会。侯仁之在讲话中坚决反对全部修复圆明园遗址。

10月　与单士元、吴良镛、郑孝燮、张开济、罗哲文等出席贯彻首都建设规划委员会"北京市区建筑高度控制方案"和"北京市人民政府禁止机动车辆和兽

力车在卢沟桥上通过的决定"研讨会。

11月8日　徐玫致信侯仁之,谈及《不寻常的师生情》文稿处理之事。徐玫毕业于燕京大学新闻系,后到《天津日报》任编辑。16日,徐玫再次致信侯仁之,谈及文稿处理之事,侯仁之委托其带信并看望王金鼎、邵淑惠二人。

11月11日　中丹医学生物学进修生培训中心落成典礼在卫生部北京生物制品研究所举行,卫生部部长崔月犁、北京市人民政府顾问白介夫、丹麦王国驻中国大使何泽高等800余人出席。此前,根据中国、丹麦两国1982年10月在北京签订的《中华人民共和国政府和丹麦王国政府关于医学生物学合作计划的协定》,卫生部与丹麦方面打算在天坛公园内联合建设生物疫苗研究所。侯仁之出于城市规划、文物保护和生物安全的考虑,牵头上书中央,反对将该机构选址在天坛公园内。侯仁之等人的意见得到中央领导重视,该研究所于是改建在三环路以外。

11月14日　出席大气污染与保护石质文物的座谈会并讲话。

11月20日　中共中央顾问委员会在中南海举行纪念一二·九运动50周年座谈会。薄一波、黄华、林润生、陈翰伯、侯仁之等人出席。会议期间,侯仁之为北京钢铁学院题词。

11月21日　与刘导生、韩天石、朱穆之、袁宝华、张震寰、胡昭衡、孙思白、葛佩琦等人在北京大学临湖轩与学生座谈,纪念一二·九运动50周年。

11月27日　到中共中央党校市长培训班讲课,题目为《从首都的城市建设探讨我国城市独特风貌的形成与发展》。听课者中有时任徐州市副市长,后来成为北京市副市长、国家建设部部长的汪光焘。

12月8日　学弟庆华(全名不详)致信侯仁之,答复侯仁之11月18日来函,并谈及《燕大校友通讯》稿件、费先生(全名不详)来华事宜。

12月11日　到民族文化宫参加广西左江崖壁画介绍会,出席者还有苏秉琦、贾兰坡、常任侠、史树青、顾铁符等人。13日,在北京大学校内临湖轩接待广西左江客人,提出将左江壁画申报世界文化遗产的设想。原思训、陈铁梅、徐海鹏等人在座。

12月23日至27日　中国建筑学会城市规划分会在陕西西安召开年会,进行换

届选举。在第四届学术委员会中,吴良镛任主任委员,周干峙、王凡任副主任委员。侯仁之、曹洪涛、任震英、金经昌、郑孝燮、宋家泰等人任顾问。

12月　北京市人民政府向侯仁之颁发第一届市政府"首都发展战略顾问组"专业顾问纪念证书,表彰其任市政府第一届专业顾问时所做的贡献。

——北京旅游学会选举产生第三届理事会。焦若愚任名誉会长,廖沫沙、薄熙成、姜润山任会长,侯仁之、周盼、于英士、林筠卿、陈传康等人任副会长。

——任美锷等合著的 *An Outline of China's Physical Geography* 由外文出版社出版。此后,加拿大维多利亚大学地理学系教授黎全恩为购此书致函侯仁之。

上半年　据1984年12月教学行政处编印的《北京大学课程表1984—1985学年第二学期课程表》(理科)载,地理系本科生在一教312室有选修课中国历史地理通论,开课人不详。在地理学研究生课程表中,侯仁之等人为一年级开设必修课中国历史地理专题。

案：同期,于希贤开设历史地理专业必修课中国地理学史,周民教副研究员开设必修课孢粉分析。此外,地理系教师王北辰为历史系82级中国史专业学生在一教208室开设3学分选修课历史地理。[1]

下半年　据5月24日填写的《北京大学课程表》(1985—1986年度第一学期地理学研究生课程表)可知,侯仁之与王北辰讲师每周四在哲学楼220室为历史地理专业研究生开设必修课历史地理学。

案：同期,于希贤讲师为历史地理专业研究生开设必修课中国地理学史,周昆叔副研究员开设孢粉分析与野外方法课程。此外,武弘麟为经济地理专业本科生开设必修课历史地理。[2]

---

[1] 教学行政处:《北京大学1984—1985学年第二学期课程表》(文科、外语),1984年12月,见北京大学档案馆馆藏资料(档案号3031984017-2)。

[2] 教学行政处:《北京大学1985—1986学年第一学期课程表》(理科),1985年7月,见北京大学档案馆馆藏资料(档案号:3031985018-1)。

本年　为北京市延庆县玉皇庙和古城两处山戎部落文化题词"青铜文化，首都增光"。

著述

2月28日　写完《北京历代城市建设中的河湖水系及其利用》一文，后刊于《环境变迁研究》第二、三合辑（北京燕山出版社，1989年）。该文又有1988年6月25日附记，称"此文重点在于说明河湖水道在北京城市规划建设上的关系"。

4月4日　写成《万里长城》一文，刊于《文物》1985年第12期。

6月　《新闻记者和地理学》收于丁浪等编著的《从观察到写作》（人民日报出版社，1985年）一书。侯仁之在文中向记者推荐《普通自然地理简明教程》（商务印书馆，1960年）、《中华地理志·经济地理丛书》（科学出版社）、《水经注》作为自学参考。

7月　《中国内蒙古自治区沙漠中的古城遗址》（Ancient city ruins in the deserts of the Inner Mongolia Autonomous Region of China）刊于Journal of Historical Geography（《历史地理学杂志》）第11卷第3期。文章称"回归历史的唯一目的是阐明这些历史上辉煌一时的地区是如何变成沙漠的"。该文是侯仁之在加拿大、美国几所大学访问期间演讲稿的基础上修订而成的，文中地图由伦敦大学学院的Alick Newman改绘。

8月15日　《保护卢沟桥刻不容缓》一文刊于《北京日报》。

8月　北京大学历史系编写的《北京史》由北京出版社出版。该书初稿完成于1960年，后记称"侯仁之同志参加了部分初稿的起草工作，并进行了具体指导"。

9月　写成《元大都城垣遗址公园》一文，后刊于1986年《燕都》杂志。该文后以《元大都城垣遗址碑记》为题，由刘子章书写刻碑，立于元大都城垣遗址公园西北部。

11月　《"一二·九"这一天的回忆》初刊于赵荣声、周游编的《一二·九在未名湖畔》（北京出版社，1985年）。

本年　《维修长城赞》刊于《文物》1985年第6期。

——《要真实、要发展——关于城市古建筑遗址的利用与开发问题的一封信》为题刊于《新建筑》1985年第3期。

——《侯仁之教授在北京科技发展战略讨论会上的讲话摘要》刊于《城市开发》1985年第3期。

——《对高校改革的三点意见》刊于《前线》1985年第11期、《学习与研究》1985年第11期、《大学教育》1985年第12期。

——《一言难尽话"交往"》刊于《〈北京日报〉创刊30周年纪念特刊》，后又发表于《新闻与写作》1987年第6期。又以《纪念〈北京日报〉创刊三十周年》为题收于《奋蹄集》（北京燕山出版社，1995年）之中。

评介

3月22日　《北京晚报》第1版头条刊登《侯仁之教授就北京城市建议提出意见：改造旧城要注意保护历史文化遗迹》。

9月　《著名地理学家、北大教授侯仁之说：学习地理是为了利用自然和改造自然》收入中央电视台《中学生智力竞赛》编导寿沅君、林庆章编的《中学生智力竞赛》第3册（海洋出版社，1985年）之中。北京大学附属中学初二年级的5位同学参加中央电视台举办的史地竞赛以后，就学习地理的用处这一问题拜访侯仁之。

11月5日　《人民政协报》刊发邹士方关于《圆明园罹劫一百廿五周年纪念会在京举行》的报道，文章介绍了侯仁之在会上的发言重点。

传承

9月　招收的博士研究生韩光辉及硕士研究生李并成、李孝聪、伍旭昇入学。本年，北京大学共录取博士研究生100人、硕士研究生628人。

1986年　75岁

背景

2月14日　国务院决定成立国家自然科学基金委员会。

3月3日　王大珩、王淦昌、杨嘉墀、陈芳允4位学部委员向邓小平呈送"关于跟踪研究外国战略高技术的建议书"。

纪事

1月18日　向外交部、国家测绘总局、北京市人民政府递交《〈北京市历史地图集〉样图送审报告书》。报告书称"《北京市历史地图集》编绘工作历时六年，有关各方殷切期待该图集早日问世，服务于首都两个文明的建设。为了争取尽快出版，并保证质量，特将样图装订成册，送请审查批准"。

1月20日　与张友渔、刘导生等人为《北京社会科学》创刊题词。

1月23日　国家教育委员会发布《高等学校接受国内访问学者的试行办法》（86教师管字001号）。此后，侯仁之接受历史地理专业的进修教师。

> 案：1988年7月12日，国家教委印发《高等学校接受国内访问学者工作研讨会纪要》（88教师管办字177号）。在《全国高等学校接受进修教师专业目录》（一九九二至一九九三学年度）中，侯仁之（历史地理）、陈传康（自然地理学）、杨吾扬（人文地理学）、杨景春（地貌与第四纪地质学）等名列其中。

1月28日至30日　出席北京市人民政府召开的第三次文物工作会议，并在会上讲话。此次会议由陈昊苏做题为《发扬成绩，再接再厉，为保护好历史文化名城而奋斗》的工作报告，另有白介夫、陈希同、徐惟诚、陆禹、张大中等领导出席。

1月31日　复函燕京大学校友黄华，随信赠送《北京的城墙和城门》中译本。

3月14日　李传琇致信侯仁之，谈及寄赠画册及照片事。

3月23日　政协第六届全国委员会第四次会议在北京开幕。侯仁之接受《光明日报》记者采访时说："最近，电视剧《新星》引人瞩目，我去系里，同事、研究生都议论'新星'，议论改革，并同将要召开的人大、政协会议联系起来，可见群众对改革心情之迫切，对两个会议寄予厚望。"4月10日，侯仁之在第六次大会上发言。

3月　与廖沫沙、钟敬文等人出席北京少年儿童出版社召开的"可爱的中国"丛书顾问会。

4月11日　原燕京大学教授赖朴吾的骨灰安放在北京大学未名湖畔。侯仁之、张玮瑛、林启武、卢念高、赫鲁、钱行等人前往扫墓。

4月　杜瑜、朱玲玲编的《中国历史地理学论著索引》（1900~1980）由书目文献出版社出版。侯仁之为该书题写书名。

5月3日至7日　出席在江苏扬州召开的全国第一次历史文化名城经济社会发展问题研究会并发言，另有马洪、罗元铮、郑孝燮、朱自煊等人与会。侯仁之做题为《深入揭示北京历史文化名城的性质和特点是进行经济社会发展研究的先决条件》的发言。该文初收于中国历史文化名城研究会编的《中国历史文化名城保护与建设》（文物出版社，1987年），后以《北京：历史文化名城的性质和特点》为题收于《侯仁之燕园问学集》（上海教育出版社，1991年）。

5月7日　北京大学自然科学处在《北京大学校刊》第433期第1版刊文《我校20项成果获国家教委科技进步奖》。其中，地理系侯仁之主持的"历史地理学的理论及其应用"被评为1985年国家教委科学技术进步奖的优秀科技成果。11月15日校长办公室编印的《北京大学行政公报》第10期（总第111期）亦记载此事。

5月9日　中国地方志协会在北京召开第三届理事会。侯仁之当选为学术委员。

5月10日　北京大学举行新中国成立以来规模最大的科研成果奖励大会。国家教委副主任刘忠德、北京市科委主任陆宇澄及王学珍、张学书、沙健孙、朱德熙等校领导出席，共有232项成果获奖。其中，侯仁之主持的"历史地理学的理论及其应用"项目获得北京大学首届科研成果奖（理科）荣誉奖。另有魏心镇的

《工业地理系》、陈传康等人的《中国公路自然区划》获得二等奖，地理系任丘城市总体规划组的《河北任丘县城总体规划》、杨吾扬等人的《风象在城市规划和工业布局中的运用》、崔之久的《青藏高原地貌综合研究》等获得三等奖。

5月11日　参加在北京举行的山东德州博文中学纪念建校百周年庆祝大会。另有高沂、项堃等杰出校友出席。

5月13日至20日　北京市第八届人民代表大会第五次会议在人民大会堂举行。12日，北京市第八届人大第五次会议预备会议通过主席团、秘书长名单，侯仁之入选主席团。20日，侯仁之在会上与其他18位代表提出"检查文物保护法执行情况，加强本市文物保护工作"的议案（第64号），交市人大常委会审议。10月21日，北京市人大常委会副主任张大中在市八届人大常委会第三十一次会议上就文物法执法情况做了发言。

5月15日　与单士元、郑孝燮、罗哲文等人应邀赴北京市市政局审议卢沟桥修复工程设计方案。6月5日，又应邀出席北京市文物局召开的技术顾问组扩大会议，评审卢沟桥修复工程设计方案。

6月6日　在陈育宁5月所赠的发表于《中国社会科学》上的文章油印本封面上题写"陈育宁同志来信说，他对历史地理很有兴趣，我已将北辰同志、弘麟同志在研究室内专攻沙区历史地理的事写信告诉他，如去内蒙，可先于他联系"。

6月8日　致信北京市政协主席，北京市原副市长、顾问白介夫，谈及《北京市历史地图集》出版之事，并送上图集稿本一册征求意见。同时，侯仁之致信万里，请其题写书名"北京市历史地图集"并署名，并寄上图集"前言"、"凡例"及编委会名单请其过目。14日，就《北京市历史地图集》"前言""后记"的文字修改情况向专家征求意见，希望24日定稿。

6月30日　北京教授讲学团致函侯仁之，邀请其参加7月12日在国家教委逸仙堂举行的成立大会。

6月　与罗哲文、郑孝燮、单士元等人考察山海关长城遗址、内蒙古元上都城遗址。

7月9日　与胡子昂、钱昌照、周培源等50多位社会知名人士在《光明日报》第2版上发出联名倡议，建议"将黄山市辟为中国的世界公园，进行重点建设"。

案：参与联名倡议的还有费孝通、汪锋、贾春旺、卢嘉锡、阳翰笙、廖沫沙、沈从文、刘海粟、叶恭绍、于若木、于光远、王朝闻、李可染、黄胄、张瑞芳、谢添、白祖诚、吴传钧、陈传康、傅东升、周有光、张允和等人。国务院副总理万里就此做出重要批示。早在1985年7月，到黄山参加全国德育讲习班的105所高校的200多名教师就曾联名倡议"全面援助和加快建设未来的世界公园——黄山市"。此外，费孝通、刘开渠、叶恭绍、童小鹏、吴作人等60余位社会知名人士在1986年也联名致信党中央、国务院，建议"爱我中华，建设具有中国特色的世界公园——黄山市"。

7月14日　北京市圆明园遗址公园建设委员会成立并举行第一次会议，北京市副市长、圆明园遗址公园建设委员会主任委员陈昊苏主持会议。侯仁之与会，并与白介夫、陆禹、戴念慈、魏传统、吴良镛、张开济、汪菊渊等人任建设委员会顾问。

7月28日　国务院学位委员会召开第七次会议，审议通过第三批博士、硕士学位授予单位及其学科、专业和博士生指导教师名单。在《北京大学校刊》9月25日第2版公布的《北京大学博士生专业及导师名单》中，包括历史地理学与地理学史专业的侯仁之。在《北京大学授予硕士学位的学科专业》名单中，包括历史地理学与地理学史。

案：当时，国务院学位委员会批准北京大学有权授予博士学位的专业有75个，导师196名。其中，文科专业36个，导师72人；理科专业39个，导师124人。自然地理学的王乃樑、林超、崔之久，人文地理学（经济地理学）的杨吾扬也名列其中《北京大学博士生专业及导师名单》中。在《北京大学授予硕士学位的学科专业》名单中，还包括自然地理学、人文地理学（经济地理学）、环境地学、地图学与遥感等地学专业。

8月3日　出席有关《中国历史地图集》第七、八册中有关台湾和南海画法问题的讨论会。会议由胡乔木委托中国社会科学院院长胡绳主持，谭其骧、陈桥驿、林甘泉、高德、陈可畏、余绳武、杜荣坤、邓锐龄、钮仲勋、贾敬颜、韩振华、陈得芝、尤中、曾世英等学者与会。

8月11日 教育部顾问高沂致函侯仁之，为其安排赴巴黎行程。随信附上高沂致中国常驻联合国教科文组织代表团的信。高沂是侯仁之在博文中学、潞河中学读书时的校友，曾任教育部副部长、中国联合国教科文组织全国委员会主任等职。

案：高沂（1914— ），本名高秉晋，山东沂水人。1928年至1935年，在通县潞河中学求学并任教。1938年赴陕西安吴堡青训班学习，正式参加革命。曾任清华大学党委副书记、副校长，高教部副部长，教育部副部长、顾问，中国联合国教科文组织全国委员会主任等职。生平详见《沂水流长：我的往事忆语》（人民教育出版社，2008年）。

8月17日 中国嘉峪关长城研究会成立会议召开。会议推举侯仁之、魏传统、黄罗斌、刘冰、王定国、罗哲文等人为名誉会长。

8月18日 致信中国城市科学研究会，祝贺首届年会暨第一届理事会第二次全体会议召开。8月26日至30日，会议在天津召开。国务院副总理、中国城市科学研究会名誉会长万里，国务院副总理李鹏对年会的召开做了指示。李昌、叶如棠、周干峙等领导及吴良镛、周永源等专家学者250人参加会议。闭幕式上，天津市市长李瑞环转达了万里的两点指示，并做了题为《城市领导者应该重视城市科学研究》的讲话。

8月中旬 中国地理学会、承德地理学会在承德联合举办第一届全国青少年地理夏令营。侯仁之应邀与青少年地理爱好者会面。

8月21日至24日 由中国地理学会历史地理专业委员会、甘肃省丝绸之路研究会、交通部公路交通史编委会联合举办的历史地理学术讨论会在甘肃兰州召开。会议以大西北开发与历史地理问题为中心议题。中国地理学会秘书长瞿宁淑、历史地理专业委员会主任陈桥驿以及史念海、赵俪生等180余人参会。侯仁之、谭其骧缺席会议。

8月24日　从北京启程赴西班牙，出席在巴塞罗那大学召开的国际地理联合会地理学思想史专业工作委员会学术讨论会。侯仁之在会上做有关中国地理学思想研究的学术报告。此次会上，被聘为国际地理联合会及国际科学史与科学哲学联盟（IUHPS）所属的地理学思想史专业工作委员会常任委员。此后，应法国巴黎第七大学地理系之邀赴巴黎参观考察。在巴黎期间，曾入住熊秉明寓所，促膝谈心，直至深夜。

案：国际科学史与科学哲学联盟（The International Union of History and Philosophy of Science，简称IUHPS），1956年由国际科学史联盟、国际科学哲学联盟创办，隶属于联合国教科文组织国际科学联合会（ICSU）。2015年，该联盟改称为国际科技史与科技哲学联盟（International Union for History and Philosophy of Science and Technology，简称IUHPST），由科学技术史分会（the Division of History of Science and Technology，简称DHST）和科学技术逻辑、方法和哲学分会（the Division of Logic, Methodology and Philosophy of Science and Technology，简称DLMPST）两个独立的分支机构构成。

9月3日　北京市修复古北口长城指挥部成立，北京市副市长陈昊苏任指挥，罗哲文、侯仁之任技术顾问。

9月14日　与白介夫、张大中、陈昊苏等北京市领导及谢辰生、单士元、郑孝燮、罗哲文等学者参加在中山公园举行的文物保护法宣传游园活动，并接受北京广播电台记者采访。

9月23日至24日　中国地方志指导小组第六次（扩大）会议在北京召开。会议由梁寒冰主持，讨论即将召开的全国地方志第一次会议工作安排。

9月5日　北京大学理科教学楼群设计方案评选工作结束。此后，北大召开校园建设规划委员会扩大会议，决定将理科楼群的工程设计任务委托给广东建筑设计研究院。按照规划，地理系、地质系等部门安排在该楼群内。

9月27日　出席北京市西城区汇通祠复建工程开工奠基仪式，建议将此地辟

为郭守敬纪念馆。

9月30日　参加在北京大学临湖轩举行的燕京大学校友聚会。出席者另有雷洁琼、林启武、张定、孙幼云、钱行、陈永龄、赫鲁及赖朴吾夫人等人。

10月4日　与雷洁琼、龚普生、赵荣声、褚圣麟、赵萝蕤、陈永龄、林启武、陆卓明、叶祖孚等人出席燕京大学校友举办的谢迪克（Harold E. Shadick）访问中国欢迎会。此前，侯仁之赴机场迎接谢迪克一行。

10月上旬　北京大学地理系举办地貌及第四纪学专业建立30周年暨王乃樑教授70寿辰纪念活动。侯仁之、刘东生、林超及张龙翔、花文廷、胡兆量等校、系领导出席。

10月15日　北京市海淀区颐和园苏州街重建工程启动。此前，侯仁之、罗哲文、单士元、张开济、周维权、杨伯达、杜仙洲、陈志华、徐伯安等专家对苏州街重建方案进行了共同研讨论证。

10月16日　致信苏天钧，谈及《北京历史地图集》送审、出版计划等事。

10月中旬　为将黄山市建成中国特色世界公园的可行性进行论证，以侯仁之为组长的专家组赴黄山进行实地考察。侯仁之、张玮瑛应邀游览黄山，并为太平湖作诗《无题》："山外山，湖外湖，湖外有山，山外有湖，山湖之胜，举世所无，山湖之间，人杰地灵，新兴城市，旅游枢纽，肇建之始，植基永固。"

11月2日　与北京建筑设计院总建筑师张开济、首都建筑艺术委员会主任周永源等人考察什刹海风景区，发言称："据说新建的是一座高干病房楼，这座楼破坏了首都风景，我想老干部们将来住在这里也是不会安心的"。

11月10日　黄华、罗哲文致信侯仁之，引介董耀会到北京大学进修，从事长城学研究。

11月25日　雷洁琼题赠《中国的犯罪问题与社会变迁的关系》（北京大学出版社，1986年）一书。该书原稿为1934年严景耀在芝加哥大学完成的博士论文，著者为雷洁琼丈夫。

11月　周昆叔拜访侯仁之，商讨平谷上宅遗址的考古研究。

——任北京市研究会名誉会长。廖沫沙、单士元、何兹全、溥杰、李林等任顾问，会长由曹子西担任。

12月5日　卢沟桥修复工程正式开工。20日，侯仁之应北京市市政局邀请，与郑孝燮、单士元、罗哲文、张开济等人参观卢沟桥桥面修复工程。

12月中旬　与古元、王维桢等人参加全国政协组织的海南岛参观考察。返程中，在广州与司徒尚纪会面。

12月21日　出席在北京召开的中国地方志指导小组会议。指导小组成员曾三、梁寒冰、韩毓虎、刘大年、牙含章、朱士嘉、陈元方等与会。万里副总理在人民大会堂接见与会人员。

——致信于希贤，谈及赴海南岛行程、参加全国地方志第一次工作会议及安排瑞溥思访华行程等事。

冬　中国人民抗日战争纪念馆郭景兴为侯仁之、张玮瑛夫妇题写"老牛自知黄昏晚，不待扬鞭自奋蹄"条幅。

本年　应邀与单士元、郑孝燮等人到江苏徐州进行历史文化名城方面的考察。

——北京大学地理学系经济地理学专业教学计划修订完成。在非限制性选修课中有2学分的历史地理、2学分的中国地理学史。在同期完成修订的地理学系自然地理学专业教学计划，非限制性选修课中有2学分的中国地理学史，在《课程设置》中又列出历史地理学导论、北京历史地理两门课程的介绍。

案：据教务长办公室编印的北京大学《地理学系经济地理学专业教学计划》（1986年6月修订，北京大学档案馆藏，档案号3031986026-1）中的《课程设置》载，历史地理学导论的课程号为152007，其内容提要为"历史地理学的理论与方法，介绍中国城市水利、交通、人口，以及气候变迁、动植物变迁等。历史地理学研究以及<密>〔理论〕和方法"。该课的授课对象为"地理学系本科生选修"，教材与主讲教师则未列出。另有编号为150005的北京历史地理课程，内容提要为"介绍北京城的发展与由来以及城市规划布局的特点。为认识北京建设的发展方向及改造利用服务"。该课的授课对象为"文理科各系本科生选修"，教材与主讲教师则未列出。

著述

2月　主编的《北京人谈北京》由地质出版社出版。侯仁之撰写的《开头的话》，该文初刊于《人民政协报》。

——写成《谊在师友之间——怀念梁思成教授》一文，后收于《梁思成先生诞辰八十五周年纪念文集》（清华大学出版社，1986年），又收于吴剑平主编的《清华名师谈治学育人》（清华大学出版社，2003年）。

3月　《良师益友常相伴》一文完稿，怀念商务印书馆的出版物对自己的影响。该文初收于《商务印书馆九十年》（商务印书馆，1987年）。

5月　魏福平的《峨眉丛谈》由西南交通大学出版社出版，侯仁之为该书作序。

6月1日　为谢凝高的《中国的名山》（上海教育出版社，1987年）撰写后记，初刊于《中国园林杂志》1988年第3期。

6月　《历史地理学》刊于中央人民广播电台科技组、科学普及出版社编辑部编的《科学广播——科学家谈科学（4）》（科学普及出版社，1986年）。

8月15日　《要立足于创造社会主义新文化——首都城市规划建设之我见》刊于《北京日报》。

11月20日　写成《燕京大学被封前后的片断回忆》一文，收于《日伪统治下的北平》（北京出版社，1987年）。

12月2日　《什刹海与北京城市建设》刊于《人民日报》第2版。文章认为天桥和什刹海是北京旧城"两处最富有人民性的地方"。

本年　《首都应有什么样的城市风貌》刊于《学习与研究》1986年第7期。

——《试论北京城市规划建设的两个基本原则》刊于《新建筑》1986年第3期。

——写成《音容宛在——悼念赖朴吾教授》，后收于《赖朴吾——中国的好朋友》（北京大学出版社，1988年）。该文后以《悼念赖璞吾教授》为题收于《奋蹄集》（北京燕山出版社，1995年）之中的"未名湖畔的怀念"。

——《对邓之诚遗稿〈燕大教授案纪实〉一文的更正》收于北京《文史资料选编》第31辑（北京出版社，1986年）。

——为《山东省淄博市历史地名图册》（内部资料）作序。

评介

5月16日　《光明日报》第2版刊发《全国政协委员、北京大学教授侯仁之认为高校"住读制"的社会化势在必行》。侯仁之提出建议，认为改革我国高等院校后勤服务工作的一个重要方面就是高校"住读制"的社会化。

5月28日　《解放日报》报导，侯仁之建议在高等学校集中的地方，由地方的党政领导机关负责创建学生活动中心，设立阅报室、运动场。

8月7日　《北京明日更妖娆——侯仁之教授谈首都城市建设发展规划》刊于《人民日报》头版。该文是人民日报社记者柏生在城市发展战略国际学术讨论会召开前夕对北京文物保护委员会主任委员侯仁之的采访。

8月　邓伟的《中国文化人影录》由香港三联书店出版。书中收录邓伟所摄的侯仁之近照及侯仁之题词。

11月3日　《人民日报》第2版刊发郭仲义的《高楼障目　胜景难寻：专家呼吁保护首都什刹海风景区》一文，介绍侯仁之、张开济、周永源等建筑、文物界学者对什刹海风景区建设的看法。

12月　寿孝鹤等主编的《中华人民共和国资料手册（1949—1985）》（社会科学文献出版社，1986年）出版，收录"侯仁之"。

本年　邹新炎的《足迹——访历史地理学家侯仁之教授》一文刊于《地理知识》第7期。该文后收于刘纪远主编的《现代中国地理科学家的足迹》（学苑出版社，2002年）。

——陈育宁的《历史地理学研究的一个范例——评侯仁之教授对内蒙古西部沙漠化的历史考察》刊于《内蒙古社会科学》1986年第3期。

传承

11月5日　指导的首位博士研究生司徒尚纪完成学位论文《海南岛历史上土地开发的研究》，进行答辩。答辩委员有林超、罗来兴、曹廷藩、胡兆量、仇为之、王北辰等人。司徒尚纪毕业后，侯仁之出于学科布局的考虑，建议他到位于华南的中山大学工作。

案：北京大学学位评定委员会第15次会议（1986年12月31日）、第16次会议（1987年1月13日）决定授予9人博士学位、98人硕士学位。其中，地理学系的司徒尚纪、姜春良获得理学博士学位。

司徒尚纪："11月5日上午，我的论文答辩会在北大办公大楼会议厅举行。也许这是北大地理系首次博士论文答辩会，旁听的人很多，会议厅基本坐满了人。答辩委员除了先生和导师侯仁之教授以外，还有林超、仇为之、胡兆量、徐兆奎、王北辰教授等，都是我国地理界的名家，有些是与先生同时代留学英国，有些是建国后在经济地理学术争论中建立深交的。"①

本年 北京大学地理系毕业生姚洋欲报考侯仁之的历史地理学研究生，因本年不招生作罢。

1987年 76岁

背景
1月6日 《人民日报》发表社论《旗帜鲜明地反对资产阶级自由化》。

7月至12月 中国科学院组织院内外专家开展全国自然科学基础性研究的现状和发展战略问题调研工作。

纪事
1月9日 致信张瑚，谈及为《少年科学文库》丛书写序之事，并提及收到"热爱中华，振兴中华"知识智力竞赛材料。

1月9日 委托周昆叔、于希贤、武弘麟等人赴北京平谷上宅新石器文化遗址

---
① 司徒尚纪：《曹廷藩教授最后一次上京琐忆》，见司徒尚纪主编：《曹廷藩教授纪念文集》，广东省地图出版社2001年版，第120页。

进行实地调查。2月14日，与周昆叔应北京市文物事业管理局之邀到府学胡同参加上宅遗址研究工作会议，提议成立"北京市文物古迹保护委员会环境考古分委员会"。开展平谷史前时期环境变迁研究。3月24日，中国科学院地质研究所科研处致函侯仁之，同意周昆叔担任北京市文物古迹保护委员会环境考古分委员会副主任。

2月9日至10日　中国地方志指导小组在京成员会议召开。梁寒冰、韩毓虎、董一博、郦家驹、高德等人出席。会议讨论了贯彻中央关于坚持四项基本原则、反对资产阶级自由化与增产节支、勤俭节约两项指示精神，并讨论了贯彻胡乔木在全国地方志第一次工作会议上的讲话精神、保证志书质量的问题。

2月12日　出席在北京召开的《中华人民共和国国家地图集·历史地图集》第五次编委会（扩大）会议。与会者有谭其骧等人。

2月19日　张芝联夫人郭心晖致函上海师范大学教授程应镠，提及侯仁之携外孙在春节期间造访之事。

2月27日至28日　国家测绘局、国家文物局在北京召开《中国古代珍藏地图选》第一次编委会。侯仁之、陈述彭等30余位专家学者出席会议。

2月　李孝聪致函王炳华，转达侯仁之的委托，邀其绘制国家历史地图集中的高昌、交河两城遗址图。

3月2日　国家科委新技术局、中国科学院资源与环境科学局致信侯仁之，邀其与吴几康、罗哲文、陈传康等人以特邀专家身份参加4月23日召开的"中国旅游资源信息系统"成果鉴定会。

3月6日至12日　北京市八届人大六次会议在人民大会堂举行。5日，北京市八届人大六次会议预备会议通过主席团、秘书长名单，侯仁之入选主席团。

3月18日　致信苏天钧，谈及《北京历史地图集》图稿编绘情况。

3月19日　季羡林题赠《大唐西域记校注》（中华书局，1985年）一书。

4月9日　致信司徒尚纪，答复其3月3日来信，谈及其博士论文出版及作序等事，并拟安排其赴海南大学短期讲学。

4月20日　北京市副市长陈昊苏邀请廖沫沙、臧克家、侯仁之、黄苗子、端木蕻良、史树青、冯其庸、许宝骙等人开会，讨论北京市16处最佳风景点的提名问题。

案：1986年，北京市政府发动市民投票评选北京最佳风景点，最终入围的北京16处最佳风景点为天安门广场、故宫、八达岭、北海公园、颐和园、天坛、香山、十渡、周口店猿人遗址、龙庆峡、大钟寺、白龙潭、十三陵、卢沟桥、慕田峪长城、大观园等。

4月　出席北京城市科学研究会成立大会，并做题为《从北京到华盛顿——城市设计主题思想试探》的学术报告。

案：北京城市科学研究会简称北京城科会，挂靠首都规划建设委员会办公室（北京市规划委员会），下设京津冀城市协调发展委员会、学术委员会、历史文化名城委员会等，编辑《北京规划建设》刊物及《京华博览丛书》。城乡建设环境保护部副部长、中国城市科学研究会理事长廉仲，副部长、常务副理事长储传亨出席成立大会并讲话。会议推举张百发任名誉会长，周永源任理事长，另有宣祥鎏、黄纪诚、刘小石、朱自煊、胡兆量等人任副理事长。

5月4日　得悉有关方面准备举办元大都建立720周年纪念活动后，致信北京市领导，建议应尽早考虑北京建城之始的年代问题。

——以北京市文物古迹保护管理委员会主任委员身份召集部分在京考古、地理、地质专家，在北京平谷召开上宅遗址学术讨论会，并为上宅文化遗址题词。题词称"京东平谷县新石器时代人类遗址的研究，大有可能与京西旧石器时代人类遗址的研究，后先相继，东西映辉，从而为既是全国政治中心，又是全国文化中心的北京城的悠久历史，普增光彩"。

5月6日　致信苏天钧，委托其为魏玛明有关北京四合院的论著拍摄照片作为出版用的插图。信中还谈及为《北京历史地图集》出版提供经费补助、中文本封面设计及出版英文本等事。

5月21日 致信李泽田，托其转交信件给文化部葛超海。

5月27日 致信学生司徒尚纪，谈及为其著作写序、工作调动等事，勉励其"全力于培养研究生，同时多要考虑如何以广州为中心，以地理学会为机构，把我国最南方的历史地理研究基地进一步发展起来"，并指示其多向曾昭璇请教。次日，又致信司徒尚纪，谈及在暨南大学成立"（华南）历史地理研究中心"之事。

6月3日 参加在北京八宝山公墓举行的北京大学计算机科学技术系教授、燕京大学校友吴允曾追悼仪式。另有雷洁琼、林庚、项子明、任继愈、石泉、张芝联、张大中、夏自强、谢道渊、王选、汤一介、冯钟芸、杨芙清等300余人参加追悼会。

6月25日 中国长城学会在人民大会堂举行成立大会，侯仁之当选为副会长。侯仁之是该学会的发起人之一，任筹备委员会副主任，力主学会定名为"中国长城学会"而非"中国长城协会"。

　　案：中国长城学会是以研究、保护、维修、宣传长城，弘扬中华民族精神的群众性学术文化团体。习仲勋、马文瑞等人任名誉会长，黄华任会长，另有王定国、白介夫、吕济民、邵华泽、陈昊苏、罗哲文、赵维臣、夏国治等人任副会长。此前，中国长城学会筹委会于6月18日寄来成立大会的请柬。

　　黄华："1984年9月，邓小平同志向全国发出'爱我中华，修我长城'的号召。在国家和各地有关部门以及群众团体的支持下，在全国各族人民、各界人士、海外华人、国际友好团体、友好人士的积极赞助下，'爱我中华，修我长城'的活动迅速展开。我同魏传统、王定国、侯仁之、杨国宇等一些同志共同倡议成立了中国长城学会。1987年6月中国长城学会在北京成立了，我和王定国、白介夫、邵华泽、侯仁之、夏国治、罗哲文、陈昊苏等同志担任长城学会的领导人。张振和董耀会同志先后担任秘书长。"[①]

[①] 黄华：《亲历与见闻：黄华回忆录》，世界知识出版社2007年版，第402页。

7月9日 致信司徒尚纪，答复6月24日来信，谈及其博士论文出版的宣传问题，建议其与《地理知识》《光明日报》《中国科技报》等媒体联系。17日，就博士论文出版之事致信司徒尚纪，指出《海南岛土地开发史》书名之误，强调历史地理学的科学性质。18日，再就博士论文出版之事致信司徒尚纪，重申《海南岛土地开发史》书名不可用，强调历史地理学的科学性质。

侯仁之致司徒尚纪信："出版社把书名改作《海南岛土地开发史》很不妥当，混淆了历史地理学与历史学的性质，是原则性的错误。如能把书名中的'史'字改为'过程'二字（作《海南岛土地开发过程》）也还勉强可以。我最近为中国大百科全书历史地理卷写《历史地理学》的大条目还把葛剑雄的《西汉人口地理》和您的《海南岛历史上土地开发的研究》做了对比，说明两个不同的历史地理学的发展方向，没想到这一改，从字面上看就把两个方向颠倒过来了。这样，我得把这一比较在'大百科'一文中割掉，奈何！又出版社的介绍写作'第一位地理学博士'也不妥。在地理系毕业的博士生只能作'理学博士'，（请看您的毕业证书是怎样写的）。真正懂行的人，或外国学者看来'地理学博士'一称是个笑话。其次，也无需强调'第一位'。……请奉告出版社再将介绍的第一段做些修改。又第二段中'特殊的历史、地理条件出发'不应在'历史'与'地理'中间加'、'，加上这一'、'就抹煞了书的科学性质。我个人的意见是说服出版社负责同志，把书名后面两个字改为（开发）'过程'，否则请把我写的序文抽掉。"[1]

案：上述"中国大百科全书历史地理卷写《历史地理学》的大条目"当为侯仁之的《历史地理学概述》一文。

侯仁之致司徒尚纪信："现在是18日凌晨4时，即起，又把昨夜写好的信做了删改。原因是我再三考虑：书名的改变虽仅一、两字之差却涉及学科性质的问题，我写序文时不知如此改变。我认为这是个严肃的问题（如果当

---

[1] 许桂灵：《独走苍茫——史地学家司徒尚纪前传》，中国评论学术出版社（香港）2007年版，第279页。

初我知道书名改变，序文中已做说明，或应另一种写法）。如果坚持用《海南岛土地开发史》，请向出版社说明必须抽掉我写的序文。如果书名改为《海南岛土地开发过程》，则此序文也还勉强可用。又报导中写'第一位地理学博士'是错误的，第二行'著名'二字也不可用，更重要的是第二段第一行：'特殊的历史、地理条件'当中的'、'也是完全多余的，反映对'历史地理学'这一新兴学科不了解。余不赘多。"[①]

7月11日　致信苏天钧，因《中国大百科全书·地理学卷》撰写"历史地理学"词条之需，咨询《环境变迁研究》集刊情况。

7月29日　国家教委、外交部答复北京大学，婉拒将司徒雷登骨灰安葬在北大校园之事。

7月31日　致函承德方面的张世蕙、曹红霞二人，谈及全国政协赴承德参观学习团之事。

8月6日至15日　由宋庆龄基金会倡导，中央电视台、中国地理学会等单位联合举办的"热爱中华、振兴中华"腾飞杯知识竞赛在北京进行决赛。康克清、荣高棠任竞赛名誉主任、主任。侯仁之、王大珩、王寿仁等人对知识竞赛进行指导。7日，侯仁之、黄秉维、左大康、高振西、王大珩、殷维翰、李孝芳等科学家会见参赛者，勉励青少年努力学习，用科学来繁荣祖国。15日，出席知识竞赛决赛及颁奖仪式。侯仁之的欢迎词后收于《侯仁之燕园问学集》（上海教育出版社，1991年）。

8月　出席在河北省承德市召开的《河北省承德避暑山庄外八庙风景名胜区总体规划》评议会。该规划由中国城市规划设计研究院风景及历史文化名城规划设计研究所编制。参加评审会的还有国家建设部副部长储传亨、中国城市规划设计研究院副院长徐巨州，以及来自上海、南京等地的20余位专家学者。

——到位于香山的中国文化书院教学基地休养，意外发现清代西山引水石槽遗物。

---

① 许桂灵：《独走苍茫——史地学家司徒尚纪前传》，中国评论学术出版社（香港）2007年版，第279—280页。

9月1日　出席在人民大会堂举行的中国大运河文化座谈会。该活动由上海对外文化交流协会、水利电力出版社等7家单位联合举办。邓颖超为座谈会题写贺词。王震、严济慈、杨成武、吕正操、汪锋等领导人以及张含英等专家250余人参加座谈。

9月11日　致信司徒尚纪，谈及其博士论文出版之事。此前，侯仁之曾与农牧渔业部部长何康、国家新闻出版总署副署长刘杲联系出版发行事宜。

9月15日　出席北京市社会科学院、北京史研究会召开的北京城始建年代研讨会。另有朱长龄、王灿炽、赵光贤、赵其昌、于杰、苏天钧、罗哲文、单士元、王玲、赵洛等人出席。

9月28日至29日　派代表列席中国地方志指导小组第七次（扩大）会议，出席会议的指导小组成员有曾三、梁寒冰、韩毓虎、牙含章、朱士嘉、左大康、高德、郦家驹等人。

9月　为华夏子的《明长城考实》题词"万里长城的研究，充分说明了历史的辩证法足以化干戈为玉帛，变古代战场为锦绣河山，这在社会主义的新中国已经成为无可争辩的事实"。

10月6日　作为主要学术带头人，为北京大学人文地理学学科提交高等学校重点学科点的申请。当时北京大学的历史地理学以城市与区域历史地理为主要研究方向，拥有侯仁之、徐兆奎、于希贤、王北辰等6名研究人员。

10月7日至12日　中国科学院地学部第二次学部委员大会在北京召开。会议主要讨论黄河整治、海洋资源开发、地球科学基础研究等问题。中国科学院主席团主席严济慈、全国科协主席钱学森、国务委员康世恩、中国科学院院长周光召及叶连俊、涂光炽、黄秉维、陈述彭、左大康、孙枢、陆大道、李吉均、邹逸麟等人出席会议。会后，中国科学院向国务院提交《黄河整治与流域开发研究工作需要总体设计和统一领导》和《关于海洋资源开发工作中若干问题的建议》两项咨询建议。侯仁之因故缺席。

10月10日至15日　作为北京市文物古迹保护管理委员会主任委员，赴美国华盛顿出席国际古迹遗址理事会第8届全体大会暨"新世界中的古老文化"（Old Cultures in New Worlds）国际研讨会，做题为《新时代的万里长城》（*The Ancient*

Great Wall in a New Era）的发言。归国途中，顺道出席在美国夏威夷举行的亚洲及太平洋诸岛屿文化遗产国际讨论会（HAPI）第三次会议。《新时代的万里长城》后收于《中国历史地理论集（英汉对照）》（外语教学与研究出版社，2015年）。

案：国际古迹遗址理事会（International Council on Monuments and Sites, ICOMOS），1965年6月在波兰华沙正式成立，是"有关促进古迹、建筑群及遗址保存、保护、修缮和加固的一级国际组织"，总部设于法国巴黎。1978年5月22日，国际古迹遗址理事会第五届全体大会在莫斯科通过《国际古迹遗址理事会章程》。中国于1993年加入该国际组织。侯仁之与北京市人大常委会城建委员会主任沈勃应邀参加该委员会第8次大会，系中国专家首次与会。

11月1日　收到北京出版社寄赠的蔡蕃的《北京古运河与城市供水研究》一书。
11月1日至5日　中国历史文化名城研究会成立大会暨第二次全国名城发展研讨会在山东曲阜召开。侯仁之、马洪、李昌、吴良镛、郑孝燮、罗哲文、戴念慈等人当选为顾问。

案：1985年9月，国务院经济研究中心在山西太原主持召开全国城市经济工作会议，与会的各国家级名城领导和代表一致同意筹建中国历史文化名城研究会。1986年5月，全国第一届历史文化名城研讨会在江苏扬州召开。1991年，该研究会改称中国城市科学研究会历史文化名城委员会。

11月13日　孙道临致信侯仁之，谈及抗战时期共同蒙难之事。

案：孙道临（1921—2007），祖籍浙江嘉善，生于北京，原名孙以亮，表演艺术家。1938年考入燕京大学哲学系，在燕京剧社开始戏剧表演生涯。曾获"国家有突出贡献电影艺术家"荣誉称号。

孙道临："鸿文已拜读，引起我不少回忆。曾记得，当时窗外朔风怒吼，我们各自只有薄毯一方，睡硬地板，灯极暗。然而夜间谈话带来多少温暖、希望！常记得您谈起夜读习惯，浓茶一杯，竟夜不倦，且特爱Ludwig之书，并拟照Ludwig之法，写《黄河传》。雄心壮志，使我产生不尽的幻想、遐思，几乎忘却囹圄之苦……迄今四十余年矣。一生风浪，愈觉纯洁友情之可贵。情不自禁，书此以谢！"[1]

11月16日至18日 出席北京土木建筑学会、北京市文物保护协会联合召开的保护首都独特风貌学术讨论会，做题为《从首都建设的发展看首都独特风貌的保护》发言。发言稿后收于《奋蹄集》（北京燕山出版社，1995年）。出席会议的还有戴念慈、单士元、张开济、郑孝燮、罗哲文、赵冬日、董光器、刘小石、董光器等专家学者及白介夫等市领导。

11月20日 北京市政府第28次常务会议决定启动明城墙遗址修复和城墙周围绿化工程。该工程于次年7月8日完工。侯仁之积极参与此事，出谋划策。

11月29日 与全国政协常委溥杰、全国政协文化组组长罗哲文等人视察颐和园内的苏州街、永寿斋、广润灵雨祠。

11月 侯仁之、苏天钧、曹子西、邢嘉明、张丕远、常征等人发起成立北京环境变迁研究会，并向北京市民政局提交社会团体登记申请书。侯仁之任会长，苏天钧任秘书长。

案：北京环境变迁研究会的宗旨："一、北京地区自然环境的优越条件与局限性的分析；二、研究北京地区气候的变迁和未来的预测及其对于农业生产的影响；三、研究北京地区原始森林的分布及其破坏的历史过程，进而揭示其对于环境的影响和探讨在山区恢复森林植被的可行性；四、研究自全新世开始以来，北京地区河流、湖泊的变迁及其对环境的影响；五、历史时期北京地区水利工程的建设和灌溉农业的发展；六、北京地区城镇居民点

---

[1] 郝斌等编辑：《回眸侯仁之》，大统图书股份有限公司（台北）2008年版，第133页。

的发展及其分布。"其主要任务是"为北京地区区域性规划,在全新世晚期(10000年间),历史时期所发生的变化进行系统的研究,在这个基础上为北京市的区域规划和城乡建设提供科学依据"。其办公地点位于北京市阜成门外车公庄6号,以北京市社会科学院为主管单位。1988年2月11日,中共北京市委宣传部审批后同意,2月19日北京市民政局同意登记。2016年6月8日,北京市民政局在《北京日报》发布公告称,北京环境变迁研究会因连续3年以上未按规定接受年度检查而被撤销登记。

——与谢凝高、汪国瑜、朱畅中、陈久琨、傅文伟、马裕祥等人赴安徽天台山考察,并评议《天台山风景名胜区总体规划》。

——由中国科协等单位主办的纪念徐霞客诞辰400周年会议在江苏省无锡市召开。侯仁之为重修江阴市马镇乡徐霞客故居照壁题词,题词后收于《侯仁之燕园问学集》(上海教育出版社,1991年)。

侯仁之的《徐霞客故居照壁题词》:"明朝末叶,一位伟大的时代先驱,诞生在这里。他是封建传统的叛逆者,科学领域的拓荒人。他热爱祖国山河,以毕生的精力,艰苦卓绝的精神,锐敏的观察,清新隽永、刻画入微的文笔,描写大自然的壮丽,揭示地理现象的奥秘,特别是在广大地区岩溶地貌的研究上,他更居于全世界遥遥领先的地位。他就是徐霞客,他将永远活在我们心里。"[1]

12月5日 侯仁之、张玮瑛夫妇参加在北京大学召开的邓之诚先生诞辰100周年学术研讨会。同时与会的还有周谷城、张大中、邓广铭、杨向奎、周一良、王钟翰、石泉、雷洁琼、傅振伦、乔维雄、郝斌等人。

12月9日 出席燕京大学校友"一二·九"纪念会。参加者还有黄华、陈翰

---

[1] 侯仁之:《徐霞客故居照壁题词》,见《侯仁之燕园问学集》,上海教育出版社1991年版,第64—65页。

伯、葛力、赵荣声、郝贻谋、都启明等人。

12月20日　侯仁之与张玮瑛致信天津基督教女青年会总干事郑汝铨，谈及其与岳父母张子翔、梁撷香的交往，并表示对其80岁寿辰的祝贺。

12月23日　出席在全国政协礼堂举行的纪念元大都建城720周年学术讨论会。

> **案**：会议由北京市社会科学院、北京史研究会、北京博物馆学会、元代文学研究会、北京市文物研究所、首都博物馆、北京环境变迁研究会、北京水利史研究会等单位联合召开。侯仁之、陈高华等就元大都的历史地位等问题发言。会议通过了《妥善保护元大都现存文物古迹倡议书》。会后，全体与会者300余人参观元大都历史陈列。又，元大都历史陈列由首都博物馆在白塔寺内举办，内容涉及大都城平面布局、城垣坊巷、交通贸易、水利、科技文化、宗教艺术、中外关系等。

12月　根据中国共产党第十三次全国代表大会的会议精神，北京大学修改教学计划。在《历史学系中国史专业教学计划》中，限制性选修课开设4学分的中国历史地理，开课者不详。

上半年　据教学行政处1986年12月编印的《北京大学1986—1987学年第二学期课程表》（理科）可知，周昆叔为历史地理专业研究生开设孢粉学与第四纪研究课程，杨吾扬为自然地理、经济地理、历史地理专业研究生开设地理学思想史课程。此外，于希贤为经济地理、自然地理专业本科生开设选修课中国古代地理学史。本学期侯仁之未开课。

下半年　据《北京大学1987—1988学年第一学期全校公共选修课表》载，侯仁之为全校100人在电教114室开设中国历史地理课程，但课程表注明"未开，因教员有事"。同时开设的全校公共选修课还有王恩涌的文化地理学、黄润华的人类与环境等。

本年年底　老舍之子舒乙创办幽州书院，在春秋两季星期日举办"星期义学讲坛"。侯仁之、张岱年、单士元、刘绍棠、戴逸等人曾来此做学术讲座。

本年　任北京市社科系列高级专业职称评审委员会组长。

著述

1月1日　为北京少年儿童出版社《可爱的北京》丛书作序。侯仁之、李克、钟敬文、韩作黎、陶西平、曹子西、廖沫沙、黎先耀等人任《可爱的北京》丛书顾问。

1月28日　《巴塞罗那奇遇记》刊于《中国旅游报》，后收于《侯仁之燕园问学集》（上海教育出版社，1991年），增加附记一则。

3月20日　写完《畅春园的新篇章》，后以《新建畅春园饭店记》为题刊于《燕都》1987年第3期。

3月　《深入揭示北京历史文化名城的性质和特点是进行经济社会发展研究的先决条件》收于中国历史文化名城研究会（筹）编的《中国历史文化名城保护与建设》（文物出版社，1987年）。

5月28日　《一颗来自博物馆的"种子"》刊于《北京日报》。

5月　为司徒尚纪的《海南岛历史上土地开发研究》（海南人民出版社，1987年）作序，后收于《侯仁之燕园问学集》（上海教育出版社，1991年）。侯仁之在序言中阐述了自己的历史地理学理念。

8月7日　写成《欢迎参加"热爱中华、振兴中华"腾飞杯知识竞赛的全国青少年代表》一文，后收于《侯仁之燕园问学集》（上海教育出版社，1991年）。

9月8日　《关于京东考古和北京建城的年代问题——侯仁之教授致北京市领导同志的一封信》（摘录）刊于《北京史研究通讯》1987年第2期（总第20期）。此信写于5月4日。

12月9日　写成《徐霞客诞辰400周年》。该文为中央人民广播电台演讲稿，后收于《侯仁之燕园问学集》（上海教育出版社，1991年）。当日，《献身科学　尊重实践——纪念徐霞客诞生四百周年》刊于《光明日报》第3版《史学》。

本年　《纪念徐霞客诞生四百周年》刊于《中国建设》1987年第1期。

——《从北京到华盛顿——城市设计主题思想试探》刊于《城市问题》1987年第3期。该文于1988年7月11日译为英文。中文稿后收于苏天钧主编的《京华旧事存真》第四辑（北京古籍出版社，1997年）。

——《历史地理学是一门新兴的学科》刊于《中华文化学院学报》（函授

版）1987年第2期。

——《卢沟桥与北京城》收于卢沟桥文物保管所编的《卢沟桥文集》（北京燕山出版社，1987年）。

——主编的《幼学游记百汇》由希望出版社出版。

评介

11月　《北京高等学校科研机构博士学位硕士学位研究生招生专业简介》介绍侯仁之领导下的北京大学历史地理学专业情况。

　　本书编委会："该专业是博士和硕士学位授予点。博士研究生指导教师：侯仁之教授（中国科学院学部委员）。研究方向：（1）历史地理学基本理论与实践；（2）城市历史地理；（3）干旱区、半干旱区历史地理；（4）中国地理学史；（5）中国方志学与地理志。现有教师六人，其中教授二人，副教授二人，讲师二人。该专业在国内外重要刊物发表论文100篇以上。完成了《北京历史地图集》，正承担着国家大地图集中心城市图集和沙漠图集的编绘任务。积极开展北京平原晚更新世晚期以来地理环境变迁与人类活动关系的研究和国际地理学家传记研究，并积极开展中国地理学史与中国方志学研究。"①

12月　燕京大学北京校友会编印的《燕大校友通讯》第7期刊登《侯仁之沈勃赴美参加学术座谈会》。

传承

　　本年　与仇为之合作指导韩光辉完成北京大学博士论文《辽金元明时期北京地区人口地理研究》。

---

① 本书编审委员会编：《北京高等学校科研机构博士学位硕士学位研究生招生专业简介》，航空工业出版社1987年版，第31页。

案： 1987年2月1日，北京大学学位评定委员会通过决定，授予1987—1988学年第一学期毕业的14名研究生博士学位。

侯仁之： "1982年初，韩光辉以优异的成绩被录取为北京大学历史地理学专业研究生。当时，正是世界范围的人口问题开始日益受到国际社会密切关注的时候。他大学主攻数学，长于推理与计算，因而选取了历史人口地理作为主攻研究方向；先后完成了《清与民国三百年间北京近市域人口地理初步研究》和《辽金元明时期北京地区人口地理研究》两篇学位论文。通过答辩，得到国内外同行专家一致好评。获博士学位留校任教后，即被学校派赴前苏联进修，返校后又一直主持历史地理研究中心工作，迁延至今终于得以完成上述研究论文的统稿任务，题作《北京历史人口地理》。……至于本项研究的不足，主要在于对古代北京城市和北京地区人口构成包括自然构成与户籍构成之外的社会构成的研究，还需要克服史料不足的困难，尽力完善。"[1]

范春永： "从1983年起，北大地理系开始招收博士研究生，仇先生协助侯仁之先生指导博士生，在地理系的博士生培养方面，他也做出了重要贡献。韩光辉是侯先生1984级历史地理博士生，他每当回忆起三年的学习和研究工作中，仇为之先生对他的悉心指导，传承学术的过程历历在目。韩的博士学位论文是《辽金元明时期北京地区人口地理研究》，是在硕士论文《清与民国三百年间北京近市域人口地理初步研究》的基础上开始的。辽代之后，北京城市的职能和地位已上升为国家的都城，都城户口构成的复杂性和高难度是可想而知的。在侯仁之和仇为之导师的悉心指导下，终于完成了这篇学位论文，经过体例和系统上的完善，形成《北京人口历史地理》一书。该书由北大出版社出版，并获得了北京市哲学社会科学二等奖，学术界给予高度评价。在该成果的研究和写作过程中，每一步都渗透着人口地理学家仇为之教授的心血。"[2]

---

[1] 侯仁之：《〈北京历史人口地理〉序》，载《北京大学学报》（哲学社会科学版）1996年第1期。

[2] 范春永：《从名校到政府部门——范春永回忆录》，新华出版社2013年版，第53—54页。

——与徐兆奎合作指导高松凡完成硕士学位论文《历史上北京城市场变迁及其区位研究》。

案：1987年7月10日，北京大学学位评定委员会第十七次会议通过决定，授予24名研究生博士学位、425名研究生硕士学位。其中，地理学系硕士10名，包括高松凡、刘波、刘容芳。

——与徐兆奎合作指导刘波完成硕士学位论文《魏源的地理学思想初探》。
——与徐兆奎合作指导刘荣芳完成硕士学位论文《金以来的通州城》。
——接受美国学者高珮之为访问学者，指导其写作博士论文。

1988年　77岁

背景
5月　北京市新技术产业开发试验区成立。
9月5日　邓小平提出"科学技术是第一生产力"的重要论断。

纪事
1月14日　侯仁之夫妇拜访冰心，请冰心为赠书题字。
1月26日　出席在北京召开的《中华人民共和国国家地图集·历史地图集》第六次编委会。与会者有张友渔、谭其骧、史念海、陈桥驿、黄盛璋、邹逸麟、高德等。
1月31日　河北大学历史系副研究馆员、燕京大学校友周桓从河北大学致信侯仁之、张玮瑛夫妇，谈及1948年燕京大学护校运动等事。
2月1日　北京市科协与市社科联共同举办社会科学界和自然科学界协作座谈会。侯仁之、王大珩、钱三强、敢峰、方华、张寿康等70余名专家以及刘导生、白介夫等领导参加了座谈会。

案： 1986年9月19日，中国科学技术协会促进自然科学和社会科学联盟工作委员会在北京成立并召开第一次会议，钱三强任该委员会主任，于光远、钱伟长任顾问。

3月2日至4日　中国地方志指导小组第八次会议在北京召开。会议讨论了全国修志工作中贯彻中共十三大精神、提高志书质量的问题。

3月4日　北京大学第247次校长办公会议研究后同意在地理学系成立系所合一的研究机构——城市区域开发与环境研究所。

3月6日　中国人民政治协商会议第六届常委会第十七次会议通过第七届全国委员会名单，侯仁之入选中国人民政治协商会议第七届全国委员会的教育界委员。该届委员任期为1988年3月23日至1993年3月14日。3月24日至4月10日，全国政协七届一次会议在北京举行。侯仁之、谢辰生、王仲殊、金冲及、徐苹芳、陈高华、史树青、王世襄、汝信等提案人提交《加强故宫博物院的保护管理案》（全国政协七届一次会议委员第1482号提案）。此外，侯仁之、史念海、徐苹芳在全国政协会场合影留念。

案： 中国人民政治协商会议第七届全国委员会委员共有2081人，其中，教育界委员135名，除侯仁之外，还包括王佐良、王鸿祯、古元、卢鹤绂、李国豪、张光斗、周铁农、赵靖、姜伯驹、徐光宪、高沂、黄辛白等人。

3月18日　将所著《历史地理学的理论与实践》《中国古代地理学简史》等书题赠给北京大学图书馆"北京大学文库"。

案： 北京大学图书馆"北京大学文库"倡始于1987年11月，1988年5月4日正式启动，专门收藏曾在北京大学、燕京大学、西南联大、中法大学学习或工作过的校友的各种著作、影音资料及各类有纪念意义的实物。

4月20日　出席纳入国家建设部《一九八四年全国城市建设科学技术发展计划》的科研项目《泰山风景名胜资源综合考察评价及保护利用的研究》成果鉴定会，为评审委员会委员之一。

案：该课题受国家建设部科技局委托，目的在于为泰山申报世界遗产提供依据。课题由北京大学承担，由地理系谢凝高主持，来自5个系13个学科的学者参加，历时2年完成。成果鉴定会在山东泰安召开，侯仁之、郑孝燮、罗哲文、朱畅中、陈述彭等人组成评审委员会。

5月1日　致信司徒尚纪，谈及"准备本年九月退休，因此本学期我答应为全校同学开一门选修课：北京历史地理，作为我任教五十五年的'最后一课'"。

5月4日　北京大学隆重举行建校90周年庆祝大会。胡启立、李铁映、黄华、费孝通、雷洁琼、王汉斌等领导以及井上靖、林家翘、周培源等海内外知名学者、校友出席大会。

5月11日　参加在北京市东城区鼓楼召开的"钟鼓楼之间及钟楼附属建筑的规划"主题研讨会，与会者另有张开济、赵冬日、张镈等。

5月28日至29日　北京市文物事业管理局在平谷县召开上宅遗址综合研究会，侯仁之、王乃樑、俞伟超、周昆叔等人与会。

5月29日　陕西师范大学教授史念海从西安致函侯仁之，信中谈及为其著作作序及中国古都学会常务理事会会议召开情况。信件落款单位为"陕西师范大学唐史研究所"。

6月14日　北京市文物局召开先农坛古代建筑博物馆筹备委员会全体会议。侯仁之、单士元、朱长龄、罗哲文、郑孝燮、吴良镛、张开济、赵冬日、杜仙洲等人组成古代建筑博物馆筹备委员会。

6月26日　出席中国文化书院举办的梁漱溟先生追思会。与会者还有书院学委会主席张岱年、院长汤一介及季羡林、金克木、袁晓园、牙含章、阴法鲁、陈鼓应、石峻等人。

夏　拜访冰心，赠送《北京历史地图集》。

7月10日 北京师范大学地理系寄来周廷儒指导、史培军完成的博士学位论文《地理环境演变研究的理论与实践——鄂尔多斯地区晚第四纪以来地理环境演变的研究》详细摘要，邀其进行评审。同年，侯仁之出席史培军博士论文答辩。

7月12日至15日 中国地名学研究会成立大会暨第一次学术交流会在北京京西宾馆召开。侯仁之到会并讲话。会议选举曾世英为名誉理事长，侯仁之、谭其骧、史念海、林超、吕叔湘、傅懋绩、朱士嘉任学术顾问。另有邹恩同任理事长，王际桐、褚亚平、陈章太任副理事长。

7月25日 致信司徒尚纪，感谢其寄赠《海南岛历史上土地开发研究》，鼓励其"还要力求浅出，务使科学知识普及到广大读者中去"，并告知韩光辉取得博士学位后将由国家教委9月派送苏联进修一年。

7月 《中国青年》1988年第2期发出征订通知，称由侯仁之、王力、宋涛担任顾问的《中学百科辞典·文科》由中国展望出版社出版。

8月7日 接受《人民日报》记者柏生关于首都城市建设的采访。

8月14日 与罗哲文陪同美国康奈尔大学教授考察鼓楼。

8月21日 为文焕然的论文集撰写出版推荐意见。

侯仁之："历史地理学作为现代地理学的组成部分，在我国还是一门十分年轻的学科，只是在新中国成立之后，才开始得到从理论到实践上的全面发展。文焕然先生在部门历史自然地理学方面是开辟我国历史植物地理和历史动物地理专题研究新领域的先驱之一。在西方，关于植物和动物历史地理学的研究——特别是历史植物地理学的研究，早在本世纪30年代已有专门著作问世。例如苏联著名植物地理学家吴鲁夫（Е.В.Вульф）的《历史植物地理学引论》，即是一部重要著作，广为流传（有中文译本，1960年科学出版社出版）。该书第一章明确指出：'植物历史地理学与动物历史地理学，是历史地质学直接的延续。'因此这是研究历史时期自然环境演变的必不可少的部分。在我国，文焕然先生的专题论文，开始填补了这方面研究的空白。如能把他的三十多篇专题论文，编辑为专书出版发行，必将有益于我国历史动植物地理学的发展，并有助于历史时期我国自然环境演变的研

究。"①

8月21日　陪同法籍华人艺术家、哲学家熊秉明拜访冯友兰。

案：冯友兰（1895—1990），字芝生，河南唐河人，哲学家。毕业于北京大学、美国哥伦比亚大学。曾执教于中州大学、广州大学、燕京大学、清华大学、西南联合大学、北京大学。著有《中国哲学简史》（北京大学出版社，1985）、《中国哲学史新编》（人民出版社）及"贞元六书"，论著结集为《三松堂全集》（河南人民出版社，2000年）。

8月　受聘担任人民教育出版社教材顾问。同时受聘的还有吕叔湘、朱德熙、丁石孙、严济慈、周谷城、周一良、吴传钧、黄秉维等知名学者。

9月7日至10日　由中国地理学会历史地理专业委员会、山西大学黄土高原研究所、山西省地图编委会、山西省地理学会主办的中国地理学会黄土高原历史地理暨历史地图学术讨论会在山西太原召开。中国地理学会历史地理专业委员会主任、杭州大学地理系教授陈桥驿致开幕词。

9月14日　北京出版社编辑周应鹏致信侯仁之，谈及其在英国与H.C.Darby合影留念之事，问询是否见到万里同志及300册《北京历史地图集》如何送交中央之事，并谈及其在电视上看到侯仁之参加纪念潞河中学建校120周年纪念活动之事。

9月27日　北京市西城区什刹海畔汇通祠重建工程完工。该工程动工于1986年，采纳侯仁之、吴良镛等人建议，辟有郭守敬纪念馆，汇通祠山门有侯仁之题写的匾额。

9月　《试论北京市城市建设的两个基本条件》获得北京大学第二届科学研究成果（理科）奖的二等奖。相关记载见于1988年12月1日《北京大学行政公报》第7期（总第130期）。

---

① 侯仁之：《期待着文焕然先生关于历史动植物地理研究的专题论文能够以论文集的专著早日出版》，见文焕然等：《中国历史时期植物与动物变迁研究》，重庆出版社1995年版，第3页。

10月7日至10日　出席中国科学院地学部学部委员大会。钱学森做《关于地球科学发展中的一些问题》的报告。

10月12日　中国古都学会第六次年会在安阳召开，安阳被确定为中国七大古都之一。当时，北京、陕西、河南、江苏、浙江等地电视台决定联合摄制《中国六大古都》电视系列片，聘请侯仁之、史念海、陈桥驿为顾问。河南安阳为争取进入"七大古都"，安阳相关人员进京拜访侯仁之及北京电视台领导。

10月24日　北京市文物保护协会第二次会员代表大会召开，白介夫主持会议。侯仁之在会上当选为协会顾问。

10月　到北京丰台区方庄小区施工工地考察古船遗址，开展有关永定河故道环境演化的研究。

11月27日　侯仁之致信苏天钧，谈及29日召开《北京历史地图集》编委会核心小组会，并讨论北京环境变迁研究会的工作。信中又提及中国社会科学院高德赴上海审定国家历史地图集之事。

11月　于希贤、沙露茵题赠其选注的《云南古代游记选》（云南人民出版社，1988年）。

12月3日　受熊秉明之托，赴冯友兰宅拍摄其亲笔所书对联"阐旧邦以辅新命，极高明而道中庸"。

12月26日　以《北京通史》学术顾问的身份出席北京市社会科学院在市委党校召开的《北京通史》编撰工作研讨会。出席会议的还有该书主编曹子西及单士元、戴逸、何兹全、徐苹芳、彭明、林甘泉、陈高华、许大龄、陈述、赵其昌等专家学者。

侯仁之："我开始对北京这个城市发生兴趣已经六十年了，中学生时代来到北京，给我的印象非常深刻。当时不知道如何认识这个城市，只是凭感触。系统地认识这个城市的发展，求助于史学家很多。我期待《北京通史》这部书早日完成，先睹为快。我有一点期望，就是大家协作，成一家之言。这是全书问题，希望能贯彻这个思想。提一个小具体问题，书中引用的原始资料，要指出来源。一个大的具体问题，是希望这部著作能吸取历史经验教训，为今天的建设做参考。我举一个很小的例子，就是没有考古发现，一步难行；蓟城三千多年究竟在什么地方？考古发掘提供了材料。从北京城的历史发展过程看，每个发展阶段都涉及水的问题，但并未作为今天首都建设吸取的教训。北京城成为军事重镇，必须解决灌溉和给养问题。北京水系从金中都到元大都时的来源是从莲花池转变为高粱河水系，用水也是当时的严重问题，如化消费城市为生产城市问题等，不吸取历史的经验教训，很难解决。再如首钢建在现址，是从什么时候开始的？我在学生时代从北安河走过，鞋底都是红的。当时在这里建设的条件是什么，根据又是什么？首钢的建设，一方面是经济命脉所系，一方面又造成环境问题。我们给自己制造了困难难以自解。历史的借鉴有深刻的意义，许多问题难以究其起源，无论是从哪一个环境出发，最后还是应该总结到历史上来。由于这个体会，我对《北京通史》的完成抱着殷切的希望。"①

12月　清华大学教授吴良镛题赠《城市规划设计论文集》（北京燕山出版社，1988年），题词称"愿为继承和发扬中国城市文化而共同努力！在学术研究上继续得到您的指导"。

上半年　开设北京大学全校文理科选修课北京历史地理，作为退休前的"最后一课"。同时，为历史地理专业研究生开设必修课历史地理学。

案：据1987年12月教学行政处制定的《北京大学1987—1988学年第二学期课程表》（理科）载，侯仁之开设的研究生必修课历史地理学为3学分，每周4学时，有二人选课。同时，徐兆奎教授开设必修课中国历史地理研究法。1988年1月20日，教学行政处发布《北京大学1987—1988学年第二学期全校选修课的补充通知》。据此可知，侯仁之为全校文理科100名本科生在地学楼113室开设中国历史地理课程。同时开设的全校公共选修课还有王恩涌的文化地理学、卢培元的地理学概论等。此外，李孝聪在历史系开设限选课中国历史地理。

---

① 《〈北京通史〉学术顾问、特约编审发言》（摘要），载《北京社会科学》1993年第3期。

5月1日侯仁之致司徒尚纪信："我准备本年九月退休，因此本学期我答应为全校同学开一门选修课：北京历史地理，作为我任教五十五年的"最后一课"。（我是1933年秋在燕京大学读书时，又因一偶然的机会被改到校园内的附属初中任教。我的教书经历即从此开始，未曾间断）没想到选课同学来自二十五个系，共一百多人（还有几位旁听生和两位外国留学生），如何照顾到专业如此广泛的同学们，也是颇费心机的。不过，我还是很高兴我有这样一个机会来结束我的'教师生活'。好的是身体健康，一口气站着讲一个半小时毫无问题。教课之外，社会活动有增无减，这也是很少给您写信的原因。"①

下半年 据北京大学教学行政处1988年5月编印的《北京大学1988—1989学年第一学期课程表》（理科）载，在地理系85级专业课程表中，武弘麟开设选修课历史地理。在地理学研究生专业课程表中，历史地理专业由于希贤开设限选课中国方志学与地理志概论、周昆叔开设限选课第四纪年代与孢粉学。未见侯仁之开设课程。

本年年底 侯仁之在向国家自然科学基金委员会汇报"北京平原早期开发环境变迁研究"进展时，提议将研究成果编绘为《北京历史地图集》二集，当即得到基金委同意。此后，该研究又获得国家社会科学基金委员会、国家教委的资助。

《北京历史地图集》二集编辑委员会："1988年冬季，在北京大学原地理系向国家自然科学基金委员会汇报由其资助的研究工作进展时，提出将自然基金资助项目'北京平原早期开发环境变迁研究'的成果编绘为《北京历史地图集》二集，当即得到基金委的同意。在工作进行过程中，由于指导思想的发展和要求，又继续得到国家社会科学基金委员会的资助。"②

---

① 许桂灵：《独走苍茫——史地学家司徒尚纪前传》，中国评论学术出版社（香港）2007年版，第282页。

② 侯仁之主编：《北京历史地图集（二集）》，北京出版社1997年版，后记。

> **侯仁之：**"现在在国家教委和自然科学基金委员会的资助下，又进一步组织力量，决定以这第一部图集的有关图幅作为底图，将历史上北京的自然环境以及社会经济和文化发展的主要内容，包括历代人口的分布在内，绘制成进一步符合现代历史地理学含义的《北京历史地图集》第二集，力求继续为首都的两个文明建设，做出新贡献。"①

——为尹钧科题赠《北京历史地图集》，扉页题词称"钧科同志：最后还是在您的直接努力下，这部图集才得最终完成和出版"。

本年 《试论北京城市规划建设的两个基本原则》获得国家教委1988年科学技术进步二等奖。本年，该成果通过同行专家评审。相关记载见于1988年6月20日《北京大学行政公报》第3期（总第126期）。

著述

1月 侯仁之、于希贤审校，纪流注译的《成吉思汗封赏长春真人之谜》由中国旅游出版社出版。

2月16日 叶圣陶去世，侯仁之撰《春风化雨 圣老情深——悼叶圣陶先生》表示怀念，后刊于《中学生》1988年第4期。

3月1日 《历史地理学概述》刊于《百科知识》1988年第3期（总第104期）。该文较为系统地回顾了历史地理学的发展历程，并对未来发展方向进行了展望。

> **侯仁之：**"历史地理学是地理学的分支学科。它的发展源远流长，在中国是以研究历代疆域和政区演变为主的'沿革地理'，更确切的名称应是'疆域沿革史'。最近一个世纪，在西方首先赋予传统'历史地理'以新的内容，即以地理学的观点，凭借历史时期的资料以研究历史上已经消失了的

---

① 侯仁之：《相知愈深 爱之弥坚》，见张健民主编：《北京——我们心中的城》，北京出版社1989年版，第121页。

地理，或称之为过去时代的地理。……随着历史自然地理和历史人文地理在研究工作上的不断发展，综合性的区域地理描述就不仅是必要的，而且也是可能的。从个别区域出发，扩而大之，一直到整个国家历史地理的描述，也就成为当前最重要的任务之一，一部完整的《中国历史地理》可望由此而完成。……最后应该指出，历史地理学研究的最基本的资料来源是历史的，因此一切历史学的方法都有不同程度的重要性，而地理学的野外考察与实测手段，包括现代科学技术如放射性碳素测定、孢粉分析、树木年轮分析以及各种航空和航天照片、红外映像等的利用，在某些专题研究上更是不可缺少的。至于在系统的方法论上，西方各家各有侧重，归结起来，大体有连续性剖面复原法（或称水平法）与纵向的景观变迁法（或称垂直法），实际上两者是互相补充的。事实上历史地理学的研究法并无一定规范，更不受任何教条的限制，随着现代科技手段的引用，它还在不断地发展中。"①

4月9日 在京丰宾馆为北京市文物工作队编的《北京名胜古迹》（北京旅游出版社，1988年）一书作序。序言又刊于《燕都》1988年第4期。

4月 《在燕园里成长》一文收于北京大学校刊编辑部编的《精神的魅力》（北京大学出版社，1988年）。该文简要回顾了历史地理学在北京大学的发展历程。该文后收于《梦萦未名湖》（未删节版）上册（香港文艺出版社，2009年）。

侯仁之："（历史地理学）这项研究早在五四运动前夕，即蔡元培校长最初到校之后，首先就是在北京大学以'中国地理沿革史'的名称，第一次被列入教学科目中，主讲的是张相文先生。到了30年代前期，顾颉刚教授又在北京大学和燕京大学同时讲授了'中国疆域沿革史'。但是，'地理沿革史'或'疆域沿革史'虽然也曾命名为'沿革地理'，却仍然属于历史学的范畴，并一直在历史系讲授。随着现代科学的发展和分化，在沿革地理的领

---

① 侯仁之：《历史地理学概述》，见《侯仁之燕园问学集》，上海教育出版社1991年版，第283—293页。

域里，又派生出一门新兴的具有独立理论体系的分支科学，这就是现代地理学领域中的'历史地理学'，而这门新兴的学科又是在解放初期院系调整后的新北京大学地质地理系首先得到了发展。其后又分别设立了地质系与地理系，在地理系成立了历史地理研究室。30多年来，这门新兴学科在密切联系实际的前提下，已经为祖国的建设事业做出了应有的贡献。"①

5月　主编的《北京历史地图集》第一辑由北京出版社出版。该图集由徐兆奎任副主编，参编人员来自北京大学地理学系和历史系、北京市社会科学院历史研究所、北京市测绘研究院、中国社会科学院考古研究所、中国科学院地理研究所、北京市文物研究所等单位。图集内容包括北京市域历代政区沿革、辽金元明清以至民国时期北京的城市变迁、明清皇家园林和陵寝分布等。

案：国务院副总理万里为图集题写书名。该图集曾获全国测绘系统优秀地图一等奖和设计创新奖（1988年）、全国十大优秀图书奖（1988年）、建设部科技进步奖（1989年）、第三届全国优秀畅销书奖（1989年）、北京市科学技术进步一等奖（1990年）、全国高等学校人文社会科学研究优秀成果奖一等奖（1995年）等。

侯仁之："在过去十多年间，'历史地理研究室'以十分有限的力量，主要集中在《北京历史地图集》的编绘上，其次才兼顾到西北干旱区的考察。现在《北京历史地图集》在有关单位领导和专家学者的参加和协助下，已经编绘完成，正式出版（北京出版社，1988）。并已广泛引起海内外有关学者的重视（北京市科学技术委员会授予1990年科技进步一等奖），目前正在继续编绘第二集和第三集。已出版的《北京历史地图集》，主要包括北京市的历代政区沿革图和自金朝正式建都以来一直到新中国成立前夕的历代北京城的城市全图。有了这两类地图作为基础，才有可能进一步编绘现在拟定的第二部和第三部图集。第二部图集主要包括新石器时代北京地区的自然环境特征和主要原

---

① 侯仁之：《在燕园里成长》，见《侯仁之燕园问学集》，上海教育出版社1991年版，第2页。

始聚落的分布。实际上这就是本地区内人类活动在大自然的环境中,开始打上自己生活烙印的初步情况。第三部图集,主要表现的则是根据文字记载以及考察研究所能表示的北京市历代人口的分布、水陆交通的变迁、农田水利的开发,以及可能表现的经济文化现象。这三部图集,既是历史地理科学研究的成果,又是进一步探讨北京地区近数千年来人地关系的必要参考。"①

11月5日谭其骧致侯仁之信:"承惠赠《北京历史地图集》一册,内附大札一封,于10月29日转辗递到。……连日翻阅一过,深感研订之精确,编制之得体,印刷之精美,皆属上上乘,诚足为历史地图之表率。唯实地考察至五十余次之多,行程达五千公里,其他省市恐无力效法耳。但愿首善之区有此首善之作,则他省市可取以为则,取法乎上,庶几可得乎其中,是此册之出版,不仅对研究北京之历史地理有重大价值,还可为全国编制省级历史地图之模楷也。后记提出存疑之处若干点尤可证编者之严肃谨慎,虚怀若谷。"②

史念海:"《北京历史地图集》应该是首先是一部历史城市地理图集。……看过《北京历史地图集》,我感到这部图集确实是我国历史城市地理和区域历史地理研究方面的一项可喜收获。"③

陈桥驿:"《北京历史地图集》出版了,这是我国历史地理学界和地图学界的一件大事。……对于《中国历史地图集》,我曾经指出这是历史地理学界的一部'划时代'的作品,而对于这部《北京历史地图集》,我认为同样具有'划时代'的意义。这是因为,虽然两者都是历史地图集,但是它们的成就以及它们所赖以获得成就所采用的方法,是有所不同的。《中国历史地图集》是一部小比例尺的大区域历史地图集,而《北京历史地图集》则是

---

① 侯仁之:《再论历史地理学的理论与实践》,载《北京大学学报》(历史地理学专刊),1992年7月。
② 谭其骧:《关于〈北京历史地图集〉的一封信》,见《长水集续编》,人民出版社1994年版,第368页。
③ 史念海:《历史城市地理与历史区域地理的可喜收获——读〈北京历史地图集〉》,载《中国历史地理论丛》1989年第1期。

一部大比例尺的小区域历史地图集。前者的成功，主要在于从浩瀚的文献资料中，整理出大量的地名和各种地理要素，而把它们编制成许多注记符号，然后再把它们绘入地图之中而各安其位，经得住计量的考验。而《北京历史地图集》却不同，一部小区域的大比例尺地图集，假使单单从文献资料上下功夫，图面上势必在许多地方出现空白。而且如前所述，比例尺愈大，符合计量标准的困难也就愈大。因此，从文献资料上所获得的许多地名和其他地理要素，其中有不少必须经过野外考察的核对，才能正确无误地绘入地图。因此，《北京历史地图集》的成功，除了文献资料工作以外，野外考察工作所起的作用，尤其值得注意。"[1]

陈桥驿等："由侯仁之主编的《北京市历史地图集》（北京出版社1988年版）是我国第一部也是最杰出的一部地区历史地图集。这固然与北京曾长期作为中国历史上的首都，留下了大量实物、遗迹、地图和文献记载有关，更主要的是由于侯仁之先生及其合作者进行了极其深入细致的调查和研究，积累了数十年的成果。尽管北京市的辖区兼有城市和郊区农村，图集应覆盖整个政区，但城市仍是重点所在，其中十分详细精确的街道图和宫殿图是其他图集所难以比拟的。实际上本图集也开了中国历史城市地图集的先河，对中国其他历史名城历史地图集的编绘起了示范作用。"[2]

约翰·芮浦思："一部历史性研究的典范著作。这部著作本身以及它所显示的卓越成就，都是极可珍贵的。""在中外地图学界还未曾见过有同样内容和如此丰富、精细的城市历史地图集。"

1989年9月6日李约瑟致侯仁之信："这部著作给人以深刻的印象，它是十分精心地完成的，列北京城在历史中的发展，提供了令人惊奇的图画。在未来的长时间里对我们的研究者都将是极为有用的。"[3]

---

[1] 陈桥驿：《评〈北京历史地图集〉》，载《历史研究》1989年第5期。
[2] 陈桥驿、邹逸麟、张修桂、葛剑雄：《近10年来历史地理的新进展》，见中国地理学会主编：《面向21世纪的中国地理科学》，上海教育出版社1997年版，第111页。
[3] 于希贤：《侯仁之》，见中国科学技术协会编：《中国科学技术专家传略·理学编·地学卷（2）》，中国科学技术出版社2001年版，第224页。

黄宗汉："我不用什么身份，侯老和我们的家族的关系处得都挺好的。侯老比我大二十岁，也是潞河中学的，是我的老学长。他和我相处感到特别亲切，小学弟么。他足球踢得好，所以他现在长寿。侯老的《北京历史地图集》是他一生的代表作，以前只有中文版，我张罗这些事的过程中，侯老就想出英文版，他可能是把我当市政府文化顾问么么看待了，意思是要出英文版的地图集，这从商业角度根本谁也出不起。他说给我听以后，我当然就当个事儿了。我说侯老要出地图集的英文版当然是个大事，他既然要出，就得有很大一笔钱，请市政府财政拨款，市委宣传部还专门开了部务会，就决定责成北京出版社出版这本书，费用由市委宣传部报销。市委宣传部自个儿还有一笔钱么。"①

赵洛："1985年，我又多次访晤侯仁之，希望把他主编的《北京历史地图集》交我社出版，侯先生是我老师兄长，多年交往，曾任我社《北京史地丛书》的主编，《步芳集》两次出书由我任责编。他欣然在编委会上提出交我社。1988年由赵德庆设计，装帧、印制、封面都不错。"②

——写成《我的母亲》一文，后收于魏中天主编的《我的母亲》新二辑（香港中国文化馆，1990年）、邓九平主编的《寸草心》（同心出版社，2004年）。

8月　撰写《明北京城城墙遗迹维修记》碑文。该文由书法家刘炳森书写，立于北京城西二环路南端明城墙遗址公园。该文初收于《奋蹄集》（北京燕山出版社，1995年）。

9月21日　《扩大我们的科学视野——由〈历史地理学：对象和方法〉中译本出版所想到的》刊于《光明日报》第3版《史学》。

案：《历史地理学：对象和方法》由苏联学者B.C.热库林著，后经韩光

---

① 定宜庄等：《宣武区消失之前：黄宗汉口述》，北京出版社2014年版，第219页。
② 赵洛：《漫话北京古籍》，见《北京出版史志》编辑部编：《北京出版史志》第2辑，北京出版社1994年版，第168页。

辉译，左少兴校，1992年由北京大学出版社出版中译本。该文后收入《侯仁之燕园问学集》（上海教育出版社，1991年）之中。

侯仁之："历史地理学作为现代地理学的分支学科，随着新中国的诞生而迅速发展起来。首先是因为西方历史地理学的先进理论开始被引进，从而进一步阐明了这门学科的性质和任务，极大地开拓了它的研究领域；同时，辩证唯物主义和历史唯物主义的普遍传播，又提高了历史地理工作者对于历史发展的客观规律的认识。正是由于上述原因，历史地理学在我国作为现代地理学的一个组成部分和一门新兴学科，终于得以密切结合国家的建设任务，开展了多方面的研究，取得了前所未有的新成就。"①

11月　《燕园史话》一书由北京大学出版社出版。该书介绍了燕园的历史变迁、开发过程和现状。全书内容由王明珠、嘉淑贤（Meg Gallagher）译为英文。2008年，该书由北京大学出版社再版，纳入"培文书系"。该书的部分内容初刊于20世纪60年代初期的《北京大学校刊》。

侯仁之："早在二十五年前，我校校刊主编，就要我把这些旧日园林的开发过程略作介绍，便于在校的青年同学们略知梗概。其实我自己所知道的也很有限，只是我还清楚记得当我自己也是个青年学生初到燕园时，确曾为她的旖旎风光所陶醉，并引起了很大的好奇心，很想知道她的一些来历。但是在零散的旧籍中剔剥所得，也只能略知诸园的一点沿革。只有业师洪煨莲教授的《勺园图录考》一书与《和珅及淑春园史料札记》一文，使我受益甚多。但是这一书一文在六十年代初期已很难得。几经考虑，还是在煨莲老师的影响下，我才应命为校刊陆续写下了《校园史话》十余节，分期发表。但是没有想到，关于校园内这些旧日园林的简单介绍，竟引起了校内外一些读者的极大兴趣。近年来，来校访问和讲学的国际友人和学者，有人听说我曾

---

①　侯仁之：《扩大我们的科学视野——由〈历史地理学：对象和方法〉中译本出版所想到的》，载《光明日报》，1988年9月21日。

写有《校园史话》，也常希望我能略为讲解。这也就使我进一步感觉到，北大校园在旧日园林的基础上，加以改造，既有继承，又有创新，很有她的特色，在大学校园的建设上，是成功的一例。今后如何继续发展，也是人们所十分关心的。"①

顾农："大约是1962年吧，我在北大中文系读书，业余担任校刊副刊的编辑，有一次几个人商量如何向老师约稿，我说前几天听过侯先生一次讲座，讲北大校园内几个园子的来历，很有意思，可否请他写出路给我们发表？大家都赞成，于是我便跑到燕南园去登门约稿。侯先生当时是地质地理系主任，工作极忙，我冒冒失失闯进去，他却很亲切很客气地接待了我这个名不见经传的无名小编辑，并且很快按我们的要求（分若干篇，每篇写一个园子，不超过一千字）写出了文稿，交我们发表。"②

12月　写完台湾锦绣出版社《中华瑰宝》总论。该文后以《炎黄子孙共享》为题收于《侯仁之燕园问学集》（上海教育出版社，1991年）。

——写成《重建汇通祠记》，介绍了重修汇通祠并辟为郭守敬纪念馆之事。

本年　写成《燕园里有一座丰碑》，后初收于《奋蹄集》（北京燕山出版社，1995年）之中。

——《开发什刹海碑记》刊于《燕都》1988年第2期。

——《明北京城城墙遗迹》刊于《燕都》1988年第6期。

——为"中华大地丛书"之《锦绣中华》（地质出版社）作序，该文后收于《侯仁之燕园问学集》（上海教育出版社，1991年）。

案：1984年，侯仁之任"中华大地丛书"编辑委员会主任。该丛书第一册《锦绣中华》曾获第三届全国优秀畅销书奖（1989年）。

---

① 侯仁之：《燕园史话》，北京大学出版社1988年版，前言第1页。
② 顾农：《和学生一起写文章》，见《听箫楼五记》，东南大学出版社2004年版，第331页。

评介

1月15日　《北京晚报》第1版刊发《著名学者侯仁之踏寻古水道谈京城演变》。

1月　《中国科苑英华录》编写组编的《中国科苑英华录·新中国之部（下）》（科学普及出版社，1988年）收录"侯仁之"。

3月　《中国普通高等学校教授人名录》编写组编的《中国普通高等学校教授人名录》（高等教育出版社，1988年）收录"侯仁之"。

5月　李希圣编的《地理爱好者手册》（科学普及出版社，1988年）收录"侯仁之"。

6月　王希明主编的《中学自然科学名人词典》（知识出版社，1988年）收录"侯仁之"。

本年　赵洛的《〈北京历史地图集〉与侯仁之教授》刊于《瞭望》（海外版）1988年第36期。

——张科的《东风唤回古都春——侯仁之教授谈北京城的保护与建设》刊于《风景名胜》1988年第2期。

传承

本年　与王北辰、徐兆奎合作指导李并成完成硕士学位论文《武威——民勤绿洲历史时期的土地开发及其沙漠化过程》。

案：北京大学学位评定委员会第20次会议（1988年7月6日）决定授予43人博士学位、620人硕士学位。其中，地理系获得硕士学位者19人，包括伍旭昇、李并成二人。

——与徐兆奎合作指导伍旭昇完成硕士学位论文《北京城及近郊庙宇分布的历史变迁与庙宇对文化的塑造和影响（辽—清）》。

1989年　78岁

背景

春夏之交　北京等地发生政治风波。

12月26日　七届全国人大常委会第十一次会议通过环境保护法、城市规划法。

纪事

1月1日　《北京历史地图集》第二集编委会成立，侯仁之任主编，徐兆奎等任副主编。

1月10日至12日　出席在香山召开的北京历史经验与首都两个文明建设学术研讨会。该研讨会由北京市社会科学院历史研究所、北京史研究会、北京社会函授大学发起，侯仁之从40年来北京城市规划设计的历史经验出发发表个人意见。

1月24日　与周培源、贝时璋、吴阶平、叶至善等人一同出席在北京官园中国儿童活动中心举行的《少年科学画报》庆祝创刊十周年纪念活动。

1月　侯仁之、单士元、罗哲文、郑孝燮等人联名致信北京市政府，呼吁尽快解决育才学校占用先农坛的问题。

——北京大学城市与环境学系各专业完成教学计划修订第三稿。其中，经济地理学与城市区域规划专业在专业选修课、非限制选修课中均有"历史地理"（2学分），自然地理与环境地学专业在选修课中有"历史地理"（2学分），地貌学与国土环境工程专业在非限制性选修课中有"历史地理"（2学分）。

3月13日　谭其骧主编的《中国历史地图集》全部出版庆祝会在中国社会科学院礼堂举行。侯仁之、胡乔木、胡绳、谭其骧、曾世英、丁伟志等人出席庆祝会。

3月23日　在中国人民政治协商会议第七届全国委员会第二次会议上做题为《北京城市总体规划和建设的要求》的书面发言，主张"大力压缩和控制在首都的固定投资规模"，"煞住基本建设的热浪"。该文后收于《奋蹄集》（北京燕山出版社，1995年）。

4月15日 北京大学第262次校长办公会议研究后同意地理学系更名为城市与环境学系。20日，北大"校发（89）57号"文件公布该决定。

> **案**：此前，北大地理系主任胡兆量于3月11日致信校长，称经系学术委员会讨论，决定该系的名称改为"城市与环境学系"，拟设"城市与区域规划专业""自然地理与环境地学专业""国土环境与地貌学专业"。之所以改名的原因在于：（1）系里接到1983年万里副总理的指示，要办城市系。（2）地理系实际上已经分成两大方向。（3）地理系的名称容易被误解为"数字加地名"，不容易分配工作。近日研究生、大学生贴出大字报支持更改名称。（4）美国一流大学地理系均已改名。（5）招生困难。北大分校相关系改名为"城市与区域科学系"后，生源十分旺盛。此后，新成立的城市与环境学系下设经济地理与城乡区域规划、自然地理学与环境地学、地貌学与国土环境工程3个专业（专业名称此后又有调整）。系内设城市区域开发与环境研究所。全系有历史地理、新构造与沉积相、极地与高原地貌、景观生态学、环境地学、土地科学与区域开发、城市与区域规划、风景与环境艺术、地理信息系统等9个研究室。

4月16日 燕京大学建校70周年纪念会在北京大学办公楼礼堂举行，侯仁之出席。

> **案**：该纪念会又称首届燕大世界校友会，由燕京大学在北京、香港、美国等地的校友会联合举行，中顾委常委黄华、委员韩天石及北京大学校领导王学珍、丁石孙出席大会。纪念会由燕京大学北京校友会会长雷洁琼主持。

——陪中共中央高级党校葛力拜访冯友兰。

4月22日 参加在人民大会堂举行的胡耀邦追悼会。

4月28日 与卢念高、谢国振、都启明、王百强、王天德、林孟熹、康奉等人出席燕京大学校友联谊会。

5月4日　庆祝林超先生八十大寿、赵松乔先生七十大寿学术讨论会在北京大学举行。林超、赵松乔本人及曾世英、王乃樑、左大康、张丕远、廖克、张兰生、赵济、王义遒、胡兆量、陈传康、王恩涌、郑度等百余人出席。

5月10日　致信翁独健，介绍傅宗科前往了解编辑徐霞客游记的地名与人名索引之事。

5月12日　主持在北京科学会堂召开的历史文化名城和现代化建设国际学术讨论会。开幕词后收于《侯仁之燕园问学集》（上海教育出版社，1991年）。美国著名城市规划学家E. N.培根与会。

5月23日　在《保护人类文化遗产，立即停建八达岭长城索道》呼吁书上签名，同时签名的还有单士元、郑孝燮、罗哲文、杜仙洲、张开济、谢凝高、谢辰生等22人。此后，侯仁之又在《关于再次建议停建对八达岭这处中华瑰宝世界遗产有严重破坏，在经济上有重大损失的缆车索道的紧急呼吁》上签名。

5月28日　与俞伟超、周昆叔等出席在北京平谷县举行的上宅遗址综合研究汇报会，主张环境变迁研究与考古古文化研究的结合。

6月1日　为北京出版社写《北京历史地图集》收条。侯仁之于1988年5月3日收到12部，同年8月12日收到4部。

7月5日　台湾锦绣文化企业与北京大学地理系等单位商定合作编写"山河与百姓"丛书，侯仁之任丛书顾问。24日，谢凝高将《关于与台湾锦绣文化企业协作编写出版"山河与百姓"地理丛书的报告》递交北京大学地理系。29日，地理系胡兆量将报告转交校党委统战部王学书。

案：1988年秋，台湾锦绣文化企业副总经理吕石明为《中国瑰宝》一书组稿之事，在中国新闻社罗小韵的陪同下访问侯仁之、谢凝高。"山河与百姓"丛书拟分为10卷（谢凝高负责组稿），每卷7万字，250幅照片（罗小韵负责编集照片）。该丛书以人文地理（百姓）为主，自然地理（山河）为辅，以华北、东北、黄土、华中、秦巴、华南、西南、蒙古、西北、青藏等10个自然区划分卷次。

8月15日至18日　出席在北京召开的历史城市的保护与现代化发展国际学术讨论会（PMOHC），并任大会主席。来自13个国家、地区和有关国际组织及我国6个城市的专家学者与会，主要讨论了如何更好地保护历史城市，更妥善地处理历史文化遗产与新建筑、新道路之间的矛盾，以及"文明古都"与"现代城市"之间的有机结合和协调发展等问题。

8月20日　中国科学院地理研究所邢嘉明致信侯仁之，邀其参加9月15日举行的曹银真博士学位论文《海滦河流域晚更新世以来的气候水文环境变迁》的答辩会。

8月29日　法国政治家、汉学家阿兰·佩雷菲特（Alain Peyrefitte，1925—1999）前来拜访，并惠赠一部关于英国使臣马戛尔尼1793年来华朝觐乾隆帝的专著 *L'empire immobile ou le choc des mondes*（中译本题名为《停滞的帝国》）。

——黄宗英来燕南园侯仁之家中拍摄《望长城》专题片。

案：黄宗英（1925—　），祖籍浙江瑞安，生于北平，电影表演艺术家。其兄弟黄宗江、黄宗淮、黄宗洛均曾就读于燕京大学。

9月15日　出席在北京市东黄城根南街民革中央礼堂举行的翁文灏先生诞辰100周年纪念座谈会。出席会议的有朱学范、屈武、程思远等领导人以及黄汲清、程裕淇、武衡、王鸿祯、贾兰坡、翁文波、秦馨菱、吴汝康、顾功叙、王仁、陈述彭、贾福海、程纯枢、侯仁之、董申保、谢学锦、柯俊等中国科学院学部委员。

9月23日　与李欧、都启明、赵永旺、叶道纯、张定、吴文达、卢念高等人到北京大学未名湖畔赖朴吾墓扫墓。

9月27日　与路羽等人出席北京平谷上宅文化陈列馆正式对外展出前的预展。考古学家苏秉琦题写馆名"上宅文化陈列馆"，侯仁之为上宅文化专题陈列展览撰写前言。

10月5日　冰心90岁大寿。侯仁之夫妇先期前往祝贺。

侯仁之："两年多前，玮瑛和我含着热泪读过了《我请求》这篇为千百万青少年和他（她）们的老师请命的短文之后，激动的心情久久不能平息。最后还是决定一同去看望当年在燕园中的我们这位老师，也希望能向她诉说一下自己内心的感受。当时冰心师已是88岁的高龄了，可是在言谈中她仍然是我们青年时代所熟悉的那般风采，我们终于化悲为喜了。冰心师把出版不久的《冰心文集》第四卷签字送给我们，正好在这一卷里收入了《再寄小读者》和《三寄小读者》，这又使我们回忆起当年初读《寄小读者》时的喜悦心情。"①

10月14日 在全国政协委员视察北京后的座谈会上，侯仁之公布研究成果认为北京建城已有3000多年，北京建城的最早时间应为周武王十一年，南郊琉璃河出土的周代铜鼎铭文证实了这一推断。北京师范大学教授赵光贤在研究周代纪年时考证，武王十一年应为公元前1045年，侯仁之认为这种说法较为可靠。

赵珩："上世纪90年代侯仁之先生等搞过《北京历史地图集》和《历史上的北京城》，根据青铜器的记载认为当时北京有三千零四十年的建城史，当然后来对此争议也很大。"②

10月20日 致信王世仁，谈及撰写白浮泉遗址碑文事。
11月1日 获颁中国科学院荣誉章，称"感谢您对中国科学事业做出的贡献。赠给侯仁之学部委员"。

案：1989年11月1日是中国科学院建院40周年纪念日。中国科学院向学部委员赠送了中国科学院荣誉章、《中国科学院四十年》画册、《中国科学

---

① 侯仁之：《怀念我的启蒙老师》，见《侯仁之燕园问学集》，上海教育出版社1991年版，第3页。
② 赵珩口述审订，李昶伟录音采写：《百年旧痕——赵珩谈北京》，生活·读书·新知三联书店2016年版，第2页。

院发展史》(预印本)、中国科学院院徽等纪念品。

——日本中央大学人文科学研究所斋藤道彦题赠《天安门前集会——1919年5月4日北京》(《人文研纪要》第8号,1989年7月)一文。

11月10日　以中国古都学会顾问身份致电在江陵召开的中国古都学会第七次年会,祝贺大会成功。

11月22日　国家教委下达高等学校重点学科名单。北京大学的人文地理学学科联合历史地理学,入选为高等学校重点学科。侯仁之为主要学科带头人。

案：1988年6月10日,国家教委审核批准北京大学的42个学科为全国高校重点学科。1989年4月14日,北京大学召开重点学科规划会议。同时入选的地理学重点学科的还有华东师范大学的自然地理学、南京大学的自然地理学。另外,复旦大学的历史地理入选历史学的重点学科。

侯仁之："目前在北大,经国家教育委员会批准,经济地理学和历史地理学已经共同建立为全国第一个人文地理学的重点学科。两者在分别培养本学科博士研究生的同时,还将建立博士后流动站以加强研究力量,力求为发展我国的地理学做出新贡献。"①

杨吾扬等："北大城市与环境(地理)系人文地理学和历史地理学两个博士点联合申请重点学科点,是有其性质接近和长期共事的根源的。联合申请重点学科后,在历史时期环境变迁、城市起源和发展,以及中外地理学思想对比研究等三个方面,均已收到显著效果,今后应继续予以加强。"②

11月25日　北京文物保护协会与中国文物学会、北京土木建筑学会联合召开加强保护、合理利用文物古迹研讨会。侯仁之、白介夫、戴念慈、王定国、单士

---

① 侯仁之：《再论历史地理学的理论与实践》,见《历史地理学四论》,中国科学技术出版社1994年版,第20页。

② 《北京大学人文地理学重点学科点自检报告》,见北京大学档案馆藏《教委关于重点学科点检查工作的通知及各专业学科点自查报告》(档案号01519920003)。

元、郑孝燮、罗哲文、张开济、赵冬日、杨伯达、谢辰生等60余人参会。

11月　侯仁之与单士元等北京市文物古迹保护管理委员会委员参观先农坛修缮工程。

金汕："在先农坛，老教授看到明代最好的建筑——太岁殿成了工厂的厂房，他痛心得难以自持，他忧心忡忡地说：古罗马遗留下的断墙残柱和古道铺石，今人都悉心加以保护，用来印证'条条道路通罗马'，每年吸引数以千万计的顾客来凭吊古迹，我们不能再让子孙后代责骂了！"①

12月12日　为武汉大学出版社推荐石泉的《古代荆楚地理新探》参加优秀学术著作、优秀教材、优秀畅销书评选而撰写评审意见。

侯仁之："《古代荆楚地理新探》是具有明显特色而又十分重要的一部论文集，是作者多年来有目的、有计划、锲而不舍，逐步把研究的对象，从一个中心地点，集中到一个地区，坚持利用原始文献资料和考证方法，在掌握了个人判断为确实可靠的证据后，敢于破除长期形成的传统成说，从而提出个人的新见解，引起了广泛的注意，也招致了个别的争论。在争论中，作者恪守学术讨论的基本原则，表现了实事求是的态度，既虚心考虑不同的意见，又善于利用不同意见来推动自己研究工作的深入。书中所收入的，虽然都是专题论文，却是彼此关联和互相阐发的。主要是集中说明一个核心地区在地方建置上的实际情况，为此而进行了'考订史实，着重解决关键地名的定位问题'，进而开始注意到对于这一地区古代地理形势的研究，以及若干地理现象的探索。从这个意义上来说，这部重要的论文集，无疑为进一步开拓新的研究领域，进行了必要的准备工作。实际上，这也就是从古代地望的考证，向地理环境变迁的研究进行过渡；而这一过渡，正是我国目前历史

---

① 金汕：《归来的人们——五十年代国的优秀人才》，见《人生透视》，华龄出版社1991年版，第12页。

地理学的研究，从传统历史学的附属领域，发展成为现代地理学一个组成部分，所必须遵循的道路，也是形成有我国特色的现代历史地理学研究所必不可少的步骤。"①

12月13日 致信曹子西，对保定市古莲池书院的恢复表示祝贺，并婉拒充任书院顾问的聘请。次年1月，莲池书院签发书院顾问聘书。

本年 据北京大学教学行政处1989年5月编印的《北京大学1989—1990学年第一学期课程表》（理科）载，在地理系86级专业课程表中，武弘麟开设历史地理课程。在地理学研究生专业课程表中，历史地理专业由于希贤开设必修课中国地理学史、中国地方志（地理志），王北辰开设必修课沿革地理学和古代地理文献。

著述

1月18日 为北京市文物研究所编的《北京考古四十年》（北京燕山出版社）撰写序言，后收于《奋蹄集》（北京燕山出版社，1995年）。

年初 为中国书店编辑出版"中国名胜志丛书"作序，该文后收于《侯仁之燕园问学集》（上海教育出版社，1991年）。侯仁之任该丛书编辑委员会主编，康奉、段天顺任副主编，另有徐兆奎、周绍良、罗哲文、金涛、赵其昌等人任编委。

3月3日 为北京大学香港校友会写成《"这真是一块圣地"》，后收于《奋蹄集》（北京燕山出版社，1995年）。

7月25日 写成《在弘扬中华文化的道路上——怀念我师洪业教授》，该文收于《侯仁之燕园问学集》（上海教育出版社，1991年）。

7月31日 写成《在教书育人的道路上——再记我师洪业教授》，该文收于《侯仁之燕园问学集》（上海教育出版社，1991年）。

8月1日 写成《登高自卑，行远自迩——三记我师洪业教授》，该文收于

---

① 石泉：《石泉文集》，武汉大学出版社2006年版，第798页。

《侯仁之燕园问学集》（上海教育出版社，1991年）。

8月13日 写成《从日寇监狱到人间炼狱——四记我师洪业教授》，该文收于《侯仁之燕园问学集》（上海教育出版社，1991年）。侯仁之怀念洪业的4篇文章后以《四记我的老师洪业（煨莲）教授》为题收于《牌坊·藏医·蒙汗药及其他》（"中华文化纵横谈"第二集，华中理工大学出版社，1993年）。

陶世龙："讲到文化交流，侯仁之先生的业师洪煨莲教授，做出过很大的贡献，而今天的青年，恐怕少有人知道洪煨莲为何许人了。这次侯先生首次将他向中国读者介绍，由本书发表，实在难得。说起来还有某种机缘。侯先生是大忙人，而写出这样一篇文章，需要时间，需要思想的高度集中，进入角色，难得有这样的条件。1989年的夏天，侯先生破天荒能有时间闭门读书写作而无外务干扰；多年找不到的洪先生来信，恰好又被小孙子偶然地翻了出来。睹信思人，触发了无数往事翻上心头，回忆的闸门一打开便滔滔不绝。于是不顾暑日的炎热，挥汗走笔，得万余言，这就有了本书中的《四记我的老师洪业（煨莲）教授》。"[①]

8月25日 写成《师承小记——忆我师顾颉刚教授》，该文刊于《中国历史地理论丛》1989年第4期。

8月27日 写成《一次意外的收获——忆邓文如师》，该文收于《侯仁之燕园问学集》（上海教育出版社，1991年）。

9月 《相知愈深 爱之弥坚》收于张健民编的《北京：我们心中的城》（北京出版社，1989年）。该书是记述、描写北京历史性建设成就的散文集，向新中国成立40周年献礼。

——主编的《环境变迁研究》第二、三合辑由北京燕山出版社出版。

——侯仁之撰文、刘炳森书写的《明北京城城墙遗迹维修记》由紫禁城出版

---

① 侯仁之等，陶世龙编：《牌坊·藏医·蒙汗药及其他》，华中理工大学出版社1993年版，第191页。

社出版。2011年，天津杨柳青画社又出版此书。

评介

5月　王恒礼等编的《中国地质人名录》（中国地质大学出版社，1989年）收录"侯仁之"。

6月　杨吾扬编著的《地理学思想简史》由高等教育出版社出版。书中将侯仁之称为"把古代沿革地理改造更新为科学的历史地理学，并将其纳入近代地理学体系的首倡者"。

> **杨吾扬：**"把古代沿革地理改造更新为科学的历史地理学，并将其纳入近代地理学体系的首倡者，是北京大学的侯仁之。侯氏成功地将史料搜集与考证、野外路线调查、考古发现与鉴定结合起来，并参照了国外有关的理论与方法，对我国的城市兴衰与城址变化、沙漠变迁、水源与水道的兴废做了大量研究，为有关城市规划部门，特别是北京，提供了有价值的咨询和建议。"[1]

9月15日　新加坡《联合晚报》第29版刊发《北大著名教授说：北京城逾三千岁》，援引北京中新社电，介绍侯仁之的北京城始建于公元前1045年的观点。

10月15日　《光明日报》第1版刊发庄建的《北京在世界上建城最早，延续至今已有3034年》。

10月16日　《人民日报》第2版刊登《地理学家侯仁之公布研究成果，北京建城已有三千多年》。

11月　黄文安主编的《中华人民共和国史词典》（档案出版社，1989年）收录"侯仁之"。

12月　《锻炼才能刚强》收于王宏凯、臧宇编著的《和我同年龄的人》（河

---

[1] 杨吾扬编著：《地理学思想简史》，高等教育出版社1989年版，第144页。

北教育出版社，1989年），介绍侯仁之的体育锻炼经历。

本年　新华社记者郑书福为侯仁之拍摄工作照。

传承

本年　招收赵中枢为博士研究生。

——指导李孝聪完成硕士学位论文《公元九——十二世纪华北平原（黄海亚区）交通和城市地理的研究》。

　　案：据《北京大学行政公报》第1期（1990年1月10日）所载《北京大学一九八九年授予博士、硕士学位人员名单》可知：在1989年，北京大学学位评定委员会第21次会议（1月21日）、第23次会议（7月4日）、第24次会议（8月4日）通过决定，授予75名研究生博士学位、729名研究生硕士学位。其中，地理学系获得硕士学位的有李孝聪等21人。

1990年　79岁

背景

9月22日至10月7日　第十一届亚洲运动会在北京举行。

纪事

1月2日　致信中山大学司徒尚纪，答复其12月12日来信，对徐俊鸣的逝世表示哀悼，并为徐俊鸣论文集《岭南历史地理论集》题写书名。

　　侯仁之致司徒尚纪信："12月12日来信，嘱我为俊鸣先生大作题写书名，我踌躇再三，不敢动笔。因为我的书法毫无根底，迁延到岁末，忽然接到地理系办公室打来电话，说是接到中山大学地理系电报，惊悉俊鸣先生不幸于29日谢世，已来不及看到自己的著作问世了！痛悼之余，我才下决心，遵照俊鸣遗嘱，赶用毛笔拼凑了几个题字，如不可用弃之可也，我总算尽了一点心意了。昨天元旦，此间历史地理研究室的同志们来到舍下，我转达了俊鸣先生不幸去世的消息。我们共同拟了一个电文由刚从苏联进修归来的韩光辉同志去电报局拍发给中大地理系，表示哀悼，也务要请您代我向俊鸣先生家属致以亲切的慰问。"[1]

案：徐俊鸣（1910—1989），广东梅县人，历史地理学家。就读于中山大学地理系，并长期执教于该校，兼任广东省地理学会秘书长、名誉理事等职，著有《中国历代统一之地理观》（中山大学地理系，1947年）、《岭南历史地理论集》（中山大学学报编辑部，1990年）等。

1月15日 北京市社会科学界联合会邀请侯仁之出席在中山公园中山堂举行的迎春茶话会。

1月19日 中国文物学会召开常务理事会，决定聘请侯仁之、白介夫、孙铁青、张德勤、吕济民、陆禹、王济夫、王金鲁等人任学会顾问。

1月22日 EPIC语言培训中心举行第一期学员结业式。侯仁之用英语为第一期学员做报告。

案：EPIC语言培训中心（Education, Performance, Integrity and Creativity Language Centre）由燕京大学校友、英籍作家韩素音倡议并赞助，由燕京大学北京校友会、北京大学分校合作承办，成立于1989年3月16日。

1月28日 在看完电视剧《长城向南延伸》后，给编剧金涛打电话表示祝贺，称"这么好的电视剧，我们快80岁的老人看了都受鼓舞"。

2月6日 与华艺出版社负责人讨论《黄河文化》编辑事宜，提出全书的指导思想和体系框架。1月，华艺出版社的周鹤、孔德祺向侯仁之提出该书选题。

2月10日 北京什刹海研究会在恭王府大戏楼成立。侯仁之任名誉顾问，并

---

[1] 许桂灵：《独走苍茫——史地学家司徒尚纪前传》，中国评论学术出版社（香港）2007年版，第293—294页。

提议编修《什刹海志》。

案：什刹海研究会由西城区政协主席赵重清任会长，张爱萍、杨成武、白介夫、何鲁丽等人任名誉会长。侯仁之、吴良镛、周永源、郑孝燮、单士元、张开济等人任名誉顾问。会址设于汇通祠，后迁至德胜门内羊房胡同。

朱自煊："后来在这个基础上成立了个什刹海研究会，这个也是不容易的。光是一个什刹海，这么一片地区，就成立了一个研究会，工作了20多年，出了很多书。侯仁之先生，现在快100岁了，那个时候就是当他们文献方面的顾问，组织编写了好多这方面的书，我是当他们建设方面的顾问。"①

2月24日 参加天坛土山铲土劳动。北京市委、市政府的领导同志及一些专家参加。此前，侯仁之曾就此事接受《北京日报》记者采访。

侯仁之："北京市政府下决心进行的天坛搬山工程不仅仅是搬一座土山，而且也是一次保护优秀的民族文化遗产和发扬爱国主义传统的教育活动。这次搬山是在治理整顿中，有了一时空余的劳动力、车辆，而且有地方需要这些土的情况下进行的，一举数得，既医治'毒瘤'，又'拾遗补缺'，意义深远。"②

2月28日 北京市科委组织召开《北京历史地图集》鉴定会，由陈述彭、吴良镛、许大龄等9位专家学者组成评审委员会，陈述彭任主任。评审委员会一致认为，该地图集融科学性、艺术性、政策性、思想性于一炉，具有高度学术水平和广泛的应用价值，不仅在国内是首创，在国际同类地图集中也是遥遥领先。

---

① 佚名：《"老北京"的保护者——建筑学院朱自煊教授访谈》，见赵丽明主编：《清华口述史》，中国文史出版社2014年版，第369页。
② 孙瑛：《天坛搬迁一举数得——访侯仁之教授》，见《曾经的记录》，北京出版社2005年版，第87页。

案：陈述彭（1920—2008），江西萍乡人，地理学家、地图学家，被誉为中国现代地图学的开拓者、遥感与地理信息系统的奠基人。曾就读于浙江大学，任职于浙江大学、资源委员会经济研究所、中国科学院地理研究所、中国科学院遥感应用研究所，曾任中国地理学会理事长，当选为中国科学院学部委员（院士）、第三世界科学院院士、国际欧亚科学院院士。

3月　清华大学教授朱畅中为侯仁之治印两方，一为取法于汉铜印的阴文"侯仁之印"，一为阳文"侯仁之"。

案：朱畅中（1921—1998），浙江杭州人，建筑学家。毕业于重庆中央大学建筑系、莫斯科建筑学院城市规划系，曾任教于清华大学、烟台大学，参与过新中国国徽的设计。

6月14日至15日　参加在宁夏沙坡头召开的中国科学院沙坡头站开放论证会。论证会由中国科学院资环局副局长杨生主持，刘东生任评委会主任，侯仁之、阳含熙、赵性存、黄秉维、施雅风、高由禧、王战、林彰德、李天鹏等人任委员。

6月25日至30日　国务院学位委员会学科评议组第四次会议在京召开，审核了第四批博士、硕士学位授权点，博士生指导教师和新增博士、硕士学位授予单位，并对《授予博士、硕士学位和培养研究生的学科、专业目录》进行审议。侯仁之对修订后因此导致历史地理学学科性质的变化提出质疑。

案：1989年3月16日，北京大学研究生院传达国家教委第四批博士、硕士学位授予学科、专业审核工作精神。1990年2月，北京大学第四批博士学位授予权学科、硕士学位专业及博士生指导教师经国务院学位委员会批准。

侯仁之："但是在近年来的学术讨论中，有的论点认为历史地理学应该属于历史学的范畴。最近在《第四批博士和硕士学位授权学科、专业名单》和《专业目录修订后调整分布的博士点名单》中，也竟然把'历史地理'一

律列入历史学的学部门类,这就造成了学科性质的极大混乱,极其不利于这门学科的发展。甚至有的重要地理研究机构,也停止了招收历史地理学的研究生,其后果必将严重影响历史地理学高级科学研究人才的培养,而这样的人才正是我国目前在社会主义的经济建设中所必需的。自然也应该看到,历史地理作为一门课程的讲授,特别是区域历史地理如'中国历史地理'的讲授,对历史系的学生是很重要的,但不能因此而否定历史地理学作为一门学科,已经发展成为现代地理学的一个有机组成部分。"①

7月1日 侯仁之、单士元、郑孝燮、罗哲文等人出席明十三陵神路改建竣工剪彩仪式。此前,北京市昌平县人民政府于6月25日寄来请柬。

7月8日 带领北京大学历史地理专业师生前往河北承德、围场等地考察。

侯仁之: "今后,结合潮滦两河链的新课题,在京津地区以外,还要把研究范围扩展到两河上游的承德地区行政公署的辖区以内。实际的情况是早在十多年前,结合承德市的城市规划和建设,作者已经进行了关于承德市的城市起源及其发展特点的专题研究,也曾涉及整个市区的环境变迁。最近从1990年开始,'历史地理研究室'的全体师生,又开始了对清代木兰围场——也就是现在承德地区行政公署辖区的围场县的历史地理考察。"②

赵中枢: "1990年,侯先生80岁大寿,当年有三件事情与承德有关。第一件是侯先生带领北大地理系师生去承德考察实习。7月8日,我们坐火车到承德,下午入住承德离宫宾馆。侯先生在车上一直修改论文。我与侯先生同住,以便照顾他的起居。侯先生有早睡早起的习惯,一般晚上9点后就休息了。那天侯先生洗漱完毕,给我放好洗澡水后(因为晚上10:00后停热水),自己才去休息。我6点钟起床,侯先生已经在工作了。上午,他带领

---

① 侯仁之:《再论历史地理学的理论与实践》,载《北京大学学报》(历史地理学专刊),1992年7月。

② 同上。

我们爬上避暑山庄内的南山积雪和北枕双峰,下山后,又考察了离宫旧的坝址和地形地貌,一上午下来,不少同行的老师觉得累,而侯先生依然精神很好。下午北大师生考察了外八庙。"①

邓辉:"侯先生79岁那年,有次坐火车出差,自己拎着袋子,没有前簇后拥,就住在部队招待所里。他当时是学部委员,学部委员比现在中科院院士少,但他完全没有学部委员的架子。侯先生是足球迷,有一次实习赶上世界杯,直播是下半夜,那天他下半夜起来,看到4点多结束了,还一直看书不睡,直到五六点领着我们去爬山,看日出。他一路走一路唱,唱《勿忘我》,男中音,拿着一把一把的花,是我们送给他的。坝上的草甸美极了,一个精神矍铄的老头,拿着花在唱歌。侯先生很有生活情趣,绝对不是一个乏味的学究。"②

7月23日 与刘东生、朱震达等人出席第三届世界沙漠开发大会,并发出"八五"期间要重点治理北方农牧交错地区沙化的呼吁。

8月6日 曾昭璇赠阅其参加1990年国家海洋局海洋发展战略学术研讨会的论文《中国古代南海诸岛文献初步分析》。

8月13日 出席在北京图书馆召开的国际地理联合会亚太地区学术讨论会开幕式。国际地理联合会会长福克斯(Roland Fuchs)与黄秉维、任美锷、吴传钧、孙鸿烈、张丕远等人出席会议。会议期间,在北京大学电教楼举行分组专题会议,并在北京大学图书馆举行了地理书籍和地图展览。

案:国际地理联合会(The International Geographical Union, IGU),1922年在比利时布鲁塞尔正式成立。1949年4月,林超参加在葡萄牙里斯本召开的IGU第16届大会,中国成为该组织正式会员国。1984年,吴传钧率领中国地理学代表团参加在法国巴黎召开的第25届国际地理大会,我国重新获

---

① 赵中枢:《两入"侯门"忆恩师》,载《中国文化报》,2013年12月5日。
② 邓辉:《三秋树,二月花——感受侯仁之先生的人格魅力》,载《环境经济》2014年第7期。

得了IGU会籍。1990年召开的IGU亚太地区学术讨论会是中国恢复IGU会籍后首次在中国举行的会议，与会者有来自40个国家和地区的1017位代表。

8月15日至18日 出席在北京亚运村召开的历史城市保护与现代化发展北京国际学术讨论会，致开幕词，并做主题发言。来自十余个国家、地区和有关国际组织的近30名专家学者以及中国6座城市的有关人士出席。

8月24日 北京大学城市与环境学系教授魏心镇陪同日中友好地理学会会长河野通博在山西考察途中遭遇车祸，二人均受伤。29日，魏心镇致信系领导，称"河野与侯仁之先生有较长时间的密切交往。我祈请侯先生如有时间的话，能去看看他，给他一些安慰"。信中还提及，河野通博想与吴传钧会面。

9月3日至14日 与吴祖光等人参加全国政协组织的甘肃省三北防护林视察团，参观兰州、敦煌、武威、民勤等地。

9月8日 致信王樵裕、陈晓希，称"考虑到我首都百科全书所包括的部门和内容较《甘肃四十年》有过之而无不及。因此增加'顾问'数人，当无不可"。

案：信中提及的"首都百科全书"即《北京百科全书》，王樵裕、陈晓希为该书的总编辑、副总编辑。这是一部全面系统介绍北京的地域性百科全书，1991年6月由奥林匹克出版社出版。在该书编委会中，侯仁之、张百发、袁立本、铁英、段炳仁任副主任，另有雷洁琼、张友渔、戴念慈、吴良镛、陈述彭、单士元、戴逸等人任顾问。

9月29日 新闻出版署发布《关于编制1991—1995年重点图书选题、出版计划的通知》。此后，侯仁之主编的《北京历史地图集》入选国家重点图书选题。该书初拟篇幅60万字、240幅图，由北京出版社在1992年至1994年出版，分为政区、环境变迁、人文三卷。其中，政区卷已出版。

——北京大学城市与环境学系系主任胡兆量签发《硕士研究生培养方案执行计划表（1990年9月至1993年7月）》。其中，历史地理专业硕士研究生的研究方向为城市与区域历史地理。

案：在历史地理专业必修课中，有理论地理学（杨吾扬开设）、历史地理学（韩光辉开设）、中国地理学史（于希贤开设）、中国历史地理研究方法（韩光辉开设）等课程。在该专业限选课中，有地理数学方法（朱德威开设）、地理学思想史（杨吾扬开设）、中国方志学（于希贤开设）、孢粉分析与第四纪年代学（地质系开设）、沿革地理学与古地理文献（武弘麟开设）等课程。在非限制性选修课中，则有考古学通论（考古学系开设）等课程。①

9月 与单士元、罗哲文、苏天钧等人考察金中都水关遗址。12月18日，侯仁之与单士元接受《北京日报》记者关于金中都水关遗址的采访。

孙瑛："著名历史地理学家侯仁之教授说，金中都水关遗址位于右安门外凉水河以北，这条河发源于莲花池，向东斜贯金中都城，然后从这里出城。古代的蓟城即在莲花池东边。金代的中都城就是利用这条小河，在北京最古的蓟城的城址上发展起来的最后最大的一个城。现在的北京城是在金中都东北郊外的金朝离宫的基础上规划发展起来的。因此，金中都在北京城市发展史上起着承上启下的作用。金中都的建筑非常豪华，胜过南宋的都城临安（今杭州）。可惜的是，它的地上建筑早已荡然无存。水关遗址是现在所发现的金中都唯一的一个建筑遗址。它的出土，令人振奋。"②

10月6日至9日 出席在秦皇岛市山海关召开的首届中国长城学术研讨会。中国长城学会会长黄华，罗哲文、王定国、白介夫等副会长以及古建筑专家单士元等出席。

10月10日 到北京外国语学院为外国留学生讲授北京历史地理。

10月14日 周振鹤致信侯仁之，邀其参加明年举行的以上海研究和城市研究

---

① 见北京大学档案馆藏《硕士研究生培养方案执行计划表》（档案号01590002）。
② 孙瑛：《天坛搬迁一举数得——访侯仁之教授》，见《曾经的记录》，北京出版社2005年版，第87页。

为主题的国际学术研讨会。此前，周振鹤7月3日在《文汇报》发表《明年是上海建城700周年》一文，引起社会反响。

10月18日至21日 出席故宫博物院在上园饭店举行的纪念紫禁城落成570周年古建筑学术讨论会。与会者还有单士元、吴良镛、罗哲文、郑孝燮、杜仙洲、于倬云等。

10月21日 中国考古学会、中国第四纪研究委员会等单位在西安临潼举办首届中国环境考古学术讨论会，侯仁之、苏秉琦、刘东生、贾兰坡等人为会议题词。侯仁之的题词称"史前环境考古是历史地理学必不可少的延伸，历史时期环境考古更是历史地理学的重要内容"。

10月22日 受聘为中国科学院自然科学史研究所汪前进博士论文《〈皇舆全览图〉测绘研究》的答辩委员会主任委员。该论文由杜石然、曹婉如指导，另有陈述彭、任金城、唐锡仁等人参加答辩委员会。

10月26日 致信在美国的燕京大学校友卢念高，谈及赠书《燕园史话》等事。

10月30日 北京市自然科学基金委员会举行成立大会。侯仁之、顾方舟、柯俊等知名科学家到会并讲话。

11月3日 致信《大自然探索》杂志特邀编辑潘云唐，谈及《祁连山水源涵养林的保护问题迫在眉睫》稿件处理问题。

11月12日至16日 庆祝谭其骧八十寿辰暨从事学术活动六十周年国际中国历史地理学术讨论会在上海复旦大学举行，侯仁之因身体欠佳未能出席。

案： 谭其骧会上做题为《积极开展历史人文地理研究》的主题报告。此后，侯仁之在致司徒尚纪的信中发表了自己的评论。

1991年1月14日侯仁之致司徒尚纪信："去年十一月上海的学术讨论会，我因一时感冒，未能出席，深以为憾。事后得悉会上讨论了历史地理学的学科性质问题，您来信中也讲到了这件事。十二月我在中国科学院地学部的学部委员会上也着重讲了这个问题。学科性质不容怀疑，这是现代地理学一个有机的组成部分，40年来这是我所极力从理论到实践上来说明的。但是由于其前身在我国历史学研究中有着重探讨疆域和政区沿革的部分，也涉及到地区的经济发展、民族迁移等，在今天仍当继续。又现在复旦和陕西师大的历史地理研究机构，也都是从历史系分出来的。因此，有人从历史学的研究中来进入历史地理研究的领域，有其特点，但是把历史地理学列为历史科学，真有些'望文生义'，领导机构如此认为，实属学术发展史的'倒退'。因此从地理系中发展起来的历史地理学研究（如在北大、中山和杭大），任务特别重要，这也是我所特别嘱望于您的，务请坚持俊鸣教授岭南历史地理学研究的传统，并有所发展。"①

11月22日至24日　出席中国科学院地学部在北京召开的地学发展若干问题和对策研讨会。

11月　北京大学城市与环境学系修订本科生专业教学计划。此时全系设自然地理与环境地学、地貌学与第四纪环境学、城市区域规划与经济地理3个专业，在全系限选的限制性选修课中有"历史地理"（2学分）。

12月3至6日　由中国文化书院、中国国际文化交流中心共同举办的冯友兰哲学思想国际研讨会在北京图书馆会议厅举行。侯仁之、周谷城、张岱年、宫达非、陈岱孙、朱德生、于光远、季羡林、周一良、金克木、吴晓铃、阴法鲁、石峻、庞朴等200余人参加了开幕式。

12月6日　生日当天为《中学生》杂志题词。

12月14日　北京市政府常务会议讨论有关保护金中都水关遗址的问题。市文物局提出4个保护方案。侯仁之、单士元作为特邀专家与会，主张采用建设金中都水关博物馆的第3方案。会上，侯仁之、单士元受聘为建馆顾问。

12月20日　参加卢沟桥修复工程竣工验收仪式。陈昊苏、白介夫等市领导及郑孝燮、单士元、罗哲文、杜仙洲、张开济等人出席仪式。

本年　应邀赴北京市第二十五中学做题为《北京的过去、现代和未来》的报

---

① 许桂灵：《独走苍茫——史地学家司徒尚纪前传》，中国评论学术出版社（香港）2007年版，第295页。

告。

——据北京大学教学行政处1989年12月编印的《北京大学1989—1900学年第二学期课程表》（理科）载，在地理系88级专业课程表中，开设王恩涌的人文地理、崔之久的中国地貌、周一星的城市地理等课程，另有杨吾扬开设研究生必修专业课地理学思想史。未见侯仁之开设历史地理学相关课程。同期，李孝聪在历史系为中国史、世界史专业本科生开设限制性选修课中国历史地理。

著述

2月4日　为中国测绘科学研究院编的《中华古地图珍品选集》（哈尔滨地图出版社，1998年）作序。该文后收于《侯仁之燕园问学集》（上海教育出版社，1991年）。

3月20日　写成《怀念我的启蒙老师》一文，缅怀冰心对自己的影响。该文后收于《侯仁之燕园问学集》（上海教育出版社，1991年）。

3月28日　写成《侯仁之燕园问学集》序。该书次年由上海教育出版社出版。

3月31日　为张先得的《老北京城城门》画册作序。该文后收于《奋蹄集》（北京燕山出版社，1995年）。该书后扩增为《明清北京城垣和城门》一书。侯仁之于2001年1月对原序做了补记。

3月　应约为《北京——我们心中的城》撰写《北京——知之愈深　爱之弥坚》，后收于《奋蹄集》（北京燕山出版社，1995年）及《师道师说（侯仁之卷）》（东方出版社，2013年），文字不尽一致。

4月20日　《论北京建城之始》修订完毕。该文年初写成，后刊于《北京社会科学》1990年第3期。

> **侯仁之：**"现在只有以公元前1045年作为分封蓟国之始，而蓟正是北京最初见于记载的名称。所以到目前为止，可以认为1990年正是北京开始建城以来的第3035年。应该看到，在全世界范围内，有的城市其建城之始早于北京，可是后来却逐渐衰落下去，甚至沦为废墟。就是与蓟同时建立为诸侯国

的燕，其故址所在，也早已湮没无闻，以致旧说不一，莫衷一是。而蓟却一直发展下来。现在的北京以蓟为最初的起点，在建城之后，不断发展、历久不衰，一直到今天，而且现在又面临着一个社会主义建设的新时代，它的前途辉煌灿烂！"[1]

6月　为北京地质学会及其科普委员会所编的《北京山水旅游指南》作序。该文初收于北京地质学会科普委员会萧宗正、崔广振、王兴岩等编著的《北京山水旅游指南》（地质出版社，1990年），后收于《奋蹄集》（北京燕山出版社，1995年）。

7月　《儿时的回忆》刊于北京大学中国名人丛书编委会编的《中国名人谈少儿时代——风雨年代》（北方妇女儿童出版社，1990年）。侯仁之、臧克家、季羡林等人任"中国名人谈少儿时代"丛书编辑委员会顾问。

8月　中国科学院思想政治工作研究会主持选编的《中国当代科学家锦言》由科学出版社出版。该书收录侯仁之的4条勉励年轻人成长的言论。

侯仁之："科学上的进取精神，有点像拓荒者那种劲头，一方面他在已开拓出来的知识领域里站稳了脚跟，也就是已经掌握了坚实的基础知识；另一方面，也是更为重要的一方面，他还能勇于探索，随时冲破一切成见的束缚，以极大的热情与魄力，去开拓那渺无涯际的自然界中未知的领域。人类征服自然的智慧和力量就是来自这样的一些前赴后继的拓荒者。""在学习的领域里，不要'划地为牢'来限制自己，当然更不要'固步自封'。""在今天的大学里，同学之间终日聚首，在同是青春而敏感的心灵里，最容易激荡起崇高意境的波澜；而峥嵘的头角，在互相'撞击'中，又必然要迸发出灿烂的火花。""身体要锻炼才能坚强；精神要经历苦难而后可以不屈不挠。"[2]

---

[1] 侯仁之：《论北京建城之始》，见《奋蹄集》，北京燕山出版社1995年版，第42—43页。
[2] 孙其严、朱志良编：《中国当代科学家锦言》，科学出版社1990年版，第142、215、233、301页。

9月　《中国大百科全书·地理学卷》由中国大百科全书出版社出版。侯仁之任中国大百科全书地理学编辑委员会委员，并与谭其骧任历史地理学主编，史念海任副主编。侯仁之撰写书中"历史地理学"词条。

案：林超任地理学编辑委员会主任，任美锷、李旭旦、吴传钧任副主任，委员包括王乃樑、王成组、王恩涌、丘宝剑、包浩生、朱士嘉、朱震达、任美锷、刘昌明、李旭旦、李春芬、吴传钧、宋家泰、张兰生、陈吉余、陈传康、陈述彭、林超、周立三、周廷儒、赵松乔、侯仁之、施雅风、席承藩、黄秉维、曹婉如、梁溥、曾世英、廖克、谭其骧。胡焕庸任顾问。

10月　《记英国国家图书馆所藏〈清雍正北京城图〉：补正〈北京历史地图集〉明清北京城图》刊于《历史地理》第9辑"庆贺谭其骧先生八十寿辰专辑"（上海人民出版社，1990年）。

12月4日　《燕园一粹——记北大未名湖中的小石船》完稿，后初刊于《燕都》1991年第2期，又收于姜德明等编的《古董因缘》（中国青年出版社，1996年）。

12月22日　写成《忆洪业师——兼为"六君子歌"作注》，后收于北京市文史研究馆编的《京华风物》（上海书店出版社，1992年）、萧乾主编的《杏坛记闻》（商务印书馆香港有限公司，1992年），全文又收于《师道师说（侯仁之卷）》（东方出版社，2013年）。

12月　撰写《什刹海记》，文章认为什刹海地区是"富有人民性之市井宝地"。该文刻石立于什刹海前海南岸小广场，由孙怀德书写，冉俊志刻石。1991年5月，侯仁之补写《什刹海记》，后收于《奋蹄集》（北京燕山出版社，1995年）。

本年　撰写《白浮泉遗址整修记》。该文后由刘炳森书写，上石，立于北京市昌平区白浮村。该文后收于《奋蹄集》（北京燕山出版社，1995年）。

——写成《山高水长何处寻——追忆颉刚师二三事》一文，后收于中国社会科学院历史研究所、中山大学历史系合编的《纪念顾颉刚先生诞辰110周年论文集》（中华书局，2004年）。

——《从北京城市规划设计的历史经验看首都的两个文明建设》刊于《城市问题》1990年第2期。

案：文章赞成1983年党中央和国务院关于《北京城市建设总体规划方案》批复的指导精神，并就个体建筑的设计提出看法，反对单纯地模仿和抄袭西方高层建筑。此前，该文收入北京市社会科学院、北京社会函授大学、北京史研究会编的《北京历史与现实研究》（北京燕山出版社，1989年）一书之中。

——《迎接北京建城3035周年》刊于《地理知识》1990年第2期。该文提出了北京建城之始的问题。

侯仁之："初步建议考虑北京建城之始的问题，始于1987年。就在那一年的青年节那一天，我曾写信给北京市的领导，建议应尽早考虑研究北京建城之始究竟在哪一年。现在，根据研究成果表明，北京建城的时间可以上溯到30个世纪以前，故1990年则是北京建城3035周年。"[1]

——《什刹海与北京城址的演变》刊于《燕都》1990年第4期。后收于《奋蹄集》（北京燕山出版社，1995年），文末附有《什刹海记》。
——《华盛顿访问记》刊于《地理知识》1990年第11期。

评介

1月5日　《光明日报》第2版刊发易树柏的《专家呼吁收集出版散落在国外的古地图，建立中国古地图陈列馆》。据报道，侯仁之、陈述彭等人在近日召开的《中华古地图珍品选集》评审会上呼吁国家有关部门尽快收集、整理、出版散

---

[1] 侯仁之：《迎接北京建城3035周年》，载《地理知识》1990年第2期。

落在国外的中国古地图。

2月22日　孙瑛的《天坛搬迁一举数得——访侯仁之教授》刊于《北京日报》第2版，后收入《曾经的记录》（北京出版社，2005年）。

2月28日　《北京大学校刊》刊文介绍侯仁之主编的《北京历史地图集》的评审情况，称"《北京历史地图集》蜚声中外"。

2月　张文奎主编的《人文地理学词典》（陕西人民出版社，1990年）收录"侯仁之"，称侯仁之为"中国著名历史地理学家，科学历史地理学创始人之一"。

3月4日　《光明日报》第2版刊发张炳升的《千年古都历代是何模样？——〈北京历史地图集〉再现昔日风貌》。该文称侯仁之主编的《北京历史地图集》是一项具有高度学术水平和广泛应用价值的重大成果，在我国城市历史图集方面是个创举，在国际上也属罕见。

3月　陈荣富、洪永珊主编的《当代中国社会科学学者大辞典》（浙江大学出版社，1990年）收录"侯仁之"。

4月　俞兴茂、吕长赋的《中国人民政治协商会议第七届全国委员会委员名录》（中国文史出版社，1990年）收录"侯仁之"。

9月　《中国大百科全书·地理学卷》由中国大百科全书出版社出版，收录马正林、朱士光所撰的《侯仁之》。

11月　刘盛佳在《地理学思想史》（华中师范大学出版社，1990年）中称"谭其骧、侯仁之、史念海在我国近、现代历史地理学的教学与研究中，都是有杰出贡献的学者"，又认为侯仁之是"我国最杰出的历史城市地理学家"。

刘盛佳："侯仁之回国后，便以中、外历史地理学兼而有之，并与顾颉刚、谭其骧、史念海等私交笃厚的身份，团结了一大批学者，推进了中国科学的历史地理学的建立和发展。50年代末60年代初，历史地理学对象和性质的论战，实质上是近代历史地理学与中国传统历史地理学之间的论战，结果是近代历史地理学的理论和方法取胜。侯仁之将西方近代历史地理学的理论与方法，引入中国，这是他的一大功绩。侯仁之的研究可以概括为四个方

面，即历史地理学的理论研究、沙漠的历史地理研究、城市的历史地理研究和地理学史的研究。他的研究特点是：（1）开拓性；（2）方法的科学性；（3）结论的严密性。"[①]

12月19日　孙瑛的《侯仁之、单士元谈金中都水关遗址保护》刊于《北京日报》第一版，后收入《曾经的记录》（北京出版社，2005年）。

12月　《简明人文地理学辞典》（杨展、鲁锋编，南京大学出版社，1990年）收录"侯仁之"。

本年　陕西师范大学、西北大学中国历史地理研究所《中国历史地理论丛》编辑部推出"恭贺侯仁之教授八十华诞专号"，并刊发贺词。

贺词："侯仁之教授是我国现代历史地理学的开创者之一。半个多世纪以来，在这一新兴的研究园地里，培植人才，努力开拓，成就灿烂，建树良多。尤其在历史地理学基础理论研究与历史城市地理、历史沙漠地理领域，更是劳绩卓著，举世共仰，蜚声中外，影响深广。值此仁之先生八十华诞即将来临之际，谨恭祝他健康长寿！并祝他为历史地理学科的发展做出更大的贡献！"

——朱士光的《师教琐记——为恭祝我师侯仁之教授八十华诞而作》刊于《中国历史地理论丛》1990年第4期。

——辛德勇的《侯仁之先生对于我国历史城市地理研究的开拓性贡献》刊于《中国历史地理论丛》1990年第4期。

——《迎接北京建城3035周年——访地理学家侯仁之教授》刊于《燕大校友通讯》1990年第9期。

——韩光辉的《侯仁之与北京城市规划建设》刊于《百科知识》1990年第12期。

---

① 刘盛佳编著：《地理学思想史》，华中师范大学出版社1990年版，第415页。

传承
本年　招收张宝秀为博士研究生。

　　案：1990年，北京大学学位评定委员会第25次会议（1月16日）、第26次会议（6月29日）通过决定，授予68名研究生博士学位、708名研究生硕士学位。其中，地理学系获得硕士学位的有张宝秀、钟永祥等23人。

1991年　80岁

背景
7月1日　中共中央举行庆祝中国共产党成立70周年大会。
8月19日　苏联发生"八一九事件"。苏联在12月25日解体。

纪事
1月14日　致信司徒尚纪，谈及历史地理学学科布局及北京地区的历史地理学发展等问题，并就1990年11月12日至16日在复旦大学举行的国际中国历史地理讨论会发表自己的看法。22日，又致信司徒尚纪，谈及所收到的徐俊鸣的《岭南历史地理论集》（中山大学学报编辑部，1990年）。

　　侯仁之："考虑到我国当前历史地理学研究中心布点：华东有复旦和杭大；关中有陕西师大，人力较多。您在岭南，有所继承；李并成在河西，也是新起之秀。殷切希望您们两位通过自己的研究，把华南和西北的历史地理学带动起来、发展起来，都是大有前途的。在北京，我已年届八旬，幸体质粗健，且后继有人，只是力量尚不足胜任日益增加科研工作。目前学校增加编制有困难，最近有希望成立'历史地理学'博士流动站，就近吸取初获博士学位的青年同志参加工作。同时还要继续加强和北京社科院、地理研究所负责历史地理研究的同志们进行合作，这都是加强首都历史地理研究中心所

必需的。"①

1月17日　北京出版社编辑宋惕冰致函侯仁之,介绍《燕都》杂志编辑方彪前往拜访。

1月20日　杭州大学吕以春、毛必林致信侯仁之,谈及《浙江古今地名词典》和推荐陈桥驿为中国科学院学部委员等事。

2月8日　山东省文史研究馆名誉馆员、《我的母亲》丛刊编委梁兆斌致函侯仁之,谈及《我的母亲》第三辑及精编本出版等事。

2月15日　首都4000余名领导干部和各界人士在人民大会堂宴会厅举行春节团拜会。侯仁之出席,并与北京儿童医院张金哲等老朋友合影留念。

2月20日　《北京大学行政公报》第1期(总第148期)刊载该校《授予博士、硕士学位和培养研究生的学科、专业目录》。其中,历史学学科门类下有"历史地理(学科代码060104)"。在《北京大学授予博士学位学科、专业及其指导教师名单》中,历史学的历史地理专业指导教师为侯仁之,并注明"历史地理(可授理学学位)"。

案:在《北京大学授予博士学位学科、专业及其指导教师名单》中,地理学学科的专业和指导教师为:(1)自然地理学(070501),王乃樑、林超、陈静生;(2)地貌学与第四纪地质学(070502),崔之久、杨景春;(3)人文地理学(070503),杨吾扬、胡兆量;(4)地图学与遥感(070506),承继成。

2月26日　徐霞客逝世350周年国际纪念活动筹备委员会在北京成立,侯仁之为筹委会主任之一。

---

① 许桂灵:《独走苍茫——史地学家司徒尚纪前传》,中国评论学术出版社(香港)2007年版,第295—296页。

案：此次国际纪念活动由中国国际文化交流中心、中国旅游文化学会以及全国侨联、全国台联、中国东方文化研究会、欧美同学会、中国旅游协会等联合举办，筹委会名誉主任为陆定一、伍修权、黄华、夏衍、陈慕华，主任为程思远、荣毅仁、赵朴初、王光英、侯仁之、朱训。

2月　吴良镛题赠《广义建筑学》（清华大学出版社，1989年）一书。

3月6日　北京市金中都水关遗址开始全面发掘。侯仁之、单士元、徐苹芳等人受聘为专家小组成员。

3月23日至4月4日　全国政协七届四次会议在北京召开。侯仁之出席会议，并在分组讨论中做题为《精神文明建设是一项社会工程》的发言。

侯仁之："精神文明建设是一项社会工程，不仅仅是提高一般性的个人修养，而是培养合格的社会公民；不仅仅是简单的课堂教育，而是在集体活动中培养集体意识。昆明湖清淤工程动员高校、企业等各界群众参加，提高了大家主人翁的意识，取得了很好的社会效益，这是很好的思想教育方式。"①

3月26日　历史地理研究室向北京大学城市与环境学系及自然科学处提交《扩建历史地理研究室为研究所的申请报告》。拟成立的历史地理研究所挂靠城市与环境学系，所长拟由谢凝高教授担任。

4月7日　参加北京市宣武区在宣武艺园、里仁街小区举行的义务植树活动。

4月10日　侯仁之主编的《北京历史地图集》获得1990年度北京市科学技术进步一等奖。

4月11日　出席北京市房山区旅游局与日本池田兴业株式会社召开的第二次"上方山云水仙洞"旅游开发项目可行性论证会。侯仁之强调了对文物进行科学保护与合理利用的关系，并肯定了上方山综合开发利用的价值，认为对云水洞的

---

① 侯仁之：《精神文明建设是一项社会工程》（全国政协七届四次会议分组讨论发言摘要），载《人民日报》，1991年4月4日。

改造是可行的。

5月5日　推荐北京大学城市与环境学系杨吾扬教授为中国科学院学部委员候选人，写成推荐意见书。

5月14日　在清华大学建筑学院做题为《北京城市建设的古往今来》的学术报告，首次提出"北京城市规划建设中的三个里程碑"的观点。

> **朱文一：**"侯仁之教授认为北京城市的发展经历了三个里程碑。其一，明北京皇宫的建成形成了今天北京城市的形式；其二，50年代天安门广场的建成使昔日皇权的象征变成了今天体现人民当家做主的城市中心；其三，1990年北京奥林匹克中心的建成成为现代化的北京的标志。"[1]

5月18日　出席在北京大学召开的长城学研究座谈会。罗哲文、王天有、王小甫等人一并出席。

5月　出席在北京市京西宾馆召开的中国科学院学部会议。

——曾昭璇的《广州历史地理》（广东人民出版社，1991年）出版。侯仁之获赠该书，复信表示感谢，并评价该书价值。

> **侯仁之：**"承赠大作《广州历史地理》乙部，今天乘暇拜读，虽尚未及深入，亦足见创获累累，《广州史志丛书》中有此一种，已是一大特色，想来是其他地方的同类丛书所难企及。我于北京历史地理的研究，虽说略窥门径，亦只是从城市发生发展的自然环境以及历代城市规划建设的地理背景中小有创获。但无论在历史自然地理诸要素的探讨，还是在城市历史发展中的专题考证方面，都不及大作之深入。胡乔木同志生前在论及以新观点、新方法、新材料创修社会主义新方志时，曾经强调'省、市区的自然地理的变化和人文地理的变化'，于此大作堪称范例。"[2]

---

[1] 朱文一：《空间·符号·城市：一种城市设计理论》，淑馨出版社（台北）1995年版，第248页。
[2] 曾新、曾宪珊编：《曾昭璇教授著作编年》，2004年，第126页。

6月1日　国家教委在人民大会堂就贯彻落实江泽民关于加强近现代史和国情教育的指示举办座谈会。王震、李铁映、胡乔木、孙起孟、雷洁琼等领导出席座谈会。此外，侯仁之、邓力群、陶大镛、刘大年、臧伯平、杨蕴玉等首都教育、理论界近200人与会。此前，江泽民在3月9日致信国家教委，强调要对学生进行近现代史和国情教育。

6月7日　致信苏天钧，谈及8月赴美国、荷兰的行程。

6月20日　致函北京市公安局负责同志，谈及应邀赴美国旧金山南海公司艺术中心授课所需护照办理之事。

7月4日　钱学森致信侯仁之，就《再论历史地理学的理论与实践》一文探讨地理学理论问题。此前，侯仁之在6月托刘恕赠送钱学森《历史地理学的理论与实践》一书。8月26日，钱学森致信侯仁之，讨论历史地理学理论问题，并希望侯仁之写出《中国地理环境历史变化的经验与教训》一书。

7月12日　《北京大学行政公报》第5期（总第153期）刊载《一九九〇年北京大学理科科研情况汇报》。其中，侯仁之主编的《北京历史地图集》获得北京市科技进步一等奖，级别为省市部级科技奖。

7月　出席在北京市欧美同学会会议大厅举行的徐霞客逝世350周年国际纪念活动筹办大会。该活动由陆定一、黄华、夏衍联名倡议，由中国国际文化交流中心、中国地理学会等团体共同参与发起。

8月　由李孝聪陪同赴荷兰乌特勒支出席国际地理联合会地理学思想史专业工作委员会会议。会议期间，访问莱顿、海牙等地。结束荷兰之行后，侯仁之飞赴美国。

9月　据北京市高等教育局编的《北京高等学校概况》（北京工业大学出版社，1992年）载，北京大学地理系下设自然地理、环境地理、经济地理、历史地理、地貌5个教研室。

10月10日　应美国南海艺术中心之邀，做有关北京城及塞外新发现的学术报告。

10月17日　中国区域科学协会在北京大学成立。陈述彭、程民德等人出席。大会选举吴树青任会长、杨开忠任秘书长，并通过科学顾问和名誉会长名单。

10月28日　在美国匹兹堡大学做题为《北京的城市规划》（*City Planning in Beijing*）的学术报告。29日，参观该校东亚图书馆，在此前所赠北京古城砖展示柜旁拍照留念。

11月22日　北京大学第295次校长办公会通过成立北京大学校志编审委员会的决定。其中，吴树青任主任，侯仁之、郝斌、王义遒、梁柱、李安模、萧超然、陈守良等19人任委员。

11月3日　在美国达特茅斯城郊再次购得《尼罗河传》一书，写作《达慕思奇遇记》纪念此事。28日（感恩节），在该书扉页作题记，称"此番出游，远去达慕思学院数十里，竟于荒郊野外再获此书。虽非原版，而惊喜之情更胜一筹"。

11月5日　中国避暑山庄外八庙保护协会在人民大会堂正式成立。协会由阿沛·阿旺晋美、杨静仁、赵朴初、程思远等人任名誉会长，李文珊任会长，罗哲文任第一副会长。侯仁之等人任顾问。

11月　访问康奈尔大学，与苏联莫斯科建筑学院教授阿茨涅戈尔一起接受芮浦思所赠新书《华盛顿的展视——1970年以来的首都》。该书扉页印有"给我的朋友和同事在北京和在莫斯科的侯仁之和阿茨涅戈尔"字样。

——赴康奈尔大学看望梅贻宝、倪逢吉夫妇。在此期间，又拜访谢迪克、刘子健、周舜莘等寓居美国的燕京大学校友。

侯仁之："因为当时要去解放区的学生，都是要通过一定的内部联系最后才会找到我（事先我对这些同学已经有所了解），由我出面代表学校做具体安排。当时也有个别和我素有来往的同学帮助我进行这件事（其中一位就是现在执教于美国普林斯顿大学历史系的刘子健教授。他本来也是想和第一批学生一同南下的，可是因故未能走成），但外人并不知道。"[1]

侯馥兴："出国期间，父母亲也得以和阔别已久的原燕京大学在美国的

---

[1] 侯仁之：《燕京大学被封前后的片断回忆》，见中国人民政治协商会议北京市委员会文史资料研究委员会编：《日伪统治下的北平》，北京出版社1987年版，第84页。

师友相聚：康乃尔大学谢迪克教授、梅贻宝教授，普林斯顿刘子健教授和夫人王显大，匹兹堡大学周舜莘教授和夫人吴维先，久别重逢分外亲切。每到一处，都受到当地的燕大校友热情接待，言谈话语中洋溢着燕大的凝聚力。父母亲几十年厮守燕园，更是感到负有更多的责任为母校出力。"[1]

12月6日　侯仁之八十寿辰。张玮瑛题写贺卡："祝贺您八十大寿，我们全家都祝贺寿星健康快乐！老当益壮！为人民多做贡献！"

12月18日　国家旅游局公布"中国旅游胜地四十佳"。侯仁之、陈从周、吴传钧、罗哲文、郑孝燮、谢凝高、朱畅中、郭来喜等人任评审委员会委员。

12月20日　致信美国华人社会活动家、收藏家翁万戈。此前，侯仁之曾到翁万戈寓所拜访。

12月23日　在美国新罕布尔州达特茅斯致信冰心，回忆起60年前参加燕京大学特别入学考试的情景。《有情君未老——侯仁之九十五华诞影集》（北京大学出版社，2000年）收录侯仁之夫妇在达特茅斯大学图书馆手持冰心著作的照片。

本年　国家重点图书出版项目《传世藏书》编辑工作启动。该丛书由季羡林任总编，张岱年、徐复、王利器、钱伯城、戴文葆任主编。侯仁之、王元化、王利器、裘沛然、李学勤、徐中玉等人任学术委员，并与史念海任《传世藏书·史库·地理》主编。

　　案：《传世藏书·史库·地理》约700万字，收录《水经注》（世界书局本）、《大唐西域记》（高丽新藏本）、《海国图志》（光绪丙子平庆泾固道署重刊本）、《读史方舆纪要》（稿本）4种，1995年由海南国际新闻出版中心出版。

——与单士元、罗哲文、杜仙洲等人考察卢沟桥桥基"铁柱穿石"遗址现场。

---

[1] 侯馥兴：《从塘头厦到燕南园——我的母亲张玮瑛》，花城出版社2012年版，第145页。

——据《北京大学行政公报》第3期（1992年3月23日）记载，北京大学1991年通过鉴定、评审的科技成果包括城市与环境学系历史地理学专业韩光辉的《北京历史人口地理研究》、于希贤的《长江中下游城市的历史演变》（合作完成）。

著述

6月6日 写成《再论历史地理学的理论与实践》一文，刊于1992年7月《北京大学学报》编辑部《北京大学学报》"历史地理学专刊"。此文是为北京大学地理学"历史地理研究室"扩建为"历史地理研究所"而撰写的参考资料。

> **侯仁之：**"从历史地理学的研究来看，由于地球表层学的理论发展，必然会合理地把历史地理学作为一个子系统，纳入它的巨系统之内，并和其他相邻的子系统结合起来，从而形成地理科学中的基础理论学科。""现在，在钱学森教授倡导建立'地球表层学'的启示下，已经使我们进一步认识到，以研究人类活动导致自然界变化为主的历史地理学，正是应该包括在地球表层学这个巨系统之中的一个子系统。"[①]

7月4日钱学森致侯仁之信："您6月18日致刘恕同志信及大作稿《再论历史地理学的理论与实践》都转给我了。我读后深受教益，十分感谢！您当然知道：对地理我完全是个外行人，不懂得这门古老学科的发展和现在的情况，只在近年才接触到一点这方面知识。就我这有限的理解，我是同意您在文章中阐述的观点的。但要说服大家，恐怕还要多做工作。"[②]

张修桂："历史自然地理学是研究人类历史时期自然环境演变及其规律的科学，对于当前改造自然，利用自然的实践，有着重要的指导意义。关于它的时空研究范围，经过不断的科学实践和侯仁之教授的一再倡导，现已扩展到地质史的最后一个时期——整个全新世。在这个时期内，人类的生产活

---

① 侯仁之：《再论历史地理学的理论与实践》，见《历史地理学四论》，中国科学技术出版社1994年版，第20—29页。

② 《钱学森书信选》编辑组编：《钱学森书信选》上卷（1956.2—1991.12），国防工业出版社2008年版，第594页。

动能力已不断加强，并开始在自然环境上产生日益显著的影响：原始森林逐渐被砍伐、湖泊沼泽逐渐被排干，气候、土壤和动植物因此发生变化，由此而引起的自然环境中各个因素的连锁反应日趋复杂。所以人为的作用是全新世环境变迁的一个重要的不可忽视的因素。"①

7月7日　为周简段的《神州轶闻录·名胜篇》（华文出版社，1992年）撰写序言。

10月　与金涛合著的《北京》一文收入陈桥驿主编的《中国七大古都》之中，由中国青年出版社出版。

11月　与金涛合著的《古都北京》英文版、日文版由人民美术出版社、外文出版社出版。英文版书名为 Beijing: an ancient capital of China。

12月　《侯仁之燕园问学集》由上海教育出版社出版。该书分为"良师益友、高山仰止、寄语青少年、爱我中华、展望首都新风貌、塞上行、域外行、学海无涯"8部分，主要收录科普文章。

1990年3月28日侯仁之所写序言： "至于书名，上海教育出版社原来的要求是作为该社的《科普著作选集》之一，并冠以作者的署名。现在考虑再三，为了名副其实，就只好题作《燕园问学集》了。事前也曾想到如只作《问学集》，则有雷同之嫌。加上'燕园'二字，倒也符合实际，因为书中收入的各篇，绝大部分都是脱稿于燕园，更重要的是我自己也正是在燕园中成长的。"②

徐城北： "我渐渐形成了这样一个认识：侯老以教书为本职，不以写书为骄傲。因为这本书的内涵实在太丰富了，许多文章的许多段落中，都时不时出现一些闪光的句子。我想，要是遇到一位'有心'写书的人，只要'随意地'一展开，不就是一本很通俗也很好读的书么？我大致统计了一下，侯

---

① 张修桂：《十年来历史自然地理研究的新进展》，见《龚江集》，上海人民出版社2014年版，第199页。

② 侯仁之：《侯仁之燕园问学集》，上海教育出版社1991年版，第1页。

老这本书的闪光点不下二十个,那么换言之,如果换了个人,改写成二十本既好看又有深度的小册子当不成问题。"①

12月　《华府采访拾零》初收于《侯仁之燕园问学集》(上海教育出版社,1991年)。

本年　《祁连山水源涵养林的保护问题迫在眉睫!》刊于《大自然探索》1991年第2期。

——《北京:杰出的规划在发展中》刊于《今日中国》1991年第10期。

——《拓荒的巨人,时代的先驱》刊于《纪念徐霞客逝世350周年国际学术活动文集》(科学出版社,1991年)。

评介

3月　韩光辉的《侯仁之》收于《科学家传记大辞典》编辑组编的《中国现代科学家传记》第1集(科学出版社,1991年)。

3月　蔡开松、于信凤主编的《二十世纪中国名人辞典》(辽宁人民出版社,1991年)收录"侯仁之"。

4月　北京大学研究生院编的《燕园师林:北京大学博士生指导教师简介》(北京大学出版社,1991年)介绍侯仁之的简历、学术成就、治学经验和主要著述目录。

5月　徐友春主编的《民国人物大辞典》(河北人民出版社,1991年)收录"侯仁之"。

6月　张锋主编的《当代中国百科大辞典》(档案出版社,1991年)收录"侯仁之"。

8月　张塞等主编的《中国国情大辞典》(中国国际广播出版社,1991年)的《文化编·著名科学家》收录"侯仁之"。

9月　谢保成等编的《中国史书目提要》(中州古籍出版社,1991年)收于

---

① 徐城北:《走近侯仁之》,见《梦回三不老》,中国戏剧出版社2003年版,第140页。

侯仁之的《步芳集》《中国古代地理学简史》《中国古代地理名著选读》。

本年　韩光辉的《侯仁之先生对历史地理学的贡献》刊于《地理学与国土研究》1991年第4期。

传承

本年　招收唐亦功为博士研究生。

——接收韩茂莉进入北京大学人文地理博士后流动站。

1992年　81岁

背景

1月18日至2月21日　邓小平发表南方谈话。

3月8日　国务院颁布《国家中长期科学技术发展纲领》。

4月22日　中国科学院学部委员大会第六次会议通过了《中国科学院学部委员章程》（试行）。

纪事

1月4日　翁万戈致信侯仁之。11日，侯仁之复信。信中谈及1942年至1945年间侯仁之与洪业书信来往情况。

1月6日　与张世英、金克木、林庚、周祖谟、吴组缃、王永兴、冯钟芸、阴法鲁、周一良、李赋宁、林焘、袁行霈、严文明、楼宇烈、吴同瑞等人出席北京大学中国传统文化研究中心成立座谈会。

案：1993年10月7日，北京大学第328次校长办公会议研究决定正式成立中国传统文化研究中心（虚体），挂靠社会科学处。该中心由袁行霈任中心主任，吴同瑞任中心副主任兼秘书长。2000年1月，该中心更名为北京大学国学研究院。

1月14日　北京大学任命崔海亭为城市与环境学系主任。

1月17日　《中华人民共和国国家历史地图集》编委会致函侯仁之，谈及侯仁之负责的城建图组各图幅的奖金分配方案。

2月11日　致信苏天钧，谈及《北京历史地图集》出版及《燕园史话》交稿等事。

3月3日　与郑孝燮等赴前门地下通道施工工地查看明代正阳桥镇水神兽。

4月8日　北京大学中国传统文化研究中心举行老教授咨询会。侯仁之、吴组缃、林庚、周一良、金克木、周祖谟、王永兴、阴法鲁、李赋宁、张世英、冯钟芸、林焘等12人应邀与会，北京大学副校长罗豪才及中心管委会袁行霈、吴同瑞、严文明、楼宇烈、何芳川等人出席会议。侯仁之建议就"中国传统历史地理沿革的研究到现代历史地理学的建立"开展研究。

4月13日　侯凡兴寄来赴美邀请函。

4月18日　陪同荷兰驻华大使杨乐兰（Roland van den Berg）一行参观北京西郊大觉寺。

4月30日　北京大学研究生院培养处给城市与环境学系的人文地理学（联合历史地理学）重点学科发通知，要求在5月20日之前提交自检报告。此前，国家教委研究生工作办公室于4月1日发布《国家教委关于进行高等学校重点学科点检查工作的通知》。5月10日，学术带头人杨吾扬、胡兆量、王恩涌联名提交《北京大学人文地理学重点学科点自检报告》。16日，历史地理研究室填写《人文地理学重点学科自查报告》（历史地理）。

案：在所填《全国高等学校重点学科点基本情况调查表》中，历史地理学的名称为"人文地理（历史地理）"，二级学科代码为070503，学科带头人为侯仁之、徐兆奎，人才梯队为博导1人、教授2人、副教授3人、讲师2人。1987年9月以来，共招收博士研究生4人、硕士研究生8人，授予博士学位1人、硕士学位5人。

历史地理研究室："继续坚持了自己的优势方向即历史地理学理论和方法论，城市与区域（包括沙漠）历史地理研究方向，同时开拓了历史人口地理、历史自然灾害、中国方志学等方向。理论教学与研究是本学科健康发展的基础，历来受到本专业的重视。……重视理论和方法论研究及新技术手段在研究工作中的应用，重视历史地理研究为现实服务在国内始终处于领先地位，在国外同样处于前沿地位。""以侯仁之为学术带头人的历史地理研究室十分关注国际学术界在本领域的研究动向和发展，和国际各著名教学与科研机构保持密切的联系。因此我室无论在理论探讨还是方法更新还是具体问题的研究方面都不亚于国际水平，尤其在历史地理学理论和研究方法论的研究方面，在城市历史地理研究直接为现代城市规划建设服务方面，在沙漠历史地理研究方面，在历史人口地理研究及历史地图集的编制等领域均已达到国际前沿。"[1]

4月　梁惠陵编的《北京大学当代学者墨迹选》由北京大学出版社出版，收录侯仁之、季羡林、阴法鲁等北京大学当代学者、名家的书法作品。

——致信谭其骧。8月28日，谭其骧病逝于上海华东医院。此信可能是侯仁之与谭其骧的最后一次通信。

5月8日　北京大学第301次校长办公会议决定，在城市与环境学系历史地理研究室的基础上设立北京大学历史地理研究中心（二类），中心可吸收相关学科研究人员参加工作。11日，北大给该系发去"校发〔1992〕83号"通知，同意该中心的成立。6月15日，该系上报校长办公室，拟提名谢凝高教授担任中心主任，韩光辉副教授担任中心副主任。9月26日，王义遒副校长做出批示，同意上述任命。

案：1992年9月10日校长办公室编的《北京大学行政公报》第4期（总第160）亦记载此事。中心成立后，其成员主要有侯仁之、徐兆奎、王北辰、于希贤、韩光辉、武弘麟等人。该中心曾承担国家社科"八五"重点项目

---

[1]　《人文地理学重点学科点自查报告》（历史地理），见北京大学档案馆藏《教委关于重点学科点检查工作的通知及各专业学科点自查报告》（档案号01519920003）。

"中国历史地理学研究"、国家自然科学基金项目"全新世以来西辽河流域人地关系研究"、北京市重点项目"北京城市历史地理研究"等。

王恩涌："历史地理学在侯仁之先生领导下成立了历史地理研究中心。其成员有徐兆奎、王北辰、于希贤、韩光辉、武弘麟，侯先生在城市历史地理、沙漠历史地理研究独具特色，同时还完成了北京历史地图集的编纂。该研究室与经济地理、地貌教研室在城市地理、环境演变等合作研究上发挥着重要作用。谢凝高以其从地理角度对自然景观美学上的独特见解在风景区评价方面引起有关部门高度重视。笔者从植物地理转向文化地理和政治地理，对该学科发展也起到积极作用。"①

5月23日　侯仁之、张玮瑛夫妇拜会来京访问的著名科学家吴大猷、李政道等，并将《北京历史地图集》赠给吴大猷。吴大猷为侯仁之夫人张玮瑛就读南开大学附中时期的数学老师。

案：吴大猷（1907—2000），广东高要人，著名物理学家。毕业于南开大学、美国密歇根大学，曾在北京大学、西南联合大学、哥伦比亚大学、加拿大国家研究院、纽约布鲁克林理工学院、纽约州立大学水牛城分校任职，曾任"中央研究院"院长。

施宝华："1992年5月17日，在李政道夫妇、儿子的悉心陪护下，吴大猷开始了归根之旅。……吴大猷一到北京，就向接待人员提出，希望能有新旧两张北京地图。他说：'我是个老北京，但是，一到北京竟觉得陌生起来，明明到了过去熟悉的地方，可是找不到一点旧日的踪迹。'第二天，吴大猷去逛琉璃厂，也没有觅得旧北京的地图。这个'难题'最后还是靠李政道向北大现代物理研究中心'求援'解决。北京大学历史系侯仁之教授获悉后，找了一张旧时北京地图，亲自送到达园宾馆吴大猷手里，吴大猷非常高

---

① 王恩涌：《北京大学地理系（城市与环境学系）的四十年（1952—1992）》，见北京大学城市与环境学系编：《城市·区域与环境》，海洋出版社1993年版，第6页。

兴，连连称谢。他有了新旧两张地图，就可以及时对照，寻辨北京的今昔变化，他拿着地图索寻回忆，不时向李政道夫妇回忆旧日京华景象，评点今昔变化，增加了不少谈话资料。"①

考异： 文中侯仁之的头衔"北京大学历史系教授"，当误。

5月24日至28日 为庆祝史念海八十华诞暨从事学术活动六十周年而举办的西安历史地理学术讨论会召开。会议由陕西师范大学、西安联合大学师范学院联合举办。史念海做了题为《发挥中国历史地理学有用于世的作用》的主题报告，另有陈桥驿、邹逸麟、朱士光、周振鹤、司徒尚纪、陈怀荃、何业恒等人参会。

5月28日 北京大学城市与环境学系经研究决定任命韩光辉为历史地理研究室主任。6月10日，发文人事处，上报此任命。此前，北大于1月14日发文，调整该系的行政领导班子，由崔海亭任系主任，周一星、夏正楷、王永华任副系主任。

6月2日 美国加州理工学院人文社会科学部副教授李中清（James Lee）致信侯仁之。信中提及侯仁之赠给吴大猷《北京历史地图集》之事，并提及来年将在北京召开有关清代人口史的学术会议。

6月17日 为章开沅的《商会与中国早期现代化》一文审稿。

6月 河北省邯郸市委、市政府领导因邯郸申报国家第三批历史文化名城之事拜访侯仁之。

7月2日 什刹海丛书编委会成立。侯仁之任编委会主任，赵重清、黄亚昌、赵洛、康奉等人任副主任。

7月4日至7日 出席中国地方志指导小组第九次会议。出席会议的还有指导小组副组长韩毓虎，成员刘大年、邵文杰、梅关桦、陆天虹、黄光学、郦家驹、高德等。会议传达和学习了国务院对中国地方志指导小组领导体制问题所做的批复。

7月 与单士元等人赴居庸关、八达岭考察，对居庸关修复工程、新建长城博物馆进行方案论证。

8月初 应邀赴美国出席第27届国际地理联合会地理学思想史专业委员会会

---

① 施宝华：《邓小平的科学家朋友李政道》，作家出版社2014年版，第188页。

议。会后，应邀访问加拿大多伦多大学、美国达特茅斯大学、加州大学洛杉矶分校、南加州大学等校，并做学术报告。

8月15日　在达特茅斯大学购得1937年原版《尼罗河传》，不胜感慨，乃于10月20日在该书扉页作题记，称"攫之在手，乐不可支，转以示余，余亦惊喜，难以言喻。念及此书失而复得，一而再，再而三，其有缘竟如是乎"？

9月11日　卢沟桥修缮暨建成八百周年碑揭幕在北京市丰台区仪式举行，侯仁之未能出席。

考异：有记载称北京市市政工程管理处桥梁所总工程师孔庆普在该活动中与侯仁之等4位学者一起呼吁"让什刹海东侧的后门桥（又称万宁桥）重见天日"，当误。侯仁之当时并不在北京。

9月　访问美国著名城市规划学家E. N. 培根。

案：E. N.培根（Edmund Norwood Bacon, 1910—2005），美国人，城市规划、建筑学家。曾任费城城市规划局局长，被誉为现代费城之父，著有《城市设计》（*Design of Cities*, New York: Penguin Books, 1976）等。

10月22日　侯仁之、张玮瑛夫妇应邀在达特茅斯大学亚洲研究中心做题为《学者生涯，激流反思》（*Reflections of Chinese Scholars: Thoughts on Life in a Turbulent Century*）的合作演讲，涉及学术生涯、北京历史文化名城保护、《黄河文化》撰写等方面内容。

10月25日　主持申请的"八五"国家社会科学基金重点项目《中国历史地理学研究》（项目编号92AZS005）获得立项。次年3月4日校长办公室编的《北京大学行政公报》第1期在《北京大学（文科）1992年承担的各级科研课题》中收录该项目。

10月　由中国人民保险公司、北京师范大学主编的《中国自然灾害地图集》（科学出版社，1992年）出版。侯仁之与秦道夫任图集编委会名誉主任，并与陈

述彭为该图集撰写序言。

11月3日 李中清致信侯仁之,邀其出席来年1月在北京召开的清代皇族人口及其环境——人口与社会历史(1600—1920)学术会议。

12月1日 致信王天德,感谢其在赴美行程中的照顾,提及筹备举办文化交流讲座之事,并委托其转寄致杨富森信。

12月3日 从美国返回北京。致信熊先智,感谢其本人及燕京大学诸校友对洛杉矶之行的招待。在洛杉矶期间,侯仁之拜访张印堂。次日,侯仁之结束美国之行,返回北京。

> **案**:张印堂(1902—1991),字荫棠,山东泰安人,地理学家。毕业于燕京大学,后赴英国利物浦大学留学,师从罗士培。曾执教于燕京大学、清华大学、北平师范大学、西南联合大学。1949年后赴美。著有 The Economic Development and Prospects of Inner Mongolia(Chahar, Suiyuan and Ningsia)(商务印书馆,1933年)、《地理研究法》(正中书局,1937年)、《滇西经济地理》(云南大学西南文化研究室,1943年)等,译有葛德石(George B.Cressey)的《亚洲之地与人》(商务印书馆,1946年)。
>
> **《燕京大学校刊》(1930年2月14日)**:"张印堂先生将来校。本校最近得英国利物浦大学罗士培(Roxby)教授来函,深赞本校1926年毕业生张印堂先生之为人,张先生系受Holt津贴而留学利物浦大学者。……闻张先生已于2月1日启程来华,想不久即可执教鞭于本校矣。"[1]

12月10日 北京大学城市与环境学系向学校提交《关于城市与环境科学系改革的请示报告》,拟将城市与环境学系更名为区域科学系、环境科学系,两系一套班子、两块牌子。其中,历史地理教研室拟并入区域科学系。此事未果。

北京大学城市与环境学系:"将地理学的基本理论和方法寓于区域科学

---

[1] 转引自张玮瑛等主编:《燕京大学史稿(1919—1952)》,人民中国出版社1999年版,第1218页。

和环境科学，组成区域科学系和环境科学系，是完全可行的。我系设有自然地理、经济地理、地貌与第四纪三个专业，自然地理、地貌、环境、生态、经济地理、历史地理等六个教研室，……因此，以经济地理教研室、历史地理教研室和自然地理教研室为基础，组成区域科学系，以地貌与第四纪教研室、环境教研室、生态教研室为基础，组成环境科学系，势在必然，完全可行。……初步设想，区域科学系设城市与区域经济、自然资源经济、环境经济、城市规划、区域发展规划、房地产开发与规划等专业方向；环境科学系设地貌与第四纪环境、生态学、环境学、环境规划与管理等专业方向。"①

12月24日至25日　出席建设部主持的《北京城市总体规划》（草案）评审会并发言。出席者还有建设部部长侯捷以及张百发、吴良镛、周干峙、郑孝燮、胡序威等人。

　　侯仁之："我想着重谈一谈历史文化名城的保护问题。现在这个规划对历史文化名城的保护提出了很好的保护意见，规划从整体上考虑了历史文化名城的保护，表现在这次规划用两条轴线来处理问题，这点很有价值。我再具体谈点很不成熟的观点。北京城市建设有三个里程碑，一是紫禁城建设。其高度的宫廷建设艺术，反映帝王统治的威严和法度。二是天门安广场建设。从封闭的宫殿广场走向开放的人民广场，并东西两轴展开东西长安街。三是亚运建筑群。第一个是为了皇帝，第二个为了中国人民，第三个是为了世界人民。从北京发展三个里程碑我们可以得出这样的决论，城市的发展既有保护又有建设，既有继承又要创新，这是城市发展的一个重要原则。"②

　　本年　为庆祝"北京黄金旅游年"，北京市文物局、园林局、旅游局等单位

---

① 见北京大学档案馆藏《关于城市与环境科学系改革的请示报告》（档案号01519920006-6）。
② 佚名：《1992年12月〈北京城市总体规划〉评审会专家发言摘要》（下），载《北京规划建设》2003年第6期。

发起北京旅游"世界之最"评选活动，聘请侯仁之、单士元等30余人任评委。

著述

3月7日　《喜读〈北京的胡同〉》一文刊于《北京日报》。

> **案：** 翁立的《北京的胡同》（北京燕山出版社，1992年）一书，原拟由侯仁之撰写前言，因侯仁之在美国访问，乃由白化文、姜纬堂作序。侯仁之回国后，为该书出版题词。

6月15日　为《武城县志》作序，文中表达"我对祖籍故土的无限向往"。1994年4月，侯仁之、刘栋良任编纂委员会特邀顾问的《武城县志》由齐鲁书社出版。

6月30日　写成《记米万钟〈勺园修禊图〉》，此时为侯仁之到燕京大学60周年。该文收于北京大学中国传统文化研究中心编辑的《国学研究》第一卷（北京大学出版社，1993年）。

9月　《海淀区附近地区的开发过程与地名演变》收于《海淀区地名志》（北京出版社，1992年）。该文为1979年11月3日侯仁之在海淀区地名普查工作会议上的报告，初收于《北京市海淀区地名录》（1980年，内部资料）。

> **侯仁之：** "我知道全市包括咱们区，正在积极开展地名普查工作，这项工作本身的重要意义不需要我讲了。但是我要补充一点，在地理学，特别是历史地理学的研究上，地名常常提供重要线索。我很大胆地提出一些个人看法，供同志们参考。"[1]

10月4日　在美国达特慕思大学写成《什刹海在北京城市建设中的古往今

---

[1] 侯仁之：《海淀区附近地区的开发过程与地名演变》，见田建春主编：《北京市海淀区地名志》，北京出版社1992年版，第504页。

来》一文。该文是侯仁之为《京华胜地什刹海》（北京出版社，1993年）所作序言，后刊于《旅游》1994年第7期。

10月20日　写成《购〈尼罗河〉书题》，后收于《师道师说（侯仁之卷）》（东方出版社，2013年）。

12月6日　写成《学业成长自叙》，后初收于《师道师说（侯仁之卷）》（东方出版社，2013年）。

评介

1月　张品兴等主编的《中华当代文化名人大辞典》（中国广播电视出版社，1992年）收录"侯仁之"。

4月　刘晓东主编的《中国当代经济科学学者辞典》（上海社会科学院出版社，1992年）收录"侯仁之"。

7月　尹钧科、韩光辉的《锲而不舍　锐意进取——记侯仁之教授的治学精神》收于中国地理学会历史地理专业委员会《历史地理》编辑委员会编的《历史地理》第10辑（上海人民出版社，1992年）。

8月　曹子西等主编的《北京百科词典·科学技术卷》（北京科学技术出版社，1992年）收录"侯仁之"。

——陈国达、陈述彭等主编的《中国地学大事典》（山东科学技术出版社，1992年）收录于希贤、孙关龙的《侯仁之对中国历史地理学贡献》一文。

于希贤、孙关龙："侯仁之现任中国科学院学部委员、北京大学教授，是中国历史地理学的开创人之一。其主要贡献有：①在《中国沿革地理课程商榷》（1950）、《历史地理学刍议》（1962）等文中，最早阐明了'沿革地理'与'历史地理'在研究内容、方法等方面的本质区别，明确指出历史地理学的学科性质、研究对象和内容、研究任务和方法，为中国历史地理学的理论研究奠定了基础。②开拓中国城市历史地理研究方向，尤其是深入系统地研究了北京的历史地理，发表了《历史上的北京城》（1962）、《北京城：历代发展的特点及其改造》（1980）、《北京历代城市建设中的河湖水

系及其利用》（1987）等，所提出的在保持北京旧城格局的基本特点上建设新北京、保护传统的南北中轴线、另辟东西中轴线和借鉴历史经验、开辟北京新水源等思想已成为今天首都城市建设和规划的基本思想。③开拓中国沙漠历史地理方向，在多次亲临西北沙漠区考察基础上，发表《从人类活动的遗迹探索宁夏河东沙区的变迁》（1964）、《乌兰布和沙漠的考古发现和地理环境的变迁》（1973）、《我国西北风沙区的历史地理管窥》（1979）等，揭示了草原沙漠化的一些规律，为防止沙化提供了科学依据。④主编了《中国古代地理名著选读》（第一册，1959）、《中国古代地理学简史》（1962）、《北京历史地图集》（第一册，1988）。⑤从事历史地理教学40余年，培养了一批历史地理人才。其80年代以前的论文已分别收入《步芳集》（1962）、《历史地理学的理论与实践》（1979）；80年代的论文已分别收入即将出版的《燕园问学集》、《奋蹄集》。"①

9月　杨展览等主编的《地理学大辞典》（安徽人民出版社，1992年）收录"侯仁之"。

——王德林等主编的《中华留学名人辞典》（东北师范大学出版社，1992年）收录"侯仁之"。

10月　王咸昌主编的《当代中国自然科学学者大辞典》（浙江大学出版社，1992年）收录"侯仁之"。

11月　刘盛佳对《历史地理学的理论与实践》一书的评介收于陈远等主编的《世界百科名著大辞典（社会和人文科学）》（山东教育出版社，1992年）。

12月　赵忠文主编的《中国历史学大辞典》（延边大学出版社，1992年）收录"侯仁之"。

——袁宝华、翟泰丰主编的《中国改革大辞典》（海南出版社，1992年）收录"侯仁之"。

---

① 陈国达、陈述彭等主编：《中国地学大事典》，山东科学技术出版社1992年版，第102—103页。

传承

3月8日 北京林业大学风景园林系硕士毕业生姚亦锋致信侯仁之,表达报考博士研究生的意愿。此事未果。

本年 招收邓辉为博士研究生。

> **案**:据《北京大学行政公报》第5期(1992年9月15日)所载《北京大学一九九二年授予博士、硕士学位人员名单》可知,地理系有赵荣、王应麟等7名研究生被授予理学博士学位,邓辉、陈耀华等22名研究生被授予理学硕士学位。邓辉在硕士研究生毕业后,师从侯仁之攻读博士学位。

1993年　82岁

背景

4月27日至29日 海峡两岸基于"九二共识"举行第一次"汪辜会谈"。

7月1日 国家教委启动高校建设"211工程"。

纪事

1月4日至5日 与王钟翰、陈可冀、张丕远、郭松义、李中清、定宜庄、韩光辉、赖惠敏等出席在清华大学召开的清代皇族人口及其环境——人口与社会历史(1600—1920)学术会议。该会议由李中清、郭松义组织,受到蒋经国基金的经费补助。

1月8日 为曾昭璇寄赠《侯仁之燕园问学集》。

1月11日 北京市文物局、石景山区政府召开法海寺壁画历史艺术价值专家论证会。侯仁之、王定理、金维诺、徐庆平、薛永年、单士元、姚有多、王金鲁等美术界、文物界专家与会。专家论证指出北京法海寺壁画为明代壁画之最。2月22日,法海寺壁画历史艺术价值新闻发布会召开。

1月19日 北京西站工程正式开工。此前,侯仁之就西站选址发表意见,主张保留莲花池,其意见被采纳。

案：北京西站的规划选址始于20世纪70年代，由铁道部第三勘测设计院承担。1984年，该院提出多个选址方案，倾向于将西站站中心设在正对羊坊店路，站台西端距站中心180米（亦即莲花池方案）。侯仁之闻讯后，主张西站建设避让莲花池。

侯仁之："现在有这样一个建议，北京火车站之外要另外增建一个西火车站，在选择西火车站地址时，曾考虑过莲花池。认为这里是一个三百亩大的空地，不需迁移人口。但是后来有人说，莲花池这个地方非同小可，最早北京的起源与湖泊有血肉相连的关系，要改造新的北京城，扩展市区，不但要把老的北京城纳入新的总体规划之中，原来更老的北京城也要纳入总体规划之中，西火车站放到这里，如果把这个湖泊填了，那就是把自己起源的地方消灭了。这个建议提出之后，北京市规划管理局周永源局长说：'这地方和历史发展有关系，莲花池的湖泊不能填，这也是个历史文化的遗址，因为与北京城的起源有密切关系，一定要保留。'他要求还它原来湖泊的本来面貌。"[①]

1月20日　与李孝聪联名致信承担《中华人民共和国国家历史地图集》城建图组扬州城图编绘任务的朱懋伟，谈及编图奖金发放之事。

——由燕京大学北京校友会和北京联合大学文理学院（原北京大学分校）合办的燕京研究院经北京市高教局批准成立。雷洁琼任董事会董事长，侯仁之、吴阶平、龚普生、魏鸣一、张定、李椿任副董事长。燕京研究院院长由侯仁之担任。

案：燕京研究院下设中国传统文化研究中心、英语研究所、燕京房地产研究所、经济与区域发展研究所、西方文化与宗教研究所、生命科学研究所、经济法研究所、计算机与信息处理研究中心、国际经济研究所等。

---

① 侯仁之：《关于在新修地方志中增加"地理变化"的一点意见》，见《侯仁之燕园问学集》，上海教育出版社1991年版，第346页。

——为《北京市怀柔县地名志》（北京出版社，1993年）题词"编史修志写地名，描山绘水话怀柔"。

2月9日　谢小法（Franc Shelton）致信侯仁之，谈及欲赴北京大学中文系研修中国现代文学之事。

2月11日　收到王清山主编的《昌平县市政志》（北京燕山出版社，1993年）。

2月　主持在临湖轩举行的燕京大学校友吴宗澄回国欢迎会。

3月12日　《光明日报》刊发《"3·18"倡议书》。中国科学院近百名学部委员和其他知名人士倡议把每年的3月18日定为"全国科技人才活动日"。侯仁之、陈梦熊、庄逢甘、张维、马杏垣、王选、张光斗、程民德、袁翰青、程开甲、杨立铭、张青莲、阳含熙、张仁和、陈述彭、段学复、唐有祺、徐光宪、高小霞、廖山涛等学部委员在倡议书上签名。

3月　北京市有关部门邀请侯仁之、单士元等专家讨论圆明园保护问题。专家们一致认为"搬迁圆明园遗址内的居民要当机立断、刻不容缓"。

春　受聘为《中国科技典籍通汇·地学卷》（唐锡仁主编，河南教育出版社，1993年）顾问。

宋士杰："当我接受《中国科技典籍通汇》编辑任务后，《地学卷》的顾问自然就想到了侯仁之先生。1993年春某一天，我和我们社的两位社长，拿着聘书，带着礼品到了侯先生的家。因为这套书是任继愈先生的主编，侯先生不好意思推辞，可是侯师母却出来挡驾啦。她以侯先生当时身体不好为由，一千个不同意，一万个不答应，弄得我们十分尴尬。在来北京时，我向我的两位领导拍过胸脯：侯先生为人平和，我一定能请得到。没有想到却遇到了这样的阻力。侯先生看我为难，便像生气似的对老伴说：'你看你这人，咱们的学生都是六十多岁的人啦（我自报家门时，说我已经退休），现在来求咱们，能不答应吗？'侯师母没话说了，事情顺利办成。后来，我多次去侯先生家，侯师母对我很好，有时侯先生外出或者在楼上休息，她就陪我聊天，问些《地学卷》编辑的情况。因为侯师母也是一位地学史专家，她

的指导，对我这个外行编辑来说，自然帮助很大。"①

4月19日　与周一良、张岱年、季羡林、邓广铭、阴法鲁、郝斌等人出席《中华文化讲座》电视系列片出版新闻发布会。

案：该片由国学研究院与美国南海有限公司联合制作，共100集。与之配套的"中华文化讲座丛书"第一集于1994年由北京大学出版社出版。该片1996年荣获中国国家教委与新闻出版署颁发的首届全国优秀教育音像出版物一等奖。侯仁之在片中主讲《北京城市规划建设中的三个里程碑》。

——中国社会科学院历史研究所致信侯仁之。

4月20日至26日　由中国地理学会历史地理专业委员会主办，湖南省地理学会、湖南省历史学会承办的中国历史地理暨楚越洞庭文化（国际）学术讨论会在湖南长沙召开。史念海、陈桥驿、石泉、黄盛璋及日本学者米仓二郎等人出席。

5月3日　出席北京大学中国传统文化研究中心举行的中国传统文化与现代化建设学术讨论会。与会学者还有邓广铭、周一良、季羡林、张岱年等。

5月14日　北京大学中国传统文化研究中心、北京大学出版社在临湖轩联合举办《国学研究》第一卷出版座谈会。侯仁之、季羡林、周一良、林庚、宿白、陈贻焮、张岱年等人出席座谈会。

7月1日　与黄秉维、周立三、叶笃正、施雅风、吴传钧、孙鸿烈、徐冠华、陶诗言等31名中国科学院学部委员在《致各省领导要求高考恢复地理考试的呼吁函》上签名，呼吁在1994年高考考试科目中文科类仍旧保留地理科目考试。

7月6日　中国建筑学会建筑史学分会在北京成立。侯仁之、郑思远、魏传统、王定国、苏秉琦、郑孝燮、汪坦、吴良镛、张开济、张镈、贺业钜、刘致平、陈从周、莫宗江、于倬云、王世襄、杜仙洲、朱家溍等人任顾问。单士元任

---

① 宋士杰：《对北大老师的琐忆》，见郑骅雄编：《未名湖萦思》，外语教学与研究出版社2009年版，第33页。

名誉会长，杨鸿勋任理事长。

7月9日　中国徐霞客研究会第一届理事会在地质矿产部招待所会议厅召开，会议通过了研究会章程，选举产生理事、常务理事、学术委员会委员和领导机构成员名单。10日，中国徐霞客研究会成立大会、千古奇人徐霞客纪念展在民族文化宫会议厅举行。侯仁之抱病出席会议，并做题为《不要让徐霞客早逝的历史遗憾再现》的发言。会上，侯仁之当选为名誉会长兼学术委员会主任。

案：7月，经地质矿产部同意，并报请民政部批准，中国徐霞客研究会正式成立，为全国性一级学会。该学会由陆定一、伍修权、黄华、夏衍、彭冲、王光英、程思远、侯仁之等人倡议成立。朱训任会长，陆定一、伍修权、黄华、彭冲、程思远、汪道涵、孙大光、夏衍、侯仁之、冰心等人任名誉会长，江牧岳任执行会长，瞿宁淑、杨克平等任副会长。展览会上展出了徐霞客故居晴山堂的明清诗书名家手迹的石刻拓片、徐霞客现存的唯一手迹、《徐霞客游记》的最早手抄本等。

7月14日　中国科学院自然科学史研究所杨文衡题赠《论风水的地理学基础》(《自然科学史研究》，1992年第4期）一文。

9月　燕京研究院与美国国际科技教育服务机构（PESI）建立长期合作关系。侯仁之代表燕京研究院与PESI总裁钱秉毅签署长期合作备忘录。雷洁琼、龚普生、林孟熹、张定等人出席签字仪式。

10月13日　与季羡林、邓广铭、张岱年、阴法鲁等人出席在北京大学大讲堂举办的国学研究讲座。该讲座原定在北大电教阶梯教室举行，因听众太多，改在可容纳千人的大讲堂举行。

10月20日　美国汉学家舒衡哲（维拉·施瓦支）在北京大学题赠《中国的启蒙运动：知识分子与五四遗产》（山西人民出版社，1989年）一书。

案：舒衡哲（Vera Schwarcz，1947—　），犹太裔美国人，生于罗马尼亚，历史学者。曾就读于瓦萨学院（Vassar College）、耶鲁大学（Yale

University)、斯坦福大学（Stanford University）等校，1979年曾赴北京大学留学，现任美国卫斯理大学（Wesleyan University）历史学、东亚研究教授，主要从事中国现代思想史研究。

10月22日　赴中央民族学院出席王钟翰教授八十寿辰庆祝大会，在大会上发言，并赠送《北京历史地图集》。出席庆祝会的还有洪学智、廖静文、关山复、张养吾、哈经雄、蔡美彪、林耀华、马学良、王戎笙等学者及社会知名人士。

10月25日至29日　中国民俗学会第三届代表大会暨第五次学术讨论会在北京召开。侯仁之、陈岱孙、任继愈、于光远、刘大年、陈荒煤等人为大会题词。

10月26日至27日　由中国长城学会组织的长城学术研讨会在北京召开。黄华、王定国、白介夫、侯仁之、杜仙洲、罗哲文等近40人出席。

11月9日　出席在北京大学燕园临湖轩举行的侯仁之历史地理与文化地理学术基金成立大会。

　　案：该基金会由加拿大籍华裔廖元元、许雪红、潘碧卿、苏碧云等人倡议捐助，用于资助历史地理研究中心。当日，廖元元、王义遒、白介夫、陆禹、陈述彭等人出席成立大会并讲话。陆禹在讲话中提及侯仁之的抗日爱国活动。廖元元曾任华侨协会总会蒙特利尔（蒙特娄）分会会长、荣誉会长，北美国际华人艺术文化协会主席。

　　陈述彭："侯仁之教授历史地理与文化地理基金的设置和委员会的成立，是继承和发扬侯仁之教授学术思想，弘扬中华民族文化的盛举，也是加强东西方文化交流，促进东西方相互理解和尊重，迎接太平洋新世纪的起点。对于人类文明进步和世界和平，意义都是十分深远的。"[1]

11月30日　张广达从法国巴黎致信侯仁之，答复《燕京学报》复刊约稿之

---

[1] 陈述彭：《侯仁之院士85寿辰》，见《石坚文存——陈述彭院士科学小品选集》，中国环境科学出版社1999年版，第518页。

事。当时,张广达就职于法兰西学院。

12月3日 与徐苹芳、齐心等人出席北京市文物局主办的金中都建城840年纪念会,并做题为《金中都——北京城市建设史上继往开来的里程碑》的学术报告。

12月10日 中国避暑山庄外八庙保护协会第二次理事会在北京故宫漱芳斋举行。侯仁之、罗哲文、张开济、王尧、王钟翰、朱家溍、单士元、谢辰生等人与会。

12月中旬 应北京市水利学会之邀,与姚汉源等十余位专家就整修长河进行座谈,提出将长河改造为花园式旅游观赏河道等建议。

12月24日 与季羡林、周一良、季镇淮、汤一介、杨辛、乐黛云、白化文等60余人出席《中国传统文化系列讲座》电视片专家咨询会。该电视片由北京大学中国传统文化研究中心、中央新闻纪录电影制片厂、中央电视台合作拍摄。

本年 最后一次在北京大学开设全校选修课北京历史地理。从在燕大附中兼课算起,本年为侯仁之从事教育活动60周年。为纪念侯仁之从教60周年,熊秉明题赠自己创作并书写的新诗《擦不去的》。

> **熊秉明:**"黑板映在孩子们眼睛里,我在孩子们眼睛里写字。写了又擦去,擦去了又写。写了又擦,擦了又写。有些字是擦不去的么,我在孩子们眼睛里写字。""仁之先生执教60年,1993年告别杏坛讲'最后一课'。我乃是他拿起粉笔时听他'第一课'的初中学生,俯仰今昔,谨录小诗以为纪念。我在巴黎教西方学生汉语,十年后一日忽觉母语出口有似天籁,最简单的语句即是音乐、即是美文、即是诗,遂作'教中文'组诗二十余首,此其一。"①

——在获批的本年度文科博士点专项科研基金项目中,侯仁之学生韩光辉的《水库区人口资源环境问题与开发研究》、李孝聪的《中外城市历史地理比较研

---

① 熊秉衡、熊秉群:《父亲熊庆来》,民族出版社2015年版,第140页。

究》获得立项。

——在北京大学城市与环境学系1993年《各个专业硕士研究生的培养方案》中，历史地理专业硕士研究生的专业代码为060104，研究方向为"城市与区域历史地理""地理学史"。

案：在历史地理专业必修课中，有历史地理学、中国历史地理研究方法、中国地理学史、理论地理学、教学实习等。在该专业选修课中，有地理古籍及其实际应用、中国方志与地方文化、历史地理与历史文化名城保护、历史地理专题、地理信息系统、地理学思想史、地理数学方法等。[①]

——国家教委批准建立北京大学地理学人才培养基地。

著述

3月30日　为北京大学城市与环境学系编的论文集《城市·区域与环境》（海洋出版社，1993年）撰写《城市与环境学系的回顾与前瞻》（代前言）。

侯仁之："1952年夏，在全国进行院系调整期间，原来在北京大学享有世界声誉的地质学系，改建为独立的北京地质学院。另外在北大，作为文理科的综合性大学，又新设立了地质地理系。实际上地质地理系的地质学专业，迟至1955—1956学年才逐渐恢复。同时在全系唯一的自然地理学专业之外，又新成立了经济地理学专业。名副其实的地质地理系建立之始，就开始酝酿分系的工作，由于'文化大革命'的影响，迟到1978年分系的计划终于落实。于是地质学系与地理学系同时在北京大学分别建立起来，至今已是15周年。地理学系在独立建系之前，已有不同的专业相继发展起来。这期间只有部分成员脱离地理学系，另行建立了遥感中心。……最近十年来由于本系发展的特点加以客观形势的要求，地理学系又更新命名为城市与环境学系。

---

① 见北京大学档案馆藏《各个专业硕士研究生培养方案》（档案号01519930003-6）。

个人认为这一决定，不以学科名称领先，而以研究对象为主，这在一定程度上是对于地理科学进行整体综合研究的促进，有利于地理科学内部各分支学科之间的密切联系，更能进一步密切结合国家建设的实际，从而在人地系统的研究上做出新贡献。如最近地貌学专业和自然地理学专业的部分同志和历史地理研究中心在绘制《北京历史地图集》第二集（新石器时代）和第三集（文字记述的历史时期）中的通力合作，即是一例。"①

3月　《北京紫禁城在规划设计上的继承与发展》一文收于袁行霈主编的《国学研究》第1卷（北京大学出版社，1993年）。

6月30日　为复制《勺园修禊图》撰写文字说明。此文未刊，原稿散佚。

7月19日　《高山仰止》刊于《光明日报》第5版《东风》。

7月20日　《历史地理学研究中的认识问题》刊于《北京大学学报》（哲学社会科学版）1993年第4期。

侯仁之："严格说来，中国历史地理学的研究，随着西方先进理论的引入，还是在新中国诞生后，才逐步发展起来。特别是上述恩格斯在《自然辩证法》一书中涉及对于'自然主义历史观'的批判，使我们在认识上对历史地理学的研究又有所提高。近年来钱学森教授从系统论的高度上，提出了发展'地球表层学'的建议，认为这是地理科学中有待建立的一项基础理论学科，从而促进了对于历史地理学在进一步发展上的思考。""现在需要指出的是目前在历史地理学的研究中，利用有关史料仅作某种地理现象前后变化的说明是容易的，而要深入探讨以揭示其内在变化的规律，却是困难的；更不容易从定性进入到定量的探讨。要做到这一点，就必须把现代的科技手段引入到历史地理学的研究中来，这就是学科发展中在认识上所面临的主要问题。"②

---

① 北京大学城市与环境学系编：《城市·区域与环境》，海洋出版社1993年版，第2页。
② 侯仁之：《历史地理学研究中的认识问题》，载《北京大学学报》（哲学社会科学版）1993年第4期。

8月28日　为韩光辉的《北京历史人口地理》一书作序。该文后以《〈北京历史人口地理〉序》为题刊于《北京大学学报》（哲学社会科学版）1996年第1期。又刊于韩光辉的《北京历史人口地理》（北京大学出版社，1996年）卷首。

10月1日　所撰金中都鱼藻池遗址的简介刻石立于宣武区白纸坊青年湖。

侯仁之的《金中都城鱼藻池遗址》："金中都城宫苑遗址可见者，唯鱼藻池一处。其地原在宫城内之西南隅，西隔宫墙与皇城内西苑之太液池一脉相通，同为皇家邀宴之所。鱼藻池内筑有小岛，上建鱼藻殿，风景佳丽，自在意中。泰和五年端午节，金章宗拜天射柳，欢宴四品以上官员于鱼藻池。事载《金史·章宗本纪》，去今适满七百五十周年。而今历经沧桑，宫苑古建荡然无存，仅得鱼藻池遗址，即今青年湖。近年营建西厢工程，于鱼藻池东约二百米，发现大型建筑遗址夯土层二处，南北相值，可以确定为金中都大安殿与大安门故址所在。鉴于鱼藻池遗址与研究金中都城宫苑方位密切相关，已列入北京市文物保护单位。"

10月20日　为尹钧科的《北京历代建置沿革》（北京出版社，1994年）作序。

侯仁之："尹钧科自始至终参加了研究和编制《北京历史地图集》的工作，并发挥了业务骨干作用。他学习刻苦，工作勤奋，肯于钻研。在《北京历史地图集》出版之后，他又经过继续不断的潜心研究，撰著了《北京历代建置沿革》这部书。这是一项很有意义的工作。……在研究编制《北京历史地图集》的过程中，就遇到过许多疑难问题，长期争论不休，最后只能择其一说落实在图上。在这里还应当指出，采用断限的方法表示某一时期的行政建置和区划，难以反映行政建置和区划演变的具体过程与细节，更无法阐述这种变化的原因。这是历史地图集不可避免的缺陷。而尹钧科的《北京历代建置沿革》一书，采用文字论述的方法，着重于对北京沿革地理上一些疑难问题进行考证和探讨，提出了一些有根有据、能够自圆其说的新观点。这在一定程度上弥补了《北京历史地图集》的不足，可以作为阅读和使用《北京

历史地图集》时辅助性参考读物。从这个角度上说，这部书的学术价值和应用价值是显而易见的。"①

10月　侯仁之任主编、苏天钧任副主编的《环境变迁研究》第四辑由北京古籍出版社出版。

评介

1月　陈浩元主编的《中国科学技术论文评审专家名典》（科学出版社，1993年）收录"侯仁之"。

3月　燕京大学北京校友会编印的《燕大校友通讯》第14期《校友简讯》刊载侯仁之行踪。

4月　曾尚文的《赤子心》收于任理勇主编的《中外名人少年》（辽宁少年儿童出版社，1993年），介绍侯仁之早年求学经历。

——董耀会主编的《北大人》（书目文献出版社，1993年）收录"侯仁之"。

8月　刘彭野、蔡建霞主编的《中国现代地理科学人物辞典》（气象出版社，1993年）收录"侯仁之"。

10月　韩光辉、尹钧科的《在开拓中国历史地理研究的新道路上前进——简论侯仁之教授的学术思想》收于侯仁之主编的《环境变迁研究》第四辑（北京古籍出版社，1993年）。

案：为迎接1990年8月在北京召开的国际地理联合会亚太地区地理大会，中国地理学会于1988年决定编纂《现代中国地理学家学术思想》一书。该文即为此书而作，但出版未果。文章初稿经过侯仁之的全面审阅与修改。1991年11月15日，作者完成修订稿。

---

① 侯仁之：《〈北京历代建置沿革〉序》，见尹钧科《北京历代建置沿革》，北京出版社1994年版，第1—2页。

——周永源的《历史地理学对北京城市规划建设所作的贡献》收于侯仁之主编的《环境变迁研究》第四辑（北京古籍出版社，1993年），文章主要介绍了侯仁之对北京城市规划建设的贡献。

——衡水地区科学技术志编纂委员会编的《衡水地区科学技术志》（中国科学技术出版社，1993年）收录"侯仁之"。

11月20日　伍旭升的《海外四女士设"侯仁之学术基金"》刊于《光明日报》第2版。该文介绍了侯仁之历史地理与文化地理学术基金在北京大学设立的情况。

11月22日　《北京日报》刊登毛文的《海外女士捐资设侯仁之学术基金》，称"这个不以捐助人命名，而以国内著名学者命名的基金，受到了有关方面及学术界的赞誉"。同年，《燕大校友通讯》刊发消息《海外华裔设立侯仁之学术基金》。

12月　中外名人研究中心编的《中华文化名人录》（中国青年出版社，1993年）收录"侯仁之"。

本年　《卓越的纪念物，伟大文明的顶峰——侯仁之教授盛赞北京古城的魅力》刊于《地理知识》1993年第9期。

传承

本年　指导赵中枢完成北京大学博士学位论文《承德地区城镇体系的形成与环境变迁的历史地理透视》。

1994年　83岁

背景

1月14日　中国科学院通知将中国科学院学部委员改称中国科学院院士。

12月5日　中共中央、国务院颁布《关于加强科学技术普及工作的若干意见》。

纪事

1月11日　出席燕京大学北京校友会理事会、干事会以及燕京研究院常务董事会会议。会上同时祝贺侯仁之执教60周年。

> **案**：会议由燕京大学校友会会长、研究院董事长雷洁琼主持，刘文兰、石文博、张定、王钟翰、叶祖孚、吴阶平、卢念高、徐苹芳、张玮瑛、张妙弟等70余人出席。侯仁之教授执教60周年纪念会原定在1993年召开，因故推迟至该日。丁磐石献"究地理，通古今，育后昆，功耀学林"条幅。

2月26日　出席新《燕京学报》编委会第一次会议。《燕京学报》编委会由侯仁之、周一良任主编，王钟翰、林庚、林焘、吴小如、丁磐石、徐苹芳、夏自强等人任编委。

> **丁磐石**："1993年，在我国改革开放的新形势下，燕京研究院得批准在京成立。后经过海内外燕京校友的一再强烈呼吁，《学报》准备复刊。它定名为《燕京学报》新X期，或新《燕京学报》。燕大北京校友会一致推选侯仁之院士和著名历史学家周一良这两位老学长为主编，又选出均为燕大的老校友的名学者或资深的高级编辑，如林耀华、林庚、张芝联、赵萝蕤、王钟翰、吴小如、徐苹芳、林焘、赵靖、经君健、张玮瑛、卢念高、程毅中、苏志中和我为编委。另外，曾主管北大文科教学、后任教育部高教司司长的夏自强和燕京研究院的主要负责人之一刘文兰两校友亦当选为编委；燕大美国和加拿大校友会的会长谢国振和林孟熹亦被选入编委会。"[1]
>
> **徐苹芳**："九十年代，《燕京学报·副刊》一开始是侯仁之先生担任主编，我是其中的编委之一。头两期的《燕京学报》是由校友捐款来维持的。但是一个杂志毕竟不能总是靠校友捐款这样一个不稳定的资金来源。后来《燕京学报》通过燕京校友会联系到哈佛燕京学社。哈佛燕京学社的负责人

---

① 丁磐石：《徐苹芳与新〈燕京学报〉》，载《人民政协报》，2011年8月15日。

杜维明先生毕业于台湾东海大学，中美断交之后，哈佛燕京学社基金会的资金不能再给燕京，大部分就给了东海大学。我1979年到美国访问，曾经和杜先生有过一面之缘，他当时是美国一所大学的助教，还曾经带我到旧金山游玩。杜先生对于这件事情十分热心，但是他提出要看看杂志的编委名单。杜先生看了编委名单之后，觉得其中大部分是八九十岁的老人，再让他们负责编稿看稿的工作很困难，哈佛燕京学社可以提供杂志的资金，但是杂志必须有个能够真正支撑的人来负责。杜先生看到编委中有我的名字，就建议《燕京学报》由我来负责。当时和哈佛燕京学社联系的校友是刘文澜和林孟熹，刘文澜和林孟熹回来之后，把杜维明先生的话传了过来。侯仁之先生听了这番话就找到了我，提出要换主编。我说：'千万不能。这个编委会一个人都不能动，一个人都不能多，一个人都不能少。'当时学报的主编是侯仁之，副主编是周一良。后来经过大家商议，侯先生和周先生作为主编，名字不分先后。增添了两位副主编，一个是我，一个是丁磐石。……我接手《燕京学报》之后，侯先生从来不干涉编务，一切都交给我，很有'你办事我放心'的意思。"①

考异：引文中"《燕京学报·副刊》"当为"《燕京学报》复刊"之误。又，"刘文澜"当为"刘文兰"之误。

3月14日　对清华大学建筑学院陈志华、楼庆西等人完成的《楠溪江中游乡土建筑》进行评审。

3月　与贾兰坡、吴良镛等人被中国历史博物馆、中国文物保护研究所聘为三峡工程库区文物保护规划组顾问（聘书上称"特约科学家"）。

4月2日　北京大学中国传统文化研究中心、北京大学音像出版社联合召开《中华文化讲座》电视系列片工作总结表彰大会。侯仁之、季羡林、邓广铭、周一良、吴小如、汤一介等参与主讲。

---

① 徐苹芳：《末代燕京　风流云散》，见陈远：《消逝的燕京》，重庆出版社2011年版，第149—150页。

4月11日　北京市文物保护单位"原燕京大学未名湖区"文物保护碑在未名湖畔树立。早在1990年3月13日，北京市文物事业管理局发文给北京大学，称根据北京市人民政府京政发〔1990〕11号文件，公布"原燕京大学未名湖区"为北京市文物保护单位。3月上旬，侯仁之与雷洁琼、张定作为燕京大学校友会代表与北京大学校领导吴树青、王学珍、郝斌商讨"原燕京大学未名湖区"文物标志问题。3月19日，经君健、徐苹芳、朱文榘、赵靖、高苕华、陈尧光、罗哲文等人向政协第八届全国委员会递交《关于安置"原燕京大学旧址"牌匾事》提案。侯仁之为"原燕京大学未名湖区"文物保护碑撰写说明，刻于碑阴。

　　侯仁之："该区主要建筑有校门、科学实验楼、办公楼、外文楼、图书馆、体育馆、临湖轩、南北阁、男女生宿舍、水塔及附属园林小品等。整组建筑采用中国传统建筑布局手法，结合原有山形水系，注重空间围合及轴线对应关系，格局完整，区划分明。建筑造型比例严谨，尺度合宜，工艺精致，是中国近代建筑中传统形式与现代功能相结合的一项重要创作，具有很高的环境艺术价值。"

4月16日　出席在临湖轩举行的燕京研究院董事会第一次会议，当选为研究院院长。并与雷洁琼、龚普生、林耀华、王钟翰等燕京大学校友参观燕京研究院。当日上午10时，为燕京大学新闻系48—51级的返校校友讲解燕园景观。

　　案：出席董事会的还有雷洁琼、吴阶平、龚普生、张定、黄华、方圻、吴蔚然、林耀华、卢念高、王钟翰、夏自强、乔维熊、吴小如、林焘、徐苹芳等人。全体与会董事一致同意任命侯仁之为研究院院长，夏自强、张妙弟等人任副院长。

4月17日　出席在北京大学贝公楼礼堂举行的燕京大学建校75周年纪念日活动，并接受校友会代表献花。在此期间，侯仁之还主持燕京研究院举办的科学报告会，由周汝昌做题为《〈红楼梦〉在中华文化史上的位置》的报告。

案：燕京大学校友约千人参加返校纪念活动。纪念会由雷洁琼主持。接受献花的80岁以上老校友还有冰心、林庚、邓懿、赵萝蕤、萧乾、周一良、王钟翰、林启武、费孝通、林耀华、褚圣麟、徐献瑜等22人。

4月20日　与单士元等人出席在北京艺术博物馆举行的中国文物古迹游北京文物鉴赏活动开幕剪彩仪式。

4月29日　为北京大学"城市与环境学系史展览"题词。

5月14日　北京大学第342次校长办公会议研究决定，同意成立环境工程研究所、区域科学中心，均挂靠城市与环境学系。同时，同意遥感技术应用研究所更名为遥感与地理信息系统研究所。

5月31日　来自加拿大麦基尔大学（McGill University）的学者方秀洁（Grace S. Fong）在北京题赠"Persona and Mask in the Song Lyric (Ci)"（*Harvard Journal of Asiatic Studies*, vol. 50, no. 2, 1990）一文。

6月4日至10日　出席在京西宾馆举行的中国科学院第七次院士大会。

6月14日　《中国小百科全书》出版座谈会在人民大会堂召开。该书由于光远主编，侯仁之、吴阶平、邓广铭、唐敖庆、周一良、周培源、季羡林、张岱年等人任学术委员，由团结出版社出版。

7月3日　苏秉琦赠阅《走向21世纪的中国考古学——〈中国考古文物之美〉序》一文。

7月6日　谢觉民人文地理学基金颁奖仪式在北京大学举行，全国人大常委会副委员长程思远等出席。韩茂莉、杨开忠、孙胤社、王辑慈、张国雄获奖。

夏　由北京市文物管理局、北京文物研究所发起的北京考古学会举行成立大会。侯仁之、苏秉琦、宿白、张大中、齐心等出席会议并讲话。侯仁之与宿白当选为北京考古学会名誉副理事长，苏秉琦任名誉理事长。会上，侯仁之发言提到将继续编辑《北京历史地图集》第二、三集。

8月8日　中国地方志指导小组致信侯仁之。

8月16日　国家环境保护局、国家旅游局、国家文物局发起"开展'94爱我山河爱护名胜古迹活动"。侯仁之、曲格平、朱训、吴传钧、贾庆林、普朝柱、解

正谱 | 605

振华等人任顾问。

8月31日　北京市社会科学院历史研究所姜纬堂致信侯仁之，寄赠《郦道元所引〈魏土地记〉及相关诸问题》一文。此前，姜纬堂曾因评奖之事联系侯仁之，由张玮瑛代为答复。

9月6日　中国长城博物馆开馆典礼在八达岭举行。侯仁之与北京市副市长何鲁丽及白介夫、王定国、罗哲文等人出席。

9月10日　燕京大学北京校友会前往雷洁琼寓所祝贺其九十大寿。侯仁之与龚普生做即席发言，另有张定、刘文兰、石文博、卢念高、张福萱、王百强、何宝星等人参加。

9月23日至25日　以中国长城学会副会长的身份出席中国长城学会在北京友谊宾馆召开的首届长城国际学术研讨会。侯仁之任该会议学术委员会主任委员，并做会议总结发言。

　　案：该会议由侯仁之、黄华、韩天石、季羡林、吴良镛、罗哲文、段文杰以及英国的李约瑟、日本的平山郁夫和清水正夫等人发起，为了纪念邓小平"爱我中华，修我长城"题词10周年而举办。会议由中国长城学会会长黄华致开幕词，张德勤、韩素音、清水正夫、季羡林、韩天石、罗哲文、史念海、陈述彭、郑孝燮、王子今等人发言或提交论文。

　　侯仁之："会议的初衷，一是围绕长城的历史地位、现实意义、国际影响和保护措施这个主题，就长城产生的历史必然性和历史局限性，长城发生过的积极作用与某些难以避免的负面效应诸问题，交流分享中外长城研究的成果与信息；二是借此机遇，广交朋友，加强中外专家的相互了解与合作，推动长城的研究走向世界，为各国人民的和平、友谊与进步做出积极贡献。"[1]

9月27日　出席北京市政府召开的《北京地图集》出版新闻发布会。该图集

---

[1] 侯仁之：《在长城国际学术研讨会上的总结发言》，见中国长城学会编：《长城国际学术研讨会论文集》，吉林人民出版社1995年版，第333页。

由北京市测绘院编制，测绘出版社出版。侯仁之任该图集编委会顾问。

10月10日至12日 燕京研究院、美国国际科技教育机构联合举办的首届西方文学与基督教国际学术研讨会在燕京研究院召开。侯仁之出席会议并讲话。

10月18日 出席北京市通县政府召开的通州运河源风景旅游区总体规划大纲论证会。评审委员会由张铸主持，侯仁之、单士元、罗哲文、刘绍棠、王其明等人及首都规划建设委员会、北京市规划局等单位的领导和专家任委员。

10月20日 到北京城内西单广济寺中国佛教协会参加《四库全书存目丛书》编纂工作会议。季羡林、周绍良、张岱年、周一良、冀淑英、刘乃和、朱天俊、杜泽逊等人出席。

11月15日至18日 由中国徐霞客研究会和云南省人民政府主办的中国云南徐霞客研究学术讨论会在昆明召开。侯仁之、陆定一、黄华、夏衍等人向会议发去贺词。①

11月25日 参加国家文物局、北京市文物局、中国社科院考古所、房山区人民政府召集的北京建城起始年代论证会。与会者还有单士元、张亚初、赵光贤、齐心等人。此次会议肯定了赵光贤在《武王克商与西周诸王年代考》中确定的北京建城时间，亦即始于公元前1045年。

11月29日 出席物理学家、教育家、燕京大学北京校友会名誉会长褚圣麟九十寿辰庆祝活动。出席者还有雷洁琼、赵靖、王义遒、林启武、徐献瑜、王光美等人。侯仁之代表燕京大学校友会致祝词。

11月30日 出席在人民大会堂举行的《黄河文化》首发式暨专题研讨会，程思远、雷洁琼、赵朴初等人与会。此间，赵朴初作七言一首赠侯仁之。

赵朴初的《赠〈黄河文化〉主编侯仁之教授》："黄河之水天上来，泱泱风教自兹开。感君数典不忘祖，千丈高松万代栽。"②

于希贤："1988年，有一个出版社的人来讲，想出关于黄河的书《黄河

---

① 王文成、李安民主编：《云南徐学研究文集》，云南人民出版社2013年版，第586—587页。
② 赵朴初：《赵朴初韵文集》，上海古籍出版社2003年版，第663页。

文化》。当时整个国家仿佛没有精神支柱,在这样的情况下,希望侯先生站出来为中华民族文化做这个事情。……1994年这书出版后,五个国家领导人来出席图书的首发式。这书写了六年,序是侯先生写的。写《黄河文化》,侯先生提出了母亲河的概念,现在这个概念是深入人心了。"①

12月19日至24日　出席燕京大学北京校友会在北京市政协会议室召开的燕京大学校史工作会议,另有张定、轲犁、赵萝蕤、王百强、钱辛波等人出席。侯仁之建议要"突出中西文化交流;突出燕京学子在学术上的成就;校园的产生及设计极具特色,其规划设计体现了中西合璧,值得一写"。

12月　到北京西站工地施工现场,考察莲花池保护情况。

著述

1月31日　新《燕京学报》发刊词于燕京大学建校75周年纪念日写成。该刊第一辑于次年由北京大学出版社出版。

10月29日　《黄河文化之思》刊于《光明日报》第5版《周末文荟》。该文是侯仁之为《黄河文化》一书所作序言,发表时有删节。

10月　《黄河文化》由华艺出版社出版。该书由侯仁之任主编,孙波、杜建业、陈梧桐、于希贤、陶世龙任副主编。

　　案:该书为国家"八五"图书规划项目,介绍了孕育黄河文化的自然环境、黄河文化的萌芽、黄河流域的古代文明、稳定的黄河文化中心的形成、重心转移时期的黄河文化、以北京为中心的黄河文化等内容。

　　侯仁之:"此书的主要内容,最好还是从黄河流域的自然环境和史前文化的萌芽开始,然后随着历史发展的进程,结合历代的重要文化史迹与成就,予以追踪描述。到了封建社会时期,特别是中央集权的统一国家出现之

---

① 樊克宁:《侯仁之:一个守望大地的人》,见《呆在原地:与世纪学人面对面》,广东人民出版社2013年版,第68—69页。

后,则根据城市乃是人类文化发展最重要的载体这一认识,以历代国都为中心,来综合叙述其文化发展的主要概况,结合这一主题思想,其写作内容必须涉及地质、地理、考古和历史诸方面的问题。这一设想,得到了中国社会科学院考古研究所所长徐苹芳教授和其他友好的赞同和支持。"①

陈梧桐等:侯仁之1990年2月提出全书的主题思想"(1)黄河流域是中华文化最早发育和集中发展的地方。(2)黄河流域的地质、地貌、自然地理特点提供了具有极大特色的生活环境。(3)黄河流域文化发展的特征:①渊源流长,历久不衰;②利用与改造,适应与创新;③接触与融合,吸收与传播;④植根深厚,前进不息。(4)由于上述文化特征,使得'黄河文化'产生了强大的凝聚力,迸发了无限的创造力。书中将以典型的事例说明:①政治核心(首都)的逐步形成与发展;②民族间的不断接触,从矛盾到融合;③中外文化的交流,既有吸收又有传播;④科学技术和文学艺术的突出贡献;⑤利用自然与改造自然的重大成就。黄河文化的发展,终于铸成了坚忍不拔、百折不挠、勤劳刻苦、奋发前进的民族性格"②。

王守春:"该书是解放军系统的华艺出版社组织编写。写书的初衷是,当时有人写了一本《河殇》的书,该书认为中华文化落后,是与黄河有关,是黄河造成的。该书出版后,立即遭到各种媒体的广泛批判。华艺出版社要编写的《黄河文化》,就是要颂扬中华文化,表明中华文化并不落后,我国历史上有着光辉灿烂的文化。华艺出版社请侯先生来主持该书的编写。"③

王恩涌:"《黄河文化》是著名历史地理学家侯仁之主编之大作(华艺出版社,1994)。……该书从黄河中下游地域的空间,阐述了从新石器以来

---

① 侯仁之:《〈黄河文化〉序》,见《晚晴集:侯仁之九十年代自选集》,新世界出版社2001年版,第178页。

② 陈梧桐等:《〈黄河文化〉后记》,见侯仁之主编:《黄河文化》,华艺出版社1994年版,第563页。

③ 王守春:《学术泰斗 仁慈长者——回忆侯先生六件事》,见北京大学历史地理研究中心编:《走近侯仁之——恭贺侯仁之先生百岁寿辰》,学苑出版社2011年版,第270—271页。

数千年间中华文化发展总过程,是一部具有历史性的文化地理著作。"①

12月8日　写成《莲花池畔再造京门》一文,初刊于《中华锦绣》1995年1月创刊号,后收于《晚晴集:侯仁之九十年代自选集》(新世界出版社,2001年)。

12月20日　所撰《黄河文化》序言刊于《中国青年报》第3版。

12月　《历史地理学四论》由中国科学技术出版社纳入"院士文库"出版。

> **案:** 该书收录《历史地理学刍议》《历史地理学的理论与实践》《再论历史地理学的理论与实践》等文章。2005年,该书由中国科学技术出版社纳入《中国文库·科学技术类》再版。
>
> **阙维民:** "80年代以来,中国区域历史地理和历史地理专题的研究取得了前所未有的进展,但历史地理学理论的探索却没有取得相应的大发展,对实践的指导还没有新的突破。正是在这一中国历史地理学界徘徊前进之时,侯仁之将他先后发表的四篇理论探讨论文及'附录'四篇、'资料'两篇共十篇论文结集成册并题为《历史地理学四论》出版,既显示了他个人对现代历史地理学的认识历程,又从理论思维和实践研究两个方面展现和强调了现代历史地理学在中国发展的几个新旧问题。"②

本年　在中国城市科学研究会成立十周年纪念会上所做的报告《北京城市发展中的三个里程碑》刊于《城市规划》1994年第6期。

> **案:** 该文的英文稿刊于次年9月的 China City Planning Review(《城市规划》英文版)。中文稿又转载于《城市发展研究》1995年第1期。2003年9月,又以《试论北京城市规划建设中的三个里程碑》为题刊于《北京联合大

---

① 王恩涌等编著:《中国文化地理》,科学出版社2008年版,第15页。
② 阙维民:《现代中国历史地理学的建立与发展:兼论侯仁之〈历史地理学四论〉》,载《北京大学学报》(哲学社会科学版)1996年第3期。

学学报》（人文社会科学版）2003年第1期。文章认为：在北京城市规划建设中，紫禁城是第一个里程碑，天安门广场是第二个里程碑，国家奥林匹克体育中心是突出体现21世纪首都的新风貌的第三个里程碑。

——《历史地理学的研究在认识问题上的前瞻》刊于《高等学校文科学报文摘》1994年第2期。

——侯仁之在"中华文化讲座"所讲的《北京城市规划建设中的三个里程碑》的VHS录像带由北京大学音像出版社出版。该录像片由北京大学电化教育中心、中国传统文化研究中心、音像出版社制作，由美国南海有限公司北美地区总代理发行。

评介

1月　谢宁的《架设历史文化与现代化建设的桥梁——记北京大学城市与环境学系教授侯仁之》刊于张宝章、张洪庆主编的《海淀名家》（北京师范大学出版社，1994年）。该书为海淀区政协为青少年编写的乡土教材。1993年初夏侯仁之为该书题词。

陈芳："先生也一直关心居住地海淀的青少年们。1993年，海淀区政协主席张宝章同志主编海淀区中小学乡土教材《海淀名家》，共收录62位居住工作在海淀区的著名人士、学者，其中有北大谢宁同志撰写的《架设历史文化与现代化建设的桥梁——记北京大学城市与环境学系教授侯仁之》。先生特为该书题词：'登高自卑，行远自迩。'愿青少年同学们脚踏实地，奋发前进。壮志凌云，前程万里。伟大的祖国和人民需要你，空前未有的新时代在召唤你！"[1]

——高占祥等主编的《中国文化大百科全书·综合卷（上）·地理学篇》

---

[1]　陈芳：《记著名历史地理学家侯仁之》，见北京市政协文史资料委员会编：《北京文史资料》第67辑，北京出版社2004年版，第193页。

（长春出版社，1994年）收录"侯仁之"。

4月　孙关龙主编的《自然科学发展大事记·地学卷》（辽宁教育出版社，1994年）收录"中国侯仁之发表《历史上的北京城》"。

> **孙关龙：**"开拓了中国城市历史地理研究方向。侯氏研究了中国许多城市的历史地理，尤是系统研究了北京的历史地理。继《历史上的北京城》之后，又发表《北京城：历代发展的特点及其改造》、《北京历代城市建设中的河湖水系及其利用》等。他提出的在保持北京旧城格局的基本特点基础上建设新北京，保护传统南北中轴线、分降东西新中轴线，借鉴历史经验，开辟北京新水源等思想已成为今天中国北京城市建设和规划的基本思想。"[1]

5月　一夔主编的《中学语文课文作者辞典》（四川教育出版社，1994年）收录"侯仁之"。侯仁之的《徐霞客和徐霞客游记》曾多次入选课文。

6月　邵延淼编的《辛亥以来人物年里录》（江苏教育出版社，1994年）收录"侯仁之"。

8月　国务院学位委员会办公室公布自1981年以来批准的博士和硕士学位授予单位及其学科、专业和博士生指导教师名单。次年2月，《中国学位授予单位名册》（高等教育出版社，1995年）出版。在历史学的历史地理门类下，有北京大学的侯仁之，复旦大学的谭其骧、邹逸麟、葛剑雄、周振鹤，武汉大学的石泉、蔡述明，陕西师范大学的史念海。

9月　中国大百科全书出版社编辑部编的《简明中华百科全书》（中国大百科全书出版社，1994）收录"侯仁之"。

10月19日　红娟撰文、王文泉摄影的访问记《登高自卑，行远自迩》刊于《中华读书报》第1版。

12月1日　《人民日报》第4版报道《〈黄河文化〉出版》，介绍在人民大会堂举行的侯仁之主编的《黄河文化》出版座谈会情况。

---

[1] 孙关龙主编：《自然科学发展大事记·地学卷》，辽宁教育出版社1994年版，第109页。

12月2日　唐旬的《〈黄河文化〉出版》刊于《光明日报》第2版，介绍侯仁之主编的《黄河文化》的出版座谈会情况。

12月14日　《中华读书报》头版介绍侯仁之主编的《黄河文化》出版情况。

12月　北京大学工会的《归识岁寒人》一书收录侯仁之等人的传记。该书收入"五人丛书"，由北京大学印刷厂排版印刷，未公开发行。

本年　金汕的《恋母游子，爱国学人——政协几位著名科学家侧影》刊于《文史春秋》1994年第3期，文称"侯仁之——一位'考验'了30年才入党的著名学者，虽年已八旬却仍然不愿放慢自己的脚步"。

传承

本年　指导张宝秀完成北京大学博士学位论文《滦河潮河中上游地区开发过程与环境变迁研究》。

——指导唐亦功完成北京大学博士学位论文《金至民国时期京津唐地区的环境变迁研究》。

——招收王均为博士研究生。

——接收宋豫秦进入北京大学城市与环境学系进行博士后研究。

1995年　84岁

背景

3月8日　中国科学院98位院士联名发出了"高举科学旗帜，做好科普工作"倡议。

5月6日　中共中央、国务院做出《关于加速科学技术进步的决定》，提出实施科教兴国战略。

纪事

1月1日　侯仁之夫妇、赵朴初等人到北京医院看望冰心。

1月6日　中央电视台《东方时空·东方之子》栏目记者白岩松采访侯仁之。

该采访在1月29日播出。

1月9日　侯仁之夫妇致信郑汝铨，称"仁之除担任北京大学地理系博士生导师及北京市文物古迹保护管理委员会工作外，自1992年1月经北京市批准，又成立燕京研究院，仍继续燕京大学'因真理得自由以服务'的校训，并已开始招收研究生"。

1月10日　陪同荷兰莱顿大学汉学研究院院长施舟人赴房山大峪沟村考察东山皇姑坨唐代摩崖造像及京峪郊野公园。在此期间，又曾一同参观北京滨河公园，在蓟城纪念柱前合影留念。

案：施舟人（Kristofer Schipper, 1934—　），出生于瑞典，汉学家。毕业于法国巴黎大学，曾在法国高等研究院、荷兰莱顿大学（Leiden University）任职。1995年，当选荷兰皇家科学院（Royal Netherlands Academy of Arts and Sciences）院士。主要从事中国宗教（道教）史研究。1979年，施舟人发起"圣城北京"项目。2001年，施舟人定居福建福州。

1月13日　来京参加两岸第三次"唐焦会谈"的海基会副董事长兼秘书长焦仁和访问北京大学。侯仁之陪同来访者参观赛克勒考古与艺术博物馆。

2月14日　中国东方文化研究会和北京大学东方文化研究所举行学习江泽民总书记关于台湾问题重要讲话座谈会。中国东方文化研究会会长季羡林、常务副会长张学书与侯仁之、徐光宪及北大、清华、北师大的专家学者与会。

2月19日　侯仁之夫妇到北京医院看望冰心。

5月14日　民革北京市委组织党员到国家文物局参观当年日本宪兵队收审抗日爱国人士的东城区沙滩原北大红楼地下室，邀请侯仁之等人现场回忆被日本宪兵关押、拷打的情形。

叶祖孚："在纪念抗日战争暨世界反法西斯战争胜利50周年之际，北京市政协文史资料委员会和共青团市委、民革市委联合组织了这次参观活动，请侯仁之、萧田、孟庆时先生重返当年曾被监禁过的宪兵队监狱旧址，并向

参加活动的政协委员及青少年讲述他们被迫害的经过。侯先生来到红楼感慨万分。他说,他每到红楼总要想起'殷忧启圣,大难兴邦'这句古话,日本侵略中国一事就说明了这一点。他向参加活动者讲述了他被捕的经过。"[1]

5月30日 《北京大学学报》(哲学社会科学版)举办第二届《北京大学学报》优秀论文颁奖大会暨编委会扩大会议。侯仁之、厉以宁、邓广铭、张世英、赵敦华、王岳川、孙祁祥等人获奖。

5月 北京联合大学文理学院举办首届科技节。侯仁之应邀做题为《北京建城3040年》的讲座。

6月15日 国家文物局、建设部、联合国教科文组织中国全国委员会在北京召开审议推荐丽江古城、山西平遥古城、苏州园林为世界文化遗产预备项目的专家论证会。侯仁之、郑孝燮、罗哲文、傅熹年、徐苹芳、黄景略、阮仪三、王瑞珠等专家参加论证会。

6月19日 在北京大学第一教学楼为来访的外宾讲解北京历史地理。

7月13日 出席中国科学院在京举行的"院士在反法西斯战争中"座谈会并发言。与会者还有武衡、何泽慧、郝诒纯、汪德昭、汪德熙、罗沛霖等十余位院士。中科院院长周光召及中国科协、中组部知识分子工作办公室、共青团中央书记处等单位的领导也出席了座谈会。

侯仁之: "今天,我们有责任告诉晚辈,祖国是怎样一步步从艰难困苦中走过来的。我们当年在燕园憧憬未来时,常用'殷忧启圣,大难兴邦'互相激励,坚信黄土高原一定会升起中国的希望。"[2]

7月15日 带领国家自然科学基金项目"全新世以来冀、辽、蒙接壤及毗邻

---

[1] 叶祖孚:《红楼作证——侯仁之重返日本宪兵队监狱旧址记》,见北京市政协文史资料委员会编:《叶祖孚文史散文集》,北京出版社2002年版,第435—436页。

[2] 温红彦、杨良化:《皓首忆抗战,冰心寄当前——"院士在反法西斯战争中"座谈会召开》,载《人民日报》,1995年7月14日。

正谱 | 615

地区人地系统形成过程研究"课题组成员赴内蒙古赤峰进行实地调查。

8月1日　沈建中致信侯仁之，提及其为顾廷龙转交侯仁之、张玮瑛礼物之事，并请求赐以书法作品一幅。

8月21日至25日　出席北京市文物研究所、中国殷商史研究会、房山区文化文物局在房山区韩村河召开的北京建城3040年暨燕文明国际学术研讨会。另有宿白、邹衡、曹子西、高明、田昌五、张忠培、殷玮璋、李伯谦、韩嘉谷、夏含夷等学者与会。

8月　接受《人民日报》记者关于北京琉璃厂京味书楼"首都京味文化"系列讲座的采访。侯仁之曾在中国书店京味书楼做讲座，并与黄宗汉谈及树立北京建城碑之事。

　　侯仁之："普及北京文化是我的责任，冲这一点我就应该来。""有那么多普通百姓排队来听我们的讲座，这使我感受到，书香之地并不孤寂啊。"[1]

　　黄宗汉："有一次偶然的机会，侯仁之院士在京味书楼演讲，讲北京史，讲的是历史地理学。讲完以后，我请侯老吃饭，侯老说：宗汉，你为什么不做做这3040年北京历史的文章呢？北京市政府已经宣布：北京建城3040年。我说这文章怎么做？他说应该为这件事树个纪念碑。我说树在哪？他说树在广安门外滨河路那地方。我说那好，我去张罗树纪念碑，那碑文呢？您写？我说不明白这事。于是侯老写了，我说您只能扼要表述这件事情，碑文字多了不行，刻太小了，看不清。于是侯老写了500字的《北京建城记》讲这3040年前这件事，这碑就立在广安门外滨河路那里。大家将来路过时顺便看一眼，是个纪念柱。"[2]

9月10日　周汝昌读到新出版的《燕京学报》新一期，作《乙亥中秋佳节喜见燕京学报新一期，感赋呈仁师侯老》，称"再续斯文孰主张？巍巍一老意辉

---

[1] 高国营：《书香之地不孤寂——首都京味文化系列讲座见闻》，载《人民日报》，1995年8月7日。
[2] 陆莉娜主编：《协和博士论坛——名士话人生》，军事医学科学出版社2001年版，第146页。

煌！半轮燕瓦旧风采（封面装帧），廿首鸿题新墨香。鼎重众擎心易举，途修同迈器难量。唤回五十年前梦，悲喜盈襟感亦伤。中秋次朝，年七十七，双目俱损，不能庄书，乞宥"。

案：周汝昌（1918—2012），天津人，文学史家、红学家。曾就读于燕京大学西语系、研究院。曾任职于华西大学、四川大学、人民文学出版社、中国艺术研究院。著有《红楼梦新证》（棠棣出版社，1953年）等，主编《红楼梦辞典》（广东人民出版社，1987年），兼任中国曹雪芹学会荣誉会长等职。生平详见《周汝昌自传：红楼无限情》（北京十月文艺出版社，2005年）。

9月18日至21日　出席在北京国谊宾馆召开的中国紫禁城学会成立大会暨首届学术讨论会。侯仁之做《学会成立标志新阶段开始——在中国紫禁城学会成立大会暨首届学术讨论会上的致辞》，并与张镈、罗哲文、郑孝燮、周干峙等人当选为名誉会长。单士元、于倬云当选为会长。

9月23日　与北京市副市长何鲁丽为宣武区《北京建城记》石碑揭幕。为纪念北京建城3040年，北京市宣武区人民政府在广安门外滨河公园树立蓟城纪念柱。侯仁之所撰的《北京建城记》刻于柱前石碑上。该柱后拆除，2002年重建。

黄宗汉："那时候我还不知道为这事有挺大争论呢。要写《北京建城记》，要戳个大纪念碑，我得先向北京市委宣传部报告啊，当时的市委宣传部部长是王立行。……我把碑文给他送去了，请他审查。他看完以后说，这事可有难处啊，北大这是一派，但还有一派呢，是曹子西他们，他们主张北京建城之始在琉璃河的董家林。一个说北京建城之始始于蓟，一个说建城之始始于燕，各自都有著作。曹子西他们出了个《北京通史》，北大也出了一本书，没他们那么厚，但是已经挑明了，说他们之间这场争论已经持续半个世纪了。这两派争论得挺激烈的，你过去不了解这情况，这碑要是一戳起来，就意味着咱们支持北大这一派啦。……结果呢，王立行在世的时候大家可能都照顾着这位领导的面子，包括侯仁之在内啊。王立行去世以后，这又成个事儿了。"①

岳升阳："1995年，侯先生为当时的宣武区撰写了《北京建城记》，开篇即说：'北京建城之始，其名曰蓟。'他认为北京城的源头是西周初年分封的蓟，而不是封于房山琉璃河的燕。然而当时的宣武区宣传部领导为了迎合市里的宣传口径，将这句话改为：'北京地区建城，始于燕与蓟。'侯先生对这样的改动很不满意。2002年原宣武区准备重刻该碑，将碑文抄录给侯先生过目，侯先生又将这句话改回原样，并特意强调：'燕在蓟之西南约百里。'他认为这座蓟城百里之外的燕，无论如何不能当作北京城的起源地。2003年北京市纪念建都850年，他又应邀撰写了《建都记》，以金迁都燕京，建立中都，为北京建都之始。《建都记》纪念阙矗立于《建城记》碑南不远的地方，成为《建城记》的姊妹篇。2005年，宣南博物馆开馆，他又为宣南博物馆题词：'宣南史迹，源远流长。周封蓟城，金建中都。古都北京，始于斯地。'表达了对北京建城之始和建都之始的观点。"②

9月25日　到北京市东城区古观象台以南残存北京旧城墙、朝阳区的东岳庙考察。

9月26日　获悉美国哈佛燕京学社同意资助重新出版《燕京学报》。

10月7日　与张定、卢念高、刘文兰等人出席在北京大学办公楼（燕园贝公楼）召开的燕京研究院第一届董事会常务董事扩大会议。

10月16日　出席台湾技术服务社总经理吴德纯先生向北京大学图书基金捐赠仪式。

10月19日　由中国城市规划学会和标旗环境企业集团联合主办的走向生态文明的人居环境——纪念芒福德诞辰一百周年学术研讨会在中国城市规划设计研究院召开，侯仁之与会，并提交论文《从万泉庄的变迁看北京生态环境的退化》。

11月20日　北京大学季羡林海外基金在北京成立。任继愈、何东昌、张岱

---

① 定宜庄等整理：《宣武区消失之前：黄宗汉口述》，北京出版社2014年版，第218页。
② 岳升阳：《心系北京的老人——回忆晚年侯仁之》，载《北京观察》2013年第12期。

年、侯仁之任学术顾问，季羡林任理事长，王学珍任主任兼常务副理事长。

12月15日　侯仁之主编的《北京历史地图集》被国家教委评为全国高等学校首届人文社会科学研究优秀成果奖一等奖。次年5月27日《北京大学行政公报》第2期中的《北京大学（文科）1995年科学研究成果获奖项目》记载此事，北大全校共有18项科研成果获得一等奖。

12月　《北京大学学报》举行创刊40周年暨获首届全国社科期刊优秀奖学术座谈会。侯仁之、张岱年、王学珍、梁柱、黄楠森、龙协涛等人与会。

本年　北京市文物局主办的《北京文博》创刊，侯仁之长期担任该刊编辑委员会顾问。

——北京大学开展以加强大学生个人修养、提高个人综合素质为目标的修身计划（文明修身工程），侯仁之、季羡林、王铁崖、阴法鲁、邢其毅等人为此题词祝贺，并与同学座谈。

著述

2月2日　《殷忧启圣，大难兴邦》刊于《人民政协报》。

2月20日　修订完《从北京城市规划南北中轴线的延长看来自民间的"南顶"和"北顶"》一文，后刊于《城市发展研究》1995年第1期。侯仁之曾与北京市文物事业管理局高小龙赴南顶村考察碧霞元君庙。

3月18日　写成《〈洪业传〉读后题记》。该文附有洪业致侯仁之书信四通及《六君子歌》一诗。该文初刊于1996年《燕京学报》新二期。后收于《师道师说（侯仁之卷）》（东方出版社，2013年）。

> 案：《洪业传》由洪业口述，陈毓贤（Susan Chan Egan）整理。该书1987年以A Latterday Confucian: Reminiscences of William Hung(1893—1980)为题在美国Harvard University Council on East Asian Studies出版。1992年，以《洪业传——季世儒者洪煨莲》为题由联经出版事业股份有限公司推出繁体中文版。该书简体中文版有商务印书馆2013年版本。

> 侯仁之："1995年'3·18'纪念日完稿。19日下午阳光普照中抄清

于燕南园61号阳台上。我师故居54号，相去百米，依稀可见于丛林翠竹间。"①

2012年8月陈毓贤的《洪业传》再版自序："朗诺一九九五年春有进修假，想趁机会到中国小住，多认识国内学者，……到了北京，拜访洪业称许为'路见不平拔刀相助'的王钟翰，他兴高采烈地请我们到他学生办的山寨饭馆吃饭。划为'右派'后二十年没发表文章的他，在古稀之年居然大量出版研究成果。和我商榷《洪业传》出版事宜的北大出版社责任编辑张弘泓，领我们拜访洪先生的另一位学生，抗战时代和他一起入狱的侯仁之，真可惜洪先生逝世过早，不知道侯教授得益于他的史学训练，对北京的水利建设和文物的维护，以及西北沙漠的考察，都有巨大的贡献。"②

考异：此处行文当有误。侯仁之曾于1980年赴美，与洪业共处数日。洪业应了解侯仁之在新中国成立后关于北京历史地理、西北沙漠考察的成就。

3月　《往事回忆——我为什么主编〈黄河文化〉》刊于燕京大学北京校友会编印的《燕大校友通讯》1995年第19期。该文未收于各种侯仁之的文集。

5月15日　写成《追本溯源　寻根究底——从北京建城3040年说起》一文。该文后刊于《寻根》杂志1995年第5期。侯仁之还为《寻根》杂志题词"事有源，物有本。返本溯源，寻根究底，从而引发了人类文化继往开来的灿烂光辉"，后收入寻根杂志社编的《寻根寄语名家墨宝》（大象出版社，2008年）之中。

5月　《奋蹄集》由北京燕山出版社出版。该书列入"中国文史专家学术论丛"，分上、下两编，主要收录有关北京的散篇写作。书名取自"老牛自知黄昏晚，不待扬鞭自奋蹄"。该书序言写于1990年7月27日。

——《评西方学者论述北京城市规划建设四例》收于《奋蹄集》（北京燕山出版社，1995年）。文章对美国学者G.泰勒、P.卫德礼、E.N.培根和丹麦学者罗斯穆森有关北京城的研究成果进行了评述。该文在1998年12月又刊于《北京联合

---

① 侯仁之：《〈洪业传〉读后题记》，见《燕京学报》新二期，北京大学出版社1996年版，第3页。
② 陈毓贤：《洪业传》，商务印书馆2013年版，序言第13页。

大学学报》第12卷第4期。

  案：G. 泰勒（Thomas Griffith Taylor, 1880—1963），澳大利亚地理学家、人类学家、探险家，曾执教于悉尼大学、芝加哥大学、多伦多大学，曾当选美国地理学家协会（Association of American Geographers）主席、澳大利亚科学院院士。罗斯穆森（Steen Eiler Rasmussen, 1898—1990），丹麦人，建筑学、城市规划学家。曾执教于丹麦皇家艺术学院，著有《城镇和建筑》（*Towns and Buildings*, Cambridge, MA: Harvard University Press, 1951）、《建筑体验》（*Experiencing Architecture*, London: Chapman & Hall, 1959）等。

  6月 与王钟翰合作为《洪业传》作序。该年，《洪业传》的整理者陈毓贤到燕南园拜访侯仁之、张玮瑛夫妇，并在燕南园54号洪业故居前合影留念。次年1月，《洪业传》简体中文版由北京大学出版社推出。

  8月 与周一良主编的《燕京学报》新一期由北京大学出版社出版，卷首刊发侯仁之的《新〈燕京学报〉发刊辞》。

  10月31日 《时代的召唤——寄语大学生》刊于《北京日报》第1版。

  10月 写成《北京建城记》碑文。该文2002年7月又有修改，后收于《北京城的生命印记》（生活·读书·新知三联书店，2009年）。

  12月25日 《学业历程自述》完稿，后收于《师道师说（侯仁之卷）》（东方出版社，2013年）。

  12月 《在长城国际学术研讨会上的总结发言》收于中国长城学会编的《长城国际学术研讨会论文集》（吉林人民出版社，1995年）。

  本年 《从"日本投降的那一天"说起》刊于《今日名流》1995年第8期，后收入《师道师说（侯仁之卷）》（东方出版社，2013年）之中。

评介

  1月19日 孔鲁民（孔德骐）的《弘扬传统文化，振奋民族精神——〈黄

河文化〉评介》刊于《光明日报》第7版《读书与出版》。书评认为"《黄河文化》的撰写,力求文风清新、俊逸、雅俗共赏,尽可能适应海内外不同层次读者的要求,融科学性、艺术性和通俗可读性为一体。出版该书恰遇《黄河的渡过》这一大型艺术工程的推出,二者相互补充、相互辉映,必将对开展爱国主义教育、振奋民族精神产生推动作用"。

1月29日　白岩松对侯仁之的采访在中央电视台《东方时空·东方之子》播出。

3月　王恩涌的《北京大学的人文地理教学与研究》刊于《人文地理》1995年第1卷第1期。文章称"侯仁之教授也是中科院院士。除上面提到的沙漠历史地理、城市历史地理方面研究外,他最主要的研究领域还是北京的历史地理方面的专门研究。由于这方面的研究,在北京市的规划、改造和建设方面发挥了重要作用。……侯先生是学术的带头人与组织者,带领与培养了大批人才"。

6月　侯艺兵所摄侯仁之近照及手迹收入《院士风采:中国优秀科学家肖像手迹集》(浙江科学技术出版社,1995年)之中。

7月24日　《侯仁之控诉法西斯》刊于《光明日报》第7版《民主与团结》。该文介绍了侯仁之参观侵华日军北平宪兵队本部监狱旧址的情形,配有柳琴所摄照片。

8月13日　《光明日报》第2版刊发葛玮的《承接历史文化　传播学术思想——记〈燕京学报〉复刊》一文。记者就《燕京学报》复刊之事访问主编侯仁之、周一良。他们称"新的燕京学报要继续保持和发扬老燕京学报的优良风格,刊登内容仍以国学、人文科学为主,努力做到学风严谨、材料扎实、具有创见"。"我们二人荣幸地被推举为主编,愿意在自己的垂暮之年,为进一步探讨、弘扬中国传统文化尽一份微薄的力量。"

9月　柏生的《侯仁之教授谈首都城市建设》收于《文泉集》(中国社会出版社,1995年)。

本年　文津的《循名责实　经世致用——侯仁之教授的历史地理学研究》刊于《北京大学学报》(哲学社会科学版)1995年第6期的《北大学人》专栏。

传承

本年　指导邓辉完成北京大学博士学位论文《燕山以北生态环境敏感地带人地关系的演变》。

案：北京大学学位评定委员会第38次会议（1995年1月7日）、第40次会议（1995年7月10日）决定授予187人博士学位、789人硕士学位。其中，城市与环境学系的一名理学博士为邓辉。

——招收阙维民为博士研究生。

1996年　85岁

背景

1月21日　北京西客站开通运营。

10月7日至10日　中共十四届六中全会通过《中共中央关于加强社会主义精神文明建设若干重要问题的决议》。

纪事

1月　到北京医院看望冰心，介绍燕京研究院《燕京学报》新一期出版情况。

白岩松："有一次，80多岁的历史地理学家侯仁之先生去看望冰心女士，冰心曾经短暂地做过侯仁之的老师。见到冰心后，侯仁之恭恭敬敬地向老师鞠躬90°。这敬师一幕让人印象深刻。"[1]

2月2日　为北京圆明园学院资助革命老区学生来京就读一事题词："在圆

---

[1] 陈满意：《白岩松：16年前在本报接热线，昨天来厦妙语侃名家》，载《厦门晚报》，2016年5月22日。

明园学院的主持下,为革命老区的建设,尽心尽力,组织老区优秀子弟前来首都重点中学学习,使首都的教育工作者,也得以直接为老区的发展,作出自己的贡献,这也是深可庆幸的一件事。"

案:1995年4月30日,北京市教育局、北京圆明园学院以及北京15所中学签订《关于为14个省的15个革命老区义务培养60名家境贫寒的学生的协议》,圆明园学院是老区学生的总监护人,并为他们提供一定数额的学习和生活费用。圆明园学院是1994年成立的民办高校,季羡林曾任名誉院长。

2月8日　致信曾昭璇,感谢其所赠《岭南史地与民俗》和《历史自然地理研究》第二集,并回赠《历史地理学四论》,扉页题词"敬请在学术研究上志同道合的昭璇同志批评指正"。

2月9日至10日　出席《续修四库全书》史部编纂工作会议,讨论史部选目问题。与会者另有王钟翰、顾廷龙、刘乃和、徐苹芳、田余庆、陈高华、陈祖武、戴逸、陆峻岭、王世襄、蔡美彪、陈智超、张传玺等人。

2月25日　纪念谭其骧先生85周年诞辰暨历史地理学术研讨会在上海复旦大学召开。

3月8日　参加《中华文明之光》论证会,侯仁之担任《明清北京城》的撰稿和主讲任务。

何淑云:"著名学者侯仁之先生曾担任《中华文明之光》中《明清北京城》的主讲,他为了使准备工作精益求精,借鉴别人的拍摄经验,硬是在病床上看完了在他之前拍摄的20集,这种严肃的治学精神令人深感震撼。"[1]

5月9日至10日　中国地方志协会第三届理事会在北京召开,选举新一届理

---

[1] 何淑云:《师恩似海,学友情深》,见本书编委会编:《五十年前北大一个班》,中国传媒大学出版社2015年版,第241页。

事会理事和学术委员。其中,李铁映任名誉会长,王忍之任会长,侯仁之、史念海、陈桥驿、仓修良、蔡美彪、傅振伦、于希贤、高德、黄苇等人当选为学术委员。

5月至6月　赴美国加利福尼亚州出席在克莱蒙·麦肯纳学院（Claremont McKenna College）举办的"燕京大学的经验与中国的高等教育"国际讨论会,做题为《我从燕京大学来》的发言。6月15日,前往马萨诸塞州波士顿为恩师洪业及师母扫墓。

案： 该会议由燕京大学美国校友会与克莱蒙·麦肯纳学院举办。侯仁之的发言后收入《晚晴集：侯仁之九十年代自选集》（新世界出版社,2001年）之中。

侯馥兴： "1996年5月父亲和母亲应邀出席在美国加州克莱蒙·麦肯纳学院举办的'燕京大学的经验与中国的高等教育'国际讨论会。父亲以《我从燕京大学来》为题在会上发言,深情缅怀母校的培育和在燕园里的成长过程。1980年父母亲'文革'后第一次出国,得以谒见阔别34年的洪师。这一次是父母亲最后一次出国。在加州会后即前往麻州波士顿远郊的墓园,为洪师及师母扫墓,遂多年心愿。"[1]

杨富森： "数年前,我们校友多位和CMC（Claremont Mckennen College）的两位教授联合组织了一个'燕京学社'（即Yenching Institute）,目的是继续母校传统,把'燕京'这个响亮的名字在美国传播下去。我们曾捐助两项Yenching Scholarship（燕大奖学金）给该校,鼓励学生们读中文或有关中国文化的课程；1995年,并与该校合作,举行一次有关燕大传统的周末研讨会,侯仁之学长曾应邀出席做报告,很受欢迎。"[2]

7月10日　国际知名历史地理学者阿兰·贝克（Alan R. H. Baker）抵京进行学

---

[1] 侯馥兴：《从塘头厦到燕南园——我的母亲张玮瑛》,花城出版社2012年版,第145页。
[2] 杨富森：《杨富森自洛杉矶来鸿,报道美国校友动态》,载《燕大校友通讯》2001年第31期。

术交流，应侯仁之之邀，到北京大学历史地理研究中心进行学术交流，并出席国际历史地理学术研讨会。

阙维民："1996年7月10日，贝克抵达北京，开始了他为期24天的访华旅程。7月11日至15日，受侯仁之教授的邀请，贝克访问了北京大学城市与环境学系暨历史地理研究中心，做了题为《历史地理学的历史与地理》和《历史地理学的原理与实践》的两场报告，并与在京的中国历史地理学界同行，就各自的研究成果和研究方向做了相互介绍和交流。"①

7月15日至20日　北京大学城市与环境学系历史地理研究中心举办国际中国历史地理学研讨会，侯仁之致开幕词。

案：来自国内外的130余位学者参加会议或提交论文，其中外国和港澳学者30余人，另有来自台湾地区的王赞源、姜道章、廖幼华、易毅成4人。会议举行了6次大会，有38位代表做了学术报告，另安排4次分会报告。会议期间参观考察了避暑山庄、外八庙及金山岭长城。

阙维民："7月16日至20日，贝克作为正式邀请代表，出席了由中国地理学会历史地理专业委员会和北京大学历史地理研究中心共同主办的'96北京国际中国历史地理学术研讨会。侯仁之在其所致的开幕词中，将贝克此次在北京大学作为第一站的访华学术交流活动，与中国历史地理学发展史上的重要事件，如民国初年张相文在北京大学首次开设'中国地理沿革史'并创立'中国地学会'、30年代顾颉刚在燕京大学、北京大学和辅仁大学同时开设'中国疆域沿革史'课程并创办《禹贡》半月刊和'禹贡学会'等相提并论。开幕式后，贝克做了大会发言，并回答了中外学者的提问。学术研讨会期间，贝克和与会的100多名中外历史地理学家进行了广泛的接触，获得了

---

① 阙维民：《中西方历史地理学界的一次实质对话——阿兰·贝克教授访华录》，见黄时鉴主编：《东西交流论谭》，上海文艺出版社1998年版，第419页。

很多有关中国历史地理学界的第一手信息。7月17日，贝克应邀访问了中国科学院地理研究所历史与文化地理研究室，与该室同行举行了座谈。会议期间，侯仁之与贝克就中西方历史地理学交流的共同问题进行了多次会晤，希望由此而开创此次中西交流的新局面。中国《历史地理》杂志常务副主编张修桂也与贝克交流了办刊情况。"①

7月　陈佳洱任北京大学校长，杨开忠任城市与环境学系系主任。

8月18日至26日　北京大学城市与环境学系与国家教委中国教育国际交流协会在北大联合举办中美人文地理暑假讲习班。讲习班由美国匹兹堡大学教授兼北大客座教授谢觉民，美籍教师Martin、Knapp及城环系教师胡兆量、王恩涌、周一星、唐晓峰、韩茂莉等人主讲。

　　案：谢觉民（1918—　），浙江上虞人，毕业于浙江大学、美国雪城大学，曾任职于中国地理研究所、台湾师范大学、美国匹兹堡大学等地。1979年，谢觉民来北京大学讲授人文地理课程。1992年，受聘为北京大学名誉客座教授，并设立谢觉民人文地理基金会。1995年，谢觉民再次来北京大学讲授人文地理。在此期间，谢觉民与侯仁之、黄秉维、周立三、任美锷、郭令智、吴传钧、陈述彭等人会面，并在北京大学勺园聚餐。次年，谢觉民又在北京开设人文地理讲习班。生平参见于希贤等著《走进地理生涯：旅美地理学家谢觉民传》（山西人民出版社，2010年）。

8月　昆明湖课题组题赠侯仁之先生《颐和园昆明湖3500余年沉积物研究》（海洋出版社，1996年）。1990年年底，北京市政府决定对昆明湖进行建湖240年以来的第一次全面清淤。于是，地质矿产部地质研究所黄成彦等人联合申请"从昆明湖底沉积物探讨北京西山地区气候变化和环境变迁"课题。该课题通过

---

① 阙维民：《中西方历史地理学界的一次实质对话——阿兰·贝克教授访华录》，见黄时鉴主编：《东西交流论谭》，上海文艺出版社1998年版，第420页。

对颐和园昆明湖底沉积物的综合分析，论述了昆明湖及其周围地区3500余年来的自然环境演变。

夏　为文清题写"深识远虑"条幅。

秋　赴美国波士顿哈佛燕京学社，拜访杜维明等人，为《燕京学报》出版寻求资助。

案：是年8月1日，北京大学举行授予杜维明客座教授仪式。杜维明表示要为加强北京大学和哈佛大学乃至北美学术界的联系交流做出贡献。杜维明（1940—　），祖籍广东南海，生于云南昆明。毕业于东海大学、哈佛大学，获博士学位。曾在东海大学、普林斯顿大学、加州大学伯克利分校、哈佛大学任职。1996年出任哈佛燕京学社社长，现任北京大学人文讲席教授、高等人文研究院院长。

丁磐石："新《燕京学报》的办刊经费开初都是由海外校友如林孟熹等筹措资助。但侯仁之和周一良两主编则认为这经费仍应按历史老例由美国的'哈佛燕京学社'提供。为此，1996年秋，年事已高的侯仁之主编由编委刘文兰陪护，不辞辛劳，远涉重洋去美国波士顿康桥访问'哈佛燕京学社'，并谈新《学报》的经费问题。美国'哈佛燕京学社'的负责人允诺，今后会定期汇给。他们还认为新《燕京学报》亦可为每年出两期的半年刊。学社的社长、著名的美籍华人学者杜维明先生还提出一个重要建议，说侯、周两位主编已年过八旬，新《燕京学报》理应选出两位副主编帮助主编工作。根据侯仁之主编的详细介绍新《学报》编委的情况，杜维明先生认为，徐苹芳编委是现今中国的第一流考古学家，丁磐石是编过几大名刊的资深老编辑。他们两人年纪都未到古稀，比较年轻，似都可担任副主编的工作。侯仁之主编和刘文兰编委回到北京，将杜维明的这一建议报告燕大（北京）校友会理事会，大家都很赞同。"[①]

---

① 丁磐石：《徐苹芳与新〈燕京学报〉》，载《人民政协报》，2011年8月15日。

9月2日　张芝联题赠其与成崇德主编的《中英通使二百周年学术讨论会论文集》（中国社会科学出版社，1996年）。

9月23日　出席由宣武区委、区政府在万寿公园绿竹苑主办的《宣武史迹展》开幕式，另有全国政协副主席、北京市副市长何鲁丽及王世仁、刘敬民等人出席。

9月25日　与张开济、李准等人到东城区北京站附近明城墙遗址考察。

案：1996年9月，有市民致信北京市文物局反映有单位为新建饭店欲拆除北京站附近明城墙。22日，《北京晚报》刊登《请留下这段明城墙》，引起强烈社会反响。于是，侯仁之等专家学者到该地考察。后来，《北京晚报》、北京市文物保护协会等单位发起"爱北京城捐城墙砖"活动。

庄建："已85岁高龄的侯仁之教授直言：'北京城最具体、最形象的表现就是城墙和宫殿，片砖碎瓦都是历史。北京城轮廓清晰，平面布局规划举世无双。城墙不仅是军事防御，还是城市规划的重要组成部分。城内道路系统、功能分区及建筑布局，无一不为城墙所制约。北京城墙与城楼因其雄阔巍峨的形象与建筑工艺，具有重要历史文物价值。根据古为今用的原则，理应加以保护利用。'"[1]

10月12日　萨兆为致信侯仁之，谈及《什刹海志》编纂情况。

10月28日至30日　出席由中国商业经济学会、美国国际科技教育服务机构、中国企业文化研究会、燕京研究院等5家单位联合举办的"'96商业道德国际研讨会"，并致开幕词。与会者还有雷洁琼、胡平、韩天石、张大中等百余人。会议探讨了商业道德的基本内涵、建设商业道德的基本途径等问题。

11月6日　李春茂寄来《平凉古地名初探》（兰州大学出版社，1996年）一书。

11月15日　北京大学现代科学与哲学研究中心举行成立大会。中心主任由哲

---

[1] 庄建：《北京"捐城墙砖"的启示，保护好文物也要靠人民》，载《光明日报》，1997年1月15日。

学系教授赵光武担任。侯仁之、张岱年、张世英任顾问。

12月6日　北京市科学技术协会、北京大学和中国科学院地理所联合举行侯仁之从教60周年暨学术思想研讨会，并祝贺侯仁之85岁华诞。

案：该活动在北京大学举行，会议规模约120人，拟邀请嘉宾包括吴良镛、邹德慈、陈志华、黄秉维、陈述彭、张新时、周永源、张开济、郑孝燮、俞伟超、徐苹芳、白介夫、段天顺、金涛、单霁翔、孔繁峙、王金鲁、周昆书、单士元等人。在庆祝活动中，陈述彭称"侯仁之教授是我国历史地理与文化地理学的先驱"。北大地质地理系1954级学生向"步芳斋主人"侯仁之敬献寿联"燕赵京畿厘测时空评郡国利病，朔方甘凉行舟瀚海探华夏迷踪"。

12月10日　参加《中华文明之光》系列片审片会。侯仁之的《明清北京城》和邓广铭的《王安石》等样片通过了初审。与会者还有邓广铭、袁行霈、吴同瑞、叶朗、于希贤、韩光辉等人。该片由中央电视台和北京大学联合制作，共150集，7月3日开始在中央电视台第4套节目播出。

12月17日　北京大学城市与环境学系研究生岳升阳致电侯仁之，报告其在东方广场施工现场发现的古人类活动遗迹。

12月27日　北京文化发展基金会成立。该基金会由中共北京市委宣传部发起，联合北京有关文化机构和新闻媒体创立，徐惟诚、张健民、王大明、张百发、何鲁丽、王立行任名誉理事长，李志坚任理事长，龙新民任常务副理事长。侯仁之、季羡林、任继愈、启功、吴良镛、宿白、靳尚谊、刘迅、梅葆玖等任特邀理事。

本年　北京大学评选出西门、勺园、李大钊像等校内首批11处校园文化景点。侯仁之受聘任评选活动顾问。

著述

1月22日　写完《喜在华荫下　情结日益深——应〈清华大学建筑系庆50周年专刊〉征稿，略抒所感》，初收于赵炳时、陈衍庆编的《清华大学建筑学院

（系）成立50周年纪念文集（1946—1996）》（中国建筑工业出版社，1996年）。

2月15日　为李孝聪的《欧洲收藏部分中文古地图叙录》（国际文化出版公司，1996年）作序。

　　侯仁之："1984年，我应邀去美国康奈尔大学做访问学者，在与著名城市规划学家约翰·芮溥思（John Reps）教授交往过程中，发现他对城市规划方面的研究常常借助于过去一些时代编绘的城市地图，……芮溥思教授的研究方法引起我对古地图的极大兴趣，并专程访问了华盛顿的美国国会图书馆。……从美国返回途中，我利用到英国接受利物浦大学名誉科学博士学位的机会造访伦敦英国图书馆地图部，地图部前任馆长海伦·沃利斯女士（Helen Wallis现已故）向我展示了一幅手绘的清代前期北京城图。……1987年春，芮溥思教授应邀来北京大学讲学，利用这个机会，我和国家测绘局喻沧局长联系，请芮溥思教授专门介绍了在美国和欧洲最有可能收藏中国地图的图书馆、博物馆的情况。可惜的是事后一直未能有人、有机会从事海外所藏中国古地图的搜集、整理与研究工作。……1991年夏，我出席在荷兰乌特列支召开的国际地理学联合会地理学思想史委员会会议，会后我去莱顿看望孝聪，了解他如何工作。"[①]

3月　写完《我从燕京大学来》一文，后收于《晚晴集：侯仁之九十年代自选集》（新世界出版社，2001年）。

7月　侯仁之任主编，苏天钧、唐晓峰任副主编的《环境变迁研究》第五辑由辽宁古籍出版社出版。

——《〈北京历史地图集〉第二辑前言》刊于侯仁之主编的《环境变迁研究》第五辑（辽宁古籍出版社，1996年）。

8月　与周一良主编的《燕京学报》新二期由北京大学出版社出版。

---

① 侯仁之：《〈欧洲收藏部分中文古地图叙录〉序》，见李孝聪：《欧洲收藏部分中文古地图叙录》，国际文化出版公司1996年版，序言第1—4页。

10月11日　写成《圆明园遭损毁的焚烧劫掠者》一文，全文22页，原稿散佚，未刊。

评介

1月　时间主编的《精神的田园："东方之子"学人访谈录》（华夏出版社，1996年）刊载白岩松对侯仁之的访谈录。

9月　《步芳集》入选杜文远、常士功主编的《现当代随笔小品书目汇编》（《中国随笔小品鉴赏辞典》，山西人民出版社，1996年，由楼晓毅、常君实撰文）。

10月　《探寻沧海桑田的变迁〔侯仁之〕》刊于樊洪业主编的《院士故事》（浙江科学技术出版社，1996年）。

12月　《中国大百科全书（简明版）》第四册（中国大百科全书出版社，1996年）收录"侯仁之"。

本年　海尔（P.E.H. Hair）主编的《文科·书信·社会：利物浦大学文学院庆贺文集》（*Arts · Letters · Society: A Miscellany Commemorating the Faculty of Arts at the University of Liverpool*，Liverpool University Press，1996）一书介绍了侯仁之留学英国的情况。

1997年　86岁

背景

2月19日　邓小平逝世。

7月1日　香港回归。

纪事

2月1日　与刘东生、吴良镛、张开济、徐苹芳、俞伟超、吕遵谔等人在北京大学城环系召开王府井东方广场古人类活动遗址学术座谈会。与会者联名呼吁"最近在北京'东方广场'工地发现的意义重大，在大都市中心区发现古人类遗迹举世罕见。这对我国人类学、地质学及北京文化史研究等有着极其重要的价值，并且是一项具有世界意义的发现。国家有关部门应该高度重视这项工作，加强科研力量，以取得高水平的科学成果，永久保存这一宝贵的人类文化遗产"[1]。

4月18日　与贾兰坡、刘东生考察东方广场考古发掘现场，建议就地建设古人类遗址博物馆。

4月25日　北京大学中国经济研究中心举行朗润园致福轩修复暨中国经济研究中心迁址典礼。侯仁之、季羡林、杜鹰等人出席。北京大学中国经济研究中心正式成立于1994年8月17日。

4月　北京大学教育基金会理事长吴树青致信侯仁之，邀请侯仁之出任基金会理事。北大教育基金会成立于1996年4月16日，由费孝通、雷洁琼、汪道涵、李嘉诚等任名誉理事长。

5月4日　与雷洁琼、吴阶平、刘文兰等人出席在北京大学办公楼（燕园贝公楼）召开的燕京研究院第二届理事会会议。

5月8日　题词"老牛自知黄昏晚，不待扬鞭自奋蹄"以自勉。

5月21日　中共安徽省委宣传部原副部长、燕京大学校友韩寅致信侯仁之，谈及孙以宽的生平履历。

5月底　与季羡林、汤一介、乐黛云、李玉洁等人同游京西大觉寺。据称，李玉洁在20世纪50年代曾被安排做侯仁之助手，未果。

季羡林："过了不过个把月，我又一次来到了大觉寺，这次同来的有侯仁之、汤一介、乐黛云、李玉洁等人，我们第一次在这里过夜。侯仁之和我两个老头儿，被欧阳旭安排在明德轩所谓'总统套房'中。"[2]

李玉洁："我是一位华侨。一九五〇年代从东南亚回国，正当英年。个

---

[1] 王军：《徐苹芳先生的底线》，载《看历史》2011年第7期。
[2] 季羡林：《大觉明慧茶院品茗录》，见王宗仁主编：《漫饮茶》，中国华侨出版社2008年版，第104页。

子高挑，一副归侨打扮。北京大学让我给侯仁之教授当助手。侯教授一看我的样子，摇摇手不肯要。学校就让我去找季先生，季先生要了我。后来侯先生后悔了，又来要我。我不干。"①

6月　与什刹海历史文化保护协会会长周忠庆、日籍美国人阿南史代（Virginia Helen Stibbs）等人在汇通祠讨论什刹海水源问题。

——以燕京研究院院长的身份，与张玮瑛等人一起接待来燕京研究院访问的美国路斯基金会副总裁劳兹（Terry Lautz）夫妇。

7月5日　在北京中山公园参加香港回归纪念活动。侯仁之与故宫博物院原副院长单士元等人将中国政府代表团成员从香港岛河滩上带回的黄土撒进五色土祭坛。

7月10日　出席中国徐霞客研究会在北京政协礼堂举行的徐霞客诞辰410周年纪念大会，并在会上做了题为《我们终于迎来了一个新时代》的主题报告。与会者还有名誉会长程思远、彭冲、黄华、朱训、谢筱迺及执行会长江牧岳等700余人。

7月18日　考古学家苏秉琦遗体告别仪式在北京八宝山革命公墓礼堂举行，侯仁之、贾兰坡、钱临照、白寿彝、张政烺、宿白、王仲殊、李学勤、史树青、张光直等人敬献花圈。

7月　台湾大学城乡建筑研究所教授夏铸九拜访侯仁之。

8月12日　与吴良镛、罗哲文、单士元、张开济、李准等人联名呼吁，对故宫及筒子河进行彻底整治，将壮美的紫禁城完整地交给21世纪。

9月24日　复信张世林，婉拒为《传统文化与现代化》出版5周年题词之事，并应允撰写介绍中国历史地理方面的文章。

9月　侯仁之夫妇参加燕大校史组组织的聚会，欢迎老校友陈允敦重返燕园，出席者还有赵萝蕤、林启武、周一良、孙幼云、叶道纯、石文博等校友。

10月22日　为毕凤翔的《银狐洞探秘——地下六年》一书（北京航空航天大

---

① 郁龙余、朱璇：《季羡林评传》，山东教育出版社2016年版，第627页。

学出版社，1998年）题词"作者献身旅游事业，为开发银狐洞，历时六年，既勤于专业探讨，又深入浅出组织导游工作，并为京都山村脱贫致富做出贡献。遵嘱略述所知如上"。

11月7日 出席首都文化界以"营造文化环境、发展文化事业"为主题的学习党的十五大精神座谈会。另有李准、黄济、季羡林、王朝闻、宿白、程允贤、林书煌、范敬宜、龙新民等人与会。

11月13日至15日 出席中国紫禁城学会第二次学术讨论会，并做《紫禁城与北京中轴线》的开幕式讲话。

> **侯仁之**："昨天在小组会上听到李准同志和孝燮同志讲到国外关心我们的人，对我们提出了意见。我深深感到我们的责任是非常之大的。今天，我们的领导国家文物局马局长在这里，我大胆地讲这些话，也是希望这个学会有突出的责任，研究好紫禁城，不是孤立的'城'，而是在整个城市规划设计上占有的突出地位。保护它，就现在来讲，重要的是还要走向世界。改革开放是小平同志极其重要的思想。作为一个学术组织，研究紫禁城，在走向国际时，我们有极其重要的责任。这是随着我们国家走向国际带来的、必不可免的。我们大家要真正肩负起这个重大的责任，做好我们的学术研究。"①

11月16日 康奉致信侯仁之，谈及"什刹海丛书"编委会调整情况，请侯仁之任编委会主编及《什刹海志》主编。

11月27日 由侯仁之作序、吴良镛题写书名的《北京东城区文物建筑》（朝华出版社，1997年）举行首发式。单士元、吴良镛等人出席并讲话。

11月 出席由北京市城科会、西城区什刹海研究会、北京市规划学会联合召开的保护历史文化名城与精神文明建设研讨会，全国政协副主席何鲁丽及单士

---

① 侯仁之：《紫禁城与北京中轴线——中国紫禁城学会第二次学术讨论会开幕式讲话》，见于倬云、朱诚如主编：《中国紫禁城学会论文集》第二辑，紫禁城出版社2002年版，第391页。

元、张开济、李准、朱自煊、赵重清等学者参加会议，会议主要讨论了什刹海景区的保护建设与管理利用等问题。

> **郁柯**："北大侯仁之教授指出，在建造元大都时刘秉忠决定在湖泊东侧即今天的后门桥兴建大都城的南北中轴线，可以说没有后门桥就不可能有今天的中轴线。但今天后门桥已破坏得很严重，联想起北海大桥的改建，建议扩展加宽后门桥，拆除其西侧的障碍，开阔往西观望湖景和西山的视野。"①

12月2日 致信吴祖光、新凤霞夫妇，寄赠数年前与吴祖光参加全国政协组织的甘肃省三北防护林视察团时的合影。

本年 主持的国家社会科学基金"八五"规划项目《中国历史地理学研究》结项。

——为北京大学未名湖石碑题写"未名湖"3字，落款"侯仁之"。次年北京大学百年校庆，镌刻侯仁之题字的石碑立于未名湖西岸，现已成为标志性景观。

著述
2月 侯仁之主编的《北京历史地图集》（第二集）由北京出版社出版。

> **案**：该书副主编为王乃樑、武弘麟，编委包括王乃樑、王武钰、叶泰棋、苏天钧、武弘麟、周昆叔、侯仁之、俞美尔、赵福生、徐海鹏、韩光辉、曾昭明。本图集是"北京平原早期开发环境变迁研究"的成果汇编。共分序图、总图、旧石器时代、新石器时代和总图5部分，重点介绍镇江营遗址、雪山遗址、上宅遗址和北埝头遗址代表的新石器时代时期文化与自然环境变迁。

---

① 郁柯：《保护历史文化名城，加强精神文明建设——各方专家畅谈什刹海地区的保护与发展》，载《城市规划通讯》1998年第1期。

侯仁之："本图集结合自然环境的演变过程，是从旧石器时代末期开始的。关于旧石器时代的研究，最初由于'北京人'在京西周口店山麓的发现而蜚声寰宇，那么近年来在京东平谷县山前台地上所发现的新石器时代人类遗址的研究，与京西旧石器时代人类遗址的研究，先后映辉，从而为既是全国政治中心又是全国文化中心的首都北京城，益增光彩。"[1]

《北京历史地图集》（第二集）编辑委员会："除编委会成员之外，协助这项工作的同志有：北京大学城市与环境学系（原地理系）的杨景春、莫多闻、邬伦，北京市文物研究所的郁金城、袁进京、陈光、王清林、祁庆国。此外参加前期野外考察研究、在后期编绘工作中给予帮助以及提供资料的同志有中国历史博物馆的曹兵武，北京大学的王廷山、徐为群、刘岳峰、何跃、官文学、刘宇，中国科学院古脊椎动物与古人类研究所的黄慰文，北京历史研究会的张先得，中国卫星遥感地面站的潘习哲，还有王哲夫。"[2]

5月5日　与张辛合撰《重修朗润园记》，纪念北京大学中国经济研究中心修缮朗润园一事。北京大学中国经济研究中心为改善办公用房紧张状况，于1995年10月至1997年5月对朗润园主体建筑进行修缮。

5月23日　写成自传。初以《作者小传》为题收于北京大学院士文库《侯仁之文集》（北京大学出版社，1998年），后以《小传》为题收于《师道师说（侯仁之卷）》（东方出版社，2013年）。后者应为全文，前者有所删节。

8月　与邓辉合著的《北京城的起源与变迁》由北京燕山出版社纳入"京华博览丛书"出版。2001年1月，该书由中国书店再版。

案：全书分"北京平原周边原始居民点的诞生""北京建城之始""北方的军事重镇""向全国政治中心过渡""大汗之城——元大都""明代的帝王之都""最后一个封建王朝的都城""新时代的北京城市建设与规划"

---

[1]　侯仁之主编：《北京历史地图集》（第二集），北京出版社1997年版，前言。

[2]　同上书，后记。

等部分。该书再版时附有作者2000年6月所做补记,称"此次再版不仅在版式、照片方面有不少调整,而且将原书中的绝大部分线图请俞美尔高级工程师重新做了清绘。文字方面则删去了一些有争议的内容,并对原书中的错讹之处做了不少修订工作"。

侯仁之： "这本书作为《京华博览丛书》历史篇中的一部专题书册,是在十几年前侯仁之、金涛合著的《北京史话》(上海人民出版社,1980年)的基础上,按照丛书的编辑出版计划和体例要求,增补、删削而成。主要删去了原书中有关掌故、史话方面的内容,突出强调了北京城市起源与发展过程中与历史地理学相关的内容,并增加了一些新的材料和新的研究成果。"①

——与周一良主编的《燕京学报》新三期由北京大学出版社出版,该刊由美国哈佛燕京学社和美国鲁斯基金会资助。

10月　《从北京城的规划建设看传统文化的继承与发展》刊于北京大学教务处编的《自然科学专题选讲》(北京大学出版社,1997年)。该文后收于北京大学中国传统文化研究中心编的《中华文化讲座丛书》第3集(北京大学出版社,1998年)。

杨承运： "20世纪90年代初,北大教务处组织了全校的通选讲座课《自然科学专题选讲》。仁之先生慨然应允为作一讲。讲题是《从北京城的规划建设看传统文化的继承与发展》。"②

11月2日　为金涛的《土地在呼唤:保护人类赖以生存的耕地》(广西科学技术出版社,1997年)一书作序《以史为鉴珍视土地》。

11月15日　在"营造文化环境、发展文化事业"研讨会上的发言稿《北京划

---

① 侯仁之、邓辉：《北京城的起源与变迁》,北京燕山出版社1997年版,第180页。
② 杨承运：《恭祝侯仁之先生百年大寿》,见北京大学历史地理研究中心编：《走近侯仁之——恭贺侯仁之先生百岁寿辰》,学苑出版社2011年版,第205页。

时代的新建筑》刊于《人民日报》第7版。文章认为：社会主义现代化的历史性大变化中，国家奥林匹克体育中心、北京西站是最具有象征意义的建筑。

本年　《试论元大都城的规划设计》刊于《城市规划》1997年第3期。该文写作受到荷兰学者施舟人的启发，并得到于希贤的协助。

侯仁之："过去讨论大都城的规划设计，着重说明的是以《周礼·考工记》中'匠人营国'的规制为根据，实际上两者之间仍有明显的差异。追究其差异的思想根源，实有必要。"文末附记称："在荷兰莱顿大学汉学研究院院长施舟人教授（Kristofer Schipper）的启发下，开始考虑元大都城在规划设计上所受道家思想的影响，荏苒经年，终于草成此文。其中有关阴阳五行学说的道家思想，有赖于希贤教授提供文字说明，以备采摘，始得最后完篇。"①

评介

2月　时间主编的《东方之子访谈录》（山东人民出版社，1997年）收录"侯仁之"。

7月9日　马嘶的《侯仁之和北京历史地理研究》刊于《信息大观报》。

本年　戴晓明的《档案是沧海桑田的记忆——访我国著名历史地理学家侯仁之》刊于《北京档案》1997年第8期。

——《侯仁之燕园问学集》《历史地理学的理论与实践》书名及简介收于宋木文、刘杲主编的《中国图书大辞典》（1949—1992）第11册、第18册（湖北人民出版社，1997年）。

传承

本年　指导王均完成北京大学博士学位论文《近代北京城内部空间结构的历史地理研究》。

---

① 侯仁之：《试论元大都城的规划设计》，载《城市规划》1997年第3期。

1998年　87岁

背景
5月4日　北京大学在人民大会堂举行建校百年纪念大会。

7月1日　国务院推行资深院士制度。

纪事
2月17日　为提高燕京研究院和北大分校的教学、科研水平，美国国际科技教育服务机构（PESI）与燕京大学北京校友会、北京大学分校、燕京研究院达成协议，筹资建设燕京研究中心。侯仁之、钱秉毅、张定、汪馥郁、刘文兰等人出席在北京大学分校（北京联合大学应用文理学院）举行的签字仪式。

3月12日　北京大学百年校庆期间，摄影师阿旭在校党委宣传部的支持下，拍摄季羡林、侯仁之、芮沐、厉以宁、程民德、胡代光、田余庆、沈宗灵等百余位北大学者的肖像。阿旭在魏士毅纪念碑前为侯仁之拍摄，另有侯仁之的"殷忧启圣，大难兴邦"题词。

3月31日　与董光器、苏天钧等20余位专家出席由北京水利学会组织的长河现场考察及专家座谈会。

4月24日　北京市副市长汪光焘根据市委书记贾庆林的建议，邀请侯仁之为北京市委副书记张福森主持的市委、市政府中心组第六次学习会做《从莲花池到后门桥》专题报告。报告全文后收于《晚晴集：侯仁之九十年代自选集》（新世界出版社，2001年）。

4月26日　中共中央总书记江泽民到北京大学考察，提前祝贺北大百年校庆。考察活动中，江泽民与季羡林、侯仁之、袁行霈、厉以宁、黄楠森、唐有祺、王选、甘子钊、杨芙清、陈佳洱等知名教授及其他师生座谈。

4月28日　与北京大学校长陈佳洱、中科院院士于敏座谈。

5月3日　北大地质地理系1957级自然地理、经济地理学生宴请侯仁之、仇为之等老师。

5月4日　出席北京大学"光明行"百年庆典文艺晚会，与张岱年、季羡林等人接受学生敬献鲜花。百年校庆期间，与北大地质地理系系友及历史地理专业师生合影。

5月17日　与吴良镛、舒乙、罗哲文、郑孝燮、梁从诫等人联名写信给北京市领导，呼吁保护美术馆后街22号四合院（赵紫宸、赵萝蕤故居）。

6月3日　到北京八宝山革命公墓参加全国政协委员、古建筑和历史档案专家、中国紫禁城学会会长单士元的遗体告别仪式。参加者还有何鲁丽、孙家正、张文彬、周干峙、王定国、启功、贾兰坡、任继愈、张开济等千余人。

6月17日　北京市政协、中国文物学会等12家单位为贯彻党中央关于"各地要加强爱国主义教育基地建设"和江泽民总书记关于"加强爱国主义教育"的指示精神，在清华大学举办"圆明园论坛"首次研讨会。研讨会一致同意侯仁之等人提出来的科学修复"九州清宴"景区的建议。

6月29日　美国总统克林顿访问北京大学。此前，侯仁之建议北大校方复制明代米万钟的《勺园修禊图》作为回赠克林顿的礼物，此建议被采纳。

6月30日　出席北京联合大学召开的北京学研究所成立大会，并为大会题词"立足北京，研究北京，发展北京"。侯仁之、舒乙、单霁翔等人受聘为该所顾问。

案：本年1月，北京市政府编制办批准北京联合大学成立北京学研究所。6月14日，该校副校长兼北京学研究所所长姜成坛及张妙弟、李颖伯、张宝秀等人拜访侯仁之，邀请其担任该所顾问。

6月　国务院授权中国科学院、中国工程院公布首批资深院士名单，院士年满80周岁自动转为资深院士。侯仁之、王之卓、王鸿祯、叶连俊、叶笃正、任美锷、刘东生、吴传钧、陈永龄、席承藩、贾兰坡、黄秉维、董申保等地学部院士共35人被授予"中国科学院资深院士"称号。

8月16日至21日　由中国地理学会历史地理专业委员会主办、沈阳东亚研究中心承办的1998年中国历史地理——区域历史地理学术讨论会在沈阳召开。

8月18日至21日　第一届中国建筑史学国际研讨会在北京香山饭店召开。侯仁之、吴良镛、汪坦、郑孝燮、张开济、罗哲文、杜仙洲、王世襄等人为会议特邀嘉宾。

8月31日　俞孔坚题赠《景观：文化、生态与感知》（科学出版社，1998年）、《生物与文化基因上的图式——风水与理想景观的深层意义》（田园城市文化事业有限公司，1998年）等书。

8月　与贾兰坡、刘东生、张弥曼、秦馨菱、叶大年、陈庆宣、孙殿卿、李廷栋、宋叔和、吴汝康、郝诒纯、王鸿祯、杨遵仪等院士、资深院士联名发起"让我们继续寻找'北京人'"的呼吁。

9月8日　江苏江阴马镇中学命名为徐霞客中学。侯仁之为该校教学大楼题写"晴山楼"楼名。

9月14日　北京市副市长林文漪到燕南园拜访侯仁之夫妇，畅谈北京城规划建设。

9月　为北京大学中国传统文化研究中心、北京大学教务处和学工部联合举办的《中华文明之光》讲座主讲《从元大都到北京城》。

秋　北京通州潞河中学校领导就《潞河中学1999—2010发展规划》前往侯仁之家中征求意见。

10月10日　北京联合大学应用文理学院举行建校20周年校庆。全国政协副主席罗豪才、北京大学教授侯仁之等有关领导及专家学者出席校庆仪式。

10月24日　人民日报社张必忠致函侯仁之，附赠在北京市委党校的合影，并谈及《什刹海志》修纂事宜。

10月30日　与刘敬民、吴良镛等出席在颐和园举行的北京市文物古迹保护管理委员会会议。

10月　在北京市委党校举行的会议上再次呼吁保护万宁桥。

11月2日　北京市中华世纪坛组委会成立，全国人大常委会副委员长何鲁丽、全国政协副主席经叔平任名誉顾问，侯仁之、季羡林、吴冠中、王朝闻、启功、张岱年等人任顾问。

11月5日　罗亚蒙赠阅其在《人民日报》1998年10月30日《大地周刊》上刊发的《历史文化名城向何处去》一文。

11月8日　致信朱士光,答复朱士光10月19日来信。信件后以《侯仁之院士致本书作者的信(代序)》收入朱士光的《黄土高原地区环境变迁及其治理》(黄河水利出版社,1999年)之中。

侯仁之致朱士光信:"当初您是以最优秀的录取成绩,从中山大学地理系毕业后考入到北大地质地理系作为历史地理研究生的,而您入学之后的学习,特别是在野外考察中的作用,也突出地说明了地理学的基本训练对于历史地理学的研究是多么重要。最不幸的是还在'文革'前夕,您竟被调离北大转到陕西工作。当时我作为地质地理系的系主任兼历史地理研究生导师,虽不同意却也难以为力,如今回想,仍是一大憾事。……从您最近即将出版的这部论文集来说,您不仅把历史地理的研究和黄土高原的治理问题紧密结合起来,而且还进一步考虑到如何加强历史地理学理论建设的问题,这是非常重要的一个问题。实际上从新中国建国以来,国家的建设任务,在发展中的理论指导下,已经为历史地理这门学科,提出了新的任务和要求。特别是近20年来,这种客观要求日益显明。这也说明了我国历史地理学的研究和西方历史地理学的研究是有着不同的发展过程的。我们要尽可能地吸收国外历史地理学发展的经验,但是要更加结合我国的客观要求,开辟我们自己前进的道路。"[①]

11月21日　中国风景园林学会、中国文物学会在苏州召开中国世界遗产研究委员会筹备大会。大会建议由周干峙、罗哲文任研究委员会会长,侯仁之、王定国、郑孝燮、吴良镛、韦钰、赵宝江、张文彬任名誉会长。

11月25日　与程裕淇、郝诒纯、刘东生、等人出席在中国科学院古脊椎动物与古人类所举行的贾兰坡院士九十华诞庆贺会暨学术讨论会。会上,贾兰坡、周光召、关君蔚、王大珩、刘东生、侯仁之等人联合发起建设"绿色长城系统工程"的倡议。

11月30日　就接受乔治·戴维森奖(George Davidson medal)之事致信美国地

---

① 侯仁之:《侯仁之院士致本书作者的信(代序)》,见朱士光:《黄土高原地区环境变迁及其治理》,黄河水利出版社1999年版,第1—2页。

理学会（American Geographical Society）。

11月　什刹海研究会将《北京市志稿》（北京燕山出版社，1998年）赠予侯仁之。

12月6日　侯仁之87岁寿辰，瑞雪初降，晨起在燕南园寓所扫雪。

12月10日　将《侯仁之文集》赠给卢念高、李传琇，并在扉页题记上写道："传琇应约，在《燕京人物志》中为我写小传。不胜感激，谨此致谢。"

12月30日　国内首家世界遗产研究中心在北京大学成立。谢凝高教授任该中心主任，侯仁之、周干峙、罗哲文、郑孝燮担任顾问。

本年　为纪念北京大学百年校庆，侯仁之响应北京大学哲学系的号召，与季羡林、张岱年、厉以宁、任继愈、汤一介、李学勤、吴良镛、金克木等国内54位学者联合推荐中外人文经典书目。书目包括应读书目30种、选读书目30种。

案：应读书目：《周易》、《诗经》、《老子》、《论语》、《孙子兵法》、《孟子》、《庄子》、《史记》、《坛经》、《古文观止》、《唐诗三百首》、《宋词三百首笺注》（唐圭璋笺注）、《红楼梦》、《中国近三百年学术史》（梁启超）、《鲁迅选集》、《中国哲学简史》（冯友兰著，涂又光译）、《中国法律与中国社会》（瞿同祖）、《理想国》（柏拉图著，吴献书译）、《神曲》（但丁著，王维克译）、《哈姆雷特》（莎士比亚著，曹未风译）、《思想录》（帕斯卡尔著，何兆武译）、《社会契约论》（卢梭著，何兆武译）、《历史理性批判文集》（康德著，何兆武译）、《约翰·克利斯朵夫》（罗曼·罗兰著，傅雷译）、《科学史》（丹皮尔著，李衍译）、《共产党宣言》（马克思，恩格斯）、《资本论》第一卷（马克思）、《路德维希·费尔巴哈和德国古典哲学的终结》（恩格斯著，张仲实译）、《毛泽东选集》、《邓小平文选》。

选读书目：《礼记》、《荀子》、《左传》、《韩非子》、《论衡》、《三国志》、《世说新语》、《文心雕龙》、《李太白集》、《资治通鉴》、《明夷待访录》、《儒林外史》、《人间词话》（王国维）、《中国近三百年学术史》（梁启超）、《中国哲学大纲》（张岱年）、《国史

大纲》（钱穆）、《圣经》、《国富论》（亚当·斯密）、《论法的精神》（孟德斯鸠）、《复活》（列夫·托尔斯泰）、《物种起源》（达尔文）、《城堡》（卡夫卡）、《飞鸟集》（泰戈尔）、《新教伦理与资本主义精神》（韦伯）、《精神分析引论》（弗洛伊德）、《西方哲学史》（罗素）、《历史研究》（汤因比）、《德意志意识形态》（马克思）、《社会主义从空想到科学》（马克思）、《哲学笔记》（列宁）。

考异： 梁启超的《中国近三百年学术史》重复出现，疑为钱穆同名著作之误。

——侯仁之、张玮瑛夫妇拜访万里，合影留念。
——中国书店郭纪森到北大燕南园拜访侯仁之。侯仁之在合影上题字"1998年来访，适逢缔交60周年，留影以为纪念"。
——熊秉明题赠《看蒙娜丽莎看》（百花文艺出版社，1997年）一书。
——北京大学承泽园西所修缮完毕，侯仁之所题"承泽园"字样的石碑立于西所院内，碑文是《承泽园西所修缮记》。
——香港中文大学饶宗颐教授题写"图史芬芳闲领味，云烟供养静怡神"一联赠侯仁之、张玮瑛夫妇。

著述

1月8日　写成《复制米万钟〈勺园修禊图〉略记》，后收于杨承运、萧东发主编的《古园纵横——北京大学校园文化景观》（华夏出版社，1998年）。

2月　《我们终于迎来一个新时代》收于中国徐霞客研究会、江阴市人民政府编的《徐霞客研究》第2辑（学苑出版社，1998年）。侯仁之时任中国徐霞客研究会名誉会长。

3月　《文学——科学传播的翅膀》收于卢嘉锡、李真真编的《另一种人生——当代中国科学家随感》下册（东方出版中心，1998年）。该文后又收于章道义主编的《中国科普名家名作》（山东教育出版社，2002年）、邓九平主编的《中国名家随笔》（经济日报出版社，2004年）等书。

4月　《侯仁之文集》由北京大学出版社纳入"北京大学院士文库"出版。

该书分"历史地理学的理论探讨""城市历史地理研究""沙漠历史地理考察""地理学史专题评述""早期写作选录（1937—1948）"5部分，并附有侯仁之主要著述目录和作者小传。

案：北京大学出版社自1997年启动"北京大学院士文库"出版工程，推出了侯仁之、王选、杨芙清、谢义炳、冯新德、唐有祺、王阳元、吴全德、陈佳洱、王仁、段学复、邢其毅、刘元芳、董申葆、高小霞、胡济民等院士的文集。全国人大常委会副委员长周光召院士为文库写序。该文库由北京大学资源集团出版基金资助出版，为北京大学百年校庆献礼。

——《未名湖上新景象》收于赵为民主编的《青春的北大（〈精神的魅力〉续编）》（北京大学出版社，1998年）。

5月　《历史地理学》收于陈述彭主编的《地球系统科学——中国进展·世纪展望》（中国科学技术出版社，1998年）。该文是对《再论历史地理学的理论与实践》［《北京大学学报》（历史地理学专刊），1992年7月］的改写。

8月　为《图说北京城》（北京大学出版社，2011年）作序。序文称"我已经是80多岁的老人了，我只希望历史地理这门偏'冷'的学科能够薪火相传，发展壮大。愿《图说北京城》犹如新添的薪柴，将原本已经燃烧在读者心中的爱北京、爱社会主义中国之火，燃烧得更加旺盛"。

10月5日　写完《北京恭王府的地理位置与历史》一文，未刊。网络上有侯仁之"一座恭王府，半部清朝史"的说法，出处待考。

10月　由侯仁之担任资深顾问的《中国历史文化名城大辞典》上卷（罗亚蒙等主编，人民日报出版社，1998年）出版。该书另有史念海、许学强、张百发、张岂之、汪光焘、李学勤、吴传钧、罗哲文等人任资深顾问，由北京大学"历史文化名城"课题组主持。

11月30日　写完《深情怀念金鼎同志》，后收于《师道师说（侯仁之卷）》（东方出版社，2013年）。

本年　《从莲花池到后门桥——保护古城发展起源、改善城市生态环境》刊

于《规划建设》1998年第2期。

——《未名湖畔风景新》刊于《地理知识》1998年第5期。

——《北京城市发展中富有象征性的新建筑》刊于《文化月刊》1998年第2期。

——与周一良主编的《燕京学报》新四期、新五期由北京大学出版社出版，该刊由美国哈佛燕京学社和美国路斯基金会资助。

评介

3月7日　侯艺兵撰稿、摄影的《擦不去的纪念》刊于《光明日报》第5版《生活周刊》。文章介绍了侯仁之与熊秉明的交往。

4月9日　王军的《京城发现大运河一处重要遗址》刊于《光明日报》第2版。据介绍，正在进行地下施工的北京平安大街工地发现东不压桥遗址。侯仁之接受采访时称"东不压桥的发现，不但证实了大运河的一条关键河道，而且还将唤起人们重新认识北京古城的价值"。

4月22日　《中华读书报》第十版刊发组稿《北大学者看北大——百年北大：回顾与展望》，介绍侯仁之、季羡林、乐黛云、钱理群、林毅夫、王守常等北京大学教授对北大的看法与期许。

　　　　　蒋广学、陈继玲：“侯先生还特别提到了将在五四校庆时落成的新图书馆。这座新扩建的图书馆的建筑形式保持了古典的风貌，显得典雅庄重，但又揉进了一些现代色彩，比如其功能设计就是相当现代的。在未名湖和新图书馆之间，有一个小湖，侯先生认为这个小湖的位置十分重要，因它地处校园新扩建的图书馆和湖光塔影的未名湖景区的核心地区。如果用明代书法家米万钟初建勺园所设计的景点名'文水陂'命名之，将会是点睛之笔。这一带进一步开发起来，必将成为联系我校以新建图书馆为代表的学术文化中心和以未名湖为代表的自然风景中心这两者的纽带。"[①]

---

① 蒋广学、陈继玲：《北大学者看北大——百年北大：回顾与展望》，载《中华读书报》，1998年4月22日。

4月　王萍丽的访问记《六十年燕园情》收于北京大学研究生会、MBA联合会组编的《北大名教授访谈记》（机械工业出版社，1998年）。该文后收于《晚晴集：侯仁之九十年代自选集》（新世界出版社，2001年）。

——张笛梅、杨陵康主编的《中国高等学校中的中国科学院院士传略》（高等教育出版社）收录"侯仁之"。

——梁惠陵编的《北京大学名人手迹》（北京大学出版社，1998年）收录侯仁之手迹。

——王连的《侯仁之：燕园写照人》收于北研、树人主编的《北大百年老照片》（国家行政学院出版社，1998年）。

——马嘶的《侯仁之和北京历史地理研究》一文收于《燕园师友记》（北京燕山出版社，1998年）。

马嘶："那时，侯先生不过四十三四岁年纪，他是著名的学者，又是一位精力充沛的社会活动家，他被选为北京市人大代表和全国青联的委员。他总是如青年般朝气蓬勃，热气蒸腾。他有着诗人的气质，易激动，满怀激情，讲起话来声音宏亮，富于鼓动性，很适合青年学生的口味。他住在燕南园，我常见他从林木荫荫中疾步走出，胁下夹着个黑皮包，昂首阔步地走在未名湖畔的石径上，发出矗矗的声响。他看见学生总是微笑着点点头，有时也答上两句话，又匆匆离去。他那宽宽的前额，黑边眼镜下含笑的眼睛，流溢着青春的光彩。"[1]

6月6日　《光明日报》第2版《教科文卫》刊登《中国科学院首批资深院士名单》，侯仁之名列其中。

10月　北京市海淀区政协、中国科学院侨联编的《在海淀的中国科学院院士》（内部资料，1998年）收录"侯仁之"。

12月14日　《中国科学报》头版刊登侯仁之获得乔治·戴维森奖的消息。

---

[1]　马嘶：《侯仁之和北京历史地理研究》，见《燕园师友记》，北京燕山出版社1998年版，第91页。

传承

本年　指导阙维民完成博士学位论文《当代西方历史地理学的学科结构与（历史）地理学构想意识——以〈历史地理学杂志〉为视窗》。

——接收乌兰图雅为博士后研究人员。

1999年　88岁

背景

6月13日　《关于深化教育改革全面推进素质教育的决定》通过。

8月23日至26日　全国技术创新大会召开。

9月　中国科学院地理研究所和自然资源综合考察委员会改组为中国科学院地理科学与资源研究所。

11月15日　中国地理学会成立90周年庆祝大会在北京召开。

纪事

1月　由崔之久、侯仁之、王守春、崔海亭联合申报的国家自然科学基金重点项目《我国北方历史时期人地关系相互作用机制》（项目批准号49831080）获批。项目组成员有十人，执行期限从1999年1月开始，截至2002年12月。

——为北京大学地理学博士后流动站研究人员吴必虎留校任教写推荐信。

2月28日　冰心在北京医院逝世。侯仁之夫妇前往探视。

> **侯仁之：**"老师说'生命从八十开始'，我们努力工作，不敢忘记。现在都已年过八十，还在努力工作。老师的话，一直记在心上。祝老师健康长寿。还有10多年前，老师写的《我请求》那篇文章，我们捧读之后，都为之泪下！又及。"[①]

---

① 陈恕：《冰心全传》，中国青年出版社2011年版，第469页。

3月14日 中国文化书院在北京友谊宾馆为张岱年、季羡林、侯仁之、何兹全、王元化等数位80岁以上的书院导师集体贺寿。庆祝会上，于光远因在会计司胡同筹建胡耀邦纪念馆而向侯仁之请教中南海的历史。15日，侯仁之致电于光远，谈及元大都有无中南海之事。

案：于光远（1915—2013），上海人，马克思主义理论家、社会活动家。曾就读于清华大学物理系，积极从事学生运动。新中国成立后，曾在中共中央宣传部理论宣传处、国家科委、国务院政策研究室、中国社会科学院任职。1954年，当选为中国科学院哲学社会科学学部委员。论著结集为《于光远经济论著全集》（知识产权出版社，2015年）。

于光远："我也可以向北京大学历史地理系——尤其是专门研究北京历史地理的专家侯仁之教授请教。十多年前我去深圳'锦绣中华'访问，觉得他们制作的微缩天安门只有城楼没有广场不太好，在向他们提意见时，我曾代表深圳的同志向侯教授请教过，侯教授很热心地为深圳提供了清末和民国年间天安门的广场的地图。我感谢他的帮助，现在我又想到了他。我再过三个月满八十四岁，侯教授年长于我，也许已到米寿之年，我还希望他给我讲讲中南海的历史。……[附记]此文尚未定稿，本月14日，中国文化书院为张岱年先生九十寿辰，季羡林、侯仁之先生的米寿举行庆祝会。这说明我原来对侯仁之教授可能已到米寿之年的估量是相当准确的。在那个会上，我向侯教授当面表达我要向他请教之意。在此稿打印清楚后，我就送去请他补充指正。15日我接到侯仁之教授打来的电话，在电话中他要我把此稿寄去，并承告，在元代没有今日的南海。"①

3月29日 北京市社会科学院环境变迁研究中心成立，侯仁之任中心主任，苏天钧任常务副主任。

---

① 于光远：《会计司胡同二十五号》，见《青年读本：我的故事》，大众文艺出版社2000年版，第102—103页。

3月　屈月英来访，与侯仁之商量在《香港之窗》月刊上介绍燕京研究院和《燕京学报》之事。

——题词"老牛自知黄昏晚，不待扬鞭自奋蹄"以自勉。

4月5日　出席在通州潞河中学举行的校友聚会，拜谒位于潞园德辰山的老校长陈昌佑墓。侯仁之谢绝搀扶，称"从这里走出去的人，腿是不能有病的"。

4月16日　燕京大学北京校友会会长雷洁琼设宴招待来参加燕京大学建校80周年的海外校友。正在北京大学哲学系任客座教授的欧迪安教授捐赠明代《勺园修禊图》复制品，侯仁之为该图做文字说明。

> 案：欧迪安（Diane B. Obenchain），美国人，宗教学者。曾就读于德鲁（Drew University）、斯坦福大学、哈佛大学。曾执教于早稻田大学、国立新加坡大学、北京大学、凯尔文学院（Calvin College），现任富勒神学院（Fuller Theological Seminary）教授，专长于中日宗教传统研究。

4月至5月　因病入住北京医院，经吴蔚然介绍做腰椎管手术。

5月24日　中国科学院批准新一届中国第四纪研究委员会名单，侯仁之、任美锷、李吉均、陈述彭、周昆叔等人任名誉委员。

8月3日　华中师范学院原副院长、燕京大学校友陶军的夫人杨景星致信侯仁之、张玮瑛，谈及陶军诗词选出版、邓拓女儿来访等事。

8月　北京市海淀区政协主席王珍明为海淀镇拆迁改造之事拜访侯仁之。侯仁之建议积极抢救海淀古镇史料，进行实地调查。9月28日，王珍明再次前来拜访。侯仁之表示"我把海淀当作家乡，从1932年来到后就没有搬动过"。在北大、清华师生的努力下，调研成果结集为《海淀古镇风物志略》（学苑出版社，2000年，侯仁之任总顾问）。

9月　位于海淀区芙蓉里的万泉文化公园建成。该公园后定名为"畅春新园"，由侯仁之题写园名。侯仁之曾向北大校方和海淀区领导就该公园的规划建设提出具体意见。

侯仁之："最近在畅春园遗址中部尚未被占用的空旷地带，新开辟了一处名叫'万泉文化公园'的小公园，面积虽然有限，位置十分重要，因为它所标志的乃是明代清华园和相继兴建的清代畅春园的核心地区。现在，在这一地区的东北隅，还有字迹清晰的'畅春园东北界'的界碑，立在路旁。界碑以南相去不过30米，尚有畅春园内清雍正年修建的恩佑寺和乾隆年修建的恩慕寺的两处庙门，屹立在那里。这些遗迹遗物的存在，应该使人联想到这里正是有清一代'三山五园'开始兴建的起点，同时又是导致历史上海淀原始聚落开始发迹的重要原因。今天，它又面临着'中关村西区'跨世纪的新发展。因此，继承过去，展望未来，应该在这个小公园里建立一个历史性标志，作为永久的纪念。更重要的是还应该在小公园内自西而东，开渠引水，将治理后的万泉河分流东下，但是这条分流东下的小渠，务求其近似自然，下流经过恩佑寺、恩慕寺两座寺门旁一直到'畅春园东北界'碑南侧，然后依照旧址重建篓兜桥，根据原有遗址从桥下引水流注北大校园。这不仅有益于北大校园，而且也大有利于'中关村西区'生态环境的改善。与此同时，还应该将恩佑寺、恩慕寺两处庙门周围地区杂乱无章的建筑，尽行拆除，进一步扩大小公园的面积，并使仅存的两处古建筑得到应有的保护。"[1]

10月21日　何梁何利基金1999年度（第六届）颁奖大会在钓鱼台国宾馆举行。侯仁之获颁何梁何利基金科学与技术成就奖。大会由科技部部长朱丽兰主持，中共中央政治局委员、国务院副总理温家宝，全国人大常委会副委员长周光召，全国政协副主席钱伟长等到会祝贺。

10月22日　与海淀区政协工作人员一同考察圆明园遗址西区。

10月　北京大学登山队的《八千米生命高度》由辽海出版社出版，侯仁之为该书题写书名。

11月2日　在燕南园家中听取首都规划建设委员会关于圆明园遗址整治规划

---

[1]　侯仁之：《海淀镇与北京城——历史发展过程中的地理关系与文化渊源》，见《北京城的生命印记》，生活·读书·新知三联书店2009年版，第403页。

方案的汇报。

11月9日　与罗哲文、郑孝燮、舒乙、梁从诫等人再次呼吁保护美术馆后街22号四合院。

11月11日　美国地理学会将乔治·戴维森奖颁给侯仁之。侯仁之因而成为首位获得这一荣誉的中国人。颁奖仪式在纽约耶鲁俱乐部（Yale Club）举行，该学会主席诺特（Richard H. Nolte）、古尔德（John E. Gould）等人签署奖状。伍德（Joseph S. Wood）介绍侯仁之的情况，欧迪安（Diane Obenchain）代为领奖，同时宣读侯仁之的《在美国地理学会荣誉委员会授奖仪式上的发言》[后收于《中国历史地理论集》（英汉对照），外语教学与研究出版社，2015年]。

案：乔治·戴维森奖是由美国地理学会创设于1946年，用于奖励"在太平洋及周边地区研究中取得的杰出贡献"的人。截至目前，共有7人获奖。此前，葛德石于1958年获得该奖。与侯仁之一同获奖的还有美国地理学会主席洛伊德-琼斯（Donald J. Lloyd-Jones）获得莫尔斯奖（The Samuel Finley Breese Morse Medal）、克拉克大学教授汉森（Susan Hanson）获得范克莱夫纪念奖（The Van Cleef Memorial Medal）、特拉华大学（University of Delaware）荣誉教授马瑟（John R. Mather）获得查尔斯·帕特里克·戴利奖（The Charles P. Daly Medal）、环境系统研究所（Environmental Systems Research Institute）主席和创建者丹杰蒙德（Jack Dangermond）与伦敦大学学院荣誉教授罗温索（David Lowenthal）获得克拉姆地理学奖（The Cullum Geographical Medal）。

侯仁之获奖时的颁奖词："出生于一个世界，该获奖者用文字和图表塑造了另一个世界。他在中国解放前步入学术生涯，在利物浦大学获得博士学位并于中华人民共和国建立前夕回国。他长期担任北京大学地理系行政和学术负责人，并任中国科学院院士，对中国现代地理学的发展有着突出的影响。他的学术贡献涉及中国历史地理、历史时期考古和城市规划史。此外，他加深了我们对中国古代地理学思想的认识。'文化大革命'以后，他开创了沙漠的人类利用研究，强调了历史地理学在理解环境变迁中的作用。他持有批判地继承历史的眼光,还将科学研究带入到为1949年之后重建的服务中去,包括重建水利和节水系统,扩建天安门广场以便容纳公共政治活动。我们的获奖者今日年届八十八岁,但仍保持活跃,编绘历史地图集,并为这座他居住了65年的北京城遇到的敏感的重建问题出谋划策。卓越的学者,令人着迷的教师,关怀备至的导师,思虑周全的规划者,满腔热忱的同事,他成了职业地理学家的典范。鉴于在中国地理探险和研究中的杰出成就,以及其非凡坚守的人生志业,美国地理协会荣幸地将乔治·戴维森奖章授予侯仁之。"①

侯仁之: "在我获悉美国地理学会将要授予我乔治·戴维森勋章的时候,我没有想到在我人生的晚年能够获得如此崇高的国际荣誉。这个喜讯,也引起了中国地理界众多好友的高度重视。我极愿意亲自前来接受这一崇高的荣誉,只因健康关系,不能成行,只好拜托在北京大学任教并且和我有合作关系的好朋友欧迪安博士前来代我领奖。但是如果墨菲博士或是美国地理学会荣誉委员会其他负责者,能有机会前来中国,我殷切希望能在北京大学相会,使我得以亲自表示我衷心的感谢。"②

11月15日 出席在北京大学光华楼举行的图书馆学家、教育家刘国钧先生百年诞辰学术研讨会。

案: 刘国钧(1899—1980),江苏南京人,图书馆学家、教育家。1920年毕业于金陵大学,后赴美国威斯康星大学留学,获博士学位。回国后,在金陵大学、北平图书馆、西北图书馆、兰州大学等地从事图书馆工作。新中国成立后,长期执教于北京大学图书馆学系。著有《中国图书分类法》(北京图书馆,1957年)、《中国书史简编》(书目文献出版社,1982年)、《刘国钧图书馆学论文选集》(书目文献出版社,1983年)等。

---

① Honors of the American Geographical Society, *Geographical Review*, Vol. 90, No. 3(Jul., 2000), p. 447.
② 侯仁之:《在美国地理学会荣誉委员会授奖仪式上的发言》,见《中国历史地理论集》(英汉对照),外语教学与研究出版社2015年版,第299页。

11月18日　狮子座流星雨大爆发。凌晨，侯仁之到未名湖畔仰望星空，观看流星。

11月28日　中国科学院遥感所举办建所20周年庆祝大会及陈述彭八十寿辰纪念活动。

12月2日，美国地理学会在北京大学举办颁奖仪式，陈佳洱、陈述彭等人出席。陈述彭为侯仁之荣获美国地理学大奖而题写贺词"洞察历史规律剖析自然世界，深发文化底蕴塑造现代中国"。

著述

4月12日　写完《城市历史地理的研究与城市规划》，初收于中国城市规划学会主编的《五十年回眸——新中国的城市规划》（商务印书馆，侯仁之任该书顾问）。文章部分内容以《新中国建国之初，首都新定文教区的历史地理考察》为题收于《晚晴集：侯仁之九十年代自选集》（新世界出版社，2001年）。

4月16日　与李孝聪为《中国历史文化名城大辞典》（罗亚蒙等主编，人民日报出版社，1998年）所撰的书评《消除历史名城的现代化危机》刊于《光明日报》第9版《书评周刊》。

4月30日　写成《永恒的怀念——忆陶军》一文，后收于《陶军诗词选》（华中师范大学出版社，2000年）。

5月　与周一良主编的《燕京学报》新六期由北京大学出版社出版。

6月25日　写成《老牛自知黄昏晚》，后收于《师道师说（侯仁之卷）》（东方出版社，2013年）。

11月　与周一良主编的《燕京学报》新七期由北京大学出版社出版。

12月10日　写完《海淀镇与北京城——历史发展过程中的地理关系与文化渊源》（与岳升阳合著），后连载于《北京规划建设》2000年第1、2期。该文又收于王珍明主编的《海淀古镇风物志略》（学苑出版社，2000年）。文章从历史地理学的角度阐述了海淀镇起源和发展的地理特点及其与北京城在经济和文化发展上的关系。

案：在中关村西区开发建设中，北京市海淀区委、区政府成立海淀镇历史风貌调查领导小组，侯仁之任总顾问。

评介

3月17日　包霄林的《中国文化书院为学界泰斗贺寿》刊于《光明日报》第2版《教科文卫》。该文介绍了中国文化书院在北京举行招待会，为张岱年、季羡林、侯仁之、何兹全、王元化等人贺寿的情况。

5月　黄汉江主编的《中国社会团体会长秘书长辞典》（上海科学技术文献出版社）收录"侯仁之"。

6月　《寻觅沧海桑田——侯仁之》收于李征编著的《百名院士的故事》（中国少年儿童出版社，1999年）第四册。

7月　《中华人民共和国国史百科全书》（邓力群主编，中国大百科全书出版社）收录"侯仁之"。

8月　中国大百科全书出版社编辑部编的《中华百科全书》（中国大百科全书出版社，1999年）收录"侯仁之"。

——《中国留学生大辞典》（周棉编，南京大学出版社）收录"侯仁之"。

10月　陈述彭的《侯仁之院士85寿辰》收于陈子南编的《石坚文存——陈述彭院士科学小品选集》（中国环境科学出版社，1999年）。

11月　朱士光的《倡扬学术民主的一个范例——记侯仁之院士坦诚对城川古城定名有误之感人事迹》收于吴传钧、施雅风主编的《中国地理学90年发展回忆录》（学苑出版社，1999年）。该文后收于徐霞客研究会、江阴市人民政府编的《徐霞客研究》第八辑（学苑出版社，2001年）。

——韩光辉的《从沙漠历史地理考察到环境变迁研究——侯仁之先生的学术实践》收于吴传钧、施雅风主编的《中国地理学90年发展回忆录》（学苑出版社，1999年）。该文后收于徐霞客研究会、江阴市人民政府编的《徐霞客研究》第八辑（学苑出版社，2001年）。

12月2日　《北京晚报》刊登消息《北大侯仁之教授今天戴上乔治·戴维森勋章》。

12月　张玮瑛等主编的《燕京大学史稿（1919—1952）》（人民中国出版社，1999年）辟专节介绍"侯仁之"。

本年　徐城北的《我读〈侯仁之燕园问学集〉》刊于《博览群书》1999年第1期。

——金涛的《侯仁之与历史地理学》刊于《知识就是力量》1999年第4期。

2000年　89岁

背景

4月18日　北京市规划委员会批准中关村西区建设详细规划方案。

6月13日　中共中央、国务院发出《关于促进小城镇健康发展的若干意见》。

本年　国家最高科学技术奖正式设立。

纪事

1月27日　中共海淀区委副书记申建军、区政协主席王珍明到北京大学燕南园拜访侯仁之，谈及中关村科技园区开发过程中的景观风貌、历史文化保护问题。

1月　由侯仁之题写书名的《黄河与科技文明》（王星光、张新斌著，黄河水利出版社，2000年）出版。

2月1日　致信北京市副市长林文漪，随信附上其与岳升阳合写的《海淀镇与北京城》一文。信中称"我初到海淀就读于燕京大学，院系调整后转为北大，前后已是六十七八年时间，视海淀为故乡"。

2月14日　侯仁之致信祝贺陈述彭院士八十华诞，贺词称"心驰宇内八万里高瞻远瞩创遥感奠定本门基业，跋涉神州六十年经天纬地绘蓝图堪称当代宗师"。

2月　北京大学中文系教授林庚题赠《空间的驰想》（北京大学出版社，2000年）一书。

3月　苏天钧主编的《北京考古集成》由北京出版社出版。该书编纂之缘起与侯仁之主编的《北京历史地图集》有关，且由侯仁之题写书名。

苏天钧："《北京考古集成》的编辑工作，是在二十多年前着手的。1979年我开始参加北京大学侯仁之教授(中国科学院院士)主编的《北京历史地图集》的编绘工作，在编绘工作中为了图集的方位准确性开始搜集大量的文献、方志、考古、文物等方面的资料，同时进行了多次的田野考察，在这个基础上开始搜集有关北京地区文物与考古等方面的文章和报告，将这些资料分别归类存档。"①

4月14日　《燕京大学史稿》首发式在北京举行。主编张玮瑛主持仪式并致开幕词。《燕京大学史稿》1999年12月由人民中国出版社出版，侯仁之、雷洁琼、黄华、费孝通、吴阶平、冰心、萧乾、周一良、王钟翰、林耀华等人任该书编写委员会荣誉顾问、顾问。

4月22日　与张玮瑛出席在燕园贝公楼举行的燕京大学校友返校节活动。另有雷洁琼、李慎之、黄宗江、张定、石文博等600余名校友出席。会上宣读校友写给雷洁琼、侯仁之的致敬信。

5月12日　主持召开《北京历史地图集》第三集的第一次编纂会议。

5月24日　应邀出席北京大学中国经济研究中心"万众苑"工程开工奠基典礼。侯仁之认为"万众苑"工程是对自怡园艺术传统的继往开来。

侯仁之："最近在朗润园湖心岛上的新建筑，这就是中国经济研究中心所在的具有传统建筑艺术特点的'万众苑'。随后在其西侧又新建了中国古代史研究中心。这一区湖心岛上的新发展，既富有中国传统建筑的风格，又和未名湖南岸悬崖之上的临湖轩，南北辉映。从历史发展的特点看，这也就使人易于联想起三百多年前在这里开始出现的自怡园的艺术传统。从承先启后继往开来的意义上来看，这也是很值得重视的。"②

---

① 苏天钧：《〈北京考古集成〉前言》，见苏天钧主编：《北京考古集成》第1册，北京出版社2000年版，第3页。

② 侯仁之：《北京大学校园本部在规划建设上的继往开来》，见侯馥兴编：《师道师说（侯仁之卷）》，东方出版社2013年版，第320页。

5月25日　山东德州市人大常委会郑永华致信侯仁之，请其题写扇面，并邀其做客德州。

6月10日　与沈勃、郑孝燮、张开济、刘小石、宣祥鎏、邹德慈、朱自煊、汪国瑜等百余位建筑、城市规划领域的人士联名致信建设部，就国家大剧院的设计方案提出意见。

6月13日　侯仁之夫妇应什刹海研究会之邀到正在施工的万宁桥工地考察，乘船游览什刹海。侯仁之接受《北京日报》记者专访，称"什刹海是老北京最富有人民性的地方，市井风情集中地在这里体现出来"，并提出后门桥应恢复为万宁桥旧称。

8月2日　与吴良镛、孟兆祯、罗哲文、谢凝高等14位来自建设部、国家文物局、中国地质科学研究院、中国城市规划研究院、北京大学、清华大学、北京林业大学等单位的知名专家，联名呼吁立即停止泰山中天门至岱顶的索道违规扩建工程，尽快拆除原有的构筑物，恢复岱顶植被，保护泰山的真实性和完整性。

8月2日至6日　由复旦大学历史地理研究中心、云南大学历史系联合主办的中国历史地理国际学术讨论会在云南昆明举行。

8月23日　北京市文物局在国子监举行"3.3亿工程"启动仪式，对市级以上文物保护单位进行修缮。侯仁之闻讯后表示"政府投资3.3亿元，搞文物古建的修缮，这真是前所未有呀"！

8月26日　冯其庸来访，赠予《瀚海劫尘》，谈及七赴新疆事。侯仁之为中国艺术研究院、红楼梦学会等单位联合举办的《冯其庸发现·考实玄奘取经之路暨大西部摄影展》题写"乘危远迈，杖策孤征"。

9月10日　深圳长江家具有限公司捐给季羡林、侯仁之、杨芙清、王阳元等北京大学教授和院士每人一把"长江"大班椅，并致以教师节的祝贺。

10月1日　王义遒题赠《谈学论教集》（北京大学出版社，1997年）一书。

10月13日至15日　中国紫禁城学会第三次学术讨论会在北京召开，纪念紫禁城建成580周年及故宫博物院成立75周年。侯仁之、罗哲文等人为会议发来贺信。

10月15日　学术泰斗季羡林教授九十寿辰庆祝活动在北京大学举行。侯仁之、钟敬文、张岱年、林庚、周汝昌、冯亦代、黄宗英、黄苗子、郁风、丁聪、宗璞、刘梦溪、陈祖芬、陈原、于光远、魏荒弩、郭预衡、方成、范用、黄宗江、牛汉、林斤澜、高莽、汤一介、姜德明、舒展、牧惠、邵燕祥、袁行霈、严家炎、王蒙、谢冕等百余位学术界、文化界著名人士人出席。

10月底　有人在石景山老山汉墓附近的金顶山发现古建筑遗迹遗物，遂向侯仁之与史树青请教。

11月9日至10日　为台湾沈祖海建筑文教基金的来京学者做关于历史上的北京城及北京城市规划建设中的三个里程碑的学术报告。在此期间，与夫人张玮瑛出席在北京大学图书馆举行的聚会，与会者有季羡林、郝斌、戴龙基、沈祖海、白瑾、林光美等。部分讲稿经王毓蔺整理，以《海峡两岸学术文化交流》为题收于《晚晴集：侯仁之九十年代自选集》（新世界出版社，2001年）。

> **案：** 沈祖海（1926—2005），上海人，毕业于上海圣约翰大学、美国密歇根大学，1958年创办沈祖海建筑联合事务所。曾创建沈祖海建筑文教基金。

11月17日　应北京市海淀区政协主席王珍明之邀参观圆明园、大觉寺等海淀景观和海淀镇开发建设情况。

11月19日　九三学社北京市委员会文化委副主任范贻光等人就保护北海公园古建筑原貌问题走访侯仁之及郑孝燮、罗哲文等人。

12月6日　北京市什刹海研究会为庆祝侯仁之89岁生日，邀其参观什刹海及其周边的万宁桥、金锭桥等景观。

12月20日　中共中央政治局委员、北京市委书记贾庆林与来自北京文物、建筑、考古学界的张开济、郑孝燮、罗哲文、单士元等文物古迹保护管理委员会的专家一起考察修复竣工的北京后门桥和莲花池。侯仁之参加竣工仪式，并建议："将习惯称呼的后门桥改回原名万宁桥，希望子孙后代万世安宁。"

12月　与张岱年、季羡林、任继愈、启功、戴逸、王钟翰、王世襄、何兹全、冀淑英等50余位专家学者参加《百衲本二十四史》重印出版工作委员会。此《百衲本二十四史》由北京古籍出版社推出。

——九三学社北京市委文化委员会提交《关于北海公园申报世界文化遗产，

仿膳饭庄必须限期迁出北海公园的调研报告》。该报告的撰写人员多次走访了侯仁之、罗哲文、郑孝燮、朱家溍等专家。报告援引了侯仁之"没有北海就没有北京城"的说法。

——为孟凡柱、陈培富主编的《京西古道模式口》（九州出版社，2000年）一书题词"古道寻根，叶茂花荣"。

著述

4月　《回顾过去，展望未来——在乔治·戴维森勒勋章授奖仪式上的发言》收于中国徐霞客研究会、江阴市人民政府编的《徐霞客研究》第6辑（学苑出版社，2000年）。该文后以《在美国地理学会荣誉委员会授奖仪式上的发言》为题收于《中国历史地理论集（英汉对照）》（外语教学与研究出版社，2015年）。

5月22日　写完《未名湖溯源》一文，刊于《燕京学报》新十期（北京大学出版社）。

5月　侯仁之任主编、唐晓峰任副主编的《北京城市历史地理》由北京燕山出版社出版。

案：该书是"一部从历史地理学的角度系统研究北京城的著作"，1996年7月纳入北京市哲学社会科学"九五"规划重大项目，1999年又纳入北京市哲学社会科学"九五"规划精品工程项目。全书内容包括"城市出现以前（新石器时期）北京地区的人类活动"（武弘麟撰）、"蓟燕分封与北京早期城址的确立"（唐晓峰撰）、"北方重镇——秦汉至隋唐时期北京地区的城邑"（苏天钧撰）、"辽金元时期北京城的规划与建设"（邓辉、于希贤撰）、"明清时期北京城的规划与建设"（邓辉撰）、"城市职能建筑分布"（李孝聪撰）、"城市商业与市场分布"（高松凡撰）、"各时期北京城市人口"（韩光辉撰）、"北京的对外交通"（尹钧科撰）、"城乡关系"（尹钧科撰）、"清代宣南的士人文化"（岳升阳撰）。2003年7月4日，教育部颁发第三届中国高校人文社会科学研究优秀成果奖，侯仁之主编的《北京城市历史地理》(北京燕山出版社,2000年)获得历史学类二等奖。

曹子西："本书从城市历史地理角度对其发展过程和特点做了全面深入的研究,在许多方面都有所创新,突破了前人研究北京城的领域,填补了北京城市发展史的空白。……总之,全书内容丰富,资料翔实,观点新颖,堪称一部全面深入研究北京城发展史的著作。在一定意义上说,此书是对侯仁之院士研究北京城市历史地理的全面总结。我认为,无论从内容或是装饰形式上看,《北京城市历史地理》都是一部优秀图书。"①

——《书缘》一文收于肖东发、杨承运编的《北大学者谈读书》(北京图书馆出版社,2000年)一书。

——与周一良主编的《燕京学报》新八期由北京大学出版社出版。

6月　《人生的回忆》(节录)收于邓九平主编的《中国文化名人·谈人生》中册(大众文艺出版社,2000年)。

11月　与周一良主编的《燕京学报》新九期由北京大学出版社出版。

评介

8月4日　《光明日报》第1版刊发孙明泉的《侯仁之吴良镛等十四名著名学者联名呼吁：立即停止泰山索道扩建工程》。《中国园林》2000年第5期亦刊文报导此事。

10月13日　《光明日报》B3版《经济周刊·理论与实践》刊发《学术界推出北京城市历史地理研究成果》。该文介绍了侯仁之主编的《北京城市历史地理》的出版情况。

12月21日　谭卫平的《轮椅老人,一号嘉宾》刊于《北京青年报》,介绍侯仁之参加莲花池遗址修复仪式的情况。报道称,北京市委书记贾庆林对侯仁之说"我是冲着您老人家专程来的。"

---

① 曹子西：《全面研究北京发展史的著作——评〈北京城市历史地理〉》,载《光明日报》,2001年5月17日。

12月　《领导经典浓缩书·科学技术卷》（北京图书馆出版社，2000年）收录侯仁之的《历史地理学的理论与实践》。

本年　陈梅云的《行舟瀚海探迷踪，一片丹心寄未来——访著名学者侯仁之院士》刊于《规划师》2000年第3期。

> 侯仁之："我不是搞城市规划的，对建筑也是门外汉，但我最大的心愿就是历史地理学的研究能为城市规划服务；从另一个方面来说，我认为如果不了解一个城市的发展过程和特点，就很难做好城市规划工作。"①

——王茵《访侯仁之教授》刊于《老人天地》2000年第2期。

2001年　90岁

背景
5月　国务院批准自2001年起每年5月的第三周为"科技活动周"。

纪事
1月3日　北京大学校领导王德炳、许智宏送来请柬，邀请侯仁之参加19日在理科楼群交流中心举办的春节团拜会。

1月11日　中国地方志指导小组工作人员到北大燕南园拜访侯仁之。侯仁之就新修方志发表了自己的看法。

1月17日　教育部副部长吕福源来北大燕南园看望侯仁之，闵维方陪同。

1月26日　拜访周一良，并合影留念。侯仁之称"留影两幅，永作纪念。最为可惜的是邓懿挚友已先我们早在安息之中"。

---

① 陈梅云：《行舟瀚海探迷踪，一片丹心寄未来——访著名学者侯仁之院士》，载《规划师》2000年第3期。

1月30日　为万宁桥旁新建金锭桥一事致信北京市副市长汪光焘，婉拒题写"金锭桥"名一事。4月，修复万宁桥澄清闸及新建三孔石桥工程竣工，新建石桥上镌刻侯仁之的"金锭桥"题字。

1月　与季羡林、钟敬文、张岱年、林庚等数位90岁左右的老朋友在北京大学勺园七号楼举行"联合祝寿"。

2月6日　致信中国科学院孟辉，感谢其寄赠贺年片及登门造访，并询问补发院士证事宜。

2月13日　燕京大学、北京大学校友学术联谊会在香港成立。侯仁之、郝平、徐苹芳、张大钊、叶惠康等人任联谊会顾问。

2月25日　参加北京市文化发展基金会在北京大学正大国际中心举行的保护中华文化遗产座谈会，与季羡林、宿白、吴良镛、任继愈、郑孝燮、周干峙等人共同发起建立中华文化遗产保护基金。

3月8日　陶宗震寄赠《天安门广场和人民大会堂设计的几个关键问题》（《南方建筑》2001年第1期）一文。

3月15日　在北京大学燕南园家中接受《华夏时报》记者专访，称"一个人如果忘记了过去，就等于没有记忆，没有记忆的人是不完整的人，他的发展方向更无从谈起。对于一个民族而言也是如此，不了解她的文化遗产，就无法继承，也无法发展"。侯仁之同意担任《华夏时报》保护文化遗产公益系列广告形象代言人，同时担任代言人的还有季羡林、任继愈、罗哲文等人。

3月16日　与季羡林会面，并合影留念。

4月21日　出席在燕园贝公楼举行的燕京大学建校82周年返校节活动。另有周一良、李慎之、黄宗江、张定、石文博、卢念高等人参加。

4月23日　为韩陆申请北京市社科规划办公室的世界文化遗产研究课题撰写推荐人意见。

4月29日　出席在北京大学图书馆举行的冯友兰铜像揭幕仪式，与会者还有季羡林、任继愈、何芳川等人。

4月底　应海淀区政协之邀到圆明园、畅春园遗址、大觉寺、凤凰岭等地考察，并为大觉寺题词"西山名刹大觉寺，暮春观花喜不自胜"，为明慧茶院题词

"茶香溢西山"。

5月24日至25日 北京市文史研究馆、通州区政府共同主办北京通州首届运河文化研讨会。侯仁之委托朱祖希发去贺词，并提交论文《古代北京运河的开凿和衰落》。

5月25日 北京大学城市与环境学系面临"一分为三"的困境，侯仁之致信校领导，建议保持城市与环境学系各专业的完整性，城环系与遥感所合并组成学院，并建议在院系重组时重视人文地理学（包括历史地理学）。6月，校领导到侯仁之家中讨论城环系的去留问题。6月26日，侯仁之在此致信校领导，强调城环系单独建院的合理性。

案：2002年，北京大学城市与环境系与环境科学中心合并成立环境学院。2007年5月，环境学院解体，原城市与环境系所属部分另设城市与环境学院。

6月10日 与郑孝燮、张开济、沈勃、邹德慈、刘小石等人在《给江泽民主席，朱镕基总理的信》上签名，对国家大剧院的建造方案提出质疑。

——到成府蒋家胡同的顾颉刚故居及禹贡学会旧址参观，并合影留念。蒋家胡同被整体拆除，而顾颉刚故居则异地重建。

6月23日 《燕京学报》编辑部在北大燕园召开新十期纪念座谈会，征求学术界对复刊后的《燕京学报》的意见。主编侯仁之、周一良抱病出席。会议由丁磐石主持，徐苹芳介绍了学报的编辑出版情况，另有王钟翰、张玮瑛、吴小如、林焘、李慎之、庞朴、楼宇烈、郑必俊、曹道衡、陈高华、顾潮、张定、郭务本等20余人出席座谈会。

6月25日 国务院将徐霞客故居及晴山堂石刻列为第五批全国重点文物保护单位。此前，侯仁之曾致函国家文物局要求将徐霞客故居列为国家级文物保护单位。

6月26日 海淀区政协张宝章、陈芳等人来访，向侯仁之与岳升阳颁发海淀区志编委会学术顾问聘书。《北京市海淀区志》2004年4月由北京出版社出版。

9月10日 《文汇报》记者吴娟就该报刊发未名湖起源的报道致函侯仁之。

9月16日　中国文化书院在北京友谊宾馆友谊宫举行中秋同仁雅聚活动，并举行书院导师侯仁之、何兹全九十寿辰，周一良先生八十八寿辰，张世英、牟小东八十寿辰祝寿活动。

9月22日　燕京大学校友吴蔚然夫妇来北大燕南园拜访，合影留念。

9月29日　祝贺钟敬文百岁华诞寿庆活动在北京大学勺园举行。该活动由侯仁之、季羡林、启功、张岱年、林庚等人共同发起。季羡林、侯仁之、任继愈、于光远、李锐、周巍峙、黄苗子、丁聪、郭预衡等百余人参加。钟敬文因病缺席。

黄宗江："称师兄者，我初上燕京大学时他已经是研究生。我们曾一同参加越野赛，从西校门跑至颐和园再折回未名湖。他获冠军，我居第五名。在我前的三名均是外籍学生，乃有人戏称我为中国学生之亚军，亦殊荣也。日前我和侯兄相遇于钟敬文老人百年庆典。仁之已属米寿，容光仍焕发，惟抱怨手术后已不良于行。我告以在莲花池畔得观日出的际遇，并将作文引其碑语。仁之大悦，我同悦，心向往之，有如当年同越野也。"①

10月4日　侯仁之夫妇与周南、康奉、赵洛、屈月英、赵重清等人参观什刹海金锭桥、万宁桥等地。

10月5日　美国哈佛燕京学社社长杜维明拜访侯仁之夫妇，表示积极支持《燕京学报》的编辑出版。双方谈及司徒雷登骨灰在燕园安置之事。侯仁之赠送杜维明《北京历史地图集》，另有张定、郭务本、屈月英等燕京大学校友参加会晤。

10月19日　与许嘉璐、季羡林等人出席北京大学中国经济研究中心新楼"万众苑"落成启用仪式暨严复翻译《国富论》100周年学术讲座。侯仁之认为"万众苑"的建设在北大燕园校区规划上具有承前启后的意义。

侯仁之："多年来，北京大学在发展的同时，愈益重视对历史文脉的承

---

① 黄宗江：《我的坦白书——黄宗江自述》，中国电影出版社2005年版，第96页。

传和文物古迹的保护。1986年兴建的赛克勒考古艺术博物馆遵循了燕大时期的规划，采用了与燕大建筑相同的建筑式样。数年前，中国经济研究中心利用朗润园的古建筑兴建了'万众苑'，随后中国史研究中心也迁入修复后的朗润园古建筑之中。这些都具有承前启后的意义。"①

10月25日　《光明日报》热心读者奖揭晓，侯仁之等5人获一等奖。美国国家地理学会将2001年度研究与探险委员会主席奖（The NGS Committee for Research and Exploration Chairman's Award）颁给侯仁之。颁奖仪式在北京大学临湖轩举行，美国国家地理学会管理委员会委员玛莎·丘奇（Martha Church）、国家地理频道亚洲董事总经理白桦乐、日本等国驻华使节及北京大学校长许智宏等人出席仪式。玛莎·丘奇向侯仁之颁发证书和两万美元奖励基金。

案： 美国国家地理学会（National Geographic Society, NGS）成立于1888年，总部位于华盛顿，是世界上最大的非营利性科学和教育机构之一，其与21世纪福克斯公司合作的国家地理频道（National Geographic Channel）及其主办的《国家地理》（*National Geographic*）具有世界性影响。研究与探险委员会主席奖是该委员会的最高奖，侯仁之是继南非古生物学家李·伯格尔（Lee Berger）之后第二位获得该奖项的学者。侯仁之曾于1989年获得该学会支持，从事"从找寻历史遗迹、选址和考古价值方面入手，对位于中国北方的两座清朝花园在园林历史和地理方面的重要性进行评价"的研究。玛莎·丘奇在颁发该奖项时称侯仁之是世界级的学者，是"中国最富于创造性的地理学家，他的研究超越了自然科学和社会科学的界限"。

10月26日　为保存顾颉刚故居致信北京大学校长。信件后收于《师道师说（侯仁之卷）》（东方出版社，2013年）。

---

① 侯仁之：《北京大学燕园校区在规划上继往开来》，载《光明日报》，2006年2月18日。

——燕京大学北京校友会组织谢国振、周舜莘追思会。侯仁之夫妇与康奉、魏鸣一、陈金淼、刘文兰、蒋彦振、郭务本、卢念高、夏自强等校友出席。侯仁之在会上做长篇发言。另，与会者在会上得悉10月23日周一良在京病逝的消息。

10月29日 上海古籍出版社编辑周宁霞题赠《徐霞客家庭悲剧——解析一个累世谜团》增补稿。该文后收于其论文集《徐霞客论稿》（上海古籍出版社，2004年）。

10月 与张岱年、季羡林等76人联名发表《中华文化复兴宣言——为促进新世纪中华民族伟大复兴和世界和平与发展而奋斗》。此事为民间人士李伯淳在1999年9月发起的"中华文化复兴系列活动"之一，宣言即由李伯淳执笔。

11月13日 在燕南园接受《中国国家地理》杂志的采访。

12月3日 庆贺侯仁之先生九十华诞暨从教六十五周年活动在北京大学英杰交流中心举行。同时，北京大学图书馆举办庆贺侯仁之教授九十华诞暨从教六十五周年学术成果展。侯仁之、张玮瑛夫妇出席。

案： 全国人大副委员长丁石孙，教育部副部长赵沁平，国家自然科学基金委员会主任陈佳洱，北京大学党委书记王德炳，国际地理联合会副主席、中国科学院院士刘昌明，中国地理学会副理事长、中国科学院地理与资源研究所所长刘纪远等到会祝贺。全国政协副主席罗豪才、北京市市长刘淇、中国科学院院长路甬祥、科技部部长徐冠华、北京市副市长汪光焘等发来贺信、贺词。吴传钧院士代表到会的中国科学院院士致贺词。轲犁、夏自强、都启明、卢念高、丁磐石等燕京大学校友到会祝贺。到会嘉宾及北大师生约300余人。此前，北大校方拟邀请北京市市长刘淇及副市长林文漪、汪光焘、刘敬民等出席该活动。

郑孝燮的《恭贺侯仁之教授院士九十华诞》： "青松千尺仰侯门，院士虚怀赤子心。都鄙有章知大道，纵横史地古为今。"[①]

燕京大学北京校友会敬赠中堂联： "学林泰斗，燕山青松。"

---

① 郑孝燮：《留住我国建筑文化的记忆》，中国建筑工业出版社2007年版，第336页。

曾昭璇的《敬祝侯仁之院士九十大寿（2001）》："史地名家中外知，常忆年青受教时。野外调查应重视，博览群书在钻研。建国新风从此立，国际交流重礼仪。五十年来功业盛，敬写新诗颂我师。"[①]

12月4日 出席第一届海峡两岸"大学的校园"学术研讨会，并做题为《北京大学校园本部在规划建设上的继往开来》的发言。

案：此次会议为北京大学祝贺侯仁之教授九十大寿活动之一，借纪念侯仁之九十大寿之机探讨校园文化。在建筑师沈祖海的资助下，台湾学者参加该会。此前，台湾大学欲邀请侯仁之前往讲学，未能成行。侯仁之的发言论述了北京大学校园本部的地理位置和发展过程、诸园相继发展变化的主要特点以及当前北大校园本部在规划建设中的水源问题。

12月20日 莲花池公园举行开园仪式。侯仁之、郑孝燮为仪式揭幕。贾庆林、龙新民、汪光焘等北京市、丰台区领导出席。此前，北京市委书记贾庆林于11月27日陪同万里视察了莲花池公园的恢复改造情况。

12月29日 与吴蔚然、方圻、张金哲等燕京大学校友聚会。

著述

4月16日 写成《莲花池畔再论古代西湖与北京城址的演变》，后收于《晚晴集：侯仁之九十年代自选集》（新世界出版社，2001年）。

4月 燕京研究院编、侯仁之主编的《燕京大学人物志》第一辑由北京大学出版社出版。该书卷首为侯仁之的《我从燕京大学来（代序）》、夏自强的《燕京大学概述》。全书收录从燕京大学毕业的中国科学院院士、工程院院士、中国科学院哲学社会科学学部委员、烈士、教职工和建校之初到1932年入学的学生。

——侯仁之主编的《北京览胜丛书》由北京美术摄影出版社出版。该丛书介

[①] 曾宪中等合编：《曾昭璇教授诗集》，国际炎黄文化出版社（香港）2002年版，第89—90页。

绍了北京的河道桥梁、四合院胡同、圆明园、故宫、颐和园、明十三陵、长城、自然博物馆、钟鼓楼、石经山和云居寺、北海、大观园等风景名胜。

5月　王毓蔺编的《侯仁之学术文化随笔》由中国青年出版社出版。该书纳入"二十世纪中国学术文化随笔大系"第三辑，该书分学科理论篇、城市规划篇、环境变迁篇、献芹建言篇、教泽流长篇。

——《顾炎武——把地理研究作为政治斗争工具的启蒙运动思想家》收于《侯仁之学术文化随笔》（中国青年出版社，2001年）。该文选自《中国古代地理学简史》（科学出版社，1962年），后又收于《历史地理学的视野》（生活·读书·新知三联书店，2009年）。

——与周一良主编的《燕京学报》新十期由北京大学出版社出版。

9月　《晚晴集：侯仁之九十年代自选集》由新世界出版社列入"名家心语丛书"出版。该书由"燕园追踪记、燕园回忆录、海淀镇的起源和发展、历史上北京城址的起源与转移、海峡两岸学术文化交流"5部分构成。

11月　与周一良主编的《燕京学报》新十一期由北京大学出版社出版。

本年　《古代北京运河的开凿和衰落》刊于《北京规划建设》2001年第4期。该文是为参加北京文史馆、通州区政府联合举办的北京通州首届运河文化研讨会整理旧作而成。该文又刊于《北京文史》2001年第2期。

——黎先耀主编、侯仁之等人选编的《校园漫步》一书由经济日报出版社出版。

评介

1月　于希贤撰的《侯仁之》收于《中国科学技术专家传略·理学编·地学卷（二）》（中国科学技术协会编，刘东生主编，中国科学技术出版社，2001年）。文章称"在地理学的领域里，研究和继承中国优秀的文化传统，是侯仁之长期努力的方向"，并认为侯仁之是"城市历史地理研究领域的开拓者""沙漠历史地理考察的先驱"。

3月　燕京大学北京校友会编印的《燕大校友通讯》第31期《特别转载》刊载《"轮椅老人"参观莲花池》及王元敬、屈月英的《给侯仁之先生拜年》。

4月　李传琇所撰的《侯仁之小传》收于侯仁之主编的《燕京大学人物志》第一辑（北京大学出版社，2001年）。

8月　汤家厚的《"春随香草千年艳"——访著名历史地理学专家侯仁之院士》刊于徐霞客研究会、江阴市人民政府编的《徐霞客研究》第八辑（学苑出版社，2001年）。

10月　姜振寰主编的《世界科技人名辞典》（广东教育出版社，2001年）收录"侯仁之"。

11月8日　《光明日报》B1版《教育周刊》刊发《让大学生聆听大师的教诲，在北京圆明园学院已成为一项惯例》。该文介绍了北京圆明园学院师生拜访侯仁之、姜伯驹的情况。

12月3日　王丹主编的《天地——侯仁之院士九十华诞特刊》由北京大学城市与环境学系内部印行。北京大学党委书记王德炳为特刊题词"一代宗师，才当曹斗。教书育人，名覆金瓯"。北京大学校长许智宏为特刊题词"培养英才结满天桃李，研究科学涉古今天地"。

案：特刊分为"学术历程、师生情谊、深爱城环、喜贺寿辰"4部分，收录《侯仁之院士主要著作、论文和获奖情况》、胡兆量的《好之者不如乐之者》、陈静生的《难忘的情怀》、周一星的《侯先生决定了我一生的一件"小事"》等。其中，陈静生提到他"毕业后留系任教，且不久担任系秘书之一，成为仁之师的助手，与他朝夕相处近4载"。周一星提及他1960年与侯仁之到宁夏河东沙区考察，"文革"期间与侯仁之在江西鲤鱼洲一起打柴的经历。

12月4日　《中国教育报》第1版介绍侯仁之九十华诞暨从教65周年纪念活动。

——《科学界共庆侯仁之九十华诞》刊于《科技日报》。

——《侯仁之：夕阳虽晚仍思扬鞭——北大昨为侯老贺90华诞》刊于《北京晨报》。

12月6日　《万宁桥上老人乐——为九旬长者侯仁之教授暖寿》刊于《人民

日报》（海外版）。

12月24日至25日　中央电视台《东方之子》栏目播出关于侯仁之的专题片。

12月31日　赵慧兰的《六十五载史地情：记历史地理学家、中国科学院院士侯仁之教授》刊于《中国档案报》。

12月　尹钧科、韩光辉的《侯仁之先生对北京城市历史地理研究的重大贡献》刊于《中国历史地理论丛》2001年第4期。文章认为侯仁之在北京城市历史地理研究上的贡献主要体现在：（1）为北京城市水源的开发和利用；（2）北京城原始城址的起源与城市的发展；（3）古代北京城市规划设计的特点和北京旧城改造的原则与经验；（4）主编了《北京历史地图集》。

> **尹钧科、韩光辉：**"自北京城为中华人民共和国首都以迄于今，就研究北京城的历史与地理来说，侯仁之先生涉猎范围之广，造诣之深，撰著之丰，影响之大，无人能望其项背。他是新中国北京史研究的奠基者。"①

——王均的《传承科学思想推动学术创新——庆贺导师侯仁之先生九十华诞》刊于《中国历史地理论丛》2001年第4期。

——朱士光的《中国现代历史地理学理论的奠基者：侯仁之院士——为恭贺吾师侯仁之先生九十华诞而作》刊于《中国历史地理论丛》2001年第4期。

——刘晶撰文、徐建摄影、北京大学城市与环境学系历史地理中心供图的《侯仁之：他把地理引入了历史》刊于《中国国家地理》2001年第12期。

本年　《关于新修地方志若干问题的谈话——访侯仁之先生》刊于《中国地方志》2001年第4期。

——朱祖希的《从莲花池到后门桥——访历史地理学家、中科院院士、北京大学教授侯仁之先生》刊于《北京规划建设》2001年第1期。

——高岚的《侯仁之：从"囚犯"到院士》刊于《国际人才交流》2001年第

---

① 尹钧科、韩光辉：《侯仁之先生对北京城市历史地理研究的重大贡献》，载《中国历史地理论丛》2001年第4期。

5期。

传承
本年　招收王毓蔺为硕士研究生。

<h2 style="text-align:center">2002年　91岁</h2>

背景
1月　国家全面启动退耕还林工程。
12月27日　南水北调工程开工。

纪事
1月10日　民俗学家、北京师范大学教授钟敬文去世。侯仁之敬献挽联"身老志壮耘民俗，流年自可数期颐"。
1月18日　建设部部长汪光焘致信侯仁之，请其为《北京历史文化名城的保护与发展》一书作序。

汪光焘："北京历史文化名城保护与发展的启示，来自1985年您在全国市长班的讲演，当时我是徐州市副市长。1998年我调任北京市副市长，您交给我的一项重要任务，就是要保护北京历史文化名城，首先是保护和恢复莲花池、后门桥等古城精华。正由于您的建议、意见被贾庆林同志重视，并责成我做好工作，北京历史文脉的继承，时代进步的发展，有了重要显现。这里还凝聚了专家、学者和广大参与工作同志们的心血。我愿这些成果的总结，为今后北京历史文化名城保护与发展提供信心，提供基础，让北京这一世界著名的古都放射出更加艳丽的光芒，让北京百姓，让中国人民为古老北京焕发新春而骄傲。"[1]

---

[1]　汪光焘：《北京历史文化名城的保护与发展》，新华出版社2002年版，第7页。

1月　北京新圆明职业学院学生拜访侯仁之、张玮瑛夫妇。侯仁之曾任该院顾问，并前往讲学。

2月1日　中国科学院院士、燕京大学及潞河中学校友黄昆获得"国家最高科学技术奖"。随后，燕大校友会、潞河校友会组织庆贺会，侯仁之出席并做即席发言。

2月4日　吴小如应侯仁之邀请为未名湖南岸文水陂所撰的《文水陂记》写毕。文水陂碑阳面刻侯仁之手书"文水陂"3字，阴面刻吴小如撰文并手书的《文水陂记》全文。

案：据吴小如《文水陂记》称"吾师侯仁之先生，方北大百年校庆之际即属意于此。选取其地而命之名，实倡议于先生。先生既题名于其地，又嘱余记之。因略陈原委如上。公元二零零二年岁在壬午立春日吴小如撰并书"。1998年5月，为北大百年校庆而兴建的北大图书馆新馆落成。侯仁之建议在图书馆与未名湖之间修建花园，以《勺园修禊图》中的文水陂命名。

2月　曾昭璇寄赠《曾昭璇教授诗集》（曾宪中等合编，国际炎黄文化出版社，2002年）。

3月20日　北京市副市长刘敬民主持的《北京历史文化名城保护规划》专家论证会在新大都饭店召开，侯仁之、吴良镛、郑孝燮、李准、王景慧、傅熹年、宣祥鎏、柯焕章、王世仁、阮仪三等专家对规划进行评议。此前，北京市规划院、市规划委、市文物局于1月21日确定侯仁之、吴良镛、傅熹年、郑孝燮、阮仪三等12人为专家论证会专家。在评议中，侯仁之、王景慧、段天顺提出"北京城市中轴线非常重要，在北中轴线上特别要注意北二环北节点与钟鼓楼节点的关系。北二环北节点不应建造太高的建筑，应以钟鼓楼为主"、"从后门桥开始到前三门护城河的御河在元代就是大运河的起点，应考虑将御河全线恢复"等意见。4月2日，北京市市长刘淇主持市政府常务会，原则通过《北京历史文化名城保护规划》。

3月21日　回信同意担任北京市文化发展基金会特邀理事。

4月11日　《人民日报》海外版编辑傅振国就刊发《名利与我如浮云》一文致函侯仁之。

4月20日　参加在燕园贝公楼礼堂举行的燕京大学返校节活动，庆祝燕京大学成都复校60周年。侯仁之、郝平、张定、石文博、陈永龄、林孟熹连同约700位燕京大学校友参加。同时，校友大会通过燕京大学北京校友会第八届理事会名单，侯仁之、黄华、费孝通、龚普生、黄昆、侯祥麟、王钟翰、吴阶平、叶笃义等9人当选名誉会长，雷洁琼任会长。

5月6日　北京大学图书馆举办北大名师（部分）专柜展览，展出蔡元培、马寅初、胡适、冯友兰、陈翰笙、朱光潜、游国恩、魏建功、叶企孙、王力、江泽涵、冯定、雷洁琼、邓广铭、费孝通、季羡林、王竹溪、侯仁之、董申保、黄昆、黄楠森、许渊冲、王选等23人的历史照片、著作、手稿及实物等。

5月9日　国家重点出版工程《续修四库全书》出版座谈会在人民大会堂安徽厅举行，侯仁之因故缺席，委托徐苹芳做书面发言。

案：中共中央政治局常委、全国政协主席李瑞环、全国人大常委会副委员长许嘉璐、新闻出版总署署长石宗源等出席座谈会。《续修四库全书》工作委员会主任宋木文及任继愈、戴逸、杨义等在会上发言。此后侯仁之的书面发言稿与任继愈、戴逸、杨义的讲话刊于《中国图书评论》2002年第6期。侯仁之称"《续修四库全书》是二十世纪末对我国古籍的一次科学的总结性的大整理，必将对我国人文社会科学的发展做出贡献"。

5月14日　侯仁之、张玮瑛夫妇在北京市文物局、宣武区政协等单位领导的陪同下考察金中都城鱼藻池遗址（青年湖）。

5月27日　文化部、财政部印发《中华再造善本工程实施方案》，国家重点文化工程"中华再造善本工程"正式启动。侯仁之、任继愈、季羡林、启功、李学勤、朱家溍、宿白等人担任编纂出版委员会学术顾问。

侯仁之："中国有五千年文明史。浩瀚的文化典籍，作为最好的载体，

正谱 | 675

见证着中华民族的历史。这也是我们今天建设社会主义精神文明、构建和谐社会的基础，是中华民族的根。我见证过中国几十年学术、文化的发展，像今天这样，由政府拨付巨资用于古籍的影印出版，用以保护古籍，保护民族文化遗产，弘扬祖国优秀传统文化，我还是第一次经历。这显示了中华民族的振兴，显示了中国日益强大的国力，值得我们为她自豪，并为她倾注全力。"①

5月30日　题赠《晚晴集：侯仁之九十年代自选集》（新世界出版社，2001年）给首都博物馆副馆长王武钰。

6月1日　作家陈光中拜访侯仁之，开始撰写侯仁之传记。

6月5日　由欧阳中石书写的中关村纪念碑在中关村大街北端落成。

　　案：2001年7月23日，11位政协委员呼吁寻找中关村原址，正名立碑，以此纪念中关村科技园区的建立。此后，海淀区政协倡议树立中关村碑，向侯仁之征求意见。侯仁之委托岳升阳进行调查，调查结果参见《由地图看中关村的变迁》（见王珍明主编的《中关村》，侯仁之任该书总顾问）一文。

6月18日　北京大学环境学院成立大会在办公楼礼堂举行。该学院由原城市与环境学系（地理系）主体与北大环境中心合并组成，江家驷任院长。5月28日，写有20位院士签名的联名信递交给北京大学校长，建议重组后的环境学院定名为"地理与环境学院"。11月26日，北京大学环境学院成立庆祝大会在北京大学召开。教育部副部长章新胜、全国人大环资委主任曲格平及陈佳洱、刘东生、傅伯杰等知名学者出席。

　　案：北京大学环境学院下设城市与区域规划系、环境工程系、环境科学系、生态学系、资源与环境地理系、历史地理研究所。历史地理研究所为系级单位。

---

① 国家图书馆编：《文明的守望——中华再造善本工程巡礼》，北京图书馆出版社2006年版，第43页。

8月11日至15日　由天津师范大学、中国地理学会历史地理专业委员会、天津市地理学会举办的2002年中国历史地理国际学术讨论会在天津召开。

9月7日　与张开济、吴良镛、郑孝燮、谢辰生、宿白等25人联署《紧急呼吁——北京历史文化名城保护告急》信，递交国家领导人，强烈呼吁立即停止二环路以内所有成片的拆迁工作，迅速按照保护北京城区总体规划格局和风格的要求，修改北京历史文化名城保护规划。

9月13日　美国汉学家舒衡哲题赠《张申府访谈录》（北京图书馆出版社，2001年）一书。

9月23日　侯仁之、张玮瑛夫妇出席燕京大学北京校友会为纪念赖朴吾诞辰而在燕园未名湖畔赖朴吾墓地举行的祭扫追思活动。出席者还有魏鸣一、石文博、卢念高、蒋彦振、刘文兰、张定等人。

9月24日　北京市古迹保护委员会在市文物局召开《北京历史文化名城保护规划》座谈会。侯仁之与吴良镛主持会议，另有张开济、郑孝燮、罗哲文、徐苹芳、李准、刘小石、王世仁、王金鲁等委员与会。

10月12日　庆贺季羡林先生九十二华诞暨人文教育主题茶话会在北大勺园举行，周汝昌、杨叔子、金开诚、厉以宁、叶朗、郭预衡、陈祖芬等人出席。季羡林婉拒侯仁之、张岱年、林庚等人亲自前来祝寿。于是，侯仁之写信祝贺。

10月23日　出席庆祝北京大学图书馆建馆100周年大会。教育部副部长袁贵仁、文化部副部长赵维绥、新闻出版总署副署长柳斌杰、国家图书馆馆长任继愈、国家自然科学基金委主任陈佳洱以及季羡林等著名学者共同出席。

10月31日　由中国文史出版社推出的《四库全书精编》首发式在全国政协礼堂举行。侯仁之、季羡林、启功、张岱年、金开诚等人任丛书顾问任继愈为丛书题写书名。

11月3日　由人民日报社文化事业中心、北京大运河翰林文化开发中心主办，中央美术学院、北京画院等单位联合创作的国画《京门九衢图》完成。侯仁之、费孝通、罗哲文、欧阳中石、刘炳森、韩美林、张仃、史树青、柴泽民等人参与创作。

11月22日至24日　中国地理学会2002年学术年会在北京师范大学举行。会议

正谱 | 677

由中国地理学会、北京师范大学、中国科学院地理科学与资源研究所、北京大学地理科学中心、首都师范大学资源环境与旅游学院主办，侯仁之、任美锷、吴传钧、陈述彭、施雅风、孙鸿烈、李吉均、程国栋、刘昌明、郑度、陈吉余、王颖等人组成会议学术指导委员会。

本年　与许智宏、李文华、阳含熙、匡廷云、孙枢、杨福愉、张树政、田波、张广学、张新时、陈宜瑜、章申、李振声、孙鸿烈、梁栋材、吴曼、李家洋、刘东生、王思敬、翟中和、汤鸿霄等中国科学院、中国工程院的院士联名呼吁加大对自然保护区资金投入的支持力度，建议"将保护区经费投入纳入国家预算计划，保障保护区建设与运行的基本费用"。

——用为郝平的《无奈的结局——司徒雷登与中国》作序的稿酬1500元资助《燕大校友通讯》编印。

——北京市西城区天恒置业集团拟拆除位于什刹海的西城区文物保护单位三官庙。侯仁之、单士元、吴良镛、郑孝燮、罗哲文、朱自煊、郑光中等人建议北京市政府对该古建筑进行保留。

著述

2月1日　《名利于我如浮云》刊于《人民日报》（海外版）第2版。

> 侯仁之："在我85岁的时候，我曾用'老牛自知黄昏晚，不待扬鞭自奋蹄'的话来自励。现在，常常是想'奋蹄'的时候奋不了'蹄'。我应该感谢我的亲朋友好，特别是我的夫人玮瑛，数十年来相濡以沫，扶我走过风风雨雨，特别是到了老景，帮我战胜疾病，鼓励我继续工作，以至于我虽不能'奋蹄'，但还可以慢慢地'走'路。我还要平淡充实地继续工作下去。"[1]

2月26日　为郝平的《无奈的结局——司徒雷登与中国》（北京大学出版

---

[1] 侯仁之：《名利于我如浮云》，载《人民日报》（海外版），2002年2月1日。

社，2002年）作序。

  郝平："关于司徒雷登的评价，侯老特别指出几点：一是司徒雷登对教育的贡献，他在担任燕京大学校长的二十七年间，注重人才培养，重金聘请许多国内外著名教授，使得燕大在国内外高等教育领域享有盛誉；其二，司徒雷登在抗日战争期间，支持、保护学生进行反法西斯斗争，为燕大师生逃离日占区，奔赴大后方和抗日根据地提供种种掩护和方便，甚至还因此被日本宪兵队拘留，关进监狱长达三年之久，深受学校师生的拥护和爱戴。第三，司徒雷登在1946年以后担任驻美大使，执行当时美国政府的对华政策，支持蒋介石内战；但当国民政府被迫迁往广州，要求各国使领馆一同南迁时，司徒雷登却坚持留在南京，积极与中国共产党代表联络，主张美国政府应及时承认中国共产党政权。侯老提醒说，以上三方面，应该实事求是，客观评价。……侯老还介绍我前去拜访了雷洁琼和黄华两位极为重要的历史当事人。"[①]

2月 为汪光焘的《北京历史文化名城的保护与发展》（新华出版社，2002年）作序。

4月 主编的《燕京大学人物志》第二辑由北京大学出版社出版。该书收录索引、1933年以后历年入学的学生名单和后记等。

5月 主编的《燕京学报》新十二期由北京大学出版社出版。

  案：本年4月4日，在时任北京大学副校长郝平的建议下，《燕京学报》编辑部与北京大学中国古代史研究中心商定合作开展学术活动。

7月30日 写成《北京建都记》一文，后刊于《建筑创作》2003年第12期。

8月 《紫禁城与北京中轴线——中国紫禁城学会第二次学术讨论会开幕式

[①] 郝平：《静水流深 星斗其人——为侯仁之先生百岁寿辰而作》，载《光明日报》，2013年12月1日。

讲话》刊于于倬云、朱诚如主编的《中国紫禁城学会论文集》第2辑（紫禁城出版社，2002年）。

11月　主编的《燕京学报》新十三期由北京大学出版社出版。

评介

1月　唐晓峰的《北京大学举行"祝贺侯仁之先生90华诞暨从教65周年大会"》刊于《地理学报》2002年第1期。

2月28日　《人民日报》第6版刊登杨雪梅的《应保留这样的学术遗址（记者来信）》。

> **杨雪梅：**"北大著名教授侯仁之先生多次讲，蒋家胡同3号是中国历史地理学的根。复旦大学的谭其骧先生也曾主张在蒋家胡同3号的大门口挂一牌子，上书'禹贡学会筹备处'几个大字。北京大学的历史地理系一直想以这一处院落为基地，成立一个'历史地理学研究中心'，将顾先生开创的历史地理学发扬光大。"[1]

2月　王毓蔺的《侯仁之院士对历史地理学研究的贡献》刊于中国科学院编的《2002科学发展报告》（科学出版社，2002年）。

3月19日　中共北京市委宣传部主办的《北京宣传信息：办好北京奥运建议专刊》第3期刊登《侯仁之先生关于保护金中都宫城遗址开辟"鱼藻池公园"的建议》。

5月16日　《新华每日电讯》第7版《家园》刊发王军的《不懂城市的历史怎能爱城：九旬院士侯仁之拄杖重踏金中都遗址》。

> **王军：**"在北京西二环东侧，一位白发苍苍的老者坐在轮椅上，注视着身旁呼啸的车流。在他身下4米，是800多年前金中都皇宫雄伟的大安殿遗址，

---

[1]　杨雪梅：《应保留这样的学术遗址（记者来信）》，载《人民日报》，2002年2月28日。

而在他前方的大道，正穿过这片宫城的中央。他倔强地站起身来，手持拐杖轻走几步。此时，天雨飘散，洗净周围一片葱绿。有着3000多年建城史的北京所历经的沧海桑田，在这一刻得到了最为真实的诠释。拄杖而行的老者，91岁的历史地理学家侯仁之院士，就这样把人们带入了历史的画境。"①

5月　邓辉的《论侯仁之历史地理学的"环境变迁"思想》刊于《北京大学学报》（哲学社会科学版）2002年第39卷第3期。

邓辉："侯仁之是中国现代历史地理学的重要开创者之一，他率先打破了传统沿革地理学的束缚，他在城市历史地理学的研究中独树一帜，他开辟了'沙漠历史地理'研究的新方向，在理论和实践两个方面为中国历史地理学的发展做出了突出贡献。侯仁之一贯重视野外实地考察，强调历史地理学与考古学、历史学、生态学、地貌学、孢粉学、遥感科学的综合交叉，他的研究工作跨越了自然科学与社会科学两大领域，而'环境变迁'思想始终贯穿于他的历史地理学理论与实践活动中，从而构成了中国历史地理学研究领域中的一个极富特色、极具发展潜力的研究方向。"②

5月　王德仁的《侯仁之：擦不去的》收于牛群摄影、钱江晚报供稿的《走进中国100个院士的家》（浙江教育出版社，2002年）。同年10月，牛群摄影、中国对外翻译出版公司翻译的《中国院士（中英文本）》（现代出版社，2002年）也收录"侯仁之"。

6月18日　王军的《侯仁之：眷恋古都遗址》刊于《人民日报》第12版《大地·文化纵横》。

9月12日　《民国山东通志》（山东文献杂志社，2002年）出版，张书学所

---

① 王军：《不懂城市的历史怎能爱城：九旬院士侯仁之拄杖重踏金中都遗址》，载《新华每日电讯》，2002年5月16日。
② 邓辉：《论侯仁之历史地理学的"环境变迁"思想》，载《北京大学学报》（哲学社会科学版）2002年第3期。

撰该书卷三十《著述志》介绍了侯仁之、邹豹君、张印堂3位山东籍地理学家的著述。

9月26日　普权的《生活宜宽容大度　工作忌一暴十寒——著名地理学家侯仁之先生谈养生》刊于《健康时报》第7版。

9月　唐晓峰撰的《侯仁之》一文刊于《20世纪中国学术大典·地理学》（吴传钧主编，福建教育出版社，2002年）。

——《庆贺侯仁之先生90华诞暨从教65周年》刊于中国地质学会徐霞客研究分会、江阴市人民政府编的《徐霞客研究》第9辑（学苑出版社，2002年）。

10月　钱文藻、何仁甫主编的《中国世纪专家·两院院士（中国科学院院士）》（人民日报出版社，2002年）收录"侯仁之"。

11月　《庆祝侯仁之90华诞》收于北京市教育委员会编的《北京教育年鉴2002》（开明出版社，2002年）。

12月　陈芳的《历史深处探宝　现实书就辉煌——记著名历史地理学家侯仁之先生》刊于中国人民政治协商会议北京市海淀区委员会编的《海淀文史资料选编》第12辑。多年之前，金开诚建议陈芳采访侯仁之。该文后以《记著名历史地理学家侯仁之》为题收于北京市政协文史资料委员会编的《北京文史资料》第67辑（北京出版社，2004年），又收于王珍明主编的《海淀文史精选集萃》（开明出版社，2006年）。

——叶祖孚的《红楼作证——侯仁之重返日本宪兵队监狱旧址记》收于北京市政协文史资料委员会编的《叶祖孚文史散文集》（北京出版社，2002年）。

本年　吴燕、张雪的《流金岁月——聆听侯仁之先生的故事》刊于《燕大校友通讯》2002年第35期。

——王静燕的《侯仁之先生对北京史的研究》刊于《首都师范大学学报》（社会科学版）第1期。

——朱祖希的《侯仁之先生九十华诞》刊于《北京联合大学学报》2002年第1期。

——朱祖希的《保护北京城的"生命印记"——记侯仁之教授》刊于《北京观察》第3期。

——吴志菲的《中国历史地理学先驱侯仁之》刊于《传记文学》2002年第5期。

——吴志菲的《情系京都：中国史地学先驱侯仁之》刊于《人物》2002年第11期。

——吴志菲的《磨砺·探索·创新——走近中国史地学泰斗侯仁之》刊于《中国建设信息》2002年第12期。

2003年　92岁

背景

春　全国多地发生非典型肺炎重大疫情。

12月26日　中共中央、国务院发布《关于进一步加强人才工作的决定》，强调实施人才强国战略是党和国家一项重大而紧迫的任务。

纪事

1月16日　北京皇城艺术馆工作人员拜访侯仁之。侯仁之为该馆题字"研究探索北京皇城历史"。

1月　北京市东城区相关部门领导拜访侯仁之，介绍"玉河北段风貌修护工程"设计构想，以及菖蒲河公园、皇城根遗址公园等历史风貌保护项目的基本情况。侯仁之表示："这些历史水系恢复后，北京城的血脉就通了，北京就有了灵气。在北京城中，明清时期的特征比较多，后门桥水系是典型的元代特征，与南锣鼓巷风貌保护区配合在一起，会为北京古都增色。"

4月19日　吴祖光遗体告别仪式在八宝山革命公墓举行。侯仁之、贺敬之、英若诚、黄宗英等人送花圈。

6月4日　复信山西省建设文化强省规划研究中心，同意担任《黄河文化论坛》学术顾问，并同意"以《黄河文化》序作为《黄河文化论坛》代序"。

7月22日　带领北京大学历史地理专业学生到北京植物园、梁启超墓考察，并对植物园的山林归属发表看法，表示"愿意上书市政府，落实国务院总体规

划,后山林应该归属北京植物园"。此后,侯仁之又应邀去北京植物园考察。

8月19日　在北京大学燕南园家中为中国科学院学部联合办公室全体党员、群众介绍自己的人生历程。

9月20日　为在北京会议中心举行的纪念北京建都850周年国际学术研讨会发去贺信。同日,北京建都纪念阙揭幕仪式在宣武区滨河公园内金中都大安殿遗址上举行。2002年7月30日侯仁之所撰《北京建都记》雕刻于纪念阙基座上。

> 案：1153年,金海陵王迁都燕京,改称中都,开启北京作为都城的历史。为纪念此事,侯仁之、吴良镛、戴逸、徐苹芳等人联名倡议发起纪念活动。北京市政府响应倡议,主办北京市纪念北京建都850周年系列活动,内容包括纪念活动、文化活动、宣传活动、学术研讨活动等。

9月22日　沙漠古都统万城学术研讨会在陕西省靖边县召开。侯仁之题词"一千五百多年前由北方游牧民族和汉民族共同修筑的统万城,是民族文化的丰碑,也是当地生态环境变迁的历史见证,值得认真地开展研究"刊登于《中国历史地理论丛》专辑《走向世界的沙漠古都——统万城》。

9月23日　与夫人张玮瑛祭扫燕园未名湖畔赖朴吾墓碑,并合影留念。

12月5日　时任北京大学副校长何芳川、郝平前往燕南园祝贺侯仁之92岁寿辰。

12月26日　侯仁之、张广学、匡廷云、洪德元、金鉴明、肖培根、陈俊愉、孟兆祯、冯宗伟、王文采、张新时等11位两院院士致信胡锦涛,建议恢复国家植物园。

著述

1月　侯仁之、张玮瑛的《世纪初的祝语》刊于周启锐编的《载物集：周一良先生的学术与人生》(清华大学出版社,2003年)。

2月　由侯仁之主编,什刹海研究会、什刹海景区管理处编的《什刹海志》由北京出版社推出。该书纳入"什刹海丛书",书中收录2002年7月15日侯仁之

所作的序。

3月19日　《侯仁之先生关于保护金中都宫城遗址，开辟"鱼藻池公园"的建议》刊于中共北京市委宣传部主办的《北京宣传信息》（办好北京奥运会建议专刊）第3期。中共北京市委书记刘淇等领导做出批示。

5月　主编的《燕京学报》新十四期由北京大学出版社出版。

7月30日　写成《重觅石渠记》，后刊于《师道师说（侯仁之卷）》（东方出版社，2013年）。

9月　尹钧科选编的《侯仁之讲北京》由北京出版社出版。该书选编了有关卢沟桥、什刹海、天安门广场、元大都城垣遗址公园等主题的文章。2005年再版，纳入"北京通丛书"。

11月　主编的《燕京学报》新十五期由北京大学出版社出版。

本年　《我从燕京大学来》刊于《中国测绘》2003年第4期。

评介

1月　《侯仁之："冲破束缚"法》收于李佐贤、吕振海编著的《读书学习的金钥匙》（中国统计出版社，2003年）。

2月　北京大学历史地理研究中心编的《侯仁之师九十寿辰纪念文集》由学苑出版社出版。该书收录朱士光、韩光辉、唐晓峰、尹钧科、韩茂莉、司徒尚纪等人的论文多篇。该论文集为庆贺侯仁之九十岁寿辰而编辑，部分侯仁之的学生"汇集大家的历史地理研究新作，编辑一册贺寿纪念文集，以示学术的薪火相传。文集不造声势，力避浮词，以学术为本，谨谢先生教诲指路之恩"。

5月　程道德主编的《二十世纪北京大学著名学者手迹》（北京图书馆出版社，2003年）出版，收录侯仁之手迹。

本年　朱士光的《开拓统万城研究新领域的一次考察》刊于《陕西林业》2003年第3期。该文又以《开拓统万城研究新领域的一次考察——记侯仁之教授1964年夏率历史地理考察小组对毛乌素沙漠和统万城遗址的考察》为题收于《中国历史地理论丛》专辑《走向世界的沙漠古都——统万城》（2003年6月）。

——余玮的《一位与北京城结下不解之缘的老前辈——侯仁之》刊于《北京规划建设》2003年第3期。

——吴志菲的《中国史地学先驱侯仁之其人》刊于《科学24小时》2003年第C1期。

——王厉子的《管窥侯仁之教授的精神世界》刊于《中关村》2003年第1期。

——唐晓峰的《侯仁之与顾颉刚》刊于《群言》2003年第11期。

——《侯仁之：北京城市规划设计奠基人》刊于《中华英才》2003年第12期。

——陆乐的《穿过历史的烟尘——访历史地理学家侯仁之》刊于《今日中国》（中文版）2003年第12期。

2004年　93岁

背景

1月5日　中共中央下发《关于进一步繁荣发展哲学社会科学的意见》。

3月10日　中央人口资源环境工作座谈会召开。

纪事

1月19日　北京市文物局制定圆明园遗址保护专家指导委员会名单。侯仁之任主任委员，吴良镛、张柏、李准任副主任委员，张开济、郑孝燮、罗哲文、徐苹芳等7人任委员。

1月26日　学生黄国俊致信侯仁之，谈及自己的情况以及1941年燕京大学被封之后的经历。此前，侯仁之从前来拜访的张金哲夫妇处得知黄国俊近况，乃与之重建联系。

年初　北京市社会科学院副院长兼史志研究中心主任陆奇到燕南园拜访侯仁之，请教《中国现代方志学》一书的编写问题。侯仁之听取有关整体思路、编撰大纲的汇报后，提出3点意见。

2月9日　与季羡林、张岱年、吴良镛等人联名致信国务院办公厅、中国奥申委、北京市政府、国家文物局、北京市文物局、北京大学等有关部门，呼吁保留

清代园林建筑治贝子园，建议奥运乒乓球馆建设避开此地。

2月16日 为北京大学环境学院硕博连读研究生王毓蔺的博士生指标问题致信研究生院院长张国有。

4月3日 北京市什刹海研究会理事会举行换届工作会议。侯仁之、吴良镛、张开济、郑孝燮、周南被聘为第二届理事会名誉会长。

4月16日 侯仁之、张玮瑛出席北京大学图书馆的北京历史地理数据库开通仪式。

案：北京历史地理数据库是由北京大学图书馆与香港大学图书馆联合北京大学历史地理研究所开发的研究型专题数据库，汇集文字、地图、图片、影像资料于一体。2003年10月，侯仁之为该专题数据库题写库名。

4月24日 与黄华、周南、张金哲、许智宏等人出席在北京大学办公楼礼堂举行的燕京大学建校85周年纪念活动。当日，燕京大学北京校友会、燕京研究院等机构在临湖轩举行纪念傅泾波座谈会。侯仁之、雷洁琼、黄华、吴阶平对此事表示关注。

案：傅泾波（1900—1988），北京人，社会活动家，长期担任司徒雷登的私人顾问。洪业称："我们学生中有个傅泾波，是个很英俊、聪明伶俐的人。他的爱国心是无可置疑的，他祖上在朝廷内务府里掌管事务，耳濡目染，做人方面学得非常圆滑，处处让人服帖。他一进校马上就赢得司徒雷登的信任，后来司徒雷登与傅泾波便形影不离了。司徒雷登做美国驻华大使后，傅泾波是大使馆里唯一的中国机要秘书。司徒雷登晚年残废了，便与傅家同住，他一家人照顾司徒雷登无微不至。傅泾波有个特殊的本领，无论在任何政治局势下的重要人物，他都有办法接近。……他成为司徒雷登的左右手，与政府当局人员打交道尤其更缺不了他。"[1]1949年6月3日，中共中央

---

① [美]陈毓贤：《洪业传》，商务印书馆2013年版，第139页。

正谱 | 687

指示"可同意司徒带傅泾波飞美,当其提出申请并完成手续后,即予许可,并由南京市人民政府发给傅泾波以个人名义的出国护照"①。

5月11日　英国利物浦大学地理和规划学系教授、国际过去全球变化项目(IGBP PAGES Project)执行主任欧菲尔德(Frank Oldfield)到燕南园拜访侯仁之。

5月21日至23日　中国地理学会第九次全国会员代表大会暨中国地理学会成立95周年庆祝大会在天津召开。会议期间,召开了中国地理学会九届一次全体理事会议和中国地理学会九届一次常务理事会议,选举陆大道为本届理事会理事长,并聘请任美锷、吴传钧、陈述彭、施雅风、侯仁之为中国地理学会第九届理事会名誉理事长。此前,经中国地理学会八届十四次常务理事会议酝酿,决定授予陈尔寿、陈吉余、陈述彭、侯仁之、黄锡畴、任美锷、施雅风、吴传钧、曾昭璇、朱震达等十位地理学家该奖项。此次会上颁发了第一届"中国地理科学成就奖"。

7月6日　北京郑和下西洋研究会成立。该会由北京大学、中国太平洋学会、中国高科技产业化研究会海洋分会、中国未来研究会战略研究分会等单位发起成立,侯仁之是发起人之一。

7月20日　拜访万里同志,赠送《晚晴集》等著作。

8月5日至8日　由中国地理学会历史地理专业委员会、陕西师范大学西北历史环境与经济社会发展研究中心等单位联合主办的西部历史环境与文明的演进——2004年历史地理国际学术研讨会在乌鲁木齐市召开。葛剑雄在闭幕词中对侯仁之等历届主任委员的工作表示感谢。

8月31日　北京市什刹海研究会领导看望侯仁之,聘请侯仁之继续担任丛书编委会主任。

9月1日　考察永定门复建施工现场,登上了复建总体竣工的永定门城楼。

9月23日　参加燕京大学北京校友在燕园未名湖畔赖朴吾墓碑旁举行的祭扫

---

① 中共中央文献研究室、中央档案馆编:《建党以来重要文献选编(一九二一——一九四九)》第二十六册,中央文献出版社2011年版,第438页。

活动。另有林孟熹、张定、轲犁、石文博、蒋彦振等人出席。

9月30日 北京地理学会邀请侯仁之担任北京地理学会组织的"现代北京地理科普丛书·奥运北京系列"丛书指导委员会主任。

9月 为北京大学中国经济研究中心成立十周年题写贺词"守真创新，经世济民"。

——北京大学图书馆主办的亚洲史地文献研究中心成立。该中心以侯仁之的个人收藏为核心，建设北京历史地理数据库、"仁之玮瑛藏书"特色库，进行司徒雷登书信整理，并开展亚洲史地研究、学科建设和人员培训。该中心由北京大学特色资源中心、城市与环境学院的有关人员组成。

10月18日 出席由中国圆明园学会、圆明园管理处联合召开的纪念圆明园罹劫144周年暨圆明园发展研讨会。另有王灿炽、王晓秋、李孝聪、郭黛姮、秦国经、王道成、周维权等专家出席。与会者对侯仁之提出的"恢复原来水系，是遗址公园整治工作的重中之重"的建议表示赞同。

10月18日至20日 中国城市规划研究院举行建院50周年庆祝活动。侯仁之、吴良镛、储传亨、曹洪涛、陈为邦、郑孝燮等知名专家参加庆祝会。

11月25日 北京市什刹海研究会新一届丛书编辑委员会会议在十月大厦举行。侯仁之缺席会议，但仍被选为编委会主任。会议还通过了《什刹海的人物》编辑部组成人员名单，由侯仁之任主编。

12月22日 出席小提琴家刘育熙专场新年音乐会。

12月 出席北京大学教职工艺术团教授合唱团举办的纪念建团五周年新年音乐会。

本年 侯仁之与吴良镛等人联名致信给国家文物局，提出《关于将江阴市'刘氏兄弟故居'升格为国家重点文物保护单位并在原地扩建刘氏兄弟纪念馆的紧急建议》。

——罗哲文、郑孝燮等人到燕南园拜访侯仁之并合影留念。

著述

1月6日 写成《学如逆水行舟，不进则退》，初收于《师道师说（侯仁之

卷）》（东方出版社，2013年）。

2月 《高山仰止》（千古奇人徐霞客纪念展系列）刊于中国地质学会徐霞客研究分会、江阴市人民政府编的《徐霞客研究》第11辑（学苑出版社，2004年）。

5月8日 写成《〈中国古代地理名著选读〉再版后记》，初收于《中国古代地理名著选读》（学苑出版社，2005年）重印本，后收于《师道师说（侯仁之卷）》（东方出版社，2013年）。

5月 主编的《燕京学报》新十六期由北京大学出版社出版。

6月 为北京市规划委员会、北京市城市规划设计研究院、北京东易和文化交流中心组织编纂的《北京历史文化名城系列丛书》（北京出版社，2005年）撰写序言。

7月 《明清北京城》收于袁行霈主编的《中华文明之光》下册（北京大学出版社，2004年）。

11月 主编的《燕京学报》新十七期由北京大学出版社出版。

12月14日 为陈平、王世仁主编的《东华图志——北京东城史迹录》（北京市东城区文化委员会编著，天津古籍出版社，2005年）作序，称"我对历史悠久、文化辉煌的古都北京，怀有深厚感情。因此，对于《东华图志》的编辑出版，感到十分高兴"。

本年 侯仁之口述、梅辰整理的访问记《我的历史地理学之路》刊于《纵横》2004年第7期。

评介

1月 《侯仁之：告别"步芳斋"》收于侯艺兵编著的《院士书情》（上海教育出版社，2004年），后又收于侯艺兵编著的《院士怎样读书》（上海教育出版社，2006年、2012年）。

3月 北京大学电视台《美丽人生》栏目播出王丹青、黄凯撰稿，何琳主持，王颖采访的《风风雨雨总关情——访北大著名学者侯仁之先生》。

5月 中央宣传部宣教局等单位编写的《科学人生：50位中国科学家的风

采》（学习出版社，2004年）收录《坐听涛声到黄昏——著名历史地理学家、中国科学院院士侯仁之》。同年，北京电视台《世纪之约》栏目制作的DVD录像片《科学人生：50位中国科学家的风采》由学习音像出版社出版。该片由中共中央宣传部宣教局主编，收录侯仁之、陈省身、钱学森、唐有祺、张光斗、吴阶平、庄逢甘、周光召、许靖华、吴文俊、袁隆平、戚发轫、杨振宁等科学家的视频资料。

——沈建中摄影、撰文的《文化中国：二十世纪中国文化影像集》（广西民族出版社，2004年）收录"侯仁之"。

7月2日　吴志菲的《侯仁之：申报世界遗产的首位发起人》刊于《中国民族报》第7版《人物》。

12月9日　陈芳的《莲花池畔再造京门》刊于《人民政协报》的《春秋周刊》。

本年　孟庆远整理的《庐州古城话神州——与侯仁之教授一席谈》刊于《徜徉在历史长河中：孟庆远历史小品集》（中国青年出版社，2004年）。

——朱祖希的《侯仁之与永定河》刊于《北京观察》2004年第6期。

——吴伉伉的《侯仁之中国申报世界遗产的发起人》《侯仁之档案》刊于《国际人才交流》2004年第11期。

——吴志菲的《"北京史巨擘"——侯仁之》刊于《绿色中国》2004年第7期。

——吴志菲的《"我要将平生所学奉献给祖国"——记中科院院士侯仁之》刊于《今日科技》2004年第11期。

——王洪波、陈保的《侯仁之："知识分子不能光啃书本"》刊于《中国教工》2004年第4期。

传承

本年　招收王毓蔺为博士研究生。

2005年　94岁

背景

4月26日　时任国民党主席连战率团访问大陆。

9月3日　纪念中国人民抗日战争暨世界反法西斯战争胜利60周年大会在人民大会堂举行。

纪事

2月9日　时任建设部部长汪光焘前来拜年。侯仁之嘱托凉水河治理之事。

2月14日　顾颉刚之女顾潮寄来一张顾颉刚照片。

4月29日　时任国民党主席连战访问北京大学，发表演讲并参观校园。此前，侯仁之指导设计连战访问校园的参观路线。

4月　题写"正道沧桑"四字，落款为"乙酉年桃月书于京城，侯仁之"。

5月18日　在"侯仁之历史地理学术基金"章程上签字。该基金是在侯仁之所获何梁何利奖奖金的基础上所设，用于资助全国范围内历史地理研究专著成果的出版。基金管理委员会由侯馥兴任主任和法人代表。

5月　重回母校通州区潞河中学，在仁之楼前合影留念。潞河中学赠送题写"学界泰斗，嘉惠莘莘后学；爱校痴心，永驻馨馨校园"的纪念牌。本年冬，侯仁之为潞河中学捐资建设图书馆"仁之书屋"。

6月16日　由北京市规划委员会、北京东易和文化交流中心等联合主持编撰的《历史文化名城北京》系列丛书出版座谈会在前门举行。侯仁之出席座谈会并为丛书揭彩。

8月16日至17日　2005年全球华人地理学家大会在北京大学举行。会议由中国地理学会、北京大学、中国科学院地理科学与资源研究所主办，陆大道、许智宏任大会主席，侯仁之、安芷生、蔡运龙、陈国彦、陈吉余、陈述彭、陈运泰、冯长根、程国栋、傅伯杰、顾朝林等人组成大会学术指导委员会。

8月5日　时任文化部副部长、故宫博物院院长郑欣淼致信侯仁之，邀其参加

10月10日召开的中国明清宫廷建筑国际学术讨论会。

8月13日　接待原北大中文系办公室主任张兴根、柳哲及《新京报》记者李立强一行,帮忙鉴定一件五四时期的宣传品。

8月26日　侯仁之夫妇出席在燕园临湖轩举行的欢迎夏仁德之子夏亨利访华恳谈会,另有中国国际友人研究会名誉会长黄华及凌青、张芝联、张定等燕大校友30余人出席,会后祭扫位于未名湖畔的夏仁德墓地。

9月23日　侯仁之夫妇到未名湖畔祭扫赖朴吾、夏仁德墓地。另有张定、轲犁、夏自强、蒋彦永等燕大校友参加。

9月28日　北京市什刹海研究会有关人员看望侯仁之,致以国庆节问候。

10月18日　侯仁之夫妇出席燕京大学北京校友会在燕园临湖轩举行的欢迎林孟熹等海外校友回国的聚会,听取恢复杭州司徒雷登故居的介绍。

11月30日　位于长椿寺的宣南文化博物馆正式对外开放。侯仁之为宣南历史文化展览题字"宣南史迹,源远流长。周封蓟城,金建中都。古都北京,始于斯地"。

11月　与季羡林、郑孝燮、徐苹芳等人联名倡议加快处理大高玄殿、孚王府等7处著名文物保护建筑的腾退修缮问题。

12月6日　在北京大学图书馆举行陈光中的《侯仁之》(生活·读书·新知三联书店,2005年)新书发布会。侯仁之夫妇出席发布会,并在图书馆特藏阅览室合影留念。北大图书馆将学士论文《靳辅治河始末》复制本作为生日礼物赠予侯仁之。

12月15日　与罗哲文、郑孝燮、朱炳仁联名致信大运河沿线城市的市长,呼吁加强大运河的保护与申遗。

12月21日　全国政协文史和学习委员会副主任刘济民代表委员会前来探望,表示对侯仁之95岁寿辰的祝贺。

12月22日　中国保护世界遗产走过20年纪念座谈会在全国政协礼堂召开。时任全国政协副主席周铁农为当年联名提案加入世界遗产公约的阳含熙、郑孝燮、罗哲文等委员颁发政协会徽铜盘。侯仁之之子侯方兴代为出席。

12月23日　侯仁之夫妇在由媒体人士刘瑞升发起的"重走霞客路"旗帜上

签名。

12月　侯仁之夫妇给郑孝燮寄赠新年贺卡。

本年　侯仁之、陈述彭、刘济舟、梁应辰等两院院士致函中国航海日组委会领导小组，表示完全赞同设立中国航海节。此前的2004年全国"两会"期间，张富生、刘德洪等数十名全国人大代表、政协委员分别向人大和政协提出了关于设立航海节的建议案和提案。

著述

1月　由侯仁之任资深顾问的《中国城市大典》（人民日报出版社，2005年）出版。该书由蒋正华任总顾问，另有汪光焘、周干峙、赵宝江、罗哲文、郑孝燮等人任资深顾问，罗亚蒙任执行主编。

3月　法国《拉鲁斯百科全书》中文版由华夏出版社出版。侯仁之与于光远、许嘉璐、吴阶平、路甬祥、于友先、季羡林、汤一介、吴志攀、李学勤、柳鸣九、曹先擢等30余位专家学者受聘为该书的学术顾问。

——《北京大学校园本部在规划建设上的继往开来》刊于岳庆平、吕斌主编的《首届海峡两岸大学的校园学术研讨会论文集》（北京大学出版社，2005年）

> 案：该文是侯仁之在海峡两岸大学的校园学术研讨会上的发言，2002年3月15日修改定稿，7月30日再次修改最后定稿，后又收入侯馥兴选编的《师道师说（侯仁之卷）》（东方出版社，2013年）。

5月　《择校不如投师，投师要投名师》刊于中国科学院院士工作局编的《科学的道路》下卷（上海教育出版社，2005年）。

——主编的《燕京学报》新十八期由北京大学出版社出版。

11月　主编的《燕京学报》新十九期由北京大学出版社出版。

评介

1月　《中国历史地理学的开创者——历史地理学家侯仁之》收于宁业高主

编的《科学大师的成才故事（中国卷）》（安徽少年儿童出版社，2005年）。

——《修身养性活100岁》（靳全生编，北京出版社，2005年）收录《像大山和大海一样宽容——中国现代历史地理学奠基者侯仁之》。

——《晚晴在心，扬鞭奋蹄——访著名历史地理学家侯仁之先生》收于梅辰《人文大家访谈录》（中国文联出版社）。

——刘国红、周逊等编的《青年必读——青年百科知识文库（地理学·地质学）》（远方出版社，2005年）收录"侯仁之"。

2月4日 联宣的《是他考证出了北京城肇始之地》刊于《人民政协报》。

6月 邹新炎的《侯仁之：开创历史地理学新领域》刊于中国科学院院士工作局等编《科学改变人生：中国科学院院士心路》（光明日报出版社，2005年）。

7月 黄晓红的《侯仁之对历史地理学的贡献》刊于李根良的《中国著名地理学家的学术贡献——暨经济地理学论文集》（中华国际出版社，2005年）。

11月 汪一鸣的《宁夏人地关系演化研究》（宁夏人民出版社，2005年）收入《侯仁之与宁夏》。

——苏宝敦编著的《风景这边独好：文学作品集》（中国人事出版社，2005年）收入《侯仁之院士风采》。

12月6日 《侯仁之：跑上人生巅峰》刊于《北京青年报》。

12月7日 邢宇皓、王玮的《侯仁之：九十五高寿忆情缘》刊于《光明日报》第2版《教科文卫》。

——《个人长篇传记问世 侯仁之95岁寿辰喜获佚文》刊于《京华时报》。

——《侯仁之出传庆九五寿辰》刊于《北京青年报》第A26版。

——尧华的《侯仁之北大风度推动十载两岸情》载于北京大学新闻网。

12月9日 卜昌伟的《侯仁之："申遗"第一人》刊于《人民日报》第11版。

12月12日 《长篇传记〈侯仁之〉出版》刊于《光明日报》第6版《书评·每周阅读》。

12月 陈光中的《侯仁之》由生活·读书·新知三联书店出版。该书是关于侯仁之的第一部长篇传记。

案：该书分"人生之始""走进燕园""投师名门""从历史迈向地理""国难当头""身陷囹圄""远赴英伦""重返燕园""开拓新学""重新开始学术研究""钟情北京"等篇章，较为系统地介绍了侯仁之的生平履历。2007年5月，该书在第八届全国铁路文学奖评选中获得报告文学类一等奖。2017年10月，该书的修订本《走读侯仁之》（修订本）由当代中国出版社出版。

本年 张兴根的《扎根燕园耕耘不休——贺侯仁之教授九十三华诞》刊于《高校后勤研究》2005年第2期。

——吴志菲的《侯仁之：从日寇囚犯到资深院士》刊于《名人传记》2005年第2期。

——雷泽的《两院院士"北京史巨擘"侯仁之院士》刊于《中华儿女》2005年第11期。

——《侯仁之、阳含熙、郑孝燮和罗哲文等获授政协会徽纪念牌》刊于《风景园林》2005年第4期。

2006年　95岁

背景

1月26日　中共中央、国务院做出《关于实施科技规划纲要增强自主创新能力的决定》。

5月20日　三峡大坝全线建成。

纪事

1月4日　北京市什刹海研究会有关领导走访侯仁之。

1月26日　罗哲文、郑孝燮等人前往北京大学燕南园拜访侯仁之。

2月16日　燕京大学北京校友会在燕园临湖轩举行校友林孟熹追思会。张定转达雷洁琼、黄华、侯仁之对林孟熹逝世的哀悼。

4月22日　燕京大学建校87周年校友返校聚会在燕园贝公楼举行。雷洁琼会长与黄华、侯仁之等名誉会长因行动不便而缺席。常务副会长蔡公期受上述诸人委托向校友致意。

5月　侯仁之、张玮瑛夫妇游览北京西郊戒台寺。

6月7日、16日　北京大学图书馆采访部、特藏部工作人员到燕南园接受侯仁之夫妇捐赠的图书（包括地图、期刊和资料等）3401册（件）。该年12月，北京大学图书馆给侯仁之颁发捐赠纪念状，称"承赐所藏，曷胜感激。所赠图籍，已实馆藏。嘉惠学林，功莫大焉。盛德厚谊，载录铭膺"。

6月10日　时值我国首个"文化遗产日"和圆明园罹难146周年，中国圆明园学会组织《圆明园散落文物回归圆明园遗址倡议书》联名签署活动。侯仁之、张开济、周干峙、张文彬、冯其庸、戴逸、谢凝高等人在倡议书上签名。

6月　韩茂莉的《草原与田园：辽金时期西辽河流域农牧业与环境》由生活·读书·新知三联书店出版。侯仁之为该书出版撰写的推荐意见刊于封底。

7月5日　北京大学原副校长何芳川的遗体告别仪式在北京八宝山革命公墓礼堂举行。侯仁之与季羡林等人送来花圈。

8月　侯仁之、吴良镛、罗哲文、谢辰生等在京专家联合南京的蒋赞初、潘谷西、叶兆言等人联名向温家宝总理及建设部、国家文物局提交《关于保留南京历史旧城区的紧急呼吁书》。[①]10月，侯仁之又与傅熹年、郑孝燮、宿白、徐苹芳、罗哲文、谢辰生等人联名上书国务院，紧急呼吁保护南京市"老城南"，温家宝总理对此做出批示。

9月21日至23日　中国城市规划年会暨中国城市规划学会成立50周年庆典在广州召开。侯仁之、吴良镛、李德华、曹洪涛、郑孝燮、储传亨、赵士修、宋春华、胡序威获得中国城市规划学会的最高奖励"突出贡献奖"（后改名为"终身成就奖"）。

9月　中国书店第37期大众收藏书刊资料拍卖会举行。1990年11月侯仁之致潘云唐的书札成为拍卖品。

---

① 蒋赞初：《蒋赞初卷》（江苏社科名家文库），江苏人民出版社2015年版，第13页。

11月17日至19日　中国地理学会历史地理专业委员会委托暨南大学历史地理研究中心承办的南方开发与中外交通——2006年中国历史地理国际学术研讨会在广州召开。

11月　民政部在北京召开《千年古县》试点片筹拍座谈会，讨论《千年古县》试点片的拍摄工作。侯仁之、季羡林、郑孝燮、任继愈、金开诚、文怀沙、罗哲文、李学勤等人任首席专家。

> 案：《千年古县》是联合国地名专家组、民政部共同实施的国家重点文化"走出去"战略项目"中国地名文化遗产保护工程"的重点项目之一。2004年8月，民政部地名研究所启动《千年古县》评审工作。侯仁之在听取关于《千年古县》的意见后表示"这是我晚年最高兴的一件事"。

12月6日　由北京大学历史地理研究中心主办的侯仁之先生九十五华诞暨从教七十年庆贺会在北京大学图书馆举行。侯仁之、张玮瑛出席活动，北京大学常务副校长林建华代表北京大学向侯仁之先生九十五华诞表示祝贺。庆祝会上，北大图书馆将1936年的毕业论文《靳辅治河始末》复制件赠予侯仁之。

12月13日　在北京大学第二届师德建设工作会议暨首届"蔡元培奖"颁奖大会上，被授予首届"蔡元培奖"。该奖是北京大学的最高教师荣誉。同时获奖的还有季羡林、徐光宪、曲绵域、王夔、韩济生、厉以宁、王阳元、袁行霈、林毅夫等。

著述

2月14日　写成《北京大学燕园校区在规划上继往开来》，后刊于2月18日的《光明日报》第3版。当日报纸头版刊登《北大：文物保护与环境整治相携而行——就未名湖北岸环境整治工作引来误解，季羡林侯仁之出面澄清》。

2月　《不要让徐霞客早逝的历史遗憾再现——在中国徐霞客研究会成立暨学术交流会上的发言》刊于中国地质学会徐霞客研究分会、江阴市人民政府编的《徐霞客研究》第13辑（学苑出版社，2006年）。

5月　主编的《燕京学报》新二十期由北京大学出版社出版。

10月　与邓辉主编的《中国北方干旱半干旱地区历史时期环境变迁研究文集》由商务印书馆出版。

> 案：该书由"2001年美国国家地理学会研究与探索委员会主席奖"资助，共收录侯仁之、王北辰、朱士光、唐晓峰、韩光辉、李并成、邓辉等14位作者的49篇论文。

10月　为段柄仁主编的《北京胡同志》作序。序言称"北京市地方志编委会办公室主持编纂的《北京胡同志》就要出版了，这是有关北京研究的一项重大成果，是北京文化建设的一件大事，我对此感到非常高兴，并表示衷心的祝贺"。该序后收于《北京胡同志》上册（北京出版社，2007年）。

11月　主编的《燕京学报》新二十一期由北京大学出版社出版。

本年　张必忠编的《什刹海的桥》（当代中国出版社，2006年）收入《侯仁之谈万宁桥》。

评介

1月　冯晓玲的《益寿养生全书》（花城出版社，2006年）收入《地理学家侯仁之谈养生》。

2月18日　《季羡林侯仁之支持北大拆除"校中村"》刊于《北京青年报》。

2月　《祝贺侯仁老九十五华诞》刊于中国地质学会徐霞客研究分会、江阴市人民政府编的《徐霞客研究》第13辑（学苑出版社，2006年）。

——陈光中的《侯仁之四方奔走为古都》刊于中国地质学会徐霞客研究分会、江阴市人民政府编的《徐霞客研究》第13辑（学苑出版社，2006年）。

4月3日　《中国申遗第一人》刊于《中国青年报》。

4月7日　吴志菲的《侯仁之——中华申遗第一人》刊于《济宁日报》。

5月　陈永中的《侯仁之与盐池》刊于政协盐池县委员会编、陈其昌主编的《盐池纪事：盐池文史资料选编（下）》（宁夏人民出版社，2006年）。

6月9日　尹欣的《中国"申遗"第一人》刊于《解放日报》。

7月　《往事珍影：北京西城老同志回忆》（中共党史出版社，2006年）收入赵重清的《侯仁之与万宁桥的修复》。

8月20日　《北京晚报》副刊《名家》刊登长篇报道《解读北京的起源》，介绍记者对侯仁之的采访。

9月8日　尧华的《一日之师，一生之师——偶访侯仁之》载于北京大学新闻网。北大新闻网从网上摘编的《信息周刊》刊载了《一生情寄北京城——访地理历史学家侯仁之》一文，文中多有纰漏。于是，侯仁之约尧华在燕南园面谈。

9月26日　赵中枢的《城市规划要尊重历史环境——访中国城市规划学会资深会员、中国科学院院士侯仁之》刊于《中国建设报》。

11月　李维民主编的《中国人物年鉴（2006）》（中国人物年鉴社，2006年）收录"侯仁之"，记载其举行95岁寿辰纪念活动及传记出版。

12月7日　《中国"申遗"第一人侯仁之贺95大寿》刊于《天津日报》。

12月14日　《光明日报》第1版《要闻》刊发王庆环的《北大颁发首届"蔡元培奖"，季羡林侯仁之等十位著名学者获奖》。

12月　北京大学历史地理研究中心编的《有情君未老：侯仁之九十五华诞影集》由北京大学出版社出版。

案：该影集分生活、工作、友谊三大类，卷前有郝斌11月所作序言，书末附有侯馥兴整理的《侯仁之年谱简编》及唐晓峰11月4日所写后记。

——中国科学院院士工作局主编的《中国科学院院士画册·地学部》由山东教育出版社出版。书中收入侯仁之生平简介及多幅照片。

——刘德龙等编的《山东籍的当代文化名人（上卷）》（山东人民出版社，2006年）介绍了侯仁之的生平简历及主要成就。

本年　朱祖希的《侯仁之先生和他的北京情结》刊于《北京观察》2006年第11期。

——陈光中的《侯仁之：中国"申遗"第一人》刊于《书摘》2006年第3期。

——雷泽的《"北京史巨擘"侯仁之院士》刊于《新华文摘》2006年第3期。

——蒹葭的《"当代地理学的世界级领导人物"——侯仁之》刊于《少儿科技》2006年第6期。

——崔普权的《无欲则刚，有容乃寿——侯仁之教授健康感悟》刊于《养生大世界》2006年第11期。

——吴志菲的《侯仁之：从日寇囚犯到资深院士》刊于《高中生之友》2006年第24期。

2007年　96岁

背景

6月3日　国务院印发《中国应对气候变化国家方案》。

10月15日　中国共产党第十七次全国代表大会在北京召开。

纪事

2月9日　就东方广场古人类活动遗址问题拜访贾兰坡。

2月12日　国家人事部副部长王晓初探望侯仁之。

2月16日　北京市委常委、教育工委书记朱善璐代表北京市委、市政府看望侯仁之。

5月　北京大学决定将环境学院改组，原城市与环境学系（地理系）改为城市与环境学院。历史地理研究所仍为院属系级单位。

7月25日　中国城市科学研究会第五次全国会员代表大会在天津召开。会议通过修改后的《中国城市科学研究会章程》，选举建设部副部长仇保兴任新一届理事会理事长，推举万里、李瑞环任第五届理事会名誉会长。侯仁之、李锡铭、周干峙、吴良镛、曹洪涛、储传亨、郑孝燮、张德江、潘岳、李京文等16人任顾问。

9月10日　北京大学校领导吴志攀、杨河到校医院看望侯仁之，致以教师节问候。

11月25日 在校医院接受记者张音、卫巍的采访。采访记后以《侯仁之：有这样一种感动》为题被纳入蒋宗凤主编的《赤霞长歌：北京大学离休干部访谈录》（北京大学出版社，2009年）之中。

12月 生日前夕在北京大学校医院接受樊克宁的采访。

樊克宁："侯先生示意护工小宁从抽屉中取出两张纸，上面记录着女儿写的，向父亲汇报她近期正在做的三件事情。第一件是三联书店出版《侯仁之学术著作精品集》，两册共100万字，其中第一册是《关于北京》，第二册是《历史地理学的理论：城市历史地理、沙漠历史地理、环境变迁》。第二件是北京大学图书馆和台湾大学图书馆正筹备编辑图文集《侯仁之与图书馆》、《侯仁之与书》、《侯仁之与燕园未名湖》。第三件事，北京大学出版社准备再版《燕园史话》、《历史地理学的理论与实践》。"①

案：接受记者采访时提及的三件事，第一件事即生活·读书·新知三联书店2009年出版的三卷本侯仁之文集，包括《北京城的生命印记》《历史地理学的视野》《我从燕京大学来》。第二件事，当为郝斌等编辑、林光美主编的《回眸侯仁之》一书［大统图书股份有限公司（台北），2008年］。第三件事，《燕园史话》得以再版，《历史地理学的理论与实践》未能再版。

本年 卢嘉锡任总主编的《中国科学技术史》基本完工，由科学出版社陆续出版。侯仁之、王大珩、王振铎、白寿彝、孙枢、孙鸿烈、师昌绪、吴文俊、杜石然、张含英、武衡、周光召、柯俊、胡道静、俞伟超、席泽宗、涂光炽、袁翰青、徐苹芳、钱三强、钱伟长、钱临照、梁家勉、黄汲清、曾世英、路甬祥、谭其骧等人任该书顾问。

---

① 樊克宁：《侯仁之：一个守望大地的人》，见《呆在原地：与世纪学人面对面》，广东人民出版社2013年版，第57—58页。

著述

1月　署名"侯仁之等著"的《名家眼中的圆明园》由文化艺术出版社出版。书中收入侯仁之的《圆明园》一文。

3月　《陆平校长留我在北大》一文收于《陆平纪念文集》（北京大学出版社，2007年）。

5月　主编的《燕京学报》新二十二期由北京大学出版社出版。

6月26日　《怀念邓文如师》刊于《光明日报》第12版《读书·每周阅读》。

11月　主编的《燕京学报》新二十三期由北京大学出版社出版。

本年　《侯仁之教授致郑孝燮的信》刊于《北京观察》2007年第10期。

评介

1月20日　陈光中的《侯仁之：一生钟情北京城》刊于《中国改革报》。

1月29日　陈光中的《侯仁之：讲北京写北京，奔走呼吁护北京》刊于《新华每日电讯》。

5月17日　凤凰卫视的《凤凰大视野》栏目播出关于侯仁之的专题片《生命的光芒——桑榆晚晴》。

6月9日　尹欣的《侯仁之：中国"申遗"第一人》刊于《中山日报》。

11月12日　曾涛的《"我一生都在研究北京城"——侯仁之访谈录》刊于《北京日报》第19版《理论周刊》。曾涛作为北京电视台《世纪之约》节目主持人，曾于2003年采访侯仁之，访谈以《访地理历史学家侯仁之：一生情寄北京城》为题，分《侯仁之的人生历程》《一生情系北京城》两集播出。

12月12日　樊克宁的《侯仁之：守望大地的学者》刊于《羊城晚报》。

本年　《中国现代历史地理学的奠基者和开拓者——侯仁之》收于《中国科技概览》（林伟杰编著，中国民艺出版社，2007年）。

——朱祖希的《历史地理学巨擘侯仁之：试论侯仁之先生对地理科学的贡献》刊于《北京联合大学学报》（人文社科版）2007年第5卷第1期。

——丁超的《经世致用——侯仁之学术生涯的思想基调》刊于《中国历史地理论丛》2007年第1期。

——张雷、唐晓峰的《"侯仁之先生九十五华诞暨从教七十年庆贺会"在北大举行》刊于《中国历史地理论丛》2007年第1期。

——尹钧科的《高山仰止景行行止——侯仁之教授的学术人生》刊于《北京社会科学》2007年第1期。

——陈赐贵的《101岁的北京人侯仁之》刊于《中国国家旅游》2011年第1期。

——《侯仁之：北京史巨擘》刊于《新华月报》2007年第2期。

——《领跑历史地理学的侯仁之》刊于《大学》2007年第2期。

——撷芗的《燕园，父亲永久的家园——记父亲侯仁之》刊于《群言》2007年第3期。

——孟兰英的《侯仁之：中国"申遗"第一人》刊于《东北之窗》2007年第3期。

——士方（邹士方）的《老而弥坚侯仁之》刊于《海内与海外》2007年第5期。

——徐征的《侯仁之的历史地理学情结》刊于《纵横》2007年第5期。

2008年　97岁

背景

5月12日　四川汶川发生特大地震。

8月8日至24日　第二十九届夏季奥运会在北京召开。

纪事

1月6日　郑孝燮、侯仁之、吴良镛、罗哲文、张忠培、宿白、傅熹年、徐苹芳、黄景略、金冲及、常沙娜、谢辰生等12人联名致信胡锦涛、温家宝，肯定《南京军区营区文物保护管理暂行办法》的颁布实施。2月18日，中国人民解放军总后勤部致函侯仁之、谢辰生等12位专家，祝贺新春并谈及完善军事管理区文物保护管理办法机制问题。

4月　北京大学出版社编辑高秀芹、丁超为重新增订出版《燕园史话》之事到校医院拜访侯仁之。

7月4日　侯仁之、张玮瑛夫妇在北大原副校长郝斌、北大图书馆原馆长林被甸、北大副秘书长赵为民以及著名学者汤一介、乐黛云的陪同下，在北京大学未名湖与季羡林会面。

9月10日　海淀区政协领导彭兴业、王洪秀一行来北京大学探望侯仁之、张玮瑛夫妇。

10月25日至27日　中国地理学会历史地理专业委员会委托武汉大学历史地理研究所主办的荆楚历史地理与长江中游开发——2008年中国历史地理国际学术研讨会在武汉召开。

10月　北京郑和下西洋研究会举行换届选举，并更名为北京郑和与海洋文化研究会。侯仁之、张序三、高占祥、郁明等人受聘为名誉理事长。

著述

5月　主编的《燕京学报》新二十四期由北京大学出版社出版。

11月　主编的《燕京学报》新二十五期由北京大学出版社出版。

12月6日　郝斌等编辑的《回眸侯仁之》[大统图书股份有限公司（台北），2008年]收录《唯有书香传后人》。该文由侯仁之的草稿整理而成，后收入《师道师说（侯仁之卷）》（东方出版社，2013年），又见于《文史参考》2012年第21期。

12月　与岳升阳主编的《北京宣南历史地图集》由学苑出版社出版。

案：该图集为2007年北京市哲学社会科学"十一五"规划重点项目，由中共北京市宣武区宣传部、北京市宣武区档案馆、北京大学城市与环境学院合作完成。全书包括60余图幅，标绘会馆400余座、名人故居300余座、新闻出版机构近千家、民国商业单位400余个、寺庙200余座，并配有文字介绍。2010年9月18日，《北京宣南历史地图集》获得中国测绘学会颁发的2010年度裴秀奖铜奖。2011年3月10日，《北京宣南历史地图集》获国家新闻出版总署第二届中国出版政府奖提名奖。

黄宗汉："后来我又跟侯老提出来，我说《北京历史地图集》里边就有宣武区，您不是说这是北京历史的源头么，关于宣南文化有这么几种说法：源头说、缩影说、精华说，源头说就是侯老首倡的，既然这么重要，能不能把这个部分单独提出来，再适当地加以扩充、细化，出个宣南历史地图集？侯老同意了。这事决定下来以后，侯老就责成岳升阳牵头干这个事，干了好几年，干成了。岳升阳让我写序，他说这个序得你写，我说不行，我能给侯老主编的书写序吗？那成何体统啊？他说就你写合适，我说实在不行的话，首先提出宣南文化命题的是刘敬民，就找刘副市长写行不行？他这几天正鼓捣奥运会，等奥运会完了让他写。岳升阳说不行，不要做官的写。我说我大小也是个官，就是官小，七品芝麻官。他们还是坚持不找做官的，就说我写合适，我难死了，我不是给别人写，我得给自己找一个合适的位置，为我的师爷写序。还总算写完了。"①

7月　北京市规划委员会、北京市测绘设计研究院编制的《新北京·新奥运地图集》由中国地图出版社出版。侯仁之、陈述彭任地图集科学顾问。

评介

1月　《名人成长记录》编写组编的《科学巨子的成长记录（励志珍藏版）》（陕西旅游出版社，2008年）出版，收入《侯仁之——中国历史地理学的开创者》。

——刘国生编著的《从北大走出的史学家》（内蒙古文化出版社，2008年）收录"侯仁之"。

——许力以、周谊主编的《百科知识数字辞典》（青岛出版社，2008年）收录"侯仁之"。

4月1日　杨森翔的《向沙漠进军——1960年侯仁之宁夏河东沙区考察回忆》刊于《吴忠日报》第13版。该文详细回忆了1960年侯仁之带领的中国科学院治沙小分队在宁夏河东沙区之行。

---

① 定宜庄等：《宣武区消失之前：黄宗汉口述》，北京出版社2014年版，第219—220页。

5月　赵为民等编的《先生之风》（生活·读书·新知三联书店，2008年）收入《历史地理学的巨擘——记北京大学环境学院侯仁之院士》。

5月　郑昭佩编著的《地理学思想史》（科学出版社，2008年）出版，认为侯仁之是把古代沿革地理改造更新为科学的历史地理学，并将其纳入近代地理学体系的首倡者。

6月　张松主编的《北大那些人》（天津教育出版社，2008年）收录"侯仁之"。

——《什刹海的传说和故事》（当代中国出版社，2008年）收入于永昌的《侯仁之与万宁桥》。

11月　《数字人生：100位中国名人的励志故事》（中国经济出版社，2008年）收入《侯仁之：工作忌一暴十寒》。

12月6日　郝斌等编辑、林光美主编的《回眸侯仁之》一书由大统图书股份有限公司（台北）出版。该书的编纂是"为了更完整地呈现出侯先生的治学成果与光彩人格，并使后学者追摹其身影与学术足迹，……并借此庆贺侯先生九十八华诞以及与燕京大学、北京大学结缘七十七周年"。

——郝斌等编辑的《回眸侯仁之》[大统图书股份有限公司（台北），2008年]收入郝斌的《大德有寿侯仁之》。

——郝斌等编辑的《回眸侯仁之》[大统图书股份有限公司（台北），2008年]收入夏铸九的《如沐春风》。该文认为侯仁之的历史地理学是"北京大学之所以是北京大学的学术里程碑之一"，并对北京大学学院体制发表看法。

夏铸九："由学术研究的创新与科技的突破，到学科之间的互动与结合，侯仁之先生的历史地理学研究可以说是北京大学之所以是北京大学的学术里程碑之一。今天，北京大学散居校园各角落与分处各不同学院系所的学术与专业单位，由原来的地理学系到城环学系，以至于都市与区域政策的研究，甚至，城市史、建筑史研究，建筑、地景建筑，以至于城市规划相关的专业教育等等，由于种种原因，虽然年轻一辈的人才不是没有，却并未能在学院体制上整合一体，发挥所长。这个学院内部的问题似乎未能得到校方的真正重视，寻求问题之解决，更难期望学院与学术能够继承过往，开创新局。这不只是对侯仁之先生的研究成果与领域中断可惜，北大学生学习上的损失，更是北大作为北大的伤害。其实，侯仁之先生历史地理学的研究成果，不但是可以成为这些空间研究的学术领域与空间规划与设计的专业领域之间共用的知识，而且还可以借此黏合目前分散在不同学院系所中心的学科，成就一个共同的学院，开创新的学域，在科学与艺术，科技与人文之间，缝合理学领域与人文领域之间的世纪鸿沟，催生不同研究方法之间的异花受精，开创新的研究方法，这才是成立于廿世纪的北京大学成为廿一世纪的北京大学所应为之事。"①

——郝斌等编辑的《回眸侯仁之》[大统图书股份有限公司（台北），2008年]收入张玮瑛的《天光云影共徘徊》。

——郝斌等编辑的《回眸侯仁之》[大统图书股份有限公司（台北），2008年]收入林光美的《煦阳照人的绅士学者》。

——郝斌等编辑的《回眸侯仁之》[大统图书股份有限公司（台北），2008年]收入侯馥兴的《"父亲的三枪车"见证的挚友真情——吴蔚然黄伍琼夫妇》。

——郝斌等编辑的《回眸侯仁之》[大统图书股份有限公司（台北），2008年]收入侯馥兴的《我的叔父侯硕之——仁之硕之手足情》。

——郝斌等编辑的《回眸侯仁之》[大统图书股份有限公司（台北），2008年]收入侯馥兴的《燕园！父亲永远的家园》。

——郝斌等编辑《回眸侯仁之》[大统图书股份有限公司（台北），2008年]收入林博文的《顾颉刚、洪煨莲与侯仁之的学术薪传》。

本年 赵夏的《侯仁之先生与文化遗产保护：兼谈历史地理研究对文化遗产保护的重要意义》刊于《北京社会科学》第3期。该文通过对侯仁之关于现代历史地理学尤其是北京地理研究的回顾，探讨了他对我国文化遗产保护事业所做的杰出贡

---

① 夏铸九：《如沐春风》，见郝斌等编辑的《回眸侯仁之》，大统图书股份有限公司（台北）2008年版，第17页。

献以及学术渊源，同时总结了历史地理研究之于文化遗产保护事业的重要意义。

——赵洛的《侯仁之与"京学"》刊于《出版史料》2008年第2期。

——《历史地理学家侯仁之：守望北京》刊于《百年潮》2008年第4期。

——采采、王新民的《"当代地理学的世界级领导人物"：侯仁之》刊于《少儿科技》2008年第11期。

——朱祖希的《侯仁之先生的两条扁担》刊于《北京档案》2008年第12期。

<h2 style="text-align:center">2009年　98岁</h2>

背景

2月2日　中国第一个南极内陆考察站昆仑站正式开站。

11月　国务院批准老科学家学术成长资料采集工程实施方案。

纪事

1月14日　中国校友会网大学评价课题组发布《2008（第二届）中国杰出人文社会科学家研究报告》。侯仁之、季羡林、葛剑雄、李学勤、刘庆柱、徐苹芳、章开沅、齐世荣、严文明、马敏等人入选"2008中国历史学科媒体曝光率最高的十大杰出人文社会科学家"。

1月　为金光群寄赠贺年片。

3月16日至17日　空间综合人文学与社会科学论坛在香港中文大学召开。侯仁之、陈述彭、徐冠华、吴传钧任论坛学术顾问。

3月　《中国国家地理》编辑部与中国地理学会联合评选"1909年至2009年中国地理大发现"。在北京大学9人提案中，"20世纪60—80年代侯仁之发现了中国北方农牧交错带沙漠化的发展过程"入选。在北京师范大学的2人提案中，"20世纪40年代起，侯仁之系统揭示北京城形成、发展的全过程"入选。在最终由终审团投票选出的30项"中国地理百年大发现"中，"侯仁之系统揭示北京城形成、发展的全过程"入围。

4月23日　为庆祝联合国教科文组织倡导的世界读书日，首都图书馆推出

《科学人生有书相伴——走进院士书房图片展》，介绍侯仁之、钱三强、吴良镛等院士的书房。

6月11日 全国非物质文化遗产保护、古籍保护暨文博事业杰出人物表彰、颁证、授牌电视电话会议在北京召开，中共中央政治局委员、国务委员刘延东出席会议并讲话。会上，文化部、国家文物局授予侯仁之、王世襄、马得志、宿白、罗哲文、吴良镛、段文杰、徐邦达等21人"中国文物、博物馆事业杰出人物"荣誉证书和奖状。29日，国家文物局局长单霁翔前往北京大学校医院向侯仁之颁发证书和奖状。单霁翔留言称"衷心祝贺您荣获'中国文物、博物馆事业杰出人物'的光荣称号。代表文化部蔡武部长和文化部、国家文物局全体人员向您致以崇高的敬礼"！侯仁之答词称："我衷心感谢！""这是莫大的荣誉！""我一定要在这方面继续努力！"

8月13日 侯仁之与张玮瑛结婚70周年庆祝仪式在北京大学临湖轩东厅举行。燕大校友会、北京大学历史地理研究中心、北京大学图书馆及台湾大学图书馆的代表参加。郝斌题赠书法作品"接天荷叶无穷碧，卧看牵牛织女星"，并称"仁之、玮瑛先生大德有寿，结婚70年了，燕园之内也属少见，让我们仰慕不已"。

8月27日 北京大学校长周其凤带领党办、校办负责同志到北医三院住院部看望侯仁之先生，祝贺第25个教师节。侯仁之回赠由生活·读书·新知三联书店出版的三卷本《侯仁之文集》。

9月 北京市东城区玉河北段（万宁桥—北河沿大街）改造工程基本完工。此前，玉河改造工程作为北京市6片文保试点项目之一，于2005年正式获批立项，随后由北京市文物研究所开始考古挖掘。东城区人民政府曾组织张开济、侯仁之、郑孝燮、罗哲文、谢辰生、李准、王世仁、徐苹芳、孔庆普、朱自煊、董光器等专家对玉河项目规划方案进行论证。早在2003年，侯仁之就表态称"这些历史水系恢复后，北京城的血脉就通了，北京就有了灵气，……与南锣鼓巷风貌保护区配合在一起，会为北京古都增色"。

10月16日 由北京大学、中国科学院地理科学与资源研究所、中国地理学会、中山大学主办的走向世界的中国地理学——纪念林超教授诞辰100周年学术

研讨会在北京大学召开。来自英国利物浦大学的与会代表介绍了林超、侯仁之、吴传钧在利物浦大学的求学情况。

10月17日　中国地理学会百年庆典暨人文经济地理学大会在北京师范大学召开。在开幕式上，唐晓峰宣读了侯仁之的贺信。

10月18日　由中国圆明园学会、圆明园遗址公园管理处、中国建筑学会等9家单位组成的纪念圆明园罹劫150周年活动筹委会在圆明园举行了将圆明园遗址建成人类文明和谐纪念地暨圆明园国际文化日活动。北京市文物局局长孔繁峙、首都规划建设委员会原副主任宣祥鎏分别向侯仁之、汪之力颁发了"保护圆明园遗址杰出贡献奖"。

11月6日　侯仁之先生九十九华诞庆贺活动在北京大学图书馆会议室举行。来自海峡两岸的林光美、夏铸九及朱强、郝斌、林被甸、蒋彦振、赵福生等人出席活动。侯仁之因身体原因未能与会，张玮瑛代表侯仁之表示了感谢。

12月26日　北京大学城市与环境学院院友会成立大会暨第一届理事会在英杰交流中心新闻发布厅召开。院友会第一届理事会审议通过了《北京大学城市与环境学院院友会章程》，聘请秦大河担任理事长，另聘请侯仁之、崔海亭、王恩涌、胡兆量、陆大道等院友为理事会顾问。

著述

3月　《北京城的生命印记》由生活·读书·新知三联书店出版。

案：该书为三卷本《侯仁之文集》之一。该书由张玮瑛作序，全书分"城址起源与变迁""河湖水系""规划、设计与改造""景物溯源""地图与碑记"五部分，共收录新中国成立以后侯仁之的作品55篇。同年，该书纳入《中国文库·科技文化类》出版。

——《历史地理学的视野》由生活·读书·新知三联书店出版。

案：该书为三卷本《侯仁之文集》之一，分"历史地理学的理论与实践""环境变迁""地理学史""城市与区域历史地理"四部分,收录新中国成立以后侯仁之所撰文章38篇。

——《我从燕京大学来》由生活·读书·新知三联书店出版。

案: 该书为三卷本《侯仁之文集》之一,收录了反映侯仁之的成长历程和求索心路的回忆性文章及早期历史地理学作品(含三篇学位论文)。

5月　主编的《燕京学报》新二十六期由北京大学出版社出版。
12月　主编的《燕京学报》新二十七期由北京大学出版社出版。

评介
1月21日　吴志菲的《侯仁之：毕生"热"血倾注"冷"学科》刊于《中国人事报》第4版。

2月　唐涛、吴晓主编的《地理学家辞典》(远方出版社,2009年)收录"侯仁之"。

3月　孙冬虎在《北京档案史料》刊发《六十年来的北京历史地理研究》一文,高度评价侯仁之在北京历史地理学术研究、人才培养方面的贡献。

孙冬虎: "从解放后到'文革'以前的十几年,是北京历史地理研究的创业时代。以北京大学教授、中国科学院院士侯仁之先生为代表的一代学者,奠定了北京历史地理研究的基本框架,探索出了若干重要的研究领域,以卓有成效的实践为后来者树立了学术标杆。侯仁之先生从新中国成立初期就致力解决与北京城市规划、开辟水源等重大举措密切相关的历史地理问题,发表了许多具有开创意义的论著,成为以研究北京而闻名的大学者。他的另一项重要工作,是在北京大学地理系培养了大批学生,把北京历史地理研究的种子播撒到高等院校和科研院所,有力地促进了研究队伍的发展壮大

与学术思想的传承发扬。"①

4月　北京大学地质学系百年历程编委会编的《创立·建设·发展——北京大学地质学系百年历程（1909—2009）》（北京大学出版社，2009）在"院士风采"中介绍侯仁之。

6月6日　《侯仁之，从正阳门到莲花池》刊于《新京报》。

6月14日　《侯仁之：中国"申遗"第一人》刊于《大连日报》。

6月23日　卞毓方的《侯仁之：体弱多病，母爱无涯》刊于《天津日报》第12版《满庭芳》。

7月18日　北京卫视（BTV）的《北京您早》栏目介绍侯仁之的《燕园史话》一书。

7月24日　《侯仁之岳升阳破解金中都城门之谜》刊于《侨报》。

8月14日　柳哲的《名师风范：侯仁之先生的清泪》刊于《中国国门时报》第6版。

8月　《中国大百科全书》第二版由中国大百科全书出版社出版，收录"侯仁之"。

9月5日　《周其凤校长看望侯仁之先生》刊于《北京大学校报》。

9月9日　《侯仁之先生的泪》刊于《大江晚报》。

10月26日　《健康时报》介绍侯仁之、邵逸夫、钱学森、吴清源、贝聿铭、周汝昌、南怀瑾、马万祺、吴冠中、吴阶平等10位知名华人寿星。

10月　张世林的《我为侯仁之先生出书》收于《大师的侧影》（中华书局，2009年）。张世林曾约侯仁之为《学林春秋》撰写《我和中国历史地理学》，未果。

11月14日　《侯仁之：就爱徒步旅行》刊于《洛阳晚报》。

11月20日　《侯仁之：就爱徒步旅行》刊于《浙江老年报》。

12月3日　《侯仁之的徒步经验》刊于《新京报》。

---

① 孙冬虎：《六十年来的北京历史地理研究》，见北京市档案馆编：《北京档案史料》（2009.1），新华出版社2009年版，第167页。

12月9日　《侯仁之先生的两条扁担》刊于《新京报》。

12月19日　《侯仁之》刊于《城市快报》。

12月　马祖圣编著的《历年出国/回国科技人员资料索引（1840—1949）》（社会科学文献出版社，2007年）第九章表9-1《1946—1949年回国科技人员》著录"侯仁之"。

本年　张玮瑛的《天光云影共徘徊——〈侯仁之文集〉序》刊于《中国历史地理论丛》2009年第3期。

——任维伟的《向侯仁之院士学做地理教师》刊于《地理教育》2009年第2期。

——《侯仁之：解码三千年北京城》刊于《人物周报》2009年第8期。

——卞毓方的《侯仁之、钱学森：在历史的转折关头》刊于《今日中国论坛》2009年第9期。

——朱祖希的《侯仁之先生的两条扁担》刊于《群言》2009年第12期。

——《侯仁之与〈中学生〉》刊于《中学生》2009年第C2期。

——《侯仁之：中国"申遗"第一人》刊于《人物周刊》2009年第7期。

——《南方人物周刊》评选"2009年度中国魅力50人"，侯仁之入选学者作家界候选人。

传承

本年　与尹钧科合作指导王毓蔺完成博士学位论文《明北京营建物料采办研究》。

2010年　99岁

背景

3月7日　纪念竺可桢先生诞辰120周年座谈会在北京举行。

7月29日　《国家中长期教育改革和发展规划纲要（2010—2020年）》发布。

纪事

4月26日 侯馥兴在清理资料时发现侯仁之的《北京都市地理（狱中腹稿）》文稿。

5月25日 汤一介倡议的"中国文化书院导师文集"编辑出版工程在北京大学治贝子园中国文化书院启动，文集编辑出版工作委员会成立。侯仁之著作纳入出版计划之中。

6月4日 中国科学技术协会举行新闻发布会，宣布启动"老科学家学术成长资料采集工程"。侯仁之被中国科协确定为第一批采集的20位老科学家之一。侯仁之将部分手稿、照片、证书等实物资料捐出。

案：2009年，中国科学技术协会向国务院报送《老科学家学术成长历史资料亟待抢救》报告。2010年，国务院责成中国科学技术协会牵头，联合中共中央组织部、教育部、科学技术部、工业和信息化部、财政部、文化部、国务院国有资产监督管理委员会、解放军总政治部、中国科学院、中国工程院、国家自然科学基金委员会等部委，共同组织实施"老科学家学术成长资料采集工程"。该工程主要面向80岁以上院士或做出了突出贡献的非院士老科学家，资料采集的范围包括口述资料、传记、证书、信件、手稿、著作等实物，以及老科学家们参加国务或政务活动、学术活动、外事活动、社会活动、家庭生活中的影音资料。

9月8日 教育部副部长郝平到北大校医院看望侯仁之，代表教育部致以教师节的问候。

9月13日 翁万戈向北京大学捐赠明吴彬绘的《勺园祓禊图》仪式在北京大学图书馆举行。周其凤、吴志攀、袁行霈、迟惠生、唐晓峰等人出席。侯馥兴受侯仁之委托出席，并代表侯仁之讲话。

11月6日 北京联合大学北京学研究所、北京大学历史地理学研究中心、北京地理学会联合举办庆祝侯仁之先生百岁华诞论坛。

11月6日至9日 由中国地理学会历史地理专业委员会主办，广西师范大学历

史文化与旅游学院、广西文物考古研究所联合承办的广西历史地理与华南边疆开发——2010年中国历史地理国际学术研讨会在广西桂林召开。会议闭幕时，宣读了庆祝侯仁之百岁华诞的贺信。

12月5日　侯仁之先生百岁寿辰庆祝会在北京大学图书馆北配殿举行。

　　案：庆祝会由北京大学、中国地理学会主办。北京大学校长周其凤院士及全国政协人口与资源环境委员会副主任秦大河院士、中国地理学会名誉理事长陆大道院士等领导及侯仁之的子女、学生、老同事等出席活动。中国科学院院士工作局局长周德进宣读了全国人大常委会副委员长、中国科学院院长、中国科学院学部主席团执行主席路甬祥的贺信。会上，徐霞客研究会会长、原地质矿产部副部长张宏仁，北京大学图书馆馆长朱强，台湾大学图书馆馆长林光美等人发言。城市与环境学院副院长宣读各单位以及吴良镛、郑孝燮、罗哲文、周昆叔等人的贺信、贺词。

著述

5月　主编的《燕京学报》新二十八期由北京大学出版社出版。
6月　《历史地理研究：侯仁之自选集》由首都师范大学出版社出版。

　　案：该书列入"北京社科名家文库"第四辑，系北京市社会科学理论著作出版基金重点资助项目。全书分历史地理学的理论探讨、城市历史地理研究、沙漠历史地理考察、地理学史专题评述等五部分。

11月　主编的《燕京学报》新二十九期北京大学出版社出版。
12月　《侯仁之谈北京》由湖南少年儿童出版社出版。

　　案：该书纳入"文化中国丛书"之中，内容包括历史上的北京城、卢沟桥与北京城、刘伯温与北京城、什刹海与北京城、北海公园与北京城等。该丛书还包括《周汝昌谈红楼梦》《罗哲文谈长城》《何兹全谈中国历史》

《钟敬文谈中国民俗》《启功谈中国诗词格律》《宁可谈敦煌》等。

评介

1月28日　尹钧科的《侯仁之的北京情缘》刊于《中国社会科学报》第17版《学林》。

2月12日　郑蕾的《侯仁之先生与北京城的生命印记》刊于《中国文化报》第7版《城市空间》。

5月6日　《侯仁之的宁夏"沙漠"之旅》刊于《新消息报》。

5月　《侯仁之淄博访街道》刊于孟鸿声编著的《齐地掌故》（齐鲁书社，2010年），介绍侯仁之1977年赴淄博考察之事。

9月9日　焦新的《郝平看望北京大学院士侯仁之》刊于《中国教育报》第2版。

9月15日　肖凯的《教育部副部长郝平看望侯仁之院士》刊于《北京大学校报》第1223期第1版。

9月　孙鸿烈主编的《20世纪中国知名科学家学术成就概览·地学卷·地理学分册》（科学出版社，2010年）收入邓辉撰《侯仁之》一文。

——沃尔夫（Barney Warf）主编的《地理学百科全书》（*Encyclopedia of Geography*，SAGE Publications, Inc., 2010）收录伍德（Joseph S. Wood）撰写的"Hou Renzhi (1911—)"条目。

11月9日　田卫冰的《侯仁之与肖张》刊于《衡水晚报》第B8版《人文衡水》。

11月15日　朱祖希的《侯仁之先生二三事》刊于《新京报》第D08版《北京地理》。

12月1日　李微的《寻踪侯仁之与北京的半世缘》刊于《北京青年报》第C2版《天天副刊·地理寻踪》。

12月4日　申有顺的《侯仁之教授在邯郸》刊于《邯郸日报》第2版《风物》。

12月15日　《侯仁之先生百岁寿辰庆祝会举行》刊于《北京大学校报》。

本年　左犀的《侯仁之先生与金锭桥》刊于《北京文史》2010年第2期。

——《河北大学历史学强势特色学科简介》刊于《河北学刊》2010年第6

正谱 | 717

期，文称"河北大学历史学科始建于1945年创办的天津工商学院史地系，侯仁之院士、漆侠先生等史学名家曾为本学科创始人和带头人"。

——《侯仁之 养生：徒步旅行》刊于《健康必读》（医保天地）2010年第2期。

2011年　100岁

背景

10月15日至18日　中共十七届六中全会审议通过《中共中央关于深化文化体制改革、推动社会主义文化大发展大繁荣若干重大问题的决定》。

纪事

1月4日　中国科学院院长兼学部主席团执行主席、陈嘉庚科学奖基金会理事长路甬祥致函侯仁之，邀请其推荐2012年度陈嘉庚科学奖和青年科学奖人选。

6月　东莞市政协主编、毛赞猷编著的《东莞历代地图选》由广东人民出版社出版。侯仁之为该书题写书名。东莞为侯仁之夫人张玮瑛的故乡。

8月27日　北京大学党委书记朱善璐到校医院住院部看望侯仁之，在签到簿上留言"谨向我和校党政班子及全体师生爱戴、敬重的侯先生，表达我们的崇敬和感激之情。衷心祝愿侯先生健康长寿"！

10月16日　北京史地民俗学会举行换届大会。大会推选第七届理事会成员，侯仁之与王治国、戴逸、赵书、段天顺、单霁翔等人任学会顾问。

11月24日　北京联合大学北京学研究所和应用文理学院、北京大学历史地理研究中心、北京地理学会联合举办的侯仁之先生对北京历史地理研究和城市规划的贡献——庆祝侯仁之先生百岁华诞座谈会在北京联合大学应用文理学院召开。

12月6日　北京大学校长周其凤前往校医院看望侯仁之。校党委书记朱善璐委托工作人员慰问。当日，北京大学图书馆举办侯仁之百岁寿辰生平和著作展暨生日纪念会。

12月7日　正在国外访问的中共中央政治局委员、国务委员刘延东致信祝贺侯仁之百岁寿辰。受刘延东委托，教育部负责同志专程看望侯仁之。《中国教育报》刊载《刘延东致信祝贺侯仁之先生百岁寿辰》。

刘延东贺信："侯先生是蜚声中外的历史地理学家与学界泰斗，是老一辈爱国知识分子的杰出代表。您在百岁人生中，亲身参与和见证了中国革命、建设与改革的伟大历程。抗日战争期间，您保护大批进步学生辗转赴延安，临危不惧、不屈不挠，体现了中华民族的崇高气节。新中国成立后，您怀着报效祖国的理想，放弃国外的优越生活，毅然回国投身社会主义建设。半个多世纪以来，您将个人追求紧密融入国家发展进程，潜心学问、笔耕不辍，奠定了现代中国历史地理学研究的基础，开辟了崭新的学术领域。您以传承中华文明为己任，情系首都、关注人文，为北京的城市规划与建设、为中华遗产的保护与利用提供了重要的科学论据，做出了杰出贡献。您致力教育教学，嘉惠士林，桃李芬芳，为国家和民族培养了许多优秀人才，成为海内外学界共同敬重的一代宗师。您坚守爱国报国、追求真理、淡泊名利的情怀，耄耋之年仍辛勤耕耘，展现出高尚的人格风范，为全社会树立了典范。

当今中国正处于现代化建设的关键阶段，中华民族复兴展示出光明前景。在这样一个伟大的时代，您为之奉献、倾注心血的学术与教育事业正翻开发展的新篇章，将为建设富强民主文明和谐的社会主义现代化国家提供坚实的人才智力支撑！"

12月　北京大学中国语言文学系办公室原主任张兴根为侯仁之百岁华诞作诗《甘为孺子牛》，该诗由北京大学书画研究会会长张振国书写，装裱后赠予侯仁之。

张兴根的诗《甘为孺子牛》："扎根燕园，岁月悠悠。酸甜苦辣，多少春秋？折磨受尽，二度拘囚。霜凌雪辱，士节不丢。疾风劲草，浩气如虹。煨莲颉刚，学界一流。导师指引，仁之谋筹。历史地理，开拓研究。京郊古迹，西北沙丘。实地考察，双臻丰收。教科兴国，昂首排头。桃李满园，笔耕不休。硕果累累，馨溢五洲。少壮志远，晚节劲道。虚怀若谷，境界深

幽。爱我中华，甘为孺牛。"①

著述

11月　《大师导读：北京——古城的兴衰荣辱史》由台北龙图腾文化有限公司出版。该书由湖南少年儿童出版社通过外图（厦门）文化传播有限公司授权出版中文繁体字版，原书名为《侯仁之谈北京》。

12月　岳升阳主编、侯馥兴副主编的《侯仁之与北京地图》由北京科学技术出版社出版。

　　案：该书包括"教学研究用图"（北京的水系与环境、北京城市与区域发展、《北京历史地图集》编辑）和"教学、研究参考用图"（北京城郊图、野外调查用地形图、地形及等高线参考图）两部分，共收图148幅。

评介

2月10日　邓伟的《百岁学人侯仁之》刊于《人民日报》第24版副刊，并配有罗雪村绘侯仁之的速写画像。文中记载作者访问侯仁之及陪同侯仁之到香港浸会大学做报告的经历。

　　邓伟："我第一次在燕南园61号见到他，是1989年初秋的一个傍晚。当时先生78岁，精神矍铄，思维敏捷。……我曾陪同他给香港浸会大学做北京历史地理的英文报告，会场上听众反响热烈，绝不亚于他的中文报告会。侯仁之的写作本领也很高超，文笔明快直白，叙事生动流畅，没有学术文章常有的枯燥或晦涩，吸引了不少读者——他主张学术文章要用浅显易懂的语言说明深刻的道理，让更多的人看懂。"②

---

① 张兴根：《竹颂——张兴根墨竹集》，中国计划出版社2016年版，第36页。
② 邓伟：《百岁学人侯仁之》，载《人民日报》，2011年2月10日。

2月12日　《百岁学人侯仁之》刊于《奉化日报》。

3月7日　《北大人瑞侯仁之》刊于《德州日报》。

3月28日　柳哲《百岁学人侯仁之》刊于《人民政协报》。

3月　卞毓方的《千手拂云千眼观虹：季羡林、钱学森、陈省身、侯仁之、杨绛、黄万里的人生比较》由作家出版社出版。

4月24日　高小龙的《陪侯仁之先生寻"南顶"》刊于《北京晚报》第27版《五色土副刊》。

4月30日　《"活北京"侯仁之》刊于《文摘报》。

4月　陈远的《侯仁之：辟密道送学子赴解放区》刊于《消逝的燕京》（重庆出版社，2011年）。

5月3日　卞毓方的《大器晚成的侯仁之》刊于《济南时报》B1版《历下亭》。

5月4日　《百岁学人侯仁之》刊于《蚌埠日报》。

5月20日　《百岁侯仁之长寿之道》刊于《今晚报》。

5月26日　金涛的《一位学者的生命轨迹》刊于《科学时报》B3版。该文后收入《林下书香——金涛书话》（科学普及出版社，2013年）之中。

6月2日　《侯仁之的百岁之道》刊于《当代健康报》。

6月　《侯仁之：在宁夏探寻"农牧交错带"》一文收于唐荣尧编的《火焰　战刀　花香：宁夏之书》（宁夏人民出版社，2011年）。

7月　黄葵的《侯仁之说地》刊于《北大从师记》（巴蜀书社，2011年）。

8月10日　《百岁学人侯仁之养生之道》刊于《中国中医药报》。

8月12日　余玮的《侯仁之：百岁院士的治学路》刊于《大众日报》。

11月15日　余玮的《侯仁之：从"囚犯"到资深院士》刊于《中国纪检监察报》。

11月23日　于希贤的《仁者寿——纪念吾师侯仁之教授百岁华诞》刊于《中华读书报》第7版《人物》。

11月　《中国大百科全书（第二版简明版）》（中国大百科全书出版社，2011年）第三册收录"侯仁之"。

——封吉昌主编的《国土资源实用词典》（中国地质大学出版社，2011年）收录"侯仁之"。

12月1日　郝平的《静水流深，星斗其人：为侯仁之先生百岁寿辰而作》刊于《光明日报》第13版《人物》。

——孔悦、秦斌的《追寻城市生命印记，守望北京七十年》刊于《新京报》的北京地理专版。文章中有于希贤、赵中枢、李孝聪、尹钧科、张宝秀、唐晓峰对侯仁之学术贡献的评价。

12月5日　《永远的牵挂：把燕园建设得更美好——记侯仁之先生的一次谈话》刊于《北京大学校报》。

12月7日　《刘延东致信祝贺侯仁之先生百岁寿辰》刊于《中国教育报》。

——张传玺的《向侯仁之先生学习历史地理——恭贺侯先生寿比南山》刊于《中华读书报》第9版《书评周刊》。

——张国的《国有一老　文化得保：历史地理学泰斗侯仁之院士低调度过百岁寿辰》刊于《中国青年报》第4版。

12月9日　汤继强的《侯仁之：行走天下　守望大地》刊于《中国教育报》第3版。

12月15日　《刘延东国务委员致信祝贺侯仁之先生百岁寿辰》刊于《北京大学校报》。

12月16日　王均的《求真理得自由以服务——写在恩师侯仁之先生百岁寿辰之际》刊于《中国测绘报》。

12月20日　《"抚慰内心"的侯仁之》刊于《齐鲁晚报》。

12月28日　金涛的《师生的岁月》刊于《科学时报》B3版《科学与文化周刊》。

12月　《走近侯仁之——恭贺侯仁之先生百岁寿辰》由学苑出版社出版。

案：该书是北京大学历史地理研究中心为庆祝侯仁之百岁寿辰而编辑的纪念文集，作者主要包括侯仁之的学生、朋友、同事等。书末附有侯仁之指导过的研究生名录。具体篇目如下：汪光焘的《侯仁之先生引领着我组织实施历史文化名城保护》、郝平的《静水流深 星斗其人——我所知的侯仁之先生》、郝斌的《"我是侯仁之"》、黄艳的《侯仁之先生与首都城市规划》、孔繁峙的《一代宗师 学术巨擘 保护文物 功德永馨——记侯仁之先生为北京文物保护事业所做的几件大事》、郑孝燮和罗哲文的《侯老带领我们提交"第663号提案"——建议我国应尽早加入"世界遗产公约"并争取参加"世界遗产委员会"》、夏自强的《喜庆侯仁之先生百岁寿辰》、林光美的《仁者寿——贺侯仁之先生百龄寿辰》、张驭寰的《恭祝侯仁之教授长寿——写七言绝句二首,以志纪念》、孟辉的《忆侯仁之先生二三事》、金涛的《追忆仁之师的风采与教诲》、赵洛的《侯仁之与"京学"》、俞美尔的《他有一颗明镜般的心——回忆与侯仁之先生在一起的时光》、周昆叔的《一代宗师——恭贺侯老仁之先生100岁华诞》、李文漪的《侯仁之老师的教导永铭在心》、黄发程的《师恩师情——忆侯仁之师的恩师情谊二三事》、申有顺的《侯仁之教授在邯郸》、单嘉筠的《记侯老与单老相识共事40年》、陈光中的《侯仁之先生与〈侯仁之〉》、什刹海研究会的《侯仁之先生与什刹海》、Cole Harris(寇·哈瑞斯)的《一个加拿大学者对侯仁之教授的印象》、舒衡哲的《薪火相传对地之爱 孜孜以求历史之真》、欧迪安的《侯仁之教授与米万钟的〈勺园修禊图〉》、胡兆量的《学习侯仁之老师的演讲艺术》、崔海亭的《良师伴我行》、林被甸的《结缘图书馆的新故事》、魏心镇的《侯老百年华诞有感》、张传玺的《向侯仁之先生学习历史地理》、杨承运的《恭祝侯仁之先生百年大寿》、谢凝高的《关于侯仁之先生"特务案"的调查》、董黎明的《侯仁之先生——探索城市规划方向的先驱者》、吴荔明的《70多年的忘年交》、周一星的《侯先生决定我一生的一件"小事"》、王缉慈的《难忘侯老的神采》、辛德勇的《晾书娱寿》、李宝田的《侯先生是这样教我历史地理的》、朱祖希的《杏坛称泰斗 师恩至广大》、王守春的《学术泰斗 仁慈长者——回忆侯先生六件事》、朱士光的《恭贺吾师仁之先生百岁喜寿诞辰 学习吾师仁之先生三大治学风范》、尹钧科的《大家风华——忆侯仁之师几件事》、于希贤的《爱学生、爱事业的百岁老人侯仁之——纪念吾师侯仁之教授百年华诞》、唐晓峰的《初识导师》、韩光辉的《在先生耳濡目染下成长——回忆与先生有关的几件事》、赵中枢的《两入侯门忆师恩》、司徒尚纪的《受教30年，得益一辈子》、李孝聪的《1991年侯仁之先生荷兰之行》、张宝秀的《鸣谢与铭记我敬爱的导师侯仁之先生》、韩茂莉的《写在侯先生百年华诞之前》、唐亦功的《追梦者》、邓辉的《学生眼里的侯仁之先生》、宋豫秦的《侯仁之——中国环境考古学的先导》、王均的《精神魅力的感召》、阙维民的《〈春色在南枝〉——贺侯先生百年华诞》、岳升阳的《关于侯先生的点滴回忆》。

——南京图书馆编的《中国近现代人物像传》（上海古籍出版社，2011年）收录"侯仁之"。

本年　张宝秀的《侯仁之先生与北京学研究》刊于《北京联合大学学报》（人文社科版）2011年第2期。

张宝秀："侯先生一直十分关心北京学研究工作，他研究北京历史地理的丰硕成果和深刻认识是北京学研究的基石和指针，他的学术思想和治学精神一直在深深地影响、引领、推动着北京学研究事业的发展。"

——刘宗永的《侯仁之对北京地方志的贡献》刊于《北京联合大学学报》（人文社科版）2011年第2期。

刘宗永："侯仁之是我国历史地理学的奠基者之一，是北京历史地理研究的集大成者，同时也对北京乃至我国的新编地方志工作做出了重要贡献。他在研究北京历史地理过程中对北京旧志等史料了解全面深刻，在20世纪80年代初我国开始新式方志的编纂工作时，他结合旧志的长处和不足提出了新志应当有新的内容，即新修方志中要增加对地理变化的记载。这对北京新修方志的编纂工作是重要的理论创新。同时，侯仁之还亲自主持编写了一些方志。他关于北京历史尤其是历史地理方面的观点也为《北京志》各分志提供了重要理论支撑。"

——赵中枢的《侯仁之与北京城市规划》刊于《北京联合大学学报》(人文社科版)2011年第2期。7月14日《人民日报》第7版《理论》摘引该文。

——俞美尔的《他有一颗明镜般的心——回忆与侯仁之先生在一起的时光》刊于《中国测绘》2011年第6期。

——朱祖希的《侯仁之与北京城》刊于《前线》2011年第3期。

——陈喜波的《侯仁之院士与西北沙漠历史地理研究》刊于《中国西部》2011年第21期。

——柳哲的《百岁老人侯仁之的养生秘诀》刊于《内蒙古林业》2011年第4期。

——柳哲的《百岁学人侯仁之》刊于《家庭中医药》2011年第5期及《家庭健康》2011年第5期。

——柳哲的《侯仁之的养生之道》刊于《中关村》2011年第5期。

——柳哲的《北大人瑞侯仁之的养生之道》刊于《科学养生》2011年第5期及《现代养生》2011年第7期。

——《侯仁之：人瑞院士的养生之道》刊于《养生保健指南》2011年第8期及《保健俱乐部》2011年第8期。

——卓成华的《侯仁之：与北京结缘的地理学家》刊于《中国老年》2011年第8期。

——《百岁侯仁之的长寿之道》刊于《健康必读》(上旬刊)2011年第9期。

——卞毓方的《他们在历史的转折关头：记季羡林、钱学森、陈省身、侯仁之、杨绛、黄万里在1949年》刊于《书摘》2011年第7期。

——卞毓方的《侯仁之：中国"申遗"第一人》刊于《出版参考》(新阅读)2011年第5期。

2012年　101岁

背景
11月8日至14日　中共十八大在北京举行。

纪事
1月　北京大学校党委书记朱善璐到校医院住院部看望侯仁之。

4月13日　海淀区文化委行政执法队、海淀博物馆的人员来到北京大学燕南园，接受侯馥兴代表侯仁之捐赠的新石器时代晚期磨制石斧一件。该石斧1959年于北京大学校园内西门附近原佟府甲3号工地出土，长期由侯仁之珍藏。

> **侯仁之：**"1950年春余迁居燕南园前，曾住佟府甲三号，时门牌尚存。经过1952年院校调整，其地曾一度作为'北京大学学报'编辑部。该部同仁于南侧跨院中辟治菜圃，得石斧一具，送余收藏，保存至今。"①

5月20日　古建筑学家罗哲文遗体告别仪式在八宝山殡仪馆举行。侯仁之、吴良镛、谢辰生等人送花圈。

6月15日　山东德州二中（前身为博文中学）校领导为校史纂修及校史馆建设之事拜访侯仁之。

8月9日　北京华夏藏珍国际拍卖有限公司2012夏季拍卖会的中国近现当代名人墨迹专场开拍，1990年11月侯仁之致潘云唐书札被列入拍卖品。

9月22日至25日　由中国地理学会历史地理专业委员会主办、天津师范大学历史文化学院承办的华北历史地理与中国社会变迁——2012年中国历史地理学年会暨国际学术研讨会在天津召开。

12月5日　北京大学图书馆北大文库接收侯仁之的第二批赠书。此前，北京

---
① 侯仁之：《记米万钟〈勺园修禊图〉》，见《晚晴集：侯仁之九十年代自选集》，新世界出版社2001年版，第29页。

大学图书馆特藏部和系统部共同建设"仁之玮瑛藏书"特色数据库。为庆祝侯仁之101岁寿辰，该数据库于11月28日正式发布。

12月9日　北京美三山拍卖有限公司2012秋季拍卖会的墨痕凝香——古籍善本专场开拍。侯仁之致华君武信札及实寄封成为拍卖品。

著述

6月　侯仁之参与编绘的《中华人民共和国国家历史地图集》第一册由中国地图出版社、中国社会科学出版社出版。在城市遗址与布局图组编绘过程中，侯仁之提出"侯仁之工作法"。此项工作，先后由唐晓峰、李孝聪协助侯仁之进行。

> **案**：侯仁之任中华人民共和国国家地图集编纂委员会委员，谭其骧、尹达任常务委员。此外，侯仁之任国家历史地图集编纂委员会副主任委员、城市遗址与布局图组组长，并与喻沧、林甘泉等负责验收。在城市遗址与布局图组编绘过程中，侯仁之提出"不要把历史地图编成读史地图""历史城市地图应有时间断限，不宜采用历代城市图"等原则性要求。
>
> **路艳霞**："城市遗址与布局组组长、102岁的侯仁之去年底辞世，但他的'侯仁之工作法'，早已一点一滴地浸润在从春秋战国到民国时期的49幅城市地图中。李孝聪说，侯先生要求从今天的地图一步步往前追溯，'不同时代的城市布局地图，首先追溯新中国刚成立时的数据，再看看民国是什么样子，清末又是什么样子，明朝是什么样子。如果没有如此的推演和考古调查，就没有办法复原古代城市的布局'。"[①]

——署名"侯仁之等著"的《自己的文章》一书，作为王风主编的"民国时期中学生读本"丛书一种，由天地出版社出版。该书收入侯仁之的《怎样对付不良教师》一文。

8月　主编的《燕京学报》新三十期由北京大学出版社出版。

---

① 路艳霞：《一部大图，30年坚守》，载《北京日报》，2014年2月8日。

本年　《唯有书香传后人》刊于《文史参考》2012年第21期。

评介
1月6日　《中国档案报》第4版《中国往事》刊发余玮的《侯仁之：中国历史地理学的奠基人》。

1月13日　《燕南园61号的侯仁之》刊于《文汇读书周报》第14版《新书坊》。

1月31日　《中国"申遗"第一人侯仁之》刊于《文汇报》第11版《笔会》。

2月18日　朱祖希在国家图书馆总馆北区一层学津堂做题为《侯仁之与北京城》的讲座。

2月　高明勇的《北京城的守望者：侯仁之传》由江苏人民出版社出版。

> **案**：该书列入中央电视台科教节目制作中心、凤凰出版传媒集团联合推出的"大家丛书"之中，入选"国家新闻出版总署向全国青少年推荐的百种优秀图书"。全书介绍了侯仁之的生平事迹，包括"少年辛苦终身事、转益多师是吾师、国计已推肝胆许、为伊消得人憔悴、唯有葵花向上倾、壮心未与年俱老"等。

3月21日　《侯仁之：中国"申遗"第一人》刊于《老人报》。

3月25日　杨虎的《学人纪事：未名湖的气象——记侯仁之先生二三事》刊于《北京大学校报》第1273期第4版。

4月9日　《名人养生百岁学人侯仁之养生秘诀》刊于《吉林工人报》。

6月　侯馥兴的《从塘头厦到燕南园：我的母亲张玮瑛》由花城出版社出版。

> **案**：该书分"东莞塘厦镇张氏家族""仁义世家——张彩廷""回首向来潇瑟处""书呆子""亲尝大师教炙""国破山河在""步上治学道路""相识相知　共度人生""孤岛燕园""颠危骇浪""监狱之外

仍是牢笼""独自撑起一片天""迎解放""流云飞渡""始终不渝的选择""文革厄运""大洋彼岸 亲情绵延""学术交流中的夫妻档""生命的常态""效力母校 责无旁贷""图书馆 文水陂 静园""相濡以沫七十年""大道至简""我手写我心"等章节，并附有"张玮瑛著作译著年表"及"张玮瑛简历"。大部分篇幅均涉及侯仁之。

7月12日　《拜访侯仁之大师》刊于《德州晚报》第12版《长河副刊·人文公社》。

7月19日　《燕园拜访侯仁之》刊于《德州晚报》第7版《柳湖》。

7月　邹士方的《卓越的历史地理学家侯仁之》收于《国学大师的文人情怀》（浙江大学出版社，2012年）。

8月3日　《想起了侯仁之先生》刊于《文汇报》第12版《笔会》。

8月11日　《7·21暴雨后，想起了侯仁之》刊于《文摘报》。

8月　夏自强的《喜庆侯仁之先生百岁寿辰》刊于《燕京学报》新三十期（北京大学出版社，2012年）。

——邹士方的《老而弥坚：侯仁之的工作照》收于《北大访师记》（山东画报出版社，2012年）。

9月　汤继强的《侯仁之的北京城》收于杜家贵主编的《北大红楼：永远的丰碑（1898—1952）》（社会科学文献出版社）。

12月5日　侯馥兴的《有缘竟如是乎——一生尤念〈黄河传〉，半世书缘〈尼罗河〉》刊于《中华读书报》第17版。

本年　黄薇的《守望大地　静水深流：中国"申遗"第一人侯仁之》刊于《文史参考》2012年第1期。

——《百岁院士侯仁之：期待"冷"学科后继有人》刊于《中国科技信息》2012年第1期。

——唐晓峰的《从"基甸救国"到"人类再造"——青年侯仁之（上）》发表于《读书》2012年第12期。

——郭涛的《〈历史地理学的视野〉评介》刊于《地理学报》2012年第2

期。

——余玮的《侯仁之：从日寇囚犯到资深院士》刊于《人才开发》2012年第2期及《文史春秋》2012年第4期。

——余玮的《不舍昼夜奋蹄前行：百岁院士侯仁之》刊于《科学24小时》2012年第3期。

——尹钧科的《大家风华：忆侯仁之师》刊于《中外书摘》2012年第3期。

——肖东发、陈光中的《侯仁之："跑"上科学巅峰》刊于《全国新书目》2012年第2期。

——肖东发、陈光中的《燕南园61号的侯仁之》刊于《读书文摘》2012年第4期。

——任鹏、卞毓方的《侯仁之：中国申遗第一人》刊于《人民文摘》2012年第6期。

——《北京大学最后一位世纪学人》刊于《醒狮国学》2012年第7期。

——王明洪的《"老牛自知黄昏晚，不待扬鞭自奋蹄"：访百岁历史地理学家侯仁之》刊于《保健医苑》2012年第8期。

——秦文军的《老牛自知黄昏晚，不待扬鞭自奋蹄：百岁历史地理学家侯仁之》刊于《健康生活》2012年第11期。

——陈光中的《侯仁之的"跑步"人生》刊于《中国政协》2012年第14期。

——《侯仁之，中国世界遗产之父》刊于《中国西部》2012年第8期。

——李思衡的《侯仁之，中国世界遗产之父》刊于《中国西部》2012年第23期。

——李小波的《侯仁之院士的北京水系研究以及暴雨灾难的预见》刊于《中国西部》2012年第23期。

2013年　102岁

背景

9月、10月　习近平提出共建"丝绸之路经济带""21世纪海上丝绸之路"

倡议。

12月12日　中央城镇化工作会议在北京召开。

纪事

2月7日　北京文化发展基金会的有关人士到北京大学校医院看望侯仁之。侯仁之为该会特邀理事。

3月17日　朱士光、尹钧科等到北京大学校医院探望侯仁之。

3月18日　北京大学图书馆再次接收侯仁之的赠书。

4月25日　北京华夏藏珍国际拍卖有限公司2013春季拍卖会的名人墨迹影像专场开拍，侯仁之致苏天钧书札一宗及为"中华大地"丛书所写序言、《我国传统地理学的爱国主义思想》等手稿成为拍卖品。

6月1日　北京美三山拍卖有限公司2013春季古籍专场拍卖会开拍。侯仁之与陈阅增的来往信件成为拍卖品。

6月20日　国家最高科技奖获得者、中国科学院资深院士、植物学家吴征镒在云南昆明逝世。侯仁之以个人名义送花圈。

9月24日　外语教学与研究出版社赶印出《北平历史地理》试读本，被送入侯仁之病房。

10月22日　下午2时50分，在北京友谊医院病逝，享年102岁。北京大学在百周年纪念讲堂开设灵堂，接受吊唁。侯仁之生前希望"不搞遗体告别，丧事从简"，并希望将吊唁活动安排在燕园北阁。

案：中央领导同志以不同方式向北京大学转达对侯仁之辞世的哀悼，委托北大向侯老亲属表示慰问并敬献花圈。灵堂正中悬挂侯仁之遗像及尹钧科所书"做人以家国为本尽赤子之心成一代宗师，治学必源流探究求经世致用创特色学术"挽联。台湾大学城乡建筑研究所夏铸九教授闻讯后题写挽联"隔岸仰高山，宁犯禁也要读先生的书。立言有垂教，几巡回正在走先生的路"。此外，朱士光撰写挽联"倾心为创建历史地理学科理论奠基，功垂后世。竭力对保护世界文化自然遗产倡言，利泽当代"。

10月23日　北京大学校长王恩哥前往侯仁之的燕南园寓所吊唁，称北大准备将校内静园（原燕京大学女生宿舍）辟为"燕京图书馆"或"燕京研究院"。

10月28日　侯仁之遗体在北京八宝山殡仪馆火化，骨灰供奉在燕南园61号故居。

10月29日　方圻、吴蔚然、丁磐石、康奉、夏自强、齐文颖、蒋彦永等燕京大学校友敬献挽联"燕园耆老，殚瘁终生，广培桃李满天下。地学大师，蜚声中外，尽倾心血荐轩辕"。

12月6日　侯仁之先生追思会在北京大学图书馆举行。同时，外语教学与研究出版社在此举行《北平历史地理》新书首发式。

12月13日　北京华夏藏珍国际拍卖有限公司2013秋季拍卖会的名人墨迹专场开拍。侯仁之、陆平、陆志韦、林庚等人的"文革"交代材料成为拍卖品。侯仁之的交代材料为1969年所写《关于燕京大学三反思想改造运动的材料》。

12月15日至2014年1月17日　《科技梦·中国梦：中国现代科学家主题展》在中国国家博物馆举办。侯仁之绘制的北京古河道分布图《北京金口河横剖面图》参展。

12月　《竺可桢全集》24卷由上海科技教育出版社出齐。侯仁之、孙鸿烈、李玉海、吴传钧、吴关琦、沈文雄、宋长青、张九辰、张丕远、张镜湖、陆大道、陈述彭、施雅风、姚檀栋、秦大河、席泽宗、路甬祥、樊洪业等人任《竺可桢全集》编辑委员会委员。

著述

1月　侯馥兴选编的《师道师说（侯仁之卷）》由东方出版社纳入《中国文化书院九秩导师文集》出版。

　　案：《中国文化书院导师文集》策划于2010年5月，按照汤一介的建议，计划为梁漱溟、冯友兰、袁晓园、邓广铭、张岱年、虞愚、季羡林、何兹全、侯仁之、启功、金克木、周一良、吴晓铃、杨宪益、阴法鲁、任

继愈、石峻、牙含章、宫达非、吴江、王元化、李慎之等年龄90岁以上的导师各出一卷文集。《师道师说（侯仁之卷）》分"我的自述""我的家庭""师恩厚重教泽流长""抗日救国 颠危骇浪 乱离之世 因缘有自""北京 知之愈深爱之弥坚""学海一桴""守望燕园"等部分，收录不少侯仁之此前并未刊布的文章。

9月 侯仁之主编的三卷本《北京历史地图集》由北京出版集团公司文津出版社出版。

案：该地图集分《政区城市卷》《文化生态卷》《人文社会卷》三卷，有75万字、460幅地图、100余幅历史照片。其中，《政区城市卷》内容为北京建城以来的行政区划变迁。《文化生态卷》内容为自原始社会以来的北京地区自然环境变化。《人文社会卷》内容为历史上的北京市域范围内的人口、聚落、经济、交通、军事、建筑等人文地理要素。

11月6日 《侯仁之教授1975年在承德的报告和发言》刊于《中国文物报》。该文由李晓东整理，原为侯仁之1975年7月29日在承德市革委会所做的报告。

11月 《北平历史地理》由外语教学与研究出版社出版。

案：该书由邓辉、申雨平、毛怡由1949年侯仁之的英国利物浦大学博士论文翻译而来。2011年12月1日，外语教学与研究出版社申请的"中华学术外译项目"《北平的历史地理》和《中国历史地理学的理论与实践》获得国家社会科学基金立项。2012年8月29日，外语教学与研究出版社和施普林格出版集团签署战略合作协议，启动"中华学术文库"英文丛书项目，侯仁之《北平历史地理》入选。

邓辉："总体来看，《北平历史地理》是一部经受住了时间检验的历史地理研究著作，至今在理论与实践两方面具有重要意义，堪称经典之作。作者所采用的研究框架,以及强调自然地理与人文地理分析、重视地图表现形式、重视文献与考察结合的思想,不仅贯彻到作者自己以后的学术实践中,而且这些思想也值得今天历史地理学界的后学们去阅读、学习和体会。作者的有关北平城的具体研究结论,对于今天的城市规划与保护,也仍然具有重要的参考价值。这些都是我们今天翻译和出版这篇论文的价值所在,也是读者们在阅读时需要格外注意的。"①

毛怡:"作为译者之一,翻译过程中令笔者印象最深刻的,是侯先生书中所引用的古今中外文献几百条,以及用炭笔和彩铅亲手绘制的插图50余幅。其时,尚无电子资源与检索工具可供利用,也无地理信息系统或遥感影像等科技手段可以辅助,可以想见侯先生在著述此文时,纵览几千年中国典籍记载,横贯各国学者对北京的研究,循祖先足迹实地考察,对比思辨,伏案制图,科学与美观并重,令人叹为观止。本书不但是一篇科学严谨之作,而且图文并茂,语言深入浅出,虽是学术著作,但为普通读者读来,亦毫无理解上的困难。这也是侯先生文章的一贯风格,他不但学术水平一流,且人文素养深厚,中文写作条理清晰、生动自然,英文表达也流畅易懂,中英文书法均潇洒美观,仿若印刷,如汗八里城内集市分布图、元通惠河河道与沿线水闸图,读者均可从插图中欣赏到先生的手迹。"②

肖复兴:"一切热爱这座古城的领导者、规划者和建设者们,都应该看看《北平历史地理》,它应该是我们的必备书,能让我们认识这座城市,并且感悟到这座城市丰厚历史与文化的'诉诸力'。"③

12 月 18 日 《北京都市地理(狱中腹稿)》刊于《中华读书报》第17版,该文又收入当年1月出版的《师道师说(侯仁之卷)》(东方出版社,2013年)。

---

① 邓辉:《〈北平历史地理〉译后记》,见侯仁之著,邓辉等译:《北平历史地理》,外语教学与研究出版社2013年版,第214页。
② 毛怡:《重建过去的地理——〈北平历史地理〉所得一二》,载《光明日报》,2014年5月12日。
③ 肖复兴:《城市的"诉诸力"》,载《北京晚报》,2018年1月21日。

12月　中国人民大学清史研究所丁超申报2013年北京市社科联青年社科人才资助项目《大师与大城：侯仁之的北京研究及其思想资源》获批。

评介

1月24日　《侯仁之的养生经》刊于《太原晚报》。

1月　侯馥兴的《一甲子之交——记郭纪森与父亲侯仁之的情谊》刊于《万象》2013年1月号。该文次年5月收入人民文学出版社编辑部编选的21世纪年度散文选《2013散文》（人民文学出版社，2014年）。

——《侯仁之：历史地理学泰斗中国"申遗"第一人》收于李勇、闫巍合著的《流淌的人文情怀——近现代名人墨记（续）》（东方出版中心，2013年）。该文作者是名人墨迹收集者，书中收录了1990年12月6日侯仁之为《中学生》杂志题词及《步芳集》书影。

——《图书馆接收侯仁之先生两批珍贵赠书》《"仁之玮瑛藏书"、"民国旧报刊"、"段宝林赠书室"特色数据库正式发布》两则消息刊于北京大学图书馆馆长办公室编印的《北京大学图书馆通讯》总第76期。

2月6日　《地理学家侯仁之》刊于《老年日报》。

2月8日　《老学人侯仁之》刊于《茂名日报》。

4月15日　《走近侯仁之先生》刊于《洛阳理工学院报》。

5月　俞国林编的《顾颉刚旧藏签名本图录》由中华书局出版。侯仁之所赠《天津聚落之起源》《故都胜迹辑略》《淄博市主要城镇的起源和发展》《承德市城市发展的特点和它的改造》4部论著的书影收入其中。

6月19日　侯馥兴的《仁者德者夏仁德——燕京大学外籍教授追忆（下）》刊于《中华读书报》。文章介绍了侯仁之与赖朴吾的交往。

6月　朱祖希的《侯仁之先生以91岁高龄考察金代鱼藻池遗址纪实》刊于北京市西城区档案局编《西城追忆》2013年第2期。

9月13日　郝俊的《"活北京"侯仁之》刊于《中国科学报》。

9月　陈光中的《侯仁之与西城》刊于北京市西城区档案局编的《西城追忆》2013年第3期。

10月23日　新华社主办的新华网刊发记者李江涛的消息《著名历史地理学家侯仁之逝世》。

——《中国申遗第一人侯仁之院士逝世》刊于《京华时报》第15版《北京·时事》。

——任敏的《"活北京"侯仁之，昨天走了……》刊于《北京日报》第2版《要闻·时政》。

——江楠的《"历史地理学"巨擘侯仁之逝世》刊于《新京报》第A20版《北京新闻·社会》。

——安苏、林艳的《"活北京"侯仁之先生昨去世——享年102岁，网友感慨"燕园又少了一位大师"》刊于《北京青年报》第A11版《本市·焦点》。

——张航、牛伟坤的《北京城很多古迹因他留存下来》刊于《北京晚报》第10版《科教》。文章介绍了"侯老与本报的不解之缘"，侯仁之在该报曾发表《北京城的成长和北京的水》《换了人间》《北京通谈改造北京》《侯仁之教授就北京城市建设提出意见　改造旧城要注意保护历史文化遗迹》《著名学者侯仁之踏寻古水道谈京城演变》等。

　　吴良镛："我跟侯仁之认识几十年了，建国后我从美国回来，他从英国回来，那会儿我们就认识了。他是历史地理的大家，对北京城的总体规划和城市建设做出了很大的贡献，他的去世是学术界的一大损失。"[1]

　　孔繁峙："我在北大做学生的时候，就听过侯老的课。侯老讲课非常有水平，知识渊博，讲起北京城的建设来引经据典。当时作为'文革'前不多的教授之一，他的课在北大非常受欢迎，几百人的大教室坐得满满的，过道里，门口挤的都是学生。后来我在文物局工作时，开始与侯老建立了工作上的联系。他算得上是北京城市建设的大功臣，德胜门的留存、天坛内古建的腾退、长安街南段城墙的复建……很多工程都是侯老牵头专家

---

[1]　张航、牛伟坤：《北京城很多古迹因他留存下来》，载《北京晚报》，2013年10月23日。

呼吁的。"①

——《中国"申遗"第一人侯仁之昨去世》刊于《文汇报》第9版《文化新闻·社会生活》。

——《历史地理学巨擘侯仁之逝世》刊于《汕头特区晚报》。

——《中国申遗第一人侯仁之去世 享年102岁》刊于《侨报》。

——《中国"申遗"第一人侯仁之昨去世》刊于《文汇报》。

——北京卫视（BTV）新闻频道《都市晚高峰》栏目播出《"北京通"侯仁之走了》。

10月24日 赵婀娜的《侯仁之：行走天下，守望大地》刊于《人民日报》第12版。

——《著名历史地理学家侯仁之在北京逝世》刊于《新华每日电讯》。

——王庆环、汤继强的《追忆"北京活化石"侯仁之》刊于《光明日报》第6版《教科新闻》。

——《侯仁之藏书大部分捐北大——本周末起悼念 不作遗体告别》刊于《北京晚报》第17版《科教》。文章称："悼念仪式初定本周末开始，有三天和五天两个方案，地点方案也分为北阁和百年讲堂，城环学院都已经上报给北大校办以最终确定。"

——王歧丰、王海亮的《申遗第一人 曾带一块城砖访美》刊于《北京晨报》第A11版《都市新闻》。

——陈远的《纪念侯仁之：依稀燕京背影》刊于《新京报》第C02版。《侯仁之：让北京西站往东移100米》刊于第C13版《逝者·人物小记》。

——董鑫的《北大证实不举行侯仁之遗体告别》刊于《北京青年报》。

——颜亮的《历史地理学泰斗侯仁之去世》刊于《南方都市报》第RB13版《文化副刊》，文称"侯仁之先生去世后，历史学家葛兆光、北京大学教授朱青生、吴必虎等都在微博上对侯仁之先生进行了追悼"。

---

① 张航、牛伟坤：《北京城很多古迹因他留存下来》，载《北京晚报》，2013年10月23日。

——新华社电《历史地理学泰斗侯仁之先生辞世》刊于《西安日报》第9版《国内新闻》。

——《侯仁之逝世》刊于《解放日报》第3版《国内》。

——《著名历史地理学家侯仁之逝世》刊于《燕赵都市报》第14版《北京新闻》。

——《著名历史地理学家侯仁之逝世》刊于《海南日报》第9版《中国新闻》。

——《中国申遗第一人侯仁之院士逝世》刊于《成都日报》第11版《时事·教育周刊》。

——《"申遗"第一人侯仁之去世——曾研究淄博城市历史地理》刊于《鲁中晨报》第A02版。

——《侯仁之院士逝世》刊于《深圳晚报》。

——《中国申遗第一人侯仁之逝世》刊于《深圳特区报》。

——《著名历史地理学家侯仁之逝世》刊于《长江商报》。

——《著名历史地理学家侯仁之逝世》刊于《闽北日报》。

——《历史地理学泰斗侯仁之走了》刊于《晶报》。

——《"申遗第一人"侯仁之逝世 系历史地理学泰斗》刊于《东南快报》。

——山西卫视的《山西新闻联播》播出《中国申遗第一人侯仁之逝世》。

10月25日 《中国历史地理论丛》编委会、陕西师范大学西北历史环境与经济社会发展研究院、陕西师范大学历史地理学科（国家重点学科）撰文《永久怀念侯仁之先生》。文章称"一代宗师侯仁之先生为我国的历史地理学事业留下了丰富的学术思想和大量研究论著，还有从事科学研究的热情，探索未知领域的勇气，关心祖国和民族前途命运的情怀，均为我们进一步继承和弘扬的精神财富"。

——《百年讲堂设灵堂吊唁侯仁之》刊于《北京日报》第9版《北京·城市》。

——《明天起到北大吊唁侯仁之先生》刊于《北京晚报》第10版《科教》。

——赵夏的《大德必寿 仁者长在》刊于《中国文物报》第3版。

——《北大百年讲堂悼念侯仁之》刊于《北京晨报》。

——《侯仁之》刊于《东方早报》。

——《中国申遗第一人侯仁之逝世》刊于《西安晚报》。

——《侯仁之院士逝世》刊于《中国教育报》。

——《侯仁之：静水流深　星斗其人》刊于《发展导报》。

——《"历史地理巨擘"侯仁之走了》刊于《新疆都市报》。

——《著名历史地理学家侯仁之逝世》刊于《赣州晚报》第A14版《文娱眼》。

10月26日　中央电视台新闻频道《新闻周刊·本周人物》以"侯仁之：逝去的'活北京'"为题介绍侯仁之生平。

——邹士方的《侯仁之的北京情怀：巨擘不逝，爱在北京》刊于《北京青年报》第A18版《北青文苑》。

——《百年讲堂悼念侯仁之》刊于《北京晚报》第2版《北京》。

——《"一定不负侯先生嘱托"》刊于《法制晚报》第A11版《热线现场》。

——刘金忠的《九河洒泪哭宗师——遥祭侯仁之先生》刊于《德州晚报》第8版。

——张晓鸽的《侯仁之院士逝世今日起接受吊唁》刊于《京华时报》。

10月27日　董鑫的《〈北京历史地图集〉侯先生再等两天就看到了》刊于《北京青年报》第A04版《本市新闻》。

——任敏的《燕大校歌送别侯仁之》刊于《北京日报》第2版。

——王璐的《"做学问要踏踏实实坐冷板凳"，侯仁之先生吊唁仪式在北大百年讲堂举行》刊于《北京晨报》第A2版面《都市新闻》。同期报纸刊发陈辉的《朱祖希：侯仁之老师教我爱北京》。

——《"活北京"侯仁之》刊于《太原日报》第2版《要闻》。

——《他曾带一块北京城砖访美》刊于《中山日报》第A7版《热点》。

10月28日　《别了，"活北京"：社会各界人士悼念侯仁之先生》刊于《北京大学校报》第1版。

——《侯仁之与宁夏》刊于《新消息报》。

——董鑫的《在燕园感受侯仁之》刊于《北京青年报》。

——《侯仁之与〈尼罗河〉的半世书缘》刊于《北京青年报》。

——《侯仁之：城市绝不可忘记自己的起源，如同人不可以忘掉自己的过去》刊于《新快报》。

10月29日　《北京日报》第5版《北京新闻》刊发《侯仁之将安葬于京西陵园》。文章称"侯仁之先生的遗体已火化，骨灰将安葬在位于门头沟的万佛华侨陵园"。该报第17版刊登籍之伟的《他的名字与古都相连——悼侯仁之先生》。该报第18、19版《深读周刊·人物》整版刊登汤继强、王建柱的《北京老人侯仁之》。

——《送别侯仁之》刊于《渤海早报》。

——刘金海的《送别资深院士侯仁之》刊于《大连日报》。

——《侯仁之北京城的世纪知音》刊于《中学时事报》。

——《侯仁之：发掘、保护北京城》刊于《文摘报》。

——《侯仁之：城市绝不可忘记自己的起源》刊于《乌鲁木齐晚报》。

10月30日　《中国青年报》刊发《侯仁之：把102年的人生绘在地图上》。

——肖东发、陈光中的《侯仁之，燕南园最后一位百岁大师走了》刊于《中华读书报》第7版《人物》。

——林博文的《中国历史地理学元祖侯仁之》刊于台湾地区《中国时报》（中时电子报）。

10月31日　李绾心的《感念铭记侯仁之先生》刊于《中国文化报》第7版《名城名街》。

——江楠的《"北京真的不该拆城墙"——侯仁之生前遗憾》刊于《中国剪报》。

10月　德州民间人士刘金忠在网络发出《为德州籍五位史学大师兴建纪念馆舍的建议书》，呼吁政府为齐思和、邓广铭、荣孟源、任继愈、侯仁之等五位史学大师兴建纪念馆。

——丁磐石的《记恩师邓之诚与燕京大学诸师》刊于《文史知识》2013年第

10期。

11月2日　高毅哲的《侯仁之：城市的知音》刊于《中国教育报》第4版《新闻·人物》。文章援引白岩松、朱青生及网友的言论。《新华文摘》2014年第1期转载此文。

朱青生："与邻居侯仁之先生在燕南园一起散步的日子已经在天上了！先生最大的教养就是遇事皆由衷以为：'好，好得很！'一个历尽沧桑之人，百岁得来满心欢喜，需要何等修养，何等心胸？先生住61号，我的汉画研究所在64号，一天修好篱笆，就听到了'好，好得很！'此声音将永远萦绕北大燕南园……"

——朱小平的《忆侯仁之先生的一封信》刊于《北京日报》。

11月3日　游雪晴的《纵横百年深情守望——追记我国历史地理开创者、中科院资深院士侯仁之》刊于《科技日报》第3版。

11月6日　罗澍伟的《我知道的侯仁之先生》刊于《中老年时报》第7版《岁月》。

11月11日　贾子建、阿润的《历史地理学家侯仁之：学以致世》刊于《三联生活周刊》2013年第45期。

——刘金忠的《九河洒泪悼先哲——遥祭侯仁之先生》刊于《武城时报》。

11月12日　王建柱的《我爱北京城——记中国申遗第一人侯仁之》刊于《解放日报》第15版《朝花》。

11月14日　《侯仁之生前遗憾："北京真的不该拆城墙"》刊于《福州晚报》。

11月15日　尹钧科的《侯先生的大恩大德永远激励我勤奋工作——沉痛悼念侯仁之师逝世》刊于《北京大学校报》第3版。

——张红扬的《侯仁之先生与北大图书馆》刊于《北京大学校报》第3版。

——高秀芹的《侯仁之先生》刊于《北京大学校报》第3版。

11月20日　《侯仁之：城市的知音》刊于《湖南工人报》。

11月27日至29日　贾子建、阿润的《历史地理学家侯仁之：学以致世》刊于《新民晚报》。

11月　北京大学城市与环境学院供稿的《我国著名历史地理学家侯仁之院士的杰出学术贡献》刊于《地理学报》2013年第11期。文章认为"侯仁之热爱教育，关爱学生，兢兢业业地在教学科研岗位上工作了65年，硕果累累、桃李芬芳，为国家和民族培养了许多优秀人才，成为海内外学界共同敬重的一代宗师。侯仁之是学贯中西、文理通融的学界泰斗，是老一辈爱国知识分子的杰出代表。先生治学、做人均称楷模，为我们树立了光辉的榜样。先生坚守爱国报国、追求真理、淡泊名利的情怀永远值得我们学习"。

12月5日　郝平的《知之愈深，爱之弥坚——纪念侯仁之先生诞辰102周年》刊于《中国青年报》第3版。

——赵中枢的《两入"侯门"忆恩师》刊于《中国文化报》第7版《名城名街》。

——南夏的《侯仁之：读城记史的当代"徐霞客"》刊于《南都周刊》2014年第33期（总第490期）。该文后收入《上世纪的传奇人生》（浙江出版集团数字传媒有限公司，2017年，香港《凤凰周刊》文丛系列）之中。

12月11日　李苑的《赤子其人　守望北京：侯仁之〈北平历史地理〉诞生始末》刊于《光明日报》第9版《文化新闻》。

——高秀芹的《他是燕园的一棵有思想的树——忆侯仁之先生》刊于《中华读书报》第3版。

12月13日　唐荣尧的《侯仁之，在西北探寻沙漠化变迁》刊于《中国民族报》第11版《文化周刊·品味》。

12月18日　《侯仁之（1911—2013）》刊于《中华读书报》第5版《版面瞭望》。

12月24日　韩光辉、王洪波、刘伟国的《侯仁之对北京城市规划建设的贡献》刊于《中国测绘报》第3版《理论与实践》。文章认为侯仁之的研究成果主要解决了3个重大问题：一是北京原始城址的起源与城市的发展；二是古代北京

城市的布局、规划与设计；三是北京城市水源的开发和利用。文章还认为侯仁之的重大贡献还体现在编绘《北京历史地图集》。

12月26日 《历史地理学家侯仁之》刊于《太原晚报》。

12月27日 《中国社会科学报》刊发《逝去的背影》专题，介绍侯仁之、李文海、裴汝诚、章伯锋等本年去世的学者。

12月 《徐霞客研究》编委会的《侯仁之先生生平》收于中国地质学会徐霞客研究分会、江阴市人民政府编的《徐霞客研究》第27辑（地质出版社，2013年）。

——《沉痛悼念侯仁之先生》收于《历史地理》第二十八辑（上海人民出版社，2013年）。

——岳升阳的《侯仁之先生与海淀》刊于《中关村》2013年第12期。

本年 唐晓峰的《踏入历史地理学之路——再论青年侯仁之》刊于《读书》2013年第7期。

——郑孝燮的《侯仁之先生与"第663号提案"》刊于《群言》2013年第12期。

——岳升阳的《心系北京的老人——回忆晚年侯仁之》刊于《北京观察》2013年第12期，后又收于北京市政协宣传中心编的《古都溯往》（中国文史出版社，2018年）。文章称"侯先生不论是提建议还是发呼吁，总是坚持一条原则，即它必须是自己研究领域内的事情，一件事如果超出自己的研究领域就没有发言权了"。

——卫小溪、侯馥兴的《"中国申遗第一人" 怀念大师侯仁之》刊于《世界遗产》2013年第6期。

——赵夏的《侯仁之经世致用的学术人生》刊于《中国文化遗产》2013年第4期。

——《沉痛悼念侯仁之先生》刊于《城市发展研究》2013年第10期。

——《中国科学院资深院士、本刊顾问侯仁之先生逝世》刊于《中国园林》2013年第11期。

——李平日的《忆启蒙导师侯仁之院士的教诲》刊于《热带地理》2013年第6期。

——柳哲的《侯仁之的长寿秘诀》刊于《长寿》2013年第4期。

——柳哲的《史地泰斗：百岁学人侯仁之》刊于《家庭医学》2013年第10期。

——晓桥的《侯仁之》刊于《财经》2013年第31期。

——王建柱的《侯仁之：了解昨天和前天，才能更好地了解今天》刊于《福建党史月刊》2013年第11期。

——陈芳的《知之愈深，一代宗师，爱之弥深，赤子之心——湖畔敬忆侯仁之先生》刊于《北京观察》2013年第12期。该文又收于北京市政协宣传中心编的《古都溯往》（中国文史出版社，2018年）。

——朱祖希的《侯仁之与不朽的城池》刊于《东方养生》2013年第12期。

——《侯仁之：巨肇未逝，星斗人之》刊于《文史博览》（人物）2013年第12期。

——《"活北京"侯仁之：期待历史地理学后继有人》刊于《中国科技信息》2013年第19期。

——克石的《忆侯仁之先生的一封信》刊于《海内与海外》2013年第11期。

——李尔燕的《看到莲花池，请不要忘记他：追忆历史地理学家侯仁之先生》刊于《新天地》2013年第12期。

——陈远的《纪念侯仁之：依稀燕京背影》刊于《当代学生》（读写）2013年第12期。

——陈远的《纪念侯仁之：依稀燕京背影》刊于《作文素材》2013年第24期。

——北京市文物局的《高山景行　京都守护神——悼念侯仁之老先生》刊于《北京文博》2013年第3期。

——《侯仁之先生逝世》刊于《中国长城博物馆》2013年第4期。

——毛赞猷的《回忆侯仁之老师》刊于《莞水情》2013年第12期、《莞中人》2013年第3期。

——《沉痛悼念侯仁之院士》刊于《莞水情》2013年第12期。

——王小菲、王令薇的《侯仁之逆水行舟》刊于《博客天下》2013年第30期。

——王明洪的《老牛自知黄昏晚，不待扬鞭自奋蹄：百岁历史地理学家侯仁之》刊于《养生月刊》2013年第3期。

——张国的《把102年的人生绘在地图上——记中国现代历史地理学的重要奠基人侯仁之》刊于《中国测绘》2013年第6期。

——俞美尔的《怀念侯仁之教授，回眸〈北京历史地图集〉编纂始末》刊于《莞水情》2013年第12期。

——《侯仁之：行走天下，守望大地》刊于《莞水情》2013年第12期。

——朱祖希的《侯仁之：行走天下守望大地》刊于《中国政协》2013年第21期。

——肖东发、陈光中的《侯仁之，燕南园最后一位百岁大师走了》刊于《新华月报》2013年第24期。

——舒心的《"中国申遗第一人"侯仁之：行走天下，守望大地》刊于《作文素材》2013年第24期。

——柳哲的《缅怀史地泰斗侯仁之》刊于《南方测绘》第87期。

——何滨柔的《心怀家国　情系大地——记历史地理学家、一代宗师侯仁之》刊于《北大人》2013年第4期（冬季刊）。

谱 后

2014年

背景

10月15日　习近平主持召开文艺工作座谈会并做重要讲话。

11月　亚太经合组织（APEC）北京会议周举办。

纪事

1月11日　邓辉在国家图书馆总馆北区学津堂主讲《一个城市的成长史——侯仁之与〈北平历史地理〉》讲座。

3月1日　由北京大学历史地理研究中心、北京大学历史学系等单位共同主办的纪念禹贡学会创办80年座谈会在北大举行。来自北京、上海、西安等历史地理研究单位的代表及顾颉刚之女顾潮、侯仁之之女侯馥兴与会。

3月29日　"世界因你美丽——影响世界华人盛典2013—2014"在北京大学百周年纪念讲堂举行，活动期间向侯仁之、邵逸夫、赵无极、张光斗等人致敬。

4月10日　《科技梦·中国梦——中国现代科学家主题展》全国巡展启动宣传活动在陕西师范大学举办。与侯仁之相关的"侯仁之手绘北京金口河横剖面图"地图、"《科学研究试验动态》737号"、"北京地下湮废河道复原图说明及说明书"3件展品（仿制品）参与巡展。

4月25日　崔海亭、唐晓峰、邓辉在北京大学城环文化节开幕式上主讲《走近侯仁之先生》。

5月31日　北京海王村拍卖有限责任公司中国书店2014年春季书刊资料文物拍卖会开拍。侯仁之1990年11月致潘云唐书札成为拍卖品。

6月　北京市通州区档案馆发布"寻找运河文化百人档案征集公告"，侯仁之、孔祥熙、陈昌祐、李德、孙敬修、王洛宾、刘白羽、黄昆、冯其庸、黄永玉、李希凡、欧阳中石、浩然、刘绍棠、韩美林等人名列百人名单之中。

7月4日　"大师与古都——侯仁之与北京城"学术研讨会暨专题展览在北京社科联活动中心举行。

案：该活动由北京市社会科学界联合会、北京史研究会主办，北京联合大学北京学研究所、北京大学历史地理研究中心承办。会上，侯馥兴以"回忆父亲侯仁之"为题发言，另有唐晓峰、李建平、尹钧科、岳升阳、张宝秀等人分别做题为"侯仁之与北京历史地理研究""侯仁之与北京城""侯仁之与《北京历史地图集》""老骥伏枥，心系北京——回忆晚年侯仁之""侯仁之与北京学"的主题发言。

9月19日至22日　由中国地理学会历史地理专业委员会主办，中国西部边疆安全与发展协同创新中心、四川大学历史文化（旅游）学院等承办的历史地理学的继承与创新暨中国西部边疆安全与历代治理研究——2014年中国地理学会历史地理专业委员会学术研讨会在成都召开。

谱后 | 747

12月10日　北京华夏藏珍国际拍卖有限公司双龙盛世2014华夏鸿禧专场拍卖会的名人墨迹专场开拍。侯仁之致苏天钧信札一宗成为拍卖品。

著述

8月　*An Historical Geography of Peiping*和*Symposium on Chinese Historical Geography*两书由外语教学与研究出版社和Springer-Verlag Berlin and Heidelberg GmbH & Co. K出版。两书出版获得中华社会科学基金资助。

评介

1月5日　《北京晨报》第A22版《人文悦读》刊发《侯仁之先生的经典之作》，介绍《北平历史地理》（外语教学与研究出版社）一书。

1月20日　《忆侯仁之先生的一封信》刊于《太原日报》。

1月　朱士光的《深挚悼念先师侯仁之先生》刊于《中国历史地理论丛》2014第1期。

——陈桥驿的《永记导师侯仁之先生的教导》刊于《中国历史地理论丛》2014第1期。

> **陈桥驿：**"但以后直到这三位老迈，侯与史对谭的称呼，在任何场合，都称'谭先生'，而谭称侯为'仁之'，称史为'筱苏'（史先生号），这样的称呼，从来是一丝不苟的。我也是在稍后获知了其间缘由，这就是老一辈学者处世为人的准则，虽然都是年齿相仿的学者，但在彼此的称呼上，却从来是在任何场合中执着不变的。这种在称呼上的态度，其实也就是当时他们为学，亦即做学问的态度。"[①]

——邹逸麟的《深切缅怀侯仁之先生》刊于《中国历史地理论丛》2014第1期。文章称"自从谭先生和史先生先后逝世后，我们把侯先生看成我们这个历史

---

① 陈桥驿：《永记导师侯仁之先生的教导》，载《中国历史地理论丛》2014年第1期。

地理群体依靠的大树、主心骨，我们学科的象征性人物"。

邹逸麟："我们感到侯先生是我国第一代受过正规地理学训练的历史地理学家，在文化素养上是中西文化交融中兼有中国传统知识分子和英国绅士气质的学者，使得我们非常仰慕。他的去世，不仅是我们历史地理学界的不可弥补的损失，也是我们整个文化界的损失。"[1]

——葛剑雄的《怀念侯仁之先生》刊于《中国历史地理论丛》2014第1期。

葛剑雄："侯先生是在燕京大学取得历史学硕士学位并留学工作后，再去英国利物浦大学，由著名历史地理学家达比教授指导，取得地理学博士学位的。在中国地理学界，有这样完整的学历，先后得到中西权威学者培养熏陶，侯先生是第一人，直到改革开放初期也仅他一人。"[2]

——唐晓峰的《鲤鱼洲归来——1971~1976侯仁之工作志》刊于《中国历史地理论丛》2014年第1期。

案：该文"截取1971—1976这五年多的一段，以先生长女侯馥兴整理的年表为线索"，刊布了侯仁之罕见的生平资料，具有史料价值。此处所称"侯馥兴整理的年表"，注释称"参阅北京大学历史地理研究中心编：《走近侯仁之》，（北京）学苑出版社，2011年"。然《走近侯仁之》一书中并无该年表，疑编辑有误。又，侯馥兴在北京大学历史地理研究中心编的《有情君未老——侯仁之九十五华诞影集》（北京大学出版社，2006年）中整理有《侯仁之年谱简编》。

---

[1] 邹逸麟：《深切缅怀侯仁之先生》，载《中国历史地理论丛》2014年第1期。
[2] 葛剑雄：《怀念侯仁之先生》，载《中国历史地理论丛》2014年第1期。

——《侯仁之：中国申遗第一人》收入中华人民共和国年鉴社编的《中国国情读本（2014版）》（新华出版社，1014年）之中，称侯仁之为"中国申遗第一人""北京活化石"。

3月4日　《侯仁之：中国申遗第一人》刊于《太原日报》。

3月19日　侯馥兴的《洪师赐函明信暗语》刊于《中华读书报》第18版《国际文化》。

3月22日　肖东发在由北京大学首都发展研究院、北京市东城区教委联合举办的北京大学国子监大讲堂上做题为《侯仁之与北京学》的讲座，介绍侯仁之先生与北京学的渊源以及对北京文化的贡献。

4月4日　《天地为笺情作墨——缅怀侯仁之院士》刊于《科技日报》第4版。

5月12日　毛怡的《重建过去的地理——〈北平历史地理〉所得一二》刊于《光明日报》第15版《文化评论周刊·图书评论》。

5月　当代北京编辑部编的《当代北京大事记（2003—2013年）》（当代中国出版社，2014年）记载侯仁之逝世之事。

——张金哲的《为侯仁之老师90寿辰而作》（国画）收于中国工程院办公厅编的《学海墨浪：中国工程院院士书画社2014》（高等教育出版社，2014年）。

7月4日　侯馥兴的《侯仁之的天津缘》刊于《天津日报》第11版《满庭芳》。

7月9日　《侯仁之：就爱徒步旅行》刊于《老年生活报》。

7月10日　《"四合院志"倾注大师侯仁之心血》刊于《深圳商报》。

7月21日　孙云帆的《专家谈侯仁之与北京史地研究》刊于《北京日报》第19版《理论周刊·文史》，介绍《大师与古都——侯仁之与北京城》展览暨学术研讨会情况。

8月3日、4日　葛剑雄的《侯仁之先生（上、下）》刊于《今晚报》。

8月　肖东发的《治学之道，薪火相传——推介长传记〈侯仁之〉》收于《北大问学记》（海豚出版社，2014年）。

9月　朱士光的《略论侯仁之先生对历史地理学之学术贡献——兼论中国历

史地理学学术传统的传承创新》、司徒尚纪的《侯仁之先生在中国地理学史上的成就和贡献》在成都召开的历史地理学的继承与创新暨中国西部边疆安全与历代治理研究——2014年中国地理学会历史地理专业委员会学术年会上宣读。

11月　李并成、贾富强的《侯仁之先生与沙漠历史地理研究》刊于《地理学报》2014年第11期。

12月　徐华、张洪志编著的《潞河中学史话》（社会科学文献出版社，2014年）中的"潞河中学校友小传"收录"侯仁之"。

本年　《中国圆明园学会终身名誉顾问侯仁之先生逝世》刊于《圆明园学刊》第十七期"庆祝中国圆明园学会成立35周年特刊"。

——《侯仁之：燕南园最后一位泰斗》刊于《儒风大家》2014年第1期。

——金汕的《"京城活化石"侯仁之（上）》刊于《海内与海外》2014年第1期，《"京城活化石"侯仁之（下）》刊于《海内与海外》2014年第2期。

——朱士光的《学习弘扬侯仁之先生三大治学风范，大力推动历史地理学深入发展》刊于《淮阴师范学院学报》（哲学社会科学版）2014年第1期。文章指出侯仁之在学术研究中始终遵循的开创的精神、开阔的视野、开放的胸襟三大治学原则。

——尹钧科的《师恩泰山重　教泽东海深——怀念恩师侯仁之》发表于《当代北京研究》2014年第1期。

——陆奇的《学界泰斗　人世楷模：缅怀侯仁之先生》发表于《当代北京研究》2014年第1期。文章回忆了侯仁之与陆禹（北京市原副市长、市顾问委员会副主任，燕京大学校友）的交往。

——邓辉、崔海亭、唐晓峰等的《三秋树，二月花——感受侯仁之先生的人格魅力》刊于《环境经济》2014年第8期。

——鲍宁、赵寰熹的《侯仁之先生绘制及使用北京地图研究》刊于《中国历史地理论丛》2014年第3期。

——《"活北京"侯仁之：不能让一座城市失去记忆》刊于《作文与考试（初中版）》2014年第2期。

——高毅哲的《侯仁之：城市的知音》刊于《新华文摘》2014年第1期。

——郑依菁的《"活北京"侯仁之》刊于《老年博览》2014年第1期。
——金汕的《追忆侯仁之先生》刊于《北京纪事》第3期。
——沈栖的《历史铭记"侯仁之"这个名字》刊于《世纪》2014年第5期。
——唐莹莹、刘颖的《百岁学者侯仁之》刊于《中老年保健》2014年第12期。
——《侯仁之：中国"申遗"第一人》刊于《学习报》2014年第31期。
——剑桥大学伊曼纽尔学院教授阿兰·贝克（Alan R.H. Baker）在《历史地理学杂志》（*Journal of Historical Geography*）第43卷第1期刊发"Remembering Hou Renzhi（1911—2013）"一文。同期杂志刊发阙维民撰写的"Hou Renzhi，1911—2013"一文。

2015年

背景

9月3日　中国人民抗日战争暨世界反法西斯战争胜利70周年。
10月5日　屠呦呦获得诺贝尔生理学或医学奖。

纪事

8月1日　北京华夏藏珍国际拍卖有限公司2015华夏鸿禧专场拍卖会的名家珍藏墨迹专场开拍。侯仁之"文革"时期的日记、通讯录、手稿、照片、书札等成为拍卖品。

11月12日　北京市地质工程勘察院受北京土木建筑学会岩土工程委员会委托举行古河道与工程研究主题讲座暨侯仁之纪念讲座，北京大学城市与环境学院历史地理研究所岳升阳副教授主讲《北京古河道历史地理研究》。

11月25日　北京大学图书馆北大文库再次接收侯仁之、张玮瑛夫妇藏书139册。

12月22日　北京方志馆举办《侯仁之眼中的古都北京》专题展览。该展览以北京城起源、河湖水系、城市发展、文化遗存和学术研究等为线索，展出了侯仁

之不同时期的作品、研究手稿、文献等部分实物资料。活动期间，北京联合大学教授张宝秀主讲"京华讲坛"第27期《侯仁之与北京城》。

著述
6月　《中国历史地理论集》（英汉对照）由外语教学与研究出版社作为"博雅双语名家名作"系列之一出版。

　　案：全书英汉对照，共收录《北京城：历史发展的特点及其改造》《展望首都新风貌：北京旧城城市设计的改造》《试论北京城市规划建设中的三个里程碑》《从北京到华盛顿——城市设计主题思想试探》《在所谓新航路的发现以前中国与东非之间的海上交通》《古代中国地理文献的现代解释》《新时代的万里长城》、《我从燕京大学来》等较为少见的12篇英文文章。

评介
1月4日　唐晓峰的《"天路历程"——忆侯仁之先生》刊于《东方早报》第12版《上海书评》。该文写于侯仁之去世一周年之际，对侯仁之思想发展中的若干重要史料进行解读。该文载："我从未写过对联，那几日，因追思萦怀，先生一生之事历历在目，不觉凑成两句：体国经野沙海行舟图通古今之变，心忧力行春风立中奋蹄天路历程。"

1月　朱祖希的《侯仁之与北京城》由北京工业大学出版社出版。全书分为"知之愈深，爱之弥坚""要真实要发展——北京城的继承、创新和保护"两篇以及后记"永远的老师，永远的怀念"，记述了侯仁之在北京城市历史和现实问题上的学术贡献。

4月　《先生之风，山高水长——邓辉教授追忆侯仁之先生》收于阮草主编的《恰同学少年——北大青年的关注、声音和责任（下）》（北京大学出版社，2015年）。

　　邓辉："侯先生一直奉行'为师之道如叩钟，大叩则大鸣，小叩则小鸣，不叩则不鸣'的育人理念。邓辉解释说：'侯先生指导学生，不是耳提面命式的，而是希望你自己发现问题，积极地去问老师。他和我说，做学问就像剥蒜，一层一层地剥，最后把蒜剥出来。学习也是如此，问问题要一层一层地深入，而且要深入浅出。'邓辉还特别强调了侯先生一生都在追求的'深入浅出'。侯先生认为，研究的时候一定要深入，但是在表述的时候要让大家都能明白，即为浅出。'这一点在侯先生的著作中也有体现，即使是没有相关知识背景的人读他的著作也会觉得非常有意思。'"①

5月　《回忆侯仁之教授》收于吴丕、刘镇杰编著的《北大精神》（现代出版社，2015年）。

6月10日　《侯仁之：密送学子奔赴根据地》刊于《京华时报》。

　　案：为纪念中国人民抗日战争暨世界反法西斯战争胜利70周年，《京华时报》与北京市委党史研究室共同推出系列报道《京华英雄》。侯仁之、聂耳、吉鸿昌、蒋南翔、陆平、佟麟阁、赵登禹、何基沣、张克侠、邓华、杨秀峰、蓝公武、董鲁安、陈垣、李苦禅等70人入选"京华英雄"名单。

6月13日　陈丽红撰文、陈彬绘画的《侯仁之：爱国学者爱国志，一片丹心映北平》刊于《北京青年报》。该文又收于中共北京市委党史研究室、北京青年报社编的《永远的丰碑：北平抗战英雄谱》（北京燕山出版社，2015年）。

6月15日　北京电视台纪实频道《这里是北京》栏目期播出纪录片《寻找侯仁之》。

7月2日　《侯仁之密送三批燕大学子奔赴根据地》刊于《北京晚报》。

7月6日　《侯仁之送学子赴根据地》刊于《北京娱乐信报》。

---

① 邓辉：《先生之风，山高水长——邓辉教授追忆侯仁之先生》，见阮草主编：《恰同学少年——北大青年的关注、声音和责任》下册，北京大学出版社2015年版，第434页。

——《中科院院士侯仁之：曾密送三批燕大学子奔赴根据地》刊于《宜宾晚报》。

7月7日 《侯仁之：密送燕大学子奔赴根据地》刊于《劳动午报》。

7月8日 《侯仁之密送学子去抗战》刊于《京郊日报》。

7月 顾明远总主编的《中国教育大系·21世纪初中国教育》（湖北教育出版社，2015年）中的"教育名人志"收录"侯仁之"。

8月12日 中国国际广播电台华语广播《非常纪录》节目播出《北京城的知音：侯仁之》。

8月30日 《侯仁之暗助燕大学子去抗战》刊于《新京报》。

10月 朱小平的《〈清稗类钞〉与"莲花白"——忆侯仁之先生的一封信》收于《清朝被遗忘的那些事》（作家出版社，2015年）。

11月20日 王均的《求贤师而事之——追忆侯仁之先生》刊于《天津日报》第14版《满庭芳》。

12月2日 侯馥兴的《魂牵梦绕 最是萧张》刊于《中华读书报》第18版《国际文化》。

> **侯馥兴**："母亲的期待使侯仁之选择了终生执教；自幼基督教文化的熏陶，'因真理得自由以服务'的践行，为侯仁之的人格特征打了一层底色；'五四'新文化运动的精神，崇尚科学真理追求自由民主，成为侯仁之一生的指南。"[①]

12月28日 张哲的《北京市方志馆推出"侯仁之眼中的古都北京"专题展》刊于《中国社会科学报》。

——《到北京市方志馆看"侯仁之眼中的古都北京"展览》刊于《法制晚报》第A20版面。

12月 杨勤业、杨文衡主编的《中国地学史（近现代卷）》（广西教育出版

---

① 侯馥兴：《魂牵梦绕 最是萧张》，载《中华读书报》，2015年12月2日第18版。

社，2015年）将侯仁之视为"现代中国地理学的重要代表人物"，对其学术思想和成就辟专节进行介绍。

本年　孙冬虎的《称师以论道，尽力以光明——〈侯仁之与北京城〉评介》刊于《北京观察》2015年第8期、《中国政协》2015年第15期。

——郑孝燮的《"中国申遗第一人"侯仁之与"第663号提案"》刊于《中国统一战线》2015年第2期。

——袁士良的《百岁寿星侯仁之》刊于《养生月刊》2015年第2期。

2016年

背景

7月12日　外交部就菲律宾南海仲裁案发布领土主权和海洋权益声明。

9月3日　二十国集团（G20）领导人第十一次峰会在杭州举行。

纪事

4月9日　北京泰和嘉成拍卖有限公司2016年泰和嘉成书画古籍常规拍卖会的中国书画信札文房杂属专场开拍。侯仁之致张驭寰信札成为拍卖品。

7月11日　北京市社会科学基金项目评审会专家建议一般项目"侯仁之学术档案整理与研究"立项。该项目由唐晓峰主持申请。

7月　东莞市政协编的《张玮瑛集》由花城出版社出版。该书纳入《东莞学人文丛》，收录《后套兵屯概况》《清代漕运》《读史引言》《回忆夏仁德教授的几件事》《美国国家档案馆有关近代中国档案资料介绍》《历史与读者》等论著。书后附有《张玮瑛学术年表》，称"数十年来，协助侯仁之先生做了大量工作，是默默无闻的贤良助手。对1985年侯仁之先生'申遗'提案的酝酿筹备、北京莲花池遗址保护等做出了特殊贡献"。

评介

3月　阿忆的《侯仁之：民族记忆的守卫者》刊于《忆闻：北大清华的那些

大师》（人民出版社，2016年）。

11月27日　姚学吾撰写的"北大清华燕京的才子佳人系列"之《侯仁之与张玮瑛》（上）刊于美国纽约《侨报周末》第A03版《纽约客闲话》。12月4日，"北大清华燕京的才子佳人系列"之《侯仁之与张玮瑛》（下）刊于《侨报周末》第A03版《纽约客闲话》。

本年　朱祖希的《侯仁之：北京，我心中的圣城》刊于《北京观察》2016年第1期、《北京文博文丛》2016年第1期，后收于北京市政协宣传中心编的《古都溯往》（中国文史出版社，2018年）。

——王同祯的《大师从这里走来——侯仁之的青少年时代》刊于《北京文博文丛》2016年第4期。

2017年

背景

10月　中共第十九次全国代表大会在北京召开。

纪事

5月7日　侯仁之、张玮瑛夫妇骨灰安葬于北京万佛华侨陵园。

5月　侯仁之主编的《北京历史地图集》（三卷本）新书发布会在北京市测绘设计研究院召开。

11月18日至19日　北京大学地理学科建立65周年、城市与环境学院建院10周年庆祝活动暨地理学发展院长论坛、第三届北京大学地理学讲坛在北京大学举行。

12月25日　北京市海淀区党史地方志办公室引进的方志精品巡展《侯仁之眼中的古都北京》在海淀区人民政府一区一层阳光厅展出。

著述

4月　《侯仁之：城市规划要尊重历史》收于曲长虹、李兆汝的《听大师讲规划》（中国建筑工业出版社，2017年）。

评介

2月16日　《侯仁之：就爱徒步旅行》刊于《嵊州日报》第A04版。

3月1日　侯馥兴的《不曾远离的北平（上）——父亲侯仁之的留英生活片断》刊于《中华读书报》第18版。

3月7日　路艳霞的《抢救文化老人的遗稿，急！》刊于《北京日报》第12版。文章称"侯仁之先生于2013年10月辞世，手稿、手绘图等文献的搜集、整理已历时7年，目前还在有序进行中。侯仁之女儿侯馥兴说，北京大学专门成立了侯仁之采集小组，北大老师、硕士、博士等参与整理的人员，前后共有十余人"。

3月15日　侯馥兴的《不曾远离的北平（下）——父亲侯仁之的留英生活片断》刊于《中华读书报》第18版。

3月23日　北京电视台北京纪实频道《昨天的故事》播出《天光云影共徘徊——侯仁之诞辰105周年》。

3月　卞晋平主编的《仁者之德——侯仁之纪念文集》由中国文史出版社出版。

5月8日　耿诺的《地图上的北京变迁史》刊于《北京日报》第6版，介绍侯仁之主编的《北京历史地图集》。

5月9日　邓琦的《北京历史地图集新版编纂37年》刊于《新京报》第A09版《城事》。

6月10日　为纪念我国首个文化和自然遗产日，中央电视台科教频道推出特别节目《2017中国记忆》，节目中称侯仁之为"申遗四先贤"之一。

8月5日　李扬的《历时37年，全面"复原"北京数千年人文地貌》刊于《文汇报》第4版，介绍《北京历史地图集》（三卷本）编纂出版情况。

10月10日　北京卫视《档案》节目播出《通惠古今大运河·澄清锁玉映万宁》，介绍侯仁之保护万宁桥的事迹。

10月13日　金涛的《金秋的随想》刊于《中国科学报》第7版。

10月28日　侯仁之的母校北京通州潞河中学举办建校150周年纪念活

动。次日，北京卫视《特别关注》的《我的运河我的家》栏目播出专题片《潞河中学——运河畔的百年学府》，对潞河中学杰出校友侯仁之做了重点介绍。

10月　陈光中的《走读侯仁之》（修订本）由当代中国出版社出版。该书为陈光中的《侯仁之》的修订版，封底介绍称"本书是一部构思精巧、史料珍贵、与众不同的侯仁之传记。侯仁之先生生前与夫人及其子女一起审读、订正本书底稿，并亲笔为书名题字"。

11月1日　侯馥兴的《送学生去大后方和解放区——1940年前后父亲侯仁之的亲历》刊于《中华读书报》第17版。

11月15日　侯馥兴的《燕大蒙难，被捕入狱——1941年前后父亲侯仁之的亲历》刊于《中华读书报》第17版。

11月　贺灿飞等的《立足地理学科前沿，服务国家战略需求——北京大学地理学科65周年》刊于《地理学报》第72卷第11期。文章认为"20世纪60年代以前，在侯仁之等老一辈地理学家的带领下，北京大学建立了完整的地理学学科体系。"该文在列举代表性贡献时提及"编绘大型《北京历史地图集》，传承和保护历史文化"，并认为侯仁之主编的三卷本《北京历史地图集》代表了国内外城市历史地理研究的最高水平。

本年　《侯仁之：行走天下，守望大地》刊于《作文周刊》（高考版）2017年第24期。

——彭凯平的《真正的教育，知识永远和身心体验在一起》刊于《师资建设》2017年第2期。文章介绍了侯仁之在北京大学1979级迎新大会上的发言。

——朱祖希的《知之愈深，爱之愈切——缅怀"北京生命印记的守望者"侯仁之先生》刊于《中国文物科学研究》2017年第4期。

——李丙鑫的《侯仁之对大兴文物保护的贡献——忆侯仁之教授一行考察北京南海子始末》刊于《中国测绘》2016年第6期。

——关永礼的《学出同门　各臻专精——历史地理学三大家》刊于《书屋》2017年第10期。

——宋惕冰的《〈北京的城墙与城门〉出版经过》刊于《北京文博文丛》2017年第2期。文章介绍了侯仁之推动《北京的城墙与城门》翻译出版之事。宋惕冰为《北京文物志》原总编辑。1983年冬，宋惕冰拜访侯仁之，侯仁之推介该书，并建议由他翻译此书。

附录　侯硕之简历

侯硕之，祖籍山东恩县，1914年生于河北枣强县。曾就读于山东德县博文中学、天津新学书院。1933年考入清华大学电机工程系，后转入长沙临时大学、西南联合大学。1938年毕业后，曾任职于陕西蔡家坡酒精厂，后执教于交通部部立郑县扶轮中学（时迁至蔡家坡），任理化教师。1942年在凤翔师范学校惨遭不幸，被暴徒殴打致死。侯硕之译有《宇宙之大》（开明书店，1935年）一书，另有著译文章多篇。侯仁之与侯硕之兄弟手足情深，侯仁之在大学专业选择、从事科普创作、关注苏俄等方面深受侯硕之影响。

侯硕之著译篇目：

《宇宙之大》（*The Stars in Their Courses*），琴斯（Sir James Hopwood Jeans）著，侯硕之译，上海（北京）开明书店，1935年、1950年。收于开明青年丛书。

《你要对世界作些甚么》，H. G. Wells著，侯硕之译，《新闻周报》，1931年第8卷第50期。

《生活中的一点体验——哲思路》，侯硕之著，中学生杂志社编：《中学生文艺》，上海开明书店，1931年。

《俄罗斯的重游》，Michael Farbman著，侯硕之译，《苏俄评论》，1933年第4卷第4期。

《苏维埃经济概观》，Hugh Dalton著，侯硕之译，《苏俄评论》，1933年第5卷第5、6期。

《学校生活的日记一则（四）》，侯硕之著，中学生杂志社编：《自己描写

（征文当选集）》，上海开明书店，1935年。

《苏联剧坛巡礼》，侯硕之著，《苏俄评论》，1936年第10卷第4期。

《残破褴褛的突击队》，格拉德珂夫著，侯硕之译，《苏俄评论》，1936年第10卷第5期。

《残破褴褛的突击队》（续完），格拉德珂夫著，侯硕之译，《苏俄评论》，1936年第10卷第6期。

《一次不寻常的飞行》，El-Registan著，侯硕之译，《苏俄评论》，1936年第10卷第8期。

《托尔斯泰与高尔基》，亚历山大·甘著，侯硕之译，《苏俄评论》，1936年第10卷第12期。

《光与色》（光学讲话上），侯硕之著，《中学生》，1936年第69号。

《以太波》（光学讲话下），侯硕之著，《中学生》，1936年第70号。

《苏联四大文学家之自白》，苏洛霍夫等著，侯硕之译，《苏俄评论》，1937年第11卷第3期。

《电子对于智识与社会之影响》，Karl T. Compton原著，侯硕之译，《科学》，1939年第23卷第7、8期。

《电子对于智识与社会的影响》（续），Karl T. Compton原著，侯硕之译，《科学》，1939年第23卷第9期。

评介：

《新书提要：宇宙之大（侯硕之译）》，佚名著，载《图书展望》1936年第6期。

《侯硕之〈宇宙之大〉中译本序》，侯仁之著，《步芳集》，北京出版社，1962年。原题《为纪念本书译者作》，刊于侯硕之译《宇宙之大》（北京开明书店，1950年）卷首。

《记一颗人世流星——侯硕之》，金克木著，载《群言》1991年第8期，后收于多种金克木文集。

参考资料

B

北京大学地质学系百年历程编委会. 创立·建设·发展：北京大学地质学系百年历程（1909—2009）. 北京：北京大学出版社，2009.

北京大学历史地理研究中心. 有情君未老——侯仁之九十五华诞影集. 北京：北京大学出版社，2006.

北京大学历史地理研究中心. 走近侯仁之——恭贺侯仁之先生百岁寿辰. 北京：学苑出版社，2011.

北京高等教育志编纂委员会. 北京高等教育志. 北京：华艺出版社，2004.

北京市海淀区党史区志办公室. 中国共产党北京海淀区历史大事记（1920—2000）. 北京：北京出版社，2004.

北京市人大常委会办公厅、北京市档案馆. 北京市人民代表大会文献资料汇编（1949—1993）. 北京：北京出版社，1996.

本书编委会. 城钩岁月，环翊天地：北京大学地理学科建立65周年暨北京大学城市与环境学院建院10周年纪念文集. 北京：北京大学出版社，2017.

卞晋平主编. 仁者之德——侯仁之纪念文集. 北京：中国文史出版社，2017.

C

柴桑. 求索——地理学家侯仁之的童年//新蕾出版社编辑. 科学家的童年（3）. 天津：新蕾出版社，1983.

陈大白. 北京高等教育文献资料选编（1949年—1976年）. 北京：首都师范

大学出版社，2002．

陈光中．侯仁之．北京：生活·读书·新知三联书店，2005．

陈光中．走读侯仁之（修订本）．北京：当代中国出版社，2017．

陈国达，陈述彭，等．中国地学大事典．济南：山东科学技术出版社，1992．

陈述彭．石坚文存——陈述彭院士科学小品选集．北京：中国环境科学出版社，1999．

陈毓贤．洪业传．北京：商务印书馆，2013．

陈远．消逝的燕京．重庆：重庆出版社，2011．

陈远．燕京大学（1919—1952）．杭州：浙江人民出版社，2013．

D

《当代中国的北京》编辑部．当代北京大事记：一九四九——二〇〇三年．北京：当代中国出版社，2003．

邓九平．中国文化名人书系·谈人生．北京：大众文艺出版社，2004．

邓九平．中国文化名人忆母亲·寸草心．北京：同心出版社，2004．

邓九平．文化名人：忆学生时代．北京：同心出版社，2004．

邓珂．邓之诚学术纪念文集．北京：北京大学出版社，1991．

邓之诚．邓之诚文史札记．邓瑞，整理．南京：凤凰出版社，2012．

杜松竹，周水良．乐森璕传略．贵阳：贵州科技出版社，1993．

F

樊克宁．呆在原地：与世纪学人面对面．广州：广东人民出版社，2013．

范春永．从名校到政府部门——范春永回忆录．北京：新华出版社，2013．

方惠坚，张思敬．清华大学志．北京：清华大学出版社，2001．

复旦大学历史地理研究中心．谭其骧先生百年诞辰纪念文集．上海：上海人民出版社，2012．

G

高明勇. 北京城的守望者——侯仁之传. 南京：江苏人民出版社，2012.

葛剑雄. 谭其骧日记. 上海：文汇出版社，1998. 广州：广东人民出版社，2013.

葛剑雄. 悠悠长水：谭其骧传（修订版）. 广州：广东人民出版社，2014.

顾潮. 顾颉刚年谱. 北京：中华书局，2010.

顾颉刚. 顾颉刚日记. 台北：联经出版事业股份有限公司，2007.

顾颉刚. 顾颉刚全集. 北京：中华书局，2011.

H

韩光辉. 历史地理学丛稿. 北京：商务印书馆，2006.

郝斌，等. 回眸侯仁之. 台北：大统图书股份有限公司，2008.

郝光安. 北京大学体育史. 北京：人民体育出版社，2008.

贺崇铃. 清华大学九十年. 北京：清华大学出版社，2001.

侯馥兴. 从塘头厦到燕南园——我的母亲张玮瑛. 广州：花城出版社，2012.

侯仁之. 步芳集. 北京：北京出版社，1962.

侯仁之. 历史地理学的理论与实践. 上海：上海人民出版社，1979.

侯仁之. 北京历史地图集. 北京：北京出版社，1988.

侯仁之. 侯仁之燕园问学集. 上海：上海教育出版社，1991.

侯仁之. 历史地理学四论. 北京：中国科学技术出版社，1994.

侯仁之. 北京历史地图集（二集）. 北京：北京出版社，1995.

侯仁之. 奋蹄集. 北京：北京燕山出版社，1995.

侯仁之. 侯仁之文集. 北京：北京大学出版社，1998.

侯仁之. 晚晴集：侯仁之九十年代自选集. 北京：新世界出版社，2001.

侯仁之. 我从燕京大学来. 北京：生活·读书·新知三联书店，2009.

侯仁之. 历史地理学的视野. 北京：生活·读书·新知三联书店，2009.

侯仁之. 北京城的生命印记. 北京：生活·读书·新知三联书店，2009.

侯仁之. 师道师说：侯仁之卷. 北京：东方出版社，2013.
侯仁之. 北平历史地理. 邓辉，等，译. 北京：外语教学与研究出版社，2013.
侯仁之. 中国历史地理论集（英汉对照）. 北京：外语教学与研究出版社，2015.

J

蒋宗凤. 赤霞长歌：北京大学离休干部访谈录. 北京：北京大学出版社，2009.

K

孔庆普. 城：我与北京的八十年. 北京：东方出版社，2016.

L

李玉海. 竺可桢年谱简编（1890—1974）. 北京：气象出版社，2010.
《陆平纪念文集》编委会. 陆平纪念文集. 北京：北京大学出版社，2007.

M

马嘶. 燕园师友记. 北京：北京燕山出版社，1998.
梅辰. 人文大家访谈录. 北京：中国文联出版社，2005.

P

彭明辉. 历史地理学与现代中国史学. 台北：东大图书股份有限公司，1995.
《彭真传》编写组. 彭真传（第二卷 1949—1956）. 北京：中央文献出版社，2012.

Q

《钱学森书信选》编辑组. 钱学森书信选. 北京：国防工业出版社，2008.

S

施雅风. 施雅风口述自传. 长沙：湖南教育出版社，2009.

石泉. 石泉文集. 武汉：武汉大学出版社，2006.

舒衡哲. 鸣鹤园. 张宏杰，译. 北京：北京大学出版社，2009.

舒乙主编. 罗哲文纪念文集. 北京：中国文史出版社，2013.

司徒尚纪. 海南岛历史上土地开发研究. 海口：海南人民出版社，1987.

苏双碧，王宏志. 吴晗传. 上海人民出版社，1998.

孙关龙. 自然科学发展大事记·地学卷. 沈阳：辽宁教育出版社，1994.

T

谭其骧. 长水集续编. 北京：人民出版社，1994.

汤一介，等. 燕南园往事. 南京：江苏凤凰文艺出版社，2014.

唐晓峰. 阅读与感知——人文地理笔记. 北京：生活·读书·新知三联书店，2013.

涂元季. 钱学森书信. 北京：国防工业出版社，2007.

W

王恩涌. 王恩涌文化地理随笔. 北京：商务印书馆，2010.

王戈，王作人. 江隆基的最后十四年. 北京：作家出版社，2015.

王宏志，闻立树. 怀念吴晗：百年诞辰纪念. 北京：中国社会科学出版社，2009.

王学珍，等. 北京大学纪事（1898—1997）. 北京：北京大学出版社，2008.

王钟翰. 王钟翰学述. 杭州：浙江人民出版社，1999.

王钟翰. 王钟翰清史论集. 北京：中华书局，2004.

吴传钧. 发展中的中国现代人文地理学——吴传钧院士学术报告选辑. 北京：商务印书馆，2008.

吴传钧、施雅风. 中国地理学90年发展回忆录. 北京：学苑出版社，1999.

X

习之. 吴晗年谱·外事篇. 北京：群言出版社，2013.
习之. 吴晗年谱·政务篇. 北京：群言出版社，2014.
习之. 吴晗年谱·著述篇. 北京：群言出版社，2017.
夏鼐. 夏鼐日记. 上海：华东师范大学出版社，2011.
《夏仁德在中国》编辑组. 夏仁德在中国. 北京：世界知识出版社，1985.
夏媛媛. 为了孩子的明天：张金哲传. 上海：上海交通大学出版社，2013.
项文惠. 广博之师：陆志韦传. 杭州：杭州出版社，2004.
肖黎. 中国历史学四十年（1949—1989）. 北京：书目文献出版社，1989.
熊家华、张妙弟. 北京联合大学校史. 北京：科学出版社，2006.
许桂灵. 独走苍茫——史地学家司徒尚纪前传. 香港：中国评论学术出版社，2007.

Y

燕京研究院. 燕京大学人物志第一、二辑. 北京大学出版社，2001、2002.
佚名. 北平私立燕京大学一览. 北平：燕京大学，1936.
岳升阳. 侯仁之与北京地图. 北京：北京科学技术出版社，2012.

Z

曾昭璇. 岭南研学记. 北京：中国广播电视出版社，2003.
张大中. 我经历的北平地下党. 北京：中共党史出版社，2009.
张世龙. 燕园絮语. 北京：华龄出版社，2005.
张玮瑛，等. 燕京大学史稿（1919—1952）. 北京：人民中国出版社，1999.
中共北京市委党史研究室. 彭真在北京. 北京：中央文献出版社，2002.
中共北京市委党史研究室. 中国共产党北京历史（第2卷 1949—1978）. 北京：北京出版社，2011.
中共中央文献研究室. 毛泽东年谱（一九四九——一九七六）. 北京：中央文

献出版社，2013.

中共中央文献研究室，中央档案馆．建党以来重要文献选编（一九二一——一九四九）．北京：中央文献出版社，2011.

中国城市规划学会．五十年回眸：新中国的城市规划．北京：商务印书馆，1999.

中国科学技术协会．中国科学技术专家传略·理学编·地学卷（2）．北京：中国科学技术出版社，2001.

《中国科学家辞典》编委会．中国科学家辞典（现代第一分册）．济南：山东科学技术出版社，1982.

中国科学院编译出版委员会．十年来的中国科学·综合考察（1949—1959）．北京：科学出版社，1959.

中国科学院院士工作局．科学的道路．上海：上海教育出版社，2005.

中国人民政治协商会议北京市委员会文史资料研究委员会．日伪统治下的北平．北京：北京出版社，1987.

周一良．钻石婚杂忆．北京：生活·读书·新知三联书店，2002.

周一良．天地一书生．北京：北京大学出版社，2010.

周一星．城市地理求索：周一星自选集．北京：商务印书馆，2010.

竺可桢．竺可桢全集．上海：上海科技教育出版社，2004—2011.

朱祖希．侯仁之与北京城．北京：北京工业大学出版社，2015.

邹逸麟，林丽成．邹逸麟口述历史．上海：上海书店出版社，2016.

其他

《燕大校友通讯》，燕京大学北京校友会编。

《燕大文史资料》，燕大文史资料编委会编。

《燕大双周刊》，北平燕京大学编。

《燕大年刊》，燕京大学学生会出版委员会编。

《燕大基督教团契年报》，燕京大学基督教团契主办。

《北京文史资料》，北京市政协文史资料委员会编。

《文史资料选编》，中国人民政治协商会议北京市委员会文史资料研究委员会编。

《中共党史资料》，中共中央党史研究室、中央档案馆编。

《燕京新闻》，燕京大学新闻学系燕京新闻社主办。

《新燕京》，燕京大学校委会、教职联等主办。

《北京大学校刊》《新北大》，北京大学主办。

《北京大学行政公报》，北京大学校长办公室编。

《申报》《益世报》《大公报》《人民日报》《光明日报》等。

燕京大学、北京大学档案，北京大学档案馆藏。

后　记

实话实说，我不懂什么高深理论，也不会谈什么时髦思想。所能做的，恐怕只是一些基础性的资料梳理工作。想当年，在某个披着圣地外衣的小城里读书，我最服膺的一句话就是"高明者多独断之学，沉潜者尚考索之功"。十多年过去了，我与"沉潜者""高明者"渐行渐远。

我这个浮躁而又浅薄的"学术民工"，在2002年4月12日第一次来到京城，到北大参加研究生复试。复试的当天，在新地学楼第一次见到了恩师韩光辉教授。凭着自己的小聪明，总算成功地忝列门墙，成了韩老师办公室的"常驻代表"。记得听韩老师说，这间办公室曾是侯仁之先生工作过的地方，书架上还有一些钤着侯先生名章的藏书。此前，只是从书本上见过侯先生的名字。直到此时，才有机会"走近侯仁之"。

接下来的时间，就是在侯仁之先生开创的学术园地里读书。一晃五六年就过去了，从北大毕业，到人大教书。一晃又八九年过去了，也没干出点名堂。最大的收获，大概就是结婚生女。至于学识，远不如年龄增长那么快。提到职称，还是像身高、体重一样稳定。

学术业绩上虽然不思进取，但求知的欲望多少还在。我的兴趣之一，就是对侯仁之先生学术历程和思想演进的梳理。这些年，在侯先生的文集、影集、传记中也看到过几种年谱简编。说实话，这些简谱真有些简单，与侯仁之先生深厚的学术底蕴并不相称。于是，想自己动手搞一部更详细的学谱。

撰写侯先生学谱并不是想填补什么科研领域的空白。靠这个挣钱升职称，在当今学术氛围中，显然不如在A刊、B刊上发表论文更能名利双收。促使我这么做的，无外

乎是想给自己的北大岁月留下点什么。没有侯先生在北大的开基立业，也就不会有我等追随者前行的脚步。现如今，侯先生开创的学术事业的前景，圈里人或许都知道。作为身处历史地理学界边缘的小人物，与其关心一项事业不可预知的前景，倒不如回头看看它的发展历程，了解它是怎么来的。这也就是这本学谱的编纂缘起。

这部学谱，以公开资料和部分档案为主要信息来源。当然，对私人日记、书信、口述史料等的充分发掘，对于学谱的编纂也至关重要。将来如有可能，我再尽量扩充史料。目前的工作，就到此为止。由于某些不足为外人道的原因，本书在原稿基础上做了约10万字的删节。虽然有些难以割舍，但的确省去了许多麻烦。我编的是学谱，主要记载侯先生的学术活动和以学者身份参加的社会活动。至于编纂事无巨细、无所不包的年谱，以我目前的经验来说，打死我也不干！

需要说明的是，我曾以《大师与大城：侯仁之的北京研究及其思想资源》为题申请过2013年度北京市社科联青年社科人才资助项目。当时在计划书里说要编一部侯仁之的北京研究编年事辑。这个目标，直到今天总算超额实现了。

之所以能够实现我的这个小小愿望，是得到了业师韩光辉、尹钧科、邓辉等人的热情帮助。同时，我也要感谢来自王守春、韩茂莉、唐晓峰、武弘麟、岳升阳、阙维民、赵中枢、华林甫、侯甬坚、张帆、孙冬虎诸师的恩泽。本学谱的出版得到了张宝秀教授及北京联合大学北京学研究所的大力支持。需要特别说明的是，侯馥兴老师的当面赐教令我受益匪浅，郝平校长的慨然赐序使本书增色不少。北大档案馆的郭鹏女士在资料查阅上提供了很多帮助。在此，我一并致谢。

不过，话说回来了，本学谱中的细节讹误甚至重大遗漏，责任肯定在我。我愿意和必须承担一切可能的善意批评甚至不客气的责难。

我静候批评，但我更期待更多有关侯仁之先生的资料能从故纸堆中"重见天日"，能在档案馆里公之于众。我更期待的是本学谱中某些事件的知情者和亲历者能够现身说法，将事件始末娓娓道来。只是，侯仁之先生已经"托体同山阿"，留下多少事，任凭后人说。

另外，需要说明的是，本学谱中引用的侯仁之先生等人所写的文章和其他文献资料中的字词、标点、句法等，不按照现代汉语规范进行统一修改，以保留引文的原汁原味。

最后，如果这部学谱能被认可的话，我愿意将这份喜悦与女儿分享，也愿意将这份功劳献给爱妻。虽然与妻子阴阳两隔，但我的探地之旅终将与她的天路历程接续起来。到那时，我们天上见！

丁　超

写于人大执教九周年纪念日

改毕于2018年5月16日